D'accord! 1

LANGUE ET CULTURE DU MONDE FRANCOPHONE

VISTA®
HIGHER LEARNING

Boston, Massachusetts

On the cover: View of the Louvre from the clock at Musée d'Orsay, Paris, France

Publisher: José A. Blanco

Editorial Development: Megan Moran, Sharla Zwirek

Project Management: Brady Chin, Sally Giangrande, Rosemary Jaffe, Faith Ryan

Rights Management: Annie Pickert Fuller, Ashley Poreda

Technology Production: Jamie Kostecki, Reginald Millington, Sonja Porras, Paola Ríos Schaaf

Design: Radoslav Mateev, Gabriel Noreña, Andrés Vanegas

Production: Sergio Arias, Oscar Díez

Student Text ISBN: 978-1-54330-190-8
Library of Congress Control Number: 2017949781

2 3 4 5 6 7 8 9 TC 22 21 20 19 18

Printed in Canada

D'accord!

LANGUE ET CULTURE DU MONDE FRANCOPHONE 1

Table of Contents

Contextes

Roman-photo

Table of Contents

Contextes

Roman-photo

able of Contents

Le monde francophone

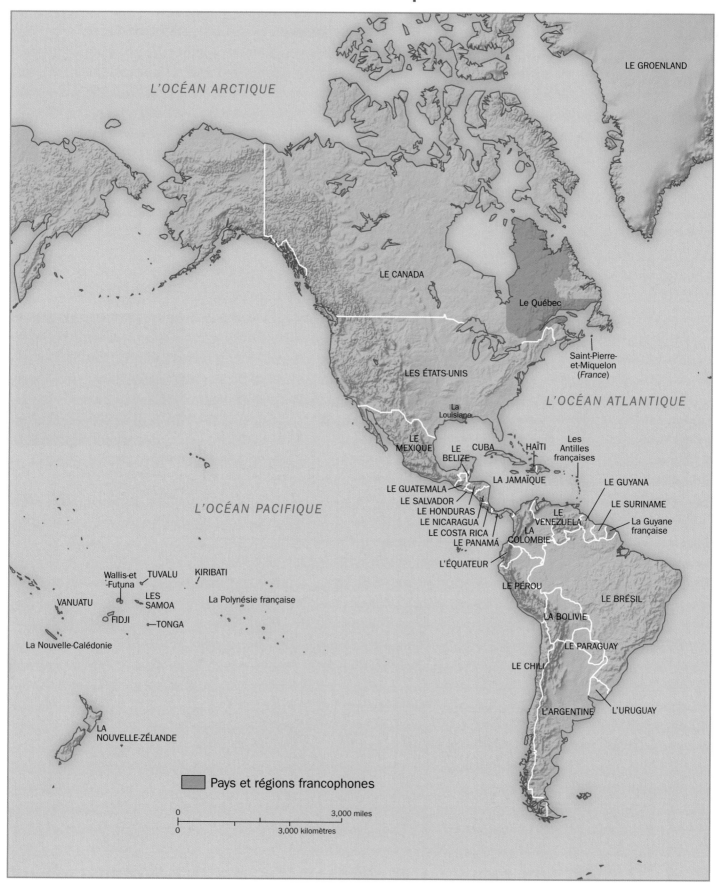

L'OCÉAN ARCTIQUE

LE GROENLAND

LE CANADA

Le Québec

Saint-Pierre-
et-Miquelon
(*France*)

LES ÉTATS-UNIS

L'OCÉAN ATLANTIQUE

La
Louisiane

LE
MEXIQUE

LE
BELIZE

CUBA

HAÏTI

Les
Antilles
françaises

LA JAMAÏQUE

LE GUYANA

L'OCÉAN PACIFIQUE

LE GUATEMALA
LE SALVADOR
LE HONDURAS
LE NICARAGUA
LE COSTA RICA
LE PANAMÁ

LE
VENEZUELA

LA
COLOMBIE

LE SURINAME

La Guyane
française

L'ÉQUATEUR

Wallis-et
-Futuna

TUVALU

KIRIBATI

LE PÉROU

LE BRÉSIL

VANUATU

LES
SAMOA

La Polynésie française

FIDJI

TONGA

LA BOLIVIE

La Nouvelle-Calédonie

LE PARAGUAY

LE CHILI

LA
NOUVELLE-ZÉLANDE

L'ARGENTINE

L'URUGUAY

Pays et régions francophones

0   3,000 miles
0   3,000 kilomètres

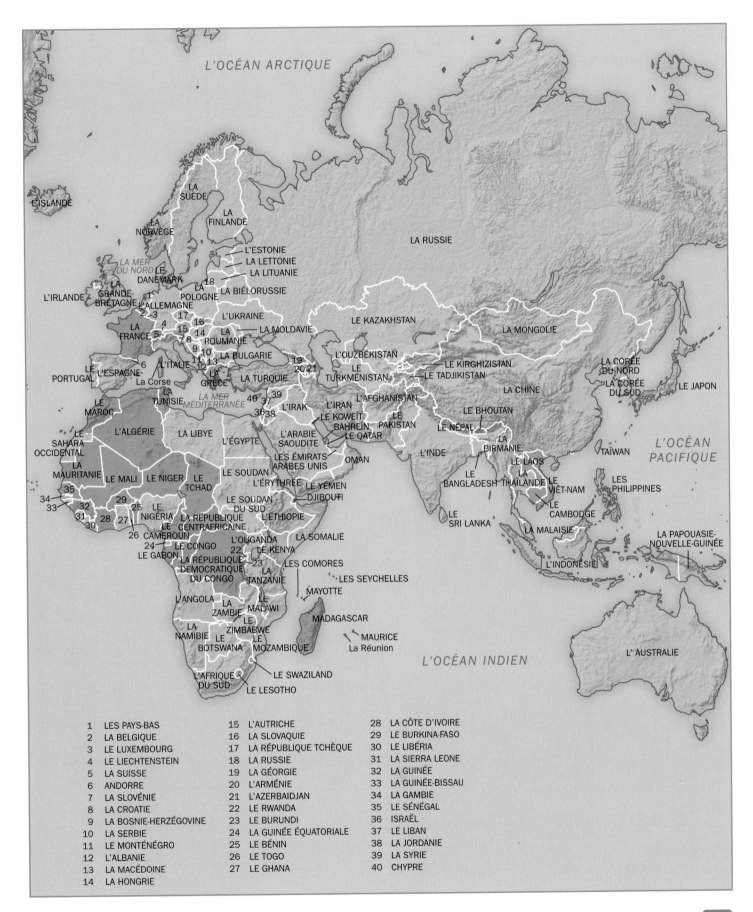

L'OCÉAN ARCTIQUE

LA SUÈDE

LA NORVÈGE

LA FINLANDE

L'ISLANDE

L'ESTONIE

LA MER DU NORD

LA LETTONIE

LA LITUANIE

LE DANEMARK

LA GRANDE-BRETAGNE

LA POLOGNE

18

LA BIÉLORUSSIE

L'IRLANDE

L'ALLEMAGNE

1

2-3

17 16

L'UKRAINE

LA RUSSIE

LE KAZAKHSTAN

LA MONGOLIE

LA FRANCE

4

15

5

14

LA ROUMANIE

LA MOLDAVIE

L'OUZBÉKISTAN

LE KIRGHIZISTAN

LA CORÉE DU NORD

7-8

9 10

11

LA BULGARIE

19

LE TURKMÉNISTAN

LE TADJIKISTAN

LA CHINE

LA CORÉE DU SUD

LE PORTUGAL

6

L'ITALIE

12 13

LA GRÈCE

20 21

LE JAPON

L'ESPAGNE

La Corse

LA TURQUIE

L'AFGHANISTAN

LE MAROC

LA TUNISIE

LA MER MÉDITERRANÉE

40 37

39

L'IRAK

L'IRAN

LE PAKISTAN

LE BHOUTAN

3638

LE NÉPAL

TAÏWAN

L'OCÉAN PACIFIQUE

LE SAHARA OCCIDENTAL

L'ALGÉRIE

LA LIBYE

L'ÉGYPTE

LE KOWEÏT

BAHREÏN

LE QATAR

L'INDE

LA BIRMANIE

L'ARABIE SAOUDITE

LA MAURITANIE

LE MALI

LE NIGER

LE TCHAD

LE SOUDAN

LES ÉMIRATS ARABES UNIS

OMAN

LE LAOS

LES PHILIPPINES

35

L'ÉRYTHRÉE

LE YÉMEN

LE BANGLADESH

LA THAÏLANDE

LE VIÊT-NAM

34

33

32

29

25

LE SOUDAN DU SUD

DJIBOUTI

LE SRI LANKA

LE CAMBODGE

31

28 27

LE NIGÉRIA

L'ÉTHIOPIE

30

26

LA RÉPUBLIQUE CENTRAFRICAINE

LE CAMEROUN

24

L'OUGANDA

22

LE KENYA

LA SOMALIE

LA MALAISIE

LA PAPOUASIE-NOUVELLE-GUINÉE

LE CONGO

LE GABON

23

LA RÉPUBLIQUE DÉMOCRATIQUE DU CONGO

LES COMORES

L'INDONÉSIE

LA TANZANIE

LES SEYCHELLES

MAYOTTE

L'ANGOLA

LA ZAMBIE

LE MALAWI

MADAGASCAR

LA NAMIBIE

LE ZIMBABWE

MAURICE

La Réunion

LE BOTSWANA

LE MOZAMBIQUE

L'OCÉAN INDIEN

L'AUSTRALIE

L'AFRIQUE DU SUD

LE SWAZILAND

LE LESOTHO

1	LES PAYS-BAS	15	L'AUTRICHE
2	LA BELGIQUE	16	LA SLOVAQUIE
3	LE LUXEMBOURG	17	LA RÉPUBLIQUE TCHÈQUE
4	LE LIECHTENSTEIN	18	LA RUSSIE
5	LA SUISSE	19	LA GÉORGIE
6	ANDORRE	20	L'ARMÉNIE
7	LA SLOVÉNIE	21	L'AZERBAIDJAN
8	LA CROATIE	22	LE RWANDA
9	LA BOSNIE-HERZÉGOVINE	23	LE BURUNDI
10	LA SERBIE	24	LA GUINÉE ÉQUATORIALE
11	LE MONTÉNÉGRO	25	LE BÉNIN
12	L'ALBANIE	26	LE TOGO
13	LA MACÉDOINE	27	LE GHANA
14	LA HONGRIE		

28	LA CÔTE D'IVOIRE
29	LE BURKINA-FASO
30	LE LIBÉRIA
31	LA SIERRA LEONE
32	LA GUINÉE
33	LA GUINÉE-BISSAU
34	LA GAMBIE
35	LE SÉNÉGAL
36	ISRAËL
37	LE LIBAN
38	LA JORDANIE
39	LA SYRIE
40	CHYPRE

L'Amérique du Nord et du Sud

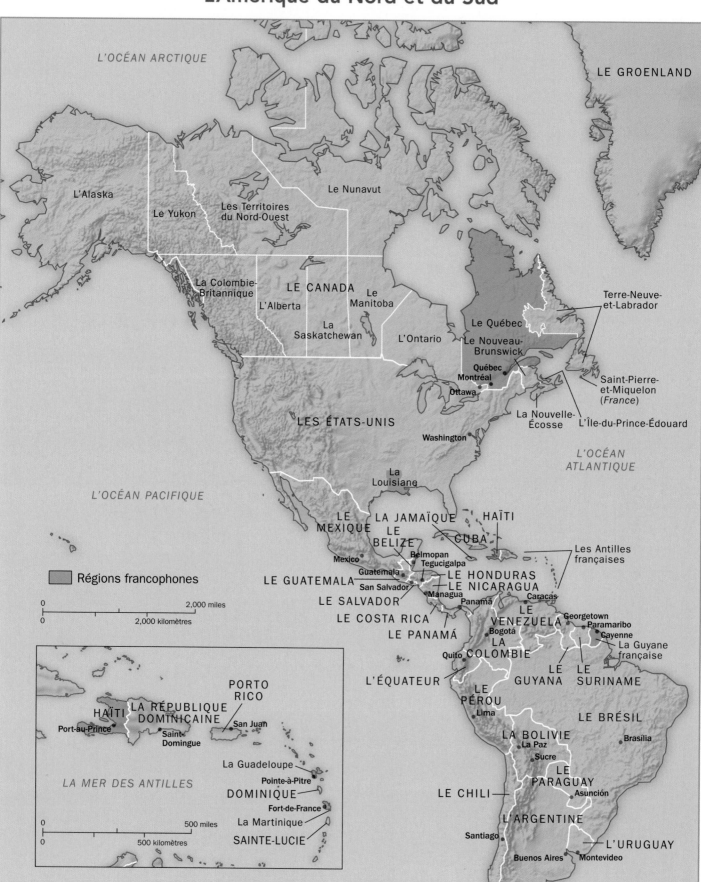

L'OCÉAN ARCTIQUE

LE GROENLAND

L'Alaska

Le Yukon

Les Territoires du Nord-Ouest

Le Nunavut

La Colombie-Britannique

LE CANADA

L'Alberta

Le Manitoba

La Saskatchewan

L'Ontario

Le Québec

Terre-Neuve-et-Labrador

Le Nouveau-Brunswick

Québec
Montréal
Ottawa

Saint-Pierre-et-Miquelon (France)

La Nouvelle-Écosse

L'Île-du-Prince-Édouard

LES ÉTATS-UNIS

Washington

L'OCÉAN ATLANTIQUE

L'OCÉAN PACIFIQUE

La Louisiane

Régions francophones

0   2,000 miles
0   2,000 kilomètres

LE MEXIQUE

LA JAMAÏQUE
LE BELIZE

HAÏTI
CUBA

Belmopan
Tegucigalpa

Mexico

Guatemala

LE GUATEMALA

San Salvador

LE HONDURAS
LE NICARAGUA

Les Antilles françaises

LE SALVADOR

Managua

Caracas

LE COSTA RICA

Panamá

LE VENEZUELA

Georgetown
Paramaribo
Cayenne

LE PANAMÁ

Bogotá

LA COLOMBIE

La Guyane française

Quito

L'ÉQUATEUR

LE GUYANA

LE SURINAME

LE PÉROU

Lima

LE BRÉSIL

LA BOLIVIE

Brasilia

La Paz
Sucre

PORTO RICO

LE PARAGUAY

HAÏTI
LA RÉPUBLIQUE DOMINICAINE

San Juan

Port-au-Prince
Saint Domingue

LE CHILI

Asunción

LA MER DES ANTILLES

La Guadeloupe

Pointe-à-Pitre

L'ARGENTINE

L'URUGUAY

0   500 miles
0   500 kilomètres

DOMINIQUE

Fort-de-France

La Martinique

SAINTE-LUCIE

Santiago

Buenos Aires
Montevideo

La France

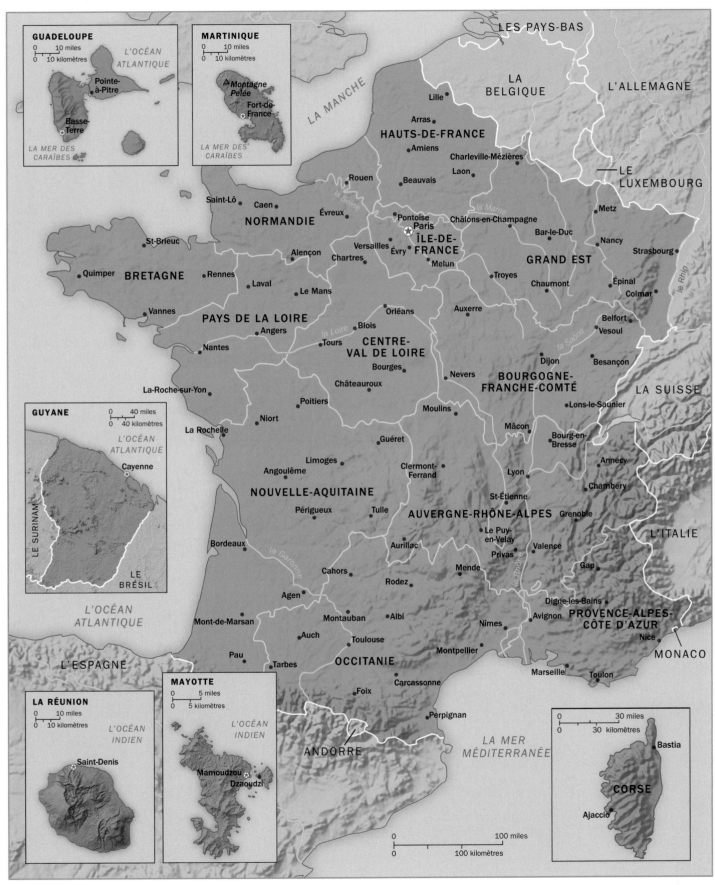

GUADELOUPE

0   10 miles
0   10 kilomètres

L'OCÉAN
ATLANTIQUE

Pointe-
à-Pitre

Basse-
Terre

LA MER DES
CARAÏBES

MARTINIQUE

0   10 miles
0   10 kilomètres

Montagne
Pelée

Fort-de-
France

LA MER DES
CARAÏBES

LES PAYS-BAS

LA MANCHE

LA BELGIQUE

L'ALLEMAGNE

LE LUXEMBOURG

Lille

Arras

HAUTS-DE-FRANCE

Amiens

Charleville-Mézières

Rouen

Beauvais

Laon

Metz

Saint-Lô

Caen

Évreux

la Seine

Pontoise

la Marne

Châlons-en-Champagne

Bar-le-Duc

Nancy

Strasbourg

NORMANDIE

Paris

ÎLE-DE-FRANCE

Versailles

Évry

Melun

Troyes

Chaumont

Épinal

Colmar

St-Brieuc

Alençon

Chartres

GRAND EST

le Rhin

Quimper

BRETAGNE

Rennes

Laval

Le Mans

Orléans

Auxerre

Belfort

Vesoul

Vannes

PAYS DE LA LOIRE

Angers

la Loire

Blois

Tours

CENTRE-
VAL DE LOIRE

Bourges

Dijon

la Saône

Besançon

Nantes

Châteauroux

Nevers

BOURGOGNE-
FRANCHE-COMTÉ

LA SUISSE

La-Roche-sur-Yon

Poitiers

Moulins

Lons-le-Saunier

GUYANE

0   40 miles
0   40 kilomètres

L'OCÉAN
ATLANTIQUE

Cayenne

LE SURINAM

LE BRÉSIL

La Rochelle

Niort

Guéret

Mâcon

Bourg-en-
Bresse

Annecy

Limoges

Clermont-
Ferrand

Lyon

Angoulême

Chambéry

NOUVELLE-AQUITAINE

St-Étienne

Grenoble

L'ITALIE

Périgueux

Tulle

AUVERGNE-RHÔNE-ALPES

Bordeaux

la Garonne

Le Puy-
en-Velay

Valence

Aurillac

Privas

Gap

L'OCÉAN
ATLANTIQUE

Cahors

Mende

le Rhône

Rodez

Digne-les-Bains

Agen

Albi

Avignon

PROVENCE-ALPES-
CÔTE D'AZUR

Mont-de-Marsan

Montauban

Nîmes

Nice

L'ESPAGNE

Auch

Toulouse

Montpellier

MONACO

Pau

OCCITANIE

Marseille

Toulon

Tarbes

Carcassonne

MAYOTTE

0   5 miles
0   5 kilomètres

L'OCÉAN
INDIEN

Foix

Perpignan

0   30 miles
0   30 kilomètres

LA RÉUNION

0   10 miles
0   10 kilomètres

L'OCÉAN
INDIEN

Saint-Denis

Mamoudzou

Dzaoudzi

ANDORRE

LA MER
MÉDITERRANÉE

Bastia

CORSE

Ajaccio

0   100 miles
0   100 kilomètres

L'Europe

LA MER DE BARENTS

Pays francophones

LA MER DE NORVÈGE

L'ISLANDE
Reykjavik

LA SUÈDE

LA FINLANDE

LA RUSSIE

LA NORVÈGE

Helsinki

Oslo   Stockholm

Tallinn
L'ESTONIE

Moscou

LA MER DU NORD

LE DANEMARK

Riga
LA LETTONIE

LA MER BALTIQUE

Copenhague

LA LITUANIE

Vilnius

Minsk

LA RUSSIE

Dublin

L'IRLANDE

LA GRANDE-BRETAGNE

LES PAYS-BAYS

Berlin

Varsovie

Kiev

LA BIÉLORUSSIE

Londres

La Haye

L'ALLEMAGNE

LA POLOGNE

L'UKRAINE

Bruxelles

LA BELGIQUE

Prague

Luxembourg

LA RÉPUBLIQUE TCHÈQUE

LA SLOVAQUIE

LA MOLDAVIE

L'OCÉAN ATLANTIQUE

Paris

LE LUXEMBOURG

LE LIECHTENSTEIN

Bratislava

Vienne

Chisinau

Berne

L'AUTRICHE

Budapest

LA SUISSE

LA HONGRIE

LA ROUMANIE

LA MER NOIRE

LA FRANCE

LA SLOVÉNIE

Ljubljana

Zagreb

Belgrade

Bucarest

LA CROATIE

LA BOSNIE-HERZÉGOVINE

LA SERBIE

Monte Carlo

Andorre-la-Vieille

MONACO

L'ITALIE

Sarajevo

LA BULGARIE

LE PORTUGAL

ANDORRE

LE MONTÉNÉGRO

Podgorica

Sofia

Skopje

Rome

Tirana

LA MACÉDOINE

LA TURQUIE

Madrid

La Corse

L'ALBANIE

Lisbonne

L'ESPAGNE

LA GRÈCE

La Sardaigne

Athènes

Nicosie

La Sicile

CHYPRE

MALTE

La Valette

LA MER MÉDITERRANÉE

LE MAROC

LA TUNISIE

L'ÉGYPTE

L'ALGÉRIE

LA LIBYE

0   500 miles
0   500 kilomètres

L'Afrique

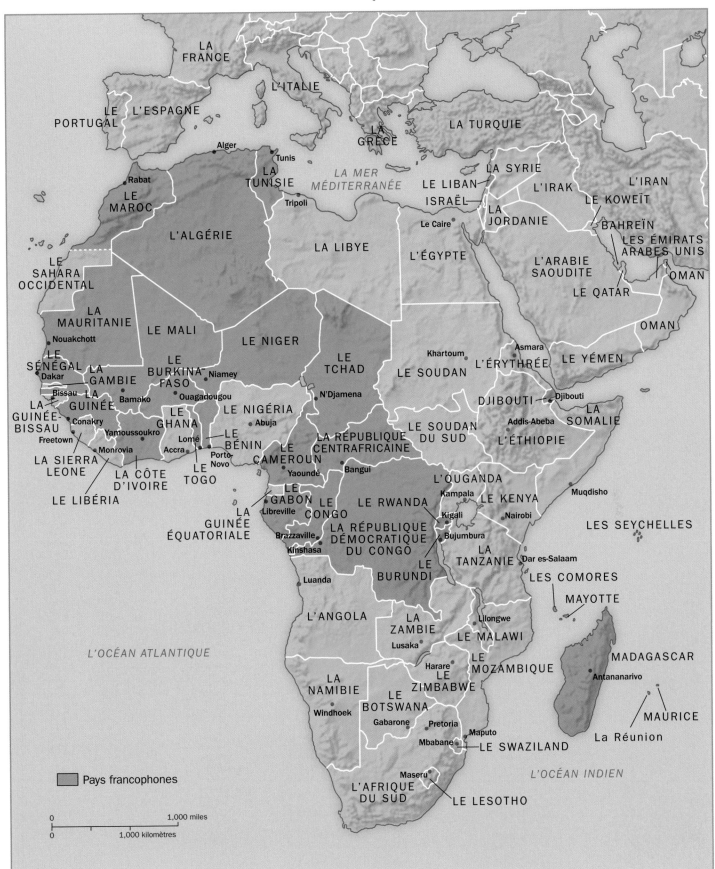

LA FRANCE

L'ITALIE

LE PORTUGAL L'ESPAGNE

LA GRÈCE LA TURQUIE

Alger

Tunis

LA MER MÉDITERRANÉE

LA SYRIE

LE LIBAN L'IRAK L'IRAN

Rabat

LA TUNISIE

ISRAËL LE KOWEÏT

LE MAROC

Tripoli

LA JORDANIE BAHREÏN

L'ALGÉRIE

LA LIBYE

Le Caire L'ARABIE SAOUDITE LES ÉMIRATS ARABES UNIS

L'ÉGYPTE

OMAN

LE SAHARA OCCIDENTAL

LE QATAR

OMAN

LA MAURITANIE

LE MALI

LE NIGER

Khartoum Asmara LE YÉMEN

Nouakchott

LE SÉNÉGAL LA GAMBIE

LE BURKINA FASO Niamey

LE TCHAD

LE SOUDAN L'ÉRYTHRÉE

Dakar

Bissau

Bamako Ouagadougou

N'Djamena

Djibouti DJIBOUTI Djibouti

LA GUINÉE

LA GUINÉE-BISSAU

Conakry

Yamoussoukro

LE GHANA

LE NIGÉRIA Abuja

LE SOUDAN DU SUD

Addis-Abeba LA SOMALIE

Freetown

Lomé Accra

LE BÉNIN

LA RÉPUBLIQUE CENTRAFRICAINE

L'ÉTHIOPIE

LA SIERRA LEONE Monrovia

LA CÔTE D'IVOIRE

LE TOGO

Porto Novo

LE CAMEROUN

Yaoundé Bangui

L'OUGANDA

Muqdisho

LE LIBÉRIA

LE GABON

LE CONGO

LE RWANDA

Kampala LE KENYA

Nairobi

LA GUINÉE ÉQUATORIALE

Libreville

Brazzaville

LA RÉPUBLIQUE DÉMOCRATIQUE DU CONGO

Kigali

Bujumbura LA TANZANIE

LES SEYCHELLES

Kinshasa

LE BURUNDI

Dar es-Salaam

Luanda

LES COMORES

MAYOTTE

L'ANGOLA

LA ZAMBIE

Llongwe

LE MALAWI

MADAGASCAR

Lusaka

L'OCÉAN ATLANTIQUE

Harare LE MOZAMBIQUE

Antananarivo

LA NAMIBIE

LE ZIMBABWE

LE BOTSWANA

MAURICE

Windhoek

Gabarone Pretoria

Maputo

La Réunion

Mbabane LE SWAZILAND

Maseru

L'OCÉAN INDIEN

L'AFRIQUE DU SUD LE LESOTHO

Pays francophones

0 ——— 1,000 miles
0 ——— 1,000 kilomètres

L'Asie et l'Océanie

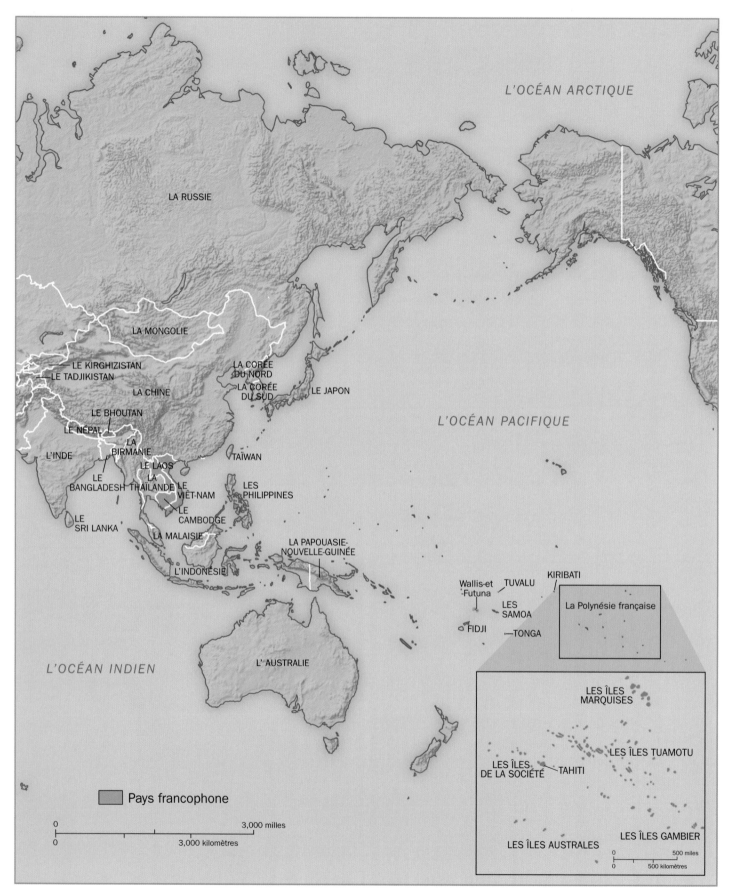

L'OCÉAN ARCTIQUE

LA RUSSIE

LA MONGOLIE

LE KIRGHIZISTAN

LE TADJIKISTAN

LA CORÉE DU NORD

LA CHINE

LA CORÉE DU SUD

LE JAPON

LE BHOUTAN

LE NÉPAL

LA BIRMANIE

L'INDE

L'OCÉAN PACIFIQUE

LE LAOS

TAÏWAN

LE BANGLADESH

LA THAÏLANDE

LE VIÊT-NAM

LES PHILIPPINES

LE CAMBODGE

LE SRI LANKA

LA MALAISIE

LA PAPOUASIE-NOUVELLE-GUINÉE

L'INDONÉSIE

Wallis-et-Futuna

TUVALU

KIRIBATI

LES SAMOA

La Polynésie française

FIDJI

TONGA

L'OCÉAN INDIEN

L'AUSTRALIE

LES ÎLES MARQUISES

LES ÎLES TUAMOTU

LES ÎLES DE LA SOCIÉTÉ

TAHITI

Pays francophone

0   3,000 milles

0   3,000 kilomètres

LES ÎLES AUSTRALES

LES ÎLES GAMBIER

0   500 miles

0   500 kilomètres

Roman-photo video program

Fully integrated with your textbook, the **Roman-photo** video series contains 36 dramatic episodes—one for each lesson in Levels 1 and 2, and 6 episodes in the **Reprise** lesson in Level 3. The episodes present the adventures of four college students who are studying in the south of France at the Université Aix-Marseille. They live in apartments above and near Le P'tit Bistrot, a café owned by Valérie Forestier. The videos tell their story and the story of Madame Forestier and her teenage son, Stéphane.

The **Roman-photo** dialogues in the printed textbook are an abbreviated version of the dramatic version of the video episodes. Therefore, each **Roman-photo** section in the text can used as a preparation before you view the corresponding video episode, as post-viewing reinforcement, or as a stand-alone section.

Each episode in Levels 1 and 2 features the characters using the vocabulary and grammar you are studying, as well as previously taught language. Each episode ends with a **Reprise** segment, which features the key language functions and grammar points used in the episode. The first four episodes in the Level 3 **Reprise** lesson review the topics and structures from Levels 1 and 2. The final two episodes bring you up-to-date on the lives of the characters.

The cast

Here are the main characters you will meet when you watch **Roman-photo**:

 Of Senegalese heritage
Amina Mbaye

 From Washington, D.C.
David Duchesne

 From Paris
Sandrine Aubry

 From Aix-en-Provence
Valérie Forestier

 Of Algerian heritage
Rachid Kahlid

 And, also from Aix-en-Provence
Stéphane Forestier

Flash culture video program

For one lesson in each unit, a **Flash culture** segment allows you to experience the sights and sounds of the French-speaking world and the daily life of French speakers. Each segment is from two-to-three minutes long and is correlated to your textbook in one **Culture** section in each unit.

Hosted by narrators Csilla and Benjamin, these segments of specially shot footage transport you to a variety of venues: schools, parks, public squares, cafés, stores, cinemas, outdoor markets, city streets, festivals, and more. They also incorporate mini-interviews with French speakers in various walks of life: for example, family members, friends, students, and people in different professions.

The footage was filmed taking special care to capture rich, vibrant images that will expand your cultural perspectives with information directly related to the content of your textbook. In addition, the narrations were carefully written to reflect the vocabulary and grammar covered in **D'accord!**

Le Zapping

Authentic TV clips from around the French-speaking world connect the vocabulary and theme of each unit. These clips include commercials, newscasts, short films, and TV shows.

Publicité de PagesJaunes

Je souhaiterais° une pièce montée° s'il te plaît.

The French-speaking World

Do you know someone who speaks French? Chances are you do! More than 2 million Americans speak French or one of its varieties at home, and it is the second most common language in some states. It is the official language of more than twenty-five countries and an official language of the European Union and United Nations. English and French are the only two languages that are spoken on every continent of the world.

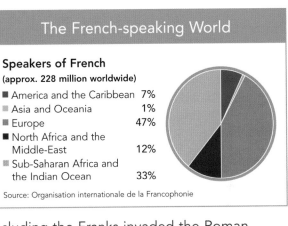

The French-speaking World

Speakers of French
(approx. 228 million worldwide)

- ■ America and the Caribbean 7%
- ■ Asia and Oceania 1%
- ■ Europe 47%
- ■ North Africa and the Middle-East 12%
- ■ Sub-Saharan Africa and the Indian Ocean 33%

Source: Organisation internationale de la Francophonie

The Growth of French

Have you ever heard someone say that French is a Romance language? This doesn't mean it's romantic—although some say it is the language of love!—but that it is derived from Latin, the language of the Romans. Gaul, a country largely made up of what is now France and Belgium, was absorbed into the Roman Empire after the Romans invaded Gaul in 58 B.C. Most Gauls began speaking Latin. In the third century, Germanic tribes including the Franks invaded the Roman territories of Western Europe. Their language also influenced the Gauls. As the Roman empire collapsed in the fifth century, people in outlying regions and frontiers were cut off from Rome. The Latin spoken by each group was modified more and more over time. Eventually, the language that was spoken in Paris became the standard for modern-day French.

French in the United States

1500

1600

1700

1534

Jacques Cartier claims territories for France as he explores the St. Lawrence river, and the French establish fur-trading posts.

1600s

French exploration continues in the Great Lakes and the Mississippi Valley. La Salle takes the colony of Louisiana for France in 1682.

1685–1755

The Huguenots (French Protestants) form communities in America. French Acadians leave Nova Scotia and settle in northern New England and Louisiana.

French in the United States

French came to North America in the 16th and 17th centuries when French explorers and fur traders traveled through what is now America's heartland. French-speaking communities grew rapidly when the French Acadians were forced out of their Canadian settlement in 1755 and settled in New England and Louisiana. Then, in 1803, France sold the Louisiana territory to the United States for 80 million francs, or about 15 million dollars. Overnight, thousands of French people became citizens of the United States, bringing with them their rich history, language, and traditions.

This heritage, combined with that of the other French populations that have immigrated to the United States over the years, as well as U.S. relations with France in World Wars I and II, has led to the remarkable growth of French around the country. It is one of the most commonly spoken languages in the U.S., and there are significant populations in Louisiana, Maine, New Hampshire, and Vermont who speak French or one of its varieties.

You've made a popular choice by choosing to take French in school; it is the second most commonly taught foreign language in classrooms throughout the country! Have you heard people speaking French in your community? Chances are that you've come across an advertisement, menu, or magazine that is in French. If you look around, you'll find that French can be found in some pretty common places. Depending on where you live, you may see French on grocery items such as juice cartons and cereal boxes. In some large cities, you can see French language television broadcasts on stations such as TV5Monde. When you listen to the radio or download music from the Internet, some of the most popular choices are French artists who perform in French. French and English are the only two official languages of the Olympic Games. More than 20,000 words in the English language are of French origin. Learning French can create opportunities within your everyday life.

1800

1900

2000

1803
The United States purchases Louisiana, where Cajun French is widely spoken.

1980s
Nearly all high schools, colleges, and universities in the United States offer courses in French as a foreign language. It is the second most commonly studied language.

2011
In the U.S., French is one of the languages most commonly spoken at home, with over 2 million speakers.

Why Study French?

Connect with the World

Learning French can change how you view the world. While you learn French, you will also explore and learn about the origins, customs, art, music, and literature of people all around the world. When you travel to a French-speaking country, you'll be able to converse freely with the people you meet. And whether here in the U.S. or abroad, you'll find that speaking to people in their native language is the best way to bridge any culture gap.

Learn an International Language

There are many reasons for learning French, a language that has spread to many parts of the world and has along the way embraced words and sounds of languages as diverse as Latin, Arabic, German, and Celtic. The French language, standardized and preserved by the Académie française since 1634, is now among the most commonly spoken languages in the world. It is the second language of choice among people who study languages other than English in North America.

Understand the World Around You

Knowing French can also open doors to communities within the United States, and it can broaden your understanding of the nation's history and geography. The very names Delaware, Oregon, and Vermont are French in origin. Just knowing their meanings can give you some insight into the history and landscapes for which the states are known. Oregon is derived from a word that means "hurricane," which tells you about the windy weather; and Vermont comes from a phrase

City Name	Meaning in French
Bel Air, California	"beautiful air"
Boise, Idaho	"wooded"
Des Moines, Iowa	"of the monks"
Montclair, New Jersey	"bright mountain"

meaning "green mountain," which is why its official nickname is The Green Mountain State. You've already been speaking French whenever you talk about these states!

Explore Your Future

How many of you are already planning your future careers? Employers in today's global economy look for workers who know different languages and understand other cultures. Your knowledge of French will make you a valuable candidate for careers abroad as well as in the United States. Doctors, nurses, social workers, hotel managers, journalists, businesspeople, pilots, flight attendants, and many other kinds of professionals need to know French or another foreign language to do their jobs well.

Expand Your Skills

Studying a foreign language can improve your ability to analyze and interpret information and help you succeed in many other subject areas. When you begin learning French, much of your studies will focus on reading, writing, grammar, listening, and speaking skills. You'll be amazed at how the skills involved with learning how a language works can help you succeed in other areas of study. Many people who study a foreign language claim that they gained a better understanding of English and the structures it uses. French can even help you understand the origins of many English words and expand your own vocabulary in English. Knowing French can also help you pick up other related languages, such as Portuguese, Spanish, and Italian. French can really open doors for learning many other skills in your school career.

How to Learn French

Start with the Basics!

As with anything you want to learn, start with the basics and remember that learning takes time!

Vocabulary Every new word you learn in French will expand your vocabulary and ability to communicate. The more words you know, the better you can express yourself. Focus on sounds and think about ways to remember words. Use your knowledge of English and other languages to figure out the meaning of and memorize words like **téléphone**, **l'orchestre**, and **mystérieux**.

Grammar Grammar helps you put your new vocabulary together. By learning the rules of grammar, you can use new words correctly and speak in complete sentences. As you learn verbs and tenses, you will be able to speak about the past, present, or future; express yourself with clarity; and be able to persuade others with your opinions. Pay attention to structures and use your knowledge of English grammar to make connections with French grammar.

Culture Culture provides you with a framework for what you may say or do. As you learn about the culture of French-speaking communities, you'll improve your knowledge of French. Think about a word like **cuisine** and how it relates to a type of food as well as the kitchen itself. Think about and explore customs observed at **le Réveillon de la Saint-Sylvestre** (New Year's Eve) or **le Carnaval** (or **Mardi Gras**, "fat Tuesday") and how they are similar to celebrations you are familiar with. Observe customs. Watch people greet each other or say good-bye. Listen for sayings that capture the spirit of what you want to communicate!

Listen, Speak, Read, and Write

Listening Listen for sounds and for words you can recognize. Listen for inflections and watch for key words that signal a question such as **comment** (*how*), **où** (*where*), or **qui** (*who*). Get used to the sound of French. Play French pop songs or watch French movies. Borrow books on CD from your local library, or try to attend a meeting with a French language group in your community. Download a podcast in French or watch a French newscast online. Don't worry if you don't understand every single word. If you focus on key words and phrases, you'll get the main idea. The more you listen, the more you'll understand!

Speaking Practice speaking French as often as you can. As you talk, work on your pronunciation, and read aloud texts so that words and sentences flow more easily. Don't worry if you don't sound like a native speaker, or if you make some mistakes. Time and practice will help you get there. Participate actively in French class. Try to speak French with classmates, especially native speakers (if you know any), as often as you can.

Reading Pick up a French-language newspaper or a magazine on your way to school, read the lyrics of a song as you listen to it, or read books you've already read in English translated into French. Use reading strategies that you know to understand the meaning of a text that looks unfamiliar. Look for cognates, or words that are related in English and French, to guess the meaning of some words. Read as often as you can, and remember to read for fun!

Writing It's easy to write in French if you put your mind to it. Memorize the basic rules of how letters and sounds are related, practice the use of diacritical marks, and soon you can probably become an expert speller in French! Write for fun—make up poems or songs, write e-mails or instant messages to friends, or start a journal or blog in French.

Tips for Learning French

- **Listen** to French radio shows, often available online. Write down words you can't recognize or don't know and look up the meaning.

- **Watch** French TV shows or movies. Read subtitles to help you grasp the content.

- **Read** French-language newspapers, magazines, websites, or blogs.

- **Listen** to French songs that you like—anything from a a jazzy pop song by Zaz to an old French ballad by Edith Piaf. Sing along and concentrate on your pronunciation.

- **Seek** out French speakers. Look for neighborhoods, markets, or cultural centers where French might be spoken in your community. Greet people, ask for directions, or order from a menu at a French restaurant in French.

- **Pursue** language exchange opportunities in your school or community. Try to join language clubs or cultural societies, and explore opportunities for studying abroad or hosting a student from a French-speaking country in your home or school.

Practice, practice, practice!

Seize every opportunity you find to listen, speak, read, or write French. Think of it like a sport or learning a musical instrument—the more you practice, the more you will become comfortable with the language and how it works. You'll marvel at how quickly you can begin speaking French and how the world that it transports you to can change your life forever!

- **Connect** your learning to everyday experiences. Think about naming the ingredients of your favorite dish in French. Think about the origins of French place names in the U.S., like Baton Rouge and Fond du Lac, or of common English words and phrases like **café**, **en route**, **fiancé**, **matinée**, **papier mâché**, **petite**, and **souvenir**.

- **Use** mnemonics, or a memorizing device, to help you remember words. Make up a saying in English to remember the order of the days of the week in French (L, M, M, J, V, S, D).

- **Visualize** words. Try to associate words with images to help you remember meanings. For example, think of a **pâté** or **terrine** as you learn the names of different types of meats and vegetables. Imagine a national park and create mental pictures of the landscape as you learn names of animals, plants, and habitats.

- **Enjoy** yourself! Try to have as much fun as you can learning French. Take your knowledge beyond the classroom and find ways to make your learning experience your very own.

Common Names

Get started learning French by using a French name in class. You can choose from the lists on these pages, or you can find one yourself. How about learning the French equivalent of your name? The most popular French names for girls are Emma, Léa, Chloé, Manon, and Inès. The most popular French names for boys are Nathan, Lucas, Enzo, Léo, and Louis. Is your name, or that of someone you know, in the French top five?

More Boys' Names	More Girls' Names
Thomas	Lola
Gabriel	Zoé
Théo	Alice
Hugo	Louise
Maxime	Camille
Alexandre	Océane
Antoine	Marie
Adam	Sarah
Quentin	Clara
Clément	Lilou
Nicolas	Laura
Alexis	Julie
Romain	Mathilde
Raphaël	Lucie
Valentin	Anaïs
Noah	Pauline
Julien	Margot
Paul	Lisa
Baptiste	Eva
Tom	Justine
Jules	Maéva
Arthur	Jade
Benjamin	Juliette
Mohamed	Charlotte
Mathis	Émilie

The top five names for boys:	The top five names for girls:
Nathan	Emma
Lucas	Léa
Enzo	Chloé
Léo	Manon
Louis	Inès

Useful French Expressions

The following expressions will be very useful in getting you started learning French. You can use them in class to check your understanding, and to ask and answer questions about the lessons. Learn these ahead of time to help you understand direction lines in French, as well as your teacher's instructions. Remember to practice your French as often as you can!

Expressions utiles	Useful expressions
Allez à la page 2.	Go to page 2.
Alternez les rôles.	Switch roles.
À tour de rôle...	Take turns...
À voix haute	Aloud
À votre/ton avis	In your opinion
Après une deuxième écoute...	After a second listen...
Articulez.	Enunciate.; Pronounce carefully.
Au sujet de, À propos de	Regarding/about
Avec un(e) partenaire/un(e) camarade de classe	With a partner/a classmate
Avez-vous/As-tu des questions?	Do you have any questions?
Avez-vous/As-tu fini/terminé?	Are you done?/Have you finished?
Chassez l'intrus.	Choose the item that doesn't belong.
Choisissez le bon mot.	Choose the right word.
Circulez dans la classe.	Walk around the classroom.
Comment dit-on ____ en français?	How do you say ____ in French?
Comment écrit-on ____ en français?	How do you spell ____ in French?

Expressions utiles	Useful expressions
Corrigez les phrases fausses.	Correct the false statements.
Créez/Formez des phrases...	Create/Form sentences...
D'après vous/Selon vous...	According to you...
Décrivez les images/dessins...	Describe the images/drawings...
Désolé(e), j'ai oublié.	I'm sorry, I forgot.
Déterminez si...	Decide whether...
Dites si vous êtes/Dis si tu es d'accord ou non.	Say if you agree or not.
Écrivez une lettre/une phrase.	Write a letter/a sentence.
Employez les verbes de la liste.	Use the verbs from the list.
En utilisant...	Using...
Est-ce que vous pouvez/tu peux choisir un(e) autre partenaire/quelqu'un d'autre?	Can you please choose... another partner/someone else?
Êtes vous prêt(e)?/Es-tu prêt(e)?	Are you ready?
Excusez-moi, je suis en retard.	Excuse me for being late.
Faites correspondre...	Match...
Faites les accords nécessaires.	Make the necessary agreements.

Expressions utiles	Useful expressions
Félicitations!	Congratulations!
Indiquez le mot qui ne va pas avec les autres.	Indicate the word that doesn't belong.
Indiquez qui a dit…	Indicate who said…
J'ai gagné!/Nous avons gagné!	I won!/We won!
Je n'ai pas/Nous n'avons pas encore fini.	I/We have not finished yet.
Je ne comprends pas.	I don't understand.
Je ne sais pas.	I don't know.
Je ne serai pas là demain.	I won't be here tomorrow.
Je peux continuer?	May I continue?
Jouez le rôle de…/ la scène…	Play the role of…/ the scene…
Lentement, s'il vous plaît.	Slowly, please.
Lisez…	Read…
Mettez dans l'ordre…	Put in order…
Ouvrez/Fermez votre livre.	Open/Close your books.
Par groupes de trois/ quatre…	In groups of three/four…
Partagez vos résultats…	Share your results…
Posez-vous les questions suivantes.	Ask each other the following questions.
Pour demain, faites…	For tomorrow, do…

Expressions utiles	Useful expressions
Pour demain, vous allez/tu vas faire…	For tomorrow you are going to do…
Prononcez.	Pronounce.
Qu'est-ce que ____ veut dire?	What does ____ mean?
Que pensez-vous/ penses-tu de…	What do you think about…
Qui a gagné?	Who won?
…qui convient le mieux.	…that best completes/is the most appropriate.
Rejoignez un autre groupe.	Get together with another group.
Remplissez les espaces.	Fill in the blanks.
Répondez aux questions suivantes.	Answer the following questions.
Soyez prêt(e)s à…	Be ready to…
Venez/Viens au tableau.	Come to the board.
Vous comprenez?/ Tu comprends?	Do you understand?
Vous pouvez nous expliquer/m'expliquer encore une fois, s'il vous plaît?	Could you explain again, please?
Vous pouvez répéter, s'il vous plaît?	Could you repeat that, please?
Vrai ou faux?	True or false?

Acknowledgments

On behalf of its authors and editors, Vista Higher Learning expresses its sincere appreciation to the many educators nationwide who reviewed materials from **D'accord!** Their input and suggestions were vitally helpful in forming and shaping the program in its final, published form.

We also extend a special thank you to Mayanne Wright, Stephen Adamson, and Séverine Champeny, whose hard work was central to bringing **D'accord!** to fruition.

We are especially grateful to Norah Jones, for her continued support and feedback regarding all aspects of the text.

Reviewers

Rachel Safier Albino
Saint Francis High School
Mountain View, CA

Erin Austin
Poudre High School
Fort Collins, CO

Rebecca Barck
The Bryn Mawr School
Baltimore, MD

Jennifer Barnhill
The Archer School for Girls
Los Angeles, CA

Michael Battle
Saint Francis High School
Mountain View, CA

Mary Bell
St Mary's Episcopal School
Memphis, TN

Morgan Benz
Drew School
San Francisco, CA

Marie France Bernard
Carrollton School of the Sacred Heart
Miami, FL

Joyce Besserer
Brookfield Academy
Brookfield, WI

Cree Bol
Polaris Expeditionary School
Fort Collins, CO

Greta Brewer
West Boca High School
Boca Raton, FL

Kari Bridenbaugh
Rocky Mountain High School
Fort Collins, CO

Bradey Bulk
Wilmington Friends School
Wilmington, DE

Chantal Cassan
St Andrew's Episcopal School
Potomac, MD

Christi Castenson
West Aurora High School
Aurora, IL

Anna Maria Cherubin
Eleanor Roosevelt High School
Greenbelt, MD

Ines du Cos de La Hitte
Sierra Canyon School
Chatsworth, CA

Amaris Cuchanski
Falmouth Academy
Falmouth, MA

Isabelle Daly
Ranney School
Tinton Falls, NJ

Silvana Dessi-Olive
The Blake School
Minneapolis, MN

Michele Diament
Collins Hill High School
Suwanee, GA

Catherine Douglas
Xaverian Brothers High School
Westwood, MA

Parthena Draggett
Community School of Naples
Naples, FL

Jillian Eilert
Avon High School
Avon, IN

Erin Feltman
Timberline High School
Olympia, WA

Kristine Finnegan
Kempsville High School
Virginia Beach, VA

Mary Beth Fischer
Kinard Core Knowledge Middle School
Fort Collins, CO

Kimberly Fogelson
Dominion High School
Sterling, VA

Acknowledgments

Kevin Giggy
Mitchell High School
Mitchell, IN

Lee Holcomb
Inspire School of Arts & Sciences
Chico, CA

Anne Jackson
Holy Innocents Episcopal School
Atlanta, GA

Debra Jukich
Mead High School
Longmont, CO

Kimberley Jurawan
The Benjamin School
Palm Beach Gardens, FL

Catalina Keilhauer
The Madeira School
McLean, VA

Benjamin Lizotte
St. John's High School
Shrewsbury, MA

Jean Mari Hernandez Lopez
Westtown School
West Chester, PA

Sabrina Maggio
Marist High School
Chicago, IL

Miranda Markland
Preston Middle School
Fort Collins, CO

Michelle Martin
Brebeuf Jesuit Preparatory School
Indianapolis, IN

Patricia Massey
Potomac Falls High School
Potomac Falls, VA

Thomas Michaud
Nichols School
Buffalo, NY

Caron Morton
Suncoast Community High School
Riviera Beach, FL

Nadine Paulsen
Archbishop Mitty High School
San Jose, CA

Marilyn Payton
St. John XXIII College Preparatory
Katy, TX

Rebecca Philippone
Greene High School
Greene, NY

Sarah du Plessis
Hopkins School
New Haven, CT

Tom Pozen
Saint Ignatius College Prep
Chicago, IL

Meghan Primm
Mill Creek High School
Hoschton, GA

Carolyn Quinby
Terra Linda High School
San Rafael, CA

Philippe Radelet
Benjamin Franklin High School
New Orleans, LA

Caroline Ridenour
Heritage Christian School
North Hills, CA

Donna Romanick
Pope John XXIII High School
Sparta, NJ

Tracy Rucker
Louisville Collegiate School
Louisville, KY

Katherine Saxby
Orinda Academy
Orinda, CA

Sarah Sexton
Fossil Ridge High School
Fort Collins, CO

Ellen Spence
Beavercreek High School
Beavercreek, OH

Suzanne Stluka
The New School of Northern Virginia
Fairfax, VA

Maggie Strahl
Bishop Fenwick High School
Franklin, OH

Cammie Williams
William Byrd High School
Vinton, VA

Pachao Yajcherthao
The Blake School
Minneapolis, MN

Valerie Yoshimura
The Archer School for Girls
Los Angeles, CA

Salut!

Pour commencer
- What are these people saying?
  a. Excusez-moi.   b. Bonjour!   c. Merci.
- How many people are there in the photo?
  a. une personne   b. deux personnes
  c. trois personnes
- What do you think is an appropriate title for the person on the left?
  a. Monsieur   b. Madame   c. Mademoiselle

You will learn how to...
- greet people in French
- say good-bye

vhlcentral

Ça va?

Vocabulaire

Bonsoir.	*Good evening.; Hello.*
À bientôt.	*See you soon.*
À demain.	*See you tomorrow.*
Bonne journée!	*Have a good day!*
Au revoir.	*Good-bye.*
Comme ci, comme ça.	*So-so.*
Je vais bien/mal.	*I am doing well/badly.*
Moi aussi.	*Me too.*
Comment t'appelles-tu? (*fam.*)	*What is your name?*
Je vous/te présente... (*form./fam.*)	*I would like to introduce (name) to you.*
De rien.	*You're welcome.*
Excusez-moi. (*form.*)	*Excuse me.*
Excuse-moi. (*fam.*)	*Excuse me.*
Merci beaucoup.	*Thanks a lot.*
Pardon.	*Pardon (me).*
S'il vous plaît. (*form.*)	*Please.*
S'il te plaît. (*fam.*)	*Please.*
Je vous/t'en prie. (*form./fam.*)	*You're welcome.; It's nothing.*
Monsieur (M.)	*Sir (Mr.)*
Madame (Mme)	*Ma'am (Mrs.)*
Mademoiselle (Mlle)	*Miss*
ici	*here*
là	*there*
là-bas	*over there*

GEORGES Ça va, Henri?
HENRI Oui, ça va très bien, merci. Et vous, comment allez-vous?
GEORGES Je vais bien, merci.

PAUL Merci!
JEAN Il n'y a pas de quoi.

MARIE À plus tard, Guillaume!
GUILLAUME À tout à l'heure, Marie!

JACQUES Bonjour, Monsieur Boniface. Je vous présente Thérèse Lemaire.
M. BONIFACE Bonjour, Mademoiselle.
THÉRÈSE Enchantée.

Attention!

In French, people can be addressed formally or informally. Use the **tu/toi** forms with close friends, family, or children. Use the **vous** forms with groups, a boss, adults, or someone you do not know, unless they ask you to use **tu**.

MARC Bonjour, je m'appelle Marc, et vous, comment vous appelez-vous?
ANNIE Je m'appelle Annie.
MARC Enchanté.

SOPHIE Bonjour, Catherine!
CATHERINE Salut, Sophie!
SOPHIE Ça va?
CATHERINE Oui, ça va bien, merci. Et toi, comment vas-tu?
SOPHIE Pas mal.

Mise en pratique

1 **Chassez l'intrus** Circle the word or expression that does not belong.

1. a. Bonjour.
   b. Bonsoir.
   c. Salut.
   d. Pardon.

2. a. Bien.
   b. Très bien.
   c. De rien.
   d. Comme ci, comme ça.

3. a. À bientôt.
   b. À demain.
   c. À tout à l'heure.
   d. Enchanté.

4. a. Comment allez-vous?
   b. Comment vous appelez-vous?
   c. Ça va?
   d. Comment vas-tu?

5. a. Pas mal.
   b. Excuse-moi.
   c. Je vous en prie.
   d. Il n'y a pas de quoi.

6. a. Comment vous appelez-vous?
   b. Je vous présente Dominique.
   c. Enchanté.
   d. Comment allez-vous?

7. a. Pas mal.
   b. Très bien.
   c. Mal.
   d. Et vous?

8. a. Comment allez-vous?
   b. Comment vous appelez-vous?
   c. Et toi?
   d. Je vous en prie.

2 **Écoutez** Listen to each of these questions or statements and select the most appropriate response.

1. Enchanté. ☐ Je m'appelle Thérèse. ☐
2. Merci beaucoup. ☐ Je vous en prie. ☐
3. Comme ci, comme ça. ☐ De rien. ☐
4. Bonsoir, Monsieur. ☐ Moi aussi. ☐
5. Enchanté. ☐ Et toi? ☐
6. Bonjour. ☐ À demain. ☐
7. Pas mal. ☐ Pardon. ☐
8. Il n'y a pas de quoi. ☐ Moi aussi. ☐
9. Enchanté. ☐ Très bien. Et vous? ☐
10. À bientôt. ☐ Mal. ☐

3 **Conversez** Madeleine is introducing her classmate Khaled to Libby, an American exchange student. Complete their conversation, using a different expression from **CONTEXTES** in each blank.

MADELEINE (1) _____!
KHALED Salut, Madeleine. (2) _____?
MADELEINE Pas mal. (3) _____?
KHALED (4) _____, merci.
MADELEINE (5) _____ Libby. Elle est de (*She is from*) Boston.
KHALED (6) _____, Libby. (7) _____ Khaled.
         (8) _____?
LIBBY (9) _____, merci.
KHALED Oh, là, là. Je vais rater (*I am going to miss*) le bus. À bientôt.
MADELEINE (10) _____.
LIBBY (11) _____.

Communication

4 **Discutez** With a partner, complete these conversations. Then act them out.

Conversation 1 Salut! Je m'appelle François. Et toi, comment t'appelles-tu?

_____

Ça va?

_____

Conversation 2 _____

Comme ci, comme ça. Et vous?

_____

Bon (*Well*), à demain.

_____

Conversation 3 Bonsoir, je vous présente Mademoiselle Barnard.

_____

Enchanté(e).

_____

Très bien, merci. Et vous?

_____

5 **C'est à vous!** How would you greet these people, ask them for their names, and ask them how they are doing? With a partner, write a short dialogue for each item and act it out. Pay attention to the use of **tu** and **vous**.

1. Madame Colombier
2. Mademoiselle Estèves
3. Monsieur Marchand
4. Marie, Guillaume et Geneviève

6 **Présentations** Form groups of three. Introduce yourself, and ask your partners their names and how they are doing. Then, join another group and take turns introducing your partners.

MODÈLE

Élève 1: *Bonjour. Je m'appelle Fatima. Et vous?*
Élève 2: *Je m'appelle Fabienne.*
Élève 3: *Et moi, je m'appelle Antoine. Ça va?*
Élève 1: *Ça va bien, merci. Et toi?*
Élève 3: *Comme ci, comme ça.*

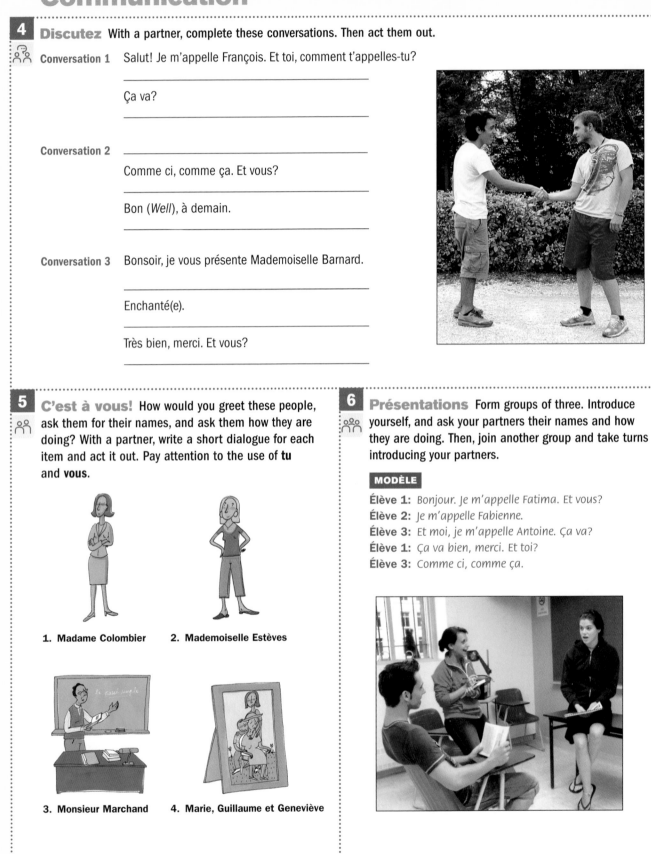

Les sons et les lettres 🔊 vhlcentral
The French alphabet

The French alphabet is made up of the same 26 letters as the English alphabet. While they look the same, some letters are pronounced differently. They also sound different when you spell.

lettre	exemple	lettre	exemple	lettre	exemple
a (a)	**a**dresse	j (ji)	**j**ustice	s (esse)	**s**pécial
b (bé)	**b**anane	k (ka)	**k**ilomètre	t (té)	**t**able
c (cé)	**c**arotte	l (elle)	**l**ion	u (u)	**u**nique
d (dé)	**d**essert	m (emme)	**m**ariage	v (vé)	**v**idéo
e (e)	**r**ebelle	n (enne)	**n**ature	w (double vé)	**w**agon
f (effe)	**f**ragile	o (o)	**o**live	x (iks)	**x**ylophone
g (gé)	**g**enre	p (pé)	**p**ersonne	y (i grec)	**y**oga
h (hache)	**h**éritage	q (ku)	**q**uiche	z (zède)	**z**éro
i (i)	**i**nnocent	r (erre)	**r**adio		

Notice that some letters in French words have accents. You'll learn how they influence pronunciation in later lessons. Whenever you spell a word in French, include the name of the accent after the letter. For double letters, use **deux**: ss = deux s.

accent	nom	exemple	orthographe
´	*accent aigu*	**identité**	*I-D-E-N-T-I-T-E-accent aigu*
`	*accent grave*	**problème**	*P-R-O-B-L-E-accent grave-M-E*
^	*accent circonflexe*	**hôpital**	*H-O-accent circonflexe-P-I-T-A-L*
¨	*tréma*	**naïve**	*N-A-I-tréma-V-E*
¸	*cédille*	**ça**	*C-cédille-A*

L'alphabet Practice saying the French alphabet and example words aloud.

Ça s'écrit comment? Spell these words aloud in French.

1. judo
2. yacht
3. forêt
4. zèbre
5. existe
6. clown
7. numéro
8. français
9. musique
10. favorite
11. kangourou
12. parachute
13. différence
14. intelligent
15. dictionnaire
16. alphabet

Dictons Practice reading these sayings aloud.

Tout est bien qui finit bien.[2]

Grande invitation, petites portions.[1]

Lundi Mardi

[1] Great boast, small roast.
[2] All's well that ends well.

Au café vhlcentral

PERSONNAGES

Amina

David

Monsieur Hulot

Michèle

Rachid

Sandrine

Stéphane

Valérie

Au kiosque...
SANDRINE Bonjour, Monsieur Hulot!
M. HULOT Bonjour, Mademoiselle Aubry! Comment allez-vous?
SANDRINE Très bien, merci! Et vous?
M. HULOT Euh, ça va. Voici 45 (quarante-cinq) centimes. Bonne journée!
SANDRINE Merci, au revoir!

À la terrasse du café...
AMINA Salut!
SANDRINE Bonjour, Amina. Ça va?
AMINA Ben... ça va. Et toi?
SANDRINE Oui, je vais bien, merci.
AMINA Regarde! Voilà Rachid et... un ami?

RACHID Bonjour!
AMINA ET SANDRINE Salut!
RACHID Je vous présente un ami, David Duchesne.
SANDRINE Je m'appelle Sandrine.
DAVID Enchanté.

STÉPHANE Oh, non! Madame Richard! Le professeur de français!
DAVID Il y a un problème?

STÉPHANE Oui! L'examen de français! Présentez-vous, je vous en prie!

VALÉRIE Oh... l'examen de français! Oui, merci, merci Madame Richard, merci beaucoup! De rien, au revoir!

A C T I V I T É S

1 **Vrai ou faux?** Decide whether each statement is **vrai** or **faux**.

1. Sandrine va (*is doing*) bien.
2. Sandrine et Amina sont (*are*) amies.
3. David est français.
4. David est de Washington.
5. David présente Rachid à Sandrine et Amina.
6. Stéphane est étudiant à l'université.
7. Il y a un problème avec l'examen de sciences politiques.
8. Amina, Rachid et Sandrine sont (*are*) à Paris.
9. Michèle est au P'tit Bistrot.
10. Madame Richard est le professeur de Stéphane.
11. Valérie va mal.
12. Rachid a (*has*) cours de français dans 30 minutes.

Les étudiants se retrouvent (*meet*) au café.

DAVID Et toi..., comment t'appelles-tu?
AMINA Je m'appelle Amina.
RACHID David est un étudiant américain. Il est de Washington, la capitale des États-Unis.
AMINA Ah, oui! Bienvenue à Aix-en-Provence.
RACHID Bon..., à tout à l'heure.
SANDRINE À bientôt, David.

À l'intérieur (inside) du café...
MICHÈLE Allô. Le P'tit Bistrot. Oui, un moment, s'il vous plaît. Madame Forestier! Le lycée de Stéphane.
VALÉRIE Allô. Oui. Bonjour, Madame Richard. Oui. Oui. Stéphane? Il y a un problème au lycée?

RACHID Bonjour, Madame Forestier. Comment allez-vous?
VALÉRIE Ah, ça va mal.
RACHID Oui? Moi, je vais bien. Je vous présente David Duchesne, étudiant américain de Washington.

DAVID Bonjour, Madame. Enchanté!
RACHID Ah, j'ai cours de sciences politiques dans 30 (trente) minutes. Au revoir, Madame Forestier. À tout à l'heure, David.

Expressions utiles

Introductions
- **David est un étudiant américain. Il est de Washington.**
  David is an American student. He's from Washington.
- **Présentez-vous, je vous en prie!**
  Introduce yourselves, please!
- **Il/Elle s'appelle...**
  His/Her name is...
- **Bienvenue à Aix-en-Provence.**
  Welcome to Aix-en-Provence.

Speaking on the telephone
- **Allô.**
  Hello.
- **Un moment, s'il vous plaît.**
  One moment, please.

Additional vocabulary
- **Regarde! Voilà Rachid et... un ami?**
  Look! There's Rachid and... a friend?
- **J'ai cours de sciences politiques dans 30 (trente) minutes.**
  I have political science class in thirty minutes.
- **Il y a un problème au lycée?**
  Is there a problem at the high school?
- **Il y a...** / **euh**
  There is/are... / *um*
- **Il/Elle est** / **bon**
  He/She is... / *well; good*
- **Voici...** / **centimes**
  Here's... / *cents*
- **Voilà...**
  There's...

2 Complétez Fill in the blanks with the words from the list. Refer to the video scenes as necessary.

1. _____ à Aix-en-Provence.
2. Il est de Washington, la _____ des États-Unis.
3. _____ 45 (quarante-cinq) centimes. Bonne journée!
4. J'_____ cours de sciences politiques.
5. David _____ un étudiant américain.

ai	est
bienvenue	voici
capitale	

3 Conversez In groups of three, write a conversation where you introduce an exchange student to a friend. Be prepared to present your conversation to the class.

ACTIVITÉS

vhlcentral | *Flash culture*

La poignée de main ou la bise?

French friends and relatives usually exchange a kiss (la bise) on alternating cheeks whenever they meet and again when they say good-bye. Friends of friends may also kiss on the cheek when introduced, even though they have just met. This is particularly true among students and young adults. It is normal for men of the same family to exchange **la bise**; otherwise, men generally greet one another with a handshake (**la poignée de main**). As the map shows, the number of kisses varies from place to place in France. In some regions, two kisses (one on each cheek) is the standard while in others, people may exchange as many as four kisses. Whatever the number, each kiss is accompanied by a slight kissing sound.

Unless they are also friends, business acquaintances and coworkers usually shake hands each time they meet and do so again upon leaving. A French handshake is brief and firm, with a single downward motion.

Coup de main

If you are not sure whether you should shake hands or kiss someone, or if you don't know which side to start on, you can always follow the other person's lead.

Combien de° bises?

Combien de *How many*

A C T I V I T É S

1 Vrai ou faux? Indicate whether each statement is **vrai** or **faux**. Correct any false statements.

1. In northwestern France, giving four kisses is common.

2. Business acquaintances usually kiss one another on the cheek.

3. French people may give someone they've just met **la bise**.

4. **Bises** exchanged between French men at a family gathering are common.

5. In a business setting, French people often shake hands when they meet each day and again when they leave.

6. When shaking hands, French people prefer a long and soft handshake.

7. The number of kisses given can vary from one region to another.

8. It is customary for kisses to be given silently.

Les salutations

À la prochaine!	*Until next time!*
À plus!	*See you later!*
Ciao!	*Bye!*
Coucou!	*Hi there!/Hey!*
Pas grand-chose.	*Nothing much.*
Quoi de neuf?	*What's new?*
Rien de nouveau.	*Nothing new.*

Les bonnes manières

In the francophone world, making an effort to speak in French is important. Respecting cultural norms and using polite expressions, such as **excusez-moi, s'il vous plaît**, and **merci**, goes a long way when conversing with locals.

Dos and don'ts in the francophone world:

France Always greet shopkeepers upon entering a store and say good-bye upon leaving.

Cambodia Greet others traditionally with your palms together and raised in front of you.

French Polynesia/Tahiti Shake hands with everyone in a room, unless the group is large.

Vietnam Remove your hat in the presence of older people and monks to show respect.

Ivory Coast Avoid making eye contact, as it is considered rude to stare.

Aix-en-Provence: ville d'eau, ville d'art°

Aix-en-Provence is a lively university town that welcomes international students. Its main boulevard, **le cours Mirabeau**, is great for people-watching or just relaxing in a sidewalk café. One can see many beautiful fountains, traditional and ethnic restaurants, and the daily vegetable and flower market among the winding, narrow streets of **la vieille ville** (*old town*).

Aix is also well-known for its dedication to the arts, hosting numerous cultural festivals every year such as **le Festival International d'Art Lyrique**, and **Aix en Musique**. For centuries, artists have been drawn to Provence for its natural beauty and its unique quality of light. Paul Cézanne, artist and native son of Provence, spent his days painting the surrounding countryside.

ville d'eau, ville d'art *city of water, city of art*

Sur Internet

What behaviors are socially unacceptable in French-speaking countries?

Go to **vhlcentral.com** to find more information related to this **Culture** section and to watch the corresponding **Flash culture** video.

2 **Les bonnes manières** In which places might these behaviors be particularly offensive?

1. making direct eye contact
2. greeting someone with a **bise** when introduced
3. wearing a hat in the presence of older people
4. failing to greet a salesperson
5. failing to greet everyone in a room

3 **À vous** With a partner, practice meeting and greeting people in French in various social situations.

1. Your good friend from Provence introduces you to her close friend.
2. You walk into your neighborhood bakery.
3. You arrive for an interview with a prospective employer.

ACTIVITÉS

1A.1 Nouns and articles vhlcentral

Point de départ A noun designates a person, place, or thing. As in English, nouns in French have number, meaning they are singular or plural. However, nouns in French also have gender, meaning they are either masculine or feminine.

masculine singular	masculine plural	feminine singular	feminine plural
le café	**les cafés**	**la bibliothèque**	**les bibliothèques**
the café	*the cafés*	*the library*	*the libraries*

- You can't guess the gender of a noun unless it refers to a person. In this case, nouns that designate a male are usually masculine and nouns that designate a female are usually feminine.

masculine		feminine	
l'acteur	*the actor*	l'actrice	*the actress*
l'ami	*the (male) friend*	l'amie	*the (female) friend*
le chanteur	*the (male) singer*	la chanteuse	*the (female) singer*
l'étudiant	*the (male) student*	l'étudiante	*the (female) student*
le petit ami	*the boyfriend*	la petite amie	*the girlfriend*

- There are exceptions to the rule above. Sometimes a masculine noun or a feminine noun can refer to either a male or a female. Here are two.

un professeur
a (male or female) teacher, professor

une personne
a (male or female) person

- The genders of nouns that refer to objects and ideas, however, have to be memorized.

masculine		feminine	
le bureau	*the office; desk*	la chose	*the thing*
le lycée	*the high school*	la différence	*the difference*
l'examen	*the test, exam*	la librairie	*the bookstore*
l'objet	*the object*	la littérature	*literature*
l'ordinateur	*the computer*	la sociologie	*sociology*
le problème	*the problem*	l'université	*the university*

- You can make many nouns plural by adding -s.

	singular		plural	
masculine noun	l'objet	*the object*	les objets	*the objects*
feminine noun	la télévision	*the television*	les télévisions	*the televisions*

- For nouns that end in -eau in the singular, add -x to the end to make it plural. For most nouns ending in -al, drop the -al and add -aux.

le bureau → les bureaux
the office *the offices*

l'animal → les animaux
the animal *the animals*

Boîte à outils

As you learn new nouns, study them with their corresponding articles. This will help you remember their gender.

Boîte à outils

The final **-s** in the plural form of a noun is not pronounced. Therefore **ami** and **amis** sound the same. You can determine whether the word you're hearing is singular or plural by the article that comes before it.

Vérifiez

- When you have a group composed of males and females, use the masculine plural noun.

les amis	**les étudiants**
the (male, or male and female) friends	*the (male, or male and female) students*

Definite and indefinite articles

- The words **le**, **la**, **l'** and **les** you've seen in front of nouns are called definite articles. They all correspond to the word *the*, the only form of the definite article in English. In French, the definite article you use depends on the number and gender of the noun it goes with. For singular nouns, it also depends if they begin with a consonant or vowel sound.

	singular noun beginning with a consonant		singular noun beginning with a vowel sound		plural noun	
masculine	le tableau	*the painting/ blackboard*	l'ami	*the (male) friend*	les cafés	*the cafés*
feminine	la librairie	*the bookstore*	l'université	*the university*	les télévisions	*the televisions*

- Indefinite articles can also be used before nouns. In English, the singular forms are *a/an* and the plural form is *some*. In French, the masculine singular form is **un**, the feminine singular form is **une**, and the plural form is **des**. Unlike in English, the indefinite article **des** cannot be omitted in French.

	singular		plural	
masculine	**un** instrument	*an instrument*	**des** instruments	*(some) instruments*
feminine	**une** table	*a table*	**des** tables	*(some) tables*

- Use **c'est** followed by a singular article and noun or **ce sont** followed by a plural article and noun to identify people and objects.

Qu'est-ce que **c'est**?	**C'est** une librairie.
What is that?	*It's a bookstore.*
	Ce sont des bureaux.
	Those are offices.

Boîte à outils

In English, you sometimes omit the definite article when making general statements.

I love French.

Literature is difficult.

In French, you must always use the definite article in such cases.

J'adore le français.

La littérature est difficile (*difficult*).

Essayez! **Select the correct article for each noun.**

le, la, l' ou les?

1. ___le___ café
2. _____ bibliothèque
3. _____ acteur
4. _____ amie
5. _____ problèmes
6. _____ lycée
7. _____ examens
8. _____ littérature

un, une ou des?

1. ___un___ bureau
2. _____ différence
3. _____ objet
4. _____ amis
5. _____ amies
6. _____ université
7. _____ ordinateur
8. _____ tableaux

Mise en pratique

1 **Les singuliers et les pluriels** Make the singular nouns plural, and the plural nouns singular.

1. l'actrice
2. les lycées
3. les différences
4. la chose
5. le bureau
6. le café
7. les librairies

8. les étudiantes
9. les acteurs
10. l'ami
11. l'université
12. les tableaux
13. le problème
14. les bibliothèques

2 **Le lycée** Complete the sentences with an appropriate word from the list. Don't forget to provide the definite articles.

| bibliothèque | examen | ordinateurs | sociologie |
| bureau | lycée | petit ami | |

1. À (a) _____, les tableaux et (b) _____ sont (are) modernes.
2. Marc, c'est (c) _____ de (of) Marie. Marc étudie (studies) la littérature.
3. Marie étudie (d) _____. (e) _____ de Marie et Marc s'appelle Henri IV.
4. Sylvie étudie pour (for) (f) _____ de français.

3 **Les mots** Find ten words (**mots**) hidden in this word jumble. Then, provide the corresponding indefinite articles.

G	N	I	O	R	Z	Y	M	I	P	X	L	R	W
E	B	U	R	E	A	U	X	U	J	V	C	B	N
C	A	F	B	S	M	V	B	G	H	M	N	I	P
A	N	R	Y	E	I	H	K	B	E	F	K	V	F
J	G	O	S	T	E	J	B	O	B	E	G	D	D
E	K	E	L	H	N	U	Q	R	V	F	D	B	M
G	W	F	G	E	R	E	S	D	C	N	U	H	E
P	S	V	B	C	H	O	S	I	U	K	H	S	C
U	Q	K	E	I	Y	M	T	N	A	D	O	X	R
A	B	V	C	R	I	V	V	A	J	H	W	I	J
E	I	W	I	L	P	W	J	T	C	P	Y	E	Y
L	I	B	R	A	I	R	I	E	D	M	E	K	L
B	D	O	T	B	S	S	E	U	C	H	L	D	Y
A	Y	P	C	P	J	C	N	R	L	S	G	T	C
T	D	G	A	E	S	Y	L	S	V	C	A	F	E
S	I	J	E	M	X	K	P	Z	A	A	S	O	E
R	I	A	R	B	I	L	A	D	S	F	H	C	W

Communication

4   Qu'est-ce que c'est?   In pairs, take turns identifying the item(s) in each image.

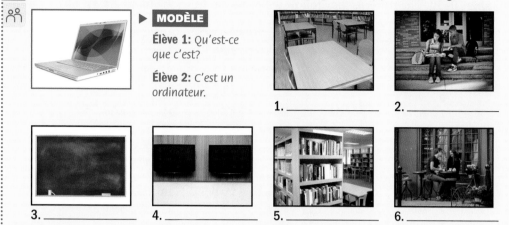

▶ **MODÈLE**

Élève 1: *Qu'est-ce que c'est?*

Élève 2: *C'est un ordinateur.*

1. _____
2. _____
3. _____
4. _____
5. _____
6. _____

5   Identifiez   In pairs, take turns providing a category for each item.

MODÈLE

Michigan, UCLA, Rutgers, Duke
Ce sont des universités.

1. saxophone
2. Sheldon, Penny, Leonard, Rajesh, Howard
3. SAT
4. Library of Congress
5. Jennifer Lawrence, Marion Cotillard, Emma Watson, Sophie Turner
6. Beyoncé, Bruno Mars

6   Le français   Your partner gets French words mixed up. Correct your partner as he or she points to various people and objects in the illustration and names them. When you're done, switch roles.

MODÈLE

Élève 1: *C'est une personne.*

Élève 2: *Non, c'est un objet.*

7   Pictogrammes   In groups of four, someone draws a person, object, or concept for the others to guess. Whoever guesses correctly draws next. Continue until everyone has drawn at least once.

1A.2

Numbers 0–60 vhlcentral

Point de départ Numbers in French follow patterns, as they do in English. First, learn the numbers **0–30**. The patterns they follow will help you learn the numbers **31–60**.

Numbers 0–30		
0–10	**11–20**	**21–30**
0 zéro		
1 un	11 onze	21 vingt et un
2 deux	12 douze	22 vingt-deux
3 trois	13 treize	23 vingt-trois
4 quatre	14 quatorze	24 vingt-quatre
5 cinq	15 quinze	25 vingt-cinq
6 six	16 seize	26 vingt-six
7 sept	17 dix-sept	27 vingt-sept
8 huit	18 dix-huit	28 vingt-huit
9 neuf	19 dix-neuf	29 vingt-neuf
10 dix	20 vingt	30 trente

- When counting a series of numbers, use **un** for *one*.

  un, deux, trois, quatre...
  one, two, three, four...

- When *one* is followed by a noun, use **un** with a masculine noun and **une** with a feminine noun.

  un objet   **une** télévision
  an/one object   *a/one television*

- The number **21** (**vingt et un**) follows a different pattern than the numbers **22–30**. When **vingt et un** precedes a feminine noun, add **-e** to the end of it: **vingt et une**.

  vingt et un objets   **vingt et une** choses
  twenty-one objects   *twenty-one things*

- The numbers **31–39**, **41–49**, and **51–59** follow the same pattern as the numbers **21–29**.

Numbers 31–60		
31–34	**35–38**	**39, 40, 50, 60**
31 trente et un	35 trente-cinq	39 trente-neuf
32 trente-deux	36 trente-six	40 quarante
33 trente-trois	37 trente-sept	50 cinquante
34 trente-quatre	38 trente-huit	60 soixante

- As with the number **21**, add an **-e** to **trente et un**, **quarante et un**, and **cinquante et un** when used before a feminine noun.

  trente et **un** objets   trente et **une** choses
  thirty-one objects   *thirty-one things*

  cinquante et **un** objets   cinquante et **une** choses
  fifty-one objects   *fifty-one things*

Il y a and Combien de...?

- Use **il y a** to say *there is* or *there are* in French.

Il y a un ordinateur dans le bureau.
There is a computer in the office.

Il y a une table dans le café.
There is one table in the café.

Il y a des tables dans le café.
There are tables in the café.

Il y a dix-huit objets sur le bureau.
There are eighteen objects on the desk.

Il y a deux amies.

Il y a trois étudiants.

- In most cases, the indefinite article (**un, une,** or **des**) or a number is used with **il y a**, rather than the definite article (**le, la, l'**, or **les**).

Il y a un professeur de biologie américain.
There's an American biology teacher.

Il y a des étudiants français et anglais.
There are French and English students.

- Use the expression **il n'y a pas de/d'** followed by a noun to express *there isn't a...* or *there aren't any....* Note that no article (definite or indefinite) is used in this case. Use **de** before a consonant sound and **d'** before a vowel sound.

before a consonant

before a vowel sound

Il n'y a pas de tables dans le café.
There aren't any tables in the café.

Il n'y a pas d'ordinateur dans le bureau.
There isn't a computer in the office.

- Use **combien de/d'** to ask how many of something there are.

Il y a **combien de tables?**
How many tables are there?

Il y a **combien de librairies?**
How many bookstores are there?

Il y a **combien d'ordinateurs?**
How many computers are there?

Il y a **combien d'étudiants?**
How many students are there?

   Vérifiez

| **Essayez!** | Write out or say the French word for each number below. |

1. 15 ___quinze___
2. 6 _____
3. 22 _____
4. 5 _____
5. 12 _____

6. 8 _____
7. 30 _____
8. 21 _____
9. 1 _____
10. 17 _____

11. 44 _____
12. 14 _____
13. 38 _____
14. 56 _____
15. 19 _____

Mise en pratique

1 **Logique** Provide the number that completes each series. Then, write out the number in French.

MODÈLE

2, 4, ___6___, 8, 10; ___six___

1. 9, 12, _____, 18, 21; _____
2. 15, 20, _____, 30, 35; _____
3. 2, 9, _____, 23, 30; _____
4. 0, 10, 20, _____, 40; _____
5. 15, _____, 19, 21, 23; _____
6. 29, 26, _____, 20, 17; _____
7. 2, 5, 9, _____, 20, 27; _____
8. 30, 22, 16, 12, _____; _____

2 **Il y a combien de...?** Provide the number that you associate with these pairs of words.

MODÈLE

lettres: l'alphabet vingt-six

1. mois (*months*): année (*year*)
2. états (*states*): USA
3. semaines (*weeks*): année
4. jours (*days*): octobre
5. âge: le vote
6. Noël (*Christmas*): décembre

3 **Numéros de téléphone** Your mother left behind a list of phone numbers to call today. Now she calls you and asks you to read them off. (Note that French phone numbers are read as double, not single, digits.)

MODÈLE

Le bureau, c'est le zéro un, vingt-trois, quarante-cinq, vingt-six, dix-neuf.

1. bureau: 01.23.45.26.19
2. bibliothèque: 01.47.15.54.17
3. café: 01.41.38.16.29
4. librairie: 01.10.13.60.23
5. lycée: 01.58.36.14.12

Communication

4 **Contradiction** Thierry is describing the new café in the neighborhood, but Paul contradicts everything he says. In pairs, act out the roles using words from the list. Be sure to pay attention to whether the word is singular (use **un/une**) or plural (use **des**).

> **MODÈLE**
>
> **Élève 1:** *Dans (In) le café, il y a des tables.*
> **Élève 2:** *Non, il n'y a pas de tables.*

actrices	professeurs
bureau	tableau
étudiants	tables
ordinateur	télévision

5 **Au Lycée** Nathalie's little brother wants to know everything about her school. In pairs, take turns acting out the roles.

> **MODÈLE**
>
> bibliothèques: 3
> **Élève 1:** *Il y a combien de bibliothèques?*
> **Élève 2:** *Il y a trois bibliothèques.*

1. professeurs: 22
2. étudiants dans (*in*) la classe de français: 15
3. télévision dans la classe de sociologie: 0
4. ordinateurs dans la bibliothèque: 8
5. employés dans la librairie du lycée: 1
6. tables dans la cantine (*cafeteria*): 50
7. tableaux dans la bibliothèque: 21
8. personne dans le bureau: 1

6 **Choses et personnes** In groups of three, make a list of ten things or people that you see or don't see in the classroom. Use **il y a** and **il n'y a pas de**, and specify the number of items you can find. Then, compare your list with that of another group.

> **MODÈLE**
>
> **Élève 1:** *Il y a un étudiant français.*
> **Élève 2:** *Il n'y a pas de télévision.*
> **Élève 3:** *Il y a...*

Révision

1 Des lettres In pairs, take turns choosing nouns. One partner chooses only masculine nouns, while the other chooses only feminine. Slowly spell each noun for your partner, who will guess the word. Find out who can give the quickest answers.

2 Le pendu In groups of four, play hangman (**le pendu**). Form two teams of two partners each. Take turns choosing a French word or expression you learned in this lesson for the other team to guess. Continue to play until your team guesses at least one word or expression from each category.

1. un nom féminin
2. un nom masculin
3. un nombre entre (*number between*) 0 et 30
4. un nombre entre 31 et 60
5. une expression

3 C'est... Ce sont... Doug is spending a week in Paris with his French e-mail pal, Marc. As Doug points out what he sees, Marc corrects him sometimes. In pairs, act out the roles. Doug should be right half the time.

MODÈLE

Élève 1: *C'est une bibliothèque?*
Élève 2: *Non, c'est une librairie.*

1. _____

2. _____

3. _____

4. _____

5. _____

6. _____

4 Les présentations In pairs, introduce yourselves. Together, meet another pair. One person per pair should introduce him or herself and his or her partner. Use the items from the list in your conversations. Switch roles until you have met all of the other pairs in the class.

ami	élève
c'est	ami(e)
ce sont	professeur

5 S'il te plaît You need help finding your way and so you ask your partner for assistance. He or she gives you the building (**le bâtiment**) and room (**la salle**) number and you thank him or her. Then, switch roles and repeat with another place from the list.

MODÈLE

Élève 1: *Pardon... l'examen de sociologie, s'il te plaît?*
Élève 2: *Ah oui... bâtiment E, salle dix-sept.*
Élève 1: *Merci beaucoup!*
Élève 2: *De rien.*

Bibliothèque .... Bâtiment C Salle 11
Bureau de Mme Girard .... Bâtiment A Salle 35
Bureau de M. Brachet .... Bâtiment J Salle 42
Bureau de M. Grondin .... Bâtiment H Salle 59
Examen de français .... Bâtiment B Salle 46
Examen d'anglais .... Bâtiment E Salle 24
Examen de sociologie .... Bâtiment E Salle 17
Salle de télévision .... Bâtiment F Salle 33
Salle des ordinateurs .... Bâtiment D Salle 40

6 Mots mélangés You and a partner each have half the words of a wordsearch (**des mots mélangés**). Pick a number and a letter and say them to your partner, who must tell you if he or she has a letter in the corresponding space. Do not look at each other's worksheet.

vhlcentral

Préparation Answer the questions.

1. When you greet friends, what words and gestures do you use?
2. In this video, two friends meet in a café. What words of greeting in French do you think you'll hear? What do you think the friends will have to eat and drink?

Attention au sucre°!

In 2001, the **INPES** or **Institut national de prévention et d'éducation pour la santé°** in France started a program to educate the public about good nutrition and a healthy lifestyle. Their website, **mangerbouger.fr**, explains how we can all become healthier eaters and why we should exercise more. One of their campaigns also raises public awareness about eating excess fat, salt, or sugar. To get the message across, the ads present foods that are rich in one of these ingredients in a new and surprising context. This particular commercial starts when two friends meet in a coffee shop.

Annonce *Ad* **Manger Bouger** *Eat Move* **sucre** *sugar* **santé** *health*

Annonce° de Manger Bouger°

LE SUCRE N'EST PAS TOUJOURS LÀ OÙ ON LE PENSE

Vocabulaire utile

je sors juste	*I just left*
le ciné	*movie theater*
deux cafés	*two coffees*
t'as vu quoi?	*what did you see?*
drôle	*funny*

Compréhension Answer the questions.

1. Indicate the word or phrase in each pair that you heard the friends say.

   Bonjour / Salut
   Ça va? / Comment allez-vous?
   Oui, et vous? / Oui, et toi?

2. What gestures did the friends use in greeting?
3. What did they order?

Conversation In groups of three, answer these questions.

1. What does the waiter bring with the coffees? What does the ketchup stand for? Can you explain why?
2. Besides the ketchup, what else seems out of place in this scene?

Application Imagine that a friend of one of the women arrives at the café. In groups of three, role-play a scene in which the new friend is properly introduced and orders something to eat or drink.

You will learn how to...
- identify yourself and others
- ask yes/no questions

🔊 **vhl**central

En classe

une horloge

un crayon

un sac à dos

une fenêtre

un livre

un cahier

un dictionnaire

un stylo

une feuille (de papier)

une corbeille (à papier)

Vocabulaire

Qui est-ce?	Who is it?
Quoi?	What?
une calculatrice	calculator
une montre	watch
une porte	door
un résultat	result
une salle de classe	classroom
un(e) camarade de classe	classmate
une classe	class (group of students)
un copain/ une copine (fam.)	friend
un(e) élève	pupil, student
une femme	woman
une fille	girl
un garçon	boy
un homme	man

Mise en pratique

1 **Chassez l'intrus** Circle the word that does not belong.

1. étudiants, élèves, professeur
2. un stylo, un crayon, un cahier
3. un livre, un dictionnaire, un stylo
4. un homme, un crayon, un garçon
5. une copine, une carte, une femme
6. une porte, une fenêtre, une chaise
7. une chaise, un professeur, une fenêtre
8. un crayon, une feuille de papier, un cahier
9. une calculatrice, une montre, une copine
10. une fille, un sac à dos, un garçon

2 **Écoutez** Listen to Madame Arnaud as she describes her French classroom, then check the items she mentions.

1. une porte ☐
2. un professeur ☐
3. une feuille de papier ☐
4. un dictionnaire ☐
5. une carte ☐
6. vingt-quatre cahiers ☐
7. une calculatrice ☐
8. vingt-sept chaises ☐
9. une corbeille à papier ☐
10. un stylo ☐

3 **C'est...** Work with a partner to identify the items you see in the image.

MODÈLE

Élève 1: *Qu'est-ce que c'est?*
Élève 2: *C'est un tableau.*

une carte

une chaise

1. _____
2. _____
3. _____
4. _____
5. _____
6. _____
7. _____
8. _____
9. _____
10. _____
11. _____
12. _____

Communication

4 **Qu'est-ce qu'il y a dans mon sac à dos?** Make a list of six different items that you have in your backpack, then work with a partner to compare your answers.

Dans mon (*my*) sac à dos, il y a...

1. _____
2. _____
3. _____
4. _____
5. _____
6. _____

Dans le sac à dos de ___*nom*___, il y a...

1. _____
2. _____
3. _____
4. _____
5. _____
6. _____

5 **Qu'est-ce que c'est?** Point at eight different items around the classroom and ask a classmate to identify them. Write your partner's responses on the spaces provided below.

MODÈLE

Élève 1: *Qu'est-ce que c'est?*
Élève 2: *C'est un stylo.*

1. _____
2. _____
3. _____
4. _____

5. _____
6. _____
7. _____
8. _____

6 **Pictogrammes** Play pictionary as a class.

- Take turns going to the board and drawing words you learned on pp. 20–21.
- The person drawing may not speak and may not write any letters or numbers.
- The person who guesses correctly in French what the **grand(e) artiste** is drawing will go next.
- Your teacher will time each turn and tell you if your time runs out.

7 **Sept différences** Your teacher will give you and a partner two different drawings of a classroom. Do not look at each other's worksheet. Find seven differences between your picture and your partner's by asking each other questions and describing what you see.

MODÈLE

Élève 1: *Il y a une fenêtre dans ma (my) salle de classe.*
Élève 2: *Oh! Il n'y a pas de fenêtre dans ma salle de classe.*

Les sons et les lettres 🔊 vhlcentral

Silent letters

Final consonants of French words are usually silent.

françai~~s~~   **spor~~t~~**   **vou~~s~~**   **salu~~t~~**

An unaccented **-e** (or **-es**) at the end of a word is silent, but the preceding consonant is pronounced.

français~~e~~   **américain~~e~~**   **orang~~es~~**   **japonais~~es~~**

The consonants **-c**, **-r**, **-f**, and **-l** are usually pronounced at the ends of words. To remember these exceptions, think of the consonants in the word **careful**.

parc   **bonjour**   **actif**   **animal**

lac   **professeur**   **naïf**   **mal**

Prononcez Practice saying these words aloud.

1. traditionnel
2. étudiante
3. généreuse
4. téléphones
5. chocolat
6. Monsieur
7. journalistes
8. hôtel
9. sac
10. concert
11. timide
12. sénégalais
13. objet
14. normal
15. importante

Articulez Practice saying these sentences aloud.

1. Au revoir, Paul. À plus tard!
2. Je vais très bien. Et vous, Monsieur Dubois?
3. Qu'est-ce que c'est? C'est une calculatrice.
4. Il y a un ordinateur, une table et une chaise.
5. Frédéric et Chantal, je vous présente Michel et Éric.
6. Voici un sac à dos, des crayons et des feuilles de papier.

Dictons Practice reading these sayings aloud.

Mieux vaut tard que jamais.[1]

Aussitôt dit, aussitôt fait.[2]

[1] Better late than never.
[2] No sooner said than done.

Les copains vhlcentral

PERSONNAGES

Amina

David

Michèle

Stéphane

Touriste

Valérie

À la terrasse du café...

VALÉRIE Alors, un croissant, une crêpe et trois cafés.

TOURISTE Merci, Madame.

VALÉRIE Ah, vous êtes... américain?

TOURISTE Um, non, je suis anglais. Il est canadien et elle est italienne.

VALÉRIE Moi, je suis française.

À l'intérieur du café...

VALÉRIE Stéphane!!!

STÉPHANE Quoi?! Qu'est-ce que c'est?

VALÉRIE Qu'est-ce que c'est! Qu'est-ce que c'est! Une feuille de papier! C'est l'examen de maths! Qu'est-ce que c'est?

STÉPHANE Oui, euh, les maths, c'est difficile.

VALÉRIE Stéphane, tu es intelligent, mais tu n'es pas brillant! En classe, on fait attention au professeur, au cahier et au livre! Pas aux fenêtres. Et pas aux filles!

STÉPHANE Oh, oh, ça va!!

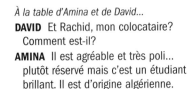

À la table d'Amina et de David...

DAVID Et Rachid, mon colocataire? Comment est-il?

AMINA Il est agréable et très poli... plutôt réservé mais c'est un étudiant brillant. Il est d'origine algérienne.

DAVID Et toi, Amina. Tu es de quelle origine?

AMINA D'origine sénégalaise.

DAVID Et Sandrine?

AMINA Sandrine? Elle est française.

DAVID Mais non... Comment est-elle?

AMINA Bon, elle est chanteuse, alors elle est un peu égoïste. Mais elle est très sociable. Et charmante. Mais attention! Elle est avec Pascal.

DAVID Pfft, Pascal, Pascal...

A C T I V I T É S

1 Identifiez Indicate which character would make each statement: Amina (**A**), David (**D**), Michèle (**M**), Sandrine (**S**), Stéphane (**St**), or Valérie (**V**).

1. Les maths, c'est difficile.

2. En classe, on fait attention au professeur!

3. Michèle, les trois cafés sont pour les trois touristes.

4. Ah, Madame, du calme!

5. Ma mère est très impatiente!

6. J'ai (*I have*) de la famille au Sénégal.

7. Je suis une grande chanteuse!

8. Mon colocataire est très poli et intelligent.

9. Pfft, Pascal, Pascal...

10. Attention, David! Sandrine est avec Pascal.

Amina, David et Stéphane passent la matinée (*spend the morning*) au café.

Au bar...

VALÉRIE Le croissant, c'est pour l'Anglais, et la crêpe, c'est pour l'Italienne.

MICHÈLE Mais, Madame. Ça va? Qu'est-ce qu'il y a?

VALÉRIE Ben, c'est Stéphane. Des résultats d'examens, des professeurs... des problèmes!

MICHÈLE Ah, Madame, du calme! Je suis optimiste. C'est un garçon intelligent. Et vous, êtes-vous une femme patiente?

VALÉRIE Oui... oui, je suis patiente. Mais le Canadien, l'Anglais et l'Italienne sont impatients. Allez! Vite!

VALÉRIE Alors, ça va bien?

AMINA Ah, oui, merci.

DAVID Amina est une fille élégante et sincère.

VALÉRIE Oui! Elle est charmante.

DAVID Et Rachid, comment est-il?

VALÉRIE Oh! Rachid! C'est un ange! Il est intelligent, poli et modeste. Un excellent camarade de chambre.

DAVID Et Sandrine? Comment est-elle?

VALÉRIE Sandrine?! Oh, là, là. Non, non, non. Elle est avec Pascal.

Expressions utiles

Describing people

- **Vous êtes/Tu es américain?**
  You're American?
- **Je suis anglais. Il est canadien et elle est italienne.**
  I'm English. He's Canadian, and she's Italian.
- **Et Rachid, mon colocataire? Comment est-il?**
  And Rachid, my roommate (in an apartment)? What's he like?
- **Il est agréable et très poli... plutôt réservé mais c'est un étudiant brillant.**
  He's nice and polite... rather reserved, but a brilliant student.
- **Tu es de quelle origine?**
  What's your heritage?
- **Je suis d'origine algérienne/sénégalaise.**
  I'm of Algerian/Senegalese heritage.
- **Elle est avec Pascal.**
  She's with (dating) Pascal.
- **Rachid! C'est un ange!**
  Rachid! He's an angel!

Asking questions

- **Ça va? Qu'est-ce qu'il y a?**
  Are you OK? What is it?/What's wrong?

Additional vocabulary

- **Ah, Madame, du calme!**
  Oh, ma'am, calm down!
- **On fait attention à...**
  One pays attention to...
- **Mais attention!**   **alors**
  But watch out!   *so*
- **Allez! Vite!**   **mais**
  Go! Quickly!   *but*
- **Mais non...**   **un peu**
  Of course not...   *a little*

---

2 **Complétez** Use words from the list to describe these people in French. Refer to the video scenes and a dictionary as necessary.

1. Michèle always looks on the bright side. _____
2. Rachid gets great grades. _____
3. Amina is very honest. _____
4. Sandrine thinks about herself a lot. _____
5. Sandrine has a lot of friends. _____

| égoïste |
| intelligent |
| optimiste |
| sincère |
| sociable |

3 **Conversez** In pairs, choose the words from this list you would use to describe yourselves. What personality traits do you have in common? Be prepared to share your answers with the class.

brillant	modeste
charmant	optimiste
égoïste	patient
élégant	sincère
intelligent	sociable

A C T I V I T É S

vhlcentral

CULTURE À LA LOUPE

Qu'est-ce qu'un Français typique?

What is your idea of a typical Frenchman? Do you picture a man wearing a **béret**? How about French women? Are they all fashionable and stylish? Do you picture what is shown in these photos? While real French people fitting one aspect or another of these cultural stereotypes do exist, rarely do you find individuals who fit all aspects.

France is a multicultural society with no single, national ethnicity. While the majority of French people are of Celtic or Latin descent, France has significant North and West African (e.g., Algeria, Morocco, Senegal) and Asian (e.g., Vietnam, Laos, Cambodia) populations as well. Long a **terre d'accueil°**, France today has over eleven million foreigners and immigrants. Even as France has maintained a strong concept of its culture through the preservation of its language, history, and traditions, French culture has been ultimately enriched by the contributions of its immigrant populations. Each region of the country also has its own traditions, folklore, and, often, its own language. Regional languages, such as Provençal, Breton, and Basque, are still spoken in some areas, but the official language is, of course, French.

terre d'accueil *a land welcoming of newcomers*

Immigrants in France, by country of birth

COUNTRY NAME	NUMBER OF PEOPLE
Other European countries	811,421
Algeria	748,034
Morocco	692,923
Sub-Saharan Africa	655,460
Portugal	599,333
Other Asian countries	447,149
Italy	292,592
Spain	245,077
Turkey	248,159
Tunisia	251,220
Cambodia, Laos, Vietnam	127,641
UK	152,786

A C T I V I T É S

1 Vrai ou faux? Indicate whether each statement is **vrai** or **faux**. Correct the false statements.

1. Cultural stereotypes are generally true for most people in France.

2. People in France no longer speak regional languages.

3. Many immigrants from North Africa live in France.

4. More immigrants in France come from Portugal than from Morocco.

5. Algerians and Moroccans represent the largest immigrant populations in France.

6. Immigrant cultures have little impact on French culture.

7. Because of immigration, France is losing its cultural identity.

8. French culture differs from region to region.

9. Most French people are of Anglo-Saxon heritage.

10. For many years, France has received immigrants from many countries.

LE FRANÇAIS QUOTIDIEN

Les gens

ado (*m./f.*)	*adolescent, teen*
bonhomme (*m.*)	*fellow*
gars (*m.*)	*guy*
mec (*m.*)	*guy*
minette (*f.*)	*young woman, sweetie*
nana (*f.*)	*young woman, girl*
pote (*m.*)	*buddy*
type (*m.*)	*guy*

LE MONDE FRANCOPHONE

Les langues

Many francophone countries are multilingual, some with several official languages.

Switzerland German, French, Italian, and Romansh are all official languages. German is spoken by about 64% of the population and French by about 23%. Italian and Romansh speakers together account for about 8% of the country's population.

Belgium There are three official languages: French, Dutch, and German. Wallon, the local variety of French, is used by one-third of the population. Flemish, spoken primarily in the north, is used by roughly two-thirds of Belgians.

Morocco Classical Arabic is the official language, but most people speak the Moroccan dialect of Arabic. Berber is spoken by about 15 million people, and French remains Morocco's unofficial third language.

PORTRAIT

Marianne

Marianne, a young woman wearing a soft, conical cap or helmet, is a symbol that embodies the French Republic. She represents fundamental French values, expressed in the national motto: **liberté**, **égalité°**, **fraternité°**. Her image first appeared in the late 18th century during the French Revolution, when the name Marie-Anne came to represent "the people." Later, the Republic adopted her as the official symbol on its seal. However, Marianne's origins date back to ancient Rome. At that time, democracy was often represented by a woman's face and freedom was symbolized by the conical Phrygian cap. Over time, Marianne has become the most widely used symbol of France. Sculptures of Marianne appear in every town hall across the country and variations of her image appear on everything from official government documents to postage stamps.

égalité *equality* **fraternité** *brotherhood*

Sur Internet

What countries are former French colonies?

Go to **vhlcentral.com** to find more information related to this **Culture** section.

---

2 **Complétez** Provide responses to these questions.

1. _____ is a symbol of France.
2. _____ is the motto of the French Republic.
3. The Phrygian bonnet symbolizes _____.
4. The French term _____ refers to a person aged 15 or 16.
5. _____ is spoken by roughly two-thirds of Belgians.

3 **Et les Américains?** What might a comic-book character based on a "typical American" be like? With a partner, brainstorm a list of stereotypes to create a profile for such a character. Compare the profile you create with your classmates'. Do they fairly represent Americans? Why or why not?

A C T I V I T É S

1B.1

Subject pronouns vhlcentral and the verb *être*

Point de départ The subject of a sentence is the person or thing that performs the action. The verb expresses the action.

SUBJECT ⟷ VERB

Le professeur parle français.
The teacher speaks French.

Subject pronouns

- Subject pronouns replace a noun that is the subject of a sentence.

SUBJECT PRONOUN ⟷ VERB

Il parle français.
He speaks French.

French subject pronouns				
	singular		**plural**	
first person	je	*I*	nous	*we*
second person	tu	*you (fam.)*	vous	*you*
	vous	*you (form.)*		
third person	il	*he/it (masc.)*	ils	*they (masc., masc. + fem.)*
	elle	*she/it (fem.)*		
	on	*one*	elles	*they (fem.)*

- Use **tu** for informal address and **vous** for formal. **Vous** is also the plural form of *you*, both informal and formal.

Comment vas-**tu**?
How's it going?

Comment allez-**vous**?
How are you?

Comment t'appelles-**tu**?
What's your name?

Comment vous appelez-**vous**?
What is/What are your name(s)?

- The subject pronoun **on** refers to people in general, just as the English subject pronouns *one*, *they*, or *you* sometimes do. **On** can also mean *we* in casual speech. **On** always takes the same verb form as **il** and **elle**.

En France, **on** parle français.
In France, they speak French.

On est au café.
We are at the coffee shop.

- Use the pronoun **ils** when replacing a noun or nouns that refer to a mixed group of males and females.

Rémy et Marie dansent très bien.
Ils dansent très bien.
They dance very well.

M. et Mme Diop sont de Dakar.
Ils sont de Dakar.
They are from Dakar.

Vérifiez

The verb *être*

- **Être** (*to be*) is an irregular verb. Its conjugation (set of forms for different subjects) does not follow a pattern. The form **être** is called the infinitive. It does not have a subject.

être (to be)			
je suis	*I am*	**nous sommes**	*we are*
tu es	*you are*	**vous êtes**	*you are*
il/elle est	*he/she/it is*	**ils/elles sont**	*they are*
on est	*one is*		

- The -s of the subject pronoun **vous** is pronounced like *z* in the phrase **vous êtes**.

  Vous êtes à Paris.
  You are in Paris.

  Vous êtes M. Leclerc? Enchantée.
  Are you Mr. Leclerc? Pleased to meet you.

C'est and *il/elle* est

- You learned in **Leçon 1A** to use **c'est** and its plural form **ce sont** plus a noun to identify who or what someone or something is. Remember to use an article before the noun.

C'est un téléphone.
That's a phone.

Ce sont des photos.
Those are pictures.

- You can also use the expressions **c'est** and **ce sont** followed by proper nouns to identify someone, but don't use an article before the names.

C'est Amina.
That's Amina.

Ce sont Amélie et Anne.
That's Amélie and Anne.

- Use **il/elle est** and **ils/elles sont** to refer to someone or something previously mentioned.

  La bibliothèque? **Elle est** moderne.
  The library? It's modern.

  Nathalie et Félix? **Ils sont** intelligents.
  Nathalie and Félix? They are intelligent.

- Use the phrases **il/elle est** and **ils/elles sont** to tell someone's profession or relationship. Note that in French, you do not use an article before the profession.

  Voilà M. Richard. **Il est** acteur.
  There's Mr. Richard. He's an actor.

  Elles sont amies.
  They are friends.

◌ Vérifiez

Essayez! Fill in the blanks with the correct forms of the verb *être*.

1. Je _____*suis*_____ ici.
2. Ils _____ intelligents.
3. Tu _____ étudiante.
4. Nous _____ à Québec.
5. Vous _____ Mme Lacroix?
6. Marie _____ chanteuse.

Mise en pratique

1 **Clarifications** Pascal asks Odile to clarify what he thinks he heard. Complete her responses with the correct subject pronoun.

MODÈLE

Chantal? ___Elle___ est étudiante.

1. Les professeurs? _____ sont en Tunisie.
2. Charles? _____ est ici.
3. Moi? _____ suis chanteuse.
4. Nadège et moi? _____ sommes au lycée.
5. Toi (*You*)? Oui, _____ es un ami.
6. L'ordinateur? _____ est dans la bibliothèque.
7. Annie et Claire? _____ sont là.
8. Lucien et toi? _____ êtes copains.

2 **Où sont-ils?** Thérèse wants to know where all her friends are. Tell her by completing the sentences with the appropriate subject pronouns and the correct forms of **être**.

MODÈLE

Sylvie / au café
Elle est au café.

1. Georges / au lycée
2. Marie et moi / dans (*in*) la salle de classe
3. Christine et Anne / à la bibliothèque
4. Richard et Vincent / là-bas
5. Véronique, Marc et Anne / à la librairie
6. Jeanne / au bureau
7. Hugo et Isabelle / au lycée
8. Martin / au bureau

3 **Identifiez** Describe these photos using **c'est, ce sont, il/elle est,** or **ils/elles sont.**

1. _____ un acteur.

2. _____ ici.

3. _____ copines.

4. _____ chanteuse.

5. _____ là.

6. _____ des montres.

Communication

4 **Assemblez** In pairs, take turns using the verb **être** to combine elements from both columns. Talk about yourselves and people you know.

MODÈLE

Tu es sincère.

A	B
Singulier:	
Je	agréable
Tu	d'origine française
Mon (*My,* masc.) prof	difficile (*difficult*)
Mon/Ma (*My,* fem.)	élève
camarade de classe	sincère
Mon cours	sociable
Pluriel:	
Nous	agréables
Mes (*My*) profs	copains/copines
Mes camarades	difficiles
de classe	élèves
Mes cours	sincères

5 **Qui est-ce?** In pairs, identify who or what is in each picture. If possible, use **il/elle est** or **ils/elles sont** to add something else about each person or place.

▶ **MODÈLE**

C'est Céline Dion. Elle est chanteuse.

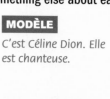

1. _____

2. _____

3. _____

4. _____

5. _____

6. _____

6 **On est comment?** In pairs, take turns describing these famous people using the phrases **C'est, Ce sont, Il/Elle est,** or **Ils/Elles sont** and words from the box.

professeur(s)	actrice(s)	chanteuse(s)
chanteur(s)	adorable(s)	pessimiste(s)
optimiste(s)	timide(s)	acteur(s)

1. Justin Bieber
2. Taylor Swift et Adèle
3. Michelle Obama
4. Leonardo DiCaprio
5. Tina Fey et Will Ferrell
6. Anne Hathaway

7 **Enchanté** You and your brother are in a local bookstore. You run into one of his classmates, whom you've never met. In a brief conversation, introduce yourselves, ask one another how you are, and say something about yourselves using a form of **être.**

1B.2 Adjective agreement vhlcentral

Point de départ Adjectives are words that describe people, places, and things. They are often used with the verb **être** to point out the qualities of nouns or pronouns.

Le cours est **difficile**.

Je suis **optimiste**.

- Many adjectives in French are cognates; that is, they have the same or similar spellings and meanings in French and English.

Cognate descriptive adjectives			
agréable	*pleasant*	intelligent(e)	*intelligent*
amusant(e)	*fun*	intéressant(e)	*interesting*
brillant(e)	*brilliant*	occupé(e)	*busy*
charmant(e)	*charming*	optimiste	*optimistic*
désagréable	*unpleasant*	patient(e)	*patient*
différent(e)	*different*	pessimiste	*pessimistic*
difficile	*difficult*	poli(e)	*polite*
égoïste	*selfish*	réservé(e)	*reserved*
élégant(e)	*elegant*	sincère	*sincere*
impatient(e)	*impatient*	sociable	*sociable*
important(e)	*important*	sympathique (sympa)	*nice*
indépendant(e)	*independent*		
		timide	*shy*

- In French, most adjectives agree in number and gender with the nouns they modify. To make many adjectives feminine, you add **-e** to the masculine form. If the adjective already ends in an unaccented **-e**, you add nothing.

MASCULINE SINGULAR		FEMININE SINGULAR
patient	⟶	patient**e**
optimiste	⟶	optimiste

Henri est **élégant** et **agréable**.
Henri is elegant and pleasant.

Carole est **élégante** et **agréable**.
Carole is elegant and pleasant.

- To make most adjectives plural, add **-s**.

	SINGULAR	ADD -s	PLURAL
MASCULINE	patient	⟶	patient**s**
FEMININE	patient**e**	⟶	patient**es**

MASC./FEM. SINGULAR	ADD -s	MASC./FEM. PLURAL
optimiste	⟶	optimiste**s**

🔊 **Vérifiez**

Marc et David sont **intelligents** et **sociables**.
Marc and David are intelligent and sociable.

Anne et Claire sont **intelligentes** et **sociables**.
Anne and Claire are intelligent and sociable.

- French adjectives are usually placed after the noun they modify when they don't directly follow a form of **être**.

  Ce sont des **élèves brillantes**.
  They're brilliant students.

  Bernard est un homme **agréable et poli**.
  Bernard is a pleasant and polite man.

- Here are some adjectives of nationality. For some of them, you add **-ne** to the masculine form to make them feminine: **algérienne, canadienne, italienne, vietnamienne.**

Adjectives of nationality			
algérien(ne)	*Algerian*	**japonais(e)**	*Japanese*
allemand(e)	*German*	**marocain(e)**	*Moroccan*
anglais(e)	*English*	**martiniquais(e)**	*from Martinique*
américain(e)	*American*	**mexicain(e)**	*Mexican*
canadien(ne)	*Canadian*	**québécois(e)**	*from Quebec*
espagnol(e)	*Spanish*	**sénégalais(e)**	*Senegalese*
français(e)	*French*	**suisse**	*Swiss*
italien(ne)	*Italian*	**vietnamien(ne)**	*Vietnamese*

- The first letter of adjectives of nationality is not capitalized as it is in English.

  Il est **américain**.
  He is American.

  Elle est **française**.
  She is French.

- Adjectives like **sénégalais** that already end in **-s**, have the same masculine singular and plural forms. However, you must add an **-s** to the feminine form to make it plural.

  SINGULAR   PLURAL

  MASCULINE   sénégalais ⟶ sénégalais

  BUT

  FEMININE   sénégalaise ⟶ sénégalaises

- To ask someone's nationality or heritage, use **Quelle est ta/votre nationalité?** or **Tu es/ Vous êtes de quelle origine?** Note that the adjectives following **nationalité** and **origine** are feminine. This is because both nouns are feminine.

  Quelle est votre nationalité?
  What is your nationality?

  Je suis de nationalité canadienne.
  I'm Canadian.

  Je suis canadien.
  I'm Canadian.

  Tu es de quelle origine?
  What is your heritage?

  Je suis d'origine italienne.
  I'm of Italian heritage.

  ⤫ Vérifiez

Essayez!   **Write in the correct forms of the adjectives.**

1. Marc est ___timide___ (timide).
2. Ils sont _____ (anglais).
3. Elle adore la littérature _____ (français).
4. Ce sont des actrices _____ (suisse).
5. Marie est _____ (mexicain).
6. Les actrices sont _____ (impatient).
7. Elles sont _____ (réservé).
8. Il y a des universités _____ (important).
9. Christelle est _____ (amusant).
10. Les élèves sont _____ (poli) en cours.
11. Mme Castillion est très _____ (occupé).
12. Luc et moi, nous sommes _____ (sincère).

Mise en pratique

1 **Nous aussi!** Jean-Paul is bragging about himself, but his younger sisters Stéphanie and Gisèle believe they have the same characteristics. Give their responses.

MODÈLE

Je suis amusant.
Nous aussi, nous sommes amusantes.

1. Je suis intelligent. _____
2. Je suis sincère. _____
3. Je suis élégant. _____
4. Je suis patient. _____
5. Je suis sociable. _____
6. Je suis poli. _____
7. Je suis charmant. _____
8. Je suis optimiste. _____

2 **Les nationalités** You are with a group of students from all over the world. Indicate their nationalities according to the cities they come from.

MODÈLE

Monique est de (*from*) Paris.
Elle est française.

1. Les amies Fumiko et Keiko sont de Tokyo.
2. Hans est de Berlin.
3. Juan et Pablo sont de Guadalajara.
4. Wendy est de Londres.
5. Jared est de San Francisco.
6. Francesca est de Rome.
7. Aboud et Moustafa sont de Casablanca.
8. Jean-Pierre et Mario sont de Québec.

3 **Voilà Mme...** Your parents are having a party and you point out different people to your friend. Use one of the adjectives you just learned each time.

MODÈLE

Voilà M. Duval. Il est sénégalais.
C'est un ami.

M. Duval   M. Forestier

Catherine et Jeanne   Georges et Denise   Mme Malbon

Communication

4 **Interview** Interview someone to see what he or she is like. In pairs, play both roles. Are you compatible as friends?

MODÈLE

pessimiste
Élève 1: *Tu es pessimiste?*
Élève 2: *Non, je suis optimiste.*

1. impatient
2. modeste
3. timide
4. sincère

5. égoïste
6. sociable
7. indépendant
8. amusant

5 **Ils sont comment?** In pairs, take turns describing each item below. Tell your partner whether you agree (**C'est vrai**) or disagree (**C'est faux**) with the descriptions.

MODÈLE

Daniel Radcliffe
Élève 1: *C'est un acteur désagréable.*
Élève 2: *C'est faux. Il est charmant.*

1. Beyoncé et Céline Dion
2. les étudiants de Harvard
3. Usher
4. la classe de français
5. le président des États-Unis (*United States*)
6. Tom Hanks et George Clooney
7. le prof de français
8. Steven Spielberg
9. notre (*our*) lycée
10. Amanda Seyfried et Amy Adams

6 **Au café** You and two classmates are talking about your new teachers, each of whom is very different from the other two. In groups of three, create a dialogue in which you greet one another and describe your teachers.

Coup de main

Use **c'est** or **ce sont** instead of **il/elle est** and **ils/elles sont** when you have an adjective qualifying the noun that follows.

C'est un professeur intelligent.
He is an intelligent teacher.

Ce sont des actrices élégantes.
Those are elegant actresses.

Use **il/elle est** and **ils/elles sont** when followed directly by an adjective.

Il est intelligent.
He is intelligent.

Elles sont élégantes.
They are elegant.

Révision

1 **Festival francophone** With a partner, act out a conversation between two people from the list. They are meeting for the first time at a francophone festival so they should use **vous**. Then, choose two other people and repeat.

Angélique,
Sénégal

Abdel,
Algérie

Laurent,
Martinique

Sylvain,
Suisse

Hélène,
Canada

Daniel,
France

Mai,
Viêt-Nam

Nora,
Maroc

2 **Tu ou vous?** How would the conversations between the people in **Activité 1** be different if they were students at your school? Write out the conversation. Then, exchange papers with another pair of students for correction. Act out the corrected version of the conversation.

3 **En commun** Tell your partner the name of a friend. Then, use adjectives to say what you and the friend have in common. Share with the class what you learned about your partner and his or her friend.

MODÈLE

Charles est un ami. Charles et moi, nous sommes amusants. Nous sommes patients aussi.

4 **Comment es-tu?** Your teacher will give you a worksheet. Survey as many classmates as possible to ask if they would use the adjectives listed to describe themselves. Then, decide which two students in the class are most similar.

MODÈLE

Élève 1: *Tu es sociable?*
Élève 2: *Non. Je suis timide.*

Adjectifs	Noms
1. timide	Éric
2. impatient(e)	
3. optimiste	
4. réservé(e)	
5. charmant(e)	
6. poli(e)	
7. agréable	
8. amusant(e)	

5 **Mes camarades de classe** Write a brief description of the students in your French class. What are their names? What are their personalities like? What is their heritage? Use all the French you have learned so far. Write at least eight sentences. Remember, be complimentary!

6 **Les descriptions** Your teacher will give you one set of drawings of eight people and a different set to your partner. Each person in your drawings has something in common with a person in your partner's drawings. Find out what it is without looking at your partner's sheet.

MODÈLE

Élève 1: *Jean est à la bibliothèque.*
Élève 2: *Gina est à la bibliothèque.*
Élève 1: *Jean et Gina sont à la bibliothèque.*

À l'écoute  **vhl**central

STRATÉGIE

Listening for words you know

You can get the gist of a conversation by listening for words and phrases you already know.

🔊 To help you practice this strategy, listen to this sentence and make a list of the words you have already learned.

_____ _____

_____ _____

Préparation

Look at the photograph. Where are these people? What are they doing? In your opinion, do they know one another? Why or why not? What do you think they're talking about?

🔊 ## À vous d'écouter

As you listen, indicate the items you associate with Hervé and those you associate with Laure and Lucas.

HERVÉ	LAURE ET LUCAS
la littérature	la littérature
le café	le café
l'examen	l'examen
le bureau	le bureau
la sociologie	la sociologie
la librairie	la librairie
la bibliothèque	la bibliothèque
le lycée	le lycée
le tableau	le tableau
l'université	l'université

Compréhension

Vrai ou faux? Based on the conversation you heard, indicate whether each of the following statements is **vrai** or **faux**.

	Vrai	Faux
1. Lucas and Hervé are good friends.	☐	☐
2. Hervé is preparing for an exam.	☐	☐
3. Laure and Lucas know each other from school.	☐	☐
4. Hervé is on his way to the library.	☐	☐
5. Lucas and Laure are going to a café.	☐	☐
6. Lucas studies literature.	☐	☐
7. Laure is in high school.	☐	☐
8. Laure is not feeling well today.	☐	☐

Présentations It's your turn to get to know your classmates. Using the conversation you heard as a model, select a partner you do not know and introduce yourself to him or her in French. Follow the steps below.

- Greet your partner.
- Find out his or her name.
- Ask how he or she is doing.
- Introduce your partner to another student.
- Say good-bye.

Panorama

Le monde francophone

Les pays en chiffres°

Organisation
internationale de
la Francophonie

▶ Nombre de pays° où le français est
langue° officielle: *29*

▶ Nombre de pays où le français est
parlé°: *plus de° 60*

▶ Nombre de francophones dans le monde°:
274.000.000 (deux cent soixante-quatorze millions)

SOURCE: Organisation internationale de la Francophonie

Villes capitales

▶ **Algérie:** *Alger*
▶ **Cameroun:** *Yaoundé*
▶ **France:** *Paris*
▶ **Guinée:** *Conakry*
▶ **Haïti:** *Port-au-Prince*

▶ **Laos:** *Vientiane*
▶ **Mali:** *Bamako*
▶ **Rwanda:** *Kigali*
▶ **Seychelles:** *Victoria*
▶ **Suisse:** *Berne*

Francophones célèbres

▶ **Marie Curie,** *Pologne, scientifique,
prix Nobel en chimie et physique
(1867–1934)*

▶ **René Magritte,** *Belgique, peintre°
(1898–1967)*

▶ **Ousmane Sembène,** *Sénégal, cinéaste°
et écrivain° (1923–2007)*

▶ **Jean Reno,** *Maroc, acteur
(1948–)*

▶ **Céline Dion,** *Québec,
chanteuse (1968–)*

▶ **Marie-José Pérec,** *Guadeloupe
(France), athlète (1968–)*

0 ————— 3,000 miles
0 ————— 3,000 kilomètres

Pays et régions
francophones

L'AMÉRIQUE
DU NORD

LA
FRANCE

L'EUROPE

L'AS

L'OCÉAN
ATLANTIQUE

L'AFRIQUE

L'OCÉAN
PACIFIQUE

L'AMÉRIQUE
DU SUD

**PAYS FRANCOPHONES
EN ASIE**

LE LAOS

LE CAMBODGE

L'OCÉAN
INDIEN

LE VIÊT-NAM

**LA POLYNÉSIE
FRANÇAISE**

Les îles
Marquises

L'OCÉAN PACIFIQUE

Les îles Tuamotu

Les îles
de la Société

Tahiti

Les îles Australes

Les îles Gambier

0 —— 500 miles
0 —— 500 kilomètres

Incroyable mais vrai!

La langue française est une des rares
langues à être parlées sur° cinq continents.
C'est aussi la langue officielle de beaucoup
d'organisations internationales comme°
l'OTAN°, les Nations unies, l'Union
européenne, et aussi les Jeux° Olympiques!
Le français est la deuxième° langue
enseignée° dans le monde, après l'anglais.

La société

Le français au Québec

Au Québec, province du Canada, le français est la langue officielle, parlée par° 80% (quatre-vingts pour cent) de la population. Les Québécois, pour° préserver l'usage de la langue, ont° une loi° qui oblige l'affichage° en français dans les lieux° publics. Le français est aussi la langue co-officielle du Canada: les employés du gouvernement doivent° parler anglais et français.

Les destinations

Haïti, première République noire

En 1791, un ancien esclave°, Toussaint Louverture, mène° une rébellion pour l'abolition de l'esclavage en Haïti, ancienne colonie française. Après avoir gagné° le combat, Toussaint Louverture se proclame gouverneur de l'île d'Hispaniola (Haïti et Saint-Domingue) et abolit l'esclavage. Il est plus tard° capturé par l'armée française et renvoyé° en France. Son successeur, Jean-Jacques Dessalines, lui-même° ancien esclave, vainc° l'armée en 1803 et proclame l'indépendance d'Haïti en 1804. C'est la première République noire du monde° et le premier pays occidental° à abolir l'esclavage.

Les destinations

La Louisiane

Ce territoire au sud° des États-Unis a été nommé «Louisiane» en l'honneur du Roi° de France Louis XIV. En 1803 (mille huit cent trois), Napoléon Bonaparte vend° la colonie aux États-Unis pour 15 millions de dollars, pour empêcher° son acquisition par les Britanniques. Aujourd'hui° en Louisiane, entre 150.000 et 200.000 personnes parlent° le français cajun. La Louisiane est connue° pour sa° cuisine cajun, comme° le jambalaya, ici sur° la photo.

Les traditions

La Journée internationale de la Francophonie

Chaque année°, l'Organisation internationale de la Francophonie (O.I.F.) coordonne la Journée internationale de la Francophonie. Dans plus de° 100 (cent) pays et sur cinq continents, on célèbre la langue française et la diversité culturelle francophone avec des festivals de musique, de gastronomie, de théâtre, de danse et de cinéma. Le rôle principal de l'O.I.F. est la promotion de la langue française et la défense de la diversité culturelle et linguistique du monde francophone.

LE POUVOIR DES MOTS

Journée internationale de la Francophonie
20 mars 2016

Libres ensemble
Respect
Solidarité
Diversité

www.20mars.francophonie.org

ORGANISATION INTERNATIONALE DE la francophonie

Qu'est-ce que vous avez appris? Complete the sentences.

1. _____ est un cinéaste africain.

2. _____ de personnes parlent français dans le monde.

3. _____ est responsable de la promotion de la diversité culturelle francophone.

4. Les employés du gouvernement du Canada parlent _____.

5. En 1791, _____ mène la rébellion pour l'abolition de l'esclavage en Haïti.

6. Haïti proclame son indépendance en _____.

7. Le nom «Louisiane» vient du (comes from the) nom de _____.

8. Plus de 100 pays célèbrent _____.

9. Le français est parlé sur _____ continents.

10. En 1803, Napoléon Bonaparte vend _____ aux États-Unis.

Sur Internet

1. Les États-Unis célèbrent la Journée internationale de la Francophonie. Faites (Make) une liste de trois événements (events) et dites (say) où ils ont lieu (take place).

2. Trouvez des informations sur un(e) chanteur/chanteuse francophone célèbre aux États-Unis. Citez (Cite) trois titres de chanson (song titles).

parlée par spoken by **pour** in order to **ont** have **loi** law **affichage** posting **lieux** places **doivent** must **ancien esclave** former slave **mène** leads **Après avoir gagné** After winning **plus tard** later **renvoyé** sent back **lui-même** himself **vainc** defeats **du monde** in the world **pays occidental** Western country **au sud** in the South **a été nommé** was named **Roi** King **vend** sells **empêcher** to prevent **Aujourd'hui** Today **parlent** speak **connue** known **sa** its **comme** such as **sur** in **Chaque année** Each year **Dans plus de** In more than

Lecture vhlcentral

Avant la lecture

Carnet d'adresses

Recognizing cognates

Cognates are words that share similar meanings and spellings in two or more languages. When reading in French, it's helpful to look for cognates and use them to guess the meaning of what you're reading. However, watch out for false cognates. For example, **librairie** means *bookstore*, not *library*, and **coin** means *corner*, not *coin*. Look at this list of French words. Can you guess the meaning of each word?

important	banque
pharmacie	culture
intelligent	actif
dentiste	sociologie
décision	fantastique
télévision	restaurant
médecine	police

Examinez le texte

Briefly look at the document. What kind of information is listed? In what order is it listed? Where do you usually find such information? Can you guess what this document is?

Mots apparentés

Read the list of cognates in the **Stratégie** box again. How many cognates can you find in the reading selection? Are there additional cognates in the reading? What are they? Can you guess their English equivalents?

Devinez

In addition to using cognates and words you already know, you can also use context to guess the meaning of words you do not know. Find the following words in the reading selection and try to guess what they mean. Compare your answers with those of a classmate.

horaires	lundi	ouvert	soirs	tous

Carnet d'adresses

Recherche ▶

A B C D E F G H I J K L

☑ **DAMERY Jean-Claude**
dentiste
✉ 18, rue des Lilas   02 38 23 45 46
45000 Orléans

☐ **Café de la Poste**
Ouvert° tous les jours°, de 7h00° à 22h00
✉ 25, place de la Poste   02 38 27 18 00
45000 Orléans

☐ **Librairie Balzac**
Horaires: 9h00–12h00 et 14h00–18h00
✉ 18, route de Lorient   02 38 18 60 36
45000 Orléans

☐ **DANTEC Pierre-Henri**
médecin généraliste
✉ 23, rue du Lac   02 38 47 34 20
45000 Orléans

☑ **Banque du Centre**
Ouvert de 9h00 à 17h00 du lundi° au vendredi°
✉ 17, boulevard Giroud   02 38 58 35 00
45000 Orléans

Dîner vendredi 8h00
Restaurant du Chat qui dort

11:29 AM ⑦	

Contacts **Éditer**

Q R S T U V W X Y Z

☐ **Messier et fils°**
Réparations ordinateurs et télévisions
✉ 56, boulevard Henri IV   02 38 44 42 59
45000 Orléans

☐ **Théâtre de la Comédie**
✉ 11, place de la Comédie   02 38 45 32 11
45000 Orléans

☐ **Pharmacie Vidal**
✉ 45, rue des Acacias   02 38 13 57 53
45000 Orléans

☐ **Restaurant du Chat qui dort°**
Ouvert tous les soirs pour le dîner / Horaires: 19h00 à 23h00
✉ 29, avenue des Rosiers   02 38 45 35 08
45000 Orléans

☑ **Bibliothèque municipale**
✉ Place de la gare   02 38 56 43 22
45000 Orléans

☑ **Lycée Molière**
✉ 15, rue Molière   02 38 29 23 04
45000 Orléans

Après la lecture

Où aller? Tell where each of these people should go based on what they need or want to do.

Camille's daughter is starting high school.
Lycée Molière

1. Mrs. Leroy needs to deposit her paycheck.
   _____

2. Laurent would like to take his girlfriend out for a special dinner.
   _____

3. Marc has a toothache.
   _____

4. Céleste would like to go see a play tonight.
   _____

5. Pauline's computer is broken.
   _____

6. Mr. Duchemin needs to buy some aspirin for his son.
   _____

7. Jean-Marie needs a book on French history but he doesn't want to buy one.
   _____

8. Noémie thinks she has the flu.
   _____

9. Mr. and Mrs. Prudhomme want to go out for breakfast this morning.
   _____

10. Jonathan wants to buy a new book for his sister's birthday.
    _____

Notre annuaire With a classmate, select three of the listings from the reading and use them as models to create similar listings in French advertising places or services in your area.

MODÈLE

Restaurant du Chat qui dort
Ouvert tous les soirs pour le dîner
Horaires: 19h00 à 23h00
29, avenue des Rosiers
45000 Orléans
02 38 45 35 08

Always Good Eats Restaurant
Ouvert tous les jours
Horaires: 6h00 à 19h00
1250 9th Avenue
San Diego, CA 92108
224-0932

Ouvert *Open* **tous les jours** *every day* **7h00 (sept heures)** *7:00* **lundi** *Monday*
vendredi *Friday* **fils** *son(s)* **Chat qui dort** *Sleeping cat*

Écriture

Writing in French

Why do we write? All writing has a purpose. For example, we may write a poem to reveal our innermost feelings, a letter to provide information, or an essay to persuade others to accept a point of view. Proficient writers are not born, however. Writing requires time, thought, effort, and a lot of practice. Here are some tips to help you write more effectively in French.

DO

▶ Write your ideas in French.

▶ Organize your ideas in an outline or graphic organizer.

▶ Decide what the purpose of your writing will be.

▶ Use grammar and vocabulary you know.

▶ Use your textbook for examples of style, format, and expressions in French.

▶ Use your imagination and creativity to make your writing more interesting.

▶ Put yourself in your reader's place to see if your writing is interesting and/or meets the reader's need.

DON'T

▶ Translate your ideas from English to French.

▶ Repeat what is in the textbook or on a web page.

▶ Use a bilingual dictionary until you have learned how to use one effectively.

Thème

Faites une liste!

Avant l'écriture

1. Imagine that several students from a French-speaking country will be spending a year at your school. Put together a list of people and places that might be useful and of interest to them. Your list should include:

   ■ Your name, address, phone number(s) (home and/or cell), and e-mail address

   ■ The names of four other students in your French class, their addresses, phone numbers, and e-mail addresses

   ■ Your French teacher's name, phone number(s), and e-mail address

   ■ Your school library's phone number and hours

   ■ The names, addresses, and phone numbers of three places near your school where students like to go

2. Interview your classmates and your teacher to find out the information you need to include. Use the following questions and write down their responses.

Informal	Formal
Comment t'appelles-tu?	Comment vous appelez-vous?
Quel est ton numéro de téléphone?	Quel est votre numéro de téléphone?
Quelle est ton adresse e-mail?	Quelle est votre adresse e-mail?

3. Find out the addresses, telephone numbers, and e-mail addresses/URLs of three places in your community that a group of students from a French-speaking country would enjoy visiting. They could be a library, a store, a skate park, a restaurant, a theater, or a city park. Write them down.

Écriture

Write your complete list, making sure it includes all the required information for:

- you
- four classmates
- your teacher
- the school library
- three places around town

Après l'écriture

1. Exchange your list with a partner's. Comment on his or her work by answering these questions.

- Did your partner include the correct number of people and places?
- Did your partner include the required information for each?

NOM: _Madame Smith (professeur de français)_ ☎

ADRESSE: _Compton School_ ✉

NUMÉRO DE TÉLÉPHONE: _512-645-3458 (bureau)_
NUMÉRO DE PORTABLE: _512-919-0040_
ADRESSE E-MAIL: _absmith@yahoo.com_
NOTES: —

NOM: _Skate World_
ADRESSE: _8970 McNeil Road_

NUMÉRO DE TÉLÉPHONE: _512-658-0349_
NUMÉRO DE PORTABLE: –
ADRESSE E-MAIL: _skate@skateworld.com_
NOTES: —

2. Edit your partner's work, pointing out any spelling or content errors. You can use these editing symbols:

- ℘ delete
- ∧ insert letter or word(s) written in margin
- | replace letter or word(s) with one(s) in margin
- ≡ change to uppercase
- / change to lowercase
- ∿ transpose (switch) indicated letters or words

Now look at this model of what an edited draft looks like:

> o N̶m: Sally Wagner
> é Télphone: 655–8888
>   Adresse e-mail: sally@uru.edu
>
>   Nom: Madame Nancy smith
> Téléphone: 655–8090
>   Adresse e-mail: nsmith@uru.edu

3. Revise your list according to your partner's comments and corrections. After writing the final version, read it one more time to eliminate these kinds of problems:

- spelling errors
- punctuation errors
- capitalization errors
- use of incorrect verb forms
- use of incorrect adjective agreement
- use of incorrect definite and indefinite articles

Vocabulaire

🔊 **vhl**central

Leçon 1A

Bonjour et au revoir

À bientôt.	See you soon.
À demain.	See you tomorrow.
À plus tard.	See you later.
À tout à l'heure.	See you later.
Au revoir.	Good-bye.
Bonne journée!	Have a good day!
Bonjour.	Good morning.; Hello.
Bonsoir.	Good evening.; Hello.
Salut!	Hi!; Bye!

Comment ça va?

Ça va?	What's up?; How are things?
Comment allez-vous? (form.)	How are you?
Comment vas-tu? (fam.)	How are you?
Comme ci, comme ça.	So-so.
Je vais bien/mal.	I am doing well/badly.
Moi aussi.	Me too.
Pas mal.	Not badly.
Très bien.	Very well.

Expressions de politesse

De rien.	You're welcome
Excusez-moi. (form.)	Excuse me.
Excuse-moi. (fam.)	Excuse me.
Il n'y a pas de quoi.	It's nothing; You're welcome.
Je vous en prie. (form.)	Please.; You're welcome.
Merci beaucoup.	Thank you very much.
Monsieur (M.)	Sir (Mr.)
Madame (Mme)	Ma'am (Mrs.)
Mademoiselle (Mlle)	Miss
Pardon.	Pardon (me).
S'il vous/te plaît. (form./fam.)	Please.

Les présentations

Comment vous appelez-vous? (form.)	What is your name?
Comment t'appelles-tu? (fam.)	What is your name?
Enchanté(e).	Delighted.
Et vous/toi? (form./fam.)	And you?
Je m'appelle...	My name is...
Je vous/te présente... (form./fam.)	I would like to introduce (name) to you.

Expressions utiles

See p. 7.

Le campus

une bibliothèque	library
un café	café
une librairie	bookstore
un lycée	high school
une université	university
une différence	difference
un examen	exam, test
la littérature	literature
un problème	problem
la sociologie	sociology
un bureau	desk; office
un ordinateur	computer
une table	table
un tableau	blackboard; painting
la télévision	television
une chose	thing
un instrument	instrument
un objet	object

Les personnes

un(e) ami(e)	friend
un(e) étudiant(e)	student
un(e) petit(e) ami(e)	boyfriend/girlfriend
une personne	person
un acteur/une actrice	actor
un chanteur/une chanteuse	singer
un professeur	teacher, professor

Numbers 0–60

See p. 14.

Identifier

c'est/ce sont	it's/they are
Combien...?	How much/many...?
ici	here
là	there
là-bas	over there
Il y a...	There is/are...
Qu'est-ce que c'est?	What is it?
voici	here is/are
voilà	here is/are

Leçon 1B

En classe

une salle de classe	classroom
un dictionnaire	dictionary
un livre	book
un résultat	result
une carte	map
une chaise	chair
une fenêtre	window
une horloge	clock
une porte	door
un cahier	notebook
une calculatrice	calculator
une corbeille (à papier)	wastebasket
un crayon	pencil
une feuille de papier	sheet of paper
une montre	watch
un sac à dos	backpack
un stylo	pen

Les personnes

un(e) camarade de classe	classmate
une classe	class (group of students)
un copain/une copine (fam.)	friend
un(e) élève	pupil, student
une femme	woman
une fille	girl
un garçon	boy
un homme	man

Identifier

Qui est-ce?	Who is it?
Quoi?	What?

Expressions utiles

See p. 25.

Subject pronouns

je	I
tu	you
il	he/it (masc.)
elle	she/it (fem.)
on	one
nous	we
vous	you
ils	they (masc.)
elles	they (fem.)

Être

je suis	I am
tu es	you are
il/elle est	he/she/it is
on est	one is
nous sommes	we are
vous êtes	you are
ils/elles sont	they are

Descriptive adjectives

agréable	pleasant
amusant(e)	fun
brillant(e)	brilliant
charmant(e)	charming
désagréable	unpleasant
différent(e)	different
difficile	difficult
égoïste	selfish
élégant(e)	elegant
impatient(e)	impatient
important(e)	important
indépendant(e)	independent
intelligent(e)	intelligent
intéressant(e)	interesting
occupé(e)	busy
optimiste	optimistic
patient(e)	patient
pessimiste	pessimistic
poli(e)	polite
réservé(e)	reserved
sincère	sincere
sociable	sociable
sympathique (sympa)	nice
timide	shy

Adjectives of nationality

algérien(ne)	Algerian
allemand(e)	German
américain(e)	American
anglais(e)	English
canadien(ne)	Canadian
espagnol(e)	Spanish
français(e)	French
italien(ne)	Italian
japonais(e)	Japanese
marocain(e)	Moroccan
martiniquais(e)	from Martinique
mexicain(e)	Mexican
québécois(e)	from Quebec
sénégalais(e)	Senegalese
suisse	Swiss
vietnamien(ne)	Vietnamese

Au lycée

Pour commencer
- Which room at school is pictured?
  a. la bibliothèque   b. la salle de classe
  c. le café
- What are the students looking at?
  a. un cahier   b. un professeur   c. un livre
- How do the students look in this photo?
  a. intelligents   b. sociables   c. impatients
- Which item is not visible in the photo?
  a. une table   b. une fenêtre
  c. un ordinateur

You will learn how to...

- talk about your classes
- ask questions and express negation

🔊 **vhl**central

Les cours

Vocabulaire

J'aime bien...	I like...
Je n'aime pas tellement...	I don't like... very much
être reçu(e) à un examen	to pass an exam
l'art (m.)	art
l'éducation physique (f.)	physical education
la gestion	business administration
les lettres (f.)	humanities
la philosophie	philosophy
les sciences (politiques / po) (f.)	(political) science
une bourse	scholarship, grant
une cantine	cafeteria
un cours	class, course
un devoir; les devoirs	homework
un diplôme	diploma, degree
l'école (f.)	school
les études (supérieures) (f.)	(higher) education; studies
le gymnase	gymnasium
une note	grade
difficile	difficult
facile	easy
inutile	useless
utile	useful
surtout	especially; above all

la biologie

la chimie

Je déteste la physique! (détester)

J'adore la géographie! (adorer)

la géographie

la physique

les mathématiques (f.)

l'informatique (f.)

Mise en pratique

les langues étrangères (f.)

l'économie (f.)

l'histoire (f.)

la psychologie

1 **Associez** Which classes, activities, or places do you associate with these words? Not all items in the second column will be used.

_____ 1. manger (*to eat*)
_____ 2. un ordinateur
_____ 3. le français
_____ 4. une calculatrice
_____ 5. le sport
_____ 6. Socrate
_____ 7. E=MC²
_____ 8. Napoléon

a. les mathématiques
b. la physique
c. l'histoire
d. une cantine
e. l'informatique
f. l'éducation physique
g. la biologie
h. la philosophie
i. les langues étrangères
j. l'art

2 **Écoutez** Aurélie and Hassim are discussing their classes. Indicate who likes each of the following classes. For one class, you will indicate both Aurélie and Hassim.

	Aurélie	Hassim
1. l'informatique	_____	_____
2. l'économie	_____	_____
3. la chimie	_____	_____
4. l'histoire	_____	_____
5. la géographie	_____	_____
6. la psychologie	_____	_____
7. la gestion	_____	_____
8. les langues étrangères	_____	_____

3 **Qu'est-ce que j'aime?** Read each statement and indicate whether you think it is **vrai** or **faux**. Compare your answers with a classmate's. Do you agree? Why?

	Vrai	Faux
1. C'est facile d'être reçu à l'examen de mathématiques.	☐	☐
2. Je déteste manger à la cantine.	☐	☐
3. Je vais recevoir (*receive*) une bourse; c'est très utile.	☐	☐
4. L'art, c'est inutile.	☐	☐
5. Avoir (*To have*) un diplôme du lycée, c'est facile.	☐	☐
6. La chimie, c'est un cours difficile.	☐	☐
7. Je déteste les lettres.	☐	☐
8. Les notes sont très importantes.	☐	☐
9. Je n'aime pas tellement les études.	☐	☐
10. J'adore les langues étrangères.	☐	☐

Communication

4 Conversez In pairs, fill in the blanks according to your own situations. Then, act out the conversation for the class.

Élève A: _____, comment ça va?

Élève B: _____. Et toi?

Élève A: _____, merci.

Élève B: Est-ce que tu aimes le cours de _____?

Élève A: J'adore le cours de _____.

Élève B: Moi aussi. Tu aimes _____?

Élève A: Non, j'aime mieux (*better*) _____.

Élève B: Bon, à bientôt.

Élève A: À _____.

5 Qu'est-ce que c'est? Write a caption for each image, stating where the students are and how they feel about the classes they are attending. Then, in pairs, take turns reading your captions for your partner to guess about whom you are talking.

MODÈLE

C'est le cours de français. Le français est facile.

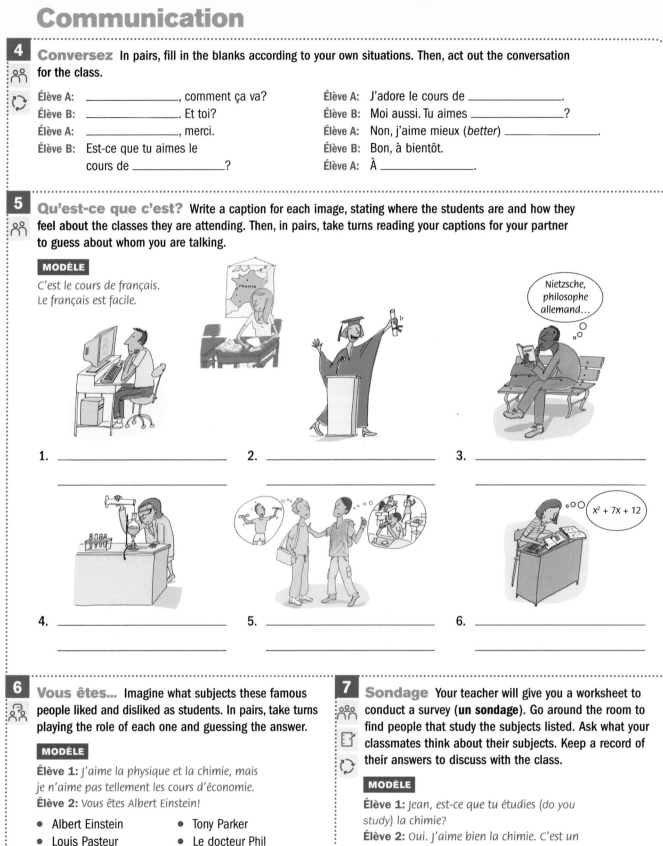

1. _____ _____

2. _____ _____

3. _____ _____

4. _____ _____

5. _____ _____

6. _____ _____

6 Vous êtes... Imagine what subjects these famous people liked and disliked as students. In pairs, take turns playing the role of each one and guessing the answer.

MODÈLE

Élève 1: *J'aime la physique et la chimie, mais je n'aime pas tellement les cours d'économie.*
Élève 2: *Vous êtes Albert Einstein!*

- Albert Einstein
- Louis Pasteur
- Oprah Winfrey
- Abraham Lincoln
- Tony Parker
- Le docteur Phil
- Bill Gates
- Picasso

7 Sondage Your teacher will give you a worksheet to conduct a survey (**un sondage**). Go around the room to find people that study the subjects listed. Ask what your classmates think about their subjects. Keep a record of their answers to discuss with the class.

MODÈLE

Élève 1: *Jean, est-ce que tu étudies (do you study) la chimie?*
Élève 2: *Oui. J'aime bien la chimie. C'est un cours utile.*

Les sons et les lettres 🔊 **vhl**central

Liaisons

Consonants at the end of French words are generally silent but are usually pronounced when the word that follows begins with a vowel sound. This linking of sounds is called a liaison.

À tout à l'heure!   **Comment allez-vous?**

An **s** or an **x** in a liaison sounds like the letter **z**.

les étudiants   **trois élèves**   **six élèves**   **deux hommes**

Always make a liaison between a subject pronoun and a verb that begins with a vowel sound; always make a liaison between an article and a noun that begins with a vowel sound.

nous aimons   **ils ont**   **un étudiant**   **les ordinateurs**

Always make a liaison between **est** (a form of **être**) and a word that begins with a vowel or a vowel sound. Never make a liaison with the final consonant of a proper name.

Robert est anglais.   **Paris est exceptionnelle.**

Never make a liaison with the conjunction **et** (*and*).

Carole et Hélène   **Jacques et Antoinette**

Never make a liaison between a singular noun and an adjective that follows it.

un cours horrible   **un instrument élégant**

Prononcez Practice saying these words and expressions aloud.

1. un examen
2. des étudiants
3. les hôtels
4. dix acteurs
5. Paul et Yvette
6. cours important
7. des informations
8. les études
9. deux hommes
10. Bernard aime
11. chocolat italien
12. Louis est

Articulez Practice saying these sentences aloud.

1. Nous aimons les arts.
2. Albert habite à Paris.
3. C'est un objet intéressant.
4. Sylvie est avec Anne.
5. Ils adorent les deux universités.

Dictons Practice reading these sayings aloud.

Les amis de nos amis sont nos amis.[1]

Un hôte non invité doit apporter son siège.[2]

[1] Friends of our friends are our friends.
[2] An uninvited guest must bring his own chair.

Trop de devoirs! **vhl**central

ANTOINE Je déteste le cours de sciences po.

RACHID Oh? Mais pourquoi? Je n'aime pas tellement le prof, Monsieur Dupré, mais c'est un cours intéressant et utile!

ANTOINE Tu crois? Moi, je pense que c'est très difficile, et il y a beaucoup de devoirs. Avec Dupré, je travaille, mais je n'ai pas de bons résultats.

RACHID Si on est optimiste et si on travaille, on est reçu à l'examen.

ANTOINE Toi, oui, mais pas moi! Toi, tu es un étudiant brillant! Mais moi, les études, oh là là.

DAVID Eh! Rachid! Oh! Est-ce que tu oublies ton coloc?

RACHID Pas du tout, pas du tout. Antoine, voilà, je te présente David, mon colocataire américain.

DAVID Nous partageons un des appartements du P'tit Bistrot.

ANTOINE Le P'tit Bistrot? Sympa!

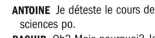

SANDRINE Salut! Alors, ça va l'université française?

DAVID Bien, oui. C'est différent de l'université américaine, mais c'est intéressant.

AMINA Tu aimes les cours?

DAVID J'aime bien les cours de littérature et d'histoire françaises. Demain, on étudie *Les Trois Mousquetaires* d'Alexandre Dumas.

SANDRINE J'adore Dumas. Mon livre préféré, c'est *Le Comte de Monte-Cristo*.

RACHID Sandrine! S'il te plaît! *Le Comte de Monte-Cristo*?

SANDRINE Pourquoi pas? Je suis chanteuse, mais j'adore les classiques de la littérature.

DAVID Donne-moi le sac à dos, Sandrine.

Au P'tit Bistrot...

RACHID Moi, j'aime le cours de sciences po, mais Antoine n'aime pas Dupré. Il pense qu'il donne trop de devoirs.

A C T I V I T É S

1 **Vrai ou faux?** Choose whether each statement is vrai or faux.

1. Rachid et Antoine n'aiment pas le professeur Dupré.

2. Antoine aime bien le cours de sciences po.

3. Rachid et Antoine partagent (*share*) un appartement.

4. David et Rachid cherchent (*look for*) Amina et Sandrine après (*after*) les cours.

5. Le livre préféré de Sandrine est *Le Comte de Monte-Cristo*.

6. L'université française est très différente de l'université américaine.

7. Stéphane aime la chimie.

8. Monsieur Dupré est professeur de maths.

9. Antoine a (*has*) beaucoup de devoirs.

10. Stéphane adore l'anglais.

Antoine, David, Rachid et Stéphane parlent (*talk*) de leurs (*their*) cours.

RACHID Ah... on a rendez-vous avec Amina et Sandrine. On y va?

DAVID Ah, oui, bon, ben, salut, Antoine!

ANTOINE Salut, David. À demain, Rachid!

SANDRINE Bon, Pascal, au revoir, chéri.

RACHID Bonjour, chérie. Comme j'adore parler avec toi au téléphone! Comme j'adore penser à toi!

STÉPHANE Dupré? Ha! C'est Madame Richard, mon prof de français. Elle, elle donne trop de devoirs.

AMINA Bonjour, comment ça va?

STÉPHANE Plutôt mal. Je n'aime pas Madame Richard. Je déteste les maths. La chimie n'est pas intéressante. L'histoire-géo, c'est l'horreur. Les études, c'est le désastre!

DAVID Le français, les maths, la chimie, l'histoire-géo... mais on n'étudie pas les langues étrangères au lycée en France?

STÉPHANE Si, malheureusement! Moi, j'étudie l'anglais. C'est une langue très désagréable! Oh, non, non, ha, ha, c'est une blague, ha, ha. L'anglais, j'adore l'anglais. C'est une langue charmante....

Expressions utiles

Talking about classes

- **Tu aimes les cours?**
  Do you like the classes?
- **Antoine n'aime pas Dupré.**
  Antoine doesn't like Dupré.
- **Il pense qu'il donne trop de devoirs.**
  He thinks he gives too much homework.
- **Tu crois? Mais pourquoi?**
  You think? But why?
- **Avec Dupré, je travaille, mais je n'ai pas de bons résultats.**
  With Dupré, I work, but I don't get good results (grades).
- **Demain, on étudie *Les Trois Mousquetaires*.**
  Tomorrow we're studying The Three Musketeers.
- **C'est mon livre préféré.**
  It's my favorite book.

Additional vocabulary

- **On a rendez-vous (avec des ami(e)s).**
  We're meeting (friends).
- **Comme j'adore...**
  How I love...
- **parler au téléphone**
  to talk on the phone
- **C'est une blague.**
  It's a joke.
- **Si, malheureusement!**
  Yes, unfortunately!
- **On y va? / On y va.**
  Are you ready? / Let's go.
- **Eh!**
  Hey!
- **pas du tout**
  not at all
- **chéri(e)**
  darling

---

2 **Complétez** Match the people in the second column with the verbs in the first. Refer to a dictionary, the dialogue, and the video stills as necessary. Use each option once.

_____ 1. travailler   a. Sandrine is very forgetful.

_____ 2. partager   b. Rachid is very studious.

_____ 3. oublier   c. David can't afford his own apartment.

_____ 4. étudier   d. Amina is very generous.

_____ 5. donner   e. Stéphane needs to get good grades.

3 **Conversez** In this episode, Rachid, Antoine, David, and Stéphane talk about the subjects they are studying. Get together with a partner. Do any of the characters' complaints or preferences remind you of your own? Whose opinions do you agree with? Whom do you disagree with?

ACTIVITÉS

vhl central | Flash culture

CULTURE À LA LOUPE

Au lycée

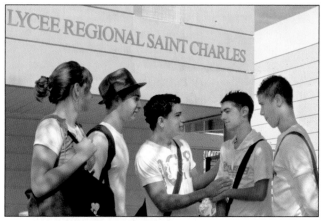

What is high school like in France? At the end of middle school (**le collège**), French students begin three years of high-school study at the **lycée.** Beginning in **seconde** (10th grade), students pass into **première** (11th grade), and end with **terminale** (12th grade).

The **lycée** experience is quite different from American high school. For example, the days are much longer: often from 8:00 am until 5:00 pm. On Wednesdays, classes typically end at noon. Students in some **lycées** may also have class on Saturday morning. French schools do not offer organized sports after school, like American schools do, but students who want to play an organized sport can join **l'Association sportive scolaire.** Every public **lycée** must offer this option to its students. All such extra-curricular activities take place after school hours or on Wednesday afternoons.

Grades are based on a 20-point scale, with 10 being the average grade. As students advance in their studies, it becomes harder for them to achieve a grade of 16/20 or even 14/20. A student can receive a below-average score in one or more courses and still advance to the next level as long as their overall grade average is at least 10/20.

Another important difference is that French students must begin a specialization while in high school, at the end of the **classe de seconde.** That choice is likely to influence the rest of their studies and, later, their job choice. While they can change their mind after the first trimester of **première,** by then students are already set on a course towards the **baccalauréat** or **bac,** the exit exam that concludes their **lycée** studies.

Système français de notation					
NOTE FRANÇAISE	NOTE AMÉRICAINE	%	NOTE FRANÇAISE	NOTE AMÉRICAINE	%
0	F	0	11	B-	82
2	F	3	12	B+	88
3	F	8	13	A-	93
4	F	18	14	A	95
5	F	28	15	A	96
6	F	38	16	A+	98
7	D-	60	17	A+	98
8	D-	65	18	A+	99
9	D+	68	19	A+	99
10	C	75	20	A+	100

A C T I V I T É S

1 **Vrai ou faux?** Indicate whether each statement is **vrai** or **faux.** Correct the false statements.

1. The **lycée** comes after **collège.**
2. It takes 4 years to complete **lycée.**
3. The grade order in the **lycée** is **terminale, première,** and lastly **seconde.**
4. **Lycées** never have classes on Saturday.
5. French students have class from Monday to Friday all day long.

6. French students have to specialize in a field of study while in high school.
7. French students begin their specialization in **première.**
8. The French grading system resembles the US grading system.
9. The highest grade that a French student can get is 20/20.
10. To obtain a grade of 20/20 is common in France.

LE FRANÇAIS QUOTIDIEN

Les cours

être fort(e) en...	*to be good at*
être nul(le) en...	*to stink at*
sécher un cours	*to skip a class*
potasser	*to cram*
piger	*to get it*
l'emploi du temps	*class schedule*
l'histoire-géo	*history-geography*
les maths	*math*
la philo	*philosophy*
le prof	*teacher*
la récré(ation)	*break*

LE MONDE FRANCOPHONE

Le lycée

Le «lycée» n'existe pas partout°.

En Afrique francophone, on utilise° les termes de *lycée* et de *baccalauréat*.

En Belgique, le lycée public s'appelle une *école secondaire* ou un *athénée*. Un lycée privé° s'appelle un *collège*. Le bac n'existe pas°.

En Suisse, les lycées s'appellent *gymnases, écoles préparant à la maturité* ou *écoles de culture générale*. Les élèves reçoivent° un certificat du secondaire II.

partout *everywhere* **on utilise** *one uses* **privé** *private* **n'existe pas** *does not exist* **reçoivent** *receive*

PORTRAIT

Immersion française au Canada

English and French are the official languages of Canada, but not necessarily of each province. In fact, New Brunswick is the only province that is officially bilingual. Only 17.4% of Canadians speak French and English. However, there is an immersion program that encourages bilingualism: Canadian students in elementary school through high school can choose to take their classes in French. This means that for 3 years or more, all their classes are conducted in French. In New Brunswick, 32% of students take part in this program. Although the majority of people in Quebec province are **francophone**, there is also a large community of English-speakers, and 22% of students take part in the French immersion program there.

Sur Internet

Quelle (*Which*) spécialisation choisiriez-vous (*would you choose*)?

Go to **vhlcentral.com** to find more information related to this **Culture** section and to watch the corresponding **Flash culture** video.

2 Complétez Complete each statement.

1. English and French are the official languages of _____.
2. Students can begin an immersion program in _____ school.
3. Immersion programs in Canada last for _____ or more years.
4. _____ is the only province that is officially bilingual.
5. In Switzerland, **les lycées** are called _____.

3 Les cours Research what classes are taught in **lycée** and how long each class is. How does this compare to your class schedule? You may search in your library or online.

2A.1

Present tense of regular *-er* verbs vhlcentral

Point de départ The largest group of infinitives in French end in **-er**. To form the present tense of regular **-er** verbs, drop the **-er** from the infinitive and add the corresponding endings for the different subject pronouns. This chart demonstrates how to conjugate regular **-er** verbs.

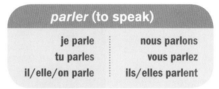

parler (to speak)	
je parle	nous parlons
tu parles	vous parlez
il/elle/on parle	ils/elles parlent

- The English translation of the French verb forms in the present tense depends on the context of the sentence.

> Éric et Nadine **parlent** français.
> *Éric and Nadine speak French.*
> *Éric and Nadine are speaking French.*
> *Éric and Nadine do speak French.*

- Here are some other common **-er** verbs.

Common *-er* verbs			
adorer	to love; to adore	habiter (à)	to live (in)
aimer	to like; to love	manger	to eat
aimer mieux	to prefer (to like better)	oublier	to forget
arriver	to arrive	partager	to share
chercher	to look for	penser (que/qu'...)	to think (that...)
commencer	to begin, to start	regarder	to look (at)
dessiner	to draw; to design	rencontrer	to meet
détester	to hate	retrouver	to meet up with; to find (again)
donner	to give	travailler	to work
étudier	to study	voyager	to travel

- Note that **je** becomes **j'** when it appears before a verb that begins with a vowel sound.

> **J'habite** à Bruxelles.   **J'étudie** la psychologie.
> *I live in Brussels.*   *I study psychology.*

Verbs of preference

- The verbs **adorer**, **aimer**, and **détester** can be followed by a noun or an infinitive. When followed by a noun, use the definite article to tell what someone loves, likes, prefers, or hates.

> J'aime mieux **l'**art.   Marine déteste **les** devoirs.
> *I prefer art.*   *Marine hates homework.*

- When the verbs **adorer**, **aimer**, and **détester** are followed by another verb to say that you like (or hate, etc.) to do something, only the first verb is conjugated. The second verb remains in the infinitive form.

> Ils **adorent travailler** ici.   Ils **détestent étudier** ensemble.
> *They love working here.*   *They hate to study together.*

Boîte à outils

Unlike the English *to look for*, the French verb **chercher** requires no preposition before the noun that follows it.

Nous cherchons les stylos.
We are looking for the pens.

Vérifiez

Vérifiez

Verbs with spelling changes

Verbs ending in **-ger** (**manger, partager, voyager**) and **-cer** (**commencer**) have a spelling change in the **nous** form. All the other forms are the same as regular **-er** verbs.

manger
je mange
tu manges
il/elle/on mange
nous mangeons
vous mangez
ils/elles mangent

commencer
je commence
tu commences
il/elle/on commence
nous commençons
vous commencez
ils/elles commencent

Boîte à outils

The spelling change in the **nous** form is made in order to maintain the same sound that the **c** and the **g** make in the infinitives **commencer** and **manger**.

Nous **voyageons** avec une amie.
We are traveling with a friend.

Nous **commençons** les devoirs.
We're starting our homework.

Vous **mangez** à la cantine.
You eat at the cafeteria.

Vous **commencez** l'examen.
You are starting the test.

Commands

- If you want to tell someone what to do, you use commands. Like English, you drop the subject pronoun and use the present tense form of the verb. The **nous** and **vous** command forms are identical to those of the present tense.

  Parlez français!
  Speak French!

  Travaillons!
  Let's work!

- The **tu** command form of **-er** verbs drops the **-s** from the present tense form.

  Tu regardes le tableau.
  You are looking at the board.

  ▶ **Regarde** le tableau!
  Look at the board!

- The command forms of **être** are irregular: **sois, soyons, soyez**.

  Sois patient!
  Be patient!

  Soyez utiles!
  Be useful!

  Soyons optimistes.
  Let's be optimistic.

Vérifiez

Essayez!   Complete the sentences with the correct present tense forms of the verbs.

1. Je ___parle___ (parler) français en classe.
2. Nous _____ (habiter) près de (*near*) l'école.
3. Ils _____ (aimer) le cours de sciences politiques.
4. Vous _____ (manger) en classe?!
5. Le cours _____ (commencer) à huit heures (*at eight o'clock*).
6. Marie-Claire _____ (chercher) un stylo.
7. Nous _____ (partager) un crayon en cours de maths.
8. Tu _____ (étudier) l'économie.
9. Les élèves _____ (voyager) en France.
10. Nous _____ (adorer) parler italien.

Mise en pratique

1 **Complétez** Complete the conversation with the correct forms of the verbs.

ARTHUR Tu (1) _____ (parler) bien français!

OLIVIER Mon ami Marc et moi, nous (2) _____ (retrouver) un professeur de français et nous (3) _____ (étudier) ensemble. Et toi, tu (4) _____ (aimer) les langues?

ARTHUR Non, j' (5) _____ (aimer) l'art. Je (6) _____ (dessiner) bien et j' (7) _____ (adorer) l'art moderne. Marc et toi, vous (8) _____ (habiter) à Paris?

2 **Phrases** Form sentences using the words provided. Conjugate the verbs and add any necessary words.

1. je / oublier / devoir de littérature
2. nous / commencer / problèmes de maths
3. vous / rencontrer / amis / au / lycée
4. Hélène / détester / travailler
5. tu / chercher / cours / facile
6. élèves / arriver / avec / dictionnaires

3 **Après l'école** Say what Stéphanie and her friends are doing after (**après**) school.

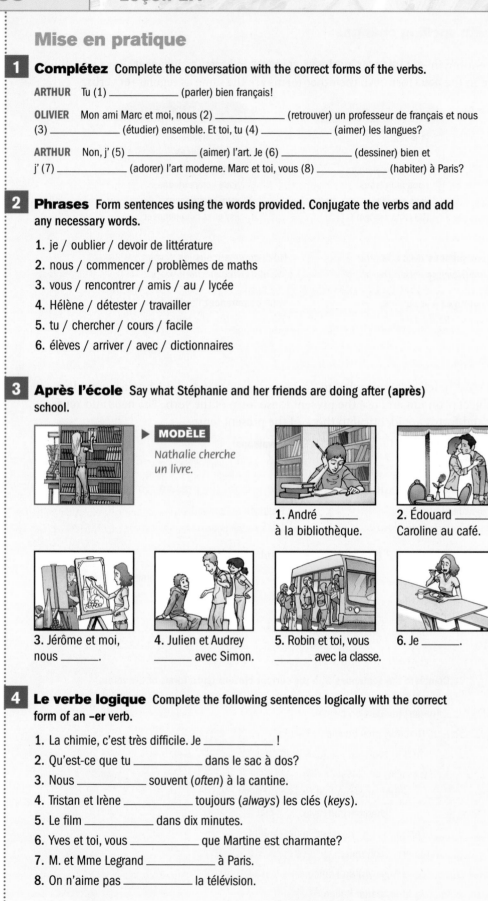

▶ **MODÈLE**

Nathalie cherche un livre.

1. André _____ à la bibliothèque.

2. Édouard _____ Caroline au café.

3. Jérôme et moi, nous _____.

4. Julien et Audrey _____ avec Simon.

5. Robin et toi, vous _____ avec la classe.

6. Je _____.

4 **Le verbe logique** Complete the following sentences logically with the correct form of an **–er** verb.

1. La chimie, c'est très difficile. Je _____ !
2. Qu'est-ce que tu _____ dans le sac à dos?
3. Nous _____ souvent (*often*) à la cantine.
4. Tristan et Irène _____ toujours (*always*) les clés (*keys*).
5. Le film _____ dans dix minutes.
6. Yves et toi, vous _____ que Martine est charmante?
7. M. et Mme Legrand _____ à Paris.
8. On n'aime pas _____ la télévision.

Communication

5 Activités In pairs, tell your partner which of these activities you and your best friend both do. Then, share your partner's answers with the class.

MODÈLE

To your partner: *Nous parlons au téléphone, nous...*
To the class: *Ils/Elles parlent au téléphone, ils/elles...*

manger à la cantine	étudier une langue étrangère
oublier les devoirs	commencer les devoirs
retrouver des amis à la cantine	arriver en classe
travailler	voyager

6 Les études In pairs, take turns asking your partner if he or she likes one academic subject or another. If you don't like a subject, mention one you do like. Then, use **tous** (*m.*)/**toutes** (*f.*) **les deux** (*both of us*) to tell the class what subjects both of you like or hate.

MODÈLE

Élève 1: *Tu aimes la chimie?*
Élève 2: *Non, je déteste la chimie. J'aime mieux les langues.*
Élève 1: *Moi aussi... Nous adorons tous/toutes les deux les langues.*

7 Un sondage In groups of three, survey your partners to find out how frequently they do certain activities. First, prepare a chart with a list of eight activities. Then take turns asking your partners how often they do each one, and record each person's response.

MODÈLE

Élève 1: *Moi, je dessine rarement. Et toi?*
Élève 2: *Moi aussi, je dessine rarement.*
Élève 3: *Moi, je dessine parfois.*

Activité	souvent	parfois	rarement
dessiner		Sara	David Clara
voyager	Clara David Sara		

Coup de main

To express yourself with greater accuracy, use these adverbs: **assez** (enough), **d'habitude** (usually), **de temps en temps** (from time to time), **parfois** (sometimes), **quelquefois** (sometimes), **rarement** (rarely), **souvent** (often), **toujours** (always). Place the adverbs after the verb.

8 Adorer, aimer, détester In small groups, use commands to give each other advice about how to succeed at school. Use the verbs below and tell each other how often to do these things. How many different pieces of advice can you give?

MODÈLE

Sois toujours patient(e) avec tes camarades de classe.

arriver	oublier les devoirs
chercher	parler
commencer	partager
être	regarder
étudier	retrouver
manger	travailler

2A.2 Forming questions and vhlcentral expressing negation

Point de départ You have learned how to make affirmative statements in French. Now you will learn how to form questions and make negative statements.

Forming questions

- There are several ways to ask a question in French. The simplest and most informal way is to make a statement but with rising intonation. In writing, simply put a question mark at the end.

Vous habitez à Bordeaux?
You live in Bordeaux?

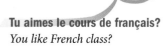

Tu aimes le cours de français?
You like French class?

- A second way is to place the phrase **Est-ce que...** directly before a statement. If the next word begins with a vowel sound, use **Est-ce qu'**. Questions with **est-ce que** are somewhat informal.

  Est-ce que vous parlez français?
  Do you speak French?

  Est-ce qu'il aime dessiner?
  Does he like to draw?

- A third way is to end a statement with a tag question, such as **n'est-ce pas?** (*isn't that right?*), **non?** (*no?*) or **d'accord?** (*OK?*). This type of question is informal.

  Nous mangeons bientôt, **n'est-ce pas**?
  We eat soon, don't we?

  On commence bientôt, **d'accord**?
  We're starting soon, OK?

- A fourth way is to invert the subject pronoun and the verb and place a hyphen between them. If the verb ends in a vowel and the subject pronoun is **il**, **elle**, or **on**, insert **-t-** between the verb and the pronoun. Inversion is considered more formal.

  Vous parlez français.
  You speak French.
  ▶
  Parlez-vous français?
  Do you speak French?

  Il mange à la cantine.
  He eats in the cafeteria.
  ▶
  Mange-t-il à la cantine?
  Does he eat in the cafeteria?

Only subject pronouns can be inverted. If the subject is a noun, you need to add the corresponding pronoun to invert with the verb.

  Les élèves mangent à la cantine.
  The students are eating in the cafeteria.
  ▶
  Les élèves mangent**-ils** à la cantine ?
  Are the students eating in the cafeteria?

  Nina arrive demain.
  Nina arrives tomorrow.
  ▶
  Nina arrive**-t-elle** demain?
  Does Nina arrive tomorrow?

The inverted form of **il y a** is **y a-t-il**. **C'est** becomes **est-ce**.

  Y a-t-il une horloge dans la classe?
  Is there a clock in the class?

  Est-ce le professeur de lettres?
  Is he the humanities professor?

- Use **pourquoi** to ask *why?* Use **parce que** (**parce qu'** before a vowel sound) to answer *because*.

  Pourquoi retrouves-tu Sophie ici?
  Why are you meeting Sophie here?

  Parce qu'elle habite près d'ici.
  Because she lives near here.

Expressing negation

- To make a sentence negative in French, place **ne** (**n'** before a vowel sound) before the conjugated verb and **pas** after it.

  Je **ne** dessine **pas** bien.   Elles **n'**étudient **pas** la chimie.
  I don't draw well.   *They don't study chemistry.*

- In the construction [*conjugated verb + infinitive*], **ne** (**n'**) comes before the conjugated verb and **pas** after it.

  Abdel **n'**aime **pas** étudier.   Vous **ne** détestez **pas** travailler?
  Abdel doesn't like to study.   *You don't hate to work?*

- In questions with inversion, place **ne** before the inversion and **pas** after it.

  Abdel **n'**aime-t-il **pas** étudier?   **Ne** détestez-vous **pas** travailler?
  Doesn't Abdel like to study?   *Don't you hate to work?*

- You already know how to use the expression **moi aussi** (*me too*) to express agreement. Here are some other expressions to express agreement and disagreement.

Expressions of agreement and disagreement			
oui	*yes*	**(mais) non**	*no (but of course not)*
bien sûr	*of course*	**pas du tout**	*not at all*
moi/toi non plus	*me/you neither*	**peut-être**	*maybe, perhaps*

  Vous aimez manger à la cantine?   **Non, pas du tout.**
  Do you like to eat in the cafeteria?   *No, not at all.*

- Use **si** instead of **oui** to contradict a negative question.

  Ne parles-tu pas à Daniel?   **Si!**
  Aren't you talking to Daniel?   *Yes (I am)!*

Vérifiez

Essayez!   Make questions out of these statements. Use **est-ce que/qu'** in items 1–5 and inversion in 6–10.

Statement	Question
1. Vous mangez à la cantine.	*Est-ce que vous mangez à la cantine?*
2. Ils adorent les devoirs.	_____
3. La biologie est difficile.	_____
4. Tu travailles.	_____
5. Elles cherchent le prof.	_____
6. Vous arrivez demain.	*Arrivez-vous demain?*
7. L'élève oublie le livre.	_____
8. Il y a deux salles de classe.	_____
9. Ils n'habitent pas à Québec.	_____
10. C'est le professeur d'art.	_____

Mise en pratique

1 **L'inversion** Restate the questions using inversion.

1. Est-ce que vous parlez espagnol?
2. Est-ce qu'il étudie à Paris?
3. Est-ce qu'ils voyagent avec des amis?
4. Est-ce que tu aimes les cours de langues?
5. Est-ce que le professeur parle anglais?
6. Est-ce que les élèves aiment dessiner?

2 **Les questions** Ask the questions that correspond to the answers. Use **est-ce que/qu'** and inversion for each item.

MODÈLE

Nous habitons loin (*far away*).
Est-ce que vous habitez loin? / Habitez-vous loin?

1. Il mange à la cantine.
2. J'oublie les examens.
3. François déteste les maths.
4. Nous adorons voyager.
5. Les cours ne commencent pas demain.
6. Les élèves arrivent en classe.

3 **Complétez** Complete the conversation with the correct questions for the answers given. Act it out with a partner.

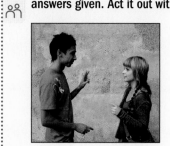

MYLÈNE Salut, Arnaud. Ça va?

ARNAUD Oui, ça va. Alors (*So*)... (1) _____

MYLÈNE J'adore le cours de sciences po, mais je déteste l'informatique.

ARNAUD (2) _____

MYLÈNE Parce que le prof est très strict.

ARNAUD (3) _____

MYLÈNE Oui, il y a des élèves sympathiques... Et demain? (4) _____

ARNAUD Peut-être, mais demain je retrouve aussi Dominique.

MYLÈNE (5) _____

ARNAUD Pas du tout!

Communication

4   **Au café** In pairs, take turns asking each other questions about the drawing. Use verbs from the list.

MODÈLE

Élève 1: *Monsieur Laurent parle à Madame Martin, non?*
Élève 2: *Mais non. Il n'aime pas parler.*

arriver	dessiner	manger	partager
chercher	étudier	oublier	rencontrer

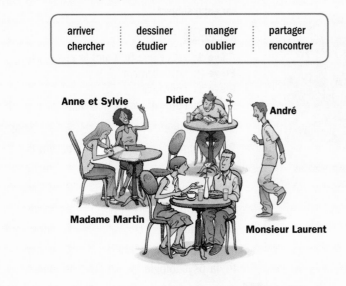

Anne et Sylvie   Didier   André

Madame Martin   Monsieur Laurent

5   **Questions** You and your partner want to get to know each other better. Take turns asking each other questions. Modify or add elements as needed.

MODÈLE   aimer / l'art
Élève 1: *Est-ce que tu aimes l'art?*
Élève 2: *Oui, j'adore l'art./ Non, je n'aime pas l'art.*

1. détester / devoirs
2. étudier / avec / amis
3. penser qu'il y a / cours / intéressant / au lycée
4. cours de sciences / être / facile
5. aimer mieux / biologie / ou / physique
6. retrouver / copains / à la cantine

6   **Confirmez** In groups of three, confirm whether the statements are true of your school. Correct any untrue statements by making them negative.

MODÈLE

Les profs sont désagréables.
Pas du tout, les profs ne sont pas désagréables.

1. Les cours d'informatique sont inutiles.
2. Il y a des élèves de nationalité allemande.
3. Nous mangeons une cuisine excellente à la cantine.
4. Tous (*All*) les élèves étudient à la bibliothèque.
5. Le cours de chimie est facile.
6. Nous adorons le gymnase.

Révision

1 Des styles différents In pairs, describe these two very different classes. Then, tell your partner which class you prefer and why.

2 Les activités In pairs, discuss whether these expressions apply to both of you. React to every answer you hear.

MODÈLE

Élève 1: Est-ce que tu étudies le week-end?
Élève 2: Non! Je n'aime pas étudier le week-end.
Élève 1: Moi non plus. J'aime mieux étudier le soir.

1. adorer la cantine
2. aimer le cours d'art
3. étudier à la bibliothèque
4. manger souvent (often) des sushis
5. oublier les devoirs
6. parler espagnol
7. travailler le soir
8. voyager souvent

3 Le lycée In pairs, prepare ten questions inspired by the list and what you know about your school. Together, survey as many classmates as possible to find out what they like and dislike.

MODÈLE

Élève 1: Est-ce que tu aimes étudier à la bibliothèque?
Élève 2: Non, pas du tout. J'aime mieux étudier...

bibliothèque	élève	cantine
bureau	gymnase	salle de classe
cours	librairie	salle d'ordinateurs

4 Pourquoi? Survey as many classmates as possible to find out if they like these subjects and why. Ask what adjective they would pick to describe them. Tally the most popular answers for each subject.

MODÈLE

Élève 1: Est-ce que tu aimes la philosophie?
Élève 2: Pas tellement.
Élève 1: Pourquoi?
Élève 2: Parce que c'est trop difficile.

1. la biologie   a. agréable
2. la chimie   b. amusant
3. l'histoire   c. désagréable
4. l'éducation physique   d. difficile
5. l'informatique   e. facile
6. les langues   f. important
7. les mathématiques   g. inutile
8. la psychologie   h. utile

5 Les conversations In pairs, act out a short conversation between the people shown in each drawing. They should greet each other, describe what they are doing, and discuss their likes or dislikes. Choose your favorite skit and role-play it for another pair.

MODÈLE

Élève 1: Bonjour, Aurélie.
Élève 2: Salut! Tu travailles, non?

6 Les portraits Your teacher will give you and a partner a set of drawings showing the likes and dislikes of eight people. Discuss each person's tastes. Do not look at each other's worksheet.

MODÈLE

Élève 1: Sarah n'aime pas travailler.
Élève 2: Mais elle adore manger.

vhlcentral

Préparation Answer the following questions.

1. How do you get to and from school?
2. How many classes do you take?
3. How is middle or high school different from elementary school?
4. What functions does student government serve in your school?

Vidéo de Tout le Bas-Rhin

...la vie° d'un collégien°.

L'âge de classe: la journée° d'un collégien

After French students finish **l'école élémentaire**, they attend **collège°** for four years. In their first year of **collège**, which is called **sixième°**, students adjust to their new school, schedule, and classes. Unlike in elementary school, they study a variety of subjects with different **professeurs** throughout the day. **Collégiens** study subjects like **français**, **maths**, **histoire-géo**, and **sciences**, and they also have opportunities to participate in sports and extracurricular activities. In the video, Arthur shows what his school day is like so that students transitioning from elementary school to **collège** have an idea of what to expect from their new school and schedule.

vie *life* **collégien** *middle-school student* **journée** *day* **collège** *middle school* **sixième** *sixth grade*

Vocabulaire utile

un car	*bus*
une carte	*card*
une déléguée de classe	*student council representative*
une matière	*subject*
dur	*hard*

Compréhension Select the word or phrase that matches each description.

un car   une carte   la vie d'un collégien   une déléguée de classe   une matière

1. Arthur's mission is to describe this to students entering **collège**.
2. Arthur and his friends travel to school in this.
3. This is what Arthur shows to the driver when he gets on the bus.
4. This is Margot's role in student government.
5. In **collège**, students have a different **prof** for each one of these.

Conversation Discuss the following topics with a partner, then share your thoughts with the class.

1. Compare Arthur's school transportation to your own. What are the advantages of each?
2. Compare your weekday schedule with Arthur's. How are they similar?

Application With a partner, prepare a presentation about a typical day at your school for a group of exchange students. Include information about school transportation, schedule, lunch time, and after-school activities.

◁)) **vhl**central

Une semaine au lycée

Vocabulaire	
demander	to ask
échouer	to fail
écouter	to listen (to)
enseigner	to teach
expliquer	to explain
trouver	to find; to think
Quel jour sommes-nous?	What day is it?
un an	year
une/cette année	a/this year
après	after
après-demain	day after tomorrow
un/cet après-midi	an/this afternoon
aujourd'hui	today
demain (matin/ après-midi/soir)	tomorrow (morning/ afternoon/evening)
un jour	day
une journée	day
un/ce matin	a/this morning
la matinée	morning
un mois/ce mois-ci	month/this month
une/cette nuit	a/this night
une/cette semaine	a/this week
un/ce soir	an/this evening
une soirée	evening
un/le/ce week-end	a/the/this weekend
dernier/dernière	last
premier/première	first
prochain(e)	next

assister au cours d'économie

passer l'examen de maths

téléphoner à Marc

préparer l'examen de maths

dîner en famille

Mise en pratique

1 **Écoutez** You will hear Lorraine describing her schedule. Listen carefully and indicate whether the statements are **vrai** or **faux** for her.

	Vrai	Faux
1. Il y a quatre cours chaque (*each*) jour.	☐	☐
2. Le cours de chimie est le mardi et le jeudi.	☐	☐
3. Le cours d'histoire est le lundi, le mercredi et le vendredi.	☐	☐
4. Le cours d'informatique est le mardi et le jeudi matin.	☐	☐
5. Les cours d'art et de mathématiques sont le mardi et le jeudi après-midi.	☐	☐
6. Lorraine trouve les mathématiques difficiles.	☐	☐
7. Le professeur de mathématiques explique bien.	☐	☐
8. Lorraine rentre à la maison le soir.	☐	☐
9. Lorraine regarde la télévision, écoute de la musique ou téléphone à ses amies le soir.	☐	☐
10. Le week-end, Lorraine aime être à la maison.	☐	☐

2 **La classe de Mme Arnaud** Complete this paragraph by selecting the correct verb from the list below. Make sure to conjugate the verb. Some verbs will not be used.

demander	expliquer	rentrer
écouter	passer un examen	travailler
enseigner	préparer	trouver
étudier	regarder	visiter

Madame Arnaud (1) _____ au lycée. Elle (2) _____ le français. Elle (3) _____ les verbes et la grammaire aux élèves. Le vendredi, en classe, les élèves (4) _____ une vidéo en français ou (*or*) (5) _____ de la musique française. Ce week-end, ils (6) _____ pour (*for*) (7) _____ l'examen très difficile de lundi matin. Je/J' (8) _____ beaucoup pour ce cours, mais mes (*my*) amis et moi, nous (9) _____ la classe sympa.

3 **Quel jour sommes-nous?** Complete each statement with the correct day of the week.

1. Aujourd'hui, c'est _____.
2. Demain, c'est _____.
3. Après-demain, c'est _____.
4. Le week-end, c'est _____.
5. Le premier jour de la semaine en France, c'est _____.
6. Les jours du cours de français sont _____.
7. Mon (*My*) jour préféré de la semaine, c'est _____.
8. Je travaille à la bibliothèque _____.

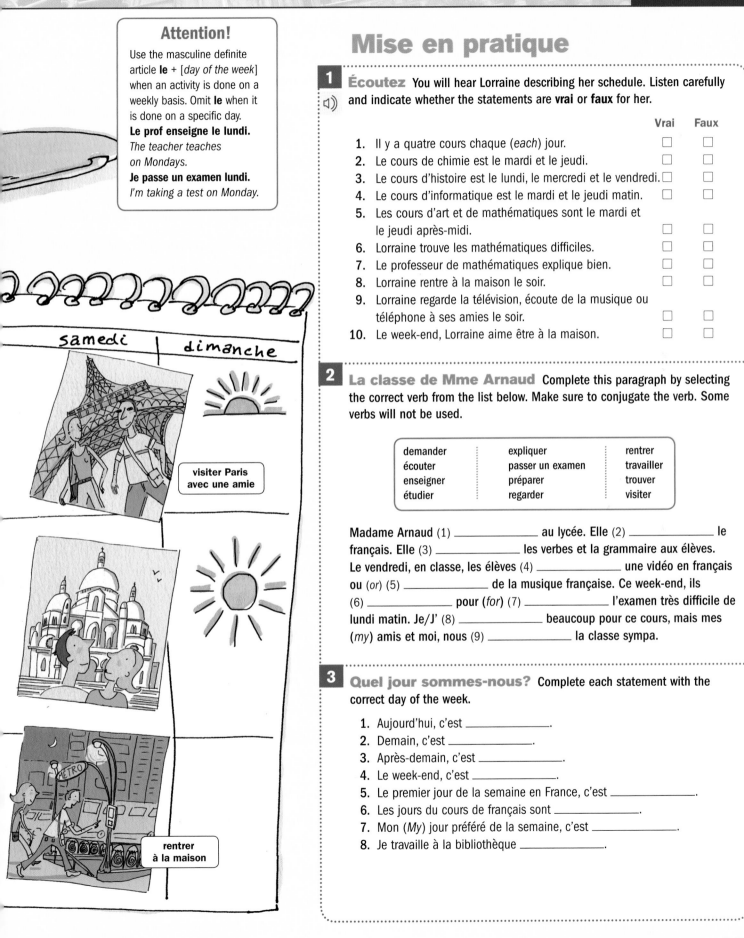

Attention!

Use the masculine definite article **le** + [*day of the week*] when an activity is done on a weekly basis. Omit **le** when it is done on a specific day.

Le prof enseigne le lundi.
The teacher teaches on Mondays.

Je passe un examen lundi.
I'm taking a test on Monday.

samedi | dimanche

visiter Paris avec une amie

rentrer à la maison

Communication

4 **Conversez** Interview a classmate.

1. Quel jour sommes-nous?
2. Quand (*When*) est le prochain cours de français?
3. Quand rentres-tu à la maison?
4. Est-ce que tu prépares un examen cette semaine?
5. Est-ce que tu écoutes la radio? Quel genre de musique aimes-tu?
6. Quand téléphones-tu à des amis?
7. Est-ce que tu regardes la télévision l'après-midi ou (*or*) le soir?
8. Est-ce que tu dînes dans un restaurant ce mois-ci?

5 **Le premier jour** You make a new friend in your French class and want to know what his or her class schedule is like this semester. With a partner, prepare a conversation to perform for the class where you:

- ask his or her name
- ask what classes he or she is taking
- ask at which times of day (morning or afternoon) he or she has French class
- ask at which times of day (morning or afternoon) he or she has English and History classes

6 **Bataille navale** Your teacher will give you a worksheet. Choose four spaces on your chart and mark them with a battleship. In pairs, create questions by using the subjects in the first column and the verbs in the first row to find out where your partner has placed his or her battleships. Whoever "sinks" the most battleships wins.

MODÈLE

Élève 1: Est-ce que Luc et Sabine téléphonent à Jérôme?
Élève 2: Oui, ils téléphonent à Jérôme.
(if you marked that square)
Non, ils ne téléphonent pas à Jérôme.
(if you didn't mark that square)

7 **Le week-end** Write a schedule to show what you do during a typical weekend. Use the verbs you know. Compare your schedule with a classmate's, and talk about the different activities that you do and when. Be prepared to discuss your results with the class.

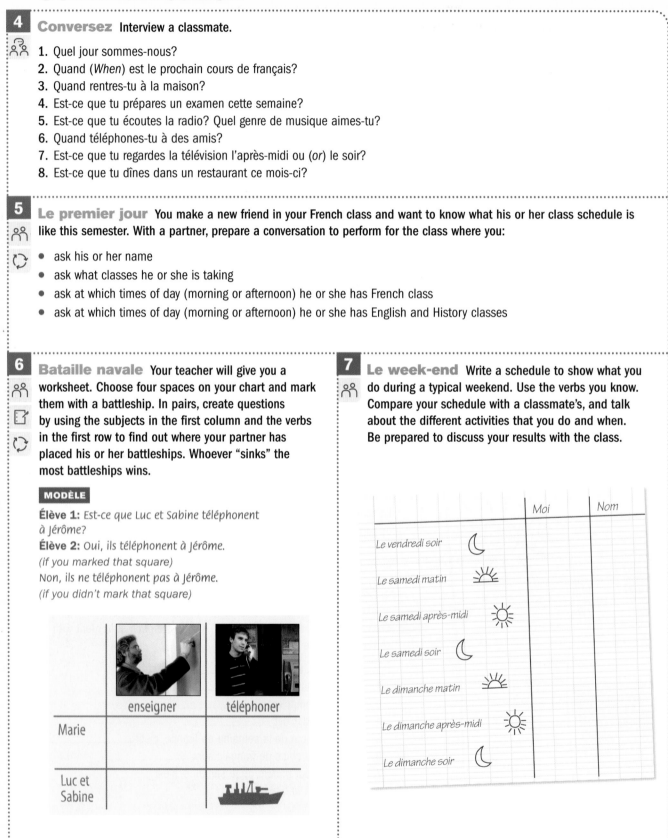

Les sons et les lettres 🔊 vhlcentral

The letter r

The French **r** is very different from the English *r*. The English *r* is pronounced by placing the tongue in the middle and toward the front of the mouth. The French **r** is pronounced in the throat. You have seen that an **-er** at the end of a word is usually pronounced **-ay**, as in the English word *way*, but without the glide sound.

chant**er**	mang**er**	expliqu**er**	aim**er**

In most other cases, the French **r** has a very different sound. Pronunciation of the French **r** varies according to its position in a word. Note the different ways the **r** is pronounced in these words.

riviè**r**e	litté**r**atu**r**e	o**r**dinateu**r**	devoi**r**

If an **r** falls between two vowels or before a vowel, it is pronounced with slightly more friction.

ra**r**e	ga**r**age	Eu**r**ope	**r**ose

An **r** sound before a consonant or at the end of a word is pronounced with slightly less friction.

po**r**te	bou**r**se	ado**r**e	jou**r**

Prononcez Practice saying these words aloud.

1. crayon
2. professeur
3. plaisir
4. différent
5. terrible
6. architecture
7. trouver
8. restaurant
9. rentrer
10. regarder
11. lettres
12. réservé
13. être
14. dernière
15. arriver
16. après

Articulez Practice saying these sentences aloud.

1. Au revoir, Professeur Colbert!
2. Rose arrive en retard mardi.
3. Mercredi, c'est le dernier jour des cours.
4. Robert et Roger adorent écouter la radio.
5. La corbeille à papier, c'est quarante-quatre euros!
6. Les parents de Richard sont brillants et très agréables.

Dictons Practice reading these sayings aloud.

Quand le renard prêche, gare aux oies.[2]

Qui ne risque rien n'a rien.[1]

[1] Nothing ventured, nothing gained.
[2] When the fox preaches, watch your geese.

On trouve une solution vhlcentral

PERSONNAGES

Amina

Astrid

David

Rachid

Sandrine

Stéphane

À la terrasse du café...

RACHID Alors, on a rendez-vous avec David demain à cinq heures moins le quart pour rentrer chez nous.

SANDRINE Aujourd'hui, c'est mercredi. Demain... jeudi. Le mardi et le jeudi, j'ai cours de chant de trois heures vingt à quatre heures et demie. C'est parfait!

AMINA Pas de problème. J'ai cours de stylisme...

AMINA Salut, Astrid!

ASTRID Bonjour.

RACHID Astrid, je te présente David, mon (*my*) coloc américain.

DAVID Alors, cette année, tu as des cours très difficiles, n'est-ce pas?

ASTRID Oui? Pourquoi?

DAVID Ben, Stéphane pense que les cours sont très difficiles.

ASTRID Ouais, Stéphane, il assiste au cours, mais... il ne fait pas ses (*his*) devoirs et il n'écoute pas les profs. Cette année est très importante, parce que nous avons le bac...

DAVID Ah, le bac...

Au parc...

ASTRID Stéphane! Quelle heure est-il? Tu n'as pas de montre?

STÉPHANE Oh, Astrid, excuse-moi! Le mercredi, je travaille avec Astrid au café sur le cours de maths...

ASTRID Et le mercredi après-midi, il oublie! Tu n'as pas peur du bac, toi!

STÉPHANE Tu as tort, j'ai très peur du bac! Mais je n'ai pas envie de passer mes (*my*) journées, mes soirées et mes week-ends avec des livres!

ASTRID Je suis d'accord avec toi, Stéphane! J'ai envie de passer les week-ends avec mes copains... des copains qui n'oublient pas les rendez-vous!

RACHID Écoute, Stéphane, tu as des problèmes avec ta (*your*) mère, avec Astrid aussi.

STÉPHANE Oui, et j'ai d'énormes problèmes au lycée. Je déteste le bac.

RACHID Il n'est pas tard pour commencer à travailler pour être reçu au bac.

STÉPHANE Tu crois, Rachid?

A C T I V I T É S

1 **Vrai ou faux?** Choose whether each statement is **vrai** or **faux**.

1. Le mardi et le mercredi, Sandrine a (*has*) cours de chant.

2. Le jeudi, Amina a cours de stylisme.

3. Astrid pense qu'il est impossible de réussir (*pass*) le bac.

4. La famille de David est allemande.

5. Le mercredi, Stéphane travaille avec Astrid au café sur le cours de maths.

6. Stéphane a beaucoup de problèmes.

7. Rachid est optimiste.

8. Stéphane dîne chez Rachid samedi.

9. Le sport est très important pour Stéphane.

10. Astrid est fâchée (*angry*) contre Stéphane.

Les amis organisent des rendez-vous.

RACHID C'est un examen très important que les élèves français passent la dernière année de lycée pour continuer en études supérieures.

DAVID Euh, n'oublie pas, je suis de famille française.

ASTRID Oui, et c'est difficile, mais ce n'est pas impossible. Stéphane trouve que les études ne sont pas intéressantes. Le sport, oui, mais pas les études.

RACHID Le sport? Tu cherches Stéphane, n'est-ce pas? On trouve Stéphane au parc! Allons-y, Astrid.

ASTRID D'accord. À demain!

RACHID Oui. Mais le sport, c'est la dernière des priorités. Écoute, dimanche prochain, tu dînes chez moi et on trouve une solution.

STÉPHANE Rachid, tu n'as pas envie de donner des cours à un lycéen nul comme moi!

RACHID Mais si, j'ai très envie d'enseigner les maths...

STÉPHANE Bon, j'accepte. Merci, Rachid. C'est sympa.

RACHID De rien. À plus tard!

Expressions utiles

Talking about your schedule

- **Alors, on a rendez-vous demain à cinq heures moins le quart pour rentrer chez nous.**
  So, we're meeting tomorrow at quarter to five to go home (our home).

- **J'ai cours de chant de trois heures vingt à quatre heures et demie.**
  I have voice (singing) class from three-twenty to four-thirty.

- **J'ai cours de stylisme de deux heures à quatre heures vingt.**
  I have fashion design class from two o'clock to four-twenty.

- **Quelle heure est-il?** • **Tu n'as pas de montre?**
  What time is it? *You don't have a watch?*

Talking about school

- **Nous avons le bac.**
  We have the bac.

- **Il ne fait pas ses devoirs.**
  He doesn't do his homework.

- **Tu n'as pas peur du bac!**
  You're not afraid of the bac!

- **Tu as tort, j'ai très peur du bac!**
  You're wrong, I'm very afraid of the bac!

- **Je suis d'accord avec toi.**
  I agree with you.

- **J'ai d'énormes problèmes.**
  I have big/enormous problems.

- **Tu n'as pas envie de donner des cours à un(e) lycéen(ne) nul(le) comme moi.**
  You don't want to teach a high school student as bad as myself.

Useful expressions

- **C'est parfait!** • **Ouais.**
  That's perfect! *Yeah.*

- **Allons-y!** • **C'est sympa.**
  Let's go! *That's nice/fun.*

- **D'accord.**
  OK./All right.

---

2 **Répondez** Answer these questions. Refer to the video scenes and use a dictionary as necessary. You do not have to answer in complete sentences.

1. Où (*Where*) est-ce que tu as envie de voyager?

2. Est-ce que tu as peur de quelque chose? De quoi?

3. Qu'est-ce que tu dis (*say*) quand tu as tort?

3 **À vous!** With a partner, describe someone you know whose personality, likes, or dislikes resemble those of Rachid or Stéphane.

MODÈLE

Paul est comme (like) Rachid... il est sérieux.

ACTIVITÉS

vhlcentral

Le bac

The three years of **lycée** culminate in a high stakes exam called the **baccalauréat** or **bac**. Students begin preparing for this exam by the end of **seconde** (10th grade), when they must decide the type of **bac** they will take. This choice determines their coursework during the last two years of **lycée**; for example, a student who plans to take the **bac S** will study mainly physics, chemistry, and math. Most students take **le bac économique et social (ES)**, **le bac littéraire (L)**, or **le bac scientifique (S)**. Others, though, choose to follow a more technical path, for example **le bac sciences et technologies de l'industrie et du développement durable (STI2D)**, **le bac sciences et technologies de la santé et du social (ST2S)**, or **le bac sciences et technologies du management et de la gestion (STMG)**. There is even a **bac technique** for hotel management and music/dance!

The **bac** has both oral and written sections, which are weighted differently according to the type of **bac**. This means that, for example, a bad grade on the math section would lower a

student's grade significantly on a **bac S** but to a lesser degree on a **bac L**. In all cases, the highest possible grade is 20/20. If a student's overall score on the **bac** is below 10/20 (the minimum passing grade) but above 8/20, he/she can take the **rattrapage**, or make-up exam. If the student fails again, then he/she can **redoubler**, or repeat the school year and take the **bac** again.

Students usually go to find out their results with friends and classmates just a few days after they take the exam. This yearly ritual is full of emotion: it's common to see groups of students frantically looking for their results posted on bulletin boards at the **lycée**. Over 80% of students successfully pass the **bac** every year, granting them access to France's higher education system.

Students can pass the **bac** with:	
18/20 - 20/20	mention Très bien et félicitations du jury
16/20 - 18/20	mention Très bien
14/20 - 16/20	mention Bien
12/20 - 14/20	mention Assez bien
10/20 - 12/20	no special mention

Coup de main

In French, a superscript ⁻ᵉ following a numeral tells you that it is an ordinal number. It is the equivalent of a ⁻ᵗʰ after a numeral in English: 10ᵉ (**dixième**) = 10th.

A C T I V I T É S

1 **Vrai ou faux?** Indicate whether each statement is **vrai** or **faux**. Correct the false statements.

1. The **bac** is an exam that students take at the end of **terminale**.

2. The **bac** has only oral exams.

3. The highest possible grade on the **bac** is 20/20.

4. Students decide which **bac** they will take at the beginning of **terminale**.

5. Most students take the **bac technique**.

6. All the grades of the **bac** are weighted equally.

7. A student with an average grade of 14.5 on the **bac** receives his diploma with **mention Bien**.

8. A student who fails the **bac** but has an overall grade of 8/20 can take a make-up exam.

9. A student who fails the **bac** and the **rattrapage** cannot repeat the year.

10. Passing the **bac** enables students to register for college or to apply for the **grandes écoles**.

Les examens

assurer/cartonner (à un examen)	*to ace (an exam)*
bachoter	*to cram for the bac*
bosser	*to work hard*
une moyenne	*an average*
rater (un examen)	*to fail (an exam)*
réviser	*to study, to review*
un(e) surveillant(e)	*a proctor*
tricher	*to cheat*

L'immersion française

Voici quelques° lycées du monde où les élèves suivent leurs cours° en français.

Aux États-Unis École franco-américaine de Chicago, École franco-américaine de San Diego, Lycée français de La Nouvelle-Orléans, Lycée franco-américain de New York, The French-American School of Minneapolis

Au Canada Collège Stanislas à Montréal, Lycée français de Toronto

Au Maroc Lycée André Malraux de Rabat

À Madagascar Lycée français de Tananarive

Au Viêt-nam Lycée Français International Marguerite Duras de Hô-Chi-Minh-Ville

quelques *some* **suivent leurs cours** *take their classes*

Les études supérieures en France

After taking the **bac**, students continuing their studies have several choices. The highest achieving students often enroll in a **classe préparatoire**, which prepares them for the entrance tests to the **grandes écoles**. The **grandes écoles** are France's most prestigious and elite institutions of higher learning. The best known are **l'ENA (École nationale d'administration), Polytechnique, HEC (École des hautes° études commerciales) et Sciences Po (Institut des sciences politiques).** Other students choose **une école spécialisée**, such as a business or jounalism school. These establishments offer a highly specialized course of study and degree. Another option is enrolling in **l'université**. University students begin classes in their chosen field of study in their first year. University studies generally take three to four year to complete, or longer for a doctorate.

haute *higher-level*

Sur Internet

Quel (*Which*) bac aimeriez-vous (*would you like*) passer?

Go to **vhlcentral.com** to find more information related to this **Culture** section.

---

2 **Les études supérieures en France** What kind of higher education might these students seek? Write the school types in French.

1. a future journalist
2. an outstanding student
3. a foreign language student
4. a business student
5. a chemistry student

3 **Et les cours?** In French, name two courses you might take in preparation for each of these **baccalauréat** exams.

1. un bac L
2. un bac STMG
3. un bac ES
4. un bac STI2D

A C T I V I T É S

2B.1

Present tense of *avoir* **vhl**central

Point de départ The verb **avoir** (*to have*) is used frequently. You will have to memorize each of its present tense forms because they are irregular.

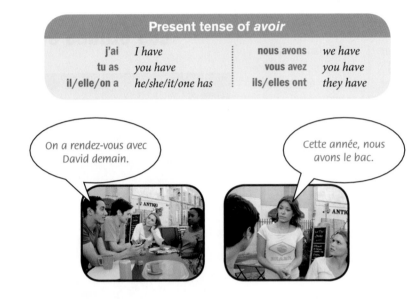

Present tense of *avoir*			
j'ai	*I have*	**nous avons**	*we have*
tu as	*you have*	**vous avez**	*you have*
il/elle/on a	*he/she/it/one has*	**ils/elles ont**	*they have*

> On a rendez-vous avec David demain.

> Cette année, nous avons le bac.

- Liaison is required between the final consonants of **on**, **nous**, **vous**, **ils**, and **elles** and the first vowel of forms of **avoir** that follow them. When the final consonant is an **-s**, pronounce it as a z before the verb forms.

  On a un prof sympa.
  We have a nice teacher.

  Nous avons un cours d'art.
  We have an art class.

  Vous avez deux stylos.
  You have two pens.

  Elles ont un examen de psychologie.
  They have a Psychology exam.

- Keep in mind that an indefinite article, whether singular or plural, usually becomes **de/d'** after a negation.

J'ai **un** cours difficile.
I have a difficult class.

Je n'ai pas **de** cours difficile.
I don't have a difficult class.

Il a **des** examens.
He has exams.

Il n'a pas **d'**examens.
He does not have exams.

- The verb **avoir** is used in certain idiomatic or set expressions where English generally uses *to be* or *to feel*.

Expressions with *avoir*			
avoir... ans	to be... years old	avoir froid	to be cold
avoir besoin (de)	to need	avoir honte (de)	to be ashamed (of)
avoir de la chance	to be lucky	avoir l'air	to look like, to seem
		avoir peur (de)	to be afraid (of)
avoir chaud	to be hot	avoir raison	to be right
avoir envie (de)	to feel like	avoir sommeil	to be sleepy
		avoir tort	to be wrong

Il a chaud.

Ils ont froid.

Elle a sommeil.

Il a peur.

- The expressions **avoir besoin de, avoir honte de, avoir peur de,** and **avoir envie de** can be followed by either a noun or a verb.

  J'**ai besoin d'**une calculatrice.
  I need a calculator.

  J'**ai besoin d'**étudier.
  I need to study.

- The command forms of **avoir** are irregular: **aie, ayons, ayez.** Place **ne** and **pas** around the command to make it negative.

  Aie un peu de patience.
  Be a little patient.

  N'**ayez** pas peur.
  Don't be afraid.

Vérifiez

Essayez!   Complete the sentences with the correct forms of **avoir**.

1. La température est de 35 degrés Celsius. Nous ___avons___ chaud.

2. En Alaska, en décembre, vous _____ froid.

3. Martine _____ envie de danser.

4. Ils _____ besoin d'une calculatrice pour le devoir.

5. Est-ce que tu _____ peur des insectes?

6. Sébastien pense que je travaille aujourd'hui. Il _____ raison.

7. J' _____ cours d'économie le lundi.

8. Mes amis voyagent beaucoup. Ils _____ de la chance.

9. Mohammed _____ deux cousins à Marseille.

10. Vous _____ un grand appartement.

Mise en pratique

1 **On a...** Use the correct forms of **avoir** to form questions from these elements. Use inversion and provide an affirmative or negative answer as indicated.

MODÈLE

tu / un examen (oui)
As-tu un examen? Oui, j'ai un examen.

1. nous / un dictionnaire (oui)
2. Luc / un diplôme (non)
3. elles / des montres (non)
4. vous / des copains (oui)
5. Thérèse / un téléphone (oui)
6. Charles et Jacques / une calculatrice (non)
7. on / un examen (non)
8. tu / des livres de français (non)

2 **C'est évident** Describe these people using expressions with **avoir**.

1. J' _____ étudier. 2. Vous _____.

3. Tu _____. 4. Elles _____.

3 **Assemblez** Use the verb avoir and combine elements from the two columns to create sentences about yourself, your class, and your school. Make any necessary changes or additions.

A	B
Je	cours utiles
Le lycée	bonnes notes
Les profs	professeurs brillants
Mon (*My*) petit ami	ami(e) mexicain(e)
	/ anglais(e)
Ma (*My*) petite amie	/ canadien(ne)
	/ vietnamien(ne)
Nous	élèves intéressants
	cantine agréable
	cours d'informatique

Communication

4 **Besoins** Your teacher will give you a worksheet. Ask different classmates if they need to do these activities. Find at least one person to answer **Oui** and at least one to answer **Non** for each item.

MODÈLE

regarder la télé
Élève 1: *Tu as besoin de regarder la télé?*
Élève 2: *Oui, j'ai besoin de regarder la télé.*
Élève 3: *Non, je n'ai pas besoin de regarder la télé.*

Activités	Oui	Non
1. regarder la télé	Anne	Louis
2. étudier ce soir		
3. passer un examen cette semaine		
4. retrouver des amis demain		
5. travailler à la bibliothèque		
6. commencer un devoir important		
7. téléphoner à un(e) copain/copine ce week-end		
8. parler avec le professeur		

5 **C'est vrai?** Interview a classmate by transforming each of these statements into a question. Be prepared to report the results of your interview to the class.

MODÈLE J'ai deux ordinateurs.
Élève 1: *Tu as deux ordinateurs?*
Élève 2: *Non, je n'ai pas deux ordinateurs.*

1. J'ai peur des examens.
2. J'ai seize ans.
3. J'ai envie de visiter Montréal.
4. J'ai un cours de biologie.
5. J'ai sommeil le lundi matin.
6. J'ai un(e) petit(e) ami(e) égoïste.

6 **Interview** You are talking to a school counselor. Answer his or her questions. In pairs, practice the scene and role-play it for the class.

1. Qu'est-ce que (*What*) vous avez envie d'étudier?
2. Est-ce que vous avez d'excellentes notes?
3. Est-ce que vous avez souvent besoin d'aide (*help*) avec les devoirs?
4. Est-ce que vous mangez à la cantine?
5. Est-ce que vous avez un ordinateur?
6. Est-ce que vous retrouvez des amis au lycée?
7. Est-ce que vous écoutez de la musique?
8. Est-ce que vous avez des cours le soir?

2B.2

Telling time vhlcentral

Point de départ You use the verb **être** with numbers to tell time.

- There are two ways to ask what time it is.

  Quelle heure est-il?
  What time is it?

  Quelle heure avez-vous/as-tu?
  What time do you have?

- To tell time on the hour, use a *number* + **heures**. Use **une heure** for one o'clock.

Il est **six heures**.

Il est **une heure**.

- To tell the time from the hour to the half-hour, add the number of minutes past the hour. To say it is fifteen minutes past the hour, use **et quart**. To say it is thirty minutes past the hour, use **et demie**.

Il est quatre heures **cinq**.

Il est onze heures **vingt**.

Il est une heure **et quart**.

Il est sept heures **et demie**.

- To tell the time from the half hour to the hour, use **moins** (*minus*) and subtract the number of minutes or the portion of an hour from the next hour.

Il est trois heures **moins dix**.

Il est une heure **moins le quart**.

- To say at what time something happens, use the preposition **à**.

  Le cours commence **à neuf heures moins vingt**.
  The class starts at 8:40.

  Nous avons un examen **à une heure**.
  We have a test at one o'clock.

🔎 Vérifiez

À l'écoute vhlcentral

Préparation

Based on the photograph, who and where do you think Marie-France and Dominique are? Do you think they know each other well? Where are they probably going this morning? What do you think they are talking about?

🔊 À vous d'écouter

Listen to the conversation and list any cognates you hear. Listen again and complete the highlighted portions of Marie-France's schedule.

28 OCTOBRE

8H00 *jogging*	14H00
8H30	14H30
9H00	15H00
9H30	15H30
10H00	16H00
10H30	16H30 *rentrer à la maison*
11H00	17H00
11H30	17H30 *étudier*
12H00	18H00
12H30	18H30
13H00	19H00 *téléphoner à papa*
13H30	19H30 *en famille:*

Compréhension

Vrai ou faux? Indicate whether each statement is **vrai** or **faux**.

1. D'après Marie-France, la biologie est facile.
   _____

2. Marie-France adore l'informatique.
   _____

3. Marie-France mange avec des copains à midi.
   _____

4. Marie-France a trois cours cet après-midi.
   _____

5. Marie-France aime les maths.
   _____

6. Monsieur Meyer est professeur d'histoire.
   _____

7. Monsieur Meyer donne des devoirs difficiles.
   _____

8. Dominique dîne avec Marie-France ce soir.
   _____

Votre emploi du temps With a partner, discuss the classes you're taking. Be sure to say when you have each one, and give your opinion of at least three courses.

Panorama

La France

Le pays en chiffres

- ▶ **Superficie:** *549.000 km²*
  (cinq cent quarante-neuf mille kilomètres carrés°)
- ▶ **Population:** *64.395.000 (soixante-quatre millions trois cent quatre-vingt-quinze mille)*
  SOURCE: INSEE
- ▶ **Industries principales:** *agro-alimentaires°, assurance°, banques, énergie, produits pharmaceutiques, produits de luxe, télécommunications, tourisme, transports*

  La France est le pays° le plus° visité du monde° avec plus de° 83 millions de touristes chaque° année. Son histoire, sa culture et ses monuments–plus de 43.000 (quarante-trois mille)–et musées–plus de 1.200 (mille deux cents)–attirent° des touristes d'Europe et de partout° dans le monde.

- ▶ **Villes principales:** *Paris, Lille, Lyon, Marseille, Toulouse*
- ▶ **Monnaie°:** *l'euro*
  La France est un pays membre de l'Union européenne dont la monnaie est l'euro.

Français célèbres

- ▶ **Jeanne d'Arc,** *héroïne française* (1412–1431)
- ▶ **Émile Zola,** *écrivain°* (1840–1902)
- ▶ **Pierre- Auguste Renoir,** *peintre°* (1841–1919)
- ▶ **Claude Debussy,** *compositeur et musicien (1862–1918)*
- ▶ **Camille Claudel,** *sculptrice (1864–1943)*
- ▶ **Claudie André-Deshays,** *médecin, première astronaute française (1957–)*

carrés *square* **agro-alimentaires** *food processing* **assurance** *insurance*
pays *country* **le plus** *the most* **monde** *world* **plus de** *more than* **chaque**
each **attirent** *attract* **partout** *everywhere* **Monnaie** *Currency* **écrivain**
writer **peintre** *painter* **élus à vie** *elected for life* **Depuis** *Since* **mots**
words **courrier** *mail* **pont** *bridge*

LA FRANCE

un bateau-mouche sur la Seine

LE ROYAUME-UNI

LA MER DU NORD

LA MANCHE

LA BELGIQUE   L'ALLEMAGNE

Lille

LES ARDENNES   LE LUXEMBOURG

Le Havre   Rouen

Caen   la Seine   la Marne   Strasbourg

le Mont-St-Michel   Versailles   **Paris**   LES VOSGES   le Rhin

Rennes

Nantes   la Loire

Bourges   la Saône   LE JURA   LA SUISSE

Poitiers

L'OCÉAN ATLANTIQUE   Limoges   Lyon   L'ITALIE

Clermont-Ferrand   LES ALPES

Bordeaux   la Garonne   LE MASSIF CENTRAL   le Rhône   Aix-en-Provence

Toulouse   Nîmes   MONACO

LES PYRÉNÉES   Marseille   LA CORSE

ANDORRE   LA MER MÉDITERRANÉE

L'ESPAGNE

le château de Chenonceau

0   100 miles
0   100 kilomètres

le pont° du Gard

Incroyable mais vrai!

Être «immortel», c'est réguler et défendre le bon usage du français! Les académiciens de l'Académie française sont élus à vie° et s'appellent les «Immortels». Depuis° 1635 (mille six cent trente-cinq), ils décident de l'orthographe correcte des mots° et publient un dictionnaire. Attention, c'est «courrier° électronique», pas «e-mail»!

La géographie

L'Hexagone

Surnommé° «Hexagone» à cause de° sa forme géométrique, le territoire français a trois fronts maritimes: l'océan Atlantique, la mer° Méditerranée et la Manche°; et quatre frontières° naturelles: les Pyrénées, les Ardennes, les Alpes et le Jura. À l'intérieur du pays°, le Massif central et les Vosges ponctuent° un relief composé de vastes plaines et de forêts. La Loire, la Seine, la Garonne, le Rhin et le Rhône sont les fleuves° principaux de l'Hexagone.

La technologie

Le Train à Grande Vitesse

Le chemin de fer° existe en France depuis° 1827 (mille huit cent vingt-sept). Aujourd'hui, la SNCF (Société nationale des chemins de fer français) offre la possibilité aux voyageurs de se déplacer° dans tout° le pays et propose des tarifs° avantageux aux élèves et aux moins de 25 ans°. Le TGV (Train à Grande Vitesse°) roule° à plus de 300 (trois cents) km/h (kilomètres/heure) et emmène° les voyageurs jusqu'à° Londres et Bruxelles.

Les arts

Le cinéma, le 7e art!

L'invention du cinématographe par les frères° Lumière en 1895 (mille huit cent quatre-vingt-quinze) marque le début° du «7e (septième) art». Le cinéma français donne naissance° aux prestigieux César° en 1976 (mille neuf cent soixante-seize), à des cinéastes talentueux comme° Jean Renoir, François Truffaut et Luc Besson, et à des acteurs mémorables comme Brigitte Bardot, Catherine Deneuve, Olivier Martinez et Audrey Tautou.

L'économie

L'industrie

Avec la richesse de la culture française, il est facile d'oublier que l'économie en France n'est pas limitée à l'artisanat°, à la gastronomie ou à la haute couture°. En fait°, la France est une véritable puissance° industrielle et se classe° parmi° les économies les plus° importantes du monde. Ses° activités dans des secteurs comme la construction automobile (Peugeot, Citroën, Renault), l'industrie aérospatiale (Airbus) et l'énergie nucléaire (Électricité de France) sont considérables.

Qu'est-ce que vous avez appris? Complete these sentences.

1. _____ est une sculptrice française.

2. Les Académiciens sont élus _____.

3. Pour «e-mail», on utilise aussi l'expression _____.

4. À cause de sa forme, la France s'appelle aussi _____.

5. La _____ offre la possibilité de voyager dans tout le pays.

6. Avec le _____, on voyage de Paris à Londres.

7. Les _____ sont les inventeurs du cinéma.

8. _____ est un grand cinéaste français.

9. La France est une grande puissance _____.

10. Électricité de France produit (*produces*) _____.

Sur Internet

1. Cherchez des informations sur l'Académie française. Faites (*Make*) une liste de mots ajoutés à la dernière édition du dictionnaire de l'Académie française.

2. Cherchez des informations sur l'actrice Catherine Deneuve. Quand a-t-elle commencé (*did she begin*) sa (*her*) carrière? Trouvez ses (*her*) trois derniers films.

Surnommé *Nicknamed* **à cause de** *because of* **mer** *sea* **Manche** *English Channel* **frontières** *borders* **pays** *country* **ponctuent** *punctuate* **fleuves** *rivers* **chemin de fer** *railroad* **depuis** *since* **se déplacer** *travel* **dans tout** *throughout* **tarifs** *fares* **moins de 25 ans** *people under 25* **Train à Grande Vitesse** *high speed train* **roule** *rolls, travels* **emmène** *takes* **jusqu'à** *all the way to* **frères** *brothers* **début** *beginning* **donne naissance** *gives birth* **César** *equivalent of the Oscars in France* **comme** *such as* **artisanat** *craft industry* **haute couture** *high fashion* **En fait** *In fact* **puissance** *power* **se classe** *ranks* **parmi** *among* **les plus** *the most* **Ses** *Its*

Lecture **vhl**central

Avant la lecture

STRATÉGIE

Predicting content through formats

Recognizing the format of a document can help you to predict its content. For instance, invitations, greeting cards, and classified ads follow an easily identifiable format, which usually gives you a general idea of the information they contain. Look at the text and identify it based on its format.

	lundi	mardi	mercredi	jeudi	vendredi
8h30	biologie	littérature	biologie	littérature	biologie
9h00					
9h30	anglais	anglais	anglais	anglais	anglais
10h00					
10h30	maths	histoire	maths	histoire	maths
11h00					
11h30	français		français		français
12h00					
12h30					
1h00	art	économie	art	économie	art

If you guessed that this is a page from a student's schedule, you are correct. You can now infer that the document contains information about a student's weekly schedule, including days, times, and activities.

Examinez le texte

Briefly look at the document. What is its format? What kind of information is given? How is it organized? Are there any visuals? What kind? What type(s) of documents usually contain these elements?

Mots apparentés

As you have already learned, in addition to format, you can use cognates to help you predict the content of a document. With a classmate, make a list of all the cognates you find in the reading selection. Based on these cognates and the format of the document, can you guess what this document is and what it's for?

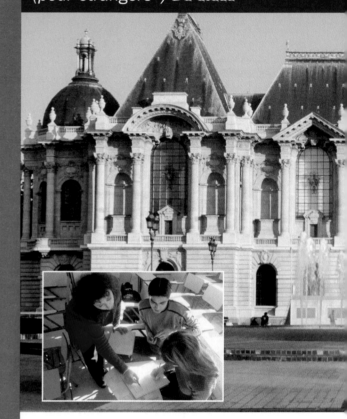

ÉCOLE DE FRANÇAIS
(pour étrangers°) DE LILLE

COURS DE FRANÇAIS POUR TOUS°	COURS DE SPÉCIALISATION
Niveau° débutant°	Français pour enfants°
Niveau élémentaire	Français des affaires°
Niveau intermédiaire	Droit° français
Niveau avancé	Français pour le tourisme
Conversation	Culture et civilisation
Grammaire française	Histoire de France
	Art et littérature
	Arts culinaires

26, place d'Arsonval • 59000 Lille
Tél. 03.20.52.48.17 • Fax. 03.20.52.48.18 • www.efpelille.fr

Programmes de 2 à 8 semaines,

4 à 8 heures par jour

Immersion totale

Professeurs diplômés

le Musée des Beaux-Arts, Lille

GRAND CHOIX° D'ACTIVITÉS SUPPLÉMENTAIRES

- Excursions à la journée dans la région
- Visites de monuments et autres sites touristiques
- Sorties° culturelles (théâtre, concert, opéra et autres spectacles°)
- Sports et autres activités de loisir°

HÉBERGEMENT°

- En cité universitaire°
- Dans° une famille française
- À l'hôtel

---

pour étrangers *for foreigners* tous *all* Niveau *Level* débutant *beginner* enfants *children* affaires *business* Droit *Law* choix *choice* Sorties *Outings* spectacles *shows* loisir *leisure* hébergement *lodging* cité universitaire *university dormitories (on campus)* Dans *In*

Après la lecture

Répondez Select the correct response or completion to each question or statement, based on the reading selection.

1. C'est une brochure pour...
   a. des cours de français pour étrangers.
   b. une université française.
   c. des études supérieures en Belgique.

2. «Histoire de France» est...
   a. un cours pour les professeurs diplômés.
   b. un cours de spécialisation.
   c. un cours pour les enfants.

3. Le cours de «Français pour le tourisme» est utile pour...
   a. une étudiante qui (*who*) étudie les sciences po.
   b. une femme qui travaille dans un hôtel.
   c. un professeur d'administration et gestion.

4. Un étudiant étranger qui commence le français assiste probablement à quel (*which*) cours?
   a. Cours de français pour tous, Niveau avancé
   b. Cours de spécialisation, Art et littérature
   c. Cours de français pour tous, Niveau débutant

5. Quel cours est utile pour un homme qui parle assez bien français et qui travaille dans l'économie?
   a. Cours de spécialisation, Français des affaires
   b. Cours de spécialisation, Arts culinaires
   c. Cours de spécialisation, Culture et civilisation

6. Le week-end, les étudiants...
   a. passent des examens.
   b. travaillent dans des hôtels.
   c. visitent la ville et la région.

7. Les étudiants qui habitent dans une famille...
   a. ont envie de rencontrer des Français.
   b. ont des bourses.
   c. ne sont pas reçus aux examens.

8. Un étudiant en histoire va aimer...
   a. le cours de droit français.
   b. les visites de monuments et de sites touristiques.
   c. les activités sportives.

Complétez Complete these sentences.

1. Le numéro de téléphone est le _____.

2. Le numéro de fax est le _____.

3. L'adresse de l'école est _____.

4. L'école offre des programmes de français de _____ semaines et de _____ par jour.

Écriture

Brainstorming

How do you find ideas to write about? In the early stages of writing, brainstorming can help you generate ideas on a specific topic. You should spend ten to fifteen minutes brainstorming and jotting down any ideas about the topic that occur to you. Whenever possible, try to write down your ideas in French. Express your ideas in single words or phrases, and jot them down in any order. While brainstorming, do not worry about whether your ideas are good or bad. Selecting and organizing ideas should be the second stage of your writing. Remember that the more ideas you write down while brainstorming, the more options you will have to choose from later when you start to organize your ideas.

J'aime

danser
voyager
regarder la télévision
le cours de français
le cours de psychologie

Je n'aime pas

chanter
dessiner
travailler
le cours de chimie
le cours de biologie

Thème

Une description personnelle

Avant l'écriture

1. You will be writing a description of yourself to post on a website in order to find a francophone e-pal. Your description should include:

   ■ your name and where you are from

   ■ the name of your school and where it is located

   ■ the courses you are currently taking

   ■ some of your likes and dislikes

   ■ where you work if you have a job

   ■ any other information you would like to include

   Begin by using a chart like this one to brainstorm information about your likes and dislikes.

J'aime	Je n'aime pas

2. Now fill out this chart to organize the content of your description. Include the information you brainstormed about your likes and dislikes.

Je m'appelle...	(name).
Je suis...	(where you are from).
J'étudie...	(names of classes) à/au/à la (name of school) à (city).
Je ne travaille pas./ Je travaille à/au/ à la/chez...	(place where you work).
J'aime...	(activities you like).
Je n'aime pas...	(activities you dislike).

Écriture

Use the information from the second chart to write a paragraph describing yourself. Make sure you include all the information from the chart in your paragraph. Use the structures provided for each topic.

Bonjour!

Je m'appelle Stacy Adams. Je suis de Rochester. J'étudie le français, les maths, l'anglais, la géographie et la biologie au lycée à New York. Je travaille à la bibliothèque le samedi. J'aime parler avec des amis, écouter de la musique et voyager. Je n'aime pas le sport...

Après l'écriture

1. Exchange a rough draft of your description with a partner. Comment on his or her work by answering these questions:

■ Did your partner include all the necessary information (at least five facts)?

■ Did your partner use the structures provided in the chart?

■ Did your partner use the vocabulary of the unit?

■ Did your partner use the grammar of the unit?

2. Revise your description according to your partner's comments. After writing the final version, read it one more time to eliminate these kinds of problems:

■ spelling errors

■ punctuation errors

■ capitalization errors

■ use of incorrect verb forms

■ use of incorrect adjective agreement

■ use of incorrect definite and indefinite articles

Leçon 2A

Les cours

l'art (*m.*)	art
la biologie	biology
la chimie	chemistry
l'économie (*f.*)	economics
l'éducation physique (*f.*)	physical education
la géographie	geography
la gestion	business administration
l'histoire (*f.*)	history
l'informatique (*f.*)	computer science
les langues (étrangères) (*f.*)	(foreign) languages
les lettres (*f.*)	humanities
les mathématiques (maths) (*f.*)	mathematics
la philosophie	philosophy
la physique	physics
la psychologie	psychology
les sciences (politiques/po) (*f.*)	(political) science
une bourse	scholarhip, grant
la cantine	cafeteria
un cours	class, course
un devoir; les devoirs	homework
un diplôme	diploma, degree
l'école (*f.*)	school
les études (supérieures) (*f.*)	(higher) education; studies
le gymnase	gymnasium
une note	grade

Adjectifs et adverbes

difficile	difficult
facile	easy
inutile	useless
utile	useful
surtout	especially; above all

Vocabulaire supplémentaire

J'adore...	I love...
J'aime bien...	I like...
Je n'aime pas tellement...	I don't like... very much.
Je déteste...	I hate...
être reçu(e) à un examen	to pass an exam

Expressions utiles

See p. 51.

Verbes

adorer	to love; to adore
aimer	to like; to love
aimer mieux	to prefer
arriver	to arrive
chercher	to look for
commencer	to begin, to start
dessiner	to draw; to design
détester	to hate
donner	to give
étudier	to study
habiter (à)	to live (in)
manger	to eat
oublier	to forget
parler (au téléphone)	to speak (on the phone)
partager	to share
penser (que/qu')	to think (that)
regarder	to look (at), to watch
rencontrer	to meet
retrouver	to meet up with; to find (again)
travailler	to work
voyager	to travel

Des questions et des opinions

bien sûr	of course
d'accord	OK, all right
Est-ce que/qu'...?	Question phrase
(mais) non	no (but of course not)
moi/toi non plus	me/you neither
ne... pas	no, not
n'est-ce pas?	isn't that right?
oui/si	yes
parce que	because
pas du tout	not at all
peut-être	maybe, perhaps
Pourquoi?	Why?

Leçon 2B

Les cours

assister à	to attend
demander	to ask
dîner	to have dinner
échouer	to fail
écouter	to listen (to)
enseigner	to teach
expliquer	to explain
passer un examen	to take an exam
préparer	to prepare (for)
rentrer (à la maison)	to return (home)
téléphoner à	to telephone
trouver	to find; to think
visiter	to visit (a place)

Expressions de temps

Quel jour sommes-nous?	What day is it?
un an	a year
une/cette année	one/this year
après	after
après-demain	day after tomorrow
un/cet après-midi	an/this afternoon
aujourd'hui	today
demain (matin/ après-midi/soir)	tomorrow (morning/ afternoon/ evening)
un jour	a day
une journée	a day
(le) lundi, mardi, mercredi, jeudi, vendredi, samedi, dimanche	(on) Monday(s), Tuesday(s), Wednesday(s), Thursday(s), Friday(s), Saturday(s), Sunday(s)
un/ce matin	a/this morning
la matinée	morning
un mois/ce mois-ci	a month/this month
une/cette nuit	a/this night
une/cette semaine	a/this week
un/ce soir	an/this evening
une soirée	an evening
un/le/ce week-end	a/the/this weekend
dernier/dernière	last
premier/première	first
prochain(e)	next

Expressions utiles

See p. 69.

Expressions avec *avoir*

avoir	to have
avoir... ans	to be... years old
avoir besoin (de)	to need
avoir chaud	to be hot
avoir de la chance	to be lucky
avoir envie (de)	to feel like
avoir froid	to be cold
avoir honte (de)	to be ashamed (of)
avoir l'air	to look like, to seem
avoir peur (de)	to be afraid (of)
avoir raison	to be right
avoir sommeil	to be sleepy
avoir tort	to be wrong

L'heure

Quelle heure est-il?	What time is it?
Quelle heure avez-vous/as-tu?	What time do you have?
Il est... heures.	It is... o'clock.
une heure	one o'clock
et quart	fifteen minutes past the hour
et demie	thirty minutes past the hour
moins dix	ten minutes before the hour
moins le quart	fifteen minutes before the hour
À quelle heure?	(At) what time/ when?
de l'après-midi	in the afternoon
du matin	in the morning
du soir	in the evening
en avance	early
en retard	late
midi	noon
minuit	midnight
pile	sharp, on the dot
presque	almost
tard	late
tôt	early
vers	about

La famille et les copains

Unité 3

You will learn how to...
- discuss family, friends, and pets
- express ownership

 vhlcentral

La famille de Marie Laval

Luc Garneau

mon grand-père

Vocabulaire	
divorcer	to divorce
épouser	to marry
aîné(e)	elder
cadet(te)	younger
un beau-frère	brother-in-law
un beau-père	father-in-law; stepfather
une belle-mère	mother-in-law; stepmother
un demi-frère	half-brother; stepbrother
une demi-sœur	half-sister; stepsister
les enfants (m., f.)	children
un(e) époux/épouse	husband/wife
une famille	family
une femme	wife; woman
une fille	daughter; girl
les grands-parents (m.)	grandparents
les parents (m.)	parents
un(e) voisin(e)	neighbor
un chat	cat
un oiseau	bird
un poisson	fish
célibataire	single
divorcé(e)	divorced
fiancé(e)	engaged
marié(e)	married
séparé(e)	separated
veuf/veuve	widowed

Juliette Laval

Robert Laval

ma mère, fille de
Luc et d'Hélène

mon père, mari
de Juliette

Véronique Laval

Guillaume Laval

Marie Laval

ma belle-sœur,
femme de
mon frère

mon frère

moi, Marie Laval,
fille de Juliette
et de Robert

Matthieu Laval

Émilie Laval

mon neveu

ma nièce

petits-enfants
de mes parents

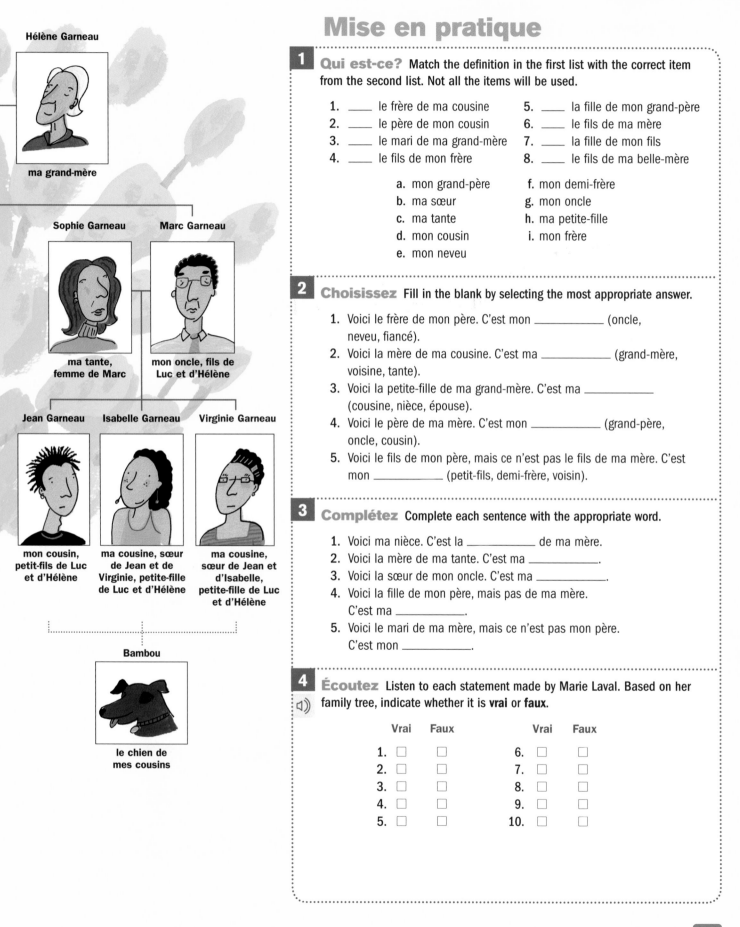

Hélène Garneau

ma grand-mère

Sophie Garneau | **Marc Garneau**

ma tante,
femme de Marc | mon oncle, fils de
Luc et d'Hélène

Jean Garneau | **Isabelle Garneau** | **Virginie Garneau**

mon cousin,
petit-fils de Luc
et d'Hélène | ma cousine, sœur
de Jean et de
Virginie, petite-fille
de Luc et d'Hélène | ma cousine,
sœur de Jean et
d'Isabelle,
petite-fille de Luc
et d'Hélène

Bambou

le chien de
mes cousins

Mise en pratique

1 **Qui est-ce?** Match the definition in the first list with the correct item from the second list. Not all the items will be used.

1. ____ le frère de ma cousine
2. ____ le père de mon cousin
3. ____ le mari de ma grand-mère
4. ____ le fils de mon frère

5. ____ la fille de mon grand-père
6. ____ le fils de ma mère
7. ____ la fille de mon fils
8. ____ le fils de ma belle-mère

a. mon grand-père
b. ma sœur
c. ma tante
d. mon cousin
e. mon neveu

f. mon demi-frère
g. mon oncle
h. ma petite-fille
i. mon frère

2 **Choisissez** Fill in the blank by selecting the most appropriate answer.

1. Voici le frère de mon père. C'est mon _____ (oncle, neveu, fiancé).
2. Voici la mère de ma cousine. C'est ma _____ (grand-mère, voisine, tante).
3. Voici la petite-fille de ma grand-mère. C'est ma _____ (cousine, nièce, épouse).
4. Voici le père de ma mère. C'est mon _____ (grand-père, oncle, cousin).
5. Voici le fils de mon père, mais ce n'est pas le fils de ma mère. C'est mon _____ (petit-fils, demi-frère, voisin).

3 **Complétez** Complete each sentence with the appropriate word.

1. Voici ma nièce. C'est la _____ de ma mère.
2. Voici la mère de ma tante. C'est ma _____.
3. Voici la sœur de mon oncle. C'est ma _____.
4. Voici la fille de mon père, mais pas de ma mère. C'est ma _____.
5. Voici le mari de ma mère, mais ce n'est pas mon père. C'est mon _____.

4 **Écoutez** Listen to each statement made by Marie Laval. Based on her family tree, indicate whether it is **vrai** or **faux**.

	Vrai	Faux		Vrai	Faux
1.	☐	☐	6.	☐	☐
2.	☐	☐	7.	☐	☐
3.	☐	☐	8.	☐	☐
4.	☐	☐	9.	☐	☐
5.	☐	☐	10.	☐	☐

Communication

5 **L'arbre généalogique** With a classmate, identify the members of the family by asking how each one is related to Anne Durand.

MODÈLE

Élève 1: *Qui (Who) est Louis Durand?*
Élève 2: *C'est le grand-père d'Anne.*

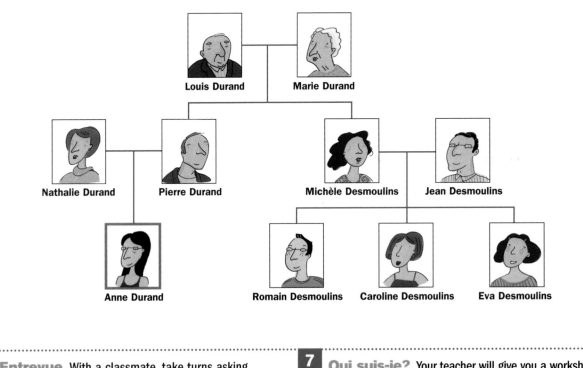

6 **Entrevue** With a classmate, take turns asking each other these questions.

1. Combien de personnes y a-t-il dans ta famille?
2. Comment s'appellent tes parents?
3. As-tu des frères et sœurs?
4. Combien de cousins/cousines as-tu? Comment s'appellent-ils/elles? Où habitent-ils/elles?
5. Quel(le) (*Which*) est ton cousin préféré/ta cousine préférée?
6. As-tu des neveux/des nièces?
7. Comment s'appellent tes grands-parents? Où habitent-ils?
8. Combien de petits-enfants ont tes grands-parents?

Coup de main

Use these words to help you complete this activity.

ton *your (m.)* → mon *my (m.)*
ta *your (f.)* → ma *my (f.)*
tes *your (pl.)* → mes *my (pl.)*

7 **Qui suis-je?** Your teacher will give you a worksheet. Walk around the class and ask your classmates questions about their families. When a classmate gives one of the answers on the worksheet, write his or her name in the corresponding space. Be prepared to discuss the results with the class.

MODÈLE J'ai un chien.

Élève 1: *Est-ce que tu as un chien?*
Élève 2: *Oui, j'ai un chien (You write the student's name.)/Non, je n'ai pas de chien. (You ask another classmate.)*

Les sons et les lettres 🔊 vhlcentral

L'accent aigu and l'accent grave

In French, diacritical marks (*accents*) are an essential part of a word's spelling. They indicate how vowels are pronounced or distinguish between words with similar spellings but different meanings. **L'accent aigu** (´) appears only over the vowel **e**. It indicates that the **e** is pronounced similarly to the vowel *a* in the English word *cake*, but shorter and crisper.

| **é**tudier | **ré**servé | **é**légant | **té**léphone |

L'accent aigu also signals some similarities between French and English words. Often, an **e** with **l'accent aigu** at the beginning of a French word marks the place where the letter *s* would appear at the beginning of the English equivalent.

| **é**ponge | **é**pouse | **é**tat | **é**tudiante |
| *sponge* | *spouse* | *state* | *student* |

L'accent grave (`) appears only over the vowels **a**, **e**, and **u**. Over the vowel **e**, it indicates that the **e** is pronounced like the vowel *e* in the English word *pet*.

| t**rè**s | ap**rè**s | m**è**re | ni**è**ce |

Although **l'accent grave** does not change the pronunciation of the vowels **a** or **u**, it distinguishes words that have a similar spelling but different meanings.

| la | là | ou | où |
| *the* | *there* | *or* | *where* |

Prononcez Practice saying these words aloud.

1. agréable
2. sincère
3. voilà
4. faculté
5. frère
6. à
7. déjà
8. éléphant
9. lycée
10. poème
11. là
12. élève

Articulez Practice saying these sentences aloud.

1. À tout à l'heure!
2. Thérèse, je te présente Michèle.
3. Hélène est très sérieuse et réservée.
4. Voilà mon père, Frédéric, et ma mère, Ségolène.
5. Tu préfères étudier à la fac demain après-midi?

Dictons Practice reading these sayings aloud.

À vieille mule, frein doré.[2]

Tel père, tel fils.[1]

[1] Like father, like son.
[2] For an old mule, a golden bit.

L'album de photos vhlcentral

Amina

Michèle

Stéphane

Valérie

MICHÈLE Mais, qui c'est? C'est ta sœur? Tes parents?
AMINA C'est mon ami Cyberhomme.
MICHÈLE Comment est-il? Est-ce qu'il est beau? Il a les yeux de quelle couleur? Marron ou bleue? Et ses cheveux? Ils sont blonds ou châtains?
AMINA Je ne sais pas.
MICHÈLE Toi, tu es timide.

VALÉRIE Stéphane, tu as dix-sept ans. Cette année, tu passes le bac, mais tu ne travailles pas!
STÉPHANE Écoute, ce n'est pas vrai, je déteste mes cours, mais je travaille beaucoup. Regarde, mon cahier de chimie, mes livres de français, ma calculatrice pour le cours de maths, mon dictionnaire anglais-français...

STÉPHANE Oh, et qu'est-ce que c'est? Ah, oui, les photos de tante Françoise.
VALÉRIE Des photos? Mais où?
STÉPHANE Ici! Amina, on peut regarder des photos de ma tante sur ton ordinateur, s'il te plaît?

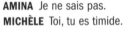

AMINA Ah, et ça, c'est toute la famille, n'est-ce pas?
VALÉRIE Oui, ça, c'est Henri, sa femme, Françoise, et leurs enfants: le fils aîné, Bernard, et puis son frère, Charles, sa sœur, Sophie, et leur chien, Socrate.
STÉPHANE J'aime bien Socrate. Il est vieux, mais il est amusant!

VALÉRIE Ah! Et Bernard, il a son bac aussi et sa mère est très heureuse.
STÉPHANE Moi, j'ai envie d'habiter avec oncle Henri et tante Françoise. Comme ça, pas de problème pour le bac!

STÉPHANE Pardon, maman. Je suis très heureux ici, avec toi. Ah, au fait, Rachid travaille avec moi pour préparer le bac.
VALÉRIE Ah, bon? Rachid est très intelligent... un étudiant sérieux.

1 **Vrai ou faux?** Are these sentences **vrai** or **faux?** Correct the false ones.

1. Amina communique avec sa (*her*) tante par ordinateur.
2. Stéphane n'aime pas ses (*his*) cours au lycée.
3. Ils regardent des photos de vacances.
4. Henri est le frère aîné de Valérie.
5. Bernard est le cousin de Stéphane.

6. Charles a déjà son bac.
7. La tante de Stéphane s'appelle Françoise.
8. Stéphane travaille avec Amina pour préparer le bac.
9. Socrate est le fils d'Henri et de Françoise.
10. Rachid n'est pas un bon étudiant.

Stéphane et Valérie regardent des photos
de famille avec Amina.

À la table d'Amina...

AMINA Alors, voilà vos photos.
Qui est-ce?

VALÉRIE Oh, c'est Henri, mon
frère aîné!

AMINA Quel âge a-t-il?

VALÉRIE Il a cinquante ans. Il est très
sociable et c'est un très bon père.

VALÉRIE Ah! Et ça, c'est ma nièce
Sophie et mon neveu Charles!
Regarde, Stéphane, tes cousins!

STÉPHANE Je n'aime pas Charles.
Il est tellement sérieux.

VALÉRIE Il est peut-être trop sérieux,
mais, lui, il a son bac!

AMINA Et Sophie, qu'elle est jolie!

VALÉRIE ... et elle a déjà son bac.

AMINA Ça, oui, préparer le bac avec
Rachid, c'est une idée géniale!

VALÉRIE Oui, c'est vrai. En théorie,
c'est une excellente idée. Mais tu
prépares le bac avec Rachid, hein?
Pas le prochain match de foot!

2 **Vocabulaire** Choose the adjective that describes how Stéphane
would feel on these occasions. Refer to a dictionary as necessary.

1. on his 87ᵗʰ birthday _____
2. after finding 20€ _____
3. while taking the **bac** _____
4. after getting a good grade _____
5. after dressing for a party _____

beau
heureux
sérieux
vieux

3 **Conversez** In pairs, describe which member of your family is
most like Stéphane. How are they alike? Do they both like sports?
Do they take similar courses? How do they like school? How
are their personalities? Be prepared to describe your partner's
"Stéphane" to the class.

A
C
T
I
V
I
T
É
S

vhlcentral | *Flash culture*

La famille en France

Comment est la famille française? Est-elle différente de la famille américaine? La majorité des Français sont-ils mariés, divorcés ou célibataires?

Il n'y a pas de réponse simple à ces questions. Les familles françaises sont très diverses. Le mariage est toujours° très populaire: la majorité des hommes et des femmes sont mariés. Mais attention!

Les nombres° de personnes divorcées et de personnes célibataires augmentent chaque° année.

La structure familiale traditionnelle existe toujours en France, mais il y a des structures moins traditionnelles, comme les familles monoparentales, où° l'unique parent est divorcé, séparé ou veuf. Il y a aussi des familles recomposées, c'est-à-dire qui combinent deux familles, avec un beau-père, une belle-mère, des demi-frères et des demi-sœurs. Certains couples choisissent° le Pacte Civil de Solidarité (PACS), qui offre certains droits° et protections aux couples non-mariés. Depuis 2013, la France autorise également le mariage entre personnes de même sexe.

Géographiquement, les membres d'une famille d'immigrés peuvent° habiter près ou loin° les uns des autres°. Mais en général, ils préfèrent habiter les uns près des autres parce que l'intégration est parfois° difficile. Il existe aussi des familles d'immigrés séparées entre° la France et le pays d'origine.

Alors, oubliez les stéréotypes des familles en France. Elles sont grandes et petites, traditionnelles et non-conventionnelles; elles changent et sont toujours les mêmes°.

> **Coup de main**
>
> Remember to read decimal places in **French** using the French word **virgule** (*comma*) where you would normally say *point* in English. To say *percent*, use **pour cent**.
>
> **64,3% soixante-quatre virgule trois pour cent**
>
> *sixty-four point three percent*

La situation familiale des Français
(par tranche° d'âge)

ÂGE	CÉLIBATAIRE	EN COUPLE SANS ENFANTS	EN COUPLE AVEC ENFANTS	PARENT D'UNE FAMILLE MONOPARENTALE
< 25 ans	8%	3,5%	1,3%	0,4%
25–29 ans	1,9%	16,8%	49,4%	5,9%
30–44 ans	17%	17%	54%	9,4%
45–59 ans	23%	54%	17,9%	3,9%
> 60 ans	38%	54,3%	4,7%	2,9%

SOURCE: INSEE

toujours *still* **nombres** *numbers* **chaque** *each* **où** *where* **choisissent** *choose* **droits** *rights* **peuvent** *can* **près ou loin** *near or far from* **les uns des autres** *one another* **parfois** *sometimes* **entre** *between* **mêmes** *same* **tranche** *bracket*

A C T I V I T É S

1 **Complétez** Provide logical answers, based on the reading.

1. Si on regarde la population française d'aujourd'hui, on observe que les familles françaises sont très _____.

2. Le _____ est toujours très populaire en France.

3. La majorité des hommes et des femmes sont _____.

4. Le nombre de Français qui sont _____ augmente.

5. Dans les familles _____, l'unique parent est divorcé, séparé ou veuf.

6. Il y a des familles qui combinent _____ familles.

7. Le _____ offre certains droits et protections aux couples qui ne sont pas mariés.

8. Les immigrés aiment _____ les uns près des autres.

9. Oubliez les _____ des familles en France.

10. Les familles changent et sont toujours _____.

La famille

un frangin	brother
une frangine	sister
maman	Mom
mamie	Nana, Grandma
un minou	kitty
papa	Dad
papi	Grandpa
tata	Auntie
tonton	Uncle
un toutou	doggy

Les fêtes et la famille

Les États-Unis ont quelques fêtes° en commun avec le monde francophone, mais les dates et les traditions de ces fêtes diffèrent d'un pays° à l'autre°. Voici deux fêtes associées à la famille.

La Fête des mères

En France le dernier° dimanche de mai ou le premier° dimanche de juin

En Belgique le deuxième° dimanche de mai

À l'île Maurice le dernier dimanche de mai

Au Canada le deuxième dimanche de mai

La Fête des pères

En France le troisième° dimanche de juin

En Belgique le deuxième dimanche de juin

Au Canada le troisième dimanche de juin

quelques fêtes *some holidays* **pays** *country* **autre** *other* **dernier** *last* **premier** *first* **deuxième** *second* **troisième** *third*

Les Noah

Dans° la famille Noah, le sport est héréditaire. À chacun son° sport: pour° Yannick, né° en France, c'est le tennis; pour son père, Zacharie, né à Yaoundé, au Cameroun, c'est le football°; pour son fils, Joakim, né aux États-Unis, c'est le basket-ball. Yannick est champion junior à Wimbledon en 1977 et participe aux championnats° du Grand Chelem° dans les années 1980. Son fils, Joakim, est un joueur° de basket-ball aux États-Unis. Il gagne° la finale du *Final Four NCAA* en 2006 et en 2007 avec les Florida Gators. Il est aujourd'hui joueur professionnel avec les Chicago Bulls. Le sport est dans le sang° chez les Noah!

Dans *In* **À chacun son** *To each his* **pour** *for* **né** *born* **football** *soccer* **championnats** *championships* **Chelem** *Slam* **joueur** *player* **gagne** *wins* **sang** *blood*

Sur Internet

Yannick Noah: célébrité du tennis et... de la musique?

Go to **vhlcentral.com** to find more cultural information related to this **Culture** section. Then watch the corresponding **Flash culture**.

---

2 **Vrai ou faux?** Indicate if these statements are **vrai** or **faux**.

1. Le tennis est héréditaire chez les Noah.

2. Zacharie Noah est né au Cameroun.

3. Zacharie Noah était (*was*) un joueur de basket-ball.

4. Yannick gagne à l'US Open.

5. Joakim joue (*plays*) pour les Lakers.

6. Le deuxième dimanche de mai, c'est la Fête des mères en Belgique et au Canada.

3 **À vous...** With a partner, write six sentences describing another celebrity family whose members all share a common field or profession. Be prepared to share your sentences with the class.

A C T I V I T É S

3A.1

Descriptive adjectives vhlcentral

Point de départ As you learned in **Leçon 1B**, adjectives describe people, places, and things. In French, the forms of most adjectives vary depending on whether the nouns they describe are masculine or feminine, singular or plural. Furthermore, French adjectives are usually placed after the noun they modify when they don't directly follow a form of **être**.

SINGULAR MASCULINE NOUN ⟷ SINGULAR MASCULINE ADJECTIVE

Le **père** est **américain**.
The father is American.

PLURAL MASCULINE NOUN ⟷ PLURAL MASCULINE ADJECTIVE

As-tu des **cours** **faciles**?
Do you have easy classes?

- You've already learned several adjectives of nationality as well as some adjectives to describe someone's personality and your classes. Here are some adjectives to describe physical characteristics.

Adjectives of physical description			
bleu(e)	*blue*	**joli(e)**	*pretty*
blond(e)	*blond*	**laid(e)**	*ugly*
brun(e)	*dark (hair)*	**marron**	*brown (not for hair)*
châtain	*brown (hair)*	**noir(e)**	*black*
court(e)	*short*	**petit(e)**	*small, short (stature)*
grand(e)	*tall, big*	**raide**	*straight (hair)*
jeune	*young*	**vert(e)**	*green*

- In the examples below, the adjectives agree in number and gender with the subjects they describe. Remember that, in general, you add **-e** to make an adjective feminine, unless it already ends in an unaccented **-e**. You add **-s** to make an adjective plural, unless it already ends in an **-s**.

L'examen est **long**.
The exam is long.

Elle est **blonde** et **petite**.
She is blond and short.

Les tableaux sont **laids**.
The paintings are ugly.

Éva et Julie sont **jeunes** et **jolies**.
Éva and Julie are young and pretty.

- The adjective **marron** is invariable; in other words, it does not agree in gender and number with the noun it modifies. The adjective **châtain** is almost exclusively used to describe hair color.

Mon neveu a les **yeux marron**.
My nephew has brown eyes.

Ma nièce a les **cheveux châtains**.
My niece has brown hair.

- Use the expression **de taille moyenne** to describe someone or something of medium size.

Victor est un homme **de taille moyenne**.
Victor is a man of medium height.

C'est une université **de taille moyenne**.
It's a medium-sized university.

Vérifiez

Some irregular adjectives				
masculine singular	feminine singular	masculine plural	feminine plural	
beau	belle	beaux	belles	*beautiful; handsome*
bon	bonne	bons	bonnes	*good; kind*
fier	fière	fiers	fières	*proud*
gros	grosse	gros	grosses	*fat*
heureux	heureuse	heureux	heureuses	*happy*
intellectuel	intellectuelle	intellectuels	intellectuelles	*intellectual*
long	longue	longs	longues	*long*
naïf	naïve	naïfs	naïves	*naive*
roux	rousse	roux	rousses	*red-haired*
vieux	vieille	vieux	vieilles	*old*

À noter

In **Leçon 1B,** you learned that if the masculine singular form of an adjective already ends in **-s (sénégalais),** you don't add another one to form the plural. The same is also true for words that end in **-x (roux, vieux).**

- The forms of the adjective **nouveau** (*new*) follow the same pattern as those of **beau**.

MASCULINE PLURAL
J'ai trois **nouveaux** stylos.
I have three new pens.

FEMININE SINGULAR
Tu aimes la **nouvelle** horloge?
Do you like the new clock?

- Other adjectives that follow the pattern of **heureux** are **curieux** (*curious*), **malheureux** (*unhappy*), **nerveux** (*nervous*), and **sérieux** (*serious*).

Position of certain adjectives

- Unlike most French adjectives, certain ones are placed *before* the noun they modify. These include: **beau, bon, grand, gros, jeune, joli, long, nouveau, petit**, and **vieux**.

J'aime bien les **grandes familles**.
I like large families.

Joël est un **vieux copain**.
Joël is an old friend.

- Other adjectives that are also generally placed before a noun are: **mauvais(e)** (*bad*), **pauvre** (*poor* as in *unfortunate*), **vrai(e)** (*true, real*).

Ça, c'est un **pauvre** homme.
That is an unfortunate man.

C'est une **vraie** catastrophe!
This is a real disaster!

- When placed before a *masculine singular noun that begins with a vowel sound*, these adjectives have a special form.

beau	→	bel	→	un **bel** appartement
vieux		vieil		un **vieil** homme
nouveau		nouvel		un **nouvel** ami

- The plural indefinite article **des** changes to **de** when the adjective comes before the noun.

ADJECTIVE BEFORE NOUN
J'habite avec **de bons amis**.
I live with good friends.

ADJECTIVE AFTER NOUN
J'habite avec **des amis sympathiques**.
I live with nice friends.

Vérifiez

Boîte à outils

When **pauvre** and **vrai(e)** are placed after the noun, they have a slightly different meaning: **pauvre** means *poor* as in *not rich*, and **vrai(e)** means *true*.

Ça, c'est un homme pauvre.
That is a poor man.

C'est une histoire vraie.
This is a true story.

Vérifiez

Essayez!   Provide all four forms of the adjectives.

1. grand _grand, grande, grands, grandes_
2. nerveux _____
3. roux _____
4. bleu _____
5. naïf _____
6. gros _____
7. long _____
8. fier _____

Mise en pratique

1 **Ressemblances** Family members often look and behave alike. Describe these family members.

MODÈLE

Caroline est intelligente. Elle a un frère.
Il est intelligent aussi.

1. Jean est curieux. Il a une sœur.
2. Carole est blonde. Elle a un cousin.
3. Albert est gros. Il a trois tantes.
4. Sylvie est fière et heureuse. Elle a un fils.
5. Christophe est vieux. Il a une demi-sœur.
6. Martin est laid. Il a une petite-fille.
7. Sophie est intellectuelle. Elle a deux grands-pères.
8. Céline est naïve. Elle a deux frères.
9. Anne est belle. Elle a cinq neveux.
10. Anissa est rousse. Elle a un mari.

2 **Une femme heureuse** Complete these sentences about Christine. Remember: some adjectives precede and some follow the nouns they modify.

MODÈLE

Christine / avoir / trois enfants (beau)
Christine a trois beaux enfants.

1. Elle / avoir / des amis (sympathique)

   _____

2. Elle / habiter / dans un appartement (nouveau)

   _____

3. Son *(Her)* mari / avoir / un travail (bon)

   _____

4. Ses *(Her)* filles / être / des étudiantes (sérieux)

   _____

5. Christine / être / une femme (heureux)

   _____

6. Son mari / être / un homme (beau)

   _____

7. Elle / avoir / des collègues amusant(e)s

   _____

8. Sa *(Her)* secrétaire / être / une fille (jeune/intellectuel)

   _____

9. Elle / avoir / des chiens (bon)

   _____

10. Ses voisins / être (poli)

    _____

Communication

3 **Descriptions** In pairs, take turns describing these people and things using the expressions **C'est** or **Ce sont**.

MODÈLE

C'est un cours difficile.

1._____  2._____  3._____

4._____  5._____  6._____

4 **Comparaisons** In pairs, take turns comparing these brothers and their sister. Make as many comparisons as possible, then share them with the class.

MODÈLE

Géraldine et Jean-Paul sont grands mais Tristan est petit.

Jean-Paul   Tristan   Géraldine

5 **Qui est-ce?** Choose the name of a classmate. Your partner must guess the person by asking up to 10 **oui** or **non** questions. Then, switch roles.

MODÈLE

Élève 1: C'est un homme?
Élève 2: Oui.
Élève 1: Il est de taille moyenne?
Élève 2: Non.

6 **Les bons copains** Interview two classmates to learn about one of their friends, using these questions. Your partners' answers will incorporate descriptive adjectives. Be prepared to report to the class what you learned.

- Est-ce que tu as un(e) bon(ne) copain/copine?
- Comment est-ce qu'il/elle s'appelle?
- Quel âge est-ce qu'il/elle a?
- Comment est-ce qu'il/elle est?
- Il/Elle est de quelle origine?
- Quels cours est-ce qu'il/elle aime?
- Quels cours est-ce qu'il/elle déteste?

3A.2

Possessive adjectives **vhl**central

Point de départ In both English and French, possessive adjectives express ownership or possession.

Possessive adjectives			
masculine singular	**feminine singular**	**plural**	
mon	ma	mes	*my*
ton	ta	tes	*your (fam. and sing.)*
son	sa	ses	*his, her, its*
notre	notre	nos	*our*
votre	votre	vos	*your (form. or pl.)*
leur	leur	leurs	*their*

C'est ta sœur? Tes parents?

Voilà vos photos.

- Possessive adjectives are always placed before the nouns they modify.

C'est **ton** père?
Is that your father?

Non, c'est **mon** oncle.
No, that's my uncle.

Voici **notre** mère.
Here's our mother.

Ce sont **tes** livres?
Are these your books?

- In French, unlike English, possessive adjectives agree in gender and number with the nouns they modify.

mon frère
my brother

ma sœur
my sister

mes grands-parents
my grandparents

ton chat
your cat

ta nièce
your niece

tes cousines
your cousins

- The forms **notre**, **votre**, and **leur** are the same for both masculine and feminine nouns. They change only if the noun they modify is plural.

notre neveu
our nephew

notre famille
our family

nos enfants
our children

leur cousin
their cousin

leur cousine
their cousin

leurs cousins
their cousins

- The masculine singular forms **mon**, **ton**, and **son** are also used with *feminine singular* nouns if they begin with a vowel sound.

mon amie
my friend

ton école
your school

son histoire
his story

- The possessive adjectives **son**, **sa**, and **ses** are used to indicate both *his* or *her*. The pronoun you choose depends on the gender and number of the modified noun, not the possessor (**il** or **elle**).

  son frère = *his/her brother*   **sa** sœur = *his/her sister*   **ses** parents = *his/her parents*

  Context will usually clarify whether the possessive adjective means *his* or *her*.

  J'aime **Nadine** mais je n'aime pas **son** frère.   **Rémy** et **son** frère sont trop sérieux.
  I like Nadine but I don't like her brother.   *Rémy and his brother are too serious.*

Elle a déjà son bac.

Possession with *de*

- In English, you use *'s* to express relationships or ownership. In French, you use **de (d')** + [*the noun or proper name*].

  C'est le petit ami **d'Élisabeth**.   C'est le petit ami **de ma sœur**.
  That's Élisabeth's boyfriend.   *That's my sister's boyfriend.*

  Tu aimes la cousine **de Thierry**?   J'ai l'adresse **de ses parents**.
  Do you like Thierry's cousin?   *I have his parents' address.*

- When the preposition **de** is followed by the definite articles **le** and **les**, they contract to form **du** and **des**, respectively. There is no contraction when **de** is followed by **la** and **l'**.

  de + le ▶ du   de + les ▶ des

  L'opinion **du** grand-père est importante.   La fille **des** voisins a les cheveux châtains.
  The grandfather's opinion is important.   *The neighbors' daughter has brown hair.*

  Le nom **de l'**oiseau, c'est Lulu.   J'ai le nouvel album **de la** chanteuse française.
  The bird's name is Lulu.   *I have the French singer's new album.*

🏃 **Boîte à outils**

You have already seen **de** used to express relationship in **Contextes: la fille de Juliette et de Robert, le chien de mes cousins.**

Essayez! Provide the appropriate form of each possessive adjective.

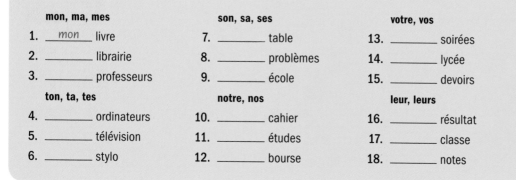

mon, ma, mes
1. ___mon___ livre
2. _____ librairie
3. _____ professeurs

ton, ta, tes
4. _____ ordinateurs
5. _____ télévision
6. _____ stylo

son, sa, ses
7. _____ table
8. _____ problèmes
9. _____ école

notre, nos
10. _____ cahier
11. _____ études
12. _____ bourse

votre, vos
13. _____ soirées
14. _____ lycée
15. _____ devoirs

leur, leurs
16. _____ résultat
17. _____ classe
18. _____ notes

Mise en pratique

1 Complétez Complete the sentences with the correct possessive adjectives.

MODÈLE

Karine et Léo, vous avez _____vos_____ (your) stylos?

1. _____ (My) sœur est très patiente.
2. Marc et Julien adorent _____ (their) cours de philosophie et de maths.
3. Nadine et Gisèle, qui est _____ (your) amie?
4. C'est une belle photo de _____ (their) grand-mère.
5. Nous voyageons en France avec _____ (our) enfants.
6. Est-ce que tu travailles beaucoup sur _____ (your) ordinateur?
7. _____ (Her) cousins habitent à Paris.

2 Identifiez Identify the owner of each object.

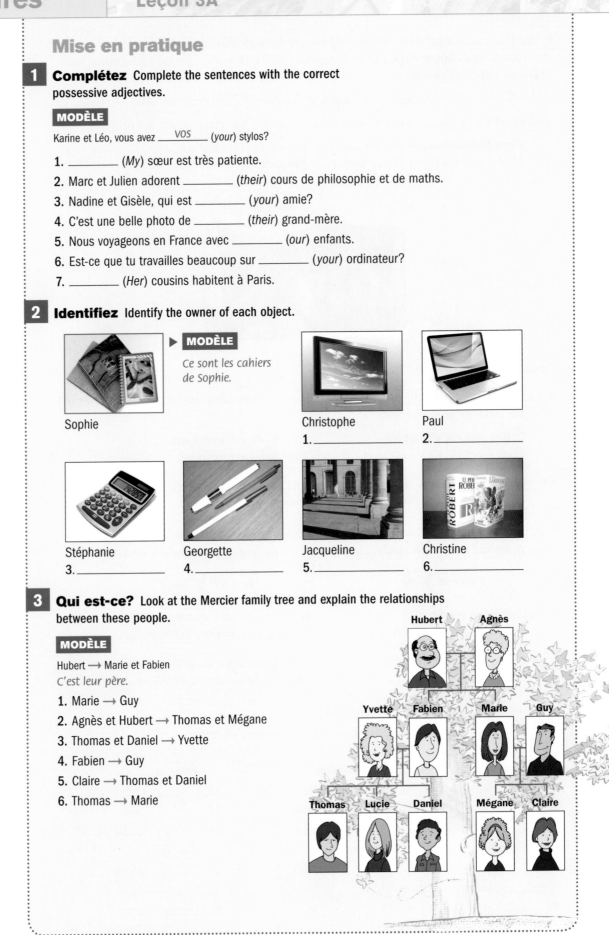

MODÈLE

Ce sont les cahiers de Sophie.

Sophie

Christophe
1._____

Paul
2._____

Stéphanie
3._____

Georgette
4._____

Jacqueline
5._____

Christine
6._____

3 Qui est-ce? Look at the Mercier family tree and explain the relationships between these people.

Hubert   Agnès

MODÈLE

Hubert → Marie et Fabien
C'est leur père.

1. Marie → Guy
2. Agnès et Hubert → Thomas et Mégane
3. Thomas et Daniel → Yvette
4. Fabien → Guy
5. Claire → Thomas et Daniel
6. Thomas → Marie

Yvette   Fabien   Marie   Guy

Thomas   Lucie   Daniel   Mégane   Claire

Communication

4 **Ma famille** Use these cues to interview as many classmates as you can to learn about their family members. Then, tell the class what you found out.

MODÈLE

mère / parler / espagnol
Élève 1: *Est-ce que ta mère parle espagnol?*
Élève 2: *Oui, ma mère parle espagnol.*

1. sœur / travailler / en Californie

   _____

2. frère / être / célibataire

   _____

3. cousins / avoir / un chien

   _____

4. cousin / voyager / beaucoup

   _____

5. père / adorer / les ordinateurs

   _____

6. parents / être / divorcés

   _____

7. tante / avoir / les yeux marron

   _____

8. grands-parents / habiter / en Floride

   _____

5 **Tu connais?** In pairs, take turns telling your partner if someone among your family or friends has these characteristics. Be sure to use a possessive adjective or **de** in your responses.

MODÈLE

français
Mes cousins sont français.

1. naïf	5. optimiste	9. curieux
2. beau	6. grand	10. vieux
3. petit	7. blond	11. roux
4. sympathique	8. mauvais	12. intellectuel

6 **Portrait de famille** In groups of three, take turns describing your family. Listen carefully to your partners' descriptions without taking notes. After everyone has spoken, two of you describe the other's family to see how well you remember.

MODÈLE

Élève 1: *Sa mère est sociable.*
Élève 2: *Sa mère est blonde.*
Élève 3: *Mais non! Ma mère est timide et elle a les cheveux châtains.*

Révision

1 Expliquez In pairs, take turns randomly calling out one person from column A and one from column B. Your partner will explain how they are related.

> **MODÈLE**
>
> **Élève 1:** *ta sœur et ta mère*
> **Élève 2:** *Ma sœur est la fille de ma mère.*

A	B
1. sœur	**a.** cousine
2. tante	**b.** mère
3. cousins	**c.** grand-père
4. frère	**d.** neveux
5. père	**e.** oncle

2 Les yeux de ma mère List seven physical or personality traits that you share with other members of your family. Be specific. Then, in pairs, compare your lists and be ready to present your partner's list to the class.

> **MODÈLE**
>
> **Élève 1:** *J'ai les yeux bleus de mon père et je suis fier/fière comme (like) mon grand-père.*
> **Élève 2:** *Moi, je suis impatient(e) comme ma mère.*

3 Les familles célèbres In groups of four, play a guessing game. Imagine that you belong to one of these famous families or one of your choice. Take turns describing your new family to the group. The first person who guesses which family you belong to and where you fit in is the winner.

> La famille Addams
> La famille Kardashian
> Les familles de *Modern Family*
> La famille Weasley
> La famille Simpson

4 La famille idéale Walk around the room to survey your classmates. Ask them to describe their ideal family. Record their answers. Then, in pairs, compare your results.

> **MODÈLE**
>
> **Élève 1:** *Comment est ta famille idéale?*
> **Élève 2:** *Ma famille idéale est petite, avec deux enfants et beaucoup de chiens et de chats.*

5 Le casting A casting director is looking for actors to star in a new comedy about a strange family. In pairs, role-play a conversation between the casting director and an agent in which you discuss possible actors to play each character, based on these illustrations.

> **MODÈLE**
>
> **Élève 1 (agent):** *Pour la mère, il y a Émilie. Elle est rousse et elle a les cheveux courts.*
> **Élève 2 (casting director):** *Ah, non. La mère est brune et elle a les cheveux longs. Avez-vous une actrice brune?*

La famille

le fils   la fille   le père   la mère   le cousin

Les acteurs et les actrices

Julie   Annick   Michelle   Patrick   Laurent   Émilie   Stéphane   Robert

6 Les différences Your teacher will give you and a partner each a similar drawing of a family. Identify and name the six differences between your picture and your partner's.

> **MODÈLE**
>
> **Élève 1:** *La mère est blonde.*
> **Élève 2:** *Non, la mère est brune.*

LE FRANÇAIS QUOTIDIEN

Pour décrire les gens

bête	*stupid*
borné(e)	*narrow-minded*
canon	*good-looking*
coincé(e)	*inhibited*
cool	*relaxed*
dingue	*crazy*
malin/maligne	*clever*
marrant(e)	*funny*
mignon(ne)	*cute*
zarbi	*weird*

LE MONDE FRANCOPHONE

Le mariage: Qu'est-ce qui est différent?

En France Les mariages sont toujours à la mairie°, en général le samedi après-midi. Beaucoup de couples vont° à l'église° juste après. Il y a un grand dîner le soir. Tous les amis et la famille sont invités.

Au Maroc Les amis de la mariée lui appliquent° du henné sur les mains°.

En Suisse Il n'y a pas de *bridesmaids* comme aux États-Unis mais il y a deux témoins°. En Suisse romande, la partie francophone du pays°, les traditions pour le mariage sont assez° similaires aux traditions en France.

mairie *city hall* **vont** *go* **église** *church* **lui appliquent** *apply* **henné sur les mains** *henna to the hands* **témoins** *witnesses* **pays** *country* **assez** *rather*

PORTRAIT

Les Cousteau

Jacques-Yves Cousteau

L'océan est une passion pour les trois générations Cousteau. Le grand-père, Jacques-Yves (1910–1997), surnommé° le «Commandant Cousteau», a consacré sa vie° à l'exploration du monde sous-marin° et à sa préservation. Ses voyages télévisés à bord de son bateau° la *Calypso* l'ont rendu° célèbre partout dans le monde°. Ses fils Philippe et Jean-Michel ont continué ses efforts. Jean-Michel est le fondateur de l'association *Ocean Futures Society*, qui est dédiée à la protection des océans et à l'éducation. Même° les petits-enfants, Alexandra et Philippe Jr., ont hérité de la volonté de sauver° la planète. Ils défendent des causes environnementales avec leur organisation *Earth Echo International*.

Philippe, Jr.

Alexandra

surnommé *nicknamed* **consacré sa vie** *dedicated his life* **monde sous-marin** *underwater world* **bateau** *boat* **l'ont rendu** *made him* **partout dans le monde** *around the world* **Même** *Even* **ont hérité de la volonté de sauver** *inherited the desire to save*

Sur Internet

Quand ils sortent (*go out*), où vont (*go*) les jeunes couples français?

Go to **vhlcentral.com** to find more cultural information related to this **Culture** section.

---

2 **Les Cousteau** Complete these statements with the correct information.

1. La passion de la famille Cousteau est _____.

2. Les trois générations Cousteau ont dédié leur vie à l'exploration et à la _____ du monde sous-marin.

3. Le Commandant Cousteau est célèbre grâce à (*thanks to*) _____.

4. _____ sont les petits-enfants du Commandant Cousteau.

3 **Comment sont-ils?** Look at the photos of the Cousteau family. With a partner, take turns describing each person in detail in French. How old do you think they are? What do you think their personalities are like? Do you see any family resemblances?

A
C
T
I
V
I
T
É
S

3B.1

Numbers 61–100 vhlcentral

Numbers 61–100	
61–69	**80–89**
61 soixante et un	80 quatre-vingts
62 soixante-deux	81 quatre-vingt-un
63 soixante-trois	82 quatre-vingt-deux
64 soixante-quatre	83 quatre-vingt-trois
65 soixante-cinq	84 quatre-vingt-quatre
66 soixante-six	85 quatre-vingt-cinq
67 soixante-sept	86 quatre-vingt-six
68 soixante-huit	87 quatre-vingt-sept
69 soixante-neuf	88 quatre-vingt-huit
	89 quatre-vingt-neuf
70–79	**90–100**
70 soixante-dix	90 quatre-vingt-dix
71 soixante et onze	91 quatre-vingt-onze
72 soixante-douze	92 quatre-vingt-douze
73 soixante-treize	93 quatre-vingt-treize
74 soixante-quatorze	94 quatre-vingt-quatorze
75 soixante-quinze	95 quatre-vingt-quinze
76 soixante-seize	96 quatre-vingt-seize
77 soixante-dix-sept	97 quatre-vingt-dix-sept
78 soixante-dix-huit	98 quatre-vingt-dix-huit
79 soixante-dix-neuf	99 quatre-vingt-dix-neuf
	100 cent

- Numbers that end in the digit **1** are not usually hyphenated. They use the conjunction **et** instead.

  | trente et un | cinquante et un | soixante et un |

- Note that **81** and **91** are exceptions:

  | quatre-vingt-un | quatre-vingt-onze |

- The number **quatre-vingts** ends in **-s**, but there is no **-s** when it is followed by another number.

  | quatre-vingts | quatre-vingt-cinq | quatre-vingt-dix-huit |

Essayez!   What are these numbers in French?

1. 67 _soixante-sept_
2. 75 _____
3. 99 _____
4. 70 _____
5. 82 _____

6. 91 _____
7. 66 _____
8. 87 _____
9. 80 _____
10. 60 _____

Identifiez Scan this catalogue page, and identify the instances where the numbers 61–100 are used.

Questions

1. Qui sont les personnes sur la photo?
2. Où (*Where*) est-ce qu'elles habitent?
3. Qu'est-ce qu'elles ont dans leur maison?
4. Quels autres (*other*) objets trouve-t-on dans le Catalogue AAZ? (Imaginez.)
5. Quels sont leurs prix (*prices*)?

Mise en pratique

1 **Les numéros de téléphone** Write down these phone numbers, then read them aloud in French.

MODÈLE

C'est le zéro un, quarante-trois, soixante-quinze, quatre-vingt-trois, seize.
01.43.75.83.16

1. C'est le zéro deux, soixante-cinq, trente-trois, quatre-vingt-quinze, zéro six.

   _____

2. C'est le zéro un, quatre-vingt-dix-neuf, soixante-quatorze, quinze, vingt-cinq.

   _____

3. C'est le zéro cinq, soixante-cinq, onze, zéro huit, quatre-vingts.

   _____

4. C'est le zéro trois, quatre-vingt-dix-sept, soixante-dix-neuf, cinquante-quatre, vingt-sept.

   _____

5. C'est le zéro quatre, quatre-vingt-cinq, soixante-neuf, quatre-vingt-dix-neuf, quatre-vingt-onze.

   _____

6. C'est le zéro un, vingt-quatre, quatre-vingt-trois, zéro un, quatre-vingt-neuf.

   _____

7. C'est le zéro deux, quarante et un, soixante et onze, douze, soixante.

   _____

8. C'est le zéro quatre, cinquante-huit, zéro neuf, quatre-vingt-dix-sept, treize.

   _____

2 **Les maths** Read these math problems, then write out each answer in words.

MODÈLE

$65 + 3 = $ _soixante-huit_

1. $70 + 15 = $ _____
2. $82 + 10 = $ _____
3. $76 + 3 \ = $ _____
4. $88 + 12 = $ _____
5. $40 + 27 = $ _____

6. $67 + 6 \ = $ _____
7. $43 + 54 = $ _____
8. $78 + 5 \ = $ _____
9. $70 + 20 = $ _____
10. $64 + 16 = $ _____

3 **Comptez** Write out the missing number in the following patterns.

1. 62, 64, 66, ... 70
2. 80, 84, 88, ... 96
3. 40, 50, 60, ... 80
4. 81, 83, 85, ... 89

5. 90, 85, 80, ... 70
6. 55, 57, 59, ... 63
7. 100, 93, 86, ... 72
8. 99, 96, 93, ... 87

Communication

4 **Questions indiscrètes** With a partner, take turns asking how old these people are.

M.
Hubert

Mme
Hubert

M.
Moreau

Mme
Moreau

M.
Durand

Mme
Durand

MODÈLE

Élève 1: *Madame Hubert a quel âge?*
Élève 2: *Elle a 70 ans.*

5 **Qui est-ce?** Interview as many classmates as you can in five minutes to find out the name, relationship, and age of their oldest family member. Identify the student with the oldest family member to the class.

MODÈLE

Élève 1: *Qui est le plus vieux (the oldest) dans ta famille?*
Élève 2: *C'est ma tante Julie. Elle a soixante-dix ans.*

6 **Fournitures scolaires** Take turns playing the role of a store employee ordering the school supplies **(fournitures scolaires)** below. Tell how many of each item you need. Your partner will write down the number of items ordered. Switch roles when you're done.

MODÈLE

Élève 1: *Vous avez besoin de combien de crayons?*
Élève 2: *J'ai besoin de soixante-dix crayons.*

1._____

2._____

3._____

4._____

5._____

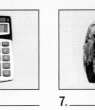

6._____

7._____

8._____

3B.2 Prepositions of location and vhlcentral disjunctive pronouns

Point de départ You have already learned expressions in French containing prepositions like **à**, **de**, and **en**. Prepositions of location describe the location of something or someone, often in relation to something or someone else.

Prepositions of location			
à côté de	*next to*	**en face de**	*facing, across from*
à droite de	*to the right of*	**entre**	*between*
à gauche de	*to the left of*	**loin de**	*far from*
dans	*in*	**près de**	*close to, near*
derrière	*behind*	**sous**	*under*
devant	*in front of*	**sur**	*on*
en	*in*		

La librairie est **derrière** le lycée
The bookstore is behind the high school.

Ma maison est **loin de** la ville.
My house is far from town.

- When a preposition of location ends in **de** and is followed by **le** and **les**, remember that it contracts to form **du** and **des** respectively. There is no change when **de** is followed by **la** or **l'**.

La cantine est **à côté du** gymnase.
The cafeteria is next to the gym.

Notre chien aime manger **près des** fenêtres.
Our dog likes to eat near the windows.

Ils sont **à gauche de** la bibliothèque.
They're in front of the library.

Le café est **à droite de** l'hôtel.
The café is to the right of the hotel.

- You can further modify prepositions of location by using intensifiers, such as **tout** (*very, really*) and **juste** (*just, right*).

Ma sœur habite **juste en face de** l'université.
My sister lives right across from the university.

Le lycée est **juste derrière** son appartement.
The high school is just behind his apartment.

Eva travaille **tout près de la** librairie.
Eva works really close to the bookstore.

La librairie est **tout à côté du** café.
The bookstore is right next to the café.

- You may use a preposition without the word **de** *if it is not followed by a noun.*

Ma sœur habite **juste à côté**.
My sister lives right next door.

Elle travaille **tout près**.
She works really close by.

Il n'est pas sous les cahiers.

Pas derrière! Pas à droite!

🏃 Boîte à outils

You can also use the prepositions **derrière** and **devant** without a following noun.

Le chien habite derrière.
The dog lives out back.

However, a noun must always follow the prepositions **dans**, **en**, **entre**, **par**, **sous**, and **sur**.

⟲ Vérifiez

- The preposition **chez** has no exact English equivalent. It expresses the idea of *at* or *to someone's house* or *place*.

  Louise étudie **chez Arnaud**.
  Louise is studying at Arnaud's.

  Laurent est **chez sa cousine**.
  Laurent is at his cousin's.

- The preposition **chez** is also used to express the idea of *at* or *to a professional's office* or *business*.

  chez le docteur
  at the doctor's

  chez la coiffeuse
  to the hairdresser's

On travaille chez moi!

Stéphane est chez Rachid.

Disjunctive pronouns

When you want to use a pronoun after any type of preposition, you need to use what is called a disjunctive pronoun, not a subject pronoun.

Disjunctive pronouns			
singular		**plural**	
je → moi		nous → nous	
tu → toi		vous → vous	
il → lui		ils → eux	
elle → elle		elles → elles	

Maryse travaille **à côté de moi**.
Maryse is working next to me.

J'aime mieux dîner **chez vous**.
I prefer to have dinner at your house.

Nous pensons **à toi**.
We're thinking about you.

Voilà ma cousine Lise, **devant nous**.
There's my cousin Lise, in front of us.

Tu as besoin **d'elle** aujourd'hui?
Do you need her today?

Vous n'avez pas peur **d'eux**.
You're not afraid of them.

Vérifiez

Essayez!   Complete each sentence with the equivalent of the expression in parentheses.

1. La librairie est _derrière_ (behind) la cantine.

2. J'habite _____ (close to) leur lycée.

3. Le laboratoire est _____ (next to) ma résidence.

4. Tu retournes _____ (to the house of) tes parents ce week-end?

5. La fenêtre est _____ (across from) la porte.

6. Mon sac à dos est _____ (under) la chaise.

7. Ses crayons sont _____ (on) la table.

8. Votre ordinateur est _____ (in) la corbeille!

9. Il n'y a pas de secrets _____ (between) amis.

10. Le professeur est _____ (in front of) les élèves.

Mise en pratique

1 **Où est ma montre?** Claude has lost her watch. Choose the appropriate prepositions to complete her friend Pauline's questions.

MODÈLE

Elle est (*à gauche du* / entre le) livre?

1. Elle est (sur / entre) le bureau?
2. Elle est (chez / derrière) la télévision?
3. Elle est (entre / dans) le lit et la table?
4. Elle est (dans / sous) la chaise?
5. Elle est (sur / à côté de) la fenêtre?
6. Elle est (près du / entre le) sac à dos?
7. Elle est (devant / sur) la porte?
8. Elle est (dans / sous) la corbeille?

2 **Complétez** Look at the drawing, and complete these sentences with the appropriate prepositions.

MODÈLE

Nous sommes _chez_ nos cousins.

1. Nous sommes _____ la maison de notre tante.
2. Michel est _____ Béatrice.
3. _____ Jasmine et Laure, il y a le petit cousin, Adrien.
4. Béatrice est _____ Jasmine.
5. Jasmine est tout _____ Béatrice.
6. Michel est _____ Laure.
7. Un oiseau est _____ la maison.
8. Laure est _____ Adrien.

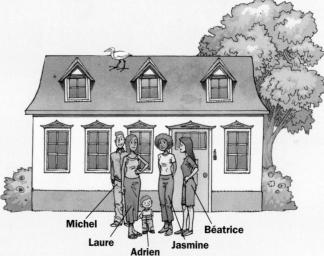

Michel
Laure
Adrien
Jasmine
Béatrice

3 **Où est-on?** Tell where these people, animals, and things are in relation to each other. Replace the second noun or pronoun with the appropriate disjunctive pronoun.

▶ **MODÈLE**

Alex / Anne
Alex est à droite d'elle.

1._____
2._____

3._____
4._____
5._____
6._____

1. l'oiseau / je
2. le chien / Gabrielle et Emma
3. le monument / tu
4. l'ordinateur / Ousmane
5. Mme Fleury / Max et Élodie
6. les enfants / la grand-mère

Communication

4 **Où est l'objet?** In pairs, take turns asking where these items are in the classroom. Use prepositions of location.

MODÈLE la carte

Élève 1: *Où est la carte?*
Élève 2: *Elle est devant la classe.*

1. l'horloge　　4. la fenêtre　　7. la corbeille
2. l'ordinateur　　5. le bureau du professeur　　8. la porte
3. le tableau　　6. ton livre de français

5 **Qui est-ce?** Choose someone in the room. The rest of the class will guess whom you chose by asking yes/no questions that use prepositions of location.

MODÈLE

Est-ce qu'il/elle est à côté de toi?
Est-ce qu'il/elle est entre Jean-Pierre et Suzanne?

6 **S'il vous plaît…?** A tourist stops someone on the street to ask where certain places are located. In pairs, play these roles using the map to locate the places.

MODÈLE

Élève 1: *La banque, s'il vous plaît?*
Élève 2: *Elle est en face de l'hôpital.*

1. le cinéma Ambassadeur
2. le restaurant Chez Marlène
3. la librairie Antoine
4. le lycée Camus
5. l'hôtel Royal
6. le café de la Place

7 **Ma ville** In pairs, take turns telling your partner where the places below are located in your town or neighborhood. Correct your partner when you disagree.

MODÈLE

la banque
La banque est tout près du cinéma.

1. le café　　5. l'hôtel
2. la librairie　　6. la bibliothèque
3. le lycée　　7. l'hôpital
4. le gymnase　　8. le restaurant italien

Révision

1 Le basket These college basketball rivals are competing for the title. In pairs, predict the missing playoff scores. Then, compare your predictions with those of another pair. Be prepared to share your predictions with the class.

1. Ohio State 76, Michigan _____
2. Florida _____, Florida State 84
3. Stanford _____, UCLA 79
4. Purdue 81, Indiana _____
5. Duke 100, Virginia _____
6. Kansas 95, Colorado _____
7. Texas _____, Oklahoma 88
8. Kentucky 98, Tennessee _____

2 La famille d'Édouard In pairs, take turns describing the members of Édouard's family and where they are in relationship to one another in the photo.

MODÈLE

Le père d'Édouard est derrière sa mère. Il est gentil et drôle.

Édouard

3 La ville In pairs, take turns describing the location of a building (**un bâtiment**) somewhere in your town or city. Your partner must guess which building you are describing in three tries. Keep score to determine the winner after several rounds.

MODÈLE

Élève 1: *C'est un bâtiment entre la banque et le lycée.*
Élève 2: *C'est l'hôpital?*
Élève 1: *C'est ça!*

4 C'est quel numéro? You are looking up phone numbers for your grandmother who needs help from several professionals. Take turns role-playing by asking and answering questions using the phone numbers below.

MODÈLE

Élève 1: *Je cherche un artiste.*
Élève 2: *C'est le zéro quatre...*

Profession	Numéro de téléphone
architecte	04.70.65.74.92
artiste	04.76.72.63.85
coiffeuse	04.61.84.79.64
professeur d'anglais	04.06.99.90.82
avocat	04.25.86.66.93
dentiste	04.42.75.99.80
médecin	04.15.61.88.91
ingénieur	04.57.68.96.81
journaliste	04.33.70.83.97

5 À la librairie In pairs, role-play a customer at a bookstore and a clerk who points out where supplies are located. Then, switch roles. Each turn, the customer picks four items from the list. Use the drawing to find the supplies.

MODÈLE

Élève 1: *Je cherche des stylos.*
Élève 2: *Ils sont à côté des cahiers.*

des cahiers	un dictionnaire
une calculatrice	un iPhone®
une carte	du papier
des crayons	un sac à dos

6 Trouvez Your teacher will give you and your partner each a drawing of a family picnic. Ask each other questions to find out where all of the family members are located.

MODÈLE

Élève 1: *Qui est à côté du père?*
Élève 2: *Le neveu est à côté du père.*

À l'écoute vhlcentral

Préparation

Based on the photograph, where do you think Suzanne and Diane are? What do you think they are talking about?

À vous d'écouter

Now you are going to hear Suzanne and Diane's conversation. Use **R** to indicate adjectives that describe Suzanne's boyfriend, Robert. Use **E** for adjectives that describe Diane's boyfriend, Édouard. Some adjectives will not be used.

_____ brun   _____ optimiste

_____ laid   _____ intelligent

_____ grand   _____ blond

_____ intéressant   _____ beau

_____ gentil   _____ sympathique

_____ drôle   _____ patient

Compréhension

Identifiez-les Whom do these statements describe?

1. Elle a un problème avec un garçon. _____

2. Il ne parle pas à Diane. _____

3. Elle a de la chance. _____

4. Ils parlent souvent. _____

5. Il est sympa. _____

6. Il est timide. _____

Vrai ou faux? Indicate whether each sentence is **vrai** or **faux**, then correct any false statements.

1. Édouard est un garçon très patient et optimiste.

   _____

2. Diane pense que Suzanne a de la chance.

   _____

3. Suzanne et son petit ami parlent de tout.

   _____

4. Édouard parle souvent à Diane.

   _____

5. Robert est peut-être un peu timide.

   _____

6. Suzanne parle de beaucoup de choses avec Robert.

   _____

vhlcentral

Panorama

La Belgique

Le pays en chiffres

- **Superficie:** *30.528 km²*
- **Population:** *11.299.000*
  SOURCE: Population Division, UN Secretariat
- **Industries principales:** *agroalimentaire°, chimie, textile*
- **Ville capitale:** *Bruxelles*
- **Monnaie:** *l'euro*
- **Langues:** *allemand, français, flamand°*

  Environ° 60% de la population belge parle flamand et habite dans la partie nord°. Le français est parlé surtout dans le sud°, par environ 40% des Belges.

La Suisse

Le pays en chiffres

- **Superficie:** *41.285 km²*
- **Population:** *8.299.000*
  SOURCE: Population Division, UN Secretariat
- **Industries principales:** *activités financières, agroalimentaire, horlogerie°*
- **Ville capitale:** *Berne*
- **Monnaie:** *le franc suisse*
- **Langues:** *allemand, français, italien, romanche*

  L'allemand, le français et l'italien sont les langues officielles. Le romanche, langue d'origine latine, est parlé dans l'est° du pays.

Personnages célèbres

- **Roger Federer,** *Suisse, joueur de tennis, (1981–)*
- **Jean-Luc Godard,** *Suisse, cinéaste (1930–)*
- **Amélie Nothomb,** *Belgique, écrivaine (1966–)*

agroalimentaire *food processing* flamand *Flemish*
Environ *About* nord *north* sud *south* horlogerie *watch
and clock making* est *east* Battue *Defeated* paix *peace*
reconnu *recognized* depuis *since* aucune guerre *any war* ni *nor* OTAN *NATO*

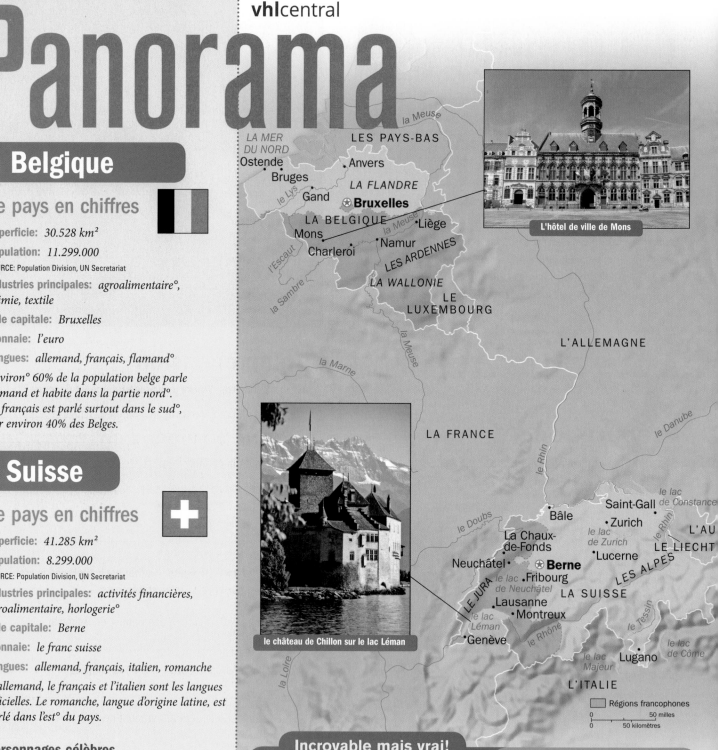

L'hôtel de ville de Mons

le château de Chillon sur le lac Léman

LA MER DU NORD
LES PAYS-BAS
Ostende
Anvers
Bruges
LA FLANDRE
Gand
Bruxelles
LA BELGIQUE
Liège
Mons
Charleroi
Namur
LES ARDENNES
LA WALLONIE
LE LUXEMBOURG
L'ALLEMAGNE
la Meuse
le Lys
l'Escaut
la Sambre
la Marne
la Meuse
LA FRANCE
le Danube
le Rhin
Saint-Gall
le lac de Constance
Bâle
Zurich
L'AU
La Chaux-de-Fonds
le lac de Zurich
LE LIECHT
Neuchâtel
Lucerne
Berne
LES ALPES
le Doubs
le lac de Neuchâtel
Fribourg
LE JURA
Lausanne
LA SUISSE
le Tessin
le lac Léman
Montreux
Genève
le Rhône
le lac de Côme
L'ITALIE
le lac Majeur
Lugano
la Loire

Régions francophones
0   50 milles
0   50 kilomètres

Incroyable mais vrai!

Battue° par la France en 1515, la Suisse signe une paix° perpétuelle et adopte une politique de neutralité. Ce statut est reconnu° par les autres nations européennes en 1815 et, depuis°, la Suisse ne participe à aucune guerre° ni° alliance militaire, comme l'OTAN°.

Les destinations

Bruxelles, capitale de l'Europe

Fondée au septième siècle, la ville de Bruxelles a été choisie° en 1958, en partie pour sa situation géographique centrale, comme siège° de la C.E.E.° Aujourd'hui, elle reste encore le siège de l'Union européenne (l'U.E.), lieu central des institutions et des décisions européennes. On y trouve le Parlement européen, organe législatif de l'U.E., et depuis 1967, le siège de l'OTAN°. Bruxelles est une ville très cosmopolite, avec un grand nombre d'habitants étrangers. Elle est aussi touristique, renommée pour sa Grand-Place, ses nombreux chocolatiers et la grande qualité de sa cuisine.

Les traditions

La bande dessinée°

Les dessinateurs° de bandes dessinées (BD) sont très nombreux en Belgique. À Bruxelles, il y a de nombreuses peintures murales° et statues de BD. Le dessinateur Peyo est devenu célèbre avec la création des Schtroumpfs° en 1958, mais le père de la BD belge est Hergé, dessinateur qui a créé Tintin et Milou en 1929. Tintin est un reporter qui a des aventures partout dans° le monde. En 1953, il devient le premier homme, avant Neil Armstrong, à marcher sur la Lune° dans *On a marché sur la Lune*. La BD de Tintin est traduite en 45 langues.

L'économie

Des montres et des banques

L'économie suisse se caractérise par la présence de grandes entreprises° multinationales et par son secteur financier. Les multinationales sont particulièrement actives dans le domaine des banques, des assurances, de l'agroalimentaire (Nestlé), de l'industrie pharmaceutique et de l'horlogerie (Longines, Rolex, Swatch). Cinquante pour cent de la production mondiale° d'articles° d'horlogerie viennent de Suisse. Le franc suisse est une des monnaies les plus stables du monde et les banques suisses ont la réputation de bien gérer° les fortunes de leurs clients.

Les gens

Jean-Jacques Rousseau (1712–1778)

Né à Genève, Jean-Jacques Rousseau a passé sa vie entre la France et la Suisse. Vagabond et autodidacte°, Rousseau est devenu écrivain, philosophe, théoricien politique et musicien. Il a comme principe° que l'homme naît bon et que c'est la société qui le corrompt°. Défenseur de la tolérance religieuse et de la liberté de pensée, les idées de Rousseau, exprimées° principalement dans son œuvre° *Du contrat social*, se retrouvent° dans la Révolution française. À la fin de sa vie, il écrit *Les Confessions*, son autobiographie, un genre nouveau pour l'époque°.

Qu'est-ce que vous avez appris? **Répondez aux questions.**

1. Quelles sont les langues officielles de la Suisse?
2. Quels sont les secteurs importants de l'économie suisse?
3. Quelles sont les valeurs défendues (*values defended*) par Rousseau?
4. Quel événement a été influencé par les idées de Rousseau?
5. Quelles sont les langues officielles de la Belgique?
6. Pourquoi Bruxelles a-t-elle été choisie comme capitale de l'Europe?
7. Quelles institutions importantes trouve-t-on à Bruxelles?
8. Qui est le père de la bande dessinée belge?
9. Quels sont les noms de deux bandes dessinées célèbres (*famous*)?
10. Comment s'appelle le champion de tennis suisse?

Sur Internet

1. Cherchez plus d'informations sur les œuvres de Rousseau. Quelles sont ses autres œuvres?
2. Quels sont les noms de trois autres personnages de bandes dessinées belges?
3. Quel est le statut (*status*) de la Suisse dans l'Union européenne?

a été choisie *was chosen* **siège** *headquarters (lit. seat)*
C.E.E *European Economic Community (predecessor of the European Union)* **OTAN** *NATO* **bande dessinée** *comic strips*
dessinateurs *artists* **peintures murales** *murals*
Schtroumpfs *Smurfs* **partout dans** *all over* **Lune** *moon*
entreprises *companies* **mondiale** *worldwide* **articles** *products*
gérer *manage* **autodidacte** *self-taught* **comme principe**
as a principle **corrompt** *corrupts* **exprimées** *expressed*
œuvre *work* **se retrouvent** *are found* **époque** *time*

Lecture **vhl**central

Avant la lecture

Predicting content from visuals

When you are reading in French, be sure to look for visual clues to help you understand the content and purpose of what you are reading. Photos and illustrations, for example, will often give you a good idea of the main points in the reading. You may also find helpful visuals that summarize large amounts of information. These visuals include bar graphs, pie charts, flow charts, lists of percentages, and other diagrams.

Le Top 10 des chiens de race°
le berger° allemand
le berger belge
le golden retriever
le Staffordshire terrier américain
le berger australien
le Staffordshire bull terrier
le labrador
le cavalier King Charles
le chihuahua
le bouledogue français

Examinez le texte

Take a quick look at the visual elements of the article and make a list of the information you expect to find. Then, compare your list with a classmate's. Are your lists the same or are they different? Discuss your lists and make any changes needed to produce a final list of ideas.

race *breed* **berger** *shepard*

Les Français adorent les animaux. Plus de la moitié° des foyers en France ont un chien, un chat ou un autre animal de compagnie°. Les chiens sont particulièrement appréciés et intégrés dans la famille et la société françaises.

Qui possède un chien en France et pourquoi? Souvent°, la présence d'un chien en famille suit l'arrivée° d'enfants, parce que les parents pensent qu'un chien contribue positivement à leur développement. Il est aussi commun de trouver deux chiens ou plus dans le même° foyer.

Les chiens sont d'excellents compagnons. Leurs maîtres° sont moins seuls° et déclarent avoir moins de stress. Certaines personnes possèdent un chien pour faire plus d'exercice

en famille

physique. Et il y a aussi des personnes qui possèdent un chien parce qu'elles en ont toujours eu un° et n'imaginent pas une vie° sans° chien.

Les chiens ont parfois° les mêmes droits° que les autres membres de la famille, et parfois des droits spéciaux. Bien sûr, ils accompagnent leurs maîtres pour les courses en ville° et les promenades dans le parc, et ils entrent même dans certains magasins°. Ne trouvez-vous pas parfois un bouledogue ou un labrador avec son maître dans un restaurant?

En France, il n'est pas difficile d'observer que les chiens ont une place privilégiée au sein de° la famille.

Pourquoi avoir un animal de compagnie?

RAISON	CHIENS	CHATS	OISEAUX	POISSONS
Pour l'amour des animaux	61,4%	60,5%	61%	33%
Pour avoir de la compagnie	43,5%	38,2%	37%	10%
Pour s'occuper°	40,4%	37,7%	0%	0%
Parce que j'en ai toujours eu un°	31,8%	28,9%	0%	0%
Pour le bien-être° personnel	29,2%	26,2%	0%	0%
Pour les enfants	23,7%	21,3%	30%	48%

Plus de la moitié *More than half* **animal de compagnie** *pet* **Souvent** *Often* **suit l'arrivée** *follows the arrival* **même** *same* **maîtres** *owners* **moins seuls** *less lonely* **en ont toujours eu un** *have always had one* **vie** *life* **sans** *without* **parfois** *sometimes* **droits** *rights* **courses en ville** *errands in town* **magasins** *stores* **au sein de** *in the heart of* **s'occuper** *keep busy* **Parce que j'en ai toujours eu un** *Because I've always had one* **bien-être** *well-being*

Après la lecture

Vrai ou faux? Indicate whether these items are **vrai** or **faux**, based on the reading.

	Vrai	Faux
1. Les chiens accompagnent leurs maîtres pour les promenades dans le parc.	☐	☐
2. Parfois, les chiens accompagnent leurs maîtres dans les restaurants.	☐	☐
3. Le chat n'est pas un animal apprécié en France.	☐	☐
4. Certaines personnes déclarent posséder un chien pour avoir plus d'exercice physique.	☐	☐
5. Certaines personnes déclarent posséder un chien pour avoir plus de stress.	☐	☐
6. En France, les familles avec enfants n'ont pas de chien.	☐	☐

Fido en famille Choose the correct response according to the article.

1. Combien de foyers en France ont au moins (*at least*) un animal de compagnie?
   a. 20%–25%
   b. 40%–45%
   c. 50% ou plus

2. Pourquoi est-ce une bonne idée d'avoir un chien?
   a. pour la protection
   b. pour trouver des amis
   c. pour la compagnie

3. Que pensent les familles françaises de leurs chiens?
   a. Les chiens sont plus importants que les enfants.
   b. Les chiens font partie (*are part*) de la famille.
   c. Le rôle des chiens est limité aux promenades.

4. À quel moment les Français adoptent-ils un chien?
   a. juste après le mariage
   b. après un divorce
   c. à l'arrivée des enfants

5. Y a-t-il des familles avec plus d'un chien?
   a. non
   b. oui
   c. Ce n'est pas indiqué dans l'article.

Mes animaux In groups of three, say why you own or someone you know owns a pet. Give one of the reasons listed in the table on the left or a different one. Use the verb **avoir** and possessive adjectives.

MODÈLE

Mon grand-père a un chien pour son bien-être personnel.

Écriture

Using idea maps

How do you organize ideas for a first draft? Often, the organization of ideas represents the most challenging part of the writing process. Idea maps are useful for organizing important information. Here is an example of an idea map you can use when writing.

SCHÉMA D'IDÉES

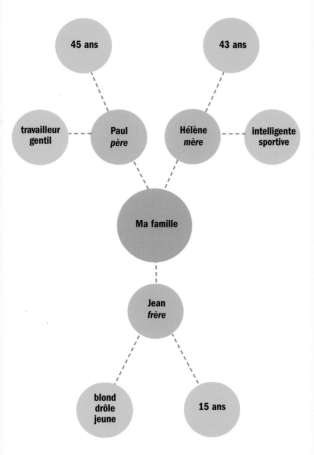

Thème
Écrivez un e-mail
Avant l'écriture

1. A French-speaking friend wants to know about your family. Using some of the verbs and adjectives you learned in this lesson, you will write an e-mail describing your own family or an imaginary one. You should include information from each of these categories for each family member:

- Names, ages, and relationships

- Physical characteristics

- Hobbies and interests

Before you begin, create an idea map like the one on the left, with a circle for each member of your family.

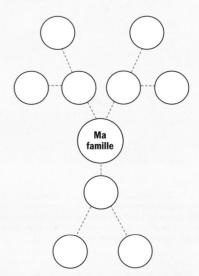

2. Once you have completed your idea map, compare it with the one created by a classmate. Did you both include the same kind of information? Did you list all your family members? Did you include information from each of the three categories for each person?

3. Here are some useful expressions for writing an e-mail in French:

Salutations	
Cher Fabien,	*Dear Fabien,*
Chère Joëlle,	*Dear Joëlle,*

Asking for a response	
Réponds-moi vite.	*Write back soon.*
Donne-moi de tes nouvelles.	*Tell me all your news.*

Closings	
Grosses bises!	*Big kisses!*
Je t'embrasse!	*Kisses!*
Bisous!	*Kisses!*
À bientôt!	*See you soon!*
Amitiés,	*In friendship,*
Cordialement,	*Cordially,*
À plus (tard),	*Until later,*

Écriture

Use your idea map and the list of expressions to write an e-mail that describes your family to a friend. Be sure to include some of the verbs and adjectives you have learned in this lesson.

Cher Christophe,

Mon père s'appelle Gabriel. Il a 42 ans. Il est grand, a les cheveux châtains et les yeux marron. Il est architecte et travaille à Paris. Il aime dessiner, lire (*to read*) et voyager. Ma mère, Nicole, a 37 ans. Elle est petite, blonde et a les yeux bleus. Elle est professeur d'anglais à l'université. Comme mon père, elle aime voyager. Elle aime aussi faire (*to do*) du sport. Ma sœur, Élodie, a 17 ans. Elle est grande, a les cheveux châtains et les yeux verts. Elle est encore au lycée. Elle adore écouter de la musique et aller au (*to go to*) cinéma. Mon oncle, ...

Et ta famille, comment est-elle? Donne-moi vite de tes nouvelles!

À bientôt!

Caroline

Après l'écriture

1. Exchange rough drafts with a partner. Comment on his or her work by answering these questions:

- Did your partner include the age, family relationship, physical characteristics, and hobbies and interests of each family member?

- Did your partner make the adjectives agree with the person described?

- Did your partner use verb forms correctly?

- Did your partner use the letter-writing expressions correctly?

2. Revise your description according to your partner's comments. After writing the final version, read it once more to eliminate these kinds of problems:

- spelling errors

- punctuation errors

- capitalization errors

- use of incorrect verb forms

- adjectives that do not agree with the nouns they modify

Leçon 3A

La famille

aîné(e)	older
cadet(te)	younger
un beau-frère	brother-in-law
un beau-père	father-in-law; stepfather
une belle-mère	mother-in-law; stepmother
une belle-sœur	sister-in-law
un(e) cousin(e)	cousin
un demi-frère	half-brother; stepbrother
une demi-sœur	half-sister; stepsister
les enfants (m., f.)	children
un époux/une épouse	husband/wife
une famille	family
une femme	wife; woman
une fille	daughter; girl
un fils	son
un frère	brother
une grand-mère	grandmother
un grand-père	grandfather
les grands-parents (m.)	grandparents
un mari	husband
une mère	mother
un neveu	nephew
une nièce	niece
un oncle	uncle
les parents (m.)	parents
un père	father
une petite-fille	granddaughter
un petit-fils	grandson
les petits-enfants (m.)	grandchildren
une sœur	sister
une tante	aunt
un chat	cat
un chien	dog
un oiseau	bird
un poisson	fish

Vocabulaire supplémentaire

divorcer	to divorce
épouser	to marry
célibataire	single
divorcé(e)	divorced
fiancé(e)	engaged
marié(e)	married
séparé(e)	separated
veuf/veuve	widowed
un(e) voisin(e)	neighbor

Expressions utiles

See p. 95.

Adjectifs descriptifs

bleu(e)	blue
blond(e)	blond
brun(e)	dark (hair)
court(e)	short
frisé(e)	curly
grand(e)	big; tall
jeune	young
joli(e)	pretty
laid(e)	ugly
mauvais(e)	bad
noir(e)	black
pauvre	poor; unfortunate
petit(e)	small, short (stature)
raide	straight (hair)
vert(e)	green
vrai(e)	true; real
de taille moyenne	medium-sized

Adjectifs irréguliers

beau/belle	beautiful; handsome
bon(ne)	kind; good
châtain	brown (hair)
curieux/curieuse	curious
fier/fière	proud
gros(se)	fat
intellectuel(le)	intellectual
long(ue)	long
(mal)heureux/(mal)heureuse	(un)happy
marron	brown (not for hair)
naïf/naïve	naive
nerveux/nerveuse	nervous
nouveau/nouvelle	new
roux/rousse	red-haired
sérieux/sérieuse	serious
vieux/vieille	old

Adjectifs possessifs

mon, ma, mes	my
ton, ta, tes	your (fam. and sing.)
son, sa, ses	his, her, its
notre, notre, nos	our
votre, votre, vos	your (form. or pl.)
leur, leur, leurs	their

Leçon 3B

Adjectifs descriptifs

antipathique	unpleasant
drôle	funny
faible	weak
fatigué(e)	tired
fort(e)	strong
génial(e) (géniaux m., pl.)	great
lent(e)	slow
méchant(e)	mean
modeste	modest
pénible	annoying
prêt(e)	ready
rapide	fast
triste	sad

Professions et occupations

un(e) architecte	architect
un(e) artiste	artist
un(e) athlète	athlete
un(e) avocat(e)	lawyer
un coiffeur/une coiffeuse	hairdresser
un(e) dentiste	dentist
un homme/une femme d'affaires	businessman/ woman
un ingénieur	engineer
un(e) journaliste	journalist
un médecin	doctor
un(e) musicien(ne)	musician
un(e) propriétaire	owner; landlord/ lady

Adjectifs irréguliers

actif/active	active
courageux/courageuse	brave
cruel(le)	cruel
discret/discrète	discreet; unassuming
doux/douce	sweet; soft
ennuyeux/ennuyeuse	boring
étranger/étrangère	foreign
favori(te)	favorite
fou/folle	crazy
généreux/généreuse	generous
gentil(le)	nice
inquiet/inquiète	worried
jaloux/jalouse	jealous
paresseux/paresseuse	lazy
sportif/sportive	athletic
travailleur/travailleuse	hard-working

Expressions utiles

See p. 113.

Nombres 61–100

See p. 116.

Prépositions de lieu

à côté de	next to
à droite de	to the right of
à gauche de	to the left of
dans	in
derrière	behind
devant	in front of
en	in
en face de	facing, across from
entre	between
loin de	far from
par	by
près de	close to, near
sous	under
sur	on

Pronoms toniques

See p. 121.

Au café

Pour commencer

- Quelle heure est-il, à votre avis?
  a. neuf heures du matin b. midi
  c. dix heures du soir
- Qu'est-ce qu'il y a sur la table?
  a. des sandwiches b. des boissons
  c. de la soupe
- Qu'est-ce que ces garçons ont envie de faire?
  a. boire b. manger c. partager

You will learn how to...

- say where you are going
- say what you are going to do

vhl central

Où allons-nous?

Vocabulaire

danser	*to dance*
explorer	*to explore*
fréquenter	*to frequent; to visit*
inviter	*to invite*
nager	*to swim*
patiner	*to skate*
une banlieue	*suburbs*
un bureau	*office; desk*
un centre commercial	*shopping center, mall*
un centre-ville	*city/town center, downtown*
un cinéma (ciné)	*movie theater, movies*
un endroit	*place*
un grand magasin	*department store*
un gymnase	*gym*
un hôpital	*hospital*
un lieu	*place*
un magasin	*store*
un marché	*market*
un musée	*museum*
un parc	*park*
une piscine	*pool*
un restaurant	*restaurant*
une ville	*city, town*

une montagne

une maison

Il passe chez quelqu'un.
(passer)

Elle quitte
la maison.
(quitter)

Ils déjeunent.
(déjeuner)

Poissonnerie

Café

une place

une terrasse de café

Elles bavardent.
(bavarder)

Attention!

Remember that nouns that end in –al have an irregular plural. Replace –al with –aux.

un hôpital → deux hôpitaux

À (*to, at*) before le or les makes these contractions:

à + le = au   à + les = aux

le musée → au musée

les endroits → aux endroits

À does NOT contract with l' or la.

une église

une épicerie

euromarché

JOURNAUX

un kiosque

Il dépense de l'argent (*m.*). (dépenser)

Mise en pratique

1 **Associez** Quels lieux associez-vous à ces activités?

1. nager _____
2. acheter (*to buy*) un jean _____
3. dîner _____
4. travailler _____
5. habiter _____
6. épouser _____
7. voir (*to see*) un film _____
8. acheter des fruits _____

2 **Écoutez** Djamila parle de sa journée à son amie Samira. Écoutez la conversation et mettez (*put*) les lieux de la liste dans l'ordre chronologique. Il y a deux lieux en trop (*extra*).

____ a. à l'hôpital
____ b. à la maison
____ c. à la piscine
____ d. au centre commercial
____ e. au cinéma
____ f. à l'église
____ g. au musée
____ h. au bureau
____ i. au parc
____ j. au restaurant

Coup de main

Note that the French **Je vais à...** is the equivalent of the English *I am going to...*

3 **Logique ou illogique** Lisez chaque phrase et déterminez si l'action est **logique** ou **illogique**. Corrigez si nécessaire.

	Logique	Illogique
1. Maxime invite Delphine à une épicerie.	☐	☐
2. Caroline et Aurélie bavardent au marché.	☐	☐
3. Nous déjeunons à l'épicerie.	☐	☐
4. Ils dépensent beaucoup d'argent au centre commercial.	☐	☐
5. Vous explorez une ville.	☐	☐
6. Vous escaladez (*climb*) un kiosque.	☐	☐
7. J'habite en banlieue.	☐	☐
8. Tu danses dans un studio.	☐	☐

Communication

4 **Conversez** Avec un(e) partenaire, échangez vos opinions sur ces activités. Utilisez un élément de chaque colonne dans vos réponses.

MODÈLE

Élève 1: Moi, j'adore bavarder au restaurant, mais je déteste parler au musée.
Élève 2: Moi aussi, j'adore bavarder au restaurant. Je ne déteste pas parler au musée, mais j'aime mieux bavarder au parc.

Opinion	Activité	Lieu
adorer	bavarder	au bureau
aimer (mieux)	danser	au centre commercial
ne pas tellement aimer	déjeuner	au centre-ville
détester	dépenser de l'argent	au cinéma
	étudier	au gymnase
	inviter	au musée
	nager	au parc
	parler	à la piscine
	patiner	au restaurant

5 **La journée d'Anne** Votre professeur va vous donner, à vous et à votre partenaire, une feuille d'activités. À tour de rôle, posez-vous des questions pour compléter vos feuilles respectives. Utilisez le vocabulaire de la leçon. Attention! Ne regardez pas la feuille de votre partenaire.

MODÈLE

Élève 1: À 7h30, Anne quitte la maison. Qu'est-ce qu'elle fait ensuite (do next)?
Élève 2: À 8h00, elle...

Anne

6 **Une lettre** Écrivez une lettre à un(e) ami(e) dans laquelle (*in which*) vous décrivez vos activités de la semaine. Utilisez les expressions de la liste.

bavarder	passer chez quelqu'un
déjeuner	travailler
dépenser de l'argent	quitter la maison
étudier	un centre commercial
manger au restaurant	un cinéma

Cher Paul,

Comment vas-tu? Pour (For) moi, tout va bien. Je suis très actif/active. Je travaille beaucoup et j'ai beaucoup d'amis. En général, le samedi, après les cours, je déjeune chez moi et l'après-midi, je bavarde avec mes amis...

Les sons et les lettres 🔊 vhlcentral

Oral vowels

French has two basic kinds of vowel sounds: oral vowels, the subject of this discussion, and nasal vowels, presented in **Leçon 4B**. Oral vowels are produced by releasing air through the mouth. The pronunciation of French vowels is consistent and predictable.

In short words (usually two-letter words), **e** is pronounced similarly to the *a* in the English word *about*.

l**e**	qu**e**	c**e**	d**e**

The letter **a** alone is pronounced like the *a* in *father*.

l**a**	ç**a**	m**a**	t**a**

The letter **i** by itself and the letter **y** are pronounced like the vowel sound in the word *bee*.

ic**i**	l**i**vre	st**y**lo	l**y**cée

The letter combination **ou** sounds like the vowel sound in the English word *who*.

v**ou**s	n**ou**s	**ou**blier	éc**ou**ter

The French **u** sound does not exist in English. To produce this sound, say *ee* with your lips rounded.

t**u**	d**u**	**u**ne	ét**u**dier

Prononcez Répétez les mots suivants à voix haute.

1.	je	5.	utile	9.	mari	13.	gymnase
2.	chat	6.	place	10.	active	14.	antipathique
3.	fou	7.	jour	11.	Sylvie	15.	calculatrice
4.	ville	8.	triste	12.	rapide	16.	piscine

Articulez Répétez les phrases suivantes à voix haute.

1. Salut, Luc. Ça va?
2. La philosophie est difficile.
3. Brigitte est une actrice fantastique.
4. Suzanne va à son cours de physique.
5. Tu trouves le cours de maths facile?
6. Viviane a une bourse universitaire.

Dictons Répétez les dictons à voix haute.

Plus on est de fous, plus on rit.[2]

Qui va à la chasse perd sa place.[1]

[1] He who steps out of line loses his place.
[2] The more the merrier.

Star du cinéma **vhl**central

PERSONNAGES

Amina

David

Pascal

Sandrine

À l'épicerie...
DAVID Juliette Binoche? Pas possible! Je vais chercher Sandrine!

Au café...
PASCAL Alors, chérie, tu vas faire quoi de ton week-end?
SANDRINE Euh, demain je vais déjeuner au centre-ville.
PASCAL Bon... et quand est-ce que tu vas rentrer?
SANDRINE Euh, je ne sais pas. Pourquoi?

PASCAL Pour rien. Et demain soir, tu vas danser?
SANDRINE Ça dépend. Je vais passer chez Amina pour bavarder avec elle.
PASCAL Combien d'amis as-tu à Aix-en-Provence?
SANDRINE Oh, Pascal...
PASCAL Bon, moi, je vais continuer à penser à toi jour et nuit.

DAVID Mais l'actrice! Juliette Binoche!
SANDRINE Allons-y! Vite! C'est une de mes actrices préférées! J'adore le film *Chocolat*!
AMINA Et comme elle est chic! C'est une vraie star!
DAVID Elle est à l'épicerie! Ce n'est pas loin d'ici!

Dans la rue...
AMINA Mais elle est où, cette épicerie? Nous allons explorer toute la ville pour rencontrer Juliette Binoche?
SANDRINE C'est là, l'épicerie Pierre Dubois, à côté du cinéma?
DAVID Mais non, elle n'est pas à l'épicerie Pierre Dubois, elle est à l'épicerie près de l'église, en face du parc.

AMINA Et combien d'églises est-ce qu'il y a à Aix?
SANDRINE Il n'y a pas d'église en face du parc!
DAVID Bon, hum, l'église sur la place.
AMINA D'accord, et ton église sur la place, elle est ici au centre-ville ou en banlieue?

A C T I V I T É S

1 **Vrai ou faux?** Indiquez pour chaque phrase si l'affirmation est **vraie** ou **fausse**.
1. David va chercher Pascal.
2. Sandrine va déjeuner au centre-ville.
3. Pascal va passer chez Amina.
4. Pascal va continuer à penser à Sandrine jour et nuit.
5. Pascal va bien.
6. Juliette Binoche est une des actrices préférées de Sandrine.
7. Les amis cherchent l'épicerie Pierre Dubois.
8. L'épicerie est en banlieue.
9. Il n'y a pas d'église en face du parc.
10. Juliette Binoche fréquente le P'tit Bistrot.

David et les filles à la recherche de (*in search of*) leur actrice préférée

SANDRINE Oui. Génial.
Au revoir, Pascal.

AMINA Salut, Sandrine. Comment
va Pascal?

SANDRINE Il va bien, mais il
adore bavarder.

DAVID Elle est là, elle est là!

SANDRINE Mais, qui est là?

AMINA Et c'est où, «là»?

DAVID Juliette Binoche! Mais non,
pas ici!

SANDRINE ET AMINA Quoi? Qui? Où?

Devant l'épicerie...
DAVID C'est elle, là! Hé, JULIETTE!

AMINA Oh, elle est belle!

SANDRINE Elle est jolie, élégante!

AMINA Elle est... petite?

DAVID Elle, elle... est... vieille?!?

AMINA Ce n'est pas du tout
Juliette Binoche!

SANDRINE David, tu es complètement
fou! Juliette Binoche, au
centre-ville d'Aix?

AMINA Pourquoi est-ce qu'elle ne
fréquente pas le P'tit Bistrot?

Expressions utiles

Talking about your plans

- **Tu vas faire quoi de ton week-end?**
  What are you doing this weekend?

- **Je vais déjeuner au centre-ville.**
  I'm going to have lunch downtown.

- **Quand est-ce que tu vas rentrer?**
  When are you coming back?

- **Je ne sais pas.**
  I don't know.

- **Je vais passer chez Amina.**
  I am going to Amina's (house).

- **Nous allons explorer toute la ville.**
  We're going to explore the whole city.

Additional vocabulary

- **C'est une de mes actrices préférées.**
  She's one of my favorite actresses.

- **Comme elle est chic!**
  She is so chic!

- **Ce n'est pas loin d'ici!**
  It's not far from here!

- **Ce n'est pas du tout...**
  It's not... at all.

- **Ça dépend.**
  It depends.

- **Pour rien.**
  No reason.

- **Vite!**
  Quick!, Hurry!

---

2 **Questions** À l'aide (*the help*) d'un dictionnaire, choisissez le bon
mot pour chaque question.

1. (Avec qui, Quoi) Sandrine parle-t-elle au téléphone?

2. (Où, Parce que) Sandrine va-t-elle déjeuner?

3. (Qui, Pourquoi) Pascal demande-t-il à Sandrine quand elle va rentrer?

4. (Combien, Comment) d'amis Sandrine a-t-elle?

5. (Combien, À qui) Amina demande-t-elle comment va Pascal?

6. (Quand, Où) est Juliette Binoche?

3 **Écrivez** Pensez à votre acteur ou actrice préféré(e) et préparez
un paragraphe où vous décrivez son apparence, sa personnalité
et sa carrière. Comment est-il/elle? Dans quel(s) (*which*) film(s)
joue-t-il/elle? Si un jour vous rencontrez cet acteur/cette actrice,
qu'est-ce que vous allez lui dire (*say to him or her*)?

A
C
T
I
V
I
T
É
S

vhlcentral

CULTURE À LA LOUPE

Les passe-temps des jeunes Français

Comment est-ce que les jeunes occupent leur temps libre° en France? Si la télévision a été pendant longtemps° un des passe-temps préférés, aujourd'hui près de° 60% (pour cent) des jeunes disent être plus attachés à° leur *smartphone*. En effet, ils sont 68% à ne jamais sortir sans leur portable, et ils veulent être connectés partout°. Les médias jouent donc un rôle très important dans leur vie, surtout les réseaux sociaux° qu'ils utilisent pour communiquer avec leurs amis et leurs proches°. Les portables sont aussi considérés très pratiques pour télécharger° et écouter de la musique, surfer sur Internet, jouer à des jeux° vidéo ou regarder des films.

Les activités culturelles, en particulier le cinéma, sont aussi très appréciées: en moyenne°, les jeunes y° vont une fois° par semaine. Ils aiment également° la littérature et l'art: presque° 50% des jeunes visitent des musées ou des monuments historiques chaque année et plus de° 40% vont au théâtre ou à des concerts. Un jeune sur cinq° joue d'un instrument de musique ou chante°, et environ 20% d'entre eux° pratiquent une activité artistique, comme la danse, le théâtre, la sculpture, le dessin° ou la peinture°. La photographie et la vidéo sont aussi très appréciées.

Quant à° la pratique sportive, elle concerne près de 90% des jeunes Français, qui font partie de clubs ou s'entraînent entre copains.

Beaucoup de jeunes Français sont aussi membres de la Maison des Jeunes et de la Culture (MJC) de leur ville. Les MJC proposent des activités culturelles, sportives et des cours et ateliers° dans de nombreux domaines.

Et bien sûr, comme tous les jeunes, ils aiment aussi tout simplement se détendre° et bavarder avec des amis, le plus souvent dans un des nombreux cafés du centre-ville.

temps libre *free time* **a été pendant longtemps** *has for a long time been* **près de** *close to* **attachés à** *fond of* **partout** *everywhere* **réseaux sociaux** *social networks* **proches** *people close to them* **télécharger** *download* **jeux** *games* **en moyenne** *on average* **y** *there* **fois** *time* **également** *also* **presque** *almost* **plus de** *more than* **Un... sur cinq** *One ... in five* **chante** *sings* **d'entre eux** *of them* **dessin** *drawing* **peinture** *painting* **Quant à** *As for* **ateliers** *workshops* **se détendre** *relax* **les** *them* **Sortir** *Go out* **Lire** *Read* **Échanger** *Exchange* **Faire une sortie** *Go on ... outing*

Loisirs les plus populaires en France

(% des Français qui les° pratiquent)

Écouter de la musique	87%
Regarder la télévision	84%
Sortir° avec des amis	82%
Lire° un magazine ou un journal	80%
Échanger° à distance	77%
Écouter la radio	74%
Surfer sur Internet	69%
Regarder une vidéo	66%
Aller au cinéma	63%
Faire une sortie° culturelle	58%

SOURCE: Ipsos in France for the Centre National du Livre. The survey was conducted in France, by telephone on 1,012 people (aged 15 y.o. and more), from February 3rd to 11th, 2015.

A C T I V I T É S

1 **Vrai ou faux?** Indiquez si les phrases sont **vraies** ou **fausses**.

1. Les portables sont rarement utilisés pour écouter de la musique.

2. Les jeunes Français n'utilisent pas Internet.

3. Les musées sont des lieux appréciés pour les loisirs.

4. Les réseaux sociaux ne sont pas très utilisés pour communiquer entre amis.

5. Les jeunes Français n'aiment pas pratiquer d'activités artistiques.

6. Le sport n'est pas important dans la vie des jeunes.

7. Les jeunes Français regardent moins la télévision aujourd'hui.

8. En général, les Français aiment les médias.

9. Les jeunes aiment mieux regarder la télé que (*than*) d'aller au cinéma.

10. Dans les MJC, on peut faire une grande variété d'activités.

Préparation Répondez aux questions suivantes.

1. Aimez-vous cuisiner (*to cook*)? Où allez-vous pour acheter (*to buy*) de la nourriture (*food*)?

2. Achetez-vous des desserts, ou préférez-vous les préparer vous-même (*yourself*)?

Un tuto° original

Bons plans, réservations en ligne, des tutos originaux—PagesJaunes est beaucoup plus qu'un annuaire°. C'est un site de services. Dans sa campagne publicitaire «*Don't do it yourself*», PagesJaunes travaille en partenariat° avec FastGoodCuisine, nom professionnel du Youtuber cuisinier° Charles Gilles-Compagnon. Ensemble, ils présentent un tuto à «comment ne pas faire soi-même°». Le tuto a un grand succès grâce au° charme et à la célébrité de FastGoodCuisine. Avec plus d'un million de followers, cette star d'Internet réinvente la notion du fast-food en proposant des tutos créatifs, des interviews de grands chefs et des recettes simples, bonnes et saines°.

souhaiterais *would like* **une pièce montée** *tiered/layered dessert* **tuto** *tutorial* **annuaire** *phone book* **en partenariat** *in partnership* **cuisinier** *cook* **ne pas faire soi-même** *not to do it yourself* **grâce au** *thanks to* **saines** *healthy*

Publicité de PagesJaunes

Je souhaiterais° une pièce montée° s'il te plaît.

Vocabulaire utile

une astuce	*trick, tip*
les choux (*m.*)	*light, puffed pastries*
une étape	*step*
goûter	*to taste*
une pâtisserie	*bakery*

Compréhension Indiquez l'ordre des évènements (*events*) de la vidéo.

____ FastGoodCuisine dit bonjour à Guillaume.

____ FastGoodCuisine goûte un chou.

____ FastGoodCuisine va à la pâtisserie.

____ FastGoodCuisine demande une pièce montée.

____ FastGoodCuisine va en terrasse.

____ FastGoodCuisine et Guillaume prennent une photo.

Conversation À deux, répondez aux questions.

1. Utilisez-vous l'Internet pour apprendre (*to learn*) de nouvelles activités? Quels types d'activités?

2. Pour quelles activités ou tâches (*tasks*) avez-vous besoin d'un professionnel? Pourquoi?

Application Pensez à un service pour lequel (*for which*) vous avez besoin d'un professionnel. Cherchez sur Internet deux personnes ou compagnies dans votre région qui offrent ce service. Notez les adresses, les numéros de téléphone, les prix (*prices*) et les critiques. Ensuite, préparez une représentation graphique des deux compagnies et présentez-la à la classe. Quelle compagnie préférez-vous? Pourquoi?

You will learn how to...
- order food and beverages
- ask for your check

🔊 **vhl**central

J'ai faim!

Vocabulaire

apporter	to bring, to carry
coûter	to cost
Combien coûte(nt)...?	How much is/are...?
une baguette	baguette (long, thin loaf of bread)
le beurre	butter
des frites (f.)	French fries
un fromage	cheese
le jambon	ham
un pain (de campagne)	(country-style) bread
un sandwich	sandwich
une boisson (gazeuse)	(soft) (carbonated) drink/beverage
un chocolat (chaud)	(hot) chocolate
une eau (minérale)	(mineral) water
un jus (d'orange, de pomme, etc.)	(orange, apple, etc.) juice
le lait	milk
une limonade	lemon soda
un thé (glacé)	(iced) tea
(pas) assez (de)	(not) enough (of)
beaucoup (de)	a lot (of)
d'autres	others
un morceau (de)	piece, bit (of)
un peu (plus/moins) (de)	a little (more/less) (of)
plusieurs	several
quelque chose	something; anything
quelques	some
tous (m. pl.)	all
tout (m. sing.)	all
tout le/tous les (m.)	all the
toute la/toutes les (f.)	all the
trop (de)	too many/much (of)
un verre (de)	glass (of)

Mise en pratique

1 **Chassez l'intrus** Trouvez le mot qui ne va pas avec les autres.

1. un croissant, le pain, le fromage, une baguette
2. une limonade, un jus de pomme, un jus d'orange, le beurre
3. des frites, un sandwich, le sucre, le jambon
4. le jambon, un éclair, un croissant, une baguette
5. l'eau, la boisson, l'eau minérale, la soupe
6. l'addition, un chocolat, le pourboire, coûter
7. apporter, d'autres, plusieurs, quelques
8. un morceau, une bouteille, un verre, une tasse

2 **Reliez** Choisissez les expressions de quantité qui correspondent le mieux (*the best*) aux produits.

MODÈLE

un morceau de baguette

| une bouteille de | une tasse de |
| un morceau de | un verre de |

1. _____ eau
2. _____ sandwich
3. _____ fromage
4. _____ chocolat
5. _____ café
6. _____ jus de pomme
7. _____ thé
8. _____ limonade

3 **Écoutez** Écoutez la conversation entre André et le serveur du café Gide, et décidez si les phrases sont **vraies** ou **fausses**.

	Vrai	Faux
1. André n'a pas très soif.	☐	☐
2. André n'a pas faim.	☐	☐
3. Au café, on peut commander (*one may order*) un jus d'orange, une limonade, un café ou une boisson gazeuse.	☐	☐
4. André commande un sandwich au jambon avec du fromage.	☐	☐
5. André commande une tasse de chocolat.	☐	☐
6. André déteste le lait.	☐	☐
7. André n'a pas beaucoup d'argent.	☐	☐
8. André ne laisse pas de pourboire.	☐	☐

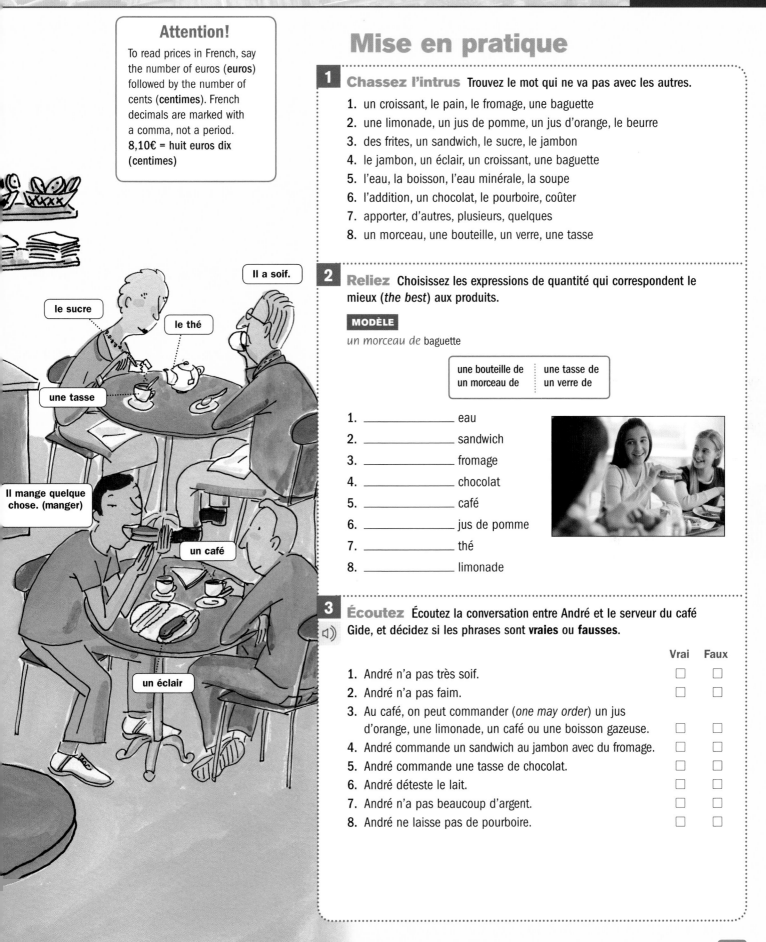

Il a soif.

le sucre

le thé

une tasse

Il mange quelque chose. (manger)

un café

un éclair

Communication

4 **Combien coûte...?** Regardez la carte et, à tour de rôle, demandez à votre partenaire combien coûte chaque élément. Répondez par des phrases complètes.

MODÈLE

Élève 1: *Combien coûte un sandwich?*
Élève 2: *Un sandwich coûte 3,50€.*

1. _____
2. _____
3. _____
4. _____
5. _____
6. _____
7. _____
8. _____

Café de la Fleur
menu

prix   *prix*

3,50€   3€

2€   2,50€

2€   1€

1,75€

2€   1,95€

5 **Conversez** Interviewez un(e) camarade de classe.

1. Qu'est-ce que tu aimes boire (*drink*) quand tu as soif? Quand tu as froid? Quand tu as chaud?
2. Quand tu as faim, est-ce que tu manges un sandwich? Qu'est-ce que tu aimes manger?
3. Est-ce que tu aimes le café ou le thé? Combien de tasses est-ce que tu aimes boire par jour?
4. Comment est-ce que tu aimes le café? Avec du lait? Avec du sucre? Noir (*Black*)?
5. Comment est-ce que tu aimes le thé? Avec du lait? Avec du sucre? Nature (*Black*)?
6. Dans ta famille, qui aime le thé? Et le café?
7. Est-ce que tu aimes les boissons gazeuses ou l'eau minérale?
8. Quand tu manges avec ta famille dans un restaurant, est-ce que vous laissez un pourboire au serveur/à la serveuse?

6 **Au restaurant** Avec deux partenaires, écrivez une conversation entre deux client(e)s et leur serveur/ serveuse. Préparez-vous à jouer (*perform*) la scène devant la classe.

Client(e)s

- Demandez des détails sur le menu et les prix.
- Choisissez des boissons et des plats (*dishes*).
- Demandez l'addition.

Serveur/Serveuse

- Parlez du menu et répondez aux questions.
- Apportez les plats et l'addition.

Coup de main

Vous désirez?
What can I get you?

Je voudrais...
I would like...

C'est combien?
How much is it/this/that?

7 **Sept différences** Votre professeur va vous donner, à vous et à votre partenaire, deux feuilles d'activités différentes. Posez-vous des questions pour trouver les sept différences. Attention! Ne regardez pas la feuille de votre partenaire.

MODÈLE

Élève 1: *J'ai deux tasses de café.*
Élève 2: *Oh, j'ai une tasse de thé!*

Les sons et les lettres ◁)) vhlcentral
Nasal vowels

In French, when vowels are followed by an **m** or an **n** in a single syllable, they usually become nasal vowels. Nasal vowels are produced by pushing air through both the mouth and the nose.

The nasal vowel sound you hear in **français** is usually spelled **an** or **en**.

| a**n** | fra**n**çais | e**n**cha**n**té | e**n**fa**n**t |

The nasal vowel sound you hear in **bien** may be spelled **en**, **in**, **im**, **ain**, or **aim**. The nasal vowel sound you hear in **brun** may be spelled **un** or **um**.

| exame**n** | améric**ain** | l**un**di | parf**um** |

The nasal vowel sound you hear in **bon** is spelled **on** or **om**.

| to**n** | allo**n**s | combie**n** | o**n**cle |

When **m** or **n** is followed by a vowel sound, the preceding vowel is not nasal.

| i**m**age | i**n**utile | a**m**i | a**m**our |

Prononcez Répétez les mots suivants à voix haute.

1. blond
2. dans
3. faim
4. entre
5. garçon
6. avant
7. maison
8. cinéma
9. quelqu'un
10. différent
11. amusant
12. télévision
13. impatient
14. rencontrer
15. informatique
16. comment

Articulez Répétez les phrases suivantes à voix haute.

1. Mes parents ont cinquante ans.
2. Tu prends une limonade, Martin?
3. Le Printemps est un grand magasin.
4. Lucien va prendre le train à Montauban.
5. Pardon, Monsieur, l'addition s'il vous plaît!
6. Jean-François a les cheveux bruns et les yeux marron.

Dictons Répétez les dictons à voix haute.

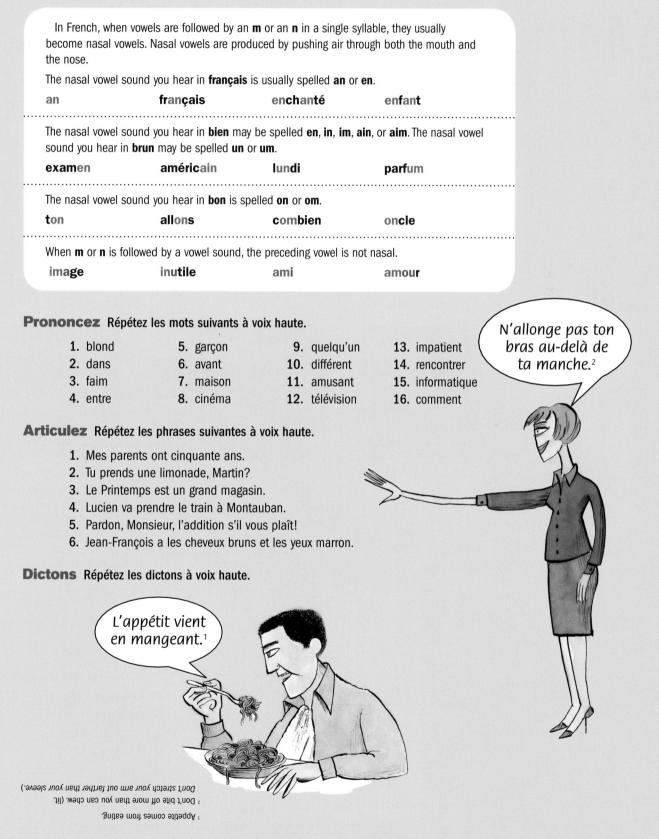

N'allonge pas ton bras au-delà de ta manche.[2]

L'appétit vient en mangeant.[1]

[1] Appetite comes from eating.
[2] Don't bite off more than you can chew. (lit. Don't stretch your arm out farther than your sleeve.)

L'heure du déjeuner vhlcentral

PERSONNAGES

Amina

David

Michèle

Rachid

Sandrine

Valérie

Près du café...
AMINA J'ai très faim. J'ai envie de manger un sandwich.
SANDRINE Moi aussi, j'ai faim, et puis j'ai soif. J'ai envie d'une bonne boisson. Eh, les garçons, on va au café?

RACHID Moi, je rentre à l'appartement étudier pour un examen de sciences po. David, tu vas au café avec les filles?
DAVID Non, je rentre avec toi. J'ai envie de dessiner un peu.
AMINA Bon, alors, à tout à l'heure.

Au café...
VALÉRIE Bonjour, les filles! Alors, ça va, les études?
AMINA Bof, ça va. Qu'est-ce qu'il y a de bon à manger, aujourd'hui?
VALÉRIE Eh bien, j'ai une soupe de poisson maison délicieuse! Il y a aussi des sandwichs jambon-fromage, des frites... Et, comme d'habitude, j'ai des éclairs, euh...

VALÉRIE Et pour toi, Amina?
AMINA Hmm... Pour moi, un sandwich jambon-fromage avec des frites.
VALÉRIE Très bien, et je vous apporte du pain tout de suite.
SANDRINE ET AMINA Merci!

Au bar...
VALÉRIE Alors, pour la table d'Amina et Sandrine, une soupe du jour, un sandwich au fromage... Pour la table sept, une limonade, un café, un jus d'orange et trois croissants.
MICHÈLE D'accord! Je prépare ça tout de suite. Mais Madame Forestier, j'ai un problème avec l'addition de la table huit.

VALÉRIE Ah, bon?
MICHÈLE Le monsieur ne comprend pas pourquoi ça coûte onze euros cinquante. Je ne comprends pas non plus. Regardez.
VALÉRIE Ah, non! Avec tout le travail que nous avons cet après-midi, des problèmes d'addition aussi?!

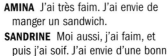

A C T I V I T É S

1 Identifiez Trouvez à qui correspond chacune (*each*) des phrases. Écrivez **A** pour Amina, **D** pour David, **M** pour Michèle, **R** pour Rachid, **S** pour Sandrine et **V** pour Valérie.

_____ 1. Je ne comprends pas non plus.

_____ 2. Vous prenez du jus d'orange uniquement le matin.

_____ 3. Tu bois de l'eau aussi?

_____ 4. Je prépare ça tout de suite.

_____ 5. Je ne bois pas de limonade.

_____ 6. Je vais apprendre à préparer des éclairs.

_____ 7. J'ai envie de dessiner un peu.

_____ 8. Je vous apporte du pain tout de suite.

_____ 9. Moi, je rentre à l'appartement étudier pour un examen de sciences po.

_____10. Qu'est-ce qu'il y a de bon à manger, aujourd'hui?

Amina et Sandrine déjeunent au café.

SANDRINE Oh, Madame Forestier, j'adore! Un jour, je vais apprendre à préparer des éclairs. Et une bonne soupe maison. Et beaucoup d'autres choses.
AMINA Mais pas aujourd'hui. J'ai trop faim!
SANDRINE Alors, je choisis la soupe et un sandwich au fromage.

VALÉRIE Et comme boisson?
SANDRINE Une bouteille d'eau minérale, s'il vous plaît. Tu bois de l'eau aussi? Avec deux verres, alors.

VALÉRIE Ah, ça y est! Je comprends! La boisson gazeuse coûte un euro vingt-cinq, pas un euro soixante-quinze. C'est noté, Michèle?
MICHÈLE Merci, Madame Forestier. Excusez-moi. Je vais expliquer ça au monsieur. Et voilà, tout est prêt pour la table d'Amina et Sandrine.
VALÉRIE Merci, Michèle.

À la table des filles...
VALÉRIE Voilà, une limonade, un café, un jus d'orange et trois croissants.
AMINA Oh? Mais Madame Forestier, je ne bois pas de limonade!
VALÉRIE Et vous prenez du jus d'orange uniquement le matin, n'est-ce pas? Ah! Excusez-moi, les filles!

Expressions utiles

Talking about food

- **Moi aussi, j'ai faim, et puis j'ai soif.**
  Me too, I am hungry, and I am thirsty as well.
- **J'ai envie d'une bonne boisson.**
  I feel like having a nice drink.
- **Qu'est-ce qu'il y a de bon à manger, aujourd'hui?**
  What looks good on the menu today?
- **Une soupe de poisson maison délicieuse.**
  A delicious homemade fish soup.
- **Je vais apprendre à préparer des éclairs.**
  I am going to learn (how) to prepare éclairs.
- **Je choisis la soupe.**
  I choose the soup.
- **Tu bois de l'eau aussi?**
  Are you drinking water too?
- **Vous prenez du jus d'orange uniquement le matin.**
  You only have orange juice in the morning.

Additional vocabulary

- **On va au café?**
  Shall we go to the café?
- **Bof, ça va.**
  So-so.
- **comme d'habitude**
  as usual
- **Le monsieur ne comprend pas pourquoi ça coûte onze euros cinquante.**
  The gentleman doesn't understand why this costs 11,50€.
- **Je ne comprends pas non plus.**
  I don't understand either.
- **Je prépare ça tout de suite.**
  I am going to prepare this right away.
- **Ça y est! Je comprends!**
  That's it! I get it!
- **C'est noté?**
  Understood?/Got it?
- **Tout est prêt.**
  Everything is ready.

---

2 **Mettez dans l'ordre** Numérotez les phrases suivantes dans l'ordre correspondant à l'histoire.

_____ a. Michèle a un problème avec l'addition.

_____ b. Amina prend (*gets*) un sandwich jambon-fromage.

_____ c. Sandrine dit qu'elle (*says that she*) a soif.

_____ d. Rachid rentre à l'appartement.

_____ e. Valérie va chercher du pain.

_____ f. Tout est prêt pour la table d'Amina et Sandrine.

3 **Conversez** Au moment où Valérie apporte le plateau (*tray*) de la table sept à Sandrine et Amina, Michèle apporte le plateau de Sandrine et Amina à la table sept. Avec trois partenaires, écrivez la conversation entre Michèle et les client(e)s et jouez-la devant la classe.

ACTIVITÉS

vhlcentral | *Flash culture*

Le café français

LES DEUX MAGOTS

À Toute Heure

Quiches	12,50€
Pâtisseries	4,50€
Omelettes	9,25€
Thé	5,00€
Glaces	7,50€
Café	4,50€
Cappuccino	7,00€
Chocolat chaud	5,50€

Le premier café français, le Procope, a ouvert° ses portes à Paris en 1686. C'était° un lieu° pour boire du café, qui était une boisson exotique à l'époque°. On pouvait° aussi manger un sorbet dans des tasses en porcelaine. Benjamin Franklin et Napoléon Bonaparte fréquentaient le Procope.

Le café est une partie importante de la culture française. Les Français adorent passer du temps° à la terrasse des cafés. C'est un des symboles de l'art de vivre° à la française.

On peut aller au café à tout moment de la journée: le matin, pour prendre un café et manger un croissant, le midi pour déjeuner entre copains ou avec des collègues, et le soir après les cours ou le travail pour boire quelque chose et se détendre° entre amis.

Il y a de très célèbres° cafés à Paris: «Les Deux Magots» ou le «Café de Flore» par exemple, dans le quartier° de Saint-Germain. Ils sont connus° parce que c'était le rendez-vous des intellectuels et des écrivains°, comme Jean-Paul Sartre, Simone de Beauvoir et Albert Camus, après la Deuxième Guerre mondiale°.

a ouvert *opened* **C'était** *It was* **lieu** *place* **à l'époque** *at the time* **pouvait** *could* **fréquentaient** *used to frequent* **passer du temps** *spending time* **vivre** *living* **en lisant** *while reading* **se détendre** *to relax* **célèbres** *famous* **quartier** *neighborhood* **connus** *known* **écrivains** *writers* **Deuxième Guerre mondiale** *World War II*

A C T I V I T É S

1 **Vrai ou faux?** Indiquez si les phrases sont **vraies** ou **fausses**.

1. Le premier café parisien date des années 1686.
2. Le café était (*was*) une boisson courante (*common*) dans les années 1600.
3. Napoléon Bonaparte et Benjamin Franklin sont d'anciens clients du Procope.
4. Le café est une partie importante de la culture française.
5. Les Français n'aiment pas les terrasses des cafés.
6. Le matin, les Français prennent du jambon et du fromage.
7. Les Français mangent rarement au café à midi.
8. Les Français se retrouvent souvent avec leurs amis au café.
9. «Les Deux Magots» et le «Café de Flore» sont deux cafés célèbres à Paris.
10. Les intellectuels français fréquentent les cafés après la Première Guerre mondiale.

LE FRANÇAIS QUOTIDIEN

J'ai faim!

avoir les crocs	to be hungry
avoir un petit creux	to be slightly hungry
boire à petites gorgées	to sip
bouffer	to eat
dévorer	to devour
grignoter	to snack on
mourir de faim	to be starving
siroter	to sip (with pleasure)

LE MONDE FRANCOPHONE

Des spécialités à grignoter

Voici quelques spécialités à grignoter dans les pays et régions francophones.

En Afrique du Nord la merguez (saucisse épicée°) et le makroud (pâtisserie° au miel° et aux dattes)

En Côte d'Ivoire l'aloco (bananes plantains frites°)

En France le pan-bagnat (sandwich avec de la salade, des tomates, des œufs durs° et du thon°) et les crêpes (pâte° cuite° composée de farine°, d'œufs et de lait, de forme ronde)

À la Martinique les accras de morue° (beignets° à la morue)

Au Québec la poutine (frites avec du fromage fondu° et de la sauce)

Au Sénégal le chawarma (de la viande°, des oignons et des tomates dans du pain pita)

saucisse épicée *spicy sausage* **pâtisserie** *pastry* **miel** *honey* **frites** *fried* **œufs durs** *hard-boiled eggs* **thon** *tuna* **pâte** *batter* **cuite** *cooked* **farine** *flour* **morue** *cod* **beignets** *fritters* **fondu** *melted* **viande** *meat*

PORTRAIT

Les cafés nord-africains

Comme en France, les cafés ont une grande importance culturelle en Afrique du Nord. C'est le lieu où les amis se rencontrent pour discuter° ou pour jouer aux cartes° ou aux dominos. Les cafés ont une variété de boissons, mais la boisson typique, au café comme à la maison, est le thé à la menthe°. Il a peu de caféine, mais il a des vertus énergisantes et il favorise la digestion. En général, ce sont les hommes qui le° préparent. C'est la boisson qu'on vous sert° quand vous êtes invité, et ce n'est pas poli de refuser!

pour discuter *to chat* **jouer aux cartes** *play cards* **menthe** *mint* **le** *it* **on vous sert** *you are served*

Sur Internet

Comment prépare-t-on le thé à la menthe au Maghreb?

Go to **vhlcentral.com** to find more information related to this **Culture** section and to watch the corresponding **Flash culture** video.

2 **Compréhension** Complétez les phrases.

1. Quand on a un peu soif, on a tendance à (*tends to*) boire _____.
2. On aime jouer aux cartes ou rencontrer des amis pour _____ dans les cafés nord-africains.
3. _____ est la boisson typique de l'Afrique du Nord.
4. Il n'est pas poli de _____ une tasse de thé en Afrique du Nord.
5. Si vous aimez les frites, vous allez aimer _____ au Québec.

3 **Un café francophone** Par groupes de quatre, préparez une liste de suggestions pour un nouveau café francophone: noms pour le café, idées (*ideas*) pour le menu, prix, heures, etc. Indiquez où le café va être situé et qui va fréquenter ce café.

A C T I V I T É S

4B.1

The verbs *prendre* and **vhl**central *boire*; Partitives

Point de départ The verbs **prendre** (*to take, to have food or drink*) and **boire** (*to drink*), like **être**, **avoir**, and **aller**, are irregular.

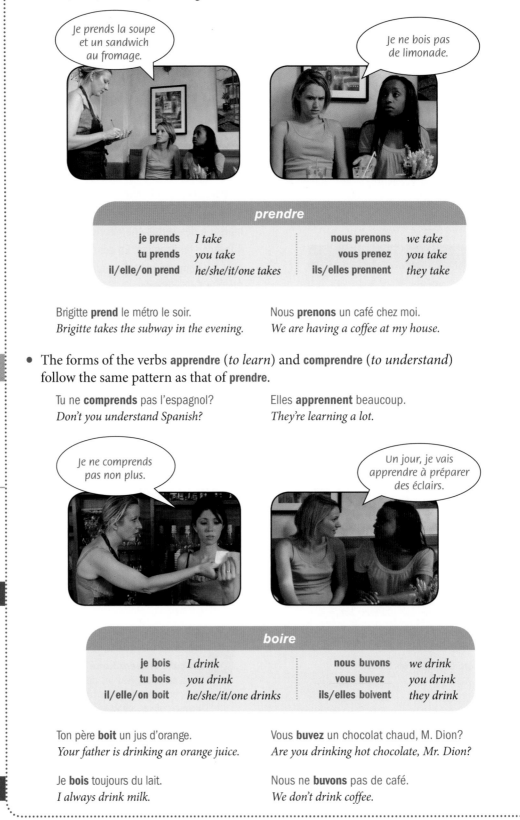

Je prends la soupe et un sandwich au fromage.

Je ne bois pas de limonade.

prendre				
je prends	*I take*		**nous prenons**	*we take*
tu prends	*you take*		**vous prenez**	*you take*
il/elle/on prend	*he/she/it/one takes*		**ils/elles prennent**	*they take*

Brigitte **prend** le métro le soir.
Brigitte takes the subway in the evening.

Nous **prenons** un café chez moi.
We are having a coffee at my house.

- The forms of the verbs **apprendre** (*to learn*) and **comprendre** (*to understand*) follow the same pattern as that of **prendre**.

Tu ne **comprends** pas l'espagnol?
Don't you understand Spanish?

Elles **apprennent** beaucoup.
They're learning a lot.

Je ne comprends pas non plus.

Un jour, je vais apprendre à préparer des éclairs.

🔗 Vérifiez

boire				
je bois	*I drink*		**nous buvons**	*we drink*
tu bois	*you drink*		**vous buvez**	*you drink*
il/elle/on boit	*he/she/it/one drinks*		**ils/elles boivent**	*they drink*

Ton père **boit** un jus d'orange.
Your father is drinking an orange juice.

Vous **buvez** un chocolat chaud, M. Dion?
Are you drinking hot chocolate, Mr. Dion?

Je **bois** toujours du lait.
I always drink milk.

Nous ne **buvons** pas de café.
We don't drink coffee.

🔗 Vérifiez

Partitives

- Partitive articles in French express *some* or *any*. To form the partitive, use the preposition **de** followed by a definite article. Although the words *some* and *any* are often omitted in English, the partitive must always be used in French.

masculine singular	feminine singular	singular noun beginning with a vowel
du thé	**de la** limonade	**de l'**eau

Je bois **du** thé chaud.   Tu bois **de la** limonade?   Elle prend **de l'**eau?
I drink (some)   Are you drinking (any)   Is she having
*   hot tea.   lemon soda?   (some) water?*

À noter

The partitives follow the same pattern of contraction as the possessive **de** + [*definite article*] you learned in **Structures 3A.2: du, de la, de l'**.

- Partitive articles are used with non-count nouns (nouns whose quantity cannot be expressed by a number). For count nouns, use definite articles.

PARTITIVE   NON-COUNT
ARTICLE   NOUN
Tu prends **du** pain tous les jours.
You have (some) bread every day.

INDEFINITE   COUNT
ARTICLE   NOUN
Tu prends **une** banane, aussi.
You have a banana, too.

- The article **des** also means *some*. It is the plural form of the indefinite article, not the partitive. This means it is used with nouns you can count.

PARTITIVE
ARTICLE
Vous prenez **de la limonade**.
You're having (some) lemon soda.

INDEFINITE
ARTICLE
Nous prenons **des croissants**.
We're having (some) croissants.

Boîte à outils

Partitives are used to say that you want *some* of an item, whereas indefinite articles are used to say that you want *a whole item* or *several whole items*.
Tu prends de la pizza?
(part of a whole pizza)
Tu prends une pizza?
(a whole pizza)

- As with the indefinite articles, the partitives **du**, **de la**, and **de l'** become **de** (meaning *not any*) in a negative sentence.

Est-ce qu'il y a **du** lait?   Non, il n'y a pas **de** lait.
Is there (any) milk?   *No, there isn't (any) milk.*

Prends-tu **de la** soupe?   Non, je ne prends pas **de** soupe.
Will you have (some) soup?   *No, I'm not having (any) soup.*

Vérifiez

Essayez!   Complétez les phrases. Utilisez la forme correcte du verbe entre parenthèses et l'article qui convient.

1. Ma sœur __prend__ (prendre) __des__ éclairs.
2. Tes parents _____ (boire) _____ café?
3. Louise ne _____ (boire) pas _____ thé.
4. Est-ce qu'il y _____ (avoir) _____ sucre?
5. Nous _____ (boire) _____ limonade.
6. Non, merci. Je ne _____ (prendre) pas _____ frites.
7. Vous _____ (prendre) _____ taxi?
8. Nous _____ (prendre) _____ eau.

Mise en pratique

1 **Au café** Indiquez l'article correct.

> **MODÈLE**
>
> Avez-vous ___du___ lait froid?

1. Prenez-vous _____ thé glacé?
2. Je voudrais _____ baguette, s'il vous plaît.
3. Elle prend _____ croissant.
4. Nous ne prenons pas _____ sucre dans le café.
5. Tu ne laisses pas _____ pourboire?
6. Vous mangez _____ frites.
7. Zeina commande _____ boisson gazeuse.
8. Voici _____ eau minérale.
9. Nous mangeons _____ pain.
10. Je ne prends pas _____ fromage.

2 **Des suggestions** Laurent est au café avec des amis et il fait (*makes*) des suggestions. Que suggère-t-il?

> ▶ **MODÈLE**
>
> *On prend du jus d'orange?*

1. _____
2. _____
3. _____
4. _____

3 **Au restaurant** Alain est au restaurant avec toute sa famille. Il note les préférences de tout le monde. Utilisez le verbe indiqué et un article indéfini.

> **MODÈLE**
>
> Oncle Lucien aime bien le café. (prendre) *Il prend un café.*

1. Marie-Hélène et papa adorent le thé. (prendre)
2. Tu adores le chocolat chaud. (boire)
3. Vous aimez bien le jus de pomme. (prendre)
4. Mes nièces aiment la limonade. (boire)
5. Tu aimes les boissons gazeuses. (prendre)
6. Vous adorez le café. (boire)

Communication

4   Échanges Posez les questions à un(e) partenaire.

1. Qu'est-ce que tu bois quand tu as très soif?
2. Qu'est-ce que tu apprends au lycée?
3. Quelles langues est-ce que tes parents comprennent?
4. Est-ce que tu bois beaucoup de café? Pourquoi?
5. Qu'est-ce que tu prends à manger à midi?
6. Quelle langue est-ce que ton/ta meilleur(e) ami(e) apprend?
7. Où est-ce que tu prends tes repas (*meals*)?
8. Qu'est-ce que tu bois le matin? À midi? Le soir?

5   Je bois, je prends Votre professeur va vous donner une feuille d'activités. Circulez dans la classe pour demander à vos camarades s'ils prennent rarement, une fois (*once*) par semaine ou tous les jours la boisson ou le plat (*dish*) indiqués. Écrivez (*Write*) les noms sur la feuille, puis présentez vos réponses à la classe.

MODÈLE

Élève 1: *Est-ce que tu bois du café?*
Élève 2: *Oui, je bois du café une fois par semaine. Et toi?*

Boisson ou plat	rarement	une fois par semaine	tous les jours
1. café		Didier	
2. fromage			
3. thé			
4. soupe			
5. chocolat chaud			
6. jambon			

6   Après les cours Des amis se retrouvent au café. Par groupes de quatre, jouez (*play*) les rôles d'un(e) serveur/serveuse et de trois clients. Utilisez les mots de la liste et présentez la scène à la classe.

addition	chocolat chaud	frites
avoir faim	coûter	prix
avoir soif	croissant	sandwich
boisson	eau minérale	soupe
éclair	jambon	limonade

4B.2 Regular *-ir* verbs vhlcentral

Point de départ In **Leçon 2A**, you learned the forms of **-er** verbs in the present tense. Now you will learn the forms for verbs that end in **-ir**. They follow a different pattern.

finir	
je finis	nous finissons
tu finis	vous finissez
il/elle/on finit	ils/elles finissent

Je **finis** mes devoirs.
I'm finishing my homework.

Alain et Chloé **finissent** leurs sandwichs.
Alain and Chloé are finishing their sandwiches.

- Here are some other verbs that follow the same pattern as **finir**.

Other regular *-ir* verbs			
choisir	to choose	réfléchir (à)	to think (about), to reflect (on)
grandir	to grow	réussir (à)	to succeed (in doing something)
grossir	to gain weight		
maigrir	to lose weight		
obéir (à)	to obey	rougir	to blush
réagir	to react	vieillir	to grow old

Je **choisis** un chocolat chaud.
I choose a hot chocolate.

Vous **réfléchissez** à ma question?
Are you thinking about my question?

- Like for **-er** verbs, use present tense verb forms to give commands. However, do not drop the **-s** in the **tu** form.

Réagis vite!
React quickly!

Obéissez.
Obey.

Réfléchissons bien.
Let's think well.

Ne **rougis** pas.
Don't blush.

Essayez! Complétez les phrases.

1. Quand on ne mange pas beaucoup, on _____maigrit_____ (maigrir).
2. Il _____ (réussir) son examen.
3. Vous _____ (finir) vos devoirs?
4. Lundi prochain nous _____ (finir) le livre.
5. Les enfants _____ (grandir) très vite (*fast*).
6. Vous _____ (choisir) le fromage?
7. Ils n' _____ (obéir) pas à leur parents.
8. Je _____ (réfléchir) beaucoup à ce problème.

Le français vivant

Café du Marché

Formule petit-déjeuner simple | 7,50€

boisson chaude + croissant +
jus de fruits (au choix°) ou
boisson chaude + mini-baguette avec
du beurre + jus de fruits (au choix)

❋❋❋

Formule petit-déjeuner complet | 9,50€

boisson chaude +
croissant jambon-fromage +
jus de fruits (au choix)

Boissons

Café .... 2,50€
Café déca .... 3,00€
Café crème .... 4,50€
Chocolat chaud ..... 5,00€   Eau minérale .... 3,50€
Thé .... 4,50€   Jus de fruits .... 4,80€
                                 Limonade .... 4,80€

au choix *your choice of*

Répondez Avec un(e) partenaire, discutez de la carte et de ces (*these*) situations. Utilisez des verbes en **-ir**.

1. Je prends quatre croissants.
2. J'ai très faim.
3. Je ne mange pas beaucoup.
4. Je ne commande pas encore.
5. J'ai très soif.

Mise en pratique

1 On fait quoi? Choisissez la forme correcte du verbe en **-ir**.

1. Nous (finissons / grandissons) nos devoirs avant le dîner.
2. Ursula (choisis / choisit) un croissant.
3. Eva et Léo (rougissent / réussissent) à faire un gâteau.
4. Omar (réfléchit / réfléchis) à ses problèmes.
5. Nous essayons de ne pas (grandir / grossir).
6. Tu manges une salade parce que tu essaies de (vieillir / maigrir)?

2 Au restaurant Complétez le dialogue avec la forme correcte du verbe entre parenthèses.

SERVEUR Vous désirez?

MARC Nous (1) _____ (réfléchir) encore.

FANNY Je pense savoir ce que je veux (*know what I want*).

SERVEUR Que (2) _____ (choisir)-vous, Mademoiselle?

FANNY Je (3) _____ (choisir) un hamburger avec des frites. Et toi?

MARC Euh... je (4) _____ (réfléchir). La soupe ou la salade, je pense... Oui, je prends la salade.

SERVEUR Très bien. Je vous apporte ça tout de suite (*right away*).

FANNY Tu n'as pas très faim?

MARC Non, pas trop. Et je suis au régime (*on a diet*). J'ai besoin de (5) _____ (maigrir) un peu.

FANNY Tu (6) _____ (réussir) déjà. Ton jean est trop grand. Tu n'as pas envie de partager mon éclair?

MARC Mais non! Je vais (7) _____ (grossir)!

FANNY Alors, je (8) _____ (finir) l'éclair.

3 Complétez Complétez les phrases avec la forme correcte des verbes de la liste. N'utilisez les verbes qu'une seule fois.

choisir	maigrir
finir	obéir
grandir	rougir
grossir	vieillir

1. Nous _____ l'endroit où nous allons déjeuner.
2. Corinne _____ quand elle a honte.
3. Mes frères cadets _____ encore. Ils sont déjà (*already*) très grands!
4. Vous ne mangez pas assez et vous _____.
5. Nous _____ aux profs.
6. Sylvie _____ ses études cette année.
7. Mes grands-parents _____.
8. Quand on mange beaucoup de chocolat, on _____.

Communication

4 Ça, c'est moi! Avec un(e) partenaire, complétez les phrases suivantes pour parler de vous-même.

1. Je ne finis jamais (de)...

2. Je grossis quand...

3. Je maigris quand...

4. Au restaurant, je choisis souvent...

5. Je réfléchis quelquefois (*sometimes*) à...

6. Je réussis toujours (à)...

5 Assemblez Avec un(e) partenaire, assemblez les éléments des trois colonnes pour créer des phrases.

A	B	C
je	choisir	aujourd'hui
tu	finir	beaucoup
le prof	grandir	cette (this)
mon frère	grossir	année
mes parents	maigrir	cours
ma sœur	réfléchir	devoirs
mon/ma petit(e) ami(e)	réussir	diplôme
	rougir	encore
mes camarades de classe	vieillir	problème
		vite
?		?

6 Votre vie au lycée Posez ces questions à un(e) partenaire puis présentez vos réponses à la classe.

1. Pendant ce semestre, dans quel cours réussis-tu le mieux (*best*)?

2. Comment est-ce que tu choisis un/une ami(e)?

3. En général, est-ce que tu réussis aux examens de français? Comment trouves-tu les examens?

4. Est-ce que tu maigris ou grossis au lycée? Pourquoi?

5. À quelle heure est-ce que tes cours finissent le vendredi? Que fais-tu (*do you do*) après les cours?

6. Comment tes parents réagissent-ils quand tu réussis tes examens?

7. Quand fais-tu tes devoirs? À quelle heure finis-tu tes devoirs?

7 Qui...? Posez (*Ask*) des questions pour trouver une personne dans la classe qui fait ces (*does these*) choses.

MODÈLE

Élève 1: *Est-ce que tu rougis facilement?*
Élève 2: *Non, je ne rougis pas facilement.*

1. rougir facilement (*easily*)

2. réagir vite

3. obéir à ses parents

4. finir toujours ses devoirs

5. choisir bien sa nourriture (*food*)

Révision

1 **Ils aiment apprendre** À tour de rôle, demandez à votre partenaire pourquoi il/elle apprend les activités suivantes. Donnez à votre partenaire une réponse logique à ses questions.

> **MODÈLE**
>
> **Élève 1:** Pourquoi est-ce que tu apprends à travailler sur l'ordinateur?
> **Élève 2:** J'apprends parce que j'aime les ordinateurs.

1.

4.

2.

5.

3.

6.

2 **Quelle boisson?** À tour de rôle, interviewez deux personnes pour découvrir ce qu' (*to find out what*) elles boivent dans les occasions suivantes. Utilisez des articles partitifs dans vos réponses.

1. au café
2. au cinéma
3. en classe
4. le dimanche matin
5. le matin très tôt
6. quand il/elle passe des examens
7. quand il/elle a très soif
8. quand il/elle étudie toute la nuit

3 **Notre café** Vous et votre partenaire allez créer une carte pour un café français. Choisissez le nom du café et huit boissons. Pour chaque (*each*) boisson, inventez deux prix, un pour le comptoir (*bar*) et un pour la terrasse. Comparez votre café au café d'un autre groupe.

4 **La terrasse du café** Avec un(e) partenaire, trouvez au minimum quatre différences entre les deux dessins. Ensuite, écrivez (*write*) un paragraphe sur ces trois personnages en utilisant (*by using*) des verbes en **–ir**.

> **MODÈLE**
>
> **Élève 1:** Mylène prend une limonade.
> **Élève 2:** Mylène prend de la soupe.

Patrick   Mylène   Djamel

5 **Dialogue** Avec un(e) partenaire, créez un dialogue avec les éléments de la liste.

choisir	du chocolat
grossir	de l'eau minérale
maigrir	un sandwich au jambon
réagir	des frites
réfléchir (à)	de la soupe
réussir (à)	du jus de pomme

6 **La famille Arnal au café** Votre professeur va vous donner, à vous et à votre partenaire, des photos de la famille Arnal. Posez-vous des questions pour savoir qui prend quoi. Attention! Ne regardez pas la feuille de votre partenaire.

> **MODÈLE**
>
> **Élève 1:** Qui prend un sandwich?
> **Élève 2:** La grand-mère prend un sandwich.

À l'écoute vhlcentral

STRATÉGIE

Listening for the gist

Listening for the general idea, or gist, can help you follow what someone is saying even if you can't hear or understand some of the words. When you listen for the gist, you try to capture the essence of what you hear without focusing on individual words.

🔊 To help you practice this strategy, you will listen to three sentences. Jot down a brief summary of what you hear.

Préparation

Regardez la photo. Combien de personnes y a-t-il? Où sont Charles et Gina? Qu'est-ce qu'ils vont manger? Boire? Quelle heure est-il? Qu'est-ce qu'ils vont faire (to do) cet après-midi?

🔊 À vous d'écouter

Écoutez la conversation entre Charles, Gina et leur serveur. Écoutez une deuxième fois (a second time) et indiquez quelles activités ils vont faire.

_____ 1. acheter un livre

_____ 2. aller à la librairie

_____ 3. aller à l'église

_____ 4. aller chez des grands-parents

_____ 5. boire un coca

_____ 6. aller au cinéma

_____ 7. dépenser de l'argent

_____ 8. étudier

_____ 9. manger au restaurant

_____10. manger un sandwich

Compréhension

Un résumé Complétez ce résumé (summary) de la conversation entre Charles et Gina avec des mots et expressions de la liste.

aller au cinéma	un croissant
aller au gymnase	une eau minérale
aller au musée	faim
avec son frère	un jus d'orange
café	manger au restaurant
chez ses grands-parents	du pain
des copains	soif

Charles et Gina sont au (1) _____. Charles va boire (2) _____. Gina n'a pas très (3) _____. Elle va manger (4) _____. Cet après-midi, Charles va (5) _____. Ce soir, il va (6) _____ avec (7) _____. Cet après-midi, Gina va peut-être (8) _____. Ce soir, elle va manger (9) _____. À neuf heures et demie, elle va (10) _____ avec Charles.

Et vous? Avec un(e) camarade, discutez de vos projets (plans) pour ce week-end. Où est-ce que vous allez aller? Qu'est-ce que vous allez faire (to do)?

vhlcentral

Panorama

Le Québec

La province en chiffres

- **Superficie:** *1.667.441 km²*
- **Population:** *8.263.600*
  SOURCE: Statistique Canada
- **Industries principales:** *agriculture, exploitation forestière°, hydroélectricité, industrie du bois (papier), minerai° (fer°, cuivre°, or°)*
- **Villes principales:** *Montréal, Québec, Trois-Rivières*
- **Langues:** *anglais, français*

Le français parlé par les Québécois a une histoire très intéressante. La population française qui s'installe° au Québec en 1608 est composée en majorité de Français du nord-ouest de la France. Ils parlent tous leur langue régionale, comme le normand ou le breton. Beaucoup d'entre eux parlent aussi le français de la cour du roi°, langue qui devient la langue commune de tous les Québécois. Assez isolés du reste du monde francophone et ardents défenseurs de leur langue, les Québécois continuent à parler un français considéré plus pur même° que celui° des Français.

- **Monnaie:** *le dollar canadien*

Québécois célèbres

- **Justin Trudeau,** *premier ministre du Canada (1971–)*
- **Céline Dion,** *chanteuse (1968-)*
- **Guy Laliberté,** *fondateur du Cirque du Soleil (1959–)*
- **Leonard Cohen,** *poète, romancier, chanteur (1934–2016)*
- **Julie Payette,** *astronaute (1963–)*
- **Georges St-Pierre,** *pratiquant d'arts martiaux mixtes (1981–)*

exploitation forestière *forestry* **minerai** *ore* **fer** *iron* **cuivre** *copper* **or** *gold* **s'installe** *settles* **cour du roi** *king's court* **même** *even* **celui** *that* **traîneau à chiens** *dogsled* **loger** *house* **Bonhomme** *Snowman (mascot of the carnival)* **longueur** *long* **hauteur** *high* **largeur** *wide*

un traîneau à chiens°

☐ Région francophone

Kangiqsujuaq

Inukjuak

LA BAIE D'HUDSON

LA MER DU LABRADOR

LE QUÉBEC

LE CANADA

Chisasibi

TERRE-NEUVE-ET-LABRADOR

Labrador City

La Tabatière

la ville de Trois-Rivières

le Saint-Laurent

L'ÎLE-DU-PRINCE-ÉDOUARD

Québec

LE NOUVEAU-BRUNSWICK

Trois-Rivières

L'ONTARIO

Ottawa ⊛

Montréal

LA NOUVELLE-ÉCOSSE

Toronto

le lac Ontario

LES ÉTATS-UNIS

| 0 | 200 miles |
| 0 | 200 kilomètres |

le Stade olympique, Montréal

L'OCÉAN ATLANTIQUE

Incroyable mais vrai!

Chaque année, pour le carnaval d'hiver de la ville de Québec, 15 personnes travaillent pendant deux mois à la construction d'un immense palais de glace pour loger° le Bonhomme° Carnaval. L'architecture et la taille du palais changent chaque année, mais il mesure parfois jusqu'à 50 mètres de longueur°, 20 m de hauteur° et 20 m de largeur°.

La société

Un Québec indépendant

Pour des raisons politiques, économiques et culturelles, un grand nombre de Québécois, surtout les francophones, luttent°, depuis les années soixante, pour un Québec indépendant du Canada. Ils forment le mouvement souverainiste° et font des efforts pour conserver l'identité culturelle québécoise. Ces Canadiens francophones ont pris° le nom de Québécois pour montrer leur «nationalisme». Les séparatistes ont perdu° deux référendums en 1980 et en 1995, mais aujourd'hui, l'indépendance est une idée toujours d'actualité°.

Les destinations

Montréal

Montréal, deuxième ville francophone du monde après Paris, est située sur une île du fleuve° Saint-Laurent et présente une ambiance américano-européenne. Elle a été fondée° en 1642 et a l'énergie d'un centre urbain moderne et le charme d'une vieille ville de style européen. Ville cosmopolite et largement bilingue de 1,8 million d'habitants, elle attire° beaucoup de touristes et accueille° de nombreux étudiants dans ses quatre universités. La majorité des Montréalais, 65,7%, est de langue maternelle française; 12,5% parlent l'anglais et 21,8% une autre langue. Pourtant°, 51,9% de la population montréalaise peuvent communiquer en français et en anglais.

La musique

Le festival de jazz de Montréal

Le Festival International de Jazz de Montréal est parmi° les plus prestigieux du monde. Avec 1.000 concerts, dont° plus de 600 donnés gratuitement en plein air°, le festival attire 3.000 artistes de 30 pays, et plus de 2 millions de spectateurs. Le centre-ville, fermé à la circulation, se transforme en un village musical. De grands noms internationaux comme Miles Davis, Ella Fitzgerald, Dizzy Gillespie ou Pat Metheny sont venus au festival, ainsi que° des jazzmen locaux.

L'histoire

La ville de Québec

Capitale de la province de Québec, la ville de Québec est la seule° ville d'Amérique au nord du Mexique qui a conservé ses fortifications. Fondée par l'explorateur français Samuel de Champlain en 1608, Québec est située sur un rocher°, au bord du fleuve Saint-Laurent. Elle est connue° en particulier pour sa vieille ville, son carnaval d'hiver et le château Frontenac. Les plaines d'Abraham, où les Britanniques ont vaincu° les Français en 1759 pour prendre le contrôle du Canada, servent aujourd'hui de vaste parc public. De nombreux étudiants de l'Université Laval profitent° du charme de cette ville francophone.

Qu'est-ce que vous avez appris? Répondez aux questions.

1. Quelle langue devient (*becomes*) la langue commune des Québécois?
2. Quel est le nom d'une chanteuse québécoise célèbre?
3. Pour quel évènement est-ce qu'on construit (*build*) un palais de glace à la ville de Québec?
4. Le palais est-il identique chaque année?
5. Que désire le mouvement souverainiste pour le Québec?
6. Quelles sont les deux langues principales parlées à Montréal?
7. En quoi se transforme le centre-ville de Montréal pour le festival de jazz?
8. Qui chantent ou jouent du jazz au festival?
9. Au bord de quel fleuve (*river*) se trouvent Montréal et la ville de Québec?
10. Qui est le fondateur de la ville de Québec?

Sur Internet

1. Quelles sont quelques-unes des expressions qui sont particulières au français des Québécois?
2. Quels sont les autres grands festivals du Québec? Quand ont-ils lieu?
3. Cherchez plus d'informations sur le carnaval d'hiver de Québec. Le palais de glace a-t-il toujours été fait (*been made*) de glace?

luttent *fight* **souverainiste** *in support of sovereignty for Quebec*
ont pris *took* **ont perdu** *lost* **d'actualité** *current, relevant*
fleuve *river* **fondée** *founded* **attire** *attracts* **accueille** *welcomes*
Pourtant *However* **parmi** *among* **dont** *of which* **en plein air** *outside*
ainsi que *as well as* **seule** *only* **rocher** *rock* **connue** *known*
ont vaincu *defeated* **profitent** *take advantage of, benefit from*

Lecture vhlcentral

Avant la lecture

STRATÉGIE

Scanning

Scanning involves glancing over a document in search of specific information. For example, you can scan a document to identify its format, to find cognates, to locate visual clues about the document's content, or to find specific facts. Scanning allows you to learn a great deal about a text without having to read it word-for-word.

Examinez le texte

Regardez le texte et indiquez huit mots apparentés (*cognates*) que vous trouvez.

1. _____   5. _____
2. _____   6. _____
3. _____   7. _____
4. _____   8. _____

Trouvez

Regardez le document. Indiquez si les informations suivantes sont présentes dans le texte.

_____ 1. une adresse
_____ 2. le nombre de tables
_____ 3. un plat du jour (*daily special*)
_____ 4. de l'accès Internet
_____ 5. les noms des propriétaires
_____ 6. des prix réduits (*reduced*) pour les jeunes
_____ 7. de la musique *live*
_____ 8. les heures d'ouverture (*business hours*)
_____ 9. un numéro de téléphone
_____ 10. une librairie à l'intérieur

Décrivez

Regardez les photos. Écrivez un paragraphe pour décrire (*describe*) le café. Comparez votre paragraphe avec le paragraphe d'un(e) camarade.

Café Le connecté

- Ouvert° du lundi au samedi, de 7h00 à 20h00
- Snack et restauration rapide
- Wi-Fi haut débit° et sécurisé

Café Le connecté

MENU

PETIT-DÉJEUNER° FRANÇAIS Café, thé, chocolat chaud ou lait Pain, beurre et confiture° Orange pressée	12,00€	**PETIT-DÉJEUNER ANGLAIS** Café, thé, chocolat chaud ou lait Œufs° (au plat° ou brouillés°), bacon, toasts Orange pressée	15,00€
VIENNOISERIES° Croissant, pain au chocolat, brioche°, pain aux raisins	3,00€	**DESSERTS** Tarte aux fruits Banana split	7,50€ 8,40€
SANDWICHS ET SALADES Sandwich (jambon ou fromage; baguette ou pain de campagne) Croque-monsieur° Salade verte°	7,50€ 8,80€ 6,20€	**AUTRES SÉLECTIONS CHAUDES** Frites Soupe à l'oignon Omelette au fromage Omelette au jambon	4,30€ 8,00€ 8,50€ 8,50€
BOISSONS CHAUDES Café/Déca Grand crème Chocolat chaud Thé Lait chaud	3,80€ 5,50€ 5,80€ 5,50€ 4,80€	**BOISSONS FROIDES** Eau minérale non gazeuse Eau minérale gazeuse Jus de fruits (orange...) Soda, limonade Café, thé glacé°	3,00€ 3,50€ 5,80€ 5,50€ 5,20€

Propriétaires: Bernard et Marie-Claude Fouchier

- **Le connecté, le café préféré des étudiants**

- **Wi–Fi gratuit° avec consommation ou 3€ de l'heure en connection**

24, place des Terreaux
69001 LYON
Tél. 04.72.45.87.90
www.leconnecte.fr

Place des Terreaux

Rue d'Algérie

Rue Paul Chenavard

Musée des
Beaux-Arts
de Lyon

Rue de Constantine

Situé en face du musée
des Beaux-Arts

Ouvert Open **haut débit** high speed **Petit-déjeuner** Breakfast **confiture** jam
Viennoiseries Breakfast pastries **brioche** a light, slightly-sweet bread
Croque-monsieur Grilled sandwich with cheese and ham **verte** green
Œufs Eggs **au plat** fried **brouillés** scrambled **glacé** iced **gratuit** free

Après la lecture

Répondez Répondez aux questions par des phrases complètes.

1. Quand est-ce qu'on peut (can) aller au café?
_____

2. Qui adore ce café?
_____

3. Combien coûte l'accès Internet?
_____

4. Comment est la connection wi-fi?
_____

5. Quelles sont les deux boissons gazeuses? Combien coûtent-elles?
_____

6. Combien de desserts sont proposés?
_____

Choisissez Indiquez qui va prendre quoi. Écrivez des phrases complètes.

MODÈLE

Julie a soif. Elle n'aime pas les boissons gazeuses. Elle a 6 euros.
Julie va prendre un jus d'orange.

1. Lise a froid. Elle a besoin d'une boisson chaude. Elle a 4 euros et 90 centimes.
_____

2. Nathan a faim et soif. Il a 15 euros.
_____

3. Julien va prendre un plat chaud. Il a 8 euros et 80 centimes.
_____

4. Lola a chaud et a très soif. Elle a 5 euros et 75 centimes.
_____

5. Marina va prendre une boisson gazeuse. Elle a 4 euros et 20 centimes.
_____

6. Ève va prendre un dessert. Elle n'aime pas les bananes. Elle a 8 euros.
_____

L'invitation Avec un(e) camarade, jouez (play) cette scène: vous invitez un ami à déjeuner au café Le connecté. Parlez de ce que vous allez manger et boire. Puis (Then), discutez de vos activités de l'après-midi et du soir.

Écriture

Adding details

How can you make your writing more informative or more interesting? You can add details by answering the "W" questions: Who? What? When? Where? Why? The answers to these questions will provide useful and interesting details that can be incorporated into your writing. You can use the same strategy when writing in French. Here are some useful question words that you have already learned:

(À/Avec) Qui?	À quelle heure?
Quoi?	Où?
Quand?	Pourquoi?

Compare these two sentences.

Je vais aller nager.

Aujourd'hui, à quatre heures, je vais aller nager à la piscine du parc avec mon ami Paul, parce que nous avons chaud.

While both sentences give the same basic information (the writer is going to go swimming), the second, with its detail, is much more informative.

Thème

Un petit mot

Avant l'écriture

1. Vous passez un an en France et vous vivez (*are living*) dans une famille d'accueil (*host family*). C'est samedi, et vous allez passer la journée en ville avec des amis. Écrivez un petit mot (*note*) pour informer votre famille de vos projets (*plans*) pour la journée.

2. Choisissez cinq activités que vous allez faire (*to do*) avec vos amis aujourd'hui.

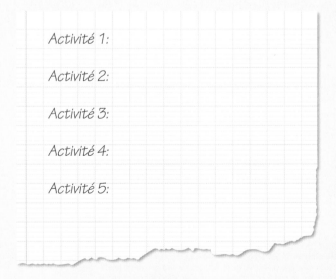

Activité 1:

Activité 2:

Activité 3:

Activité 4:

Activité 5:

Attention!

Use **jouer à** with games and sports.

Elle joue aux cartes/au baseball.
She plays cards/baseball.

Use **jouer de** with musical instruments.

Vous jouez de la guitare/du piano.
You play the guitar/piano.

Mise en pratique

1 Remplissez Choisissez dans la liste le mot qui convient (*the word that fits*) pour compléter les phrases. N'oubliez pas de conjuguer les verbes.

aider	jeu	pratiquer
bande dessinée	jouer	skier
bricoler	marcher	sport
équipe		

1. Notre _____ joue un match cet après-midi.
2. Le solitaire est un _____ de cartes.
3. Mon livre préféré, c'est une _____ de Tintin, *Le sceptre d'Ottokar*.
4. J'aime _____ aux cartes avec ma grand-mère.
5. Pour devenir (*To become*) champion de volley, je _____ tous les jours.
6. Le dimanche, nous _____ beaucoup, environ (*about*) cinq kilomètres.
7. Mon _____ préféré, c'est le foot.
8. Mon père _____ mon frère à préparer son match de tennis.
9. J'aime bien _____ dans le Colorado.
10. Il faut réparer la table, mais je n'aime pas _____.

2 Écoutez Écoutez Sabine et Marc parler de leurs passe-temps préférés. Dans le tableau suivant, écrivez un **S** pour Sabine et un **M** pour Marc pour indiquer s'ils pratiquent ces activités **souvent**, **parfois**, **rarement** ou **jamais**. Attention, une activité n'est pas utilisée.

Activités	Souvent	Parfois	Rarement	Jamais
1. le golf	_____	_____	_____	_____
2. le tennis	_____	_____	_____	_____
3. les cartes	_____	_____	_____	_____
4. le basket	_____	_____	_____	_____
5. le spectacle	_____	_____	_____	_____
6. le cinéma	_____	_____	_____	_____
7. chanter	_____	_____	_____	_____
8. aller à la pêche	_____	_____	_____	_____

3 Les loisirs Utilisez un élément de chaque colonne pour former huit phrases au sujet des loisirs de ces personnes. N'oubliez pas les accords (*agreements*).

Personnes	Activités	Fréquence
Je	jouer aux échecs	maintenant
Ma sœur	chanter	parfois
Mes parents	jouer au tennis	rarement
Christian	gagner le match	souvent
Sandrine et Cédric	skier	déjà
Les élèves	regarder un spectacle	une fois par semaine
Élise	jouer au basket	une fois par mois
Mon ami(e)	aller à la pêche	encore

le basket(-ball)

Il aide le joueur.
(aider)

Il chante.
(chanter)

Il indique.
(indiquer)

les échecs (*m.*)

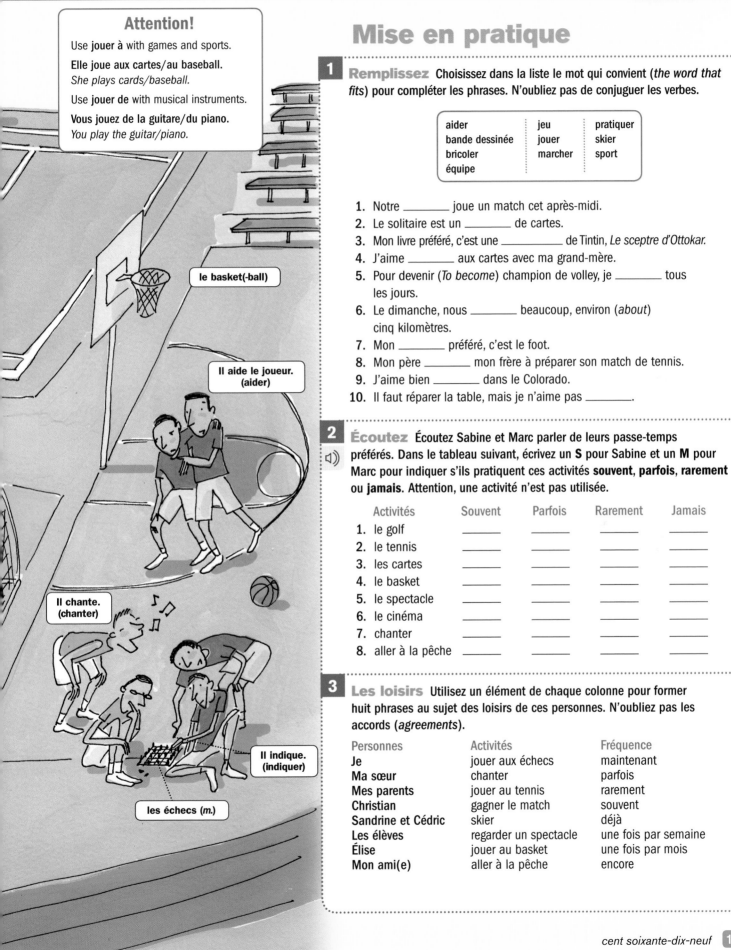

Communication

4 Répondez Avec un(e) partenaire, posez les questions et répondez à tour de rôle.

1. Quel est votre loisir préféré?
2. Quel est votre sport préféré à la télévision?
3. Êtes-vous sportif/sportive? Si oui, quel sport pratiquez-vous?
4. Qu'est-ce que vous désirez faire (*to do*) ce week-end?
5. Combien de fois par mois allez-vous au cinéma?
6. Que faites-vous (*do you do*) quand vous avez du temps libre?
7. Est-ce que vous aidez quelqu'un? Qui? À faire quoi? Comment?
8. Quel est votre jeu de société (*board game*) préféré? Pourquoi?

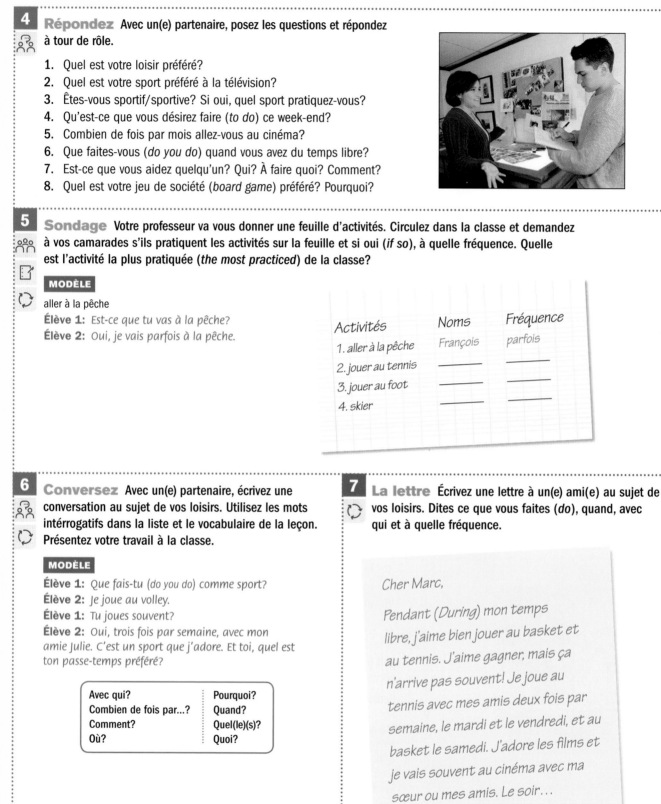

5 Sondage Votre professeur va vous donner une feuille d'activités. Circulez dans la classe et demandez à vos camarades s'ils pratiquent les activités sur la feuille et si oui (*if so*), à quelle fréquence. Quelle est l'activité la plus pratiquée (*the most practiced*) de la classe?

MODÈLE

aller à la pêche
Élève 1: Est-ce que tu vas à la pêche?
Élève 2: Oui, je vais parfois à la pêche.

Activités	Noms	Fréquence
1. aller à la pêche	François	parfois
2. jouer au tennis	___	___
3. jouer au foot	___	___
4. skier	___	___

6 Conversez Avec un(e) partenaire, écrivez une conversation au sujet de vos loisirs. Utilisez les mots intérrogatifs dans la liste et le vocabulaire de la leçon. Présentez votre travail à la classe.

MODÈLE

Élève 1: Que fais-tu (*do you do*) comme sport?
Élève 2: Je joue au volley.
Élève 1: Tu joues souvent?
Élève 2: Oui, trois fois par semaine, avec mon amie Julie. C'est un sport que j'adore. Et toi, quel est ton passe-temps préféré?

Avec qui?	Pourquoi?
Combien de fois par...?	Quand?
Comment?	Quel(le)(s)?
Où?	Quoi?

7 La lettre Écrivez une lettre à un(e) ami(e) au sujet de vos loisirs. Dites ce que vous faites (*do*), quand, avec qui et à quelle fréquence.

Cher Marc,

Pendant (*During*) mon temps libre, j'aime bien jouer au basket et au tennis. J'aime gagner, mais ça n'arrive pas souvent! Je joue au tennis avec mes amis deux fois par semaine, le mardi et le vendredi, et au basket le samedi. J'adore les films et je vais souvent au cinéma avec ma sœur ou mes amis. Le soir...

Les sons et les lettres 🔊 **vhl**central
Intonation

In short, declarative sentences, the pitch of your voice, or intonation, falls on the final word or syllable.

Nathalie est française.   **Hector joue au football.**

In longer, declarative sentences, intonation rises, then falls.

À trois heures et demie, j'ai sciences politiques.

In sentences containing lists, intonation rises for each item in the list and falls on the last syllable of the last one.

Martine est jeune, blonde et jolie.

In long, declarative sentences, such as those containing clauses, intonation may rise several times, falling on the final syllable.

Le samedi, à dix heures du matin, je vais au centre commercial.

Questions that require a yes or no answer have rising intonation. Information questions have falling intonation.

C'est ta mère?   **Est-ce qu'elle joue au tennis?**

Quelle heure est-il?   **Quand est-ce que tu arrives?**

Prononcez Répétez les phrases suivantes à voix haute.

1. J'ai dix-neuf ans.
2. Tu fais du sport?
3. Quel jour sommes-nous?
4. Sandrine n'habite pas à Paris.
5. Quand est-ce que Marc arrive?
6. Charlotte est sérieuse et intellectuelle.

Articulez Répétez les dialogues à voix haute.

1. —Qu'est-ce que c'est?
   —C'est un ordinateur.
2. —Tu es américaine?
   —Non, je suis canadienne.
3. —Qu'est-ce que Christine étudie?
   —Elle étudie l'anglais et l'espagnol.
4. —Où est le musée?
   —Il est en face de l'église.

Dictons Répétez les dictons à voix haute.

Petit à petit, l'oiseau fait son nid.[2]

Si le renard court, le poulet a des ailes.[1]

[1] Though the fox runs, the chicken has wings.
[2] Little by little, a bird builds its nest.

Au parc **vhl**central

PERSONNAGES

David

Rachid

Sandrine

Stéphane

DAVID Oh là là... On fait du sport aujourd'hui!

RACHID C'est normal! On est dimanche. Tous les week-ends à Aix, on fait du vélo, on joue au foot...

SANDRINE Oh, quelle belle journée! Faisons une promenade!

DAVID D'accord.

DAVID Moi, le week-end, je sors souvent. Mon passe-temps favori, c'est de dessiner la nature et les belles femmes. Mais Rachid, lui, c'est un grand sportif.

RACHID Oui, je joue au foot très souvent et j'adore.

RACHID Tiens, Stéphane! Déjà? Il est en avance.

SANDRINE Salut.

STÉPHANE Salut. Ça va?

DAVID Ça va.

STÉPHANE Salut.

RACHID Salut.

STÉPHANE Pfft! Je n'aime pas l'histoire-géo.

RACHID Mais, qu'est-ce que tu aimes alors, à part le foot?

STÉPHANE Moi? J'aime presque tous les sports. Je fais du ski, de la planche à voile, du vélo... et j'adore nager.

RACHID Oui, mais tu sais, le sport ne joue pas un grand rôle au bac.

RACHID Et puis, les études, c'est comme le sport. Pour être bon, il faut travailler!

STÉPHANE Ouais, ouais.

RACHID Allez, commençons. En quelle année Napoléon a-t-il...

SANDRINE Dis-moi David, c'est comment chez toi, aux États-Unis? Quels sont les sports favoris des Américains?

DAVID Euh... chez moi? Beaucoup pratiquent le baseball ou le basket et surtout, on adore regarder le football américain. Mais toi, Sandrine, qu'est-ce que tu fais de tes loisirs? Tu aimes le sport? Tu sors?

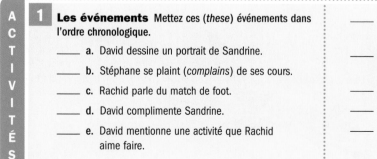

A C T I V I T É S

1 **Les événements** Mettez ces (*these*) événements dans l'ordre chronologique.

_____ **a.** David dessine un portrait de Sandrine.

_____ **b.** Stéphane se plaint (*complains*) de ses cours.

_____ **c.** Rachid parle du match de foot.

_____ **d.** David complimente Sandrine.

_____ **e.** David mentionne une activité que Rachid aime faire.

_____ **f.** Sandrine est curieuse de savoir (*to know*) quels sont les sports favoris des Américains.

_____ **g.** Stéphane dit (*says*) qu'il ne sait (*knows*) pas s'il va gagner son prochain match.

_____ **h.** Stéphane arrive.

_____ **i.** David parle de son passe-temps favori.

_____ **j.** Sandrine parle de sa passion.

Les amis parlent de leurs loisirs.

RACHID Alors, Stéphane, tu crois que tu vas gagner ton prochain match?

STÉPHANE Hmm, ce n'est pas garanti! L'équipe de Marseille est très forte.

RACHID C'est vrai, mais tu es très motivé, n'est-ce pas?

STÉPHANE Bien sûr.

RACHID Et, pour les études, tu es motivé? Qu'est-ce que vous faites en histoire-géo en ce moment?

STÉPHANE Oh, on étudie Napoléon.

RACHID C'est intéressant! Les cent jours, la bataille de Waterloo...

SANDRINE Bof, je n'aime pas tellement le sport, mais j'aime bien sortir le week-end. Je vais au cinéma ou à des concerts avec mes amis. Ma vraie passion, c'est la musique. Je désire être chanteuse professionnelle.

DAVID Mais tu es déjà une chanteuse extraordinaire! Eh! J'ai une idée. Je peux faire un portrait de toi?

SANDRINE De moi? Vraiment? Oui, si tu insistes!

Expressions utiles

Talking about your activities

- **Qu'est-ce que tu fais de tes loisirs? Tu sors?**
  What do you do in your free time? Do you go out?

- **Le week-end, je sors souvent.**
  On weekends I often go out.

- **J'aime bien sortir.**
  I like to go out.

- **Tous les week-ends, on/tout le monde fait du sport.**
  Every weekend, people play/everyone plays sports.

- **Qu'est-ce que tu aimes alors, à part le foot?**
  What else do you like then, besides soccer?

- **J'aime presque tous les sports.**
  I like almost all sports.

- **Je peux faire un portrait de toi?**
  Can/May I do a portrait of you?

- **Qu'est-ce que vous faites en histoire-géo en ce moment?**
  What are you doing in history-geography at this moment?

- **Les études, c'est comme le sport. Pour être bon, il faut travailler!**
  Studies are like sports. To be good, you have to work!

- **Faisons une promenade!**
  Let's take a walk!

Additional vocabulary

- **Dis-moi.**
  Tell me.
- **Bien sûr.**
  Of course.

- **Tu sais.**
  You know.
- **Tiens.**
  Hey, look./Here you are.

- **Ce n'est pas garanti!**
  It's not guaranteed!

- **Vraiment?**
  Really?

---

2 **Questions** Choisissez la traduction (*translation*) qui convient pour chaque activité. Essayez de ne pas utiliser de dictionnaire. Combien de traductions y a-t-il pour le verbe **faire**?

_____ 1. faire du ski   a. to play sports

_____ 2. faire une promenade   b. to go biking

_____ 3. faire du vélo   c. to ski

_____ 4. faire du sport   d. to take a walk

3 **À vous!** David et Rachid parlent de faire des projets (*plans*) pour le week-end, mais les loisirs qu'ils aiment sont très différents. Ils discutent de leurs préférences et finalement choisissent une activité qu'ils vont pratiquer ensemble (*together*). Avec un(e) partenaire, écrivez la conversation et jouez la scène devant la classe.

A C T I V I T É S

vhlcentral | *Flash culture*

CULTURE À LA LOUPE

Le football

Le football est le sport le plus° populaire dans la majorité des pays° francophones. Tous les quatre ans°, des centaines de milliers de° fans, ou «supporters», regardent la Coupe du Monde°: le championnat de foot(ball) le plus important du monde. En 1998 (mille neuf cent quatre-vingt-dix-huit), l'équipe de France gagne la Coupe du Monde et en 2006 (deux mille six), elle perd en finale contre l'Italie.

Le Cameroun a aussi une grande équipe de football. «Les Lions Indomptables°» gagnent la médaille d'or° aux Jeux Olympiques de Sydney en 2000. En 2007, l'équipe camerounaise est la première équipe africaine à être dans le classement mondial° de la FIFA (Fédération Internationale de Football Association). Certains «Lions» jouent dans les clubs français et européens.

En France, il y a deux ligues professionnelles de vingt équipes chacune°. Ça fait° quarante équipes professionnelles de football pour un pays plus petit que° le Texas! Certaines équipes, comme le Paris Saint-Germain («le PSG») ou l'Olympique de Marseille («l'OM»), ont beaucoup de supporters.

Les Français, comme les Camerounais, adorent regarder le football, mais ils sont aussi des joueurs très sérieux: aujourd'hui en France, il y a plus de 17.000 (dix-sept mille) clubs amateurs de football et plus de deux millions de joueurs.

Nombre° de membres des fédérations sportives en France	
Football	2.002.400
Tennis	1.103.500
Judo-jujitsu	634.900
Basket-ball	536.900
Rugby	447.500
Golf	414.200
Natation°	304.000
Ski	136.100
Vélo°	119.200
Danse	84.000

SOURCE: Ministère de la Jeunesse et des Sports

le plus *the most* pays *countries* Tous les quatre ans *Every four years* centaines de milliers de *hundreds of thousands of* Coupe du Monde *World Cup* Indomptables *Untamable* or *gold* classement mondial *world ranking* chacune *each* Ça fait *That makes* un pays plus petit que *a country smaller than* Nombre *Number* Natation *Swimming* Vélo *Cycling*

A C T I V I T É S

1 **Vrai ou faux?** Indiquez si ces phrases sont **vraies** ou **fausses**.

1. Le football est le sport le plus populaire en France.
2. La Coupe du Monde a lieu (*takes place*) tous les deux ans.
3. En 1998, l'équipe de France gagne la Coupe du Monde.
4. Le Cameroun gagne une médaille de football aux Jeux Olympiques de Sydney.
5. L'équipe du Cameroun est la première équipe africaine à être au classement mondial de la FIFA.

6. Certains «Lions Indomptables» jouent dans des clubs français et européens.
7. En France, il y a vingt équipes professionnelles de football.
8. L'Olympique de Marseille est un célèbre stade de football.
9. Les Français aiment jouer au football.
10. Les Français n'aiment pas du tout les sports individuels.

LE FRANÇAIS QUOTIDIEN

Le sport

arbitre (*m./f.*)	*referee*
ballon (*m.*)	*ball*
coup de sifflet (*m.*)	*whistle*
entraîneur/-euse	*coach*
maillot (*m.*)	*jersey*
terrain (*m.*)	*playing field*
hors-jeu	*off-side*
marquer	*to score*

LE MONDE FRANCOPHONE

Des champions

Voici quelques champions olympiques récents.

Algérie Taoufik Makhloufi, athlétisme°, argent°, Rio de Janeiro, 2016

Burundi Francine Niyonsaba, athlétisme, argent, Rio de Janeiro, 2016

Cameroun Françoise Mbango Etone, athlétisme, or°, Pékin, 2008

Canada Alexandre Bilodeau, ski acrobatique, or, Sochi, 2014

France Teddy Riner, judo, or, Rio de Janeiro, 2016

Maroc Mohammed Rabii, boxe, bronze, Rio de Janeiro, 2016

Suisse Dominique Gisin, ski alpin, or, Sochi, 2014

Tunisie Oussama Mellouli, natation, or, Londres, 2012

athlétisme *track and field* **argent** *silver* **or** *gold*

PORTRAIT

Zinédine Zidane et Laura Flessel

Zinédine Zidane, ou «Zizou», est un footballeur français. Né° à Marseille de parents algériens, il joue dans différentes équipes françaises. Nommé trois fois «Joueur de l'année» par la FIFA (la Fédération Internationale de Football Association), il gagne la Coupe du Monde avec l'équipe de France en 1998 (mille neuf cent quatre-vingt-dix-huit). Il est aujourd'hui entraîneur du Real Madrid, en Espagne°.

Née à la Guadeloupe, Laura Flessel commence l'escrime à l'âge de sept ans. Après plusieurs titres° de championne de Guadeloupe, elle va en France pour continuer sa carrière. En 1991, à 20 ans, elle est championne de France et cinq ans plus tard, elle est double championne olympique à Atlanta en 1996. En 2007 (deux mille sept), elle gagne aussi la médaille d'or aux Championnats d'Europe en individuel. Et en 2017, elle devient ministre des Sports du gouvernement français.

Né *Born* **Espagne** *Spain* **plusieurs titres** *several titles* **porte-drapeau** *flag bearer*

Sur Internet

Qu'est-ce que le «free-running»?

Go to **vhlcentral.com** to find more information related to this **Culture** section and to watch the corresponding **Flash culture** video.

---

2 **Zinédine ou Laura?** Indiquez de qui on parle.

1. _____ est de France métropolitaine.

2. _____ est née à la Guadeloupe.

3. _____ gagne la Coupe du Monde pour la France en 1998.

4. _____ est championne de France en 1991.

5. _____ est double championne olympique en 1996.

6. _____ a été trois fois joueur de l'année.

3 **Une interview** Avec un(e) partenaire, préparez une interview entre un(e) journaliste et un(e) athlète que vous aimez. Jouez la scène devant la classe. Est-ce que vos camarades peuvent deviner (*can guess*) le nom de l'athlète?

A C T I V I T É S

5A.1

The verb *faire* and expression *il faut* vhlcentral

Point de départ Like other commonly used verbs, the verb **faire** (*to do, to make*) is irregular in the present tense.

faire (to do, to make)	
je fais	nous faisons
tu fais	vous faites
il/elle/on fait	ils/elles font

Il ne **fait** pas ses devoirs.
He doesn't do his homework.

Qu'est-ce que vous **faites** ce soir?
What are you doing this evening?

Tes parents **font**-ils quelque chose vendredi?
Are your parents doing anything Friday?

Nous **faisons** une sculpture dans mon cours d'art.
We're making a sculpture in my art class.

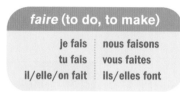

- Use the verb **faire** in these idiomatic expressions. Note that it does not always translate into English as *to do* or *to make*.

Expressions with *faire*			
faire de l'aérobic	to do aerobics	faire de la planche à voile	to go wind-surfing
faire attention (à)	to pay attention (to)	faire une promenade	to go for a walk
faire du camping	to go camping		
faire du cheval	to go horseback riding	faire une randonnée	to go for a hike
faire la connaissance de...	to meet (someone) for the first time	faire du ski	to go skiing
		faire du sport	to play sports
faire la cuisine	to cook	faire un tour (en voiture)	to go for a walk (drive)
faire de la gym	to work out		
faire du jogging	to go jogging	faire du vélo	to go bike riding

Tu **fais** souvent **du sport**?
Do you play sports often?

Nous **faisons attention** en classe.
We pay attention in class.

Elles **font du camping**.
They go camping.

Yves **fait la cuisine**.
Yves is cooking.

Je **fais de la gym**.
I'm working out.

Faites-vous **une promenade**?
Are you going for a walk?

- Make sure to learn the correct article with each **faire** expression that calls for one. For **faire** expressions requiring a partitive or indefinite article (**un, une, du, de la**), the article is replaced with **de** when the expression is negated.

Elles font **de la** gym trois fois par semaine.
They work out three times a week.

Elles ne font pas **de** gym le dimanche.
They don't work out on Sundays.

Fais-tu **du** ski?
Do you ski?

Non, je ne fais pas **de** ski.
No, I don't ski.

- Use **faire la connaissance de** before someone's name or another noun that identifies a person you do not know.

Je vais enfin **faire la connaissance de Martin**.
I'm finally going to meet Martin.

Je vais **faire la connaissance des joueurs**.
I'm going to meet the players.

∽ **Vérifiez**

The expression *il faut*

Pour être bon, il faut travailler!

Il ne faut pas regarder la télé.

🏃 **Boîte à outils**

The infinitive of **faut** is **falloir**. **Falloir** is an irregular impersonal verb, which means that it only has one conjugated form in every tense: the third person singular. The verbs **pleuvoir** (*to rain*) and **neiger** (*to snow*), which you will learn in **Leçon 5B**, work the same way.

- When followed by a verb in the infinitive, the expression **il faut...** means *it is necessary to...* or *one must...*

Il faut faire attention en cours de maths.
It is necessary to pay attention in math class.

Il ne faut pas manger après dix heures.
One must not eat after 10 o'clock.

Faut-il laisser un pourboire?
Is it necessary to leave a tip?

Il faut gagner le match!
We must win the game!

∽ **Vérifiez**

Essayez!   **Complétez chaque phrase avec la forme correcte du verbe faire au présent.**

1. Tu ___*fais*___ tes devoirs le samedi?

2. Vous ne _____ pas attention au professeur.

3. Nous _____ du camping.

4. Ils _____ du jogging.

5. On _____ une promenade au parc.

6. Il _____ du ski en montagne.

7. Je _____ de l'aérobic.

8. Elles _____ un tour en voiture.

9. Est-ce que vous _____ la cuisine?

10. Nous ne _____ pas de sport.

11. Je ne _____ pas de planche à voile.

12. Irène et Sandrine _____ une randonnée avec leurs copines.

Mise en pratique

1 **Chassez l'intrus** Quelle activité ne fait pas partie du groupe?

1. a. faire du jogging   b. faire une randonnée   c. faire de la planche à voile
2. a. faire du vélo   b. faire du camping   c. faire du cheval
3. a. faire une promenade   b. faire la cuisine   c. faire un tour
4. a. faire du sport   b. faire de la gym   c. faire la connaissance
5. a. faire ses devoirs   b. faire du ski   c. faire du camping
6. a. faire la cuisine   b. faire du sport   c. faire de l'aérobic

2 **Que font-ils?** Regardez les dessins. Que font les personnages?

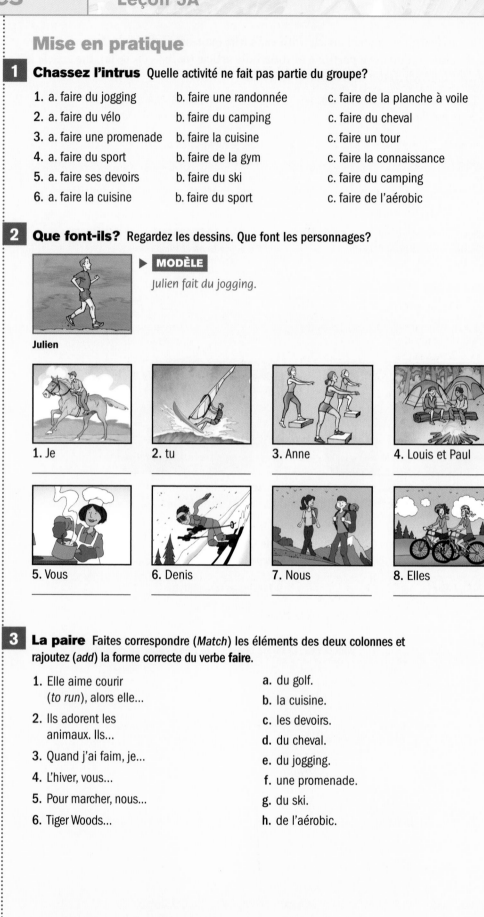

▶ **MODÈLE**

Julien fait du jogging.

Julien

1. Je   2. tu   3. Anne   4. Louis et Paul

5. Vous   6. Denis   7. Nous   8. Elles

3 **La paire** Faites correspondre (*Match*) les éléments des deux colonnes et rajoutez (*add*) la forme correcte du verbe **faire**.

1. Elle aime courir (*to run*), alors elle...
2. Ils adorent les animaux. Ils...
3. Quand j'ai faim, je...
4. L'hiver, vous...
5. Pour marcher, nous...
6. Tiger Woods...

a. du golf.
b. la cuisine.
c. les devoirs.
d. du cheval.
e. du jogging.
f. une promenade.
g. du ski.
h. de l'aérobic.

Communication

4 Ce week-end Que faites-vous ce week-end? Avec un(e) partenaire, posez les questions à tour de rôle.

MODÈLE

tu / jogging
Élève 1: Est-ce que tu fais du jogging ce week-end?
Élève 2: Non, je ne fais pas de jogging. Je fais du cheval.

1. tu / le vélo
2. tes amis / la cuisine
3. ton/ta meilleur(e) ami(e) et toi, vous / le jogging
4. toi et moi, nous / une randonnée
5. tu / la gym
6. ton/ta camarade de classe / le sport
7. on / faire de la planche à voile
8. tes parents et toi, vous / un tour au parc

5 De bons conseils À tour de rôle, posez des questions à votre partenaire qui va vous donner de bon conseils (*advice*). Utilisez les éléments de la liste dans vos questions. Ensuite, présentez vos idées à la classe.

MODÈLE

Élève 1: Qu'est-ce qu'il faut faire pour avoir de bonnes notes?
Élève 2: Il faut étudier jour et nuit.

être en pleine forme (*great shape*)	avoir de bonnes notes
avoir de l'argent	gagner une course (*race*)
avoir beaucoup d'amis	bien manger
être champion de ski	réussir aux examens

6 Les sportifs Votre professeur va vous donner une feuille d'activités. Faites une enquête sur le nombre d'élèves qui pratiquent certains sports et activités dans votre classe. Présentez les résultats à la classe.

MODÈLE

Élève 1: Est-ce que tu fais du jogging?
Élève 2: Oui, je fais du jogging.

Sport	Nom
1. jogging	Carole
2. vélo	
3. planche à voile	
4. cuisine	
5. camping	
6. cheval	
7. aérobic	
8. ski	

5A.2 Irregular *-ir* verbs vhlcentral

Point de départ You already know how to conjugate regular **-ir** verbs. However, some of the most commonly used **-ir** verbs are irregular in their conjugation.

- **Sortir** is used to express leaving a room or a building. It also expresses the idea of going out, as with friends or on a date.

sortir	
je sors	nous sortons
tu sors	vous sortez
il/elle/on sort	ils/elles sortent

Tu **sors** souvent avec tes copains?
Do you go out often with your friends?

Quand **sortez**-vous?
When are you going out?

Mon frère n'aime pas **sortir** avec Chloé.
My brother doesn't like to go out with Chloé.

Mes parents ne **sortent** pas lundi.
My parents aren't going out Monday.

- Use the preposition **de** after **sortir** when the place someone is leaving is mentioned.

L'élève **sort de** la salle de classe.
The student is leaving the classroom.

Nous **sortons du** restaurant vers vingt heures.
We're leaving the restaurant around 8:00 p.m.

Le week-end, je sors souvent.

Ils partent pour la fac.

Boîte à outils

The verb **quitter** is used to say that someone is leaving a place or another person:
Tu quittes Montréal?
Are you leaving Montreal?

- **Partir** is generally used to say someone is leaving a large place such as a city, country, or region. Often, a form of **partir** is accompanied by the preposition **pour** and the name of a destination.

partir	
je pars	nous partons
tu pars	vous partez
il/elle/on part	ils/elles partent

À quelle heure **partez**-vous?
At what time are you leaving?

Nous **partons** à midi.
We're leaving at noon.

Je **pars pour** l'Algérie.
I'm leaving for Algeria.

Ils **partent pour** Genève demain.
They're leaving for Geneva tomorrow.

	dormir *(to sleep)*	**servir** *(to serve)*	**sentir** *(to feel)*	**courir** *(to run)*
je	dors	sers	sens	cours
tu	dors	sers	sens	cours
il/elle/on	dort	sert	sent	court
nous	dormons	servons	sentons	courons
vous	dormez	servez	sentez	courez
ils/elles	dorment	servent	sentent	courent

Other irregular *-ir* verbs

Rachid dort.

Nous courons.

Elles **dorment** jusqu'à midi.
They sleep until noon.

Vous **courez** vite!
You run fast!

Je **sers** du fromage à la fête.
I'm serving cheese at the party.

Nous **servons** du thé glacé.
We are serving iced tea.

- **Sentir** can mean *to feel, to smell,* or *to sense.*

Je **sens** que l'examen va être difficile.
I sense that the exam is going to be difficult.

Ça **sent** bon!
That smells good!

Vous **sentez** le parfum?
Do you smell the perfume?

Ils **sentent** sa présence.
They feel his presence.

Essayez!	**Complétez les phrases avec la forme correcte du verbe.**

1. Nous __sortons__ (sortir) vers neuf heures.
2. Je _____ (servir) des boissons gazeuses aux invités.
3. Tu _____ (partir) quand pour le Canada?
4. Nous ne _____ (dormir) pas en cours.
5. Ils _____ (courir) tous les week-ends.
6. Tu fais la cuisine? Ça _____ (sentir) bon.
7. Vous _____ (sortir) avec des copains ce soir.
8. Elle _____ (partir) pour Dijon ce week-end.

Mise en pratique

1 **Choisissez** Monique et ses amis aiment bien sortir. Choisissez la forme correcte des verbes **partir** ou **sortir** pour compléter la description de leurs activités.

1. Samedi soir, je _____ avec mes copains.
2. Mes copines Magali et Anissa _____ pour New York.
3. Nous _____ du cinéma.
4. Nicolas _____ pour Dakar vers dix heures du soir.
5. À midi, vous _____ pour l'aéroport.
6. Je _____ pour le Maroc dans une semaine.
7. Tu _____ avec ton ami ce week-end.
8. Olivier et Bernard _____ tard du bureau.
9. Lucien et moi, nous _____ pour l'Algérie.
10. Thomas _____ du stade à deux heures de l'après-midi.

2 **Votre temps libre** Utilisez les éléments des colonnes pour décrire (*describe*) le temps libre de votre famille et de vos amis.

A	B	C
je	(ne pas) courir	jusqu'à (*until*) midi
mon frère	(ne pas) dormir	tous les week-ends
ma sœur	(ne pas) partir	tous les jours
mes parents	(ne pas) sortir	souvent
mes cousins		rarement
mon meilleur ami		jamais
ma meilleure amie		une (deux, etc.) fois
mes copains		par jour/ semaine
?		

3 **Descriptions** Complétez les phrases avec la forme correcte d'un verbe en **-ir**.

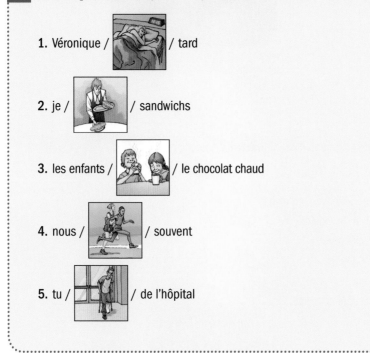

1. Véronique / _____ / tard

2. je / _____ / sandwichs

3. les enfants / _____ / le chocolat chaud

4. nous / _____ / souvent

5. tu / _____ / de l'hôpital

Communication

4 La question Vincent parle au téléphone avec sa mère. Vous entendez (*hear*) ses réponses, mais pas les questions. À tour de rôle, reconstruisez leur conversation.

MODÈLE

<u>Comment vas-tu?</u> Ça va bien, merci.

1. _____ Oui, je sors ce soir.
2. _____ Je sors avec Marc et Audrey.
3. _____ Nous partons à six heures.
4. _____ Oui, nous allons jouer au tennis.
5. _____ Après, nous allons au restaurant.
6. _____ Nous sortons du restaurant à neuf heures.
7. _____ Marc et Audrey partent pour Nice le week-end prochain.
8. _____ Non. Moi, je pars dans deux semaines.

5 Indiscrétions Votre partenaire est curieux/curieuse et désire savoir (*to know*) ce que vous faites chez vous. Répondez à ses questions.

1. Jusqu'à (*Until*) quelle heure dors-tu le week-end?
2. Dors-tu après les cours? Pourquoi?
3. À quelle heure sors-tu le samedi soir?
4. Avec qui sors-tu le samedi soir?
5. Est-ce que tu sors souvent avec des copains pendant la semaine?
6. Que sers-tu quand tu as des copains à la maison?
7. Pars-tu bientôt en vacances (*vacation*)? Où?

6 Dispute Laëtitia est très active. Son petit ami Bertrand ne sort pas beaucoup, alors ils ont souvent des disputes. Avec un(e) partenaire, jouez les deux rôles. Utilisez les mots et les expressions de la liste.

dormir	partir
faire des promenades	un passe-temps
	sentir
faire un tour (en voiture)	sortir
	rarement
par semaine	souvent

Révision

1 Au parc C'est dimanche. Avec un(e) partenaire, décrivez les activités de tous les personnages. Comparez vos observations avec les observations d'un autre groupe pour compléter votre description.

2 Mes habitudes Avec un(e) partenaire, parlez de vos habitudes de la semaine. Que faites-vous régulièrement? Utilisez tous les mots de la liste.

MODÈLE

Élève 1: Je fais parfois de la gym le lundi. Et toi?
Élève 2: Moi, je fais parfois la cuisine le lundi.

parfois le lundi	souvent à midi
le mercredi à midi	toujours le vendredi
le jeudi soir	tous les jours
le vendredi matin	trois fois par semaine
rarement le matin	une fois par semaine

3 Mes vacances Parlez de vos prochaines vacances (*vacation*) avec un(e) partenaire. Mentionnez cinq de vos passe-temps habituels en vacances et cinq nouvelles activités que vous allez essayer (*to try*). Comparez votre liste avec la liste de votre partenaire, puis présentez les réponses à la classe.

4 Que faire ici? Avec un(e) partenaire, trouvez au minimum quatre choses à faire dans chaque (*each*) endroit. Quel endroit préférez-vous et pourquoi? Parlez de vos préférences avec la classe.

MODÈLE

Élève 1: À la campagne, on fait des randonnées à cheval.
Élève 2: Oui, et il faut marcher.

1. à la campagne

3. au parc

2. à la plage

4. au gymnase

5 Le conseiller Un(e) conseiller/conseillère au lycée suggère des stratégies à un(e) élève pour l'aider (*help him or her*) à préparer les examens. Avec un(e) partenaire, jouez les deux rôles.

MODÈLE

Élève 1: Qu'est-ce qu'il faut faire pour réussir les examens?
Élève 2: Il faut faire tous les devoirs.

6 Quelles activités? Votre professeur va vous donner, à vous et à votre partenaire, deux feuilles d'activités différentes pour le week-end. À tour de rôle, interviewez votre partenaire pour compléter les feuilles. Attention! Ne regardez pas la feuille de votre partenaire.

MODÈLE

Élève 1: Est-ce que tu fais une randonnée dimanche après-midi?
Élève 2: Oui, je fais une randonnée dimanche après-midi.

Reportage de Canal 32

...une vingtaine° de ligues sportives
étaient présentes...

Préparation Répondez aux questions.

1. Qu'est-ce que vous aimez faire pendant votre temps libre?
2. Quel est le rôle du sport dans votre vie?

Jeux régionaux de la jeunesse à Troyes

En France, les associations sportives offrent des activités
physiques aux collégiens et lycéens, surtout le mercredi, parce
que beaucoup d'écoles sont fermées° l'après-midi. L'UNSS, ou
l'Union nationale du sport scolaire, dont le but° est de mettre
en avant° la valeur éducative du sport, est ouverte° à tous
les élèves français. Au travers de ses° compétitions locales,
régionales et nationales, le comité régional olympique et sportif
et l'UNSS offrent aux jeunes la possibilité de découvrir° des
sports qu'ils n'ont pas l'habitude de° pratiquer dans leurs
associations sportives. Les jeunes athlètes peuvent se découvrir
de nouvelles passions sportives, et les organisateurs peuvent
détecter de jeunes talents pour l'avenir°, de futurs sportifs
qui pourraient° un jour aller aux Jeux olympiques.

une vingtaine *around twenty* **fermées** *closed* **dont le but** *whose goal* **mettre en avant** *showcase*
ouverte *open* **Au travers de ses** *Through its* **découvrir** *discover* **n'ont pas l'habitude de** *don't*
usually **avenir** *future* **pourraient** *could*

Compréhension Répondez aux questions.

1. Combien d'élèves participent aux jeux de Troyes?
2. Quels sports sont mentionnés?
3. Avec quelle fréquence les jeux de Troyes ont-ils lieu
   (*take place*)?

Conversation En petits groupes, discutez des
questions suivantes.

1. Quel est le rôle du sport dans la vie des jeunes? De quelle
   manière (*How*) les activités physiques sont-elles importantes
   pour eux?
2. Quel est le rôle du gouvernement (régional ou national) dans les
   sports et compétitions dans votre pays? De quelle manière le
   rôle du gouvernement est-il différent en France?

Vocabulaire utile

l'athlétisme (*m.*)	*track and field*
l'aviron (*m.*)	*rowing, crew*
conquis(e)	*won over*
le mot d'ordre	*key word*
le plaisir	*pleasure, enjoyment*
le vivier	*recruiting ground*

Application En petits groupes, faites des recherches
sur une association ou compétition sportive destinée aux
jeunes dans votre région ou pays. Quels sports et activités
sont offerts? Est-ce que la participation est gratuite (*free*)?
Présentez vos recherches à la classe.

You will learn how to...
- talk about seasons and the date
- discuss the weather

🔊 **vhl**central

Quel temps fait-il?

Vocabulaire

Il fait 18 degrés.	*It is 18 degrees.*
Il fait beau.	*The weather is nice.*
Il fait bon.	*The weather is good/warm.*
Il fait mauvais.	*The weather is bad.*
Il fait un temps épouvantable.	*The weather is dreadful.*
Le temps est orageux.	*It is stormy.*
Quel temps fait-il?	*What is the weather like?*
Quelle température fait-il?	*What is the temperature?*
une saison	*season*
en automne	*in the fall*
en été	*in the summer*
en hiver	*in the winter*
au printemps	*in the spring*
Quelle est la date?	*What's the date?*
C'est le 1er (premier) octobre.	*It's the first of October.*
C'est quand votre/ton anniversaire?	*When is your birthday?*
C'est le 2 mai.	*It's the second of May.*
C'est quand l'anniversaire de Paul?	*When is Paul's birthday?*
C'est le 15 mars.	*It's March 15th.*
un anniversaire	*birthday*

Il neige. (neiger)

Il fait froid.

L'hiver (m.): décembre, janvier, février

Il fait (du) soleil.

Bal du 14 juillet

Il fait chaud.

Quelle est la date d'aujourd'hui? C'est le 14 juillet.

L'été (m.): juin, juillet, août

Attention!

In France and in most of the Francophone world, temperature is given in Celsius. Convert from Celsius to Fahrenheit with this formula: $F = (C \times 1.8) + 32$. Convert from Fahrenheit to Celsius with this formula: $C = (F - 32) \times 0.56$.
$11°C = 52°F$ $78°F = 26°C$

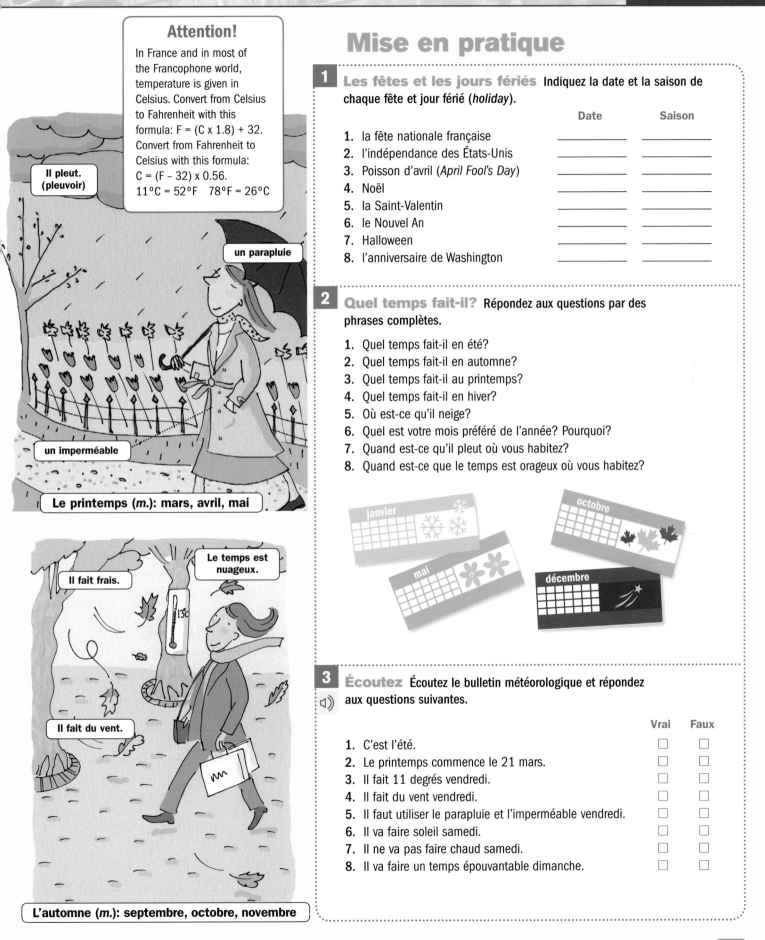

Il pleut. (pleuvoir)

un parapluie

un imperméable

Le printemps (*m.*): mars, avril, mai

Il fait frais.

Le temps est nuageux.

Il fait du vent.

L'automne (*m.*): septembre, octobre, novembre

Mise en pratique

1 Les fêtes et les jours fériés Indiquez la date et la saison de chaque fête et jour férié (*holiday*).

	Date	Saison
1. la fête nationale française	_____	_____
2. l'indépendance des États-Unis	_____	_____
3. Poisson d'avril (*April Fool's Day*)	_____	_____
4. Noël	_____	_____
5. la Saint-Valentin	_____	_____
6. le Nouvel An	_____	_____
7. Halloween	_____	_____
8. l'anniversaire de Washington	_____	_____

2 Quel temps fait-il? Répondez aux questions par des phrases complètes.

1. Quel temps fait-il en été?
2. Quel temps fait-il en automne?
3. Quel temps fait-il au printemps?
4. Quel temps fait-il en hiver?
5. Où est-ce qu'il neige?
6. Quel est votre mois préféré de l'année? Pourquoi?
7. Quand est-ce qu'il pleut où vous habitez?
8. Quand est-ce que le temps est orageux où vous habitez?

3 Écoutez Écoutez le bulletin météorologique et répondez aux questions suivantes.

	Vrai	Faux
1. C'est l'été.	☐	☐
2. Le printemps commence le 21 mars.	☐	☐
3. Il fait 11 degrés vendredi.	☐	☐
4. Il fait du vent vendredi.	☐	☐
5. Il faut utiliser le parapluie et l'imperméable vendredi.	☐	☐
6. Il va faire soleil samedi.	☐	☐
7. Il ne va pas faire chaud samedi.	☐	☐
8. Il va faire un temps épouvantable dimanche.	☐	☐

Communication

4 **Conversez** Interviewez un(e) camarade de classe.

1. C'est quand ton anniversaire? C'est quand l'anniversaire de ton père? Et de ta mère?
2. En quelle saison est ton anniversaire? Quel temps fait-il?
3. Quelle est ta saison préférée? Pourquoi? Quelles activités aimes-tu pratiquer?
4. En quelles saisons utilises-tu un parapluie et un imperméable? Pourquoi?
5. À quel moment de l'année es-tu en vacances? Précise les mois. Pendant (*During*) quels mois de l'année préfères-tu voyager? Pourquoi?
6. À quelle période de l'année étudies-tu? Précise les mois.
7. Quelle saison détestes-tu? Pourquoi?
8. Quand est l'anniversaire de mariage de tes parents?

5 **Une lettre** Vous avez un(e) correspondant(e) (*pen pal*) en France qui va vous rendre visite (*to visit you*). Écrivez (*Write*) une lettre à votre ami(e) où vous décrivez (*describe*) le temps qu'il fait à chaque saison et les activités que vous pouvez (*can*) faire. Comparez votre lettre avec la lettre d'un(e) camarade de classe.

> Cher Thomas,
>
> Ici à Boston, il fait très froid en hiver et il neige souvent. Est-ce que tu aimes la neige? Moi, j'adore parce que je fais du ski tous les week-ends.
>
> Et toi, tu fais du ski? ...

6 **Quel temps fait-il en France?** Votre professeur va vous donner, à vous et à votre partenaire, deux feuilles d'activités différentes. Travaillez ensemble pour compléter les feuilles. Attention! Ne regardez pas la feuille de votre partenaire.

MODÈLE

Élève 1: *Quel temps fait-il à Paris?*
Élève 2: *À Paris, le temps est nuageux et la température est de dix degrés.*

7 **La météo** Préparez avec un(e) camarade de classe une présentation où vous:

- mentionnez le jour, la date et la saison.
- présentez la météo d'une ville francophone.
- présentez les prévisions météo (*weather forecasts*) pour le reste de la semaine.
- préparez une affiche pour illustrer votre présentation.

La météo d'Haïti en juillet — Port-au-Prince

samedi 23	dimanche 24	lundi 25
27°C	35°C	37°C
soleil	nuageux	orageux

Aujourd'hui samedi, c'est le 23 juillet.
C'est l'été. Il va faire soleil...

Les sons et les lettres 🔊 vhlcentral

Open vs. closed vowels: Part 1

You have already learned that **é** is pronounced like the vowel *a* in the English word *cake*. This is a closed **e** sound.

étudiant	**agréable**	**nationalité**	**enchanté**

The letter combinations **-er** and **-ez** at the end of a word are pronounced the same way, as is the vowel sound in single-syllable words ending in **-es**.

travailler	**avez**	**mes**	**les**

The vowels spelled **è** and **ê** are pronounced like the vowel in the English word *pet*, as is an **e** followed by a double consonant. These are open **e** sounds.

répète	**première**	**pêche**	**italienne**

The vowel sound in *pet* may also be spelled **et**, **ai**, or **ei**.

secret	**français**	**fait**	**seize**

Compare these pairs of words. To make the vowel sound in *cake*, your mouth should be slightly more closed than when you make the vowel sound in *pet*.

mes mais	**ces cette**	**théâtre thème**

Prononcez Répétez les mots suivants à voix haute.

1. thé
2. lait
3. belle
4. été
5. neige
6. aider
7. degrés
8. anglais
9. cassette
10. discret
11. treize
12. mauvais

Articulez Répétez les phrases suivantes à voix haute.

1. Hélène est très discrète.
2. Céleste achète un vélo laid.
3. Il neige souvent en février et en décembre.
4. Désirée est canadienne; elle n'est pas française.

Dictons Répétez les dictons à voix haute.

> *Qui sème le vent récolte la tempête.*[2]

> *Péché avoué est à demi pardonné.*[1]

[1] An offense admitted is half pardoned.
[2] You reap what you sow. (lit. He who sows the wind reaps a storm.)

Quel temps! **vhl**central

PERSONNAGES

David

Rachid

Sandrine

Stéphane

Au parc...

RACHID Napoléon établit le Premier Empire en quelle année?

STÉPHANE Euh... mille huit cent quatre?

RACHID Exact! On est au mois de novembre et il fait toujours chaud.

STÉPHANE Oui, il fait bon!... dix-neuf, dix-huit degrés!

RACHID Et on a chaud aussi parce qu'on court.

STÉPHANE Bon, allez, je rentre faire mes devoirs d'histoire-géo.

RACHID Et moi, je rentre boire une grande bouteille d'eau.

RACHID À demain, Stéph! Et n'oublie pas: le cours du jeudi avec ton professeur, Monsieur Rachid Kahlid, commence à dix-huit heures, pas à dix-huit heures vingt!

STÉPHANE Pas de problème! Merci et à demain!

SANDRINE Et puis, en juillet, le Tour de France commence. J'aime bien le regarder à la télévision. Et après, c'est mon anniversaire, le 20. Cette année, je fête mes vingt et un ans. Tous les ans, pour célébrer mon anniversaire, j'invite mes amis et je prépare une super soirée. J'adore faire la cuisine, c'est une vraie passion!

DAVID Ah, oui?

SANDRINE En parlant d'anniversaire, Stéphane célèbre ses dix-huit ans samedi prochain. C'est un anniversaire important. ...On organise une surprise. Tu es invité!

DAVID Hmm, c'est très gentil, mais... Tu essaies de ne pas parler deux minutes, s'il te plaît? Parfait!

SANDRINE Pascal! Qu'est-ce que tu fais aujourd'hui? Il fait beau à Paris?

DAVID Encore un peu de patience! Allez, encore dix secondes... Voilà!

1 **Qui?** Identifiez les personnages pour chaque phrase. Écrivez **D** pour David, **R** pour Rachid, **S** pour Sandrine et **St** pour Stéphane

1. Cette personne aime faire la cuisine.

2. Cette personne sort quand il fait froid.

3. Cette personne aime le Tour de France.

4. Cette personne n'aime pas la pluie.

5. Cette personne va boire de l'eau.

6. Ces personnes ont rendez-vous tous les jeudis.

7. Cette personne fête son anniversaire en janvier.

8. Ces personnes célèbrent un joli portrait.

9. Cette personne fête ses dix-huit ans samedi prochain.

10. Cette personne prépare des crêpes pour le dîner.

Les anniversaires à travers (*through*) les saisons

À l'appartement de David et de Rachid...

SANDRINE C'est quand, ton anniversaire?

DAVID Qui, moi? Oh, c'est le quinze janvier.

SANDRINE Il neige en janvier, à Washington?

DAVID Parfois... et il pleut souvent à l'automne et en hiver.

SANDRINE Je déteste la pluie. C'est pénible. Qu'est-ce que tu aimes faire quand il pleut, toi?

DAVID Oh, beaucoup de choses! Dessiner, écouter de la musique. J'aime tellement la nature, je sors même quand il fait très froid.

SANDRINE Moi, je préfère l'été. Il fait chaud. On fait des promenades.

RACHID Oh là là, j'ai soif! Mais... qu'est-ce que vous faites, tous les deux?

DAVID Oh, rien! Je fais juste un portrait de Sandrine.

RACHID Bravo, c'est pas mal du tout! Hmm, mais quelque chose ne va pas, David. Sandrine n'a pas de téléphone dans la main!

SANDRINE Oh, Rachid, ça suffit! C'est vrai, tu as vraiment du talent, David. Pourquoi ne pas célébrer mon joli portrait? Vous avez faim, les garçons?

RACHID ET DAVID Oui!

SANDRINE Je prépare le dîner. Vous aimez les crêpes ou vous préférez une omelette?

RACHID ET DAVID Des crêpes... Miam!

Expressions utiles

Talking about birthdays

- **Cette année, je fête mes vingt et un ans.**
  This year, I celebrate my twenty-first birthday.

- **Pour célébrer mon anniversaire, je prépare une super soirée.**
  To celebrate my birthday, I plan a great party.

- **Stéphane célèbre ses dix-huit ans samedi prochain.**
  Stéphane celebrates his eighteenth birthday next Saturday.

- **On organise une surprise.**
  We are planning a surprise.

Talking about hopes and preferences

- **Tu essaies de ne pas parler deux minutes, s'il te plaît?**
  Could you try not to talk for two minutes, please?

- **J'aime tellement la nature, je sors même quand il fait très froid.**
  I like nature so much, I go out even when it's very cold.

- **Moi, je préfère l'été.**
  Me, I prefer summer.

- **Vous aimez les crêpes ou vous préférez une omelette?**
  Do you like crêpes or do you prefer an omelette?

Additional vocabulary

- **encore un peu**
  a little more

- **Quelque chose ne va pas.**
  Something's not right/working.

- **Allez.**
  Come on.

- **main**
  hand

- **Ça suffit!**
  That's enough!

- **Miam!**
  Yum!

---

2 **Faux!** Toutes ces phrases contiennent une information qui est fausse. Corrigez chaque phrase.

1. Stéphane a dix-huit ans.

2. David et Rachid préfèrent une omelette.

3. Il fait froid et il pleut.

4. On n'organise rien (*anything*) pour l'anniversaire de Stéphane.

5. L'anniversaire de Stéphane est au printemps.

6. Rachid et Stéphane ont froid.

3 **Conversez** Parlez avec vos camarades de classe pour découvrir (*find out*) qui a l'anniversaire le plus proche du vôtre (*closest to yours*). Qui est-ce? Quand est son anniversaire? En quelle saison? Quel mois? En général, quel temps fait-il le jour de son anniversaire?

A C T I V I T É S

vhlcentral

Les jardins publics français

Dans toutes les villes françaises, la plupart° du temps au centre-ville, on trouve des jardins° publics. Les jardins à la française ou jardins classiques sont très célèbres° depuis° le 17e (dix-septième) siècle°. Les jardins de Versailles, créés° pour Louis XIV, le roi° Soleil, vont être copiés par toutes les cours° d'Europe. Dans le jardin à la française, l'ordre et la symétrie dominent: Il faut dompter° la nature «sauvage». La perspective et l'harmonie donnent une notion de grandeur absolue. De façon° très symbolique, la géométrie présente un monde° ordré où le contrôle règne°. Il y a beaucoup de châteaux qui ont de très beaux jardins.

À Paris, le jardin des Tuileries et le jardin du Luxembourg sont deux jardins publics de style classique. Il y a des parterres de fleurs° extraordinaires avec de savants° agencements° de couleurs. Dans les deux jardins, il n'y a pas de bancs° mais des chaises, où on peut° se reposer tranquillement à l'endroit de son choix, sous un arbre° ou près d'un bassin°. Il y a aussi deux grands parcs à côté de Paris: le bois° de Vincennes, qui a un zoo, et le bois de Boulogne, qui a un parc d'attractions° pour les enfants.

En général, les villes de France sont très fleuries°. Il y a même° des concours° pour la ville la plus° fleurie. Le concours des villes et villages fleuris a lieu° depuis 1959. Il est organisé pour promouvoir° le développement des espaces verts dans les villes.

Coup de main

In France and in most other countries, units of measurement are different than those used in the United States.

1 hectare = *2.47 acres*

1 kilomètre = *0.62 mile*

1 mètre = *approximately 1 yard (3 feet)*

| Le bois de Vincennes et le bois de Boulogne ||
VINCENNES	BOULOGNE
• une superficie° totale de 995 hectares	• une superficie totale de 863 hectares
• un zoo de 15 hectares	• un jardin d'acclimation°
• 19 km de sentiers pour les promenades à cheval et à vélo	• 95 km d'allées
• 32 km d'allées pour le jogging	• une cascade° de 10 mètres de large° et 14 mètres de haut°
• la Ferme° de Paris, une ferme de 5 hectares	• deux hippodromes°

la plupart *most* jardins *gardens, parks* célèbres *famous* depuis *since*
siècle *century* créés *created* roi *king* cours *courts* dompter *to tame*
façon *way* monde *world* règne *reigns* parterres de fleurs *flower beds*
savants *clever* agencements *schemes* bancs *benches* peut *can* arbre *tree*
bassin *fountain, pond* bois *forest, wooded park* parc d'attractions *amusement park*
fleuries *decorated with flowers* même *even* concours *competitions* la plus *the most*
a lieu *takes place* promouvoir *to promote* superficie *area* Ferme *Farm*
jardin d'acclimation *playground/amusement park* cascade *waterfall* de large *wide*
de haut *high* hippodromes *horse racetracks*

ACTIVITÉS

1 Répondez Répondez aux questions.

1. Où trouve-t-on, en général, des jardins publics?
2. Les jardins de Versailles sont créés pour quel roi?
3. Qu'est-ce qui domine dans le jardin à la française?
4. Quelle est la fonction de la perspective et de l'harmonie?
5. Qu'est-ce qu'il y a dans le jardin des Tuileries?
6. Qu'est-ce qu'il y a au jardin du Luxembourg pour se reposer (*to rest*)?
7. Quels deux grands parcs y a-t-il à côté de Paris?
8. Que peut-on (*can one*) faire au bois de Vincennes?
9. Comment les villes françaises sont-elles en général?
10. Pourquoi les concours de villes et villages fleuris sont-ils organisés?

LE FRANÇAIS QUOTIDIEN

Ça bouge° aux parcs!

flâner	*to stroll, wander*
faire de la luge	*to sled*
faire de la raquette	*to snowshoe*
faire du cerf-volant	*to fly a kite*
faire du patin à glace	*to ice-skate*
faire une balade	*to go for a walk*
jouer à la pétanque	*to play* **pétanque** *(a lawn bowling game)*
promener son chien	*to walk one's dog*
pique-niquer	*to picnic*

Ça bouge *Things are moving*

LE MONDE FRANCOPHONE

Des parcs publics

Voici quelques parcs publics du monde francophone.

Bruxelles, Belgique
le bois de la Cambre 123 hectares, un lac° avec une île° au centre

Casablanca, Maroc
le parc de la Ligue Arabe des palmiers°, un parc d'attractions pour enfants, des cafés et restaurants

Québec, Canada
le parc des Champs de Batailles («Plaines d'Abraham») 107 hectares, 6.000 arbres°

Tunis, Tunisie
le parc du Belvédère 110 hectares, un zoo de 13 hectares, 230.000 arbres (80 espèces° différentes), situé° sur une colline°

lac *lake* **île** *island* **palmiers** *palm trees* **arbres** *trees* **espèces** *species* **situé** *located* **colline** *hill*

PORTRAIT

Les Français et le vélo

Tous les étés, la course° cycliste du Tour de France attire° un grand nombre de spectateurs, Français et étrangers, surtout lors de° son arrivée sur les Champs-Élysées, à Paris. C'est le grand événement° sportif de l'année pour les amoureux du cyclisme. Les Français adorent aussi faire du vélo pendant° leur temps libre.

Beaucoup de clubs organisent des randonnées en vélo de course° le week-end. Pour les personnes qui préfèrent le vélo tout terrain (VTT)°, il y a des sentiers° adaptés dans les parcs régionaux et nationaux. Certaines agences de voyages proposent aussi des vacances «vélo» en France ou à l'étranger°.

course *race* **attire** *attracts* **lors de** *at the time of* **événement** *event* **pendant** *during* **vélo de course** *road bike* **vélo tout terrain (VTT)** *mountain biking* **sentiers** *paths* **à l'étranger** *abroad*

le Tour de France sur les Champs-Élysées

Sur Internet

Qu'est-ce que Jacques Anquetil, Eddy Merckx et Bernard Hinault ont en commun?

Go to **vhlcentral.com** to find more information related to this **Culture** section.

---

2 **Vrai ou faux?** Indiquez si les phrases sont **vraies** ou **fausses**.

1. Les Français ne font pas de vélo.
2. Les membres de clubs de vélo font des promenades le week-end.
3. Les agences de voyages offrent des vacances «vélo».
4. On utilise un VTT quand on fait du vélo sur la route.
5. Le Tour de France arrive sur les Champs-Élysées à Paris.

3 **Les parcs publics** Comment sont les parcs publics dans votre région? Avec un(e) partenaire, choisissez un parc et utilisez les expressions du **français quotidien** pour le décrire (*describe it*) à vos camarades de classe. Qu'est-ce qu'on trouve dans le parc? Quelles activités fait-on dans le parc? Vos camarades peuvent-ils deviner (*can they guess*) de quel parc vous parlez?

A C T I V I T É S

5B.1

Numbers 101 and higher **vhl**central

Numbers 101 and higher	
101 cent un	**800** huit cents
125 cent vingt-cinq	**900** neuf cents
198 cent quatre-vingt-dix-huit	**1.000** mille
200 deux cents	**1.100** mille cent
245 deux cent quarante-cinq	**2.000** deux mille
300 trois cents	**5.000** cinq mille
400 quatre cents	**100.000** cent mille
500 cinq cents	**550.000** cinq cent cinquante mille
600 six cents	**1.000.000** un million
700 sept cents	**8.000.000** huit millions

- Note that French uses a period, rather than a comma, to indicate thousands and millions.

Agreement with *cent*, *mille*, and *million*

- The word **cent**, when used in multiples of one hundred, takes a final **-s**. However, if followed by another number, **cent** drops the **-s**.

J'ai **quatre cents** bandes dessinées. *I have 400 comic books.*	Cette bibliothèque a **neuf cent vingt** livres. *This library has 920 books.*
but	
Il y a **cinq cents** animaux dans le zoo. *There are 500 animals in the zoo.*	Nous allons inviter **trois cent trente-huit** personnes. *We're going to invite 338 people.*

À noter

Cent and **mille** do *not* take the number **un** before them to mean *one hundred* and *one thousand*.

- The word **mille** is invariable. It never takes an **-s**.

Mille personnes habitent le village. *One thousand people live in the village.*	**Onze mille** étudiants sont inscrits. *Eleven thousand students are registered.*

- The word **million** takes an **s** when used in multiples of one million. **Million** and **millions** are followed by **de/d'** when used before a noun.

Un million de personnes sont ici. *One million people are here.*	Il y a **seize millions d'habitants** dans la capitale. *There are 16,000,000 inhabitants in the capital.*

Writing out years

- When writing out years, the word **mille** is often shortened to **mil**.

mil huit cent soixante-cinq
eighteen (hundred) sixty-five

- In French, years before 2000 may be written out in two ways. Notice that in English, the word *hundred* can be omitted, but in French, the word **cent** is required.

mil neuf cent treize *one thousand nine hundred (and) thirteen*	*or*	**dix-neuf cent treize** *nineteen (hundred) thirteen*

Mathematical terms

- You can talk about mathematical operations both formally and informally.

Mathematical terms		
	informal	formal
plus	et	plus
minus	moins	moins
multiplied by	fois	multiplié par
divided by	sur	divisé par
equals	font	égale

À noter

Activities in **D'accord!** primarily use informal mathematical terms.

110 et 205 font 315
110 + 205 = 315

60 fois 3 font 180
60 × 3 = 180

999 sur 9 font 111
999 ÷ 9 = 111

110 plus 205 égale 315
110 + 205 = 315

60 multiplié par 3 égale 180
60 × 3 = 180

999 divisé par 9 égale 111
999 ÷ 9 = 111

Vérifiez

- In French, a comma (**une virgule**) is used instead of a decimal point and a period (**un point**) is used instead of a comma to indicate thousands and millions.

  5.419,32   **cinq mille quatre cent dix-neuf virgule trente-deux**
  5,419.32   *five thousand four hundred nineteen point thirty-two*

- The expression **pour cent** (*percent*) is two words, not one.

  Le magasin offre une réduction de cinquante **pour cent**.
  The store is offering a fifty percent discount.

| **Essayez!** | **Écrivez les nombres en toutes lettres. (*Write out the numbers.*)** |

1. 10.000 _dix mille_
2. 620 _____
3. 365 _____
4. 42.000 _____
5. 1.392.000 _____
6. 171 _____

7. 200.000.000 _____
8. 480 _____
9. 1.789 _____
10. 400 _____
11. 8.000.000 _____
12. 5.053 _____

Mise en pratique

1 Quelle adresse? Écrivez les adresses.

> **MODÈLE**
>
> cent deux, rue Lafayette
> *102, rue Lafayette*

1. deux cent cinquante-deux, rue de Bretagne _____
2. quatre cents, avenue Malbon _____
3. cent soixante-dix-sept, rue Jeanne d'Arc _____
4. cinq cent quarante-six, boulevard St.-Marc _____
5. six cent quatre-vingt-huit, avenue des Gaulois _____
6. trois cent quatre-vingt-douze, boulevard Micheline _____
7. cent vingt-cinq, rue des Pierres _____
8. trois cent quatre, avenue St.-Germain _____

2 Les maths Faites les additions et écrivez les réponses.

> **MODÈLE**
>
> 200 + 300 =
> *Deux cents plus trois cents font cinq cents.*

1. 5.000 + 3.000 = _____
2. 650 + 750 = _____
3. 2.000.000 + 3.000.000 = _____
4. 4.400 + 3.600 = _____
5. 155 + 310 = _____
6. 7.000 + 3.000 = _____
7. 9.000.000 + 2.000.000 = _____
8. 1.250 + 2.250 = _____

3 Quand? Regardez les dates et dites quand ces événements culturels ont lieu (*take place*).

1661	1783	1895	1903	1943	1980	2012	2017
Le Nôtre commence les jardins de Versailles	Premier vol d'une montgolfière	Invention du Cinématographe	Premier Tour de France	Publication du *Petit Prince*	Invention du Minitel	*The Artist* gagne 4 Oscars	Disneyland Paris fête ses 25 ans

1. Le jardinier Le Nôtre commence les jardins de Versailles. _____
2. Le premier vol d'une Montgolfière, un ballon à air chaud, a lieu. _____
3. Avec l'invention du Cinématographe, le cinéma est né (*born*). _____
4. Le premier Tour de France a lieu. _____
5. Antoine de Saint-Exupéry publie *Le Petit Prince*. _____
6. On invente le Minitel, un précurseur de l'Internet. _____
7. Le film français, *The Artist*, gagne quatre Oscars. _____
8. Disneyland Paris fête ses 25 ans. _____

Communication

4 **Combien d'habitants?** À tour de rôle, demandez à votre partenaire combien d'habitants il y a dans chaque ville d'après (*according to*) les statistiques.

> **MODÈLE**
>
> Dijon: 153.003
> **Élève 1:** *Combien d'habitants y a-t-il à Dijon?*
> **Élève 2:** *Il y a cent cinquante-trois mille trois habitants.*

1. Toulouse: 466.219 _____
2. Abidjan: 6.783.906 _____
3. Lyon: 509.233 _____
4. Québec: 516.620 _____
5. Marseille: 864.323 _____
6. Papeete: 26.244 _____
7. Dakar: 2.682.158 _____
8. Nice: 346.251 _____

5 **Combien ça coûte?** Vous regardez un catalogue avec un(e) ami(e). À tour de rôle, demandez à votre partenaire le prix des choses.

> ▶ **MODÈLE**
>
> **Élève 1:** *Combien coûte l'ordinateur?*
> **Élève 2:** *Il coûte mille huit cents euros.*

1.   2.   3.   4.

6 **Dépensez de l'argent** Vous et votre partenaire avez 100.000€. Décidez quels articles de la liste vous allez prendre. Expliquez vos choix à la classe.

> **MODÈLE**
>
> **Élève 1:** *On prend un rendez-vous avec Brad Pitt parce que c'est mon acteur favori.*
> **Élève 2:** *Alors, nous avons encore (still) 50.000 euros. Prenons les 5 jours à Paris pour pratiquer le français.*

un ordinateur... 2.000€	des vacances à Tahiti... 7.000€
un rendez-vous avec Brad Pitt... 50.000€	un vélo... 1.000€
un rendez-vous avec Rihanna... 50.000€	une voiture de luxe... 80.000€
5 jours à Paris... 8.500€	un dîner avec Justin Bieber... 45.000€
un séjour ski en Suisse... 4.200€	un jour de shopping... 10.000€
une montre 6.800€	un bateau (*boat*)... 52.000€

5B.2

Spelling-change -er verbs vhlcentral

Point de départ Some -er verbs with regular endings have spelling changes in the verb stem.

- For many infinitives with an unaccented e in the next-to-last syllable, the e changes to è in all forms but **nous** and **vous**.

acheter (to buy)	
j'achète	nous achetons
tu achètes	vous achetez
il/elle/on achète	ils/elles achètent

Où est-ce que tu **achètes** des skis?
Where do you buy skis?

Ils **achètent** beaucoup sur Internet.
They buy a lot on the Internet.

Achetez-vous une nouvelle maison?
Are you buying a new house?

Je n'**achète** pas de lait.
I'm not buying any milk.

- For infinitives with an é in the next-to-last syllable, the é changes to è in all forms but **nous** and **vous**.

espérer (to hope)	
j'espère	nous espérons
tu espères	vous espérez
il/elle/on espère	ils/elles espèrent

Elle **espère** arriver tôt aujourd'hui.
She hopes to arrive early today.

Nos profs **espèrent** avoir de bons élèves en classe.
Our teachers hope to have good students in class.

Espérez-vous faire la connaissance de Joël?
Are you hoping to meet Joël?

J'**espère** avoir de bonnes notes.
I hope I get good grades.

- For infinitives ending in -yer, the y changes to i in all forms except **nous** and **vous**.

envoyer (to send)	
j'envoie	nous envoyons
tu envoies	vous envoyez
il/elle/on envoie	ils/elles envoient

J'**envoie** une lettre.
I'm sending a letter.

Tes amis **envoient** beaucoup d'e-mails.
Your friends send lots of e-mails.

Nous **envoyons** des bandes dessinées aux enfants.
We're sending the kids comic books.

Salima **envoie** un message à ses parents.
Salima is sending a message to her parents.

Elle achète quelque chose.

Ils répètent.

- The change of **y** to **i** is optional in verbs whose infinitives end in **-ayer**.

Comment est-ce que tu **payes**?
How do you pay?

Je **paie** avec une carte de crédit.
I pay with a credit card.

Other spelling change -er verbs

like espérer			like acheter	
célébrer	*to celebrate*		amener	*to bring (someone)*
considérer	*to consider*		emmener	*to take (someone)*
posséder	*to possess, to own*		**like envoyer**	
préférer	*to prefer*		employer	*to use, to employ*
protéger	*to protect*		essayer (de + [inf.])	*to try (to)*
répéter	*to repeat; to rehearse*		nettoyer	*to clean*
			payer	*to pay*

Boîte à outils

Amener is used when you are bringing someone to the place where you are.

J'amène ma nièce chez moi.
I'm bringing my niece home.

Emmener is used when you are taking someone to a different location from where you are.

J'emmène ma grand-mère à l'hôpital.
I'm taking my grandmother to the hospital.

À noter

Use **apporter** instead of **amener** when you are bringing an object instead of a person or animal.

Qui apporte les cartes?
Who's bringing the cards?

Je préfère l'été. Il fait chaud.

Tu essaies de ne pas parler?

- Note that the **nous** and **vous** forms of the verbs presented in this section have no spelling changes.

Vous **achetez** des sandwichs aussi.
You're buying sandwiches, too.

Nous **espérons** partir à huit heures.
We hope to leave at 8 o'clock.

Nous **envoyons** les enfants à l'école.
We're sending the children to school.

Vous **payez** avec une carte de crédit.
You pay with a credit card.

Essayez! **Complétez les phrases avec la forme correcte du verbe.**

1. Les bibliothèques <u>emploient</u> (employer) beaucoup d'étudiants.
2. Vous _____ (répéter) les phrases en français.
3. Nous _____ (payer) assez pour les livres.
4. Mon frère ne _____ (nettoyer) pas son bureau.
5. Est-ce que tu _____ (espérer) gagner?
6. Vous _____ (essayer) parfois d'arriver à l'heure.
7. Tu _____ (préférer) prendre du thé ou du café?
8. Elle _____ (emmener) sa mère au cinéma.
9. On _____ (célébrer) une occasion spéciale.
10. Les parents _____ (protéger) leurs enfants?

Mise en pratique

1 **Passe-temps** Chaque membre de la famille Desrosiers a son passe-temps préféré. Utilisez les éléments pour dire comment ils préparent leur week-end.

MODÈLE

Tante Manon fait une randonnée. (acheter / sandwichs)
Elle achète des sandwichs.

1. Nous faisons du vélo. (essayer / vélo) _____
2. Christiane aime chanter. (répéter) _____
3. Les filles jouent au foot. (espérer / gagner) _____
4. Vous allez à la pêche. (emmener / enfants) _____
5. Papa fait un tour en voiture. (nettoyer / voiture) _____
6. Mes frères font du camping. (préférer / partir tôt) _____
7. Ma petite sœur va à la piscine. (essayer de / plonger (*to dive*)) _____
8. Mon grand-père aime la montagne. (préférer / faire une randonnée) _____
9. J'adore les chevaux. (espérer / faire du cheval) _____
10. Mes parents vont faire un dessert. (acheter / fruits) _____

2 **Que font-ils?** Dites ce que font les personnages.

 **▶ MODÈLE**

Il achète une baguette.

acheter

1. envoyer

2. payer

3. répéter

4. nettoyer

3 **Invitation au cinéma** Avec un(e) partenaire, jouez les rôles de Halouk et de Thomas. Ensuite, présentez la scène à la classe.

THOMAS J'ai envie d'aller au cinéma.

HALOUK Bonne idée. Nous (1) _____ (emmener, protéger) Véronique avec nous?

THOMAS J' (2) _____ (acheter, espérer) qu'elle a du temps libre.

HALOUK Peut-être, mais j' (3) _____ (envoyer, payer) des e-mails tous les jours et elle ne répond pas.

THOMAS Parce que son ordinateur ne fonctionne pas. Elle (4) _____ (essayer, préférer) parler au téléphone.

HALOUK D'accord. Alors toi, tu (5) _____ (acheter, répéter) les tickets et moi, je vais chercher Véronique.

Communication

4 **Questions** À tour de rôle, posez des questions à un(e) partenaire.

1. Qu'est-ce que tu achètes pour la fête des mères?

2. Qu'est-ce que tu achètes tous les mois?

3. Comment célèbres-tu l'anniversaire de ton/ta meilleur(e) ami(e)?

4. Est-ce que toi et ton/ta camarade de classe partagez vos livres?

5. Est-ce que tu possèdes un vélo?

6. Qui nettoie ta chambre?

7. À qui est-ce que tu envoies des e-mails?

8. Qu'est-ce que tu espères faire cet été?

9. Qu'est-ce que tu préfères faire le vendredi soir?

10. Quand tu vas au cinéma, est-ce que tu emmènes quelqu'un? Qui?

11. Est-ce que ta famille célèbre une occasion spéciale cet (*this*) été? Quand?

12. Aimes-tu essayer de nouveaux plats de cuisine (*food dishes*)?

5 **Réponses affirmatives** Votre professeur va vous donner une feuille d'activités. Trouvez au moins deux camarades de classe qui répondent oui à chaque question. Et si vous aussi, vous répondez oui aux questions, écrivez votre nom.

MODÈLE

Élève 1: Est-ce que tu achètes tes livres sur Internet?
Élève 2: Oui, j'achète mes livres sur Internet.

Questions	Noms
1. acheter ses livres sur Internet	Virginie, Éric
2. posséder un ordinateur	
3. envoyer des lettres à ses grands-parents	
4. célébrer une occasion spéciale demain	

6 **E-mail à l'oncle Marcel** Xavier va écrire un e-mail à son oncle pour raconter (*to tell*) ses activités de la semaine prochaine. Il prépare une liste des choses qu'il veut dire (*wants to say*). Avec un(e) partenaire, écrivez son e-mail.

- lundi: emmener maman chez le médecin
- mercredi: envoyer notes à Anne
- jeudi: répéter rôle Roméo et Juliette
- vendredi: célébrer anniversaire papa
- vendredi: essayer faire gym
- samedi: parents acheter voiture

Révision

1   **Le basket** Avec un(e) partenaire, utilisez les verbes de la liste pour compléter le paragraphe.

> | | | | | |
> |---|---|---|---|---|
> | acheter | considérer | envoyer | essayer | préférer |
> | amener | employer | espérer | payer | répéter |

Je m'appelle Stéphanie et je joue au basket. Je/J'
(1) _____ toujours (*always*) mes parents avec moi aux
matchs le samedi. Ils (2) _____ que les filles sont de très
bonnes joueuses. Mes parents font aussi du sport. Ma mère
fait du vélo et mon père (3) _____ gagner son prochain
match de foot! Le vendredi matin, je/j' (4) _____ un e-mail
à ma mère pour lui rappeler (*remind her of*) le match. Mais
elle n'oublie jamais! Ils ne/n' (5) _____ pas de tickets pour
les matchs, parce que les parents des joueurs ne/n'
(6) _____ pas. Nous (7) _____ toujours d'arriver une
demi-heure avant le match, parce que maman et papa
(8) _____ s'asseoir (*to sit*) tout près du terrain (*court*).
Ils sont tellement fiers!

2   **Que font-ils?** Avec un(e) partenaire, parlez des activités des
personnages et écrivez une phrase par illustration.

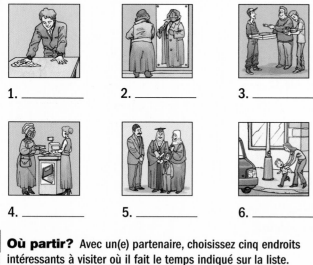

1. _____   2. _____   3. _____

4. _____   5. _____   6. _____

3   **Où partir?** Avec un(e) partenaire, choisissez cinq endroits
intéressants à visiter où il fait le temps indiqué sur la liste.
Ensuite, répondez aux questions.

> | | | | | |
> |---|---|---|---|---|
> | Il fait chaud. | Il fait soleil. | Il fait du vent. | Il neige. | Il pleut. |

1. Où essayez-vous d'aller cet été? Pourquoi?
2. Où préférez-vous partir cet hiver? Pourquoi?
3. Quelle est la première destination que vous espérez
   visiter? La dernière? Pourquoi?
4. Qui emmenez-vous avec vous? Pourquoi?

4   **Quelle générosité!** Imaginez que vous pouvez (*can*) payer
un voyage aux membres de votre famille et à vos amis. À tour de
rôle, choisissez un voyage et donnez à votre partenaire la liste
des personnes qui partent. Votre partenaire va vous donner le
prix à payer.

MODÈLE

Élève 1: *J'achète un voyage de dix jours dans les Pays de la
Loire à ma cousine Pauline et à mon frère Alexandre.*
Élève 2: *D'accord. Tu paies deux mille cinq cent
soixante-deux euros.*

Voyages	Prix par personne	Commission
Dix jours dans les Pays de la Loire .... 1.250€ .... 62€		
Deux semaines de camping........................ 660€ .... 35€		
Sept jours au soleil en hiver .... 2.100€ .... 78€		
Trois jours à Paris en avril........................ 500€ .... 55€		
Trois mois en Europe en été .... 10.400€ .... 47€		
Un week-end à Nice en septembre............. 350€ .... 80€		
Une semaine à la montagne en juin............ 990€ .... 66€		
Une semaine à la neige .... 1.800€ .... 73€		

5   **La vente aux enchères** Par groupes de quatre, organisez
une vente aux enchères (*auction*) pour vendre les affaires
(*things*) du professeur. À tour de rôle, un(e) élève joue le rôle du
vendeur/de la vendeuse et les autres élèves jouent le rôle des
enchérisseurs (*bidders*). Vous avez 5.000 euros et toutes les
enchères (*bids*) commencent à cent euros.

MODÈLE

Élève 1: *J'ai le cahier du professeur. Qui paie cent euros?*
Élève 2: *Moi, je paie cent euros.*
Élève 1: *Qui paie cent cinquante euros?*

6   **À la bibliothèque** Votre professeur va vous donner, à
vous et à votre partenaire, deux feuilles d'activités différentes.
Posez-vous des questions pour compléter les feuilles. Attention!
Ne regardez pas la feuille de votre partenaire.

MODÈLE

Élève 1: *Est-ce que tu as le livre «Candide»?*
Élève 2: *Oui, son numéro de référence est P, Q, deux
cent soixante-six, cent quarante-sept, cent dix.*

À l'écoute  vhlcentral

Préparation

Regardez l'image. Où trouve-t-on ce type d'image? Manque-t-il des éléments (*Is anything missing*) sur cette carte? Faites une liste de mots-clés qui vont vous aider à trouver ces informations quand vous allez écouter la météo (*the forecast*).

🔊 À vous d'écouter

Écoutez la météo. Puis, écoutez une deuxième fois et complétez le tableau. Écrivez un **X** pour indiquer le temps qu'il fait dans chaque ville et notez la température.

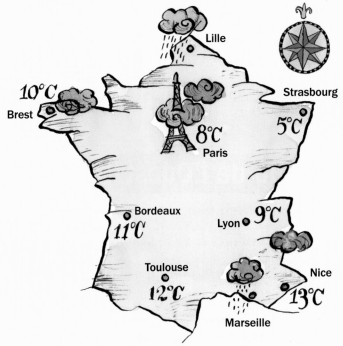

Ville	☀️	🌤️	☁️	🌧️	🌬️	❄️	Température
Paris		X					8°C
Lille			X				
Strasbourg							5°C
Brest		X					10°C
Lyon							9°C
Bordeaux							11°C
Toulouse							12°C
Marseille			X				
Nice							13°C

Compréhension

Probable ou improbable? Indiquez si ces (*these*) phrases sont probables ou improbables, d'après la météo d'aujourd'hui.

	Probable	Improbable
MODÈLE		
Ève va nager à Strasbourg.		✓
1. Lucie fait du vélo à Lille.	____	____
2. Il fait froid à Strasbourg.	____	____
3. Émilien joue aux cartes à la maison à Lyon.	____	____
4. À Lyon, on a besoin d'un imperméable.	____	____
5. Jérome et Yves jouent au golf à Bordeaux.	____	____
6. Il fait un temps épouvantable à Toulouse.	____	____
7. Il va neiger à Marseille.	____	____
8. Nous allons nager à Nice cet après-midi.	____	____

Quelle ville choisir? Imaginez qu'aujourd'hui vous êtes en France. Décidez dans quelle ville vous avez envie de passer la journée. Pourquoi? Décrivez le temps qu'il fait et citez des activités que vous allez peut-être faire.

MODÈLE

J'ai envie d'aller à Strasbourg parce que j'aime l'hiver et la neige. Aujourd'hui, il fait froid et il neige. Je vais faire une promenade en ville et après, je vais boire un chocolat chaud au café.

Panorama

vhlcentral

L'Afrique de l'Ouest

La région en chiffres

▶ Bénin: *(10.880.000 habitants), Porto Novo*

▶ Burkina-Faso: *(18.106.000), Ouagadougou*

▶ Côte d'Ivoire: *(22.702.000), Yamoussoukro*

▶ Guinée: *(12.609.000), Conakry*

▶ Mali: *(17.600.000), Bamako*

▶ Mauritanie: *(4.068.000), Nouakchott*

▶ Niger: *(19.899.000), Niamey*

▶ Sénégal: *(15.129.000), Dakar*

▶ Togo: *(7.305.000), Lomé*

SOURCE: Population Division, UN Secretariat

L'Afrique centrale

La région en chiffres

▶ Burundi: *(11.179.000), Bujumbura*

▶ Cameroun: *(23.344.000), Yaoundé*

▶ Congo: *(4.620.000), Brazzaville*

▶ Gabon: *(1.725.000), Libreville*

▶ République centrafricaine: *(4.900.000), Bangui*

▶ République démocratique du Congo (R.D.C.): *(77.267.000), Kinshasa*

▶ Rwanda: *(11.610.000), Kigali*

▶ Tchad: *(14.037.000), N'Djamena*

Personnes célèbres

▶ Sonia Rolland, *Rwanda, actrice et réalisatrice (1981–)*

▶ Djimon Hounsou, *Bénin, acteur (1964–)*

▶ Françoise Mbango-Etone, *Cameroun, athlète olympique (1976–)*

Terre *Earth* plus ancien *oldest* En plus de *On top of* abrite *houses* paysages *landscapes* les plus actifs *the most active*

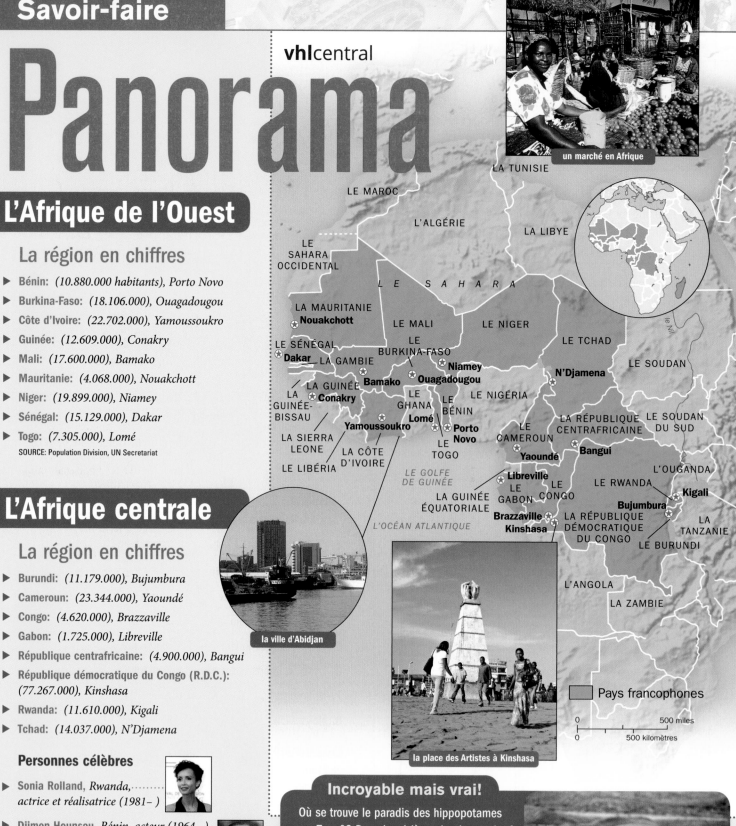

un marché en Afrique

LA TUNISIE

LE MAROC

L'ALGÉRIE

LA LIBYE

LE SAHARA OCCIDENTAL

LE SAHARA

LA MAURITANIE
Nouakchott

LE MALI

LE NIGER

LE TCHAD

LE SÉNÉGAL
Dakar

LA GAMBIE

LE BURKINA-FASO

Niamey

N'Djamena

LE SOUDAN

LA GUINÉE
Bamako
Ouagadougou

LA GUINÉE-BISSAU
Conakry

LE GHANA

LE NIGÉRIA

LA SIERRA LEONE

Yamoussoukro

LE BÉNIN
Lomé

LE TOGO
Porto Novo

LE CAMEROUN

LA RÉPUBLIQUE CENTRAFRICAINE

LE SOUDAN DU SUD

LE LIBÉRIA

LA CÔTE D'IVOIRE

Yaoundé

Bangui

LE GOLFE DE GUINÉE

Libreville

LA GUINÉE ÉQUATORIALE

LE GABON

LE CONGO

LE RWANDA
Kigali

L'OUGANDA

L'OCÉAN ATLANTIQUE

Brazzaville
Kinshasa

Bujumbura

LA RÉPUBLIQUE DÉMOCRATIQUE DU CONGO

LA TANZANIE

LE BURUNDI

L'ANGOLA

LA ZAMBIE

le Nil

□ Pays francophones

0   500 miles
0   500 kilomètres

la ville d'Abidjan

la place des Artistes à Kinshasa

Incroyable mais vrai!

Où se trouve le paradis des hippopotames sur Terre°? Dans les rivières du plus ancien° parc d'Afrique, le parc national des Virunga, en République démocratique du Congo. En plus de° ses 20.000 hippopotames, le parc abrite° une biodiversité exceptionnelle due à la variété de ses paysages°, dominés par les deux volcans les plus actifs° du continent.

Les gens

Bineta Diop, la «vice-présidente» des femmes (Sénégal) (1950–)

Bineta Diop a appris de sa mère, Maréma Lo, une féministe pour le parti de Léopold Sédar Senghor au Sénégal, l'importance de la cause féminine, et elle dédie sa vie professionnelle à cette cause. En 1996, elle fonde une ONG° à Genève, Femmes Africa Solidarité, pour essayer d'encourager la solidarité entre femmes. Avec l'aide d'importantes avocates africaines, elle crée aussi un protocole pour les droits° de la femme qui naîtra° au Mozambique en 2003. Depuis janvier 2014, elle est l'envoyée spéciale pour les femmes, la paix et la sécurité à la Commission de l'Union Africaine, l'organisation principale des pays d'Afrique. Pas étonnant donc que le magazine *Times* la° nomme en 2011 l'une des cent personnalités les plus influentes au monde°!

La musique

Le reggae ivoirien

Alpha Blondy

La Côte d'Ivoire est un des pays d'Afrique où le reggae africain est le plus développé. Ce type de reggae se distingue du reggae jamaïcain par les instruments de musique utilisés et les thèmes abordés°. En fait, les artistes ivoiriens incorporent souvent des instruments traditionnels d'Afrique de l'Ouest et les thèmes sont souvent très politiques. Alpha Blondy, par exemple, est le plus célèbre des chanteurs ivoiriens de reggae et fait souvent des commentaires sociopolitiques. Le chanteur Tiken Jah Fakoly critique la politique occidentale et les gouvernants africains, et Ismaël Isaac dénonce les ventes d'armes° dans le monde. Le reggae ivoirien est chanté en français, en anglais et dans les langues africaines.

Les lieux

Les parcs nationaux du Cameroun

Avec la forêt, la savane et la montagne dans ses réserves et parcs nationaux, le Cameroun présente une des faunes et flores les plus riches et variées d'Afrique. Deux cent quarante empreintes° de dinosaures sont fossilisées au site de dinosaures de Manangia, dans la province du Nord. Les différentes réserves du pays abritent°, entre autres, éléphants, gorilles, chimpanzés, antilopes et plusieurs centaines d'espèces de reptiles, d'oiseaux et de poissons. Le parc national Korup est une des plus anciennes forêts tropicales du monde. Il est connu surtout récemment pour une liane°, découverte là-bas, qui pourrait avoir un effet sur la guérison° de certains cancers et du VIH°.

Les traditions

Les masques du Gabon

Les masques gabonais exposés° aujourd'hui dans les musées européens ont inspiré de grands artistes du vingtième siècle, comme Matisse et Picasso. Pourtant, ces masques ne sont pas à l'origine de simples décorations ou objets d'art. Ce sont des objets rituels, utilisés par les différents groupes ethniques et sociétés initiatiques du Gabon. Chaque° société produit ses propres° masques; ils ont donc des formes très variées. Les masques sont le plus souvent° portés par les hommes, dans des cérémonies et rituels de groupe. Leurs matériaux et apparences sont très symboliques. Ils sont surtout faits de bois°, mais aussi de plumes°, de raphia° ou de peaux°, et ils ont des formes anthropomorphiques, zoomorphiques ou abstraites.

Qu'est-ce que vous avez compris? Répondez aux questions.

1. Qui est Francoise Mbango-Etone?
2. Où est le paradis des hippopotames sur Terre?
3. À quoi Bineta Diop dédie-t-elle sa vie professionnelle?
4. Que fait Bineta Diop depuis 2014?
5. Qu'est-ce qui distingue le reggae de Côte d'Ivoire du reggae jamaïcain?
6. Dans quelle langue est-ce qu'on chante le reggae en Côte d'Ivoire?
7. Qu'a-t-on trouvé sur le site de Manangia?
8. Où trouve-t-on une importante plante médicinale?
9. Quels artistes ont été inspirés par les masques du Gabon?
10. Pour quelles occasions porte-on les masques du Gabon?

Sur Internet

1. Cherchez plus d'information sur le parc national Korup. Pourquoi sa biodiversité est-elle considérée comme une des plus riches de l'Afrique?
2. Écoutez des chansons (*songs*) de reggae ivoirien. Quels sont leurs thèmes?
3. Trouvez des exemples de masques du Gabon. Aimez-vous leurs styles? Pourquoi ou pourquoi pas?

ONG *NGO* **droits** *rights* **naîtra** *will be born* **la** *her*
personnalités les plus influentes au monde *most influential personalities in the world* **abordés** *dealt with*
ventes d'armes *weapons sales* **empreintes** *footprints*
abritent *provide a habitat for, shelter* **liane** *vine* **guérison** *cure*
VIH *HIV* **exposés** *exhibited* **Chaque** *Each* **propres** *own*
le plus souvent *most often* **bois** *wood* **plumes** *feathers*
raphia *raffia* **peaux** *skins*

Lecture

vhlcentral

Avant la lecture

STRATÉGIE

Skimming

Skimming involves quickly reading through a document to absorb its general meaning. This allows you to understand the main ideas without having to read word for word. When you skim a text, look at its title and subtitles and read the first sentence of each paragraph.

Examinez le texte

Regardez rapidement le texte. Quel est le titre (*title*) du texte? En combien de parties le texte est-il divisé? Quels sont les titres des parties? Maintenant, regardez les photos. Quel est le sujet de l'article?

Catégories

Dans le texte, trouvez trois mots ou expressions qui représentent chaque catégorie.

les loisirs culturels

_____   _____   _____

les activités sportives

_____   _____   _____

les activités de plein air (*outdoor*)

_____   _____   _____

Trouvez

Regardez le document. Indiquez si vous trouvez ces informations.

_____ 1. où manger cette semaine

_____ 2. le temps qu'il va faire cette semaine

_____ 3. où aller à la pêche

_____ 4. des prix d'entrée (*entrance*)

_____ 5. des numéros de téléphone

_____ 6. des sports

_____ 7. des spectacles

_____ 8. des adresses

CETTE SEMAINE À MONTRÉAL ET DANS LA RÉGION

ARTS ET CULTURE

Festivals et autres manifestations culturelles à explorer:

- Festival de musique classique, samedi de 16h00 à 22h00, à la Salle de concerts Richelieu, à Montréal
- Festival du cinéma africain, dans tous les cinémas de Montréal
- Journée de la bande dessinée, samedi toute la journée, à la Librairie Rochefort, à Montréal
- Festival de reggae, dimanche tout l'après-midi, à l'Espace Lemay, à Montréal

Spectacle à voir°

- *La Cantatrice chauve*, pièce° d'Eugène Ionesco, samedi et dimanche à 20h00, au Théâtre du Chat Bleu, à Montréal

À ne pas oublier°

- Le musée des Beaux-Arts de Montréal, avec sa collection de plus de° 30.000 objets d'art du monde entier°

SPORTS ᴇᴛ JEUX

- L'Académie de golf de Montréal organise un grand tournoi° le mois prochain. Pour plus d'informations, contactez le (514) 846-1225.

- Tous les dimanches, le Club d'échecs de Montréal organise des tournois d'échecs en plein air° dans le parc Champellier. Pour plus d'informations, appelez le (514) 846-1085.

- Skiez! Passez la fin de semaine dans les Laurentides° ou dans les Cantons-de-l'Est!

- Et pour la famille sportive: essayez le parc Lafontaine, un centre d'amusement pour tous qui offre: volley-ball, tennis, football et baseball.

PASSIONNÉ° DE PÊCHE?
N'OUBLIEZ PAS LES NOMBREUX
LACS° OÙ LA PÊCHE EST AUTORISÉE.

EXPLORATION

Redécouvrez la nature grâce à° ces activités à ne pas manquer°:

Visite du parc national de la Jacques-Cartier°
- Camping
- Promenades et randonnées
- Observation de la faune et de la flore

Région des Laurentides et Gaspésie°
- Équitation°
- Randonnées à cheval de 2 à 5 jours en camping

voir *see* pièce (de théâtre) *play* À ne pas oublier *Not to be forgotten* plus de *more than* du monde entier *from around the world* tournoi *tournament* en plein air *outdoor* Laurentides *region of eastern Quebec* Passionné *Enthusiast* lacs *lakes* grâce à *thanks to* à ne pas manquer *not to be missed* la Jacques-Cartier *the Jacques-Cartier river in Quebec* Gaspésie *peninsula of Quebec* Équitation *Horseback riding*

Après la lecture

Répondez Répondez aux questions avec des phrases complètes.

1. Citez deux activités sportives qu'on peut pratiquer à l'extérieur.
   _____

2. À quel jeu est-ce qu'on joue dans le parc Champellier?
   _____

3. Où va peut-être aller un passionné de lecture et de dessin?
   _____

4. Où pratique-t-on des sports d'équipe?
   _____

5. Où y a-t-il de la neige au Québec en cette saison?
   _____

6. Si on aime beaucoup la musique, où peut-on aller?
   _____

Suggestions Lucille passe une année dans un lycée du Québec. Ce week-end, elle invite sa famille à explorer la région. Choisissez une activité à faire ou un lieu à visiter que chaque membre de sa famille va aimer.

MODÈLE

La sœur cadette de Lucille adore le ski.
Elle va aimer les Laurentides et les Cantons-de-l'Est.

1. La mère de Lucille est artiste.
   _____

2. Le frère de Lucille joue au volley-ball à l'université.
   _____

3. La sœur aînée de Lucille a envie de voir un film sénégalais.
   _____

4. Le grand-père de Lucille joue souvent aux échecs.
   _____

5. La grand-mère de Lucille est fan de théâtre.
   _____

6. Le père de Lucille adore la nature et les animaux, mais il n'est pas très sportif.
   _____

Une invitation Vous allez passer le week-end au Québec. Qu'est-ce que vous allez faire? Par groupes de quatre, discutez des activités qui vous intéressent (*that interest you*) et essayez de trouver trois ou quatre activités que vous avez en commun. Attention! Il va peut-être pleuvoir ce week-end, alors ne choisissez pas (*don't choose*) uniquement des activités de plein air!

Écriture

Using a dictionary

A common mistake made by beginning language learners is to use the dictionary as the ultimate resource for reading, writing, and speaking. While it is true that the dictionary is a useful tool that can provide valuable information about vocabulary, using the dictionary correctly requires that you understand the elements of each entry.

If you glance at a French-English dictionary, you will notice that the format is similar to that of an English dictionary. The word is listed first, usually followed by its pronunciation. Then come the definitions, organized by parts of speech. Sometimes, the most frequently used meanings are listed first.

To find the best word for your needs, you should refer to the abbreviations and the explanatory notes that appear next to the entries. For example, imagine that you are writing about your pastimes. You want to write *I want to buy a new racket for my match tomorrow*, but you don't know the French word for *racket*.

In the dictionary, you might find an entry like this one:

> **racket** n 1. boucan; 2. raquette (sport)

The abbreviation key at the front of the dictionary says that *n* corresponds to **nom** (*noun*). Then, the first word you see is **boucan**. The definition of **boucan** is *noise or racket,* so **boucan** is probably not the word you want. The second word is **raquette**, followed by the word *sport*, which indicates that it is related to **sports**. This detail indicates that the word **raquette** is the best choice for your needs.

Thème

Écrire une brochure

Avant l'écriture

1. Choisissez le sujet de votre brochure:

   A. Vous travaillez à la Chambre de Commerce de votre région. Elle vous demande de créer (*asks you to create*) une petite brochure sur le temps qu'il fait dans votre région aux différentes saisons de l'année pour des hommes et femmes d'affaires francophones en visite. Pour chaque saison, décrivez le temps, les endroits qu'il faut visiter pendant cette (*during that*) saison et les activités culturelles et sportives à faire.

   B. Vous avez une réunion familiale pour décider où aller en vacances cette année. Choisissez un lieu de vacances où vous avez envie d'aller et créez une brochure pour montrer à votre famille pourquoi il faut y aller (*go there*). Décrivez la météo (*the weather*) de l'endroit et indiquez les différentes activités culturelles et sportives qu'on peut y faire.

   C. Vous passez un semestre dans le pays francophone de votre choix (*of your choice*). Deux élèves de votre cours de français ont aussi envie de visiter ce pays. Créez une petite brochure pour partager vos impressions du pays. Présentez le pays, donnez des informations sur le temps et décrivez vos activités préférées dans ce pays.

2. Choisissez le sujet de votre brochure et pensez au vocabulaire utile à son écriture. Utilisez le tableau (*chart*) pour noter tous les mots (*words*) en français qui vous viennent à l'esprit (*you can think of*). Ensuite (*Next*), regardez le tableau. Avez-vous besoin d'autres mots? Ajoutez-les (*Add them*) en anglais.

3. Cherchez les mots en anglais dans le dictionnaire. N'oubliez pas d'utiliser la procédure de **Stratégie**. Ajoutez les mots au tableau.

Mots en français (de moi)	Mots en anglais	Équivalent français des mots en anglais

Écriture

Utilisez le vocabulaire du tableau pour créer votre brochure. N'oubliez pas de penser à un titre (*title*). Ensuite, créez des sections et donnez-leur (*them*) aussi un titre, comme **Printemps, Été, ...; Ville, Campagne (Countryside), ...; France, Tunisie, ...** Vous pouvez (*can*) utiliser des photos pour illustrer.

La vallée de la Loire

Présentation
La vallée de la Loire est une magnifique région française. Son histoire et sa gastronomie sont exceptionnelles. Venez découvrir un lieu magique...

Météo
Été: Le temps est très agréable. Il fait soleil presque tous les jours...

Activités
À faire absolument:
- la visite de nombreux châteaux et musées
- des promenades à cheval
- des randonnées
...

Après l'écriture

1. Échangez votre brochure avec celle (*the one*) d'un(e) partenaire. Répondez à ces questions pour commenter son travail.

■ Votre partenaire a-t-il/elle couvert (*did cover*) le sujet?

■ A-t-il/elle donné (*did give*) un titre à la brochure et aux sections?

■ S'il (*If there*) y a des photos, illustrent-elles le texte?

■ Votre partenaire a-t-il/elle utilisé (*did use*) le vocabulaire approprié?

■ A-t-il/elle correctement conjugué (*did conjugate*) les verbes?

2. Corrigez votre brochure d'après (*according to*) les commentaires de votre partenaire. Relisez votre travail pour éliminer ces problèmes:

■ des fautes (*errors*) d'orthographe

■ des fautes de ponctuation

■ des fautes de conjugaison

■ des fautes d'accord (*agreement*) des adjectifs

■ un mauvais emploi (*use*) de la grammaire

Vocabulaire

Leçon 5A

Activités sportives et loisirs

aider	to help
aller à la pêche	to go fishing
bricoler	to tinker; to do odd jobs
chanter	to sing
désirer	to want; to desire
gagner	to win
indiquer	to indicate
jouer (à/de)	to play
marcher	to walk (person); to work (thing)
pratiquer	to practice; to play (a sport)
skier	to ski
une bande dessinée (B.D.)	comic strip
le baseball	baseball
le basket(-ball)	basketball
les cartes (f.)	cards
le cinéma	movies
les échecs (m.)	chess
une équipe	team
le foot(ball)	soccer
le football américain	football
le golf	golf
un jeu	game
un joueur/une joueuse	player
un loisir	leisure activity
un match	game
un passe-temps	pastime, hobby
un spectacle	show
le sport	sport
un stade	stadium
le temps libre	free time
le tennis	tennis
le volley(-ball)	volleyball

La fréquence

une/deux fois	one/two time(s)
par jour, semaine, mois, an, etc.	per day, week, month, year, etc.
déjà	already
encore	again; still
jamais	never
longtemps	a long time
maintenant	now
parfois	sometimes
rarement	rarely
souvent	often

Expressions utiles

See p. 183.

faire

faire	to do, to make
je fais, tu fais, il/elle/on fait, nous faisons, vous faites, ils/elles font	

Expressions with *faire*

faire de l'aérobic	to do aerobics
faire attention (à)	to pay attention (to)
faire du camping	to go camping
faire du cheval	to go horseback riding
faire la connaissance de...	to meet (someone) for the first time
faire la cuisine	to cook
faire de la gym	to work out
faire du jogging	to go jogging
faire de la planche à voile	to go windsurfing
faire une promenade	to go for a walk
faire une randonnée	to go for a hike
faire du ski	to go skiing
faire du sport	to play sports
faire un tour (en voiture)	to go for a walk (drive)
faire du vélo	to go bike riding

Il faut...

il faut...	it is necessary to...; one must...

Verbes irréguliers en *-ir*

courir	to run
dormir	to sleep
partir	to leave
sentir	to feel; to smell; to sense
servir	to serve
sortir	to go out, to leave

Leçon 5B

Le temps qu'il fait

Il fait 18 degrés.	It is 18 degrees.
Il fait beau.	The weather is nice.
Il fait bon.	The weather is good/warm.
Il fait chaud.	It is hot (out).
Il fait (du) soleil.	It is sunny.
Il fait du vent.	It is windy.
Il fait frais.	It is cool.
Il fait froid.	It is cold.
Il fait mauvais.	The weather is bad.
Il fait un temps épouvantable.	The weather is dreadful.
Il neige. (neiger)	It is snowing. (to snow)
Il pleut. (pleuvoir)	It is raining. (to rain)
Le temps est nuageux.	It is cloudy.
Le temps est orageux.	It is stormy.
Quel temps fait-il?	What is the weather like?
Quelle température fait-il?	What is the temperature?
un imperméable	rain jacket
un parapluie	umbrella

Les saisons, les mois, les dates

une saison	season
l'automne (m.)/à l'automne	fall/in the fall
l'été (m.)/en été	summer/in the summer
l'hiver (m.)/en hiver	winter/in the winter
le printemps (m.)/au printemps	spring/in the spring
janvier	January
février	February
mars	March
avril	April
mai	May
juin	June
juillet	July
août	August
septembre	September
octobre	October
novembre	November
décembre	December
Quelle est la date?	What's the date?
C'est le 1er (premier) octobre.	It's the first of October.
C'est quand votre/ton anniversaire?	When is your birthday?
C'est le 2 mai.	It's the second of May.
C'est quand l'anniversaire de Paul?	When is Paul's birthday?
C'est le 15 mars.	It's March 15th.
un anniversaire	birthday

Expressions utiles

See p. 201.

Numbers 101 and higher

See p. 204.

Mathematical terms

et	plus
divisé par	divided by
égale	equals
fois	times
font	equals
moins	minus
multiplié par	multiplied by
plus	plus
sur	divided by

Verbes

acheter	to buy
amener	to bring (someone)
célébrer	to celebrate
considérer	to consider
emmener	to take (someone)
employer	to use
envoyer	to send
espérer	to hope
essayer (de + *inf.*)	to try (to)
nettoyer	to clean
payer	to pay
posséder	to possess, to own
préférer	to prefer
protéger	to protect
répéter	to repeat; to rehearse

Les fêtes

Pour commencer

- Combien de personnes y a-t-il sur la photo? Quel âge ont-ils, à votre avis?
- Qu'est-ce qu'ils fêtent aujourd'hui?
- Qu'est-ce qu'ils vont manger, du fromage ou un dessert?
- Et vous, organisez-vous souvent des fêtes? Pour quelles occasions?

You will learn how to...
- talk about celebrations
- talk about the stages of life

vhlcentral

Surprise!

les invitées (f.)

les invités (m.)

l'hôte (m.)

l'hôtesse (f.)

le gâteau

la glace

les biscuits (m.)

les bonbons (m.)

les desserts (m.)

les glaçons (m.)

Vocabulaire

faire une surprise (à quelqu'un)	to surprise (someone)
fêter	to celebrate
organiser une fête	to organize a party
une fête	party; celebration
un jour férié	holiday
l'amitié	friendship
l'amour	love
le bonheur	happiness
un(e) fiancé(e)	fiancé
des jeunes mariés (m.)	newlyweds
un rendez-vous	date; appointment
l'adolescence (f.)	adolescence
l'âge adulte (m.)	adulthood
un divorce	divorce
l'enfance (f.)	childhood
une étape	stage
la jeunesse	youth
un mariage	marriage; wedding
la mort	death
la naissance	birth
la vie	life
la vieillesse	old age
prendre sa retraite	to retire
tomber amoureux/ amoureuse	to fall in love
ensemble	together

Mise en pratique

1 **Chassez l'intrus** Indiquez le mot ou l'expression qui n'appartient pas (*doesn't belong*) à la liste.

1. l'amour, tomber amoureux, un fiancé, un divorce
2. un mariage, un couple, un jour férié, une fiancée
3. un biscuit, un glaçon un dessert, un gâteau
4. la retraite l'amitié, le bonheur, l'amour
5. la vieillesse, la naissance, l'enfance, la jeunesse
6. faire la fête, un hôte, des invités, une étape
7. fêter, un cadeau, la vie, une surprise
8. la glace, l'âge adulte, la mort, l'adolescence

2 **Écoutez** Écoutez la conversation entre Anne et Nathalie. Indiquez si les affirmations sont **vraies** ou **fausses**.

	Vrai	Faux
1. Jean-Marc va prendre sa retraite dans six mois.	☐	☐
2. Nathalie a l'idée d'organiser une fête pour Jean-Marc.	☐	☐
3. Anne va acheter un gâteau.	☐	☐
4. Nathalie va apporter de la glace.	☐	☐
5. La fête est une surprise.	☐	☐
6. Nathalie va envoyer les invitations par e-mail.	☐	☐
7. La fête va avoir lieu (*take place*) dans le bureau d'Anne.	☐	☐
8. La maison d'Anne n'est pas belle.	☐	☐
9. Tout le monde va donner des idées pour le cadeau.	☐	☐
10. Les invités vont acheter le cadeau.	☐	☐

3 **Associez** Faites correspondre les mots et expressions de la colonne de gauche avec les définitions de la colonne de droite. Notez que tous les éléments ne sont pas utilisés. Ensuite (*Then*), avec un(e) partenaire, donnez votre propre définition de quatre expressions de la première colonne. Votre partenaire doit deviner (*must guess*) de quoi vous parlez.

B 1. la naissance
C 2. l'enfance
C 3. l'adolescence
___ 4. l'âge adulte
E 5. tomber amoureux
A 6. un jour férié
G 7. le mariage
F 8. le divorce
H 9. prendre sa retraite
D 10. la mort

a. C'est une date importante, comme le 4 juillet aux États-Unis. *birth*
b. C'est la fin de l'étape prénatale.
c. C'est l'étape de la vie pendant laquelle (*during which*) on va au lycée.
d. C'est un événement très triste.
e. C'est soudain (*suddenly*) aimer une personne.
f. C'est le futur probable d'un couple qui se dispute (*fights*) tout le temps.
g. C'est un jour de bonheur et de célébration de l'amour.
h. C'est quand une personne décide de ne plus travailler.

Communication

4 **Le mot juste** **Complétez les phrases par le mot illustré. Faites les accords nécessaires. Ensuite (*Then*), avec deux personnes, créez (*create*) une phrase pour laquelle (*for which*) vous illustrez trois mots de CONTEXTES. Échangez votre phrase avec celle d'un autre groupe et résolvez le rébus (*puzzle*).**

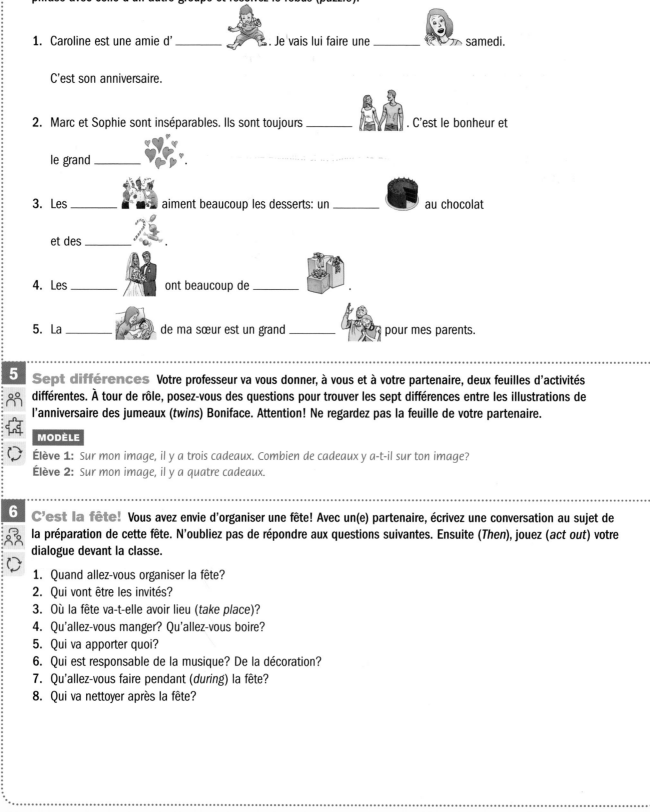

1. Caroline est une amie d' _______ . Je vais lui faire une _______  samedi. C'est son anniversaire.
2. Marc et Sophie sont inséparables. Ils sont toujours _______ . C'est le bonheur et le grand _______ .
3. Les _______  aiment beaucoup les desserts: un _______  au chocolat et des _______ .
4. Les _______  ont beaucoup de _______ .
5. La _______  de ma sœur est un grand _______  pour mes parents.

5 **Sept différences** **Votre professeur va vous donner, à vous et à votre partenaire, deux feuilles d'activités différentes. À tour de rôle, posez-vous des questions pour trouver les sept différences entre les illustrations de l'anniversaire des jumeaux (*twins*) Boniface. Attention! Ne regardez pas la feuille de votre partenaire.**

MODÈLE

Élève 1: *Sur mon image, il y a trois cadeaux. Combien de cadeaux y a-t-il sur ton image?*
Élève 2: *Sur mon image, il y a quatre cadeaux.*

6 **C'est la fête!** **Vous avez envie d'organiser une fête! Avec un(e) partenaire, écrivez une conversation au sujet de la préparation de cette fête. N'oubliez pas de répondre aux questions suivantes. Ensuite (*Then*), jouez (*act out*) votre dialogue devant la classe.**

1. Quand allez-vous organiser la fête?
2. Qui vont être les invités?
3. Où la fête va-t-elle avoir lieu (*take place*)?
4. Qu'allez-vous manger? Qu'allez-vous boire?
5. Qui va apporter quoi?
6. Qui est responsable de la musique? De la décoration?
7. Qu'allez-vous faire pendant (*during*) la fête?
8. Qui va nettoyer après la fête?

Les sons et les lettres 🔊 vhlcentral

Open vs. closed vowels: Part 2

The letter combinations **au** and **eau** are pronounced like the vowel sound in the English word *coat*, but without the glide heard in English. These are closed **o** sounds.

| chaud | aussi | beaucoup | tableau |

When the letter **o** is followed by a consonant sound, it is usually pronounced like the vowel in the English word *raw*. This is an open **o** sound.

| homme | téléphone | ordinateur | orange |

When the letter **o** occurs as the last sound of a word or is followed by a *z* sound, such as a single **s** between two vowels, it is usually pronounced with the closed **o** sound.

| trop | héros | rose | chose |

When the letter **o** has an **accent circonflexe**, it is usually pronounced with the closed **o** sound.

| drôle | bientôt | pôle | côté |

Prononcez Répétez les mots suivants à voix haute.

1. rôle
2. porte
3. dos
4. chaud
5. prose
6. gros
7. oiseau
8. encore
9. mauvais
10. nouveau
11. restaurant
12. bibliothèque

Articulez Répétez les phrases suivantes à voix haute.

1. En automne, on n'a pas trop chaud.
2. Aurélie a une bonne note en biologie.
3. Votre colocataire est d'origine japonaise?
4. Sophie aime beaucoup l'informatique et la psychologie.
5. Nos copains mangent au restaurant marocain aujourd'hui.
6. Comme cadeau, Robert et Corinne vont préparer un gâteau.

Dictons Répétez les dictons à voix haute.

La fortune vient en dormant.[2]

Tout nouveau, tout beau.[1]

[1] Shiny and new.
[2] Fortune comes while you sleep.

Les cadeaux vhlcentral

À l'appartement de Sandrine...

SANDRINE Allô, Pascal? Tu m'as téléphoné? Écoute, je suis très occupée, là. Je prépare un gâteau d'anniversaire pour Stéphane... Il a dix-huit ans aujourd'hui... On organise une fête surprise au P'tit Bistrot.

SANDRINE J'ai fait une mousse au chocolat, comme pour ton anniversaire. Stéphane adore ça! J'ai aussi préparé des biscuits que David aime bien.

SANDRINE Quoi? David!... Mais non, il n'est pas marié. C'est un bon copain, c'est tout!... Désolée, je n'ai pas le temps de discuter. À bientôt.

RACHID Écoute, Astrid. Il faut trouver un cadeau... un *vrai* cadeau d'anniversaire.

ASTRID Excusez-moi, Madame. Combien coûte cette montre, s'il vous plaît?

VENDEUSE Quarante euros.

ASTRID Que penses-tu de cette montre, Rachid?

RACHID Bonne idée.

VENDEUSE Je fais un paquet cadeau?

ASTRID Oui, merci.

RACHID Eh, Astrid, il faut y aller!

VENDEUSE Et voilà dix euros. Merci, Mademoiselle, bonne fin de journée.

Au café...

VALÉRIE Ah, vous voilà! Astrid, aide-nous avec les décorations, s'il te plaît. La fête commence à six heures. Sandrine a tout préparé.

ASTRID Quelle heure est-il? Zut, déjà? En tout cas, on a trouvé des cadeaux.

RACHID Je vais chercher Stéphane.

A C T I V I T É S

1 **Vrai ou faux?** Indiquez si ces (*these*) affirmations sont **vraies** ou **fausses**.

1. Sandrine prépare un gâteau d'anniversaire pour Stéphane.

2. Sandrine est désolée parce qu'elle n'a pas le temps de discuter avec Rachid.

3. Pour aider Sandrine, Valérie va apporter les desserts.

4. Rachid ne comprend pas la blague.

5. Rachid et Astrid trouvent un cadeau pour Valérie.

6. Rachid n'aime pas l'idée de la montre pour Stéphane.

7. La fête d'anniversaire pour Stéphane commence à huit heures.

8. Sandrine va chercher Stéphane.

9. Amina a apporté de la glace au chocolat.

10. Les parents d'Amina vont passer l'été en France.

Tout le monde prépare la surprise pour Stéphane.

VALÉRIE Oh là là! Tu as fait tout ça pour Stéphane?!

SANDRINE Oh, ce n'est pas grand-chose.

VALÉRIE Tu es un ange! Stéphane va bientôt arriver. Je t'aide à apporter ces desserts?

SANDRINE Oh, merci, c'est gentil.

Dans un magasin...

ASTRID Eh Rachid, j'ai eu une idée géniale... Des cadeaux parfaits pour Stéphane. Regarde! Ce matin, j'ai acheté cette calculatrice et ces livres.

RACHID Mais enfin, Astrid, Stéphane n'aime pas les livres.

ASTRID Oh, Rachid, tu ne comprends rien. C'est une blague.

AMINA Bonjour! Désolée, je suis en retard!

VALÉRIE Ce n'est pas grave. Tu es toute belle ce soir!

AMINA Vous trouvez? J'ai acheté ce cadeau pour Stéphane. Et j'ai apporté de la glace au chocolat aussi.

VALÉRIE Oh, merci! Il faut aider Astrid avec les décorations.

ASTRID Salut, Amina. Ça va?

AMINA Oui, super. Mes parents ont téléphoné du Sénégal ce matin! Ils vont passer l'été ici. C'est le bonheur!

Expressions utiles

Talking about celebrations

- **J'ai fait une mousse au chocolat, comme pour ton anniversaire.**
  I made a chocolate mousse, (just) like for your birthday.
- **J'ai aussi préparé des biscuits que David aime bien.**
  I have also prepared some cookies that David likes.
- **Je fais un paquet cadeau?**
  Shall I wrap the present?
- **En tout cas, on a trouvé des cadeaux.**
  In any case, we have found some presents.
- **Et j'ai apporté de la glace au chocolat.**
  And I brought some chocolate ice cream.

Talking about the past

- **Tu m'as téléphoné?**
  Did you call me?
- **Tu as fait tout ça pour Stéphane?!**
  You did all that for Stéphane?!
- **J'ai eu une idée géniale.**
  I had a great idea.
- **Sandrine a tout préparé.**
  Sandrine prepared everything.

Pointing out things

- **Je t'aide à apporter ces desserts?**
  Can I help you to carry these desserts?
- **J'ai acheté cette calculatrice et ces livres.**
  I bought this calculator and these books.
- **J'ai acheté ce cadeau pour Stéphane.**
  I bought this present for Stéphane.

Additional vocabulary

- **Ce n'est pas grave.**
  It's okay./No problem.
- **Tu ne comprends rien.**
  You don't understand a thing.
- **désolé(e)**
  sorry
- **discuter**
  to talk
- **zut**
  darn

---

2 **Le bon mot** Choisissez le bon mot entre **ce** (*m.*), **cette** (*f.*) et **ces** (*pl.*) pour compléter les phrases. Attention, les phrases ne sont pas identiques aux dialogues!

1. Je t'aide à apporter _____ gâteau?

2. Ce matin, j'ai acheté _____ calculatrices et _____ livre.

3. Rachid ne comprend pas _____ blague.

4. Combien coûtent _____ montres?

5. À quelle heure commence _____ classe?

3 **Imaginez** Avec un(e) partenaire, imaginez qu'Amina soit (*is*) dans un grand magasin et qu'elle téléphone à Valérie pour l'aider à choisir le cadeau idéal pour Stéphane. Amina propose plusieurs possibilités de cadeaux et Valérie donne son avis (*opinion*) sur chacune d'entre elles (*each of them*).

A C T I V I T É S

vhlcentral | *Flash culture*

CULTURE À LA LOUPE

Le carnaval

Tous les ans, beaucoup de pays° et de régions francophones célèbrent le carnaval. Cette tradition est l'occasion de fêter la fin° de l'hiver et l'arrivée° du printemps. En général, la période de fête commence la semaine avant le Carême° et finit le jour du Mardi gras. Le carnaval demande très souvent des mois de préparation. La ville organise des défilés° de musique, de masques, de costumes et de chars fleuris°. La fête finit souvent par la crémation du roi° Carnaval, personnage de papier qui représente le carnaval et l'hiver.

Certaines villes et certaines régions sont réputées° pour leur carnaval: Nice, en France, la ville de Québec, au Canada, La Nouvelle-Orléans, aux États-Unis, et la Martinique. Chaque ville a ses traditions particulières. La ville de Nice, lieu du plus grand° carnaval français, organise une grande bataille de fleurs° où des jeunes, sur des chars, envoient des fleurs aux spectateurs. À Québec, le climat intense transforme le carnaval en une célébration de l'hiver. Le symbole officiel

le roi du carnaval de Nice

de la fête est le «Bonhomme» (de neige°) et les gens font du ski, de la pêche sous la glace° ou des courses de traîneaux à chiens°. À la Martinique, le carnaval continue jusqu'au° mercredi des Cendres°, à minuit: les gens, tout en noir et blanc°, regardent la crémation de Vaval, le roi Carnaval. Le carnaval de La Nouvelle-Orléans est célébré avec de nombreux bals° et défilés costumés. Ses couleurs officielles sont l'or°, le vert° et le violet.

pays *countries* fin *end* arrivée *arrival* Carême *Lent* défilés *parades* chars fleuris *floats decorated with flowers* roi *king* réputées *famous* plus grand *largest* bataille de fleurs *flower battle* «Bonhomme» (de neige) *snowman* pêche sous la glace *ice-fishing* courses de traîneaux à chiens *dogsled races* jusqu'au *until* mercredi des Cendres *Ash Wednesday* noir et blanc *black and white* bals *balls (dances)* or *gold* vert *green* reine *queen* a eu lieu *took place* pendant *during*

Le carnaval en détail

Martinique	Chaque ville choisit une reine°.
Nice	La première bataille de fleurs a eu lieu° en 1876. Chaque année, on envoie entre 80.000 et 100.000 fleurs aux spectateurs.
La Nouvelle-Orléans	Il y a plus de 70 défilés pendant° le carnaval.
la ville de Québec	Le premier carnaval a eu lieu en 1894.

1 Compréhension Répondez aux questions.

1. En général, quel est le dernier jour du carnaval?
2. Dans quelle ville des États-Unis est-ce qu'on célèbre le carnaval?
3. Où a lieu le plus grand (*largest*) carnaval français?
4. Qu'est-ce que les jeunes envoient aux spectateurs du carnaval de Nice?
5. Quel est le symbole officiel du carnaval de Québec?
6. Que fait-on pendant (*during*) le carnaval de Québec?
7. Quand est-ce que le carnaval de la Martinique finit?
8. Comment s'appelle le roi du carnaval à la Martinique?
9. Comment est-ce qu'on célèbre le carnaval à La Nouvelle-Orléans?
10. Quelles sont les couleurs officielles du carnaval de La Nouvelle-Orléans?

LE FRANÇAIS QUOTIDIEN

LE FRANÇAIS QUOTIDIEN

Les vœux

À votre santé!	*To your health!*
Bonne année!	*Happy New Year!*
Bravo! Félicitations!	*Bravo! Congratulations!*
Joyeuses fêtes!	*Have a good holiday!*
Meilleurs vœux!	*Best wishes!*
Santé!	*Cheers!*
Tous mes vœux de bonheur!	*All the best!*

LE MONDE FRANCOPHONE

Fêtes et festivals

Voici d'autres fêtes et festivals francophones.

En Côte d'Ivoire

La fête des Ignames (plusieurs dates) On célèbre la fin° de la récolte° des ignames°, une ressource très importante pour les Ivoiriens.

Au Maroc

La fête du Trône (le 30 juillet) Tout le pays honore le roi° avec des parades et des spectacles.

À la Martinique/À la Guadeloupe

La fête des Cuisinières (en août) Les femmes défilent° en costumes traditionnels et présentent des spécialités locales qu'elles ont préparées pour la fête.

Dans de nombreux pays

L'Aïd el-Fitr C'est la fête musulmane° de la rupture du jeûne° à la fin du Ramadan.

fin *end* **récolte** *harvest* **ignames** *yams* **roi** *king* **défilent** *parade* **musulmane** *Muslim* **jeûne** *fast*

PORTRAIT

Le 14 juillet

Le 14 juillet 1789, sous le règne° de Louis XVI, les Français se sont rebellés contre° la monarchie et ont pris° la Bastille, une forteresse utilisée comme prison. Cette date est très importante dans l'histoire de France parce qu'elle représente le début de la Révolution. Le 14 juillet symbolise la fondation de la République française et a donc° été sélectionné comme date de la Fête nationale. Tous les ans, il y a un grand défilé° militaire sur les Champs-Élysées, la plus grande° avenue parisienne. Partout° en France, les gens assistent à des défilés et à des fêtes dans les rues°. Le soir, il y a de nombreux bals populaires° où les Français dansent et célèbrent cette date historique. Le soir, on assiste aux feux d'artifices° traditionnels.

règne *reign* **se sont rebellés contre** *rebelled against* **ont pris** *stormed* **donc** *therefore* **défilé** *parade* **la plus grande** *the largest* **Partout** *Everywhere* **rues** *streets* **bals populaires** *public dances* **feux d'artifices** *fireworks*

Sur Internet

Qu'est-ce que c'est, la fête des Rois?

Go to **vhlcentral.com** to find more information related to this **Culture** section and to watch the corresponding **Flash culture** video.

---

2 **Les fêtes** Complétez les phrases.

1. Le 14 juillet 1789 est la date _____.

2. Aujourd'hui, le 14 juillet est la _____.

3. En France, le soir du 14 juillet, il y a _____.

4. À plusieurs dates, les Ivoiriens fêtent _____.

5. Au Maroc, il y a un festival au mois de _____.

6. Dans les pays musulmans, l'Aïd el-Fitr célèbre _____.

3 **Faisons la fête ensemble!** Vous êtes en vacances dans un pays francophone et vous invitez un(e) ami(e) à aller à une fête ou à un festival francophone avec vous. Expliquez à votre partenaire ce que vous allez faire. Votre partenaire va vous poser des questions.

ACTIVITÉS

6A.1

Demonstrative adjectives vhlcentral

Point de départ To identify or point out a noun with the French equivalent of *this/these* or *that/those*, use a demonstrative adjective before the noun. In French, the form of the demonstrative adjective depends on the gender and number of the noun that it goes with.

Demonstrative adjectives			
	singular		plural
	Before consonant	Before vowel sound	
masculine	**ce** café	**cet** éclair	**ces** cafés, **ces** éclairs
feminine	**cette** surprise	**cette** amie	**ces** surprises, **ces** amies

Ce copain organise une fête.
That friend is planning a party.

Cette glace est excellente.
This ice cream is excellent.

Cet hôpital est trop loin du centre-ville.
That hospital is too far from downtown.

Je préfère **ces** cadeaux.
I prefer those gifts.

Combien coûte cette montre?

J'ai ce cadeau pour Stéphane.

- Note that the forms of **ce** can refer to a noun that is near *(this/these)* or far *(that/those)*. The meaning will usually be clear from context.

Ce dessert est délicieux.
This dessert is delicious.

Ils vont aimer **cette** surprise.
They're going to like this surprise.

Joël préfère **cet** éclair.
Joël prefers that éclair.

Ces glaçons sont pour la limonade.
Those ice cubes are for the lemon soda.

La maison Julien

Pour toutes ces occasions...

pour célébrer tout ce bonheur...

nous pensons à tous les détails.

- The past participles of many common verbs are irregular. You will need to memorize them.

Some irregular past participles

apprendre	appris	être	été
avoir	eu	faire	fait
boire	bu	pleuvoir	plu
comprendre	compris	prendre	pris
courir	couru	surprendre	surpris

Nous avons **bu** de la limonade.
We drank lemonade.

Ils ont **été** très en retard.
They were very late.

- The **passé composé** of **il faut** is **il a fallu**; that of **il y a** is **il y a eu**.

Il a fallu passer par le supermarché.
It was necessary to stop by the supermarket.

Il y a eu deux fêtes hier soir.
There were two parties last night.

Negation and asking questions with the *passé composé*

- To make a verb negative in the **passé composé**, place **ne/n'** and **pas** around the conjugated form of **avoir**.

On **n'**a **pas** fêté mon anniversaire.
We didn't celebrate my birthday.

Elles **n'**ont **pas** servi de biscuits hier.
They didn't serve any cookies yesterday.

- There are three ways to ask yes or no questions in the **passé composé**: simply add a question mark and use rising intonation, add **est-ce que** in front of the subject, or invert the subject pronoun and the conjugated form of **avoir**. For the subject pronouns **il(s)**, **elle(s)**, and **on**, you will need to insert a **t** between the conjugated from of **avoir** and the subject pronoun.

Elles ont acheté du fromage hier?
Did they buy the cheese yesterday?

Est-ce que tu as mangé les biscuits?
Did you eat the cookies?

Avez-vous fêté votre anniversaire?
Did you celebrate your birthday?

Luc **a-t-il** aimé son cadeau?
Did Luc like his gift?

Boîte à outils

Some verbs, like **aller**, **sortir**, and **tomber**, use **être** instead of **avoir** to form the **passé composé**. You will learn more about these verbs in **Leçon 7A**.

Vérifiez

Essayez! Indiquez les formes du passé composé des verbes.

1. j' *ai commencé, je n'ai pas servi* (commencer, ne pas servir)
2. tu _____ (donner, finir)
3. on _____ (parler, ne pas dormir)
4. nous _____ (adorer, choisir)
5. vous _____ (ne pas employer, grossir)
6. elles _____ (espérer, sentir)
7. je _____ (avoir, ne pas faire)
8. tu _____ (être, boire)
9. il _____ (ne pas comprendre, courir)

Reformulez ces phrases en questions.

1. Tu as payé 10 euros pour le gâteau. *Est-ce que tu as payé 10 euros pour le gâteau? As-tu payé 10 euros pour le gâteau?*
2. Il a oublié les boissons. _____
3. Vous avez grossi. _____

Mise en pratique

1 **Qu'est-ce qu'ils ont fait?** Laurent parle de son week-end en ville avec sa famille. Complétez ses phrases avec le **passé composé** du verbe correct.

1. Nous _____ (nager, manger) des escargots.
2. Papa _____ (acheter, apprendre) une nouvelle montre.
3. J' _____ (prendre, oublier) une glace à la terrasse d'un café.
4. Vous _____ (enseigner, essayer) un nouveau restaurant.
5. Mes parents _____ (dessiner, célébrer) leur anniversaire de mariage.
6. Ils _____ (fréquenter, faire) une promenade.
7. Ma sœur _____ (boire, nettoyer) un chocolat chaud.
8. Le soir, nous _____ (écouter, avoir) sommeil.

2 **Pas encore** Un copain pose des questions pénibles. Écrivez ses questions puis donnez des réponses négatives.

MODÈLE

inviter vos amis (vous)
Vous avez déjà invité vos amis? Non, nous n'avons pas encore invité nos amis.

1. écouter mon CD (tu)
2. faire ses devoirs (Matthieu)
3. courir dans le parc (elles)
4. parler aux profs (tu)
5. apprendre les verbes irréguliers (André)
6. être à la piscine (Marie et Lise)
7. emmener Yassim au cinéma (vous)
8. avoir le temps d'étudier (tu)

> **Coup de main**
>
> Adverbs, such as **déjà**, **encore**, **bien**, **mal**, and **beaucoup** are placed between the auxiliary verb or **pas** and the past participle.
>
> **Tu as *déjà* mangé?**
> (*Have you already eaten?*)
>
> **Non, je n'ai pas *encore* mangé.**
> (*No, I haven't eaten yet.*)

3 **La semaine** Assemblez les éléments des colonnes pour expliquer ce que (*what*) tout le monde (*everyone*) a fait cette semaine.

A	B	C
je	acheter	bonbons
Luc	apprendre	café
mon prof	boire	cartes
Sylvie	enseigner	l'espagnol
mes parents	étudier	famille
mes copains et moi	faire	foot
tu	jouer	glace
vous	manger	jogging
?	parler	les maths
	prendre	promenade
	regarder	vélo
	?	?

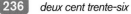

Communication

4 **L'été dernier** Vous avez passé l'été dernier avec deux amis, mais vos souvenirs (*memories*) diffèrent. Par groupes de trois, utilisez les expressions de la liste et imaginez le dialogue.

MODÈLE

Élève 1: *Nous avons fait du cheval tous les matins.*
Élève 2: *Mais non! Moi, j'ai fait du cheval. Vous deux, vous avez fait du jogging.*
Élève 3: *Je n'ai pas fait de jogging. J'ai dormi!*

acheter	essayer	faire une promenade
courir	faire du cheval	jouer au foot
dormir	faire du jogging	jouer aux cartes
emmener	faire la fête	manger

5 **Vendredi soir** Vous et votre partenaire avez assisté à une fête vendredi soir. Parlez de la fête à tour de rôle. Qu'est-ce que les invités ont fait? Quelle a été l'occasion?

6 **Qu'est-ce que tu as fait?** Avec un(e) partenaire, posez-vous les questions à tour de rôle. Ensuite, présentez vos réponses à la classe.

1. As-tu fait la fête samedi dernier? Où? Avec qui?
2. Est-ce que tu as célébré une occasion importante cette année? Quelle occasion?
3. As-tu organisé une fête? Pour qui?
4. Qui est-ce que tu as invité à ta dernière fête?
5. Qu'est-ce que tu as fait pour fêter ton dernier anniversaire?
6. Est-ce que tu as préparé quelque chose à manger pour une fête ou un dîner? Quoi?

7 **Ma fête** Votre partenaire a organisé une fête le week-end dernier. Posez sept questions pour avoir plus de détails sur la fête. Ensuite, alternez les rôles.

MODÈLE

Élève 1: *Pour qui est-ce que tu as organisé la fête samedi dernier?*
Élève 2: *Pour ma sœur.*

Révision

1 L'année dernière et cette année Décrivez vos dernières fêtes de Thanksgiving à votre partenaire. Utilisez les verbes de la liste. Parlez aussi des projets (*plans*) de votre famille pour le prochain Thanksgiving.

MODÈLE

Élève 1: *L'année dernière, nous avons fêté Thanksgiving chez mes grands-parents. Cette année, nous allons manger au restaurant.*

Élève 2: *Moi, j'ai fait la fête avec toute la famille l'année dernière. Cette année, nous allons visiter New York avec ma tante.*

aller	donner	fêter	préparer
acheter	dormir	manger	regarder
boire	faire	prendre	téléphoner

2 Ce musée, cette ville Faites une liste de cinq lieux (villes, musées, restaurants, etc.) que vous avez visités. Avec un(e) partenaire, comparez vos listes. Utilisez des adjectifs démonstratifs dans vos phrases.

MODÈLE

Élève 1: *Ah, tu as visité Bruxelles. Moi aussi, j'ai visité cette ville. Elle est belle.*

Élève 2: *Tu as mangé au restaurant La Douce France. Je n'aime pas du tout ce restaurant!*

3 La fête Vous et votre partenaire avez préparé une fête avec vos amis. Vous avez acheté des cadeaux, des boissons et des snacks. À tour de rôle, parlez de ce qu'il y a sur l'illustration.

MODÈLE

Élève 1: *J'aime bien ces biscuits-là.*

Élève 2: *Moi, j'ai apporté cette glace-ci.*

4 Enquête Qu'est-ce que vos camarades ont fait de différent dans leur vie? Votre professeur va vous donner une feuille d'activités. Parlez à vos camarades pour trouver une personne différente pour chaque expérience, puis écrivez son nom.

MODÈLE

Élève 1: *As-tu déjà parlé à une actrice?*

Élève 2: *Oui! Une fois, j'ai parlé à Jennifer Lawrence!*

Expérience	Noms
1. parler à un(e) acteur/actrice	Julien
2. passer une nuit entière sans dormir	
3. dépenser plus de $100 pour de la musique en une fois	
4. faire la fête un lundi soir	
5. courir cinq kilomètres ou plus	
6. faire une surprise à un(e) ami(e) pour son anniversaire	

5 Conversez Avec un(e) partenaire, imaginez une conversation entre deux ami(e)s qui ont mangé dans un restaurant le week-end dernier. À tour de rôle, racontez:

- où ils ont mangé
- les thèmes de la conversation
- qui a parlé de quoi
- qui a payé
- la date du prochain dîner

6 Magali fait la fête Votre professeur va vous donner, à vous et à votre partenaire, deux feuilles d'activités différentes. Attention! Ne regardez pas la feuille de votre partenaire.

MODÈLE

Élève 1: *Magali a parlé avec un homme. Cet homme n'a pas l'air intéressant du tout!*

Élève 2: *Après, ...*

Reportage de ResoNews

C'est du pain d'épices artisanal°.

Préparation Répondez aux questions suivantes.

1. Quelles fêtes célébrez-vous? Quelles fêtes sont les plus (*the most*) importantes dans votre famille ou votre communauté?

2. Comment sont ces célébrations? Décrivez les repas, la musique, les activités, les décorations et les vêtements qu'on porte.

Les marchés de Noël

Les marchés de Noël ont commencé en Europe centrale, dans des pays comme l'Allemagne, l'Autriche et la Suisse. En France on ne les trouvait qu'°en Alsace. Mais depuis° quelques années, ces marchés sont arrivés° dans d'autres régions ou villes, et en particulier, à Paris.

La ville a plusieurs marchés de Noël pendant les fêtes, mais celui° des Champs-Élysées est situé sur l'avenue la plus célèbre° de la capitale. Ses nombreux petits chalets° vendent toutes sortes de produits et de sa grande roue°, on a une belle vue panoramique de l'avenue.

artisanal *handcrafted* **ne les trouvait qu'** *only found them* **depuis** *since* **sont arrivés** *arrived* **celui** *the one* **la plus célèbre** *the most famous* **chalets** *cabins* **grande roue** *Ferris wheel*

Compréhension Répondez aux questions.

1. Quels éléments dans la vidéo indiquent qu'on fête Noël?

2. Quelles activités sont mentionnées ou filmées dans la vidéo?

3. Qu'est-ce qu'on achète sur le marché de Noël des Champs-Élysées?

Conversation En petits groupes, répondez aux questions.

1. Partagez vos réponses aux questions de **Préparation**. En quoi ces célébrations se ressemblent-elles? Comment sont-elles différentes?

2. Quels éléments du marché de Noël de la vidéo ressemblent aux éléments d'une fête célébrée dans votre communauté? Décrivez les points communs et les différences.

Vocabulaire utile

le pain d'épices	*gingerbread*
de la présence	*people (in attendance)*
faible	*weak, underhwhelming*
un conseil	*piece of advice*
un sapin de Noël	*Christmas tree*
un bilan	*assessment*
mitigé	*mixed*
la féerie	*wonder*

Application Préparez une présentation écrite ou orale dans laquelle (*in which*) vous décrivez et illustrez les activités, les objets et d'autres éléments d'une fête importante dans votre communauté ou votre tradition.

You will learn how to...
- describe clothing
- offer and accept gifts

🔊 **vhl**central

Très chic!

Vocabulaire

aller avec	to go with
un anorak	ski jacket, parka
une chaussette	sock
une chemise (à manches courtes/longues)	shirt (short-/long-sleeved)
un chemisier	blouse
un gant	glove
un jean	jeans
une jupe	skirt
un manteau	coat
un pantalon	pants
un pull	sweater
un sous-vêtement	underwear
une taille	clothing size
un tailleur	(woman's) suit; tailor
un tee-shirt	tee shirt
un vendeur/une vendeuse	salesman/saleswoman
des vêtements (m.)	clothing
De quelle couleur...?	In what color...?
des soldes (m.)	sales
chaque	each
large	loose; big
serré(e)	tight

un chapeau (chapeaux pl.)

un maillot de bain

cher (chère f.)

une cravate

une ceinture

une robe

un short

des baskets (f.)

une robe

un sac à main

Il porte un costume. (porter)

des chaussures (f.)

violet (violette f.)

rose

gris (grise f.)

vert (verte f.)

jaune

noir (noire f.)

orange

bleu (bleue f.)

marron

blanc (blanche f.)

rouge

Mise en pratique

1 Les vêtements Choisissez le mot qui ne va pas avec les autres.

1. des baskets, une cravate, une chaussure
2. un jean, un pantalon, une jupe
3. un tailleur, un costume, un short
4. des lunettes, un chemisier, une chemise
5. un tee-shirt, un pull, un anorak
6. une casquette, une ceinture, un chapeau
7. un sous-vêtement, une chaussette, un sac à main
8. une jupe, une robe, une écharpe

2 Écoutez Guillaume prépare ses vacances d'hiver (*winter vacation*). Indiquez quels vêtements il va acheter pour son voyage.

	Oui	Non
1. des baskets	☐	☐
2. un maillot de bain	☐	☐
3. des chemises	☐	☐
4. un pantalon noir	☐	☐
5. un manteau	☐	☐
6. un anorak	☐	☐
7. un jean	☐	☐
8. un short	☐	☐
9. un pull	☐	☐
10. une robe	☐	☐

Guillaume

3 De quelle couleur? Indiquez de quelle(s) couleur(s) sont ces choses.

MODÈLE
l'océan
Il est bleu.
la statue de la Liberté
Elle est verte.

1. le drapeau français _____
2. les dollars américains _____
3. les pommes (*apples*) _____
4. le soleil _____
5. la nuit _____
6. le zèbre _____
7. la neige _____
8. les oranges _____
9. le café _____
10. les bananes _____

Attention!
Note that the adjectives **orange** and **marron** are invariable; they do not vary in gender or number to match the noun they modify.
J'aime l'anorak orange.
Il porte des chaussures marron.

Communication

4 **Qu'est-ce qu'ils portent?** Avec un(e) camarade de classe, regardez les images et à tour de rôle, décrivez ce que les personnages portent.

MODÈLE

Elle porte un maillot de bain rouge.

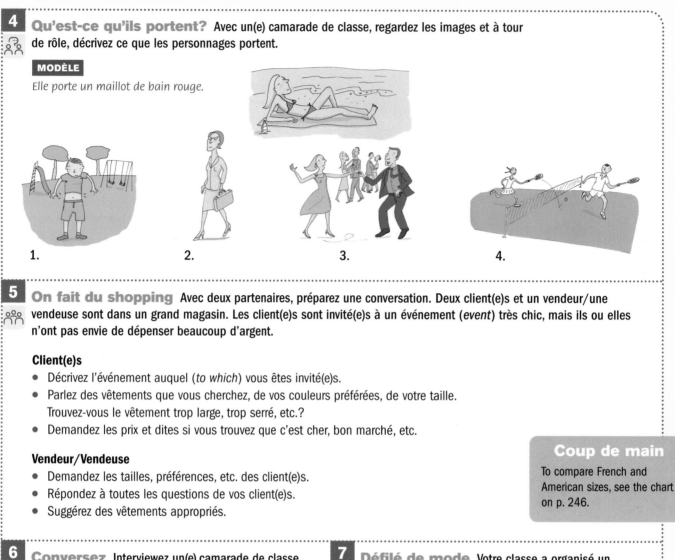

1.　　　2.　　　3.　　　4.

5 **On fait du shopping** Avec deux partenaires, préparez une conversation. Deux client(e)s et un vendeur/une vendeuse sont dans un grand magasin. Les client(e)s sont invité(e)s à un événement (*event*) très chic, mais ils ou elles n'ont pas envie de dépenser beaucoup d'argent.

Client(e)s

- Décrivez l'événement auquel (*to which*) vous êtes invité(e)s.
- Parlez des vêtements que vous cherchez, de vos couleurs préférées, de votre taille. Trouvez-vous le vêtement trop large, trop serré, etc.?
- Demandez les prix et dites si vous trouvez que c'est cher, bon marché, etc.

Vendeur/Vendeuse

- Demandez les tailles, préférences, etc. des client(e)s.
- Répondez à toutes les questions de vos client(e)s.
- Suggérez des vêtements appropriés.

Coup de main

To compare French and American sizes, see the chart on p. 246.

6 **Conversez** Interviewez un(e) camarade de classe.

1. Qu'est-ce que tu portes l'hiver? Et l'été?
2. Qu'est-ce que tu portes pour aller au lycée?
3. Qu'est-ce que tu portes pour aller à la plage (*beach*)?
4. Qu'est-ce que tu portes pour faire une randonnée?
5. Qu'est-ce que tu portes pour aller en ville?
6. Qu'est-ce que tu portes quand il pleut?
7. Quelle est ta couleur préférée? Pourquoi?
8. Qu'est-ce que tu portes pour aller dans un restaurant très élégant?
9. Où est-ce que tu achètes tes vêtements? Pourquoi?
10. Est-ce que tu prêtes (*lend*) tes vêtements à tes ami(e)s?

7 **Défilé de mode** Votre classe a organisé un défilé de mode (*fashion show*). Votre partenaire est mannequin (*model*) et vous représentez la marque (*brand*) de vêtements. Pendant que votre partenaire défile, vous décrivez à la classe les vêtements qu'il ou elle porte. Après, échangez les rôles.

MODÈLE

Et voici la charmante Julie, qui porte les modèles de la dernière collection H&M®: une chemise à manches courtes et un pantalon noir, ensemble idéal pour sortir le soir. Ses chaussures blanches vont parfaitement avec l'ensemble. Cette collection H&M est très à la mode et très bon marché.

Les sons et les lettres 🔊 vhlcentral

Open vs. closed vowels: Part 3

The letter combination **eu** can be pronounced two different ways, open and closed. Compare the pronunciation of the vowel sounds in these words.

chev**eu**x	nev**eu**	h**eu**re	meill**eu**r

When **eu** is followed by a pronounced consonant, it has an open sound. The open **eu** sound does not exist in English. To pronounce it, say **è** with your lips only slightly rounded.

p**eu**r	j**eu**ne	chant**eu**r	b**eu**rre

The letter combination **œu** is usually pronounced with an open **eu** sound.

s**œu**r	b**œu**f	**œu**f	ch**œu**r

When **eu** is the last sound of a syllable, it has a closed vowel sound, similar to the vowel sound in the English word *full*. While this exact sound does not exist in English, you can make the closed **eu** sound by saying **é** with your lips rounded.

d**eu**x	bl**eu**	p**eu**	mi**eu**x

When **eu** is followed by a *z* sound, such as a single **s** between two vowels, it is usually pronounced with the closed **eu** sound.

chant**eu**se	génér**eu**se	séri**eu**se	curi**eu**se

Prononcez Répétez les mots suivants à voix haute.

1. leur
2. veuve
3. neuf
4. vieux
5. curieux
6. acteur
7. monsieur
8. coiffeuse
9. ordinateur
10. tailleur
11. vendeuse
12. couleur

Articulez Répétez les phrases suivantes à voix haute.

1. Le professeur Heudier a soixante-deux ans.
2. Est-ce que Matthieu est jeune ou vieux?
3. Monsieur Eustache est un chanteur fabuleux.
4. Eugène a les yeux bleus et les cheveux bruns.

Dictons Répétez les dictons à voix haute.

Les conseilleurs ne sont pas les payeurs.[2]

Qui vole un œuf, vole un bœuf.[1]

[1] He who steals an egg would steal an ox.

[2] Those who give advice are not the ones who pay the price.

L'anniversaire vhlcentral

PERSONNAGES

Amina

Astrid

Rachid

Sandrine

Stéphane

Valérie

Au café...

VALÉRIE, SANDRINE, AMINA, ASTRID ET RACHID Surprise! Joyeux anniversaire, Stéphane!

STÉPHANE Alors là, je suis agréablement surpris!

VALÉRIE Bon anniversaire, mon chéri!

SANDRINE On a organisé cette surprise ensemble...

VALÉRIE Pas du tout! C'est Sandrine qui a presque tout préparé.

SANDRINE Oh, je n'ai fait que les desserts et ton gâteau d'anniversaire.

STÉPHANE Tu es un ange.

RACHID Bon anniversaire, Stéphane. Tu sais, à ton âge, il ne faut pas perdre son temps. Alors cette année, tu travailles sérieusement, c'est promis?

STÉPHANE Oui, oui.

AMINA Rachid a raison. Dix-huit ans, c'est une étape importante dans la vie! Il faut fêter ça.

ASTRID Joyeux anniversaire, Stéphane.

STÉPHANE Oh, et en plus, vous m'avez apporté des cadeaux!

AMINA Oui. J'ai tout fait moi-même: ce tee-shirt, cette jupe et j'ai acheté ces chaussures.

SANDRINE Tu es une véritable artiste, Amina! Ta jupe est très originale! J'adore!

AMINA J'ai une idée. Tu me prêtes ta robe grise samedi et je te prête ma jupe. D'accord?

SANDRINE Bonne idée!

STÉPHANE Eh! C'est super cool, ce blouson en cuir noir. Avec des gants en plus! Merci, maman!

AMINA Ces gants vont très bien avec le blouson! Très à la mode!

STÉPHANE Tu trouves?

RACHID Tiens, Stéphane.

STÉPHANE Mais qu'est-ce que c'est? Des livres?

RACHID Oui, la littérature, c'est important pour la culture générale!

VALÉRIE Tu as raison, Rachid.

STÉPHANE Euh oui... euh... c'est gentil... euh... merci, Rachid.

ACTIVITÉS

1 Vrai ou faux? Indiquez si ces affirmations sont **vraies** ou **fausses**.

1. David ne veut pas (*doesn't want*) aller à la fête.

2. Sandrine porte une jupe bleue.

3. Amina a fait sa jupe elle-même (*herself*).

4. Le tee-shirt d'Amina est en soie.

5. Valérie donne un blouson en cuir et une ceinture à Stéphane.

6. Sandrine n'aime pas partager ses vêtements.

7. Pour Amina, 18 ans, c'est une étape importante.

8. Sandrine n'a rien fait (*didn't do anything*) pour la fête.

9. Rachid donne des livres de littérature à Stéphane.

10. Stéphane pense que ses amis sont drôles.

Les amis fêtent l'anniversaire de Stéphane.

SANDRINE Ah au fait, David est désolé de ne pas être là. Ce week-end, il visite Paris avec ses parents. Mais il pense à toi.

STÉPHANE Je comprends tout à fait. Les parents de David sont de Washington, n'est-ce pas?

SANDRINE Oui, c'est ça.

AMINA Merci, Sandrine. Je trouve que tu es très élégante dans cette robe grise! La couleur te va très bien.

SANDRINE Vraiment? Et toi, tu es très chic. C'est du coton?

AMINA Non, de la soie.

SANDRINE Cet ensemble, c'est une de tes créations, n'est-ce pas?

STÉPHANE Une calculatrice rose... pour moi?

ASTRID Oui, c'est pour t'aider à répondre à toutes les questions en maths, et avec le sourire.

STÉPHANE Euh, merci beaucoup! C'est très... utile.

ASTRID Attends! Il y a encore un cadeau pour toi...

STÉPHANE Ouah, cette montre est géniale, merci!

ASTRID Tu as aimé notre petite blague? Nous, on a bien ri.

RACHID Eh Stéphane! Tu as vraiment aimé tes livres et ta calculatrice?

STÉPHANE Ouais, vous deux, ce que vous êtes drôles.

Expressions utiles

Talking about your clothes

- **Et toi, tu es très chic. C'est du coton/ de la soie?**
  And you, you are very chic. Is it cotton/silk?
- **J'ai tout fait moi-même.**
  I did/made everything myself.
- **La couleur te va très bien.**
  The color suits you well.
- **Tu es une véritable artiste! Ta jupe est très originale!**
  You are a true artist! Your skirt is very original!
- **Tu me prêtes ta robe grise samedi et je te prête ma jupe.**
  You lend me your gray dress Saturday and I'll lend you my skirt.
- **C'est super cool, ce blouson en cuir/laine/ velours noir(e). Avec des gants en plus!**
  It's really cool, this black leather/wool/velvet jacket. With gloves as well!

Additional vocabulary

- **Vous m'avez apporté des cadeaux!**
  You brought me gifts!
- **Tu sais, à ton âge, il ne faut pas perdre son temps.**
  You know, at your age, one should not waste time.
- **C'est pour t'aider à répondre à toutes les questions en maths, et avec le sourire.**
  It's to help you answer all the questions in math, with a smile.

agréablement surpris(e) *pleasantly surprised*	**véritable** *true, genuine*
C'est promis? *Promise?*	**Pour moi?** *For me?*
Il pense à toi. *He's thinking of you.*	**Attends!** *Wait!*
tout à fait *absolutely*	**On a bien ri.** *We had a good laugh.*
Vraiment? *Really?*	

---

2 **Identifiez** Indiquez qui a dit (*said*) ces phrases: Amina (**A**), Astrid (**As**), Rachid (**R**), Sandrine (**S**), Stéphane (**St**) ou Valérie (**V**).

_____ 1. Tu es une véritable artiste.

_____ 2. On a bien ri.

_____ 3. Très à la mode.

_____ 4. Je comprends tout à fait.

_____ 5. C'est Sandrine qui a presque tout préparé.

_____ 6. C'est promis?

3 **À vous!** Ce sont les soldes. Sandrine, David et Amina vont dans un magasin pour acheter des vêtements. Ils essaient différentes choses, donnent leur avis (*opinion*) et parlent de leurs préférences, des prix et des matières (*fabrics*). Avec un(e) partenaire, écrivez la conversation et jouez la scène devant la classe.

A C T I V I T É S

CULTURE À LA LOUPE

La mode° en France

Pour la majorité des Français, la mode est un moyen° d'expression. Les jeunes adorent les marques°, surtout les marques américaines. Avoir un *hoody* de style américain est considéré comme à la mode. C'est pareil° pour les chaussures. Bien sûr, les styles varient beaucoup. Il y a le style BCBG (bon chic bon genre), par exemple, plus classique avec la prédominance de la couleur bleu marine°. Il y a aussi le style «baba cool», c'est-à-dire° *hippie*.

Les marques coûtent cher, mais en France il y a encore beaucoup de boutiques indépendantes où les vêtements sont bon marché. Souvent les vendeurs et les vendeuses sont aussi propriétaires° du magasin. Ils encouragent plus les clients à acheter. Mais il y a aussi beaucoup de chaînes françaises comme Lacoste, Promod et Camaïeu. Et les chaînes américaines sont de plus en plus présentes dans les villes. Les Français achètent aussi des vêtements dans les hypermarchés°, comme Monoprix, Auchan ou Carrefour, et dans les centres commerciaux.

L'anthropologue américain Lawrence Wylie a écrit° sur les différences entre les vêtements français et américains. Les Américains portent des vêtements plus amples et plus confortables. Pour les Français, l'aspect esthétique est plus important que le confort. Les femmes mettent des baskets uniquement pour faire du sport. Les costumes français sont plus serrés et plus près du corps° et les épaules° sont en général plus étroites°.

Coup de main

Comparaison des tailles°

FEMMES

France	32	34	36	38	40	42
USA	2	4	6	8	10	12

HOMMES (PANTALONS)

France	36	38	40	42	44	46
USA	26	28	30	32	34	36

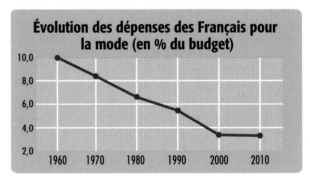

Évolution des dépenses des Français pour la mode (en % du budget)

La mode *Fashion* **moyen** *means* **marques** *brand names* **pareil** *the same* **marine** *navy* **c'est-à-dire** *in other words* **propriétaires** *owners* **hypermarchés** *large supermarkets* **a écrit** *wrote* **corps** *body* **épaules** *shoulders* **étroites** *narrow* **tailles** *sizes*

ACTIVITÉS

1 Vrai ou faux? Indiquez si les phrases sont **vraies** ou **fausses**.

1. Pour beaucoup de Français, la mode est un moyen d'expression.
2. Un *hoody* de style américain est considéré comme du mauvais goût (*taste*) par les jeunes.
3. La couleur bleu marine prédomine dans le style BCBG.
4. En France les boutiques indépendantes sont rares.
5. Les vendeurs et les vendeuses des boutiques indépendantes sont souvent aussi propriétaires.
6. Lacoste, Promod et Camaïeu sont des chaînes françaises.
7. Il est possible d'acheter des vêtements dans les hypermarchés.
8. Lawrence Wylie a écrit sur la mode italienne.
9. Les Français portent des vêtements plus amples et plus confortables.
10. Les costumes français sont très larges.

LE FRANÇAIS QUOTIDIEN

Les vêtements et la mode

fringues (*f.*)	*clothes*
look (*m.*)	*style*
vintage (*m.*)	*vintage clothing*
BCBG (bon chic bon genre)	*chic and preppy*
ringard(e)	*out-of-style*
être bien/ mal sapé(e)	*to be well/ badly dressed*
être sur son 31	*to be well dressed*

LE MONDE FRANCOPHONE

Vêtements et tissus

Voici quelques vêtements et tissus° traditionnels du monde francophone.

En Afrique centrale et de l'Ouest

Le boubou tunique plus ou moins° longue et souvent très colorée

Les batiks tissus traditionnels très colorés

En Afrique du Nord

La djellaba longue tunique à capuche°

Le kaftan sorte de djellaba portée à la maison

À la Martinique

Le madras tissu typique aux couleurs vives

À Tahiti

Le paréo morceau° de tissu attaché au-dessus de la poitrine° ou à la taille°

tissus *fabrics* **plus ou moins** *more or less* **à capuche** *hooded* **morceau** *piece* **poitrine** *chest* **taille** *waist*

PORTRAIT

Coco Chanel, styliste° parisienne

«La mode se démode°, le style jamais.»
—*Coco Chanel*

Coco Chanel (1883–1971) est considérée comme l'icône du parfum et de la mode du vingtième siècle°. Dans les années 1910, elle a l'idée audacieuse° d'intégrer la mode «à la garçonne» dans ses créations: les lignes féminines empruntent aux° éléments de la mode masculine. C'est la naissance du fameux tailleur Chanel. Pour «Mademoiselle Chanel», l'important dans la mode, c'est que les vêtements permettent de bouger°; ils doivent° être simples et confortables. Son invention de «la petite robe noire» illustre l'esprit° classique et élégant de ses collections. De nombreuses célébrités ont immortalisé le nom de Chanel: Jacqueline Kennedy avec le tailleur et Marilyn Monroe avec le parfum No. 5, par exemple.

styliste *designer* **vingtième siècle** *twentieth century* **idée audacieuse** *daring idea* **empruntent aux** *borrow from* **bouger** *move* **doivent** *have to* **esprit** *spirit*

Sur Internet

Combien de couturiers présentent leurs collections dans les défilés de mode, à Paris, chaque hiver?

Go to **vhlcentral.com** to find more information related to this **Culture** section.

---

2 **Coco Chanel** Complétez les phrases.

1. Coco Chanel était (*was*) _____.

2. Le style Chanel est inspiré de _____.

3. Les vêtements Chanel sont _____.

4. Jacqueline Kennedy portait souvent des _____ Chanel.

5. D'après «Mademoiselle Chanel», il est très important de pouvoir (*to be able to*) _____ dans ses vêtements.

6. C'est Coco Chanel qui a inventé _____.

3 **Le «relookage»** Vous êtes conseiller/conseillère en image (*image counselors*), spécialisé(e) dans le «relookage». Votre nouveau (nouvelle) client(e), une célébrité, vous demande de l'aider à sélectionner un nouveau style. Discutez de ce nouveau look avec un(e) partenaire.

A C T I V I T É S

6B.1

Indirect object pronouns vhlcentral

Point de départ An indirect object expresses *to whom* or *for whom* an action is done. It is always a person or animal and preceded by the preposition **à** in French. In the example below, the indirect object answers this question: **À qui parle Gisèle?** (*To whom does Gisèle speak?*)

SUBJECT	VERB	INDIRECT OBJECT NOUN
Gisèle	**parle**	**à sa mère.**
Gisèle	*speaks*	*to her mother.*

- Indirect object pronouns replace indirect object nouns and the prepositions that precede them.

Indirect object pronouns

me	to/for me	nous	to/for us
te	to/for you	vous	to/for you
lui	to/for him/her	leur	to/for them

Gisèle parle **à sa mère**.
Gisèle speaks to her mother.

J'envoie des cadeaux **à mes nièces**.
I send gifts to my nieces.

Gisèle **lui** parle.
Gisèle speaks to her.

Je **leur** envoie des cadeaux.
I send them gifts.

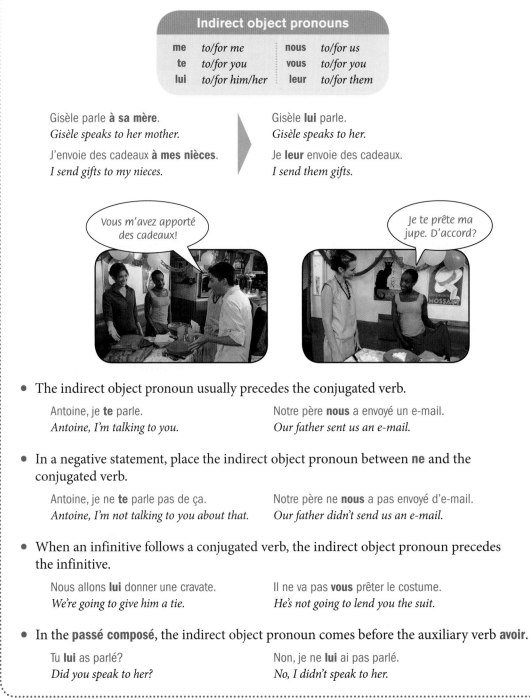

Vous m'avez apporté des cadeaux!

Je te prête ma jupe. D'accord?

- The indirect object pronoun usually precedes the conjugated verb.

Antoine, je **te** parle.
Antoine, I'm talking to you.

Notre père **nous** a envoyé un e-mail.
Our father sent us an e-mail.

- In a negative statement, place the indirect object pronoun between **ne** and the conjugated verb.

Antoine, je ne **te** parle pas de ça.
Antoine, I'm not talking to you about that.

Notre père ne **nous** a pas envoyé d'e-mail.
Our father didn't send us an e-mail.

- When an infinitive follows a conjugated verb, the indirect object pronoun precedes the infinitive.

Nous allons **lui** donner une cravate.
We're going to give him a tie.

Il ne va pas **vous** prêter le costume.
He's not going to lend you the suit.

- In the **passé composé**, the indirect object pronoun comes before the auxiliary verb **avoir**.

Tu **lui** as parlé?
Did you speak to her?

Non, je ne **lui** ai pas parlé.
No, I didn't speak to her.

Boîte à outils

When asking a question using inversion, follow the same rules outlined on this page for the placement of the indirect object pronoun.

Lui parles-tu?

Lui as-tu parlé?

Vas-tu lui parler?

- The indirect object pronouns **me** and **te** become **m'** and **t'** before a verb beginning with a vowel sound.

Ton petit ami **t'**envoie des e-mails.	Isabelle **m'**a prêté son sac à main.
Your boyfriend sends you e-mails.	*Isabelle lent me her handbag.*
M'a-t-il acheté ce pull?	Elles ne **t'**ont pas téléphoné hier?
Did he buy me this sweater?	*Didn't they call you yesterday?*

Vérifiez

Verbs used with indirect object pronouns

demander à	to ask, to request	**parler à**	to speak/talk to
donner à	to give to	**poser une question à**	to pose/ask a question (to)
envoyer à	to send to	**prêter à**	to lend to
montrer à	to show to	**téléphoner à**	to phone, to call

Disjunctive pronouns

- Disjunctive pronouns can be used alone or in phrases without a verb.

Qui prend du café?	**Moi!**	**Eux** aussi?
Who's having coffee?	*Me!*	*Them, too?*

- Disjunctive pronouns emphasize the person to whom they refer.

Moi, je porte souvent une casquette.	Mon frère, **lui**, il déteste les casquettes.
Me, I often wear a cap.	*My brother, he hates caps.*

- To say *myself, ourselves,* etc., add **-même(s)** after the disjunctive pronoun.

Tu fais ça **toi-même**?	Ils organisent la fête **eux-mêmes**.
Are you doing that yourself?	*They're planning the party themselves.*

- Some French verbs and expressions use a stressed pronoun instead of an indirect object pronoun to replace people or animals that follow the preposition **à**. One such expression is **penser à**.

DISJUNCTIVE PRONOUN

Il **pense** souvent **à** ses grands-parents, n'est-ce pas?	Oui, il **pense** souvent **à** eux.
He often thinks about his grandparents, doesn't he?	*Yes, he often thinks about them.*

Vérifiez

Boîte à outils

The following are disjunctive pronouns, which can be used alone or after a preposition:

moi	*me*	**nous**	*us*
toi	*you*	**vous**	*you*
lui	*him*	**eux**	*them*
elle	*her*	**elles**	*them*

Essayez! **Complétez les phrases avec le pronom d'objet indirect approprié.**

1. Tu ___nous___ montres tes photos? (*us*)
2. Luc, je _____ donne ma nouvelle adresse. (*you, fam.*)
3. Vous _____ posez de bonnes questions. (*me*)
4. Nous _____ avons demandé. (*them*)
5. On _____ achète une nouvelle robe. (*you, form.*)
6. Ses parents _____ ont acheté un tailleur. (*her*)
7. Je vais _____ téléphoner à dix heures. (*him*)
8. Elle va _____ prêter sa jupe. (*me*)
9. Je _____ envoie des vêtements. (*you, plural*)
10. Est-ce que tu _____ as apporté ces chaussures? (*them*)
11. Il ne _____ donne pas son anorak? (*you, fam.*)
12. Nous ne _____ parlons pas! (*them*)

Mise en pratique

1 Complétez Corinne fait du shopping avec sa copine Célia. Trouvez le bon pronom d'objet indirect ou disjonctif pour compléter ses phrases.

1. Je _____ achète des baskets. (à mes cousins)

2. Je _____ prends une ceinture. (à toi, Célia)

3. Nous _____ achetons une jupe. (à notre copine Christelle)

4. Célia _____ prend des lunettes de soleil. (à ma mère et à moi)

5. Je _____ achète des gants. (à ta mère et à toi, Célia)

6. Célia _____ achète un pantalon. (à moi)

7. Et, c'est l'annversaire de Magalie demain. Tu penses à _____, j'espère! (à Magalie)

2 Dialogues Complétez les dialogues.

1. **M. SAUNIER** Tu m'as posé une question, chérie?

   MME SAUNIER Oui. Je _____ ai demandé l'heure.

2. **CLIENT** Je cherche un beau pull.

   VENDEUSE Je vais _____ montrer ce pull noir.

3. **VALÉRIE** Tu as l'air triste. Tu penses à ton petit ami?

   MÉGHANE Oui, je pense à _____.

4. **PROF 1** Mes étudiants ont passé l'examen.

   PROF 2 Tu _____ envoies les résultats?

5. **MÈRE** Qu'est-ce que vous allez faire?

   ENFANTS On va aller au cinéma. Tu _____ donnes de l'argent?

6. **PIERRE** Tu _____ téléphones ce soir?

   CHARLOTTE D'accord. Je te téléphone.

7. **GÉRARD** Christophe a oublié son pull. Il a froid!

   VALENTIN Je _____ prête mon blouson.

8. **MÈRE** Tu ne penses pas à Théo et Sophie?

   PÈRE Mais si, je pense souvent à _____.

3 Assemblez Avec un(e) partenaire, assemblez les éléments pour comparer vos familles et vos amis.

MODÈLE

Élève 1: *Mon père me prête souvent ses pulls.*
Élève 2: *Mon père, lui, il nous prête de l'argent.*

A	B	C
je	acheter	argent
tu	apporter	biscuits
mon père	envoyer	cadeaux
ma mère	expliquer	devoirs
mon frère	faire	e-mails
ma sœur	montrer	problèmes
mon/ma meilleur(e) ami(e)	parler	vêtements
mes copains	payer	vélo
?	prêter	?
	?	

Communication

4 **Qu'allez-vous faire?** Avec un(e) partenaire, dites ce que vous allez faire dans ces situations. Employez les verbes de la liste et présentez vos réponses à la classe.

MODÈLE

Un ami a soif.
On va lui donner de l'eau.

acheter	montrer
apporter	parler
demander	poser des questions
donner	préparer
envoyer	prêter
faire	téléphoner

1. Une personne âgée a froid.
2. Des touristes sont perdus (*lost*).
3. Un homme est sans abri (*homeless*).
4. Votre tante est à l'hôpital.
5. Vos cousins vous invitent à manger chez eux.
6. Votre chien a faim.
7. Un(e) ami(e) fête son anniversaire.
8. Votre meilleur(e) (*best*) ami(e) a des problèmes.
9. Vous ne comprenez pas le prof.
10. Vos parents voyagent en France pendant (*for*) un mois.

5 **Les cadeaux de l'année dernière** Par groupes de trois, parlez des cadeaux que vous avez achetés à votre famille et à vos amis l'année dernière. Que vous ont-ils acheté? Présentez vos réponses à la classe.

MODÈLE

Élève 1: *Qu'est-ce que tu as acheté à ta mère?*
Élève 2: *Je lui ai acheté un ordinateur.*
Élève 3: *Ma copine Dominique m'a donné une montre.*

6 **Au grand magasin** Par groupes de trois, jouez les rôles de deux client(e)s et d'un(e) vendeur/vendeuse. Les client(e)s cherchent des vêtements pour faire des cadeaux. Ils parlent de ce qu'ils (*what they*) cherchent et le/la vendeur/vendeuse leur fait des suggestions.

6B.2

Regular and irregular -re verbs vhlcentral

Point de départ You've already learned the present tense and **passé composé** forms for infinitives that end in **-er** and **-ir**. Now you will learn the forms for a family of verbs that end in **-re**.

- Many **-re** verbs, such as **attendre** (*to wait*), follow a regular pattern of conjugation, as shown below.

attendre	
j'attends	nous attendons
tu attends	vous attendez
il/elle/on attend	ils/elles attendent

Tu **attends** devant le café?
Are you waiting in front of the café?

Où **attendez**-vous?
Where are you waiting?

Nous **attendons** dans le magasin.
We're waiting in the store.

Il faut **attendre** dans la bibliothèque.
You have to wait in the library.

- The verb **attendre** means *to wait* or *to wait for*. Unlike English, it does not require a preposition.

Marc **attend le bus**.
Marc is waiting for the bus.

Il **attend** ses parents à l'école.
He's waiting for his parents at school.

Ils **attendent Robert**.
They're waiting for Robert.

J'**attends** les soldes.
I'm waiting for a sale.

Other regular *-re* verbs			
descendre	to go down; to take down	rendre (à)	to give back, to return (to)
entendre	to hear	rendre visite (à)	to visit someone
perdre (son temps)	to lose; to waste (one's time)	répondre (à)	to answer, to respond (to)
		vendre	to sell

- **Rendre visite à** means *to visit a person*, while **visiter** means *to visit a place*.

Tu **rends visite à ta grand-mère** le lundi.
You visit your grandmother on Mondays.

Vous **rendez visite à vos cousins**?
Are you visiting your cousins?

Cécile va **visiter le musée** aujourd'hui.
Cécile is going to visit the museum today.

Nous **visitons Rome** ce week-end.
We are visiting Rome this weekend.

- To form the past participle of regular **-re** verbs, drop the **-re** from the infinitive and add **-u**.

Les étudiants ont **vendu** leurs livres.
The students sold their books.

J'ai **répondu** à ton e-mail.
I answered your e-mail.

Il a **entendu** arriver la voiture de sa femme.
He heard his wife's car arrive.

Nous avons **perdu** patience.
We lost patience.

Vérifiez

- Some verbs whose infinitives end in -**re** are irregular.

	conduire *(to drive)*	mettre *(to put (on))*	rire *(to laugh)*
Irregular -*re* verbs			
je	conduis	mets	ris
tu	conduis	mets	ris
il/elle/on	conduit	met	rit
nous	conduisons	mettons	rions
vous	conduisez	mettez	riez
ils/elles	conduisent	mettent	rient

Je **conduis** la voiture.   Thérèse **met** ses gants.   Elles **rient** pendant le spectacle.
I'm driving the car.   *Thérèse puts on her gloves.*   *They laugh during the show.*

Other irregular -*re* verbs

like *conduire*		like *mettre*	
construire	*to build, to construct*	permettre	*to allow*
détruire	*to destroy*	promettre	*to promise*
produire	*to produce*		
réduire	*to reduce*	like *rire*	
traduire	*to translate*	sourire	*to smile*

- The past participle of the verb **mettre** is **mis**. Verbs derived from **mettre** (**permettre**, **promettre**) follow the same pattern: **permis**, **promis**.

  Où est-ce que tu **as mis** mes livres?   Je lui **ai promis** de faire la cuisine.
  Where did you put my books?   *I promised her that I'd cook.*

- The past participle of **conduire** is **conduit**. Verbs like **conduire** follow the same pattern: **construire** → **construit**; **détruire** → **détruit**; **produire** → **produit**; **traduire** → **traduit**.

- The past participle of **rire** is **ri**. The past participle of **sourire** is **souri**.

- Like for the other verb groups, use present tense verb forms to give commands.

  Conduis moins vite!   **Souriez!**   **Mets** ta jupe noire!
  Drive more slowly!   *Smile!*   *Wear your black skirt!*

Boîte à outils

The French verbs **permettre** and **promettre** are followed by the preposition **à** and an indirect object to mean *to allow someone* or *to promise someone*: **permettre à quelqu'un** and **promettre à quelqu'un**.

Leur avez-vous permis de commencer à dix heures?
Did you allow them to start at 10 o'clock?

Je *te* promets de ne pas partir.
I promise you I won't leave.

Vérifiez

Essayez!   **Complétez les phrases avec la forme correcte du présent du verbe.**

1. Ils _attendent_ (attendre) l'arrivée du train.
2. Nous _____ (répondre) aux questions du professeur.
3. Je _____ (sourire) quand je suis heureuse.
4. Si on _____ (construire) trop, on _____ (détruire) la nature.
5. Quand il fait froid, vous _____ (mettre) un pull.
6. Est-ce que les élèves _____ (entendre) le professeur?
7. Keiko _____ (conduire) sa voiture ce week-end.
8. Si le sandwich n'est pas bon, je _____ (mettre) du sel (salt).

Mise en pratique

1 **Qui fait quoi?** Quelles phrases vont avec les illustrations?

1. 2. 3. 4.

_____ a. Martin attend ses copains.

_____ b. Nous rendons visite à notre grand-mère.

_____ c. Vous vendez de jolis vêtements.

_____ d. Je ris en regardant un film.

2 **Les clients difficiles** Henri et Gilbert travaillent pour un grand magasin. Complétez leur conversation.

GILBERT Tu n'as pas encore mangé?

HENRI Non, j' (1) _____ (attendre) Jean-Michel.

GILBERT Il ne (2) _____ (descendre) pas tout de suite. Il (3) _____ (perdre) son temps avec un client difficile. Il (4) _____ (mettre) des cravates, des costumes, des chaussures...

HENRI Nous ne (5) _____ (vendre) pas souvent à des clients comme ça.

GILBERT C'est vrai. Ils (6) _____ (promettre) d'acheter quelque chose, puis ils partent les mains vides (*empty*).

3 **Au centre commercial** Daniel et ses copains ont passé (*spent*) la journée au centre commercial hier. Utilisez le passé composé et les éléments donnés pour faire des phrases complètes. Ajoutez d'autres éléments nécessaires.

1. Mon frère et moi / conduire / centre commercial
2. Guillaume / attendre / dix minutes / devant / cinéma
3. Hervé et Thérèse / vendre / pulls
4. Lise / perdre / sac à main
5. tu / mettre / robe / bleu
6. Sandrine et toi / ne pas répondre / vendeur

4 **La journée de Béatrice** Hier, Béatrice a fait une liste des choses à faire. Avec un(e) partenaire, utilisez les verbes de la liste au passé composé pour dire (*to say*) tout ce qu'elle a fait.

attendre	mettre
conduire	rendre visite
entendre	traduire

1. devoir d'espagnol	4. tante Albertine
2. parler d'un CD super	5. gants dans mon sac
3. e-mail de Sébastien	6. vieille voiture

Communication

5 **Fréquence** Employez les verbes de la liste et d'autres verbes pour dire (*to tell*) à un(e) partenaire ce que (*what*) vous faites tous les jours, une fois par mois et une fois par an. Alternez les rôles.

MODÈLE

Élève 1: *J'attends mes copains à la cantine tous les jours.*
Élève 2: *Moi, je rends visite à mes grands-parents une fois par mois.*

attendre	perdre
conduire	rendre
entendre	répondre
mettre	sourire

6 **Les charades** Par groupes de quatre, jouez aux charades. Chaque élève pense à une phrase différente avec un des verbes en **-re**. La première personne qui devine (*guesses*) propose la prochaine charade.

7 **Questions personnelles** Avec un(e) partenaire, posez-vous ces questions à tour de rôle.

1. Réponds-tu tout de suite (*immediately*) à tes e-mails?
2. As-tu promis à tes parents de faire quelque chose? Quoi?
3. Que mets-tu quand tu vas à un mariage? Pour aller à l'école? Pour sortir avec des copains?
4. Tes parents te permettent-ils de sortir tard pendant la semaine?
5. Tes parents conduisent une voiture? Comment conduisent-ils?
6. À qui rends-tu visite pendant les vacances?
7. Quelle est la dernière fois que tu as beaucoup ri? Avec qui?
8. As-tu déjà vendu quelque chose sur Internet? Quoi?

8 **La journée des vendeuses** Votre professeur va vous donner, à vous et à votre partenaire, une série d'illustrations qui montrent la journée d'Aude et d'Aurélie. Attention! Ne regardez pas la feuille de votre partenaire.

MODÈLE

Élève 1: *Le matin, elles ont conduit pour aller au magasin.*
Élève 2: *Après,...*

Révision

1 **Je leur téléphone** Par groupes de quatre, interviewez vos camarades. Préparez dix questions avec un verbe et une personne de la liste. Écrivez les réponses.

MODÈLE

Élève 1: *Est-ce que tu parles souvent à tes cousines?*
Élève 2: *Oui, je leur parle toutes les semaines.*

verbes	personnes
donner un cadeau	copain ou copine
envoyer une carte/un e-mail	cousin ou cousine
parler	grands-parents
rendre visite	petit(e) ami(e)
téléphoner	sœur ou frère

2 **Mes e-mails** Ces personnes vous envoient des e-mails. Que faites-vous? Vous ne répondez pas, vous attendez quelques jours, vous leur téléphonez? Par groupes de trois, comparez vos réactions.

MODÈLE

Élève 1: *Ma sœur m'envoie un e-mail tous les jours.*
Élève 2: *Tu lui réponds tout de suite?*
Élève 3: *Tu préfères ne pas lui répondre?*

1. un e-mail anonyme
2. un e-mail d'un(e) camarade de classe
3. un e-mail d'un professeur
4. un e-mail d'un(e) ami(e) d'enfance
5. un e-mail d'un(e) copain (copine)
6. un e-mail de vos grands-parents

3 **Une liste** Des membres de votre famille ou des amis vous ont donné ou acheté des vêtements que vous n'aimez pas du tout. Faites une liste de quatre ou cinq de ces vêtements. Comparez votre liste à la liste d'un(e) camarade.

MODÈLE

Élève 1: *Ma soeur m'a donné une écharpe verte et laide et mon père m'a acheté des chaussettes marron trop petites!*
Élève 2: *L'année dernière, un ami m'a donné...*

4 **Quoi mettre?** Vous et votre partenaire allez faire des choses différentes. Un(e) partenaire va fêter la retraite de ses grands-parents à Tahiti. L'autre va skier dans les Alpes. Qu'allez-vous porter? Demandez des vêtements à votre partenaire si vous n'aimez pas tous les vêtements de votre ensemble.

MODÈLE

Élève 1: *Est-ce que tu me prêtes ton tee-shirt violet?*
Élève 2: *Ah non, j'ai besoin de ce tee-shirt. Tu me prêtes ton pantalon?*

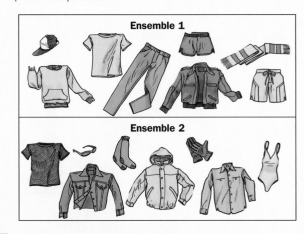

Ensemble 1

Ensemble 2

5 **S'il te plaît** Votre ami(e) a acheté un nouveau vêtement que vous aimez beaucoup. Vous essayez de convaincre (*to convince*) cet(te) ami(e) de vous prêter ce vêtement. Préparez un dialogue avec un(e) partenaire où vous employez tous les verbes. Jouez la scène pour la classe.

aller avec	montrer
aller bien	prêter
donner	promettre
mettre	rendre

6 **Bon anniversaire, Nicolas!** Votre professeur va vous donner, à vous et à votre partenaire, deux feuilles d'activités différentes. Attention! Ne regardez pas la feuille de votre partenaire.

MODÈLE

Élève 1: *Les amis de Nicolas lui téléphonent.*
Élève 2: *Ensuite, ...*

À l'écoute vhlcentral

Listening for linguistic cues

You can improve your listening comprehension by listening for specific linguistic cues. For example, if you listen for the endings of conjugated verbs, or for familiar constructions, such as the **passé composé** with **avoir**, **avoir envie de** + [*infinitive*] or **aller** + [*infinitive*], you can find out whether a person did something in the past, wants to do something, or will do something in the future.

🔊 To practice listening for linguistic cues, you will listen to four sentences. As you listen, note whether each sentence refers to a past, present, or future action.

Préparation

Regardez la photo. Où sont Pauline et Sarah? Que font-elles? Décrivez les vêtements qu'elles regardent. À votre avis, pour quelle occasion cherchent-elles des vêtements?

🔊 À vous d'écouter

Écoutez la conversation entre Pauline et Sarah. Après une deuxième écoute, indiquez si les actions suivantes sont du **passé (p)**, du **présent (pr)** ou du **futur (f)**.

_____ 1. la fête de la cousine de Pauline

_____ 2. beaucoup danser

_____ 3. rencontrer un musicien

_____ 4. déjeuner avec un garçon intéressant

_____ 5. chercher de nouveaux vêtements

_____ 6. mettre des chaussures en cuir noir

_____ 7. aimer une robe bleue

_____ 8. acheter la robe bleue

Compréhension

Complétez Complétez les phrases.

1. Pauline cherche des vêtements pour _____.
   a. un dîner   **b.** une fête   **c.** un rendez-vous

2. Pauline va acheter un pantalon noir et _____.
   a. un tee-shirt   **b.** une chemise rose   **c.** un maillot de bain

3. Sarah pense que _____ ne vont pas avec les nouveaux vêtements.
   a. l'écharpe verte   **b.** les baskets roses   **c.** les lunettes de soleil

4. D'après Sarah, les chaussures _____ sont élégantes.
   a. en cuir noir   **b.** roses   **c.** en soie

5. La couleur préférée de Sarah n'est pas le _____.
   a. rose   **b.** jaune   **c.** vert

6. Sarah cherche un vêtement pour _____.
   a. un déjeuner   **b.** la fête de retraite de son père   **c.** un mariage

7. Sarah va acheter une robe en soie _____.
   a. à manches courtes   **b.** à manches longues   **c.** rouge

8. La robe existe en vert, en bleu et en _____.
   a. noir   **b.** marron   **c.** blanc

Une occasion spéciale Décrivez la dernière fois que vous avez fêté une occasion spéciale. Qu'est-ce que vous avez fêté? Où? Comment? Avec qui? Qu'est-ce que vous avez mis comme vêtements? Et les autres?

MODÈLE

Samedi, nous avons fêté l'anniversaire de mon frère. Mes parents ont invité nos amis Paul, Marc, Julia et Naomi dans un restaurant élégant. Moi, j'ai mis une belle robe verte en coton. Mon frère a mis un costume gris. Paul a mis...

vhlcentral

Panorama

L'OCÉAN ATLANTIQUE

LE PORTUGAL

L'ESPAGNE

LA MER MÉDITERRANÉE

le marché de Douz, en Tunisie

Bizerte

Sétif

Alger

Oran

Constantine

Tunis

Tanger

Rabat

Fès

Sfax

Casablanca

LA TUNISIE

Marrakech

LES CHAÎNES DE L'ATLAS

LE MAROC

L'ALGÉRIE

LA LIBY

LE SAHARA OCCIDENTAL

LA MAURITANIE

LE SAHARA

LE MALI

LE NIGER

la mosquée Hassan II à Casablanca, au Maroc

un café à Tlemcen, en Algérie

0 ——— 500 miles
0 ——— 500 kilomètres

L'Algérie

Le pays en chiffres

▶ **Superficie:** *2.381.741 km²*

▶ **Population:** *40.263.711*

▶ **Industries principales:** *agriculture, gaz naturel, pétrole°*

▶ **Ville capitale:** *Alger* ▶ **Monnaie:** *dinar algérien*

▶ **Langues:** *arabe, français, tamazight*

Le Maroc

Le pays en chiffres

▶ **Superficie:** *446.550 km²*

▶ **Population:** *33.655.786*

▶ **Industries principales:** *agriculture, exploitation minière°*

▶ **Ville capitale:** *Rabat* ▶ **Monnaie:** *dirham*

▶ **Langues:** *arabe, tamazight, français*

La Tunisie

Le pays en chiffres

▶ **Superficie:** *163.610 km²*

▶ **Population:** *11.134.588*

▶ **Industries principales:** *agriculture, exploitation minière*

▶ **Ville capitale:** *Tunis* ▶ **Monnaie:** *dinar tunisien*

▶ **Langues:** *arabe, français, tamazight*

Personnes célèbres

▶ Albert Memmi, *Tunisie, écrivain (1920–)*

▶ Nezha Chekrouni, *Maroc, politicienne (1955–)*

▶ Khaled, *Algérie, chanteur (1960–)*

pétrole *oil* exploitation minière *mining* ne... que *only*
Grâce aux *Thanks to* sources *springs* sable *sand*
faire pousser *grow* En plein milieu *Right in the middle*

Incroyable mais vrai!

Des oranges du Sahara? Dans ce désert, il ne tombe que° 12 cm de pluie par an. Grâce aux° sources° et aux rivières sous le sable°, les Sahariens ont développé un système d'irrigation pour faire pousser° des fruits et des légumes dans les oasis. En plein milieu° du désert, on peut trouver des tomates, des abricots ou des oranges!

Les régions

Le Maghreb

La région du Maghreb, en Afrique du Nord, se compose° du Maroc, de l'Algérie et de la Tunisie. Envahis° aux 7e et 8e siècles par les Arabes, les trois pays deviennent plus tard des colonies françaises avant de retrouver leur indépendance dans les années 1950–1960. La population du Maghreb est composée d'Arabes, d'Européens et de Berbères, les premiers résidents de l'Afrique du Nord. Le Grand Maghreb inclut ces trois pays, plus la Libye et la Mauritanie. En 1989, les cinq pays ont formé l'Union du Maghreb Arabe dans l'espoir° de créer une union politique et économique, mais des tensions entre l'Algérie et le Maroc ont ralenti° le projet.

Les arts

Assia Djebar (1936–2015)

Lauréate de nombreux prix littéraires et cinématographiques, Assia Djebar était° une écrivaine et cinéaste algérienne très talenteuse. Dans ses œuvres°, Djebar présente le point de vue° féminin avec

l'intention de donner une voix° aux femmes algériennes. *La Soif*, son premier roman°, sort en 1957. C'est plus tard, pendant qu'elle enseigne l'histoire à l'Université d'Alger, qu'elle devient cinéaste et sort son premier film, *La Nouba des femmes du Mont Chenoua*, en 1979. Le film reçoit le prix de la critique internationale au festival du film de Venise. En 2005, Assia Djebar devient le premier écrivain du Maghreb, homme ou femme, à être élue° à l'Académie française.

Les destinations

Marrakech

La ville de Marrakech, fondée en 1062, est un grand symbole du Maroc médiéval. Sa médina, ou vieille ville, est entourée° de fortifications et fermée aux automobiles. On y trouve la mosquée de Kutubiyya et la place Djem'a el-Fna. La mosquée est le joyau° architectural de la ville, et la place Djem'a el-Fna est la plus active de toute l'Afrique à tout moment de la journée, avec ses nombreux artistes et vendeurs. La médina a aussi le plus grand souk (grand marché couvert°) du Maroc, où toutes sortes d'objets sont proposés, au milieu de délicieuses odeurs de thé à la menthe°, d'épices et de pâtisseries au miel°.

Les traditions

Les hammams

Inventés par les Romains et adoptés par les Arabes, les hammams, ou «bains turcs», sont très nombreux et populaires en Afrique du Nord. Ce sont des bains de vapeur° composés de plusieurs pièces—souvent trois—où la chaleur est plus ou moins forte. L'architecture des hammams varie d'un endroit à un autre, mais ces bains de vapeur servent tous de lieux où se laver° et de centres sociaux très importants dans la culture régionale. Les gens s'y réunissent aux grandes occasions de la vie, comme les mariages et les naissances, et y vont aussi de manière habituelle pour se détendre et parler entre amis.

Qu'est-ce que vous avez appris? Répondez aux questions par des phrases complètes.

1. Qui est un chanteur algérien célèbre?
2. Où fait-on pousser des fruits et des légumes dans le Sahara?
3. Pourquoi le français est-il parlé au Maghreb?
4. Combien de pays composent le Grand Maghreb? Lesquels?
5. Qui est Assia Djebar?

6. Qu'essaie-t-elle de faire dans ses œuvres?
7. Qu'est-ce qu'un souk?
8. Quel est l'autre nom pour la vieille ville de Marrakech?
9. Où peut-on aller au Maghreb pour se détendre et parler entre amis?
10. Qui a inventé les hammams?

Sur Internet

1. Cherchez plus d'information sur les Berbères. Où se trouvent les grandes populations de Berbères? Ont-ils encore une identité commune?
2. Le henné est une tradition dans le monde maghrébin. Comment et pourquoi est-il employé?
3. Cherchez des informations sur les oasis du Sahara. Comment est la vie là-bas? Que peut-on y faire?

se compose *is made up* **Envahis** *Invaded* **espoir** *hope* **ont ralenti** *slowed down* **était** *was* **œuvres** *works* **point de vue** *point of view* **voix** *voice* **roman** *novel* **élue** *elected* **entourée** *surrounded* **joyau** *jewel* **couvert** *covered* **menthe** *mint* **miel** *honey* **bains de vapeur** *steam baths* **se laver** *to wash oneself*

Lecture vhlcentral

Avant la lecture

Examinez le texte

Voici quelques mots que vous avez déjà appris. Pour chaque mot, trouvez un terme de la même famille dans le texte et utilisez un dictionnaire pour donner son équivalent en anglais.

MODÈLE

ami	*amitié*	*friendship*

1. diplôme _____ _____
2. commencer _____ _____
3. sortir _____ _____
4. timide _____ _____
5. difficile _____ _____
6. préférer _____ _____

Familles de mots

Avec un(e) partenaire, trouvez le bon mot pour compléter chaque famille de mots. (Note: vous avez appris tous les mots qui manquent (*all the missing words*) dans cette unité et il y a un mot de chaque famille dans le texte.)

MODÈLE

attendre	l'attente	attendu(e)
VERBE	**NOM**	**ADJECTIF**
1. boire	la boisson	_____
2. _____	la fête	festif/festive
3. vivre	_____	vif/vive
4. rajeunir	_____	jeune
5. surprendre	_____	surpris(e)
6. _____	la réponse	répondu(e)

Ça y est, c'est officiel!

Bravo, jeunes diplômés°! **C'est le commencement d'une nouvelle vie. Il est maintenant temps de fêter ça!**

Pour faire retomber la pression°, **Mathilde, Christophe, Alexandre et Laurence vous invitent à fêter entre amis votre diplôme bien mérité°!**

À laisser chez vous: **La timidité, la fatigue, les soucis° et les difficultés des études et de la vie quotidienne° pour une ambiance festive**

Quoi d'autre? **Un groupe de musique (le frère de Mathilde et sa bande) va venir° jouer pour nous!**

À apporter:
Nourriture° et boissons: Chaque invité apporte
quelque chose pour le buffet: salades, plats°
froids/chauds, fruits, desserts, boissons
Activités: Jeux de cartes, ballons°, autres jeux
selon° vos préférences, chaises pliantes°, maillot
de bain (pour la piscine), crème solaire
Surprenez-nous!

Quand:
Le samedi 16 juillet (de 16h00 à minuit)

Où:
Chez les parents de Laurence, 14 route des
Mines, Allouagne, Nord-Pas-de-Calais

Comment y aller°:
À la sortie d'Allouagne, prenez la route de
Lozinghem. Tournez à gauche sur la route des
Mines. Le numéro 14 est la grande maison sur
la droite. (Nous allons mettre des ballons° de
couleurs sur la route pour indiquer l'endroit.)

Au programme:
Faire la fête, bien sûr! Manger (buffet et
barbecue), rire, danser et fêter la fin des cours!
Attendez-vous à passer un bon moment!

Autres activités:
Activités en plein air° (football, badminton,
volley, piscine... et surtout détente°!)

Pour répondre à cette invitation:
Téléphonez à Laurence (avant le 6 juillet,
SVP°) au 06.14.55.85.80 ou par e-mail:
laurence@courriel.fr

Ça y est! *That's it!* **diplômés** *graduates* **faire retomber la pression** *to unwind* **bien**
mérité *well deserved* **soucis** *worries* **vie quotidienne** *daily life* **va venir** *is going to*
come **Nourriture** *Food* **plats** *dishes* **ballons** *balls* **selon** *depending on* **pliantes** *folding*
y aller *get there* **ballons** *balloons* **en plein air** *outdoor* **détente** *relaxation* **svp** *please*

Après la lecture

Vrai ou faux? Indiquez si les phrases sont **vraies** ou
fausses. Corrigez les phrases fausses.

1. C'est une invitation à une fête d'anniversaire.
2. Les invités vont passer un mauvais moment.
3. On va manger des salades et des desserts.
4. Les invités vont faire toutes les activités dans la maison.
5. Un groupe de musique va jouer à la fête.
6. La fête commence à 16h00.

Conseillez Vous êtes Laurence, l'organisatrice de la fête.
Les invités veulent (*want*) assister à la fête, mais ils vous
contactent pour parler de leurs soucis respectifs. Donnez-leur
des conseils (*advice*) pour les mettre à l'aise (*at ease*).

MODÈLE

Isabelle: J'ai beaucoup de soucis cette semaine.
Vous: *Tu vas laisser tes soucis à la maison et venir (come)*
à la fête.

1. Thomas: Je ne sais (*know*) pas quoi apporter.
   Vous: _____
2. Sarah: Je me perds (*get lost*) facilement quand je conduis.
   Vous: _____
3. Sylvie: Je ne fais pas de sport.
   Vous: _____
4. Salim: Je veux (*want*) répondre à l'invitation, mais je n'ai
   pas d'ordinateur.
   Vous: _____
5. Sandra: Je n'aime pas le barbecue.
   Vous: _____
6. Véronique: J'aime faire du sport en plein air, mais je n'aime
   pas le football.
   Vous: _____

On va à la fête? Vous êtes invité(e) à cette fête et vous
allez amener un(e) ami(e). Téléphonez à cet(te) ami(e) (votre
partenaire) pour l'inviter. Donnez des détails et répondez
aux questions de votre ami(e) sur les hôtes, les invités,
les activités de l'après-midi et de la soirée, les choses à
apporter, etc.

Écriture

How to report an interview

There are several ways to prepare a written report about an interview. For example, you can transcribe the interview, or you can summarize it. In any event, the report should begin with an interesting title and a short introduction that answers the five *W*'s (*who, what, when, where, why*) and the *H* (*how*) of the interview. The report should end with an interesting conclusion. Note that when you transcribe a conversation in French, you should pay careful attention to format and punctuation.

Écrire une interview en français

- Pour indiquer qui parle dans une interview, on peut mettre le nom de la personne qui parle devant sa phrase.

  MONIQUE Lucie, qu'est-ce que tu vas mettre pour l'anniversaire de Julien?

  LUCIE Je vais mettre ma robe en soie bleue à manches courtes. Et toi, tu vas mettre quoi?

  MONIQUE Eh bien, une jupe en coton et un chemisier, je pense. Ou peut-être mon pantalon en cuir avec... Tiens, tu me prêtes ta chemise jaune et blanche?

  LUCIE Oui, si tu me la rends (*return it to me*) dimanche. Elle va avec le pantalon que je vais porter la semaine prochaine.

- On peut aussi commencer les phrases avec des tirets (*dashes*) pour indiquer quand une nouvelle personne parle.

— Qu'est-ce que tu as acheté comme cadeau pour Julien?

— Une cravate noire et violette. Elle est très jolie. Et toi?

— Je ne lui ai pas encore acheté de cadeau. Des lunettes de soleil peut-être?

— Oui, c'est une bonne idée! Et il y a des soldes à Saint-Louis Lunettes.

Thème

Écrire une interview

Avant l'écriture

1. Clarisse Deschamps est une styliste suisse. Elle dessine des vêtements pour les jeunes et va présenter sa nouvelle collection sur votre campus. Vous allez interviewer Clarisse pour le journal de votre lycée.

   Préparez une liste de questions à poser à Clarisse Deschamps sur elle ou sur sa nouvelle collection. Vous pouvez (*can*) poser des questions sur:

   - les types de vêtements
   - les couleurs
   - le style
   - les prix

Quoi?	
Comment?	
Pour qui?	
Combien?	
Pourquoi?	
Où?	
Quand?	

2. Vérifiez que vous avez au moins (*at least*) une question pour chaque mot interrogatif du tableau (*chart*).

3. Ensuite (*Then*), choisissez 5-6 questions à poser pendant (*during*) l'interview.

Écriture

Écrivez un compte rendu (*report*) de l'interview.

■ Commencez par une courte introduction.

> **MODÈLE** *Voici une interview de Clarisse Deschamps, styliste suisse. Elle va présenter sa nouvelle collection sur notre campus vendredi, le 10 novembre.*

■ Inventez une conversation de 10 à 12 lignes entre vous et Clarisse. Indiquez qui parle, avec des tirets (*dashes*) ou avec les noms des personnes.

> **MODÈLE** *—Quel genre de vêtements préférez-vous porter pour sortir?*
> *—Moi, je préfère porter une robe noire. C'est très élégant.*

■ Terminez par une brève (*brief*) conclusion.

> **MODÈLE** *On vend la collection de Clarisse Deschamps à Vêtements & Co à côté du lycée. Cette semaine, il y a des soldes!*

Tête-à-tête avec Clarisse Deschamps

Voici une interview de Clarisse Deschamps, styliste suisse. Elle va présenter sa nouvelle collection sur notre campus vendredi, le 10 novembre.

- Quel genre de vêtements préférez-vous porter pour sortir?
- Moi, je préfère porter une robe noire. C'est très élégant...

On vend la collection de Clarisse Deschamps à Vêtements & Co dans le magasin qui est à côté de notre lycée. Cette semaine, il y a des soldes!

Après l'écriture

1. Échangez votre compte rendu avec celui (*the one*) d'un(e) partenaire. Répondez à ces questions pour commenter son travail.

■ Votre partenaire a-t-il/elle organisé les questions de manière logique?

■ A-t-il/elle inclu une introduction, une interview de 10 à 12 lignes et une conclusion?

■ A-t-il/elle utilisé le bon style pour écrire l'interview?

■ A-t-il/elle utilisé les bonnes formes verbales?

2. Corrigez votre compte rendu d'après (*according to*) les commentaires de votre partenaire. Relisez votre travail pour éliminer ces problèmes:

■ des fautes (*errors*) d'orthographe

■ des fautes de ponctuation

■ des fautes de conjugaison

■ des fautes d'accord (*agreement*) des adjectifs

■ un mauvais emploi (*use*) de la grammaire

Leçon 6A

Les fêtes

faire une surprise (à quelqu'un)	*to surprise (someone)*
fêter	*to celebrate*
organiser une fête	*to plan a party*
un biscuit	*cookie*
un bonbon	*candy*
un dessert	*dessert*
un gâteau	*cake*
la glace	*ice cream*
un glaçon	*ice cube*
un cadeau	*present, gift*
une fête	*party; celebration*
un hôte/une hôtesse	*host(ess)*
un(e) invité(e)	*guest*
un jour férié	*holiday*
une surprise	*surprise*

Les relations

l'amitié (f.)	*friendship*
l'amour (m.)	*love*
le bonheur	*happiness*
un couple	*couple*
un(e) fiancé(e)	*fiancé; fiancée*
des jeunes mariés (m.)	*newlyweds*
un rendez-vous	*date; appointment*
ensemble	*together*

Périodes de la vie

l'adolescence (f.)	*adolescence*
l'âge adulte (m.)	*adulthood*
un divorce	*divorce*
l'enfance (f.)	*childhood*
une étape	*stage*
la jeunesse	*youth*
un mariage	*marriage; wedding*
la mort	*death*
la naissance	*birth*
la vie	*life*
la vieillesse	*old age*
prendre sa retraite	*to retire*
tomber amoureux/amoureuse	*to fall in love*
avant-hier	*the day before yesterday*
hier	*yesterday*

Expressions utiles

See p. 227.

Demonstrative adjectives

ce(t)(te)/ces	*this/these; that/those*
...-ci	*...here*
...-là	*...there*

Leçon 6B

Les vêtements

aller avec	*to go with*
porter	*to wear*
un anorak	*ski jacket, parka*
des baskets (f.)	*des baskets (f.)*
un blouson	*jacket*
une casquette	*(baseball) cap*
une ceinture	*belt*
un chapeau	*hat*
une chaussette	*sock*
une chaussure	*shoe*
une chemise (à manches courtes/longues)	*shirt (short-/long-sleeved)*
un chemisier	*blouse*
un costume	*(man's) suit*
une cravate	*tie*
une écharpe	*scarf*
un gant	*glove*
un jean	*jeans*
une jupe	*skirt*
des lunettes (de soleil) (f.)	*(sun)glasses*
un maillot de bain	*swimsuit, bathing suit*
un manteau	*coat*
un pantalon	*pants*
un pull	*sweater*
une robe	*dress*
un sac à main	*purse, handbag*
un short	*shorts*
un sous-vêtement	*underwear*
une taille	*clothing size*
un tailleur	*(woman's) suit; tailor*
un tee-shirt	*tee shirt*
des vêtements (m.)	*clothing*
des soldes (m.)	*sales*
un vendeur/une vendeuse	*salesman/saleswoman*
bon marché	*inexpensive*
chaque	*each*
cher/chère	*expensive*
large	*loose; big*
serré(e)	*tight*

Les couleurs

De quelle couleur...?	*In what color...?*
blanc(he)	*white*
bleu(e)	*blue*
gris(e)	*gray*
jaune	*yellow*
marron	*brown*
noir(e)	*black*
orange	*orange*
rose	*pink*
rouge	*red*
vert(e)	*green*
violet(te)	*purple; violet*

Expressions utiles

See p. 245.

Indirect object pronouns

me	*to/for me*
te	*to/for you*
lui	*to/for him/her*
nous	*to/for us*
vous	*to/for you*
leur	*to/for them*

Disjunctive pronouns

moi	*me*
toi	*you*
lui/elle	*him/her*
nous	*us*
vous	*you*
eux/elles	*them*
moi-même	*myself*
toi-même	*yourself*
lui-/elle-même	*him-/herself*
nous-mêmes	*ourselves*
vous-même(s)	*yourself/(yourselves)*
eux-/elles-mêmes	*themselves*

Verbes en -re

attendre	*to wait*
conduire	*to drive*
construire	*to build; to construct*
descendre	*to go down; to take down*
détruire	*to destroy*
entendre	*to hear*
mettre	*to put (on); to place*
perdre (son temps)	*to lose; to waste (one's time)*
permettre	*to allow*
produire	*to produce*
promettre	*to promise*
réduire	*to reduce*
rendre (à)	*to give back; to return (to)*
rendre visite (à)	*to visit someone*
répondre (à)	*to respond, to answer (to)*
rire	*to laugh*
sourire	*to smile*
traduire	*to translate*
vendre	*to sell*

En vacances

Pour commencer

- Indiquez les couleurs qu'on voit (*sees*) sur la photo.
- Quel temps fait-il? C'est quelle saison, à votre avis?
- Où a été prise cette photo? Dans un hôtel à la plage? Dans une maison de campagne? À la montagne?
- Avez-vous envie de passer vos vacances dans cet endroit? Pourquoi ou pourquoi pas?

🔊 **vhl**central

Bon voyage!

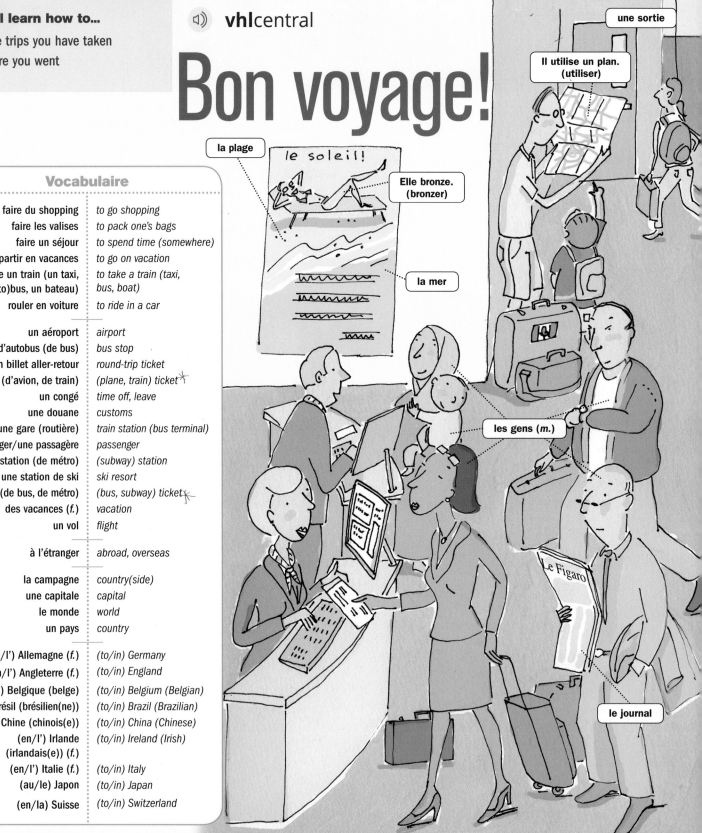

la plage

le soleil!

Elle bronze. (bronzer)

la mer

une sortie

Il utilise un plan. (utiliser)

les gens (m.)

le journal

Vocabulaire

faire du shopping	to go shopping
faire les valises	to pack one's bags
faire un séjour	to spend time (somewhere)
partir en vacances	to go on vacation
prendre un train (un taxi, un (auto)bus, un bateau)	to take a train (taxi, bus, boat)
rouler en voiture	to ride in a car
un aéroport	airport
un arrêt d'autobus (de bus)	bus stop
un billet aller-retour	round-trip ticket
un billet (d'avion, de train)	(plane, train) ticket
un congé	time off, leave
une douane	customs
une gare (routière)	train station (bus terminal)
un passager/une passagère	passenger
une station (de métro)	(subway) station
une station de ski	ski resort
un ticket (de bus, de métro)	(bus, subway) ticket
des vacances (f.)	vacation
un vol	flight
à l'étranger	abroad, overseas
la campagne	country(side)
une capitale	capital
le monde	world
un pays	country
(en/l') Allemagne (f.)	(to/in) Germany
(en/l') Angleterre (f.)	(to/in) England
(en/la) Belgique (belge)	(to/in) Belgium (Belgian)
(au/le) Brésil (brésilien(ne))	(to/in) Brazil (Brazilian)
(en/la) Chine (chinois(e))	(to/in) China (Chinese)
(en/l') Irlande (irlandais(e)) (f.)	(to/in) Ireland (Irish)
(en/l') Italie (f.)	(to/in) Italy
(au/le) Japon	(to/in) Japan
(en/la) Suisse	(to/in) Switzerland

Mise en pratique

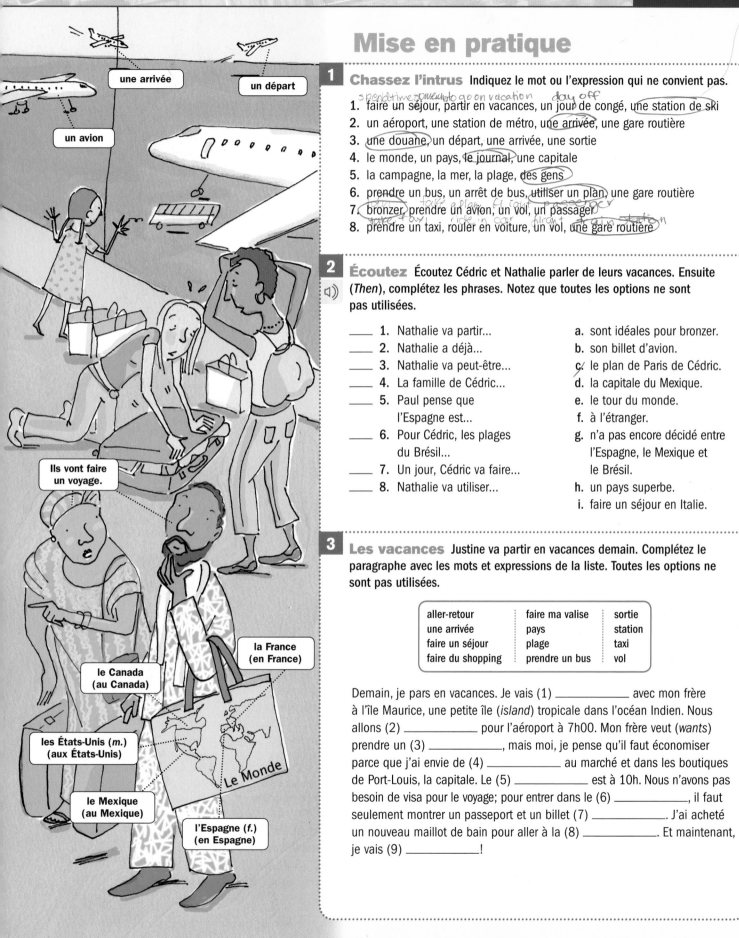

une arrivée

un départ

un avion

Ils vont faire un voyage.

le Canada
(au Canada)

les États-Unis (*m.*)
(aux États-Unis)

le Mexique
(au Mexique)

l'Espagne (*f.*)
(en Espagne)

la France
(en France)

Le Monde

1 **Chassez l'intrus** Indiquez le mot ou l'expression qui ne convient pas.

1. faire un séjour, partir en vacances, un jour de congé, une station de ski
2. un aéroport, une station de métro, une arrivée, une gare routière
3. une douane, un départ, une arrivée, une sortie
4. le monde, un pays, le journal, une capitale
5. la campagne, la mer, la plage, des gens
6. prendre un bus, un arrêt de bus, utiliser un plan, une gare routière
7. bronzer, prendre un avion, un vol, un passager
8. prendre un taxi, rouler en voiture, un vol, une gare routière

2 **Écoutez** Écoutez Cédric et Nathalie parler de leurs vacances. Ensuite (*Then*), complétez les phrases. Notez que toutes les options ne sont pas utilisées.

____ 1. Nathalie va partir...
____ 2. Nathalie a déjà...
____ 3. Nathalie va peut-être...
____ 4. La famille de Cédric...
____ 5. Paul pense que l'Espagne est...
____ 6. Pour Cédric, les plages du Brésil...
____ 7. Un jour, Cédric va faire...
____ 8. Nathalie va utiliser...

a. sont idéales pour bronzer.
b. son billet d'avion.
c. le plan de Paris de Cédric.
d. la capitale du Mexique.
e. le tour du monde.
f. à l'étranger.
g. n'a pas encore décidé entre l'Espagne, le Mexique et le Brésil.
h. un pays superbe.
i. faire un séjour en Italie.

3 **Les vacances** Justine va partir en vacances demain. Complétez le paragraphe avec les mots et expressions de la liste. Toutes les options ne sont pas utilisées.

aller-retour	faire ma valise	sortie
une arrivée	pays	station
faire un séjour	plage	taxi
faire du shopping	prendre un bus	vol

Demain, je pars en vacances. Je vais (1) _____ avec mon frère à l'île Maurice, une petite île (*island*) tropicale dans l'océan Indien. Nous allons (2) _____ pour l'aéroport à 7h00. Mon frère veut (*wants*) prendre un (3) _____, mais moi, je pense qu'il faut économiser parce que j'ai envie de (4) _____ au marché et dans les boutiques de Port-Louis, la capitale. Le (5) _____ est à 10h. Nous n'avons pas besoin de visa pour le voyage; pour entrer dans le (6) _____, il faut seulement montrer un passeport et un billet (7) _____. J'ai acheté un nouveau maillot de bain pour aller à la (8) _____. Et maintenant, je vais (9) _____!

Communication

4 Répondez Avec un(e) partenaire, posez-vous ces questions et répondez-y (*them*) à tour de rôle.

1. Où pars-tu en vacances cette année? Quand?
2. Quand fais-tu tes valises? Avec combien de valises voyages-tu?
3. Préfères-tu la mer, la campagne ou les stations de ski?
4. Comment vas-tu à l'aéroport? Prends-tu l'autobus? Le métro?

5. Quelles sont tes vacances préférées?
6. Quand utilises-tu un plan?
7. Quel est ton pays favori? Pourquoi?
8. Dans quel(s) pays as-tu envie de voyager?

5 Décrivez Avec un(e) partenaire, écrivez (*write*) une description des images. Donnez beaucoup de détails. Ensuite (*Then*), rejoignez un autre groupe et lisez vos descriptions. L'autre groupe doit deviner (*must guess*) quelle image vous décrivez (*describe*).

1.

2.

3.

4.

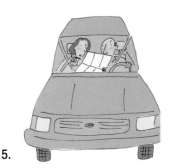
5.

6.

6 Conversez Votre professeur va vous donner, à vous et à votre partenaire, une feuille d'activités. L'un de vous est client(e), et l'autre est agent(e) de voyages. Travaillez ensemble pour finaliser la réservation et compléter vos feuilles respectives. Attention! Ne regardez pas la feuille de votre partenaire.

7 Un voyage Vous allez faire un voyage en Europe et rendre visite à votre cousin, Jean-Marc, qui étudie en Belgique. Écrivez-lui (*Write him*) un e-mail et utilisez les mots de la liste.

un aéroport	la France
la Belgique	prendre un taxi
un billet	la Suisse
faire un séjour	un vol
faire les valises	un voyage

- Parlez des détails de votre départ.
- Expliquez votre tour d'Europe.
- Organisez votre arrivée en Belgique.
- Parlez de ce que (*what*) vous allez faire ensemble.

Les sons et les lettres 🔊 vhlcentral

Diacriticals for meaning

Some French words with different meanings have nearly identical spellings except for a diacritical mark (*accent*). Sometimes a diacritical does not affect pronunciation at all.

ou	**où**	**a**	**à**
or	*where*	*has*	*to, at*

Sometimes, you can clearly hear the difference between the words.

côte	**côté**	**sale**	**salé**
coast	*side*	*dirty*	*salty*

Very often, two similar-looking words are different parts of speech. Many similar-looking word pairs are those with and without an **-é** at the end.

âge	**âgé**	**entre**	**entré (entrer)**
age (n.)	*elderly* (adj.)	*between* (prep.)	*entered* (p.p.)

In such instances, context should make their meaning clear.

Tu as quel âge?	**C'est un homme âgé.**
How old are you? / What is your age?	*He's an elderly man.*

Prononcez Répétez les mots suivants à voix haute.

1. la (*the*)   là (*there*)
2. êtes (*are*)   étés (*summers*)
3. jeune (*young*)   jeûne (*fasting*)
4. pêche (*peach*)   pêché (*fished*)

Articulez Répétez les phrases suivantes à voix haute.

1. J'habite dans une ferme (*farm*).
   Le magasin est fermé (*closed*).
2. Les animaux mangent du maïs (*corn*).
   Je suis suisse, mais il est belge.
3. Est-ce que tu es prête?
   J'ai prêté ma voiture (*car*) à Marcel.
4. La lampe est à côté de la chaise.
   J'adore la côte ouest de la France.

Dictons Répétez les dictons à voix haute.

C'est un prêté pour un rendu.[2]

À vos marques, prêts, partez! [1]

[1] On your mark, get set, go!

[2] One good turn deserves another. (lit. It is one loaned for one returned.)

De retour au P'tit Bistrot **vhl**central

PERSONNAGES

David

Rachid

Sandrine

Stéphane

À la gare...

RACHID Tu as fait bon voyage?

DAVID Salut! Excellent, merci.

RACHID Tu es parti pour Paris avec une valise et te voici avec ces énormes sacs en plus!

DAVID Mes parents et moi sommes allés aux Galeries Lafayette. On a acheté des vêtements et des trucs pour l'appartement aussi.

RACHID Ah ouais?

DAVID Mes parents sont arrivés des États-Unis jeudi soir. Ils ont pris une chambre dans un bel hôtel, tout près de la tour Eiffel.

RACHID Génial!

DAVID Moi, je suis arrivé à la gare vendredi soir. Et nous sommes allés dîner dans une excellente brasserie. Mmm!

DAVID Samedi, on a pris un bateau-mouche sur la Seine. J'ai visité un musée différent chaque jour: le musée du Louvre, le musée d'Orsay...

RACHID En résumé, tu as passé de bonnes vacances dans la capitale... Bon, on y va?

DAVID Ah, euh, oui, allons-y!

STÉPHANE Pour moi, les vacances idéales, c'est un voyage à Tahiti. Ahhh... la plage, et moi en maillot de bain avec des lunettes de soleil... et les filles en bikini!

DAVID Au fait, je n'ai pas oublié ton anniversaire.

STÉPHANE Ouah! Super, ces lunettes de soleil! Merci, David, c'est gentil.

DAVID Désolé de ne pas avoir été là pour ton anniversaire, Stéphane. Alors, ils t'ont fait la surprise?

STÉPHANE Oui, et quelle belle surprise! J'ai reçu des cadeaux trop cool. Et le gâteau de Sandrine, je l'ai adoré.

DAVID Ah, Sandrine... elle est adorable... Euh, Stéphane, tu m'excuses une minute?

DAVID Coucou! Je suis de retour!

SANDRINE Oh! Salut, David. Alors, tu as aimé Paris?

DAVID Oui! J'ai fait plein de choses... de vraies petites vacances! On a fait...

A C T I V I T É S

1 **Les événements** Mettez ces événements dans l'ordre chronologique.

_____ a. Rachid va chercher David.

_____ b. Stéphane parle de son anniversaire.

_____ c. Sandrine va faire une réservation.

_____ d. David donne un cadeau à Stéphane.

_____ e. Rachid mentionne que David a beaucoup de sacs.

_____ f. Stéphane met les lunettes de soleil.

_____ g. Stéphane décrit (*describes*) ses vacances idéales.

_____ h. David parle avec Sandrine.

_____ i. Sandrine pense à ses vacances.

_____ j. Rachid et David repartent en voiture.

David parle de ses vacances.

STÉPHANE Alors, ces vacances? Tu as fait un bon séjour?
DAVID Oui, formidable!
STÉPHANE Alors, vous êtes restés combien de temps à Paris?
DAVID Quatre jours. Ce n'est pas très long, mais on a visité pas mal d'endroits.
STÉPHANE Comment est-ce que vous avez visité la ville? En voiture?

DAVID En voiture!? Tu es fou! On a pris le métro, comme tout le monde.
STÉPHANE Tes parents n'aiment pas conduire?
DAVID Si, à la campagne, mais pas en ville, surtout une ville comme Paris. On a visité les monuments, les musées...
STÉPHANE Et Monsieur l'artiste a aimé les musées de Paris?
DAVID Je les ai adorés!

SANDRINE Oh! Des vacances!
DAVID Oui... Des vacances? Qu'est-ce qu'il y a?
SANDRINE Je vais à Albertville pour les vacances d'hiver. On va faire du ski!

SANDRINE Est-ce que tu skies?
DAVID Un peu, oui...
SANDRINE Désolée, je dois partir. J'ai une réservation à faire! Rendez-vous ici demain, David. D'accord? Ciao!

Expressions utiles

Talking about vacations

- **Tu es parti pour Paris avec une valise et te voici avec ces énormes sacs en plus!**
  You left for Paris with one suitcase and here you are with these huge extra bags!
- **Nous sommes allés aux Galeries Lafayette.**
  We went to Galeries Lafayette.
- **On a acheté des trucs pour l'appartement aussi.**
  We also bought some things for the apartment.
- **Moi, je suis arrivé à la gare vendredi soir et nous sommes allés dîner.**
  I got to/arrived at the station Friday night and we went to dinner.
- **On a pris un bateau-mouche sur la Seine.**
  We took a sightseeing boat on the Seine.
- **Vous êtes restés combien de temps à Paris?**
  How long did you stay in Paris?
- **On a pris le métro, comme tout le monde.**
  We took the subway, like everyone else.
- **J'ai fait plein de choses.**
  I did a lot of things.
- **Les musées de Paris, je les ai adorés!**
  The museums in Paris, I loved them!

Additional vocabulary

- **Alors, ils t'ont fait la surprise?**
  So, they surprised you?
- **J'ai reçu des cadeaux trop cool.**
  I got the coolest gifts.
- **Le gâteau, je l'ai adoré.**
  I loved the cake.
- **Tu m'excuses une minute?**
  Would you excuse me a minute?
- **Oui, formidable!**
  Yes, wonderful!
- **Qu'est-ce qu'il y a?**
  What is the matter?
- **Désolé(e), je dois partir.**
  Sorry, I have to leave.

---

2 **Questions** Répondez aux questions.

1. David est parti pour Paris avec combien de valises? À son retour (*Upon his return*), est-ce qu'il a le même nombre de valises?
2. Qu'est-ce que David a fait pour ses vacances?
3. Qu'est-ce que David donne à Stéphane comme cadeau d'anniversaire? Stéphane aime-t-il le cadeau?
4. Quelles sont les vacances idéales de Stéphane?
5. Qu'est-ce que Sandrine va faire pour ses vacances d'hiver?

3 **Écrivez** Imaginez: vous êtes David, Stéphane ou Sandrine et vous allez en vacances à Paris, Tahiti ou Albertville. Écrivez un e-mail à Valérie. Quel temps fait-il? Où est-ce que vous séjournez? Quels vêtements est-ce que vous avez apportés? Qu'est-ce que vous faites chaque jour?

A C T I V I T É S

CULTURE À LA LOUPE

Tahiti

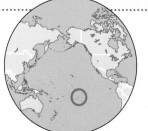

Tahiti, dans le sud° de l'océan Pacifique, est la plus grande île° de la Polynésie française. Elle devient° un protectorat français en 1842, puis° une colonie française en 1880. Depuis 1959, elle fait partie° de la collectivité d'outre-mer° de Polynésie française. Les langues officielles de Tahiti sont le français et le tahitien.

Le tourisme est une source d'activité très importante pour l'île. Ses hôtels de luxe et leurs fameux bungalows sur l'eau accueillent° près de 170.000 visiteurs par an. Les touristes apprécient Tahiti pour son climat chaud, ses plages superbes et sa culture riche en traditions. À Tahiti, il y a la possibilité de faire toutes sortes d'activités aquatiques comme du bateau, de la pêche, de la planche à voile ou de la plongée°. On peut aussi faire des randonnées en montagne ou explorer les nombreux lagons bleus de l'île. Si on n'a pas envie de faire de sport, on peut se détendre° dans un spa, bronzer à la plage ou se promener° sur l'île. Papeete, capitale de la Polynésie française et ville principale de Tahiti, offre de bons restaurants, des boutiques variées et un marché.

Coup de main

Si introduces a hypothesis. It may come at the beginning or at the middle of a sentence.

si + *subject* + *verb* + *subject* + *verb*

Si on n'a pas envie de faire de sport, on peut se détendre dans un spa.

subject + *verb* + **si** + *subject* + *verb*

On peut se détendre dans un spa si on n'a pas envie de faire de sport.

sud *south* la plus grande île *the largest island* devient *becomes* puis *then* fait partie *is part of* collectivité d'outre-mer *overseas territory* accueillent *welcome* plongée *scuba diving* se détendre *relax* se promener *go for a walk*

A C T I V I T É S

1   **Répondez** Répondez aux questions par des phrases complètes.

1. Où est Tahiti?
2. Quand est-ce que Tahiti devient une colonie française?
3. De quoi fait partie Tahiti?
4. Quelles langues parle-t-on à Tahiti?
5. Quelle particularité ont les hôtels de luxe à Tahiti?
6. Combien de personnes par an visitent Tahiti?
7. Pourquoi est-ce que les touristes aiment visiter Tahiti?
8. Quelles sont deux activités sportives que les touristes aiment faire à Tahiti?
9. Comment s'appelle la ville principale de Tahiti?
10. Où va-t-on à Papeete pour acheter un cadeau pour un ami?

À la gare

contrôleur	*ticket inspector*
couchette	*berth*
guichet	*ticket window*
horaire	*schedule*
quai	*train/metro platform*
voie	*track*
wagon-lit	*sleeper car*
composter	*to punch one's (train) ticket*

Les transports

Voici quelques faits insolites° dans les transports.

Au Canada Inauguré en 1966, le métro de Montréal est le premier du monde à rouler sur des pneus° et non sur des roues° en métal. Chaque station a été conçue° par un architecte différent.

En France Le tunnel sous la Manche° permet aux trains Eurostar de transporter des voyageurs et des marchandises entre la France et l'Angleterre.

En Mauritanie Le train du désert, en Mauritanie, en Afrique, est peut-être le train de marchandises le plus long° du monde. Long de 2 km en général, le train fait six voyages chaque jour du Sahara à la côte ouest°. C'est un voyage de plus de 700 km qui dure jusqu'à° 18 heures. Un des seuls moyens° de transport dans la région, ce train est aussi un train de voyageurs.

faits insolites *unusual facts* **pneus** *tires* **roues** *wheels* **conçue** *designed* **Manche** *English Channel* **le plus long** *the longest* **côte ouest** *west coast* **dure jusqu'à** *lasts up to* **seuls moyens** *only means*

Le musée d'Orsay

Le musée d'Orsay est un des musées parisiens les plus° visités. Le lieu n'a pourtant° pas toujours été un musée. À l'origine, ce bâtiment° est une gare, construite par l'architecte Victor Laloux et inaugurée en 1900 à l'occasion de l'Exposition universelle°. Les voies de la gare d'Orsay deviennent° trop courtes et en 1939, on décide de limiter le service aux trains de banlieue. Plus tard, la gare sert de décor à des films, comme *Le Procès* de Kafka adapté par Orson Welles, puis° elle devient théâtre, puis salle de ventes aux enchères°. En 1986, le bâtiment est transformé en musée. Il est principalement dédié° à l'art du dix-neuvième siècle°, avec une magnifique collection d'art impressionniste.

les plus *the most* **pourtant** *however* **bâtiment** *building* **Exposition universelle** *World's Fair* **deviennent** *become* **puis** *then* **ventes aux enchères** *auction* **principalement dédié** *mainly dedicated* **siècle** *century*

Danseuses en bleu, Edgar Degas

Sur Internet

Qu'est-ce que le funiculaire de Montmartre?

Go to **vhlcentral.com** to find more information related to this **Culture** section and to watch the corresponding **Flash culture** video.

---

2 **Vrai ou faux?** Indiquez si les phrases sont **vraies** ou **fausses**. Corrigez les phrases fausses.

1. Le musée d'Orsay a été un théâtre.
2. Le musée d'Orsay a été une station de métro.
3. Le musée d'Orsay est dédié à la sculpture moderne.
4. Il y a un tunnel entre la France et la Guyane française.
5. Le métro de Montréal roule sur des roues en métal.
6. Le train du désert transporte aussi des voyageurs.

3 **Comment voyager?** Vous allez passer deux semaines en France. Vous avez envie de visiter Paris et deux autres régions. Par petits groupes, parlez des moyens (*means*) de transport que vous allez utiliser pendant votre voyage. Expliquez vos choix (*choices*).

A C T I V I T É S

7A.1

The *passé composé* with *être* vhlcentral

Point de départ In **Leçon 6A**, you learned to form the **passé composé** with **avoir**. Some verbs, however, form the **passé composé** with **être**. Many such verbs involve motion. You already know a few: **aller, arriver, descendre, partir, sortir, passer, rentrer**, and **tomber**.

- To form the **passé composé** of these verbs, use a present-tense form of the auxiliary verb **être** and the past participle of the verb that expresses the action.

	PRESENT TENSE	PAST PARTICIPLE		PRESENT TENSE	PAST PARTICIPLE
Je	**suis**	**allé**.	Il	**est**	**sorti**.

Tu es parti pour Paris.

Mes parents sont arrivés des États-Unis.

- The past participles of verbs conjugated with **être** agree with their subjects in number and gender.

aller au passé composé

je suis allé(e)	nous sommes allé(e)s
tu es allé(e)	vous êtes allé(e)(s)
il/on est allé	ils sont allés
elle est allée	elles sont allées

Charles, tu **es allé** à Montréal?
Charles, did you go to Montreal?

Florence **est partie** en vacances.
Florence went on vacation.

Mes frères **sont rentrés**.
My brothers came back.

Elles **sont arrivées** hier soir.
They arrived last night.

- Here is a list of verbs that take **être** in the **passé composé**.

Verbs that take *être* in the *passé composé*

aller	*to go*		passer	*to pass by; to spend time*
arriver	*to arrive*		rentrer	*to return (home)*
partir	*to leave*		sortir	*to go out*
descendre	*to go down*		tomber	*to fall*
entrer	*to enter*		rester	*to stay*
monter	*to go up; to get in/on*		retourner	*to return*
mourir	*to die*		naître	*to be born*

- These verbs have irregular past participles in the **passé composé**.

  naître ▶ **né**   **mourir** ▶ **mort**

  Mes parents **sont nés** en 1958 à Paris.   Ma grand-mère **est morte** l'année dernière.
  My parents were born in Paris in 1958.   *My grandmother died last year.*

🔗 **Vérifiez**

Asking questions and negation

- To form a question using inversion in the **passé composé**, invert the subject pronoun and the conjugated form of **être**.

  Est-elle restée à l'hôtel Aquabella?   **Êtes-vous arrivée** ce matin, Madame Roch?
  Did she stay at the Aquabella Hotel?   *Did you arrive this morning, Mrs. Roch?*

- To make a verb negative in the **passé composé**, place **ne/n'** and **pas** around the auxiliary verb, in this case, **être**.

  Marie-Thérèse **n'est pas sortie**?   Nous **ne sommes pas allées** à la plage.
  Marie-Thérèse didn't go out?   *We didn't go to the beach.*

  Je **ne suis pas passé** chez mon amie.   Tu **n'es pas rentré** à la maison hier.
  I didn't drop by my friend's house.   *You didn't come home yesterday.*

Verbs that can take *avoir* or *être*

- Note that the verb **passer** takes **être** when it means *to pass by,* but it takes **avoir** when it means *to spend time.*

  Maryse **est passée** à la douane.   Maryse **a passé** trois jours à la campagne.
  Maryse passed through customs.   *Maryse spent three days in the country.*

  Je **suis passé** par là hier.   J'**ai passé** l'après-midi avec lui.
  I went by there yesterday.   *I spent the afternoon with him.*

- The verb **sortir** takes **être** in the **passé composé** when it means *to go out* or *to leave*, but it takes **avoir** when it means *to take someone or something out.*

  Elle **est sortie** de chez elle.   Elle **a sorti** la voiture du garage.
  She left her house.   *She took the car out of the garage.*

Essayez!   *Choisissez le participe passé approprié.*

1. Vous êtes (nés/né) en 1959, Monsieur?
2. Les élèves sont (partis/parti) le 2 juin.
3. Les filles sont (rentrées/rentrés) de vacances.
4. Simone de Beauvoir est-elle (mort/morte) en 1986?
5. Mes frères sont (sortis/sortie).
6. Paul n'est pas (resté/restée) chez sa grand-mère.
7. Tu es (arrivés/arrivée) avant dix heures, Sophie.
8. Jacqueline a (passée/passé) une semaine en Suisse.
9. Nous sommes (descendu/descendus) à l'arrêt d'autobus.
10. Maman est (monté/montée) dans la voiture.

Mise en pratique

1 **Un week-end sympa** Carole raconte son week-end à Paris. Complétez l'histoire avec les formes correctes des verbes au passé composé.

Thomas et moi, nous (1) _____ (partir) de Lyon samedi et nous (2) _____ (arriver) à Paris à onze heures. Nous (3) _____ (passer) à l'hôtel et puis je (4) _____ (aller) au Louvre. En route, je (5) _____ (tomber) sur un vieil ami, et nous (6) _____ (aller) prendre un café. Ensuite, je (7) _____ (entrer) dans le musée. Samedi soir, Thomas et moi (8) _____ (monter) au sommet de la tour Eiffel et après nous (9) _____ (sortir) danser. Dimanche, nous (10) _____ (retourner) au Louvre. Alors aujourd'hui, je suis fatiguée.

2 **La routine** Voici ce que Nadia et Éric font aujourd'hui. Dites qu'ils ont fait les mêmes activités samedi dernier.

1. Ils vont au parc.
2. Nadia fait du cheval.
3. Éric passe une heure à la bibliothèque.
4. Nadia sort avec ses amis.
5. Ils rentrent tard le soir.
6. Ils jouent au golf.

3 **Dimanche dernier** Dites ce que (*what*) ces personnes ont fait dimanche dernier. Utilisez les verbes de la liste.

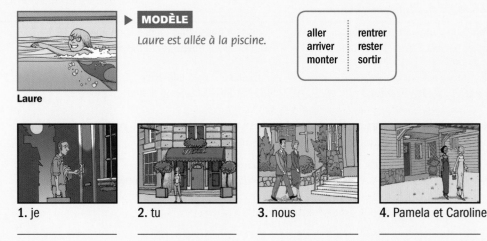

▶ **MODÈLE**
Laure est allée à la piscine.

aller	rentrer
arriver	rester
monter	sortir

Laure

1. je _____
2. tu _____
3. nous _____
4. Pamela et Caroline _____

4 **L'accident** Le mois dernier, Djénaba et Safiatou sont allées au Sénégal. Complétez les phrases au passé composé. Ensuite, mettez-les dans l'ordre chronologique.

_____ a. les filles / partir pour Dakar en avion

_____ b. Djénaba / tomber de vélo

_____ c. elles / aller faire du vélo dimanche matin

_____ d. elles / arriver à Dakar tard le soir

_____ e. elles / rester à l'hôtel Sofitel

_____ f. elle / aller à l'hôpital

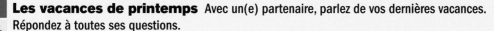

Communication

5 **Les vacances de printemps** Avec un(e) partenaire, parlez de vos dernières vacances. Répondez à toutes ses questions.

MODÈLE

quand / partir
Élève 1: *Quand es-tu parti(e)?*
Élève 2: *Je suis parti(e) vendredi soir.*

1. où / aller
2. avec qui / partir
3. comment / voyager
4. à quelle heure / arriver
5. où / dormir
6. combien de temps / rester
7. que / visiter
8. sortir / souvent le soir
9. que / acheter
10. quand / rentrer

6 **Enquête** Votre professeur va vous donner une feuille d'activités. Circulez dans la classe et demandez à différents camarades s'ils ont fait ces choses récemment (*recently*). Présentez les résultats de votre enquête à la classe.

MODÈLE

Élève 1: *Es-tu allé(e) au musée récemment?*
Élève 2: *Oui, je suis allé(e) au musée jeudi dernier.*

Questions	Nom
1. aller au musée	François
2. passer chez ses amis	
3. sortir au cinéma	
4. rester à la maison pour écouter de la musique	
5. partir en week-end avec sa famille	
6. monter en avion	

7 **À l'aéroport** Imaginez une mauvaise expérience dans un aéroport et parlez-en (*talk about it*) en petits groupes. À tour de rôle, racontez (*tell*) vos aventures et posez le plus (*most*) de questions possible. Utilisez les expressions de la liste et d'autres aussi.

MODÈLE

Élève 1: *Quand je suis rentré(e) de la Martinique, j'ai attendu trois heures à la douane.*
Élève 2: *Quelle horreur! Pourquoi?*

aller	passer
arriver	perdre
attendre	plan
avion	prendre un avion
billet (aller-retour)	sortir
douane	tomber
partir	valise
passagers	vol

7A.2 Direct object pronouns vhlcentral

Point de départ In **Leçon 6B**, you learned about indirect objects. You are now going to learn about direct objects.

- A direct object is a noun that receives the action of a verb. An indirect object is usually the person or thing that receives the direct object.

DIRECT OBJECT   INDIRECT OBJECT

J'ai fait **un cadeau à ma sœur**.

I gave a present to my sister.

- While indirect objects are frequently preceded by the preposition **à**, no preposition is needed before a direct object.

DIRECT OBJECT   *but*   INDIRECT OBJECT

J'emmène **mes parents**.   Je parle **à mes parents**.

I'm taking my parents.   *I'm talking to my parents.*

Boîte à outils

Some French verbs do not take a preposition although their English equivalents do: **écouter** (*to listen to*), **chercher** (*to look for*) and **attendre** (*to wait for*). In deciding whether an object is direct or indirect, always check if the French verb takes the preposition **à**.

Direct object pronouns			
singular		**plural**	
me/m'	*me*	nous	*us*
te/t'	*you*	vous	*you*
le/la/l'	*him/her/it*	les	*them*

- You can use a direct object pronoun in the place of a direct object noun.

Boîte à outils

Like indirect objects, the direct object pronouns **me**, **te**, **nous**, and **vous** replace people. However, the direct objects **le**, **la**, and **les** can replace a person, a place, or a thing.

Tu fais **les valises**? ▶ Tu **les** fais?
Are you packing the suitcases?   *Are you packing them?*

Ils retrouvent **Luc** à la gare. ▶ Ils **le** retrouvent à la gare.
They're meeting Luc at the   *They're meeting him at the*
train station.   *train station.*

Tu visites souvent **la Belgique**? ▶ Tu **la** visites souvent?
Do you visit Belgium often?   *Do you visit there often?*

Vérifiez

Direct object pronouns with the present tense

- In the present tense, the direct object pronoun precedes the conjugated verb unless that verb is followed by an infinitive.

Les langues? Laurent et Xavier **les** étudient.   Les élèves ne **vous** entendent pas.
Languages? Laurent and Xavier study them.   *The students don't hear you.*

M'attendez-vous à l'aéroport?   Et Daniel? Tu ne **le** retrouves pas au cinéma?
Are you waiting for me at the airport?   *And Daniel? Aren't you meeting him at the movies?*

- When an infinitive follows a conjugated verb, the direct object pronoun precedes the infinitive.

Marcel va **nous écouter**.   Tu ne préfères pas **la porter** demain?
Marcel will listen to us.   *Wouldn't you rather wear it tomorrow?*

Préparation Répondez aux questions suivantes.

1. Qu'est-ce que vous aimez faire pendant les vacances?
2. Préférez-vous faire du camping, descendre (*stay*) dans un hôtel ou rester chez des amis pendant les vacances? Pourquoi?

Des auberges de jeunesse° nouvelle génération

Après avoir terminé° leurs études à l'université et avant de commencer leur vie professionnelle, beaucoup de jeunes partent en voyage à l'étranger. Avec très peu d'argent, ils arrivent à° passer plusieurs semaines, quelques mois, ou même une année entière à visiter les pays du monde. Ils voyagent seuls ou avec des amis et souvent, ils passent la nuit dans une auberge de jeunesse pour économiser de l'argent. Autrefois°, ces auberges offraient° peu de confort. Il fallait° dormir dans de grands dortoirs et partager la salle de bains au bout du couloir°. Mais aujourd'hui, les auberges s'adaptent aux jeunes qui sont de plus en plus exigeants°. Elles sont beaucoup plus confortables, mais restent bon marché°.

dortoirs *dormitories* **lits** *beds* **auberges de jeunesse** *youth hostels* **Après avoir terminé** *After having finished* **arrivent à** *manage to* **Autrefois** *In the past* **offraient** *offered* **Il fallait** *It was necessary* **au bout du couloir** *at the end of the hall* **exigeants** *demanding* **bon marché** *inexpensive*

Reportage de CETELEM

Oubliez les dortoirs° de 10 à 15 lits°...

Vocabulaire utile

la douche	*shower*
la couverture	*blanket, cover*
la chambre	*room*
l'armoire (f.)	*wardrobe*
sécurisé(e)	*locked*
gratuit(e)	*free*
privé(e)	*private*

Compréhension Indiquez toutes les phrases qui décrivent une auberge de jeunesse nouvelle génération.

_____ 1. Il y a des dortoirs de 10 à 15 lits.

_____ 2. Les douches sont dans le couloir.

_____ 3. Il y a des armoires sécurisées et du Wi-Fi gratuit.

_____ 4. Le petit-déjeuner (*breakfast*) est gratuit.

_____ 5. Les chambres coûtent entre 60–100 euros la nuit.

Conversation Avec un partenaire, décidez si vous êtes d'accord avec ces déclarations et expliquez pourquoi.

1. Voyager forme (*shapes*) la jeunesse.
2. C'est important d'aider financièrement les jeunes à voyager.

Application Trouvez sur Internet deux auberges de jeunesse dans une région ou un pays francophone. Notez les services qu'elles offrent. Ensuite, utilisez ces informations pour préparer une présentation qui propose la construction d'une auberge de jeunesse dans votre région. Dans votre présentation, expliquez les services que l'auberge de jeunesse va offrir et les différents avantages qu'elle peut apporter aux jeunes et la communauté.

You will learn how to...

- make hotel reservations
- give instructions

🔊 **vhl**central

À l'hôtel

Vocabulaire

annuler une réservation	to cancel a reservation
réserver	to reserve, to book
premier/première	first
cinquième	fifth
neuvième	ninth
vingt et unième	twenty-first
vingt-deuxième	twenty-second
trente et unième	thirty-first
centième	hundredth
une agence de voyages	travel agency
un agent de voyages	travel agent
une auberge de jeunesse	youth hostel
une chambre individuelle	single room
un hôtel	hotel
complet/complète	full (no vacancies)
libre	available
alors	so, then; at that moment
après (que)	after
avant (de)	before
d'abord	first
donc	therefore
enfin	finally, at last
ensuite	then, next
finalement	finally
pendant (que)	during, while
puis	then
tout à coup	suddenly
tout de suite	right away

la réception

le lit

l'hôtelière (f.)

l'hôtelier (m.)

le passeport

la clé

les client(e)s

Bienvenue!

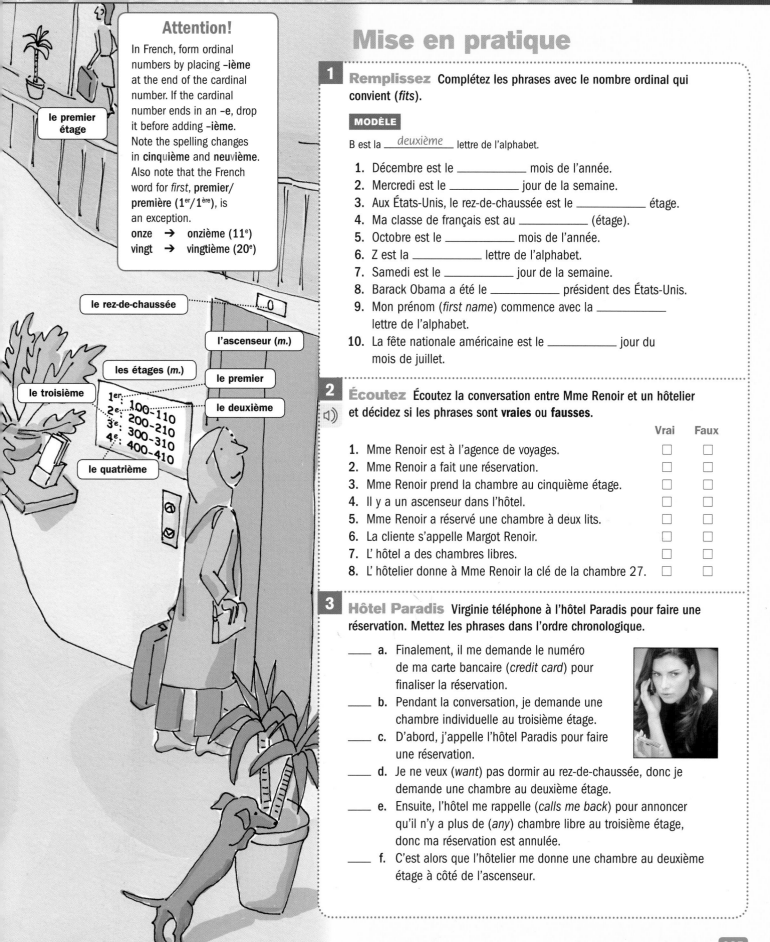

Attention!

In French, form ordinal numbers by placing –ième at the end of the cardinal number. If the cardinal number ends in an –e, drop it before adding –ième. Note the spelling changes in **cinquième** and **neuvième**. Also note that the French word for *first*, **premier/première** (1er/1ère), is an exception.

onze → onzième (11e)

vingt → vingtième (20e)

le premier étage

le rez-de-chaussée

l'ascenseur (m.)

les étages (m.)

le premier

le deuxième

le troisième

1er : 100–110
2e : 200–210
3e : 300–310
4e : 400–410

le quatrième

Mise en pratique

1 Remplissez Complétez les phrases avec le nombre ordinal qui convient (*fits*).

MODÈLE

B est la ___*deuxième*___ lettre de l'alphabet.

1. Décembre est le _____ mois de l'année.
2. Mercredi est le _____ jour de la semaine.
3. Aux États-Unis, le rez-de-chaussée est le _____ étage.
4. Ma classe de français est au _____ (étage).
5. Octobre est le _____ mois de l'année.
6. Z est la _____ lettre de l'alphabet.
7. Samedi est le _____ jour de la semaine.
8. Barack Obama a été le _____ président des États-Unis.
9. Mon prénom (*first name*) commence avec la _____ lettre de l'alphabet.
10. La fête nationale américaine est le _____ jour du mois de juillet.

2 Écoutez Écoutez la conversation entre Mme Renoir et un hôtelier et décidez si les phrases sont **vraies** ou **fausses**.

	Vrai	Faux
1. Mme Renoir est à l'agence de voyages.	☐	☐
2. Mme Renoir a fait une réservation.	☐	☐
3. Mme Renoir prend la chambre au cinquième étage.	☐	☐
4. Il y a un ascenseur dans l'hôtel.	☐	☐
5. Mme Renoir a réservé une chambre à deux lits.	☐	☐
6. La cliente s'appelle Margot Renoir.	☐	☐
7. L'hôtel a des chambres libres.	☐	☐
8. L'hôtelier donne à Mme Renoir la clé de la chambre 27.	☐	☐

3 Hôtel Paradis Virginie téléphone à l'hôtel Paradis pour faire une réservation. Mettez les phrases dans l'ordre chronologique.

____ a. Finalement, il me demande le numéro de ma carte bancaire (*credit card*) pour finaliser la réservation.

____ b. Pendant la conversation, je demande une chambre individuelle au troisième étage.

____ c. D'abord, j'appelle l'hôtel Paradis pour faire une réservation.

____ d. Je ne veux (*want*) pas dormir au rez-de-chaussée, donc je demande une chambre au deuxième étage.

____ e. Ensuite, l'hôtel me rappelle (*calls me back*) pour annoncer qu'il n'y a plus de (*any*) chambre libre au troisième étage, donc ma réservation est annulée.

____ f. C'est alors que l'hôtelier me donne une chambre au deuxième étage à côté de l'ascenseur.

Communication

4 Conversez Interviewez votre camarade à propos de (*about*) ses vacances idéales dans un hôtel.

1. Quelles sont les dates de ton séjour?
2. Où vas-tu? Dans quel pays, quelle région ou quelle ville? Vas-tu à la mer, à la campagne, ...?
3. À quel hôtel descends-tu (*do you stay*)?
4. Qui fait la réservation?
5. Comment est l'hôtel? Est-ce que l'hôtel a un ascenseur, une piscine, ...?
6. À quel étage est ta chambre?
7. Combien de lits a ta chambre?
8. Laisses-tu ton passeport à la réception?

5 Notre réservation Par groupes de trois, travaillez pour préparer une présentation où deux touristes font une réservation dans un hôtel ou une auberge de jeunesse francophone. N'oubliez pas d'ajouter (*add*) les informations de la liste.

- le nom de l'hôtel
- le type de chambre(s)
- l'étage
- le nombre de lits
- les dates
- le prix

6 Mon hôtel Vous allez ouvrir (*open*) votre propre hôtel. Par groupes de quatre, créez une affiche (*poster*) pour le promouvoir (*promote*) avec l'information de la liste et présentez votre hôtel au reste de la classe. Votre professeur va ensuite donner à chaque groupe un budget. Avec ce budget, vous allez faire la réservation à l'hôtel qui convient le mieux (*best suits*) à votre groupe.

- le nom de votre hôtel
- le nombre d'étoiles (*stars*)
- les services offerts
- le prix pour une nuit

★ une étoile	★★ deux étoiles	★★★ trois étoiles	★★★★ quatre étoiles	★★★★★ cinq étoiles
		🐕	🐕	🐕
				🏃
	📞	📞	📞	📞
			📺	📺
		♿	♿	♿
				🏊
			🍽	🍽
🛗	🛗	🛗	🛗	🛗

7 Pour faire une réservation Écrivez un paragraphe où vous décrivez (*describe*) ce qu'un touriste doit (*must*) faire pour réserver une chambre. Utilisez au moins cinq mots de la liste. Échangez et comparez votre paragraphe avec celui (*the one*) d'un camarade de classe.

alors	d'abord	puis
après (que)	donc	tout à coup
avant (de)	enfin	tout de suite

Les sons et les lettres 🔊 vhlcentral

ti, sti, and ssi

The letters **ti** followed by a consonant are pronounced like the English word *tea*, but without the puff released in the English pronunciation.

ac**ti**f	pe**ti**t	**ti**gre	u**ti**les

When the letter combination **ti** is followed by a vowel sound, it is often pronounced like the sound linking the English words *miss you*.

dic**ti**onnaire	pa**ti**ent	ini**ti**al	addi**ti**on

Regardless of whether it is followed by a consonant or a vowel, the letter combination **sti** is pronounced *stee*, as in the English word *steep*.

ge**sti**on	que**sti**on	Séba**sti**en	arti**sti**que

The letter combination **ssi** followed by another vowel or a consonant is usually pronounced like the sound linking the English words *miss you*.

pa**ssi**on	expre**ssi**on	mi**ssi**on	profe**ssi**on

Words that end in **-sion** or **-tion** are often cognates with English words, but they are pronounced quite differently. In French, these words are never pronounced with a *sh* sound.

compre**ssi**on	na**ti**on	atten**ti**on	addi**ti**on

Prononcez Répétez les mots suivants à voix haute.

1. artiste
2. mission
3. réservation
4. impatient
5. position
6. initiative
7. possession
8. nationalité
9. compassion
10. possible

Articulez Répétez les phrases suivantes à voix haute.

1. L'addition, s'il vous plaît.
2. Christine est optimiste et active.
3. Elle a fait une bonne première impression.
4. Laëtitia est impatiente parce qu'elle est fatiguée.
5. Tu cherches des expressions idiomatiques dans le dictionnaire.

Dictons Répétez les dictons à voix haute.

De la discussion jaillit la lumière.[1]

Il n'est de règle sans exception.[2]

[1] Discussion brings light.   [2] The exception proves the rule.

La réservation d'hôtel vhlcentral

À l'agence de voyages...

SANDRINE J'ai besoin d'une réservation d'hôtel, s'il vous plaît. C'est pour les vacances de Noël.

AGENT Où allez-vous? En Italie?

SANDRINE Nous allons à Albertville.

AGENT Et c'est pour combien de personnes?

SANDRINE Nous sommes deux, mais il nous faut deux chambres individuelles.

AGENT Très bien. Quelles sont les dates du séjour, Mademoiselle?

SANDRINE Alors, le 25, c'est Noël, donc je fête en famille. Disons du 26 décembre au 2 janvier.

AGENT Ce n'est pas possible à Albertville, mais à Megève, j'ai deux chambres à l'hôtel Le Vieux Moulin pour 143 euros par personne. Ou alors, à l'hôtel Le Mont Blanc pour 171 euros par personne.

SANDRINE Oh non, mais Megève, ce n'est pas Albertville... et ces prix! C'est vraiment trop cher.

AGENT C'est la saison, Mademoiselle. Les hôtels les moins chers sont déjà complets.

SANDRINE Oh là là. Je ne sais pas quoi faire... J'ai besoin de réfléchir. Merci, Monsieur. Au revoir!

AGENT Au revoir, Mademoiselle.

Chez Sandrine...

SANDRINE Oui, Pascal. Amina nous a trouvé une auberge à Albertville. C'est génial, non? En plus, c'est pas cher!

PASCAL Euh, en fait... Albertville, maintenant, c'est impossible.

SANDRINE Qu'est-ce que tu dis?

PASCAL C'est que... j'ai du travail.

SANDRINE Du travail! Mais c'est Noël! On ne travaille pas à Noël! Et Amina a déjà tout réservé... Oh! C'est pas vrai!

PASCAL (*à lui-même*) Elle n'est pas très heureuse maintenant, mais quelle surprise en perspective!

Un peu plus tard...

AMINA On a réussi, Sandrine! La réservation est faite. Tu as de la chance! Mais, qu'est-ce qu'il y a?

SANDRINE Tu es super gentille, Amina, mais Pascal a annulé pour Noël. Il dit qu'il a du travail... Lui et moi, c'est fini. Tu as fait beaucoup d'efforts pour faire la réservation, je suis désolée.

A C T I V I T É S

1 **Vrai ou faux?** Indiquez si ces affirmations sont **vraies** ou **fausses**.

1. Sandrine fait une réservation à l'agence de voyages.

2. Sandrine a envie de voyager le 25 décembre.

3. Amina fait une réservation à l'hôtel Le Mont Blanc.

4. Cent soixante et onze euros, c'est beaucoup d'argent pour Sandrine.

5. Amina ne peut pas (*can't*) aider Sandrine.

6. Il y a beaucoup de touristes à Albertville en décembre.

7. Pascal dit qu'il travaille à Noël.

8. Pascal est fâché contre Sandrine.

9. Sandrine est fâchée contre Pascal.

10. Il faut annuler la réservation à l'auberge de la Costaroche.

Sandrine essaie d'organiser son voyage.

Au P'tit Bistrot...

SANDRINE Amina, je n'ai pas réussi à faire une réservation pour Albertville. Tu peux m'aider?

AMINA C'est que... je suis connectée avec Cyberhomme.

SANDRINE Avec qui?

AMINA J'écris un e-mail à... Bon, je t'explique plus tard. Dis-moi, comment est-ce que je peux t'aider?

Un peu plus tard...

AMINA Bon, alors... Sandrine m'a demandé de trouver un hôtel pas cher à Albertville. Pas facile à Noël... Je vais essayer... Voilà! L'auberge de la Costaroche... 39 euros la nuit pour une chambre individuelle. L'hôtel n'est pas complet et il y a deux chambres libres. Quelle chance, cette Sandrine! Bon, nom... Sandrine Aubry...

AMINA Bon, la réservation, ce n'est pas un problème. C'était facile de réserver. Mais toi, Sandrine, c'est évident, ça ne va pas.

SANDRINE C'est vrai. Mais, alors, c'est qui, ce «Cyberhomme»?

AMINA Oh, c'est juste un ami virtuel. On correspond sur Internet, c'est tout. Ce soir, c'est son dixième message!

SANDRINE Lis-le-moi!

AMINA Euh non, c'est personnel...

SANDRINE Alors, dis-moi comment il est!

AMINA D'accord... Il est étudiant, sportif mais sérieux. Très intellectuel.

SANDRINE S'il te plaît, écris-lui: «Sandrine cherche aussi un cyberhomme»!

2 **Questions** Répondez aux questions.

1. Pourquoi est-il difficile de faire une réservation pour Albertville?
2. Pourquoi est-ce que Sandrine ne veut pas (*doesn't want*) descendre à l'hôtel Le Vieux Moulin?
3. Pourquoi Pascal dit-il qu'il ne peut pas (*can't*) aller à Albertville?
4. Qui est Cyberhomme?
5. À votre avis (*In your opinion*), Sandrine va-t-elle rester (*stay*) avec Pascal?

3 **Devinez** Inventez-vous une identité virtuelle. Écrivez un paragraphe dans lequel (*in which*) vous vous décrivez, vous et vos loisirs préférés. Donnez votre nom d'internaute (*cybername*). Votre professeur va afficher (*post*) vos messages. Devinez (*Guess*) à qui correspondent les descriptions.

ACTIVITÉS

vhlcentral

CULTURE À LA LOUPE

Les vacances des Français

Cassis

Les Français, aujourd'hui, ont beaucoup de vacances.
En 1936, les Français obtiennent° leurs premiers congés payés: deux semaines par an. En 1956, les congés payés passent à trois semaines, puis à quatre en 1969, et enfin à cinq semaines en 1982. Aujourd'hui, les Français sont parmi ceux qui° ont le plus de vacances en Europe. Pendant longtemps, les Français prenaient° un mois de congés l'été, en août, et beaucoup d'entreprises°, de bureaux et de magasins fermaient° tout le mois (la fermeture annuelle). Aujourd'hui, les Français ont tendance à prendre des vacances plus courtes (sept jours en moyenne°), mais plus souvent. Quant aux° destinations de vacances, 70,2% (pour cent) des Français restent en France métropolitaine°. S'ils partent à l'étranger, leurs destinations préférées sont l'Espagne, l'Italie et l'Afrique. Environ° 23% des Français vont à la campagne, 31% vont en ville, 22% vont à la mer, et 20% vont à la montagne.

Ce sont les personnes âgées et les agriculteurs° qui partent le moins souvent en vacances et les étudiants qui voyagent le plus, parce qu'ils ont beaucoup de vacances. Pour eux, les cours commencent en septembre ou octobre avec la rentrée des classes. Puis, il y a deux semaines de vacances plusieurs fois dans l'année: les vacances de Noël en décembre-janvier, les vacances d'hiver en février-mars et les vacances de printemps en avril-mai. Les élèves (de la maternelle° au lycée) ont une semaine en plus pour les vacances de la Toussaint en octobre-novembre. L'été, les étudiants et les élèves ont les grandes vacances de juin jusqu'à° la rentrée.

Les destinations de vacances des Français aujourd'hui

PAYS / CONTINENT	SÉJOURS
France	70,2%
Espagne	4,1%
Italie	3,0%
Afrique	2,2%
Royaume-Uni	1,8%
Belgique et Luxembourg	1,8%
Allemagne	1,5%
Amérique	1,8%
Asie et Océanie	1,4%
Les DOM°	0,7%

SOURCE: Direction Générale des Entreprises (DGE)

obtiennent *obtain* **parmi ceux qui** *among the ones who* **prenaient** *took* **entreprises** *companies* **fermaient** *closed* **en moyenne** *on average* **Quant aux** *As for* **métropolitaine** *mainland* **Environ** *Around* **agriculteurs** *farmers* **maternelle** *pre-school* **jusqu'à** *until* **DOM** *Overseas Departments*

Coup de main

To form the superlative of nouns, use **le plus (de)** + (*noun*) to say *the most* and **le moins (de)** + (*noun*) to say *the least*.

Les étudiants ont le plus de vacances.

Les personnes âgées prennent le moins de congés.

A C T I V I T É S

1 **Complétez** Complétez les phrases.

1. C'est en 1936 que les Français obtiennent leurs premiers _____.

2. Depuis (*Since*) 1982, les Français ont _____ de congés payés.

3. Pendant longtemps, les Français ont pris leurs vacances au mois _____.

4. Pendant _____, beaucoup de magasins sont fermés.

5. _____ est la destination de vacances préférée de 70,2% des Français.

6. Les destinations étrangères préférées des Français sont _____.

7. Le lieu de séjour favori des Français est _____.

8. _____ ne partent pas souvent en vacances.

9. Ce sont _____ qui ont beaucoup de vacances.

10. Les étudiants ont _____ plusieurs fois par an.

À l'auberge de jeunesse

bagagerie (*f.*)	*baggage check room*
cadenas (*m.*)	*padlock*
casier (*m.*)	*locker*
couvre-feu (*m.*)	*curfew*
dortoir (*m.*)	*dormitory*
espace détente	*relaxation area*
laverie	*laundry*
sac (*m.*) **de couchage**	*sleeping bag*

Des vacances francophones

Si votre famille veut° partir en vacances dans un pays francophone, vous pouvez° aller en France, bien sûr, mais il y a aussi beaucoup d'autres destinations.

Près des États-Unis

En hiver, dans les Antilles, il y a la Guadeloupe et la Martinique. Ces deux îles° tropicales sont des départements français. Leurs habitants ont donc des passeports français.

Dans l'océan Pacifique

De la Côte Ouest des États-Unis, au sud° de Hawaï, vous pouvez aller dans les îles de la Polynésie française: les îles Marquises; les îles du Vent, avec Tahiti; les îles Tuamotu. Au total il y a 118 îles, dont° 67 sont habitées°.

veut *wants* **pouvez** *can* **îles** *islands* **sud** *south* **dont** *of which* **habitées** *inhabited*

Les Alpes et le ski

Les Français qui partent à la montagne pendant les vacances d'hiver privilégient° les stations de ski des Alpes françaises. La chaîne° des Alpes est la plus grande chaîne de montagnes d'Europe. Elle fait plus de 1.000 km de long et va de la Méditerranée à l'Autriche°. Plusieurs pays la partagent: entre autres° la France, la Suisse, l'Allemagne et l'Italie. Le Mont-Blanc, le sommet° le plus haut° d'Europe occidentale°, est à plus de 4.800 mètres d'altitude.

On trouve d'excellentes pistes° de ski dans les Alpes, comme à Chamonix, Tignes, Val d'Isère et aux Trois Vallées.

privilégient *favor* **chaîne** *range* **l'Autriche** *Austria* **entre autres** *among others* **sommet** *peak* **le plus haut** *the highest* **occidentale** *Western* **pistes** *trails*

Sur Internet

Chaque année, depuis (*since*) 1982, plus de 4 millions de Français utilisent des Chèques-Vacances pour payer leurs vacances. Qu'est-ce que c'est, un Chèque-Vacances?

Go to **vhlcentral.com** to find more information related to this **Culture** section.

2 **Répondez** Répondez aux questions par des phrases complètes.
1. Que peut-on (*can one*) utiliser à la place des draps?
2. Quand on passe la nuit dans le dortoir d'une auberge de jeunesse, où met-on ses affaires (*belongings*)?
3. Qu'est-ce que c'est, les Alpes?
4. Quel est le sommet le plus haut d'Europe occidentale?
5. Quelles îles des Antilles sont françaises?

3 **À l'agence de voyages** Vous travaillez dans une agence de voyages en France. Votre partenaire, un(e) client(e), va vous parler des activités et du climat qu'il/elle aime. Faites quelques suggestions de destinations. Votre client(e) va vous poser des questions sur les différents voyages que vous suggérez.

ACTIVITÉS

7B.1

Adverbs and the verbs **vhl**central
dire, écrire, and lire

Point de départ Adverbs modify verbs, adjectives, and other adverbs. Adverbs you have already learned include **bien**, **déjà**, **encore**, **surtout**, and **très**.

- To form an adverb from an adjective that ends in a consonant, take the feminine form and add **-ment**. This ending is equivalent to the English *-ly*.

masc. adjective	fem. adjective	adverb	
actif	active	activement	*actively*
franc	franche	franchement	*frankly, honestly*
heureux	heureuse	heureusement	*fortunately*

Malheureusement, il ne va pas être là.
Unfortunately, he is not going to be there.

Il n'est pas passé **dernièrement**.
He hasn't passed by lately.

- If an adjective's masculine form ends in a vowel, just add **-ment**.

masc. adjective	adverb	
absolu	absolument	*absolutely*
vrai	vraiment	*really*

J'ai **vraiment** sommeil aujourd'hui.
I'm really sleepy today.

Le musée est **absolument** magnifique.
The museum is absolutely magnificent.

- If an adjective's masculine form ends in **-ant** or **-ent**, replace the ending with **-amment** or **-emment**, respectively.

masc. adjective	adverb	
constant	constamment	*constantly*
courant	couramment	*fluently*
évident	évidemment	*obviously*

Elle parle **couramment** français.
She speaks French fluently.

Vous pensez **différemment**.
You think differently.

- Some adverbs are irregular.

masc. adjective	adverb	
bon	bien	*well*
gentil	gentiment	*nicely*
mauvais	mal	*badly*
petit	peu	*little*

Son français est bon; il le parle **bien**.
His French is good; he speaks it well.

Leurs devoirs sont mauvais; ils écrivent **mal**.
Their homework is bad; they write badly.

- Although the adverb **rapidement** can be formed from the adjective **rapide**, you can also use the adverb **vite** to say *fast*.

M. Bellay parle trop **rapidement**.
Mr. Bellay speaks too quickly.

Bérénice court **vite**.
Bérénice runs fast.

- You've learned **jamais**, **parfois**, **rarement**, and **souvent**. Three more adverbs of frequency are: **de temps en temps** (*from time to time*), **en général** (*in general*), and **quelquefois** (*sometimes*).

  Elle visite la capitale **de temps en temps**.   **En général,** nous prenons le bus.
  She visits the capital from time to time.   *In general, we take the bus.*

- Place an adverb that modifies an adjective or adverb before the word it modifies.

  La chambre est **assez** grande.   Ils courent **très** vite.
  The room is pretty big.   *They run very fast.*

- Place an adverb that modifies a verb immediately after the verb.

  Elle parle **bien** le français?   Ils parlent **constamment**.
  Does she speak French well?   *They talk constantly.*

- In the **passé composé**, short adverbs are typically placed before the past participle.

  Ils sont **vite** partis.   *but*   Ils ont gagné **facilement**.
  They left quickly.   *They won easily.*

🏃 **Boîte à outils**

Adverbs of frequency, such as **de temps en temps, en général, quelquefois,** and **aujourd'hui,** are often placed at the beginning or end of a sentence.

👓 **Vérifiez**

The verbs *dire, lire,* and *écrire*

	dire *(to say)*	lire *(to read)*	écrire *(to write)*
je/j'	dis	lis	écris
tu	dis	lis	écris
il/elle/on	dit	lit	écrit
nous	disons	lisons	écrivons
vous	dites	lisez	écrivez
ils/elles	disent	lisent	écrivent

Elle m'**écrit**.   Ne **dis** pas ton secret.   **Lisez** cet e-mail.
She writes to me.   *Don't tell your secret.*   *Read that e-mail.*

- The past participles of **dire**, **écrire**, and **décrire**, respectively, are **dit**, **écrit**, and **décrit**. The past participle of **lire** is **lu**.

  Ils l'**ont dit**.   Tu l'**as écrit**.   Nous l'**avons lu**.
  They said it.   *You wrote it.*   *We read it.*

🏃 **Boîte à outils**

The verb **décrire** (*to describe*) is conjugated like **écrire**.

Elle décrit ses vacances.

She is describing her vacation.

Essayez!   **Donnez les adverbes qui correspondent à ces adjectifs. Ensuite, donnez la forme correcte des verbes.**

1. complet _completèment_
2. sérieux _____
3. séparé _____
4. constant _____
5. mauvais _____
6. actif _____
7. gentil _____

8. Je _____ (lire) le journal.
9. Nous _____ (dire) la vérité (*truth*).
10. Viviane _____ (écrire) bien.
11. Les filles _____ (décrire) l'accident.
12. Vous _____ (dire) ce que (*what*) vous pensez.
13. As-tu déjà _____ (lire) ce livre?
14. Je l'ai _____ (décrire) comme je l'ai vu.

Mise en pratique

1 **Assemblez** Trouvez l'adverbe opposé.

_____ 1. gentiment   a. rarement

_____ 2. bien   b. faiblement

_____ 3. lentement   c. impatiemment

_____ 4. patiemment   d. mal

_____ 5. fréquemment   e. méchamment

_____ 6. fortement   f. vite

2 **Invitation aux vacances** Béatrice parle de ses vacances chez sa cousine. Complétez les phrases avec les adverbes qui correspondent aux adjectifs entre parenthèses.

Ma cousine Caroline m'a invitée à passer les vacances chez elle, à Nice. (1) _____ (Évident), j'ai été très contente et j'ai (2) _____ (rapide) accepté son invitation. J'ai lu (3) _____ (attentif) les brochures touristiques et j'ai parlé (4) _____ (constant) de mon voyage. (5) _____ (Final), le jour de mon départ est arrivé. J'ai fait (6) _____ (prudent) ma valise. À Paris, j'ai attendu le train très (7) _____ (impatient). (8) _____ (Franc), j'avais hâte (_was eager_) d'arriver!

3 **On le fait comment?** Décrivez comment Gilles et ses amis font ces actions. Employez l'adverbe logique correspondant à un des adjectifs.

1. Marc et Marie écrivent. (bon, gentil)
2. J'attends mon ami. (rapide, impatient)
3. Ousmane dit des secrets. (fréquent, intelligent)
4. Tu conduis ta voiture. (fort, prudent)
5. Salima lit le texte. (courant, attentif)

4 **Les activités** Avec un(e) partenaire, assemblez les éléments des colonnes pour décrire à tour de rôle comment on fait ces activités pendant les vacances.

MODÈLE

Élève 1: _Je ne travaille pas sérieusement._
Élève 2: _Mon frère joue constamment._

A	B	C
je	aider	constamment
mon frère	dire	facilement
ma sœur	écrire	franchement
mon ami(e)	jouer	gentiment
mes profs	lire	patiemment
ma mère	travailler	rapidement
mon père	voyager	sérieusement
?	?	?

Communication

5 **Au lycée** Vous désirez mieux connaître (*know better*) vos camarades de classe. Répondez aux questions de votre partenaire avec les adverbes de la liste ou d'autres.

attentivement	lentement	rapidement
bien	mal	rarement
difficilement	parfois	sérieusement
élégamment	patiemment	souvent
facilement	prudemment	quelquefois

1. Quand vas-tu à la cantine?
2. Comment étudies-tu en général?
3. Quand tes amis et toi étudiez-vous ensemble?
4. Comment les élèves écoutent-ils leur prof?
5. Comment ton prof de français parle-t-il?
6. Quand les élèves ne disent-ils pas la vérité (*truth*) au prof?
7. Quand lisez-vous pour le plaisir (*pleasure*)?
8. Quand allez-vous au cinéma, tes amis et toi?
9. Tes amis et toi, mangez-vous toujours (*always*) à la cantine?
10. Quand écrivez-vous des messages à vos amis?

6 **Fréquences** Votre professeur va vous donner une feuille d'activités. Circulez dans la classe et demandez à vos camarades à quelle fréquence ils/elles font ces choses. Trouvez une personne différente pour chaque réponse, puis présentez-les à la classe.

MODÈLE

Élève 1: *À quelle fréquence pars-tu en vacances?*
Élève 2: *Je pars fréquemment en vacances.*

7 **Notre classe** Par groupes de quatre, choisissez les camarades de votre classe qui correspondent à ces descriptions. Trouvez le plus (*most*) de personnes possible.

Qui dans la classe...

1. ... bavarde constamment avec ses voisins?
2. ... parle bien français?
3. ... chante bien?
4. ... apprend facilement les langues?
5. ... lit attentivement les instructions?
6. ... travaille sérieusement après les cours?
7. ... aime beaucoup les maths?
8. ... travaille trop?
9. ... écrit souvent des messages pendant le cours?
10. ... dort parfois pendant le cours?
11. ... oublie fréquemment ses devoirs?
12. ... mange rarement à la cantine?

7B.2

The *imparfait* **vhl**central

Point de départ You've learned how the **passé composé** can express past actions. Now you'll learn another past tense, the **imparfait** (*imperfect*).

- The **imparfait** can be translated into English in several ways.

  Hakim **buvait** beaucoup de thé.
  Hakim drank a lot of tea.

  Hakim used to drink a lot of tea.

  Hakim would drink a lot of tea.

  Hakim was drinking a lot of tea.

  Nina **chantait** sous la douche tous les matins.
  Nina sang in the shower every morning.

  Nina used to sing in the shower every morning.

  Nina would sing in the shower every morning.

  Nina was singing in the shower every morning.

- To form the **imparfait**, drop the -**ons** ending from the **nous** form of the present tense and replace it with these endings.

The *imparfait*

	parler (parl~~ons~~)	finir (finiss~~ons~~)	vendre (vend~~ons~~)	boire (buv~~ons~~)
je	parlais	finissais	vendais	buvais
tu	parlais	finissais	vendais	buvais
il/elle/on	parlait	finissait	vendait	buvait
nous	parlions	finissions	vendions	buvions
vous	parliez	finissiez	vendiez	buviez
ils/elles	parlaient	finissaient	vendaient	buvaient

- Verbs whose infinitives end in -**ger** add an **e** before all endings of the **imparfait** except in the **nous** and **vous** forms. Verbs whose infinitives end in -**cer** change **c** to **ç** before all endings except in the **nous** and **vous** forms.

  tu **déménageais**   *but*   nous **déménagions**

  les invités **commençaient**   *but*   vous **commenciez**

  Mes parents **voyageaient** en Afrique.
  My parents used to travel to Africa.

  À quelle heure **commençait** l'école?
  What time did school start?

  Vous **mangiez** toujours des pâtes le soir?
  Did you always have pasta for dinner?

  Nous **commencions** notre journée à huit heures.
  We used to start our day at 8 o'clock.

- The **nous** and **vous** forms of infinitives ending in -**ier** have a double **i** in the **imparfait**.

  Vous **skiiez** dans les Alpes en janvier.
  You used to ski in the Alps in January.

  Nous **étudiions** parfois jusqu'à minuit.
  We studied until midnight sometimes.

- The **imparfait** is used to talk about actions that took place repeatedly or habitually in the past.

  Je **passais** l'hiver à Lausanne.
  I spent the winters in Lausanne.

  Nous **achetions** des fleurs au marché.
  We used to buy flowers at the market.

  Vous m'**écriviez** tous les jours.
  You would write to me every day.

  Il **vendait** des meubles.
  He used to sell furniture.

- The **imparfait** is also used to talk about ongoing actions over an unspecified period of time in the past.

  Nous **parlions** à l'hôtelier.
  We were talking to the hotel clerk.

  Il **bronzait** sur la plage.
  He was tanning on the beach.

  Vous **écriviez** dans votre journal de voyage.
  You were writing in your travel journal.

  Je **faisais** du shopping en Chine.
  I was shopping in China.

- The **imparfait** is used for description as well, often with the verb **être**, which is irregular in this tense.

The *imparfait* of *être*	
j'étais	nous étions
tu étais	vous étiez
il/elle/on était	ils/elles étaient

  La cuisine **était** à côté du salon.
  The kitchen was next to the living room.

  Les toilettes **étaient** au rez-de-chaussée.
  The restrooms were on the ground floor.

  Étiez-vous heureux avec Francine?
  Were you happy with Francine?

  Nous **étions** dans le jardin.
  We were in the garden.

- Note the imperfect forms of these expressions.

  Il **pleuvait** chaque matin.
  It rained every morning.

  Il **neigeait** parfois au printemps.
  It snowed sometimes in the spring.

  Il **y avait** deux lits et une lampe.
  There were two beds and a lamp.

  Il **fallait** payer le loyer.
  We had to pay rent.

Essayez!   **Choisissez la réponse correcte pour compléter les phrases.**

1. Muriel (louait/louais) un appartement en ville.
2. Rodrigue (partageait/partagiez) une chambre avec un autre étudiant.
3. Nous (écrivait/écrivions) beaucoup à nos amis.
4. Il y (avait/était) des balcons au premier étage.
5. Vous (mangeait/mangiez) chez Arnaud le samedi.
6. Je n'(avais/étais) pas peur du chien.
7. Il (neigeait/fallait) mettre le chauffage (*heat*) quand il (faisaient/faisait) froid.
8. Qu'est-ce que tu (faisait/faisais) dans le couloir?
9. Vous (aimiez/aimaient) beaucoup le quartier?
10. Nous (étaient/étions) trois dans le petit studio.
11. Rémy et Nathalie (voyagiez/voyageaient).
12. Il (avais/pleuvait) constamment en juillet.
13. Il (pleuvait/neigeait) beaucoup dans les Alpes en décembre.
14. Jean-Luc (finissait/finissais) toujours les devoirs en premier.
15. Tous les étés, nous (vendaient/vendions) des bonbons pour notre équipe de futbol.

Mise en pratique

1 **Nos voyages** La famille d'Emmanuel voyageait souvent quand il était petit. Complétez son histoire en mettant les verbes à l'imparfait.

Quand j' (1) _____ (être) jeune, mon père (2) _____ (travailler) pour une société canadienne et nous (3) _____ (voyager) souvent. Quand nous (4) _____ (partir), je (5) _____ (faire) ma valise et je (6) _____ (préparer) toutes mes affaires. Ma petite sœur (7) _____ (détester) voyager. Elle (8) _____ (dire) qu'elle (9) _____ (aimer) rester chez nous près de ses amis et que ce n' (10) _____ (être) pas juste!

2 **Rien n'a changé** Laurent parle de l'école à son grand-père, qui lui explique que les choses n'ont pas changé. Employez l'imparfait pour transformer les phrases de Laurent et donner les phrases de son grand-père.

Laurent: Les cours commencent à 7h30. Je prends le bus pour aller à l'école. J'ai beaucoup d'amis. Mes copains et moi, nous mangeons à midi. Mon dernier cours finit à 16h00. Mon école est très sympa et je l'adore!

Grand-père: Les cours... _____

_____

_____

3 **Le samedi** Dites ce que (*what*) ces personnes faisaient habituellement le samedi.

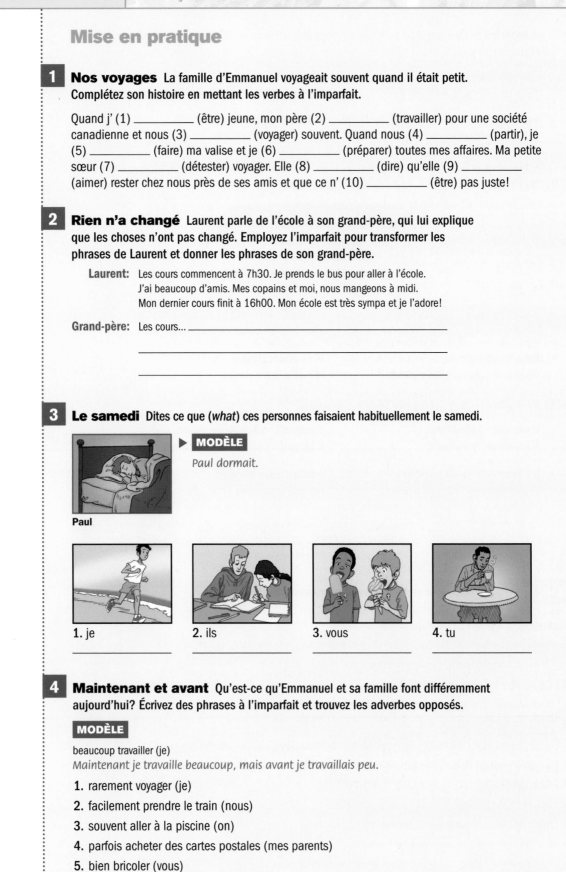

▶ **MODÈLE**

Paul dormait.

Paul

1. je
_____

2. ils
_____

3. vous
_____

4. tu
_____

4 **Maintenant et avant** Qu'est-ce qu'Emmanuel et sa famille font différemment aujourd'hui? Écrivez des phrases à l'imparfait et trouvez les adverbes opposés.

MODÈLE

beaucoup travailler (je)
Maintenant je travaille beaucoup, mais avant je travaillais peu.

1. rarement voyager (je)

2. facilement prendre le train (nous)

3. souvent aller à la piscine (on)

4. parfois acheter des cartes postales (mes parents)

5. bien bricoler (vous)

6. patiemment attendre son anniversaire (ma sœur)

Communication

5 **Quand tu avais dix ans** À tour de rôle, posez ces questions à votre partenaire pour savoir (*to know*) les détails de sa vie quand il/elle avait dix ans.

1. Où habitais-tu?
2. Est-ce que tu faisais beaucoup de vélo?
3. Où est-ce que ta famille et toi alliez en vacances?
4. Pendant combien de temps partiez-vous en vacances?
5. Est-ce que tes amis et toi, vous sortiez tard le soir?
6. Que faisaient tes parents le week-end?
7. Quels sports pratiquais-tu?
8. Quel genre de musique écoutais-tu?
9. Comment était ton école?
10. Aimais-tu l'école? Pourquoi?

6 **Discutez** Regardez l'image. Votre partenaire et vous avez passé vos vacances à Saint-Barthélemy. À deux, écrivez un paragraphe d'au moins six phrases pour décrire le temps qu'il faisait et ce que (*what*) vous faisiez le plus souvent quand vous étiez là-bas. Utilisez l'imparfait dans votre description.

7 **Chez les grands-parents** Quand vous étiez petit(e), vous passiez toujours les vacances à la campagne chez vos grands-parents. À tour de rôle, décrivez à votre partenaire une journée typique de vacances.

MODÈLE

Notre journée commençait très tôt le matin. Mémé préparait du pain...

8 **Une énigme** La nuit dernière, quelqu'un est entré dans le bureau de votre professeur et a emporté (*took away*) l'examen de français. Vous devez (*must*) trouver qui. Qu'est-ce que vos camarades de classe faisaient hier soir? Interviewez-les. Ensuite, relisez vos notes et dites qui est le voleur (*thief*). Présentez vos conclusions à la classe.

Révision

1 **Mes affaires** Vous cherchez vos affaires (*belongings*). À tour de rôle, demandez de l'aide à votre partenaire. Où étaient-elles la dernière fois?

MODÈLE

Élève 1: *Je cherche mes clés. Où sont-elles?*

Élève 2: *Tu n'as pas cherché à la réception? Elles étaient à la réception.*

baskets	passeport
journal	pull
livre	sac à dos
parapluie	valise

à la réception	sur la chaise
au rez-de-chaussée	sous le lit
dans la chambre	dans ton sac
au deuxième étage	à l'auberge de jeunesse

2 **Les anniversaires** Avec un(e) partenaire, préparez huit questions pour savoir (*know*) comment vos camarades de classe célébraient leur anniversaire quand ils étaient enfants. Employez l'imparfait et des adverbes dans vos questions, puis posez-les à un autre groupe.

MODÈLE

Élève 1: *Que faisais-tu souvent pour ton anniversaire?*

Élève 2: *Quand j'étais petit, mes parents organisaient souvent une fête.*

3 **Sports et loisirs** Votre professeur va vous donner une feuille d'activités. Circulez dans la classe et demandez à vos camarades s'ils pratiquaient ces activités avant d'entrer au lycée. Trouvez une personne différente qui dise (*says*) oui pour chaque activité. Présentez les réponses à la classe.

MODÈLE

Élève 1: *Est-ce que tu faisais souvent du jogging avant d'entrer au lycée?*

Élève 2: *Oui, je courais souvent le matin.*

4 **Pendant les vacances** Par groupes de trois, créez le texte d'un article qui décrit ce que (*what*) faisaient ces gens. Utilisez des verbes à l'imparfait et des adverbes dans vos descriptions. Ensuite, présentez vos articles à la classe.

5 **Mes mauvaises habitudes** Vous aviez de mauvaises habitudes, mais vous les avez changées. Maintenant, vous parlez avec votre ancien prof de français que vous rencontrez dans la rue. Avec un(e) partenaire, préparez la conversation.

MODÈLE

Élève 1: *Vous dormiez tout le temps en cours!*

Élève 2: *Je dormais souvent, mais je travaillais aussi. Maintenant, je travaille sérieusement.*

6 **Un week-end en vacances** Votre professeur va vous donner, à vous et à votre partenaire, une feuille de dessins sur le week-end de M. et Mme Bardot et de leur fille Alexandra. Attention! Ne regardez pas la feuille de votre partenaire.

MODÈLE

Élève 1: *En général, ils logeaient dans un hôtel.*

Élève 2: *Tous les jours, …*

À l'écoute  vhlcentral

Recognizing the genre of spoken discourse

You will encounter many different types of spoken discourse in French. For example, you may hear a political speech, a radio interview, a commercial, a message on an answering machine, or a news broadcast. Try to identify the context of what you hear so that you can activate your background knowledge about that type of discourse and identify the speaker's motives and intentions.

🔊 To practice this strategy, you will listen to two short selections. Identify the genre of each one.

Préparation

Quand vous partez en vacances, qui décide où aller? Qui fait les réservations? Est-ce que vous utilisez les services d'une agence de voyages? Internet?

🔊 ## À vous d'écouter

Écoutez la publicité. Puis écoutez une deuxième fois et notez les informations qui manquent (*that are missing*). Notez aussi un détail supplémentaire pour chaque voyage.

Pays (ville/région)	Nombre de jours/semaines	Prix par personne	Détail supplémentaire
1.	3 jours		
2.	1 semaine		
3. Irlande (Dublin)			
4.			
5. France (Avignon)			

Compréhension

Où vont-ils? Vous travaillez pour l'agence Vacances Pour Tous cet été. Indiquez où chaque personne va aller.

1. Madame Dupuis n'a pas envie d'aller à l'étranger.

_____

2. Le fils de Monsieur Girard a besoin de pratiquer son espagnol et son anglais.

_____

3. Madame Leroy a envie de visiter une capitale européenne.

_____

4. Yves Marignaud a seulement trois jours de congé.

_____

5. Justine adore la plage et le soleil.

_____

6. La famille Abou a envie de passer ses vacances à la campagne.

_____

Votre voyage Vous avez fait un des voyages proposés par l'agence Vacances Pour Tous. C'est le dernier jour et vous écrivez une carte postale (*postcard*) à un(e) ami(e) francophone. Parlez-lui de votre séjour. Quel voyage avez-vous fait? Pourquoi? Comment avez-vous voyagé? Qu'est-ce que vous avez fait pendant votre séjour? Est-ce que vous avez aimé vos vacances? Expliquez pourquoi.

Panorama

vhlcentral

La Polynésie française

Les archipels en chiffres

▶ Îles Australes: *(7.112), Tubuai*

▶ Îles de la Société: *(239.852), Papeete*

▶ Îles Marquises: *(9.835), Nuku Hiva*

▶ Îles Tuamotu-Gambier: *(16.664), Fakarava, Rankiroa*

SOURCE: INSEE

Personnages célèbres

▶ Henri Hiro, *Tahiti, îles de la Société, poète (1944–1991)*

▶ Rodolphe Vinh Tung, *Raiatea, îles de la Société, professionnel du wakeboard (1974–)*

▶ Célestine Hitiura Vaite, *Tahiti, îles de la Société, écrivaine° (1966–)*

L'Asie du Sud-Est

Les pays en chiffres

▶ Le Viêt-Nam: *(85.789.573), Hanoï, Hô-Chi-Minh-Ville, Haïphong*

▶ Le Cambodge: *(13.400.000), Phnom Penh, Battambang, Siem Reap*

▶ Le Laos: *(6.700.000), Luang Prabang, Savannakhet, Paksé*

Personnages célèbres

▶ Hô Chi Minh, *Viêt-Nam, révolutionnaire et homme d'État° (1890–1969)*

▶ Soma Serei Norodom, *Cambodge, chroniqueuse et philanthrope (1969–)*

▶ Bryan Thao Worra, *Laos, écrivain (1973–)*

écrivaine *writer* **homme d'État** *statesman* **redécouvre** *rediscovers* **caché** *hidden* **ouvriers** *workers* **d'après certains** *according to some* **courses de pirogues** *dugout canoe races*

le fleuve° Mékong au Laos

LA CHINE

Hanoï

Luang Prabang

LE LAOS

Vientiane

le Mékong

Savannakhet

THAÏLANDE

Hué
Da Nang

Paksé

LE VIÊT-NAM

Siem Reap

Battambang

le Tonlé Sap

LE CAMBODGE

Phnom Penh

LE GOLFE DE THAÏLANDE

Sihanoukville

Hô-Chi-Minh-Ville

Can Tho

le delta du Mékong

LA MER DE CHINE DU SUD

La Polynésie française

| 0 | 1000 miles |
| 0 | 1000 kilomètres |

LES ÎLES DE LA SOCIÉTÉ

LES ÎLES TUAMOTU

Taiohae

LES ÎLES MARQUISES

Papeete
Tahiti

LES ÎLES AUSTRALES

LES ÎLES GAMBIER

| 0 | 200 miles |
| 0 | 200 kilomètres |

les courses de pirogues° en Polynésie française

Incroyable mais vrai!

En 1860 l'explorateur français Henri Mouhot redécouvre° un temple gigantesque caché° par la forêt dans le nord du Cambodge: Angkor Vat. Construit au XIIe siècle par 300.000 ouvriers° et 6.000 éléphants d'après certains°, ce «Temple Cité Royale» est le plus grand temple religieux du monde. Aujourd'hui il est aussi le symbole emblématique du pays et son attraction touristique principale.

2. Complétez le schéma d'idées pour vous aider à visualiser ce que (*what*) vous allez présenter dans votre brochure.

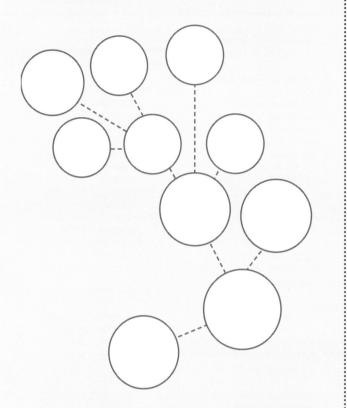

3. Une fois (*Once*) votre schéma d'idées créé, pensez à d'autres informations importantes pour la création de votre brochure.

Écriture

Utilisez votre schéma d'idées pour créer la brochure de votre voyage. Donnez un titre (*title*) à la présentation et aux différentes catégories. Chaque section et sous-section (*minor section*) doit (*must*) avoir son titre et être présentée séparément. Incorporez au moins (*at least*) quatre sous-sections. Vous pouvez inclure (*can include*) des visuels. Faites attention à bien les placer dans les sections correspondantes. Utilisez les constructions grammaticales et le vocabulaire que vous avez appris dans cette unité.

Après l'écriture

1. Échangez votre brochure avec celle (*the one*) d'un(e) partenaire. Répondez à ces questions pour commenter son travail.

- La brochure de votre partenaire correspond-elle au schéma d'idées qu'il/elle a créé?

- Votre partenaire a-t-il/elle inclu au moins quatre sections?

- Toutes les sections et sous-sections ont-elles un titre?

- Votre partenaire a-t-il/elle décrit en détail chaque catégorie?

- Chaque sous-section présente-t-elle des informations supplémentaires sur le sujet?

- Si votre partenaire a ajouté (*added*) des visuels, illustrent-ils vraiment le texte qu'ils accompagnent?

- Votre partenaire a-t-il/elle correctement utilisé les constructions grammaticales et le vocabulaire de l'unité?

2. Corrigez votre brochure d'après (*according to*) les commentaires de votre partenaire. Relisez votre travail pour éliminer ces problèmes:

- des fautes (*errors*) d'orthographe

- des fautes de ponctuation

- des fautes de conjugaison

- des fautes d'accord (*agreement*) des adjectifs

- un mauvais emploi (*use*) de la grammaire

Leçon 7A

Partir en voyage

partir en vacances	to go on vacation
prendre un train	to take a train
(un avion, un taxi,	(plane, taxi, bus,
un (auto)bus,	boat)
un bateau)	
un aéroport	airport
un arrêt d'autobus	bus stop
(de bus)	
une arrivée	arrival
un avion	plane
un billet aller-retour	round-trip ticket
un billet (d'avion,	(plane, train) ticket
de train)	
un départ	departure
une douane	customs
une gare (routière)	train station
	(bus station)
un passager/une	passenger
passagère	
une sortie	exit
une station	(subway) station
(de métro)	
un vol	flight
un voyage	trip
à l'étranger	abroad, overseas
le monde	world
un pays	country

Les pays

(en/l') Allemagne (f.)	(to, in) Germany
(en/l') Angleterre (f.)	(to, in) England
(en/la) Belgique	(to, in) Belgium
(belge)	(Belgian)
(au/le) Brésil	(to, in) Brazil
(brésilien(ne))	(Brazilian)
(au/le) Canada	(to, in) Canada
(en/la) Chine	(to, in) China
(chinois(e))	(Chinese)
(en/l') Espagne (f.)	(to, in) Spain
(aux/les)	(to, in) the
États-Unis (m.)	United States
(en/la) France	(to, in) France
(en/l') Irlande (f.)	(to, in) Ireland
(irlandais(e))	(Irish)
(en/l') Italie (f.)	(to, in) Italy
(au/le) Japon	(to, in) Japan
(au/le) Mexique	(to, in) Mexico
(en/la) Suisse	(to, in) Switzerland

Les vacances

bronzer	to tan
faire du shopping	to go shopping
faire les valises	to pack one's bags
faire un séjour	to spend time
	(somewhere)
rouler en voiture	to ride in a car
utiliser un plan	to use/read a map
la campagne	country(side)
une capitale	capital
un congé	time off, leave
des gens (m.)	people
le journal	newspaper
la mer	sea
une plage	beach
une station de ski	ski resort
un ticket de bus,	bus, subway ticket
de métro	
des vacances (f.)	vacation

Expressions utiles

See p. 271.

Verbes

aller	to go
arriver	to arrive
descendre	to go/take down
entrer	to enter
monter	to go/come up;
	to get in/on
mourir	to die
naître	to be born
partir	to leave
passer	to pass by;
	to spend time
rentrer	to return
rester	to stay
retourner	to return
sortir	to go out; to take
	someone or
	something out
tomber (sur	to fall (to run into
quelqu'un)	somebody)

Direct object pronouns

me/m'	me
te/t'	you
le/la/l'	him/her/it
nous	us
vous	you
les	them

Leçon 7B

Faire une réservation

annuler une	to cancel a
réservation	reservation
réserver	to reserve
une agence/un	travel agency/agent
agent de voyages	
un ascenseur	elevator
une auberge de	youth hostel
jeunesse	
une chambre	single room
individuelle	
une clé	key
un(e) client(e)	client; guest
un étage	floor
un hôtel	hotel
un hôtelier/une	hotel keeper
hôtelière	
un lit	bed
un passeport	passport
la réception	reception desk
le rez-de-chaussée	ground floor
complet/complète	full (no vacancies)
libre	available

Adverbes et locutions de temps

alors	so, then; at
	that moment
après (que)	after
avant (de)	before
d'abord	first
donc	therefore
enfin	finally, at last
ensuite	then, next
finalement	finally
pendant (que)	during, while
puis	then
tout à coup	suddenly
tout de suite	right away

Ordinal numbers

premier/première	first
deuxième	second
troisième	third
quatrième	fourth
cinquième	fifth
neuvième	ninth
onzième	eleventh
vingtième	twentieth
vingt et unième	twenty-first
vingt-deuxième	twenty-second
trente et unième	thirty-first
centième	hundredth

Expressions utiles

See p. 289.

Adverbes

absolument	absolutely
constamment	constantly
couramment	fluently
de temps en temps	from time to time
dernièrement	lately
en général	in general
évidemment	obviously
franchement	frankly
gentiment	nicely
heureusement	fortunately
lentement	slowly
malheureusement	unfortunately
rapidement	quickly
quelquefois	sometimes
vite	fast
vraiment	really

Verbes irréguliers

décrire	to describe
dire	to say
écrire	to write
lire	to read

Chez nous

Pour commencer

- Où sont ces personnes?
  a. dans la cuisine b. dans la salle de bains
  c. dans la chambre
- Qu'est-ce qu'il y a sur la photo?
  a. une lampe b. une table c. une télévision
- Que font ces personnes?
  a. Elles étudient. b. Elles cuisinent.
  c. Elles regardent la télé.

You will learn how to...
- describe your home
- talk about habitual past actions

La maison

Vocabulaire

déménager	to move out
emménager	to move in
louer	to rent
un appartement	apartment
une cave	cellar; basement
un couloir	hallway
une cuisine	kitchen
un escalier	staircase
un immeuble	building
un jardin	garden; yard
un logement	housing
un loyer	rent
une pièce	room
un quartier	area, neighborhood
une salle à manger	dining room
un salon	formal living/sitting room
un studio	studio (apartment)
une armoire	armoire, wardrobe
une douche	shower
un lavabo	bathroom sink
un meuble	piece of furniture
un placard	closet, cupboard
un tiroir	drawer
un(e) propriétaire	owner

le balcon

la salle de bains

les toilettes (f.)/
les W.C. (m.)

le miroir

la lampe

la baignoire

le canapé

le tapis

le fauteuil

une fleur

le sous-sol

la salle de séjour

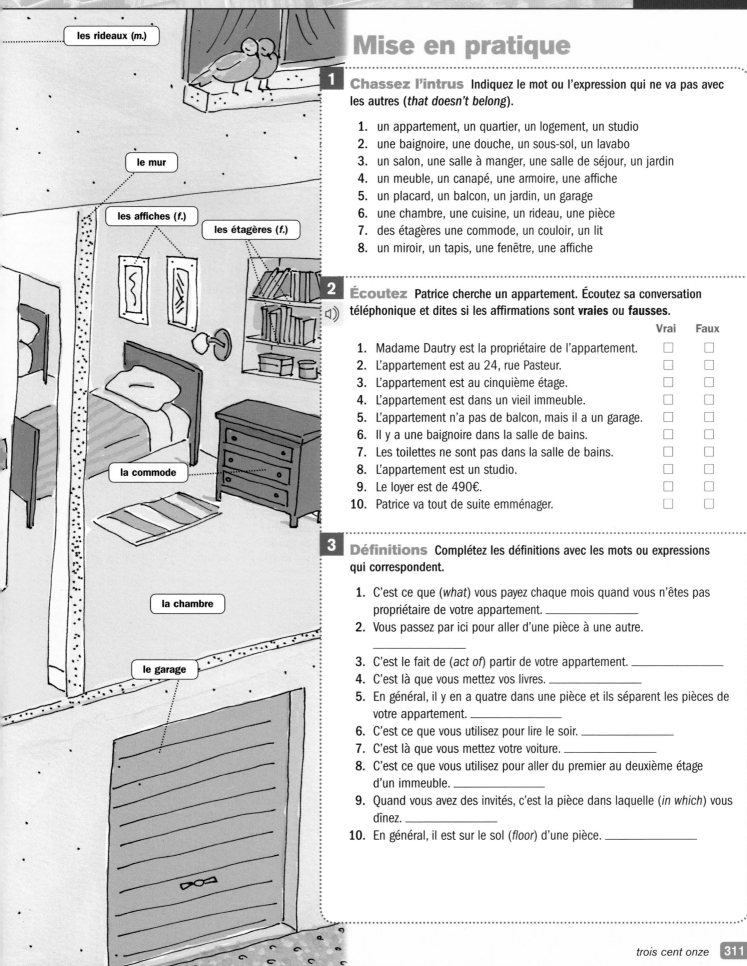

les rideaux (*m.*)

le mur

les affiches (*f.*)

les étagères (*f.*)

la commode

la chambre

le garage

Mise en pratique

1 **Chassez l'intrus** Indiquez le mot ou l'expression qui ne va pas avec les autres (*that doesn't belong*).

1. un appartement, un quartier, un logement, un studio
2. une baignoire, une douche, un sous-sol, un lavabo
3. un salon, une salle à manger, une salle de séjour, un jardin
4. un meuble, un canapé, une armoire, une affiche
5. un placard, un balcon, un jardin, un garage
6. une chambre, une cuisine, un rideau, une pièce
7. des étagères une commode, un couloir, un lit
8. un miroir, un tapis, une fenêtre, une affiche

2 **Écoutez** Patrice cherche un appartement. Écoutez sa conversation téléphonique et dites si les affirmations sont **vraies** ou **fausses**.

	Vrai	Faux
1. Madame Dautry est la propriétaire de l'appartement.	☐	☐
2. L'appartement est au 24, rue Pasteur.	☐	☐
3. L'appartement est au cinquième étage.	☐	☐
4. L'appartement est dans un vieil immeuble.	☐	☐
5. L'appartement n'a pas de balcon, mais il a un garage.	☐	☐
6. Il y a une baignoire dans la salle de bains.	☐	☐
7. Les toilettes ne sont pas dans la salle de bains.	☐	☐
8. L'appartement est un studio.	☐	☐
9. Le loyer est de 490€.	☐	☐
10. Patrice va tout de suite emménager.	☐	☐

3 **Définitions** Complétez les définitions avec les mots ou expressions qui correspondent.

1. C'est ce que (*what*) vous payez chaque mois quand vous n'êtes pas propriétaire de votre appartement. _____
2. Vous passez par ici pour aller d'une pièce à une autre. _____
3. C'est le fait de (*act of*) partir de votre appartement. _____
4. C'est là que vous mettez vos livres. _____
5. En général, il y en a quatre dans une pièce et ils séparent les pièces de votre appartement. _____
6. C'est ce que vous utilisez pour lire le soir. _____
7. C'est là que vous mettez votre voiture. _____
8. C'est ce que vous utilisez pour aller du premier au deuxième étage d'un immeuble. _____
9. Quand vous avez des invités, c'est la pièce dans laquelle (*in which*) vous dînez. _____
10. En général, il est sur le sol (*floor*) d'une pièce. _____

Communication

4 **Répondez** À tour de rôle avec un(e) partenaire, posez-vous ces questions et répondez-y (*them*).

1. Où est-ce que tu habites?
2. Combien de pièces y a-t-il chez toi?
3. Quand est-ce que ta famille a emménagé?
4. Est-ce qu'il y a un jardin? Un garage?
5. Combien de placards est-ce qu'il y a? Où sont-ils?
6. Quels meubles avez-vous? Comment sont-ils?
7. Quels meubles est-ce que tu voudrais (*would like*) avoir dans ta chambre?
   (Répondez: **Je voudrais...**)
8. Qu'est-ce que tu n'aimes pas au sujet de ta chambre?

5 **Votre chambre** Écrivez une description de votre chambre. À tour de rôle, lisez votre description à votre partenaire. Il/Elle va vous demander d'autres détails et dessiner un plan. Ensuite, regardez le dessin (*drawing*) de votre partenaire et dites s'il correspond à votre chambre ou non. N'oubliez pas d'utiliser des prépositions pour indiquer où sont certains meubles et objets.

6 **Sept différences** Votre professeur va vous donner, à vous et à votre partenaire, deux feuilles d'activités différentes. Il y a sept différences entre les deux images. Comparez vos dessins et faites une liste de ces différences. Attention! Ne regardez pas la feuille de votre partenaire.

MODÈLE

Élève 1: *Dans mon appartement, il y a un lit. Il y a une lampe à côté du lit.*
Élève 2: *Dans mon appartement aussi, il y a un lit, mais il n'y a pas de lampe.*

7 **La décoration** Formez un groupe de trois. L'un de vous est un décorateur d'intérieur qui a rendez-vous avec deux clients qui veulent (*want*) redécorer leur maison. Les clients sont très difficiles. Imaginez votre conversation et jouez la scène devant la classe. Utilisez les mots de la liste.

un canapé	un fauteuil
une chambre	un meuble
une cuisine	un mur
un escalier	un placard
une étagère	un tapis

Les sons et les lettres 🔊 **vhl**central

s and ss

You've already learned that an **s** at the end of a word is usually silent.

| lavabo**s** | copain**s** | va**s** | placard**s** |

An **s** at the beginning of a word, before a consonant, or after a pronounced consonant is pronounced like the *s* in the English word *set*.

| **s**oir | **s**alon | **s**tudio | ab**s**olument |

A double **s** is pronounced like the *ss* in the English word *kiss*.

| gro**ss**e | a**ss**ez | intére**ss**ant | rou**ss**e |

An **s** at the end of a word is often pronounced when the following word begins with a vowel sound. An **s** in a liaison sounds like a *z*, like the *s* in the English word *rose*.

| trè**s** élégant | troi**s** hommes |

The other instance where the French **s** has a *z* sound is when there is a single **s** between two vowels within the same word. The **s** is pronounced like the *s* in the English word *music*.

| mu**s**ée | amu**s**ant | oi**s**eau | be**s**oin |

These words look alike, but have different meanings. Compare the pronunciations of each word pair.

| poi**s**on | poi**ss**on | dé**s**ert | de**ss**ert |

Prononcez Répétez les mots suivants à voix haute.

1. sac
2. triste
3. suisse
4. chose
5. bourse
6. passer
7. surprise
8. assister
9. magasin
10. expressions
11. sénégalaise
12. sérieusement

Articulez Répétez les phrases suivantes à voix haute.

1. Le spectacle est très amusant et la chanteuse est superbe.
2. Est-ce que vous habitez dans une maison?
3. De temps en temps, Suzanne assiste à l'inauguration d'expositions au musée.
4. Heureusement, mes professeurs sont sympathiques, sociables et très sincères.

Dictons Répétez les dictons à voix haute.

Les oiseaux de même plumage s'assemblent sur le même rivage.[2]

Si jeunesse savait, si vieillesse pouvait.[1]

[2] Birds of a feather flock together.

[1] Youth is wasted on the young.
(lit. If youth but knew, if old age but could.)

La visite surprise vhlcentral

PERSONNAGES

David

Pascal

Rachid

Sandrine

En ville, Pascal fait tomber (drops) ses fleurs.

PASCAL Aïe!

RACHID Tenez. (*Il aide Pascal.*)

PASCAL Oh, merci.

RACHID Aïe!

PASCAL Oh pardon, je suis vraiment désolé!

RACHID Ce n'est rien.

PASCAL Bonne journée!

Chez Sandrine...

RACHID Eh, salut, David! Dis donc, ce n'est pas un logement d'étudiants ici! C'est grand chez toi! Tu ne déménages pas, finalement?

DAVID Heureusement, Sandrine a décidé de rester.

SANDRINE Oui, je suis bien dans cet appartement. Seulement, les loyers sont très chers au centre-ville.

RACHID Oui, malheureusement! Tu as combien de pièces?

SANDRINE Il y a trois pièces: le salon, la salle à manger, ma chambre. Bien sûr, il y a une cuisine et j'ai aussi une grande salle de bains. Je te fais visiter?

SANDRINE Et voici ma chambre.

RACHID Elle est belle!

SANDRINE Oui... j'aime le vert.

RACHID Dis, c'est vrai, Sandrine, ta salle de bains est vraiment grande.

DAVID Oui! Et elle a un beau miroir au-dessus du lavabo et une baignoire!

RACHID Chez nous, on a seulement une douche.

SANDRINE Moi, je préfère les douches, en fait.

Le téléphone sonne (rings).

RACHID Comparé à cet appartement, le nôtre, c'est une cave! Pas de décorations, juste des affiches, un canapé, des étagères et mon bureau.

DAVID C'est vrai. On n'a même pas de rideaux.

A C T I V I T É S

1 **Vrai ou faux?** Indiquez si ces affirmations sont **vraies ou fausses**. Corrigez les phrases fausses.

1. C'est la première fois que Rachid visite l'appartement.

2. Sandrine ne déménage pas.

3. Les loyers au centre-ville ne sont pas chers.

4. Sandrine invite ses amis chez elle.

5. Rachid préfère son appartement à l'appartement de Sandrine.

6. Chez les garçons, il y a une baignoire et des rideaux.

7. Quand Pascal arrive, Sandrine est contente (*pleased*).

8. Pascal doit (*must*) travailler ce week-end.

Pascal arrive à Aix-en-Provence.

SANDRINE Voici la salle à manger.
RACHID Ça, c'est une pièce très importante pour nous, les invités.

SANDRINE Et puis, la cuisine.
RACHID Une pièce très importante pour Sandrine...
DAVID Évidemment!

SANDRINE Mais Pascal... je pensais que tu avais du travail... Quoi? Tu es ici, maintenant? C'est une blague!
PASCAL Mais ma chérie, j'ai pris le train pour te faire une surprise...

SANDRINE Une surprise! Nous deux, c'est fini! D'abord, tu me dis que les vacances avec moi, c'est impossible et ensuite tu arrives à Aix sans me téléphoner!
PASCAL Bon, si c'est comme ça, reste où tu es. Ne descends pas. Moi, je m'en vais. Voilà tes fleurs. Tu parles d'une surprise!

Expressions utiles

Talking about your home

- **Tu ne déménages pas, finalement?**
  You are not moving, after all?
- **Heureusement, Sandrine a décidé de rester.**
  Thankfully/Happily, Sandrine has decided to stay.
- **Seulement, les loyers sont très chers au centre-ville.**
  However, rents are very expensive downtown.
- **Je te fais visiter?**
  Shall I give you a tour?
- **Ta salle de bains est vraiment grande.**
  Your bathroom is really big.
- **Elle a un beau miroir au-dessus du lavabo.**
  It has a nice mirror above the sink.
- **Chez nous, on a seulement une douche.**
  At our place, we only have a shower.

Additional vocabulary

- **Aïe!**
  Ouch!
- **Tenez.**
  Here.
- **Je pensais que tu avais du travail.**
  I thought you had work to do.
- **Mais ma chérie, j'ai pris le train pour te faire une surprise.**
  But sweetie, I took the train to surprise you.
- **sans**
  without
- **Moi, je m'en vais.**
  I am leaving/getting out of here.

---

2 **Quel appartement?** Indiquez si ces objets sont dans l'appartement de Sandrine **(S)** ou dans l'appartement de David et Rachid **(D & R)**.

1. baignoire
2. douche
3. rideaux
4. canapé
5. trois pièces
6. étagères
7. miroir
8. affiches

3 **Conversez** Sandrine décide que son loyer est vraiment trop cher. Elle cherche un appartement à partager avec Amina. Avec deux partenaires, écrivez leur conversation avec un agent immobilier (*real estate agent*). Elles décrivent l'endroit idéal, le prix et les meubles qu'elles préfèrent. L'agent décrit plusieurs possibilités.

A C T I V I T É S

vhlcentral | *Flash culture*

Le logement en France

Il y a différents types de logements. En ville, on habite dans une maison ou un appartement. À la campagne, on peut° habiter dans une villa, un château, un chalet ou un mas° provençal.

Vous avez peut-être remarqué° dans un film français qu'il y a une grande diversité de style d'habitation°. En effet°, le style et l'architecture varient d'une région à l'autre, souvent en raison° du climat et des matériaux disponibles°. Dans le Nord°, les maisons sont traditionnellement en briques° avec des toits en ardoise°. Dans l'Est°, en Alsace-Lorraine, il y a de vieilles maisons à colombages° avec des parties de mur en bois°. Dans le Sud°, il y a des villas de style méditerranéen avec des toits en tuiles° rouges et des mas provençaux (de vieilles maisons en pierre°). Dans les Alpes, en Savoie, les chalets sont en bois avec de grands balcons très fleuris°, comme en Suisse. Les maisons traditionnelles de l'Ouest° ont des toits en chaume°. Presque toutes les maisons françaises ont des volets° et les fenêtres sont assez différentes aussi des fenêtres aux États-Unis. Très souvent il n'y a pas de moustiquaire°, même° dans le sud de la France où il fait très chaud en été.

En France les trois quarts des gens habitent en ville. Beaucoup habitent dans la banlieue, où il y a beaucoup de grands immeubles mais aussi de petits pavillons individuels (maisons avec de petits jardins). Dans les centres-villes et dans les banlieues, il y a des HLM. Ce sont des habitations à loyer modéré°. Les HLM sont construits par l'État°. Ce sont souvent des logements réservés aux familles qui ont moins d'argent.

peut *can* **mas** *farmhouse* **remarqué** *noticed* **habitation** *housing* **En effet** *Indeed* **en raison du** *due to the* **disponibles** *available* **Nord** *North* **en briques** *made of bricks* **toits en ardoise** *slate roofs* **Est** *East* **à colombages** *half-timbered* **en bois** *made of wood* **Sud** *South* **en tuiles** *made of tiles* **en pierre** *made of stone* **fleuris** *full of flowers* **Ouest** *West* **en chaume** *thatched* **volets** *shutters* **moustiquaire** *window screen* **même** *even* **habitations à loyer modéré** *low-cost housing* **construits par l'État** *built by the State (government)*

Coup de main

Here are some terms commonly used in statistics.

un quart = *one quarter*

un tiers = *one third*

la moitié = *half*

la plupart de = *most of*

un sur cinq = *one in five*

A C T I V I T É S

1 Vrai ou faux? Indiquez si les phrases sont **vraies** ou **fausses**.

1. Les maisons sont similaires dans les différentes régions françaises.
2. Dans le Nord les maisons sont traditionnellement en briques.
3. En Alsace-Lorraine il y a des chalets.
4. Dans les Alpes il y a des mas provençaux.
5. Les mas provençaux sont des maisons en bois.
6. Presque toutes les maisons françaises ont des volets.
7. Les maisons françaises n'ont pas toujours des moustiquaires.
8. La plupart (*majority*) des Français habite à la campagne.
9. Le pavillon individuel est une sorte de grand immeuble.
10. Les millionnaires habitent dans des HLM.

LE FRANÇAIS QUOTIDIEN

Location d'un logement

agence (*f.*) de location	*rental agency*
bail (*m.*)	*lease*
caution (*f.*)	*security deposit*
charges (*f.*)	*basic utilities*
chauffage (*m.*)	*heating*
électricité (*f.*)	*electricity*
locataire (*m./f.*)	*tenant*
petites annonces (*f.*)	*(rental) ads*

LE MONDE FRANCOPHONE

L'architecture

Voici quelques exemples d'habitations traditionnelles.

En Afrique centrale et de l'Ouest des maisons construites sur pilotis°, avec un grenier à riz°

En Afrique du Nord des maisons en pisé (de la terre° rouge mélangée° à de la paille°) construites autour d'un patio central et avec, souvent, une terrasse sur le toit°

Aux Antilles des maisons en bois de toutes les couleurs avec des toits en métal

En Polynésie française des bungalows, construits sur pilotis ou sur le sol, souvent en bambou avec des toits en paille ou en feuilles de cocotier°

Au Viêt-nam des maisons sur pilotis construites sur des lacs, des rivières ou simplement au-dessus du sol°

pilotis *stilts* **grenier à riz** *rice loft* **terre** *clay* **mélangée** *mixed* **paille** *straw* **toit** *roof* **feuilles de cocotier** *coconut palm leaves* **au-dessus du sol** *off the ground*

PORTRAIT

Le château Frontenac

Le château Frontenac est un hôtel de luxe et un des plus beaux° sites touristiques de la ville de Québec. Construit entre la fin° du

XIXᵉ siècle et le début° du XXᵉ siècle sur le Cap Diamant, dans le quartier du Vieux-Québec, le château offre une vue° spectaculaire sur la ville. Aujourd'hui, avec ses 618 chambres sur 18 étages, ses restaurants gastronomiques, sa piscine et son centre sportif, le château Frontenac est classé parmi° les 500 meilleurs° hôtels du monde.

un des plus beaux *one of the most beautiful* **fin** *end* **début** *beginning* **vue** *view* **classé parmi** *ranked among* **meilleurs** *best*

Sur Internet

Qu'est-ce qu'une pendaison de crémaillère? D'où vient cette expression?

Go to **vhlcentral.com** to find more information related to this **Culture** section and to watch the corresponding **Flash culture** video.

---

2 **Répondez** Répondez aux questions, d'après les informations données dans les textes.

1. Qu'est-ce que le château Frontenac?
2. De quel siècle date le château Frontenac?
3. Dans quel quartier de la ville de Québec le trouve-t-on?
4. Où trouve-t-on des maisons sur pilotis?
5. Quelles sont les caractéristiques des maisons d'Afrique du Nord?

3 **Une année en France** Vous allez habiter en France. Téléphonez à un agent immobilier (*real estate*) (votre partenaire) et expliquez-lui le type de logement que vous recherchez. Il/Elle va vous donner des renseignements sur les logements disponibles (*available*). Posez des questions pour avoir plus de détails.

A C T I V I T É S

8A.1

The *passé composé* vs. vhlcentral the *imparfait* (Part 1)

Point de départ Although the **passé composé** and the **imparfait** are both past tenses, they have very distinct uses and are not interchangeable. The choice between these two tenses depends on the context and on the point of view of the speaker.

Uses of the *passé composé*

To express specific actions that started and ended in the past	**J'ai nettoyé** la salle de bains deux fois. *I cleaned the bathroom twice.* Nous **avons acheté** un tapis. *We bought a rug.* L'enfant **est né** à la maison. *The child was born at home.* Il **a plu** hier. *It rained yesterday.*
To tell about events that happened at a specific point in time or within a specific length of time in the past	Je **suis allé** à la pêche avec papa **l'année dernière**. *I went fishing with dad last year.* Il **est allé** au concert **vendredi**. *He went to the concert on Friday.* Nous **avons passé une journée** fantastique à la plage. *We spent a fantastic day at the beach.* Elle **a étudié** à Paris **pendant six mois**. *She studied in Paris for six months.*
To express the beginning or end of a past action	Le film **a commencé** à huit heures. *The movie began at 8 o'clock.* Ils **ont fini** leurs devoirs samedi matin. *They finished their homework Saturday morning.*
To narrate a series of past actions or events	Ce matin, j'**ai fait** du jogging, j'**ai nettoyé** ma chambre et j'**ai fait** la cuisine. *This morning, I jogged, I cleaned my bedroom, and I cooked.* Pour la fête d'anniversaire de papa, maman **a envoyé** les invitations, elle **a acheté** un cadeau et elle **a fait** les décorations. *For dad's birthday party, mom sent out the invitations, bought a gift, and did the decorations.*
To signal a change in someone's mental, physical, or emotional state	Il **est mort** dans un accident. *He died in an accident.* J'**ai eu** peur quand j'ai vu le serpent. *I got scared when I saw the snake.* Elle **a eu** soif. *She got thirsty.*

Uses of the *imparfait*

To describe an ongoing past action with no reference to its beginning or end	Vous **dormiez** sur le canapé. *You were sleeping on the couch.* Tu **attendais** dans le café? *You were waiting in the café?* Nous **regardions** la télé chez Fanny. *We were watching TV at Fanny's house.* Les enfants **lisaient** tranquillement. *The children were reading peacefully.*
To express habitual or repeated past actions and events	Nous **faisions** un tour en voiture le dimanche matin. *We used to go for a drive on Sunday mornings.* Elle **mettait** toujours la voiture dans le garage. *She always put the car in the garage.* Maman **travaillait** souvent dans le jardin. *Mom would often work in the garden.*
To describe an ongoing mental, physical, or emotional state or condition	Karine **était** très inquiète. *Karine was very worried.* Simon et Marion **étaient** fatigués et ils **avaient** sommeil. *Simon and Marion were tired and sleepy.* Mon ami **avait** faim et il **avait** envie de manger quelque chose. *My friend was hungry and felt like eating something.* Quand j'**étais** jeune, j'**aimais** faire du camping. *When I was young, I used to like to go camping.*

Boîte à outils

Note that the verb **avoir** has a different meaning when used in the **imparfait** versus the **passé composé**:

J'avais sommeil.
I was sleepy.

J'ai eu sommeil.
I got sleepy.

Essayez! **Complétez chaque phrase avec le verbe correct.**

1. Avant de partir, ils (donnaient / ont donné) leurs clés aux voisins. _____

2. Vous (étiez / avez été) souvent fatigué. _____

3. Je (naissait / suis né) en 2003. _____

4. On (rendait / a rendu) visite à oncle Marc deux fois le mois dernier. _____

5. Tu es rentré à la maison, et ensuite tu (regardais / as regardé) la télé. _____

6. Quand j'étais petite, j' (habitais / ai habité) une grande maison. _____

7. À minuit, la température (tombait / est tombée) et nous avons eu froid. _____

8. Papa (lisait / a lu) le journal tranquillement et Maman écrivait un email. _____

Mise en pratique

1 **Une surprise désagréable** Récemment, Benoît a fait un séjour à Strasbourg avec sa grande sœur. Complétez ses phrases avec l'imparfait ou le passé composé.

Ce matin, il (1) _____ (faire) chaud. J' (2) _____ (être) content de partir pour Strasbourg. Je (3) _____ (partir) pour la gare, où j' (4) _____ (retrouver) Émile. Le train (5) _____ (arriver) à Strasbourg à midi. Nous (6) _____ (commencer) notre promenade en ville. Nous (7) _____ (avoir) besoin d'un plan. J' (8) _____ (chercher) mon portefeuille (*wallet*), mais il (9) _____ (être) toujours dans le train! Émile et moi, nous (10) _____ (courir) à la gare!

2 **Le week-end dernier** Qu'est-ce que la famille Tran a fait le week-end dernier? Utilisez les éléments donnés et le passé composé ou l'imparfait pour écrire des phrases.

> **MODÈLE** nous / passer le week-end / chez des amis
> *Nous avons passé le week-end chez des amis.*

1. faire / beau / quand / nous / arriver
2. nous / être / fatigué / mais content
3. Audrey et son amie / aller / à la piscine
4. moi, je / décider de / dormir un peu
5. samedi soir / pleuvoir / quand / nous / sortir / cinéma
6. nous / rire / beaucoup / parce que / film / être / amusant
7. minuit / nous / rentrer / chez nous
8. Lanh / regarder / télé / quand / nous / arriver
9. dimanche matin / nous / passer / chez des amis
10. nous / passer / cinq heures / chez eux
11. ce / être / très / sympa

3 **Vacances à la montagne** Hugo raconte ses vacances. Complétez ses phrases avec un des verbes de la liste au passé composé ou à l'imparfait.

aller	neiger	retourner
avoir	passer	skier
faire	rester	venir

1. L'hiver dernier, nous _____ les vacances à la montagne.
2. Quand nous sommes arrivés sur les pistes de ski, il _____ beaucoup et il _____ un temps épouvantable.
3. Ce jour-là, nous _____ à l'hôtel tout l'après-midi.
4. Le jour suivant, nous _____ sur les pistes.
5. Nous _____ et papa _____ faire une randonnée.
6. Quand ils _____ mon âge, papa et oncle Hervé _____ tous les hivers à la montagne.

Communication

4 **Situations** Avec un(e) partenaire, parlez de ces situations en utilisant le passé composé ou l'imparfait. Comparez vos réponses, puis présentez-les à la classe.

MODÈLE

Le premier jour de cours...
Élève 1: *Le premier jour de cours, j'étais tellement nerveux/nerveuse que j'ai oublié mes livres.*
Élève 2: *Moi, j'étais nerveux/nerveuse aussi, alors j'ai quitté la maison très tôt.*

1. Quand j'étais petit(e),...

2. L'été dernier,...

3. Hier soir, mon/ma meilleur(e) ami(e)...

4. Hier, le professeur...

5. La semaine dernière, mon/ma camarade de classe...

6. Ce matin, au lycée,...

7. Quand j'avais dix ans,...

8. La dernière fois que j'étais en vacances,...

5 **Votre premier/première ami(e)** Posez ces questions à un(e) partenaire. Ajoutez (*Add*) d'autres questions si vous le voulez (*want*).

1. Qui a été ton/ta premier/première ami(e)?

2. Quel âge avais-tu quand tu as fait sa connaissance?

3. Comment était-il/elle?

4. Est-ce que tu as fait la connaissance de sa famille?

5. Pendant combien de temps avez-vous resté(e)s ami(e)s?

6. À quoi jouiez-vous ensemble?

7. Aviez-vous les mêmes (*same*) centres d'intérêt?

8. Avez-vous perdu contact?

6 **Conversation** Sébastien est sorti avec des amis hier. Quand il est rentré plus tard que prévu (*later than planned*), sa mère était furieuse. Préparez leur conversation et présentez-la à la classe.

MODÈLE

Élève 1: *Que faisais-tu cet après-midi?*
Élève 2: *Mes copains et moi, nous sommes allés manger une pizza...*

7 **Un crime** Vous avez été témoin (*witness*) d'un crime dans votre quartier et la police vous pose beaucoup de questions. Avec un(e) partenaire et à tour de rôle, jouez le détective et le témoin.

MODÈLE

Élève 1: *Où étiez-vous vers huit heures hier soir?*
Élève 2: *Chez moi.*
Élève 1: *Avez-vous vu quelque chose?*

8A.2

The *passé composé* vs. the *imparfait* (Part 2) and the verb *vivre* **vhl**central

Point de départ You have already seen some uses of the **passé composé** versus the **imparfait** for talking about actions and events in the past. Here are some other contexts in which the choice of tense is important.

- The **passé composé** and the **imparfait** are often used together to narrate a story or describe an incident. The **imparfait** provides the background description, such as time, weather, and location. The **passé composé** highlights specific events in the story.

Uses of the *passé composé* and the *imparfait*	
Le passé composé *is used to talk about:*	**L' imparfait** *is used to describe:*
• main facts	• the framework of the story: *weather, date, time, background scenery*
• specific, completed events	• descriptions of people: *age, physical and personality traits, clothing, feelings, state of mind*
• actions that advance the plot	• background setting: *what was going on, what others were doing*

Il **était** minuit et le temps **était** orageux. J'**avais** peur parce que j'**étais** seule dans la maison. Soudain, quelqu'un **a frappé** à la porte. J'**ai regardé** par la fenêtre et j'**ai vu** un vieil homme habillé en noir...
It was midnight and the weather was stormy. I was afraid because I was home alone. Suddenly, someone knocked at the door. I looked through the window and I saw an old man dressed in black...

- When the **passé composé** and the **imparfait** occur in the same sentence, the action in the **passé composé** often interrupts the ongoing action in the **imparfait**.

ACTION IN PROGRESS	INTERRUPTING ACTION
Je **chantais**	quand mon ami **est arrivé**.
I was singing	*when my friend arrived.*
Céline et Maxime **dormaient**	quand le téléphone **a sonné**.
Céline and Maxime were sleeping	*when the phone rang.*

- Sometimes the use of the **passé composé** and the **imparfait** in the same sentence expresses a cause and effect.

CAUSE	EFFECT
J'avais faim,	alors j'ai mangé un sandwich.
I was hungry,	*so I ate a sandwich.*
Elle est partie	parce qu'elle était fatiguée.
She left	*because she was tired.*

Vérifiez

Expressions that signal a past tense

- Use **pendant que** to indicate that one action was completed while another was still happening.

    Mes parents **sont arrivés** pendant que nous **répétions** dans le sous-sol.
    My parents arrived while we were rehearsing in the basement.

- Certain adverbs often indicate a particular past tense.

Expressions that signal a past tense			
passé composé		**imparfait**	
soudain	*suddenly*	d'habitude	*usually*
tout d'un coup/ tout à coup	*all of a sudden*	parfois	*sometimes*
		souvent	*often*
une (deux, etc.) fois	*once (twice, etc.)*	toujours	*always*
un jour	*one day*	tous les jours	*every day*

🔗 **Vérifiez**

The verb *vivre*

- While talking about the past or narrating a story, you might use the verb **vivre** (*to live*) which is irregular.

vivre	
je vis	nous vivons
tu vis	vous vivez
il/elle/on vit	ils/elles vivent

Les enfants **vivent** avec leurs grands-parents.
The children live with their grandparents.

Je **vis** à Paris.
I live in Paris.

- The past participle of **vivre** is **vécu**. The **imparfait** is formed like that of other -**re** verbs, by dropping -**ons** from the **nous** form, and adding the imperfect endings.

    Rémi **a vécu** à Nice pendant deux ans.
    Rémi lived in Nice for two years.

    Nous **vivions** avec mon oncle.
    We used to live with my uncle.

🔗 **Vérifiez**

Essayez!   Choisissez la forme correcte du verbe au passé.

1. Lise (a étudié /étudiait) toujours avec ses amis.
2. Anne (lisait /a lu) quand le téléphone à sonné.
3. Les garçons avaient soif, alors ils (buvaient /ont bu).
4. D'habitude, ils (arrivaient /sont arrivés) toujours en retard.
5. Tout à coup, le professeur (entrait /est entré) dans la classe.
6. Autrefois, plusieurs générations (vivaient /ont vécu) dans la même maison.

Mise en pratique

1 **Pourquoi?** Expliquez pourquoi Sabine a fait ou n'a pas fait ces choses.

> **MODÈLE** ne pas faire de tennis / être fatigué
> *Sabine n'a pas fait de tennis parce qu'elle était fatiguée.*

1. aller au centre commercial / aimer faire les soldes
2. ne pas travailler / avoir sommeil
3. ne pas sortir / pleuvoir
4. mettre un pull / faire froid
5. manger une pizza / avoir faim
6. acheter une nouvelle robe / sortir avec des amis
7. vendre son fauteuil / déménager
8. ne pas bien dormir / être inquiet

2 **Qu'est-ce qu'ils faisaient quand...?** Dites ce qui (*what*) est arrivé quand ces personnes faisaient ces activités. Utilisez les mots donnés et d'autres mots.

► **MODÈLE**

Tu nageais quand ton oncle est arrivé.

tu / oncle / arriver

1. Tristan / entendre / chien

2. nous / petite fille / tomber

3. vous / perdre / billet

4. Paul et Éric / téléphone / sonner

_____ _____ _____ _____

3 **Rien d'extraordinaire** Matthieu a passé une journée assez banale (*ordinary*). Réécrivez ce paragraphe au passé.

Il est 6h30. Il pleut. Je prends mon petit-déjeuner, je mets mon imperméable et je quitte la maison. J'attends une demi-heure à l'arrêt de bus et finalement, je cours au restaurant où je travaille. J'arrive en retard. Le patron (*boss*) n'est pas content. Le soir, après mon travail, je rentre à la maison et je vais directement au lit.

Communication

4   La curiosité Votre tante Louise veut tout savoir. Elle vous pose beaucoup de questions. Avec un(e) partenaire, répondez aux questions d'une manière logique et échangez les rôles.

MODÈLE retourner au lycée
Élève 1: *Pourquoi est-ce que tu es retourné(e) au lycée?*
Élève 2: *Je suis retourné(e) au lycée parce que j'avais beaucoup de devoirs.*

1. aller à la bibliothèque
2. aller au magasin
3. sortir avec des amis
4. téléphoner à ton cousin
5. rentrer tard
6. aller au café
7. inviter des gens
8. être triste

5   Une entrevue Avec un(e) partenaire, posez-vous ces questions à tour de rôle.

1. Où allais-tu souvent quand tu étais petit(e)?
2. Qu'est-ce que tu aimais lire?
3. Est-ce que tu as vécu dans un autre pays?
4. Comment étais-tu quand tu avais dix ans?
5. Qu'est-ce que ta sœur/ton frère faisait quand tu es rentré(e) hier?
6. Qu'est-ce que tu as fait hier soir?
7. Qu'est-ce que tu as pris au petit-déjeuner ce matin?
8. Qu'est-ce que tu as porté hier?

6   Je me souviens! Racontez à votre partenaire un événement spécial de votre vie qui s'est déjà passé. Votre partenaire vous pose des questions pour avoir plus de détails sur cet événement. Vous pouvez (*can*) parler d'un anniversaire, d'une fête familiale, d'un mariage ou d'un concert.

MODÈLE

Élève 1: *Nous avons fait une grande fête d'anniversaire*
pour ma grand-mère l'année dernière.
Élève 2: *Quel âge a-t-elle eu?*

7   Scénario Par groupes de trois, créez une histoire au passé. La première personne commence par une phrase. La deuxième personne doit (*must*) continuer l'histoire. La troisième personne reprend la suite d'une manière logique. Continuez l'histoire une personne à la fois jusqu'à ce que vous ayez (*until you have*) un petit scénario. Soyez créatif! Ensuite, présentez votre scénario à la classe.

Révision

1 **Mes affaires** Vous cherchez vos affaires (*belongings*). À tour de rôle, demandez de l'aide à votre partenaire. Où étaient-elles? Utilisez l'illustration pour les trouver.

MODÈLE

Élève 1: *Je cherche mes baskets. Où sont-elles?*

Élève 2: *Tu n'as pas cherché sur l'étagère? Elles étaient sur l'étagère.*

baskets	ordinateur
casquette	parapluie
journal	pull
livre	sac à dos

2 **Un bon témoin** Il y a eu un cambriolage (*burglary*) chez votre voisin M. Cachetout. Le détective vous interroge parce que vous avez vu deux personnes suspectes sortir de la maison du voisin. Avec un(e) partenaire, créez cette conversation et jouez cette scène devant la classe. Utilisez ces éléments dans votre scène.

- une description physique des suspects
- leurs attitudes
- leurs vêtements
- ce que (*what*) vous faisiez quand vous avez vu les suspects

MODÈLE

Élève 1: *À quelle heure est-ce que vous avez vu les deux personnes sortir?*

Élève 2: *À dix heures. Elles sont sorties du garage.*

3 **Quel séjour!** Vous venez de passer une semaine de vacances dans une maison à la campagne et votre partenaire veut tout savoir (*wants to know everything*). Répondez à ses questions sur la maison, le temps, les activités dans la région et votre opinion en général. Utilisez l'imparfait et le passé composé. Ensuite, changez de rôle.

MODÈLE

Élève 1: *Combien de pièces y avait-il dans cette maison?*

Élève 2: *Il y avait six pièces dans la maison.*

4 **Avant et après** Voici la chambre d'Annette avant et après une visite de sa mère. Comment était sa chambre à l'origine? Avec un(e) partenaire, décrivez la pièce et cherchez les différences entre les deux illustrations.

MODÈLE

Avant, la lampe était à côté de l'ordinateur. Maintenant, elle est à côté du canapé.

5 **La maison de mon enfance** Décrivez l'appartement ou la maison de votre enfance à un(e) partenaire. Où se trouvait-il/elle? Comment les pièces étaient-elles orientées? Y avait-il une piscine, un sous-sol? Qui vivait avec vous dans cet appartement ou cette maison? Racontez (*Tell*) des anecdotes.

MODÈLE

Ma maison se trouvait au bord de la mer.
C'était une maison à deux étages (floors).
Au rez-de-chaussée, il y avait...

vhlcentral

Ça va être un petit meuble...
une petite table de chevet.°

Préparation Répondez aux questions.

1. Aimez-vous bricoler? Créez-vous des objets ou des meubles? Ou préférez-vous acheter les meubles et la décoration? Expliquez.

2. De quelle manière votre chambre reflète-t-elle votre personnalité?

Créatrice de meubles en carton°

La passion de Caroline Martial est la création de meubles en carton. Elle fait toutes les tables, les chaises, et les armoires dans sa maison. Le carton est une matière° que d'autres voient comme laide et inutile, mais elle y voit plein de possibilités. Il suffit d'°un peu d'imagination pour le transformer en objet utile et beau. De quelques bouts° de carton ondulé°, elle peut construire un fauteuil et utiliser des plumes°, des boutons° ou des paillettes° pour le décorer. Des meubles en carton pour toute la maison? Pourquoi pas! Grâce à° Caroline Martial, les possibilités sont illimitées.

table de chevet *bedside table* **carton** *cardboard* **matière** *material* **Il suffit de** *All that's necessary is* **bouts** *bits* **ondulé** *corrugated* **plumes** *feathers* **boutons** *buttons* **paillettes** *glitter* **Grâce à** *Thanks to*

Vocabulaire utile

l'emballage (*m.*)	*packaging*
une niche	*small space*
ultraléger	*very lightweight*
laisser libre cours	*to give free reign*
une réalisation	*creation*

Compréhension Indiquez si les phrases sont vraies ou fausses.

1. Au début de la vidéo, Caroline Martial crée une commode.

2. Les meubles peuvent (*can*) résister à un poids (*weight*) important.

3. Les meubles sont faciles à décorer.

4. On voit une commode, une table de chevet et une mini-bibliothèque en carton dans les chambres des enfants de Caroline Martial.

5. Le carton impose certaines limites à ce qu'on peut (*what one can*) créer.

Application Choisissez un(e) artiste qui vous intéresse et préparez un reportage sur son œuvre (*work*). Montrez une de ses créations et expliquez leur impact sur la société.

Conversation En petits groupes, discutez des questions.

1. Aimez-vous les créations de Caroline Martial? Pourquoi ou pourquoi pas?

2. Quels sont des exemples de l'art fonctionnel dans votre vie?

3. Quels artistes admirez-vous? Pourquoi les admirez-vous? Quelle influence ont-ils sur la société?

You will learn how to...
- talk about chores
- talk about appliances

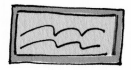 **vhl**central

Les tâches ménagères

Vocabulaire

débarrasser la table	to clear the table
enlever/faire la poussière	to dust
essuyer la vaisselle/ la table	to dry the dishes/ to wipe the table
faire la lessive	to do the laundry
faire le ménage	to do the housework
laver	to wash
mettre la table	to set the table
passer l'aspirateur	to vacuum
ranger	to tidy up; to put away
salir	to soil, to make dirty
propre	clean
sale	dirty
un appareil électrique/ ménager	electrical/household appliance
une cafetière	coffeemaker
une cuisinière	stove
un grille-pain	toaster
un lave-linge	washing machine
un lave-vaisselle	dishwasher
un sèche-linge	clothes dryer
une tâche ménagère	household chore

un évier

un (four à) micro-ondes

Elle fait le lit.

un oreiller

Il fait la vaisselle.

les draps (m.)

un congélateur

un four

une couverture

Elle balaie. (balayer)

un frigo

un balai

le linge

Mise en pratique

1 On fait le ménage Complétez les phrases avec le bon mot.

1. On balaie avec _____.
2. On repasse le linge avec _____.
3. On fait la lessive avec _____.
4. On lave la vaisselle avec _____.
5. On prépare le café avec _____.
6. On sèche les vêtements avec _____.
7. On met la glace dans _____.
8. Pour faire le lit, on doit arranger _____, _____ et _____.

2 Écoutez Écoutez la conversation téléphonique (*phone call*) entre Laurent et un conseiller à la radio (*radio psychologist*). Ensuite, indiquez les tâches ménagères que faisaient Laurent et Paul l'année dernière.

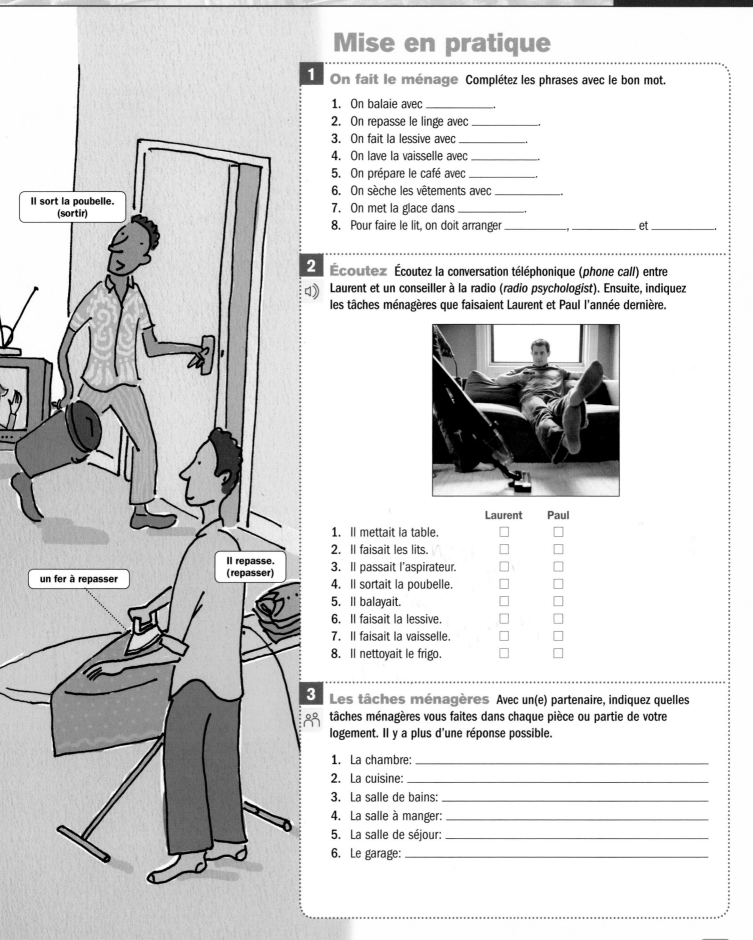

	Laurent	Paul
1. Il mettait la table.	☐	☐
2. Il faisait les lits.	☐	☐
3. Il passait l'aspirateur.	☐	☐
4. Il sortait la poubelle.	☐	☐
5. Il balayait.	☐	☐
6. Il faisait la lessive.	☐	☐
7. Il faisait la vaisselle.	☐	☐
8. Il nettoyait le frigo.	☐	☐

3 Les tâches ménagères Avec un(e) partenaire, indiquez quelles tâches ménagères vous faites dans chaque pièce ou partie de votre logement. Il y a plus d'une réponse possible.

1. La chambre: _____
2. La cuisine: _____
3. La salle de bains: _____
4. La salle à manger: _____
5. La salle de séjour: _____
6. Le garage: _____

Il sort la poubelle. (sortir)

un fer à repasser

Il repasse. (repasser)

Communication

4 Qui fait quoi?
Votre professeur va vous donner une feuille d'activités. Dites si vous faites les tâches indiquées en écrivant (*by writing*) **Oui** ou **Non** dans la première colonne. Ensuite, posez des questions à vos camarades de classe, et écrivez leur nom dans la deuxième colonne quand ils répondent **Oui**. Présentez vos réponses à la classe.

> **MODÈLE**
>
> mettre la table pour prendre le petit-déjeuner
> **Élève 1:** *Est-ce que tu mets la table pour prendre le petit-déjeuner?*
> **Élève 2:** *Oui, je mets la table chaque matin./ Non, je ne prends pas de petit-déjeuner, donc je ne mets pas la table.*

Activités	Moi	Mes camarades de classe
1. mettre la table pour prendre le petit-déjeuner		
2. passer l'aspirateur tous les jours		
3. salir ses vêtements quand on mange		
4. nettoyer les toilettes		
5. balayer la cuisine		
6. débarrasser la table après le dîner		
7. souvent enlever la poussière sur son ordinateur		
8. laver les vitres (*windows*)		

5 Conversez
Interviewez un(e) camarade de classe.

1. Qui fait la vaisselle chez toi?
2. Qui fait la lessive chez toi?
3. Fais-tu ton lit tous les jours?
4. Quelles tâches ménagères as-tu faites le week-end dernier?
5. Repasses-tu tous tes vêtements?
6. Quelles tâches ménagères détestes-tu faire?
7. Quels appareils électriques as-tu chez toi?
8. Ranges-tu souvent ta chambre?

6 Au pair
Vous partez dans un pays francophone pour vivre dans une famille pendant (*for*) un an. Travaillez avec deux camarades de classe et préparez un dialogue dans lequel (*in which*) vous:

- parlez des tâches ménagères que vous détestez/aimez faire.
- posez des questions sur vos nouvelles responsabilités.
- parlez de vos passions et de vos habitudes.
- décidez si cette famille vous convient.

7 Écrivez
L'appartement de Martine est un désastre: la cuisine est sale et le reste de l'appartement est encore pire (*worse*). Préparez un paragraphe où vous décrivez les problèmes que vous voyez (*see*) et que vous imaginez. Ensuite, écrivez la liste des tâches que Martine va faire pour tout nettoyer.

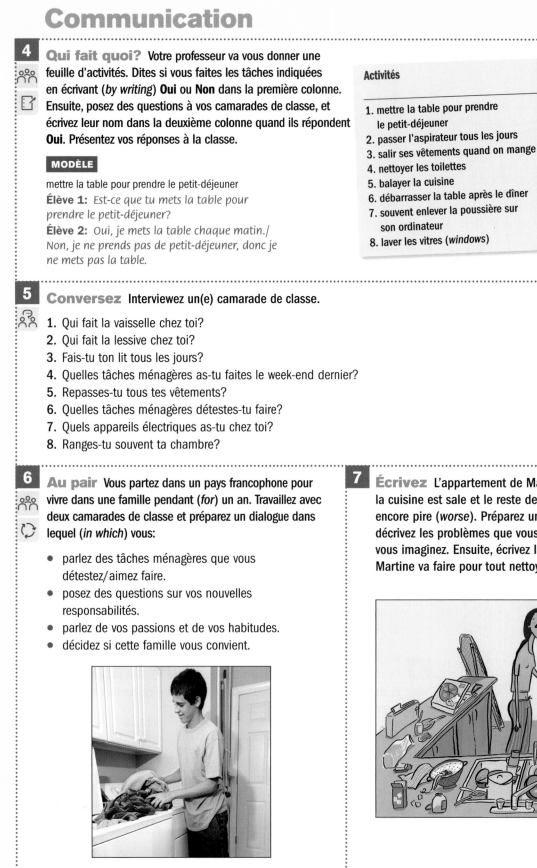

Les sons et les lettres 🔊 vhlcentral

Semi-vowels

French has three semi-vowels. Semi-vowels are sounds that are produced in much the same way as vowels, but also have many properties in common with consonants. Semi-vowels are also sometimes referred to as *glides* because they glide from or into the vowel they accompany.

Luc**i**en	ch**i**en	so**i**f	n**u**it

The semi-vowel that occurs in the word **bien** is very much like the *y* in the English word *yes*. It is usually spelled with an **i** or a **y** (pronounced *ee*), then glides into the following sound. This semi-vowel sound is also produced when **ll** follows an **i**.

nat**i**on	bala**y**er	b**i**en	bri**ll**ant

The semi-vowel that occurs in the word **soif** is like the *w* in the English words *was* and *we*. It usually begins with **o** or **ou**, then glides into the following vowel.

tr**o**is	fr**o**id	**ou**i	**ou**istiti

The third semi-vowel sound occurs in the word **nuit**. It is spelled with the vowel **u**, as in the French word **tu**, then glides into the following sound.

l**u**i	s**u**is	cr**u**el	intellect**u**el

Prononcez Répétez les mots suivants à voix haute.

1. oui
2. taille
3. suisse
4. fille
5. mois
6. cruel
7. minuit
8. jouer
9. cuisine
10. juillet
11. échouer
12. croissant

Articulez Répétez les phrases suivantes à voix haute.

1. Voici trois poissons noirs.
2. Louis et sa famille sont suisses.
3. Parfois, Grégoire fait de la cuisine chinoise.
4. Aujourd'hui, Matthieu et Damien vont travailler.
5. Françoise a besoin de faire ses devoirs d'histoire.
6. La fille de Monsieur Poirot va conduire pour la première fois.

Dictons Répétez les dictons à voix haute.

La nuit, tous les chats sont gris.[1]

Vouloir, c'est pouvoir.[2]

[1] All cats are gray in the dark.
[2] Where there's a will, there's a way.

La vie sans Pascal   **vhl**central

PERSONNAGES

Amina

Michèle

Sandrine

Stéphane

Valérie

Au P'tit Bistrot...

MICHÈLE Tout va bien, Amina?

AMINA Oui, ça va, merci. (*Au téléphone*) Allô?... Qu'est-ce qu'il y a, Sandrine?... Non, je ne le savais pas, mais franchement, ça ne me surprend pas... Écoute, j'arrive chez toi dans quinze minutes, d'accord? ... À tout à l'heure!

MICHÈLE Je débarrasse la table?

AMINA Oui, merci, et apporte-moi l'addition, s'il te plaît.

MICHÈLE Tout de suite.

VALÉRIE Tu as fait ton lit, ce matin?

STÉPHANE Oui, maman.

VALÉRIE Est-ce que tu as rangé ta chambre?

STÉPHANE Euh... oui, ce matin, pendant que tu faisais la lessive.

Chez Sandrine...

SANDRINE Salut, Amina! Merci d'être venue.

AMINA Mmmm. Qu'est-ce qui sent si bon?

SANDRINE Il y a des biscuits au chocolat dans le four.

AMINA Oh, est-ce que tu les préparais quand tu m'as téléphoné?

SANDRINE Tu as soif?

AMINA Un peu, oui.

SANDRINE Sers-toi, j'ai des jus de fruits au frigo.

Sandrine casse (breaks) une assiette.

SANDRINE Et zut!

AMINA Ça va, Sandrine?

SANDRINE Oui, oui... passe-moi le balai, s'il te plaît.

AMINA N'oublie pas de balayer sous la cuisinière.

SANDRINE Je sais! Excuse-moi, Amina. Comme je t'ai dit au téléphone, Pascal et moi, c'est fini.

A C T I V I T É S

1 **Questions** Répondez aux questions par des phrases complètes.

1. Avec qui Amina parle-t-elle au téléphone?

2. Comment va Sandrine aujourd'hui? Pourquoi?

3. Est-ce que Stéphane a fait toutes ses tâches ménagères?

4. Qu'est-ce que Sandrine préparait quand elle a téléphoné à Amina?

5. Amina a faim et a soif. À votre avis (*opinion*), que va-t-elle prendre?

6. Pourquoi Amina n'est-elle pas fâchée (*angry*) contre Sandrine?

7. Pourquoi Amina pense-t-elle que Sandrine aimerait (*would like*) un cyberhomme américain?

8. Sandrine pense qu'Amina devrait (*should*) rencontrer Cyberhomme, mais Amina pense que ce n'est pas une bonne idée. À votre avis, qui a raison?

Amina console Sandrine.

VALÉRIE Hmm... et la vaisselle? Tu as fait la vaisselle?

STÉPHANE Non, pas encore, mais...

MICHÈLE Il me faut l'addition pour Amina.

VALÉRIE Stéphane, tu dois faire la vaisselle avant de sortir.

STÉPHANE Bon, ça va, j'y vais!

VALÉRIE Ah, Michèle, il faut sortir les poubelles pour ce soir!

MICHÈLE Oui, comptez sur moi, Madame Forestier.

VALÉRIE Très bien! Moi, je rentre, il est l'heure de préparer le dîner.

SANDRINE Il était tellement pénible. Bref, je suis de mauvaise humeur aujourd'hui.

AMINA Ne t'en fais pas, je comprends.

SANDRINE Toi, tu as de la chance.

AMINA Pourquoi tu dis ça?

SANDRINE Tu as ton Cyberhomme. Tu vas le rencontrer un de ces jours?

AMINA Oh... Je ne sais pas si c'est une bonne idée.

SANDRINE Pourquoi pas?

AMINA Sandrine, il faut être prudent dans la vie, je ne le connais pas vraiment, tu sais.

SANDRINE Comme d'habitude, tu as raison. Mais finalement, un cyberhomme, c'est peut-être mieux qu'un petit ami. Ou alors, un petit ami artistique, charmant et beau garçon.

AMINA Et américain?

Expressions utiles

Talking about what you know

- **Je ne le savais pas, mais franchement, ça ne me surprend pas.**
  I didn't know that, but frankly, I'm not surprised.

- **Je sais!**
  I know!

- **Je ne sais pas si c'est une bonne idée.**
  I don't know if that's a good idea.

- **Je ne le connais pas vraiment, tu sais.**
  I don't really know him, you know.

Additional vocabulary

- **Comptez sur moi.**
  Count on me.

- **Ne t'en fais pas.**
  Don't worry about it.

- **J'y vais!**
  I'm going there!/I'm on my way!

- **pas encore**
  not yet

- **tu dois**
  you must

- **être de bonne/mauvaise humeur**
  to be in a good/bad mood

---

2 **Le ménage** Indiquez qui a fait ou va faire ces tâches ménagères: Amina **(A)**, Michèle **(M)**, Sandrine **(S)**, Stéphane **(St)**, Valérie **(V)** ou personne (*no one*) **(P)**.

1. sortir la poubelle
2. balayer
3. passer l'aspirateur
4. faire la vaisselle

5. faire le lit
6. débarrasser la table
7. faire la lessive
8. ranger sa chambre

3 **Écrivez** Vous avez gagné un pari (*bet*) avec votre grande sœur et elle doit faire (*must do*) en conséquence toutes les tâches ménagères que vous lui indiquez pendant un mois. Écrivez une liste de dix tâches minimum. Pour chaque tâche, précisez la pièce du logement et combien de fois par semaine elle doit l'exécuter.

A C T I V I T É S

vhlcentral

CULTURE À LA LOUPE

L'intérieur des logements français

L'intérieur des maisons et des appartements français est assez° différent de celui chez les Américains. Quand on entre dans un immeuble ancien en France, on est dans un hall° où il y a des boîtes aux lettres°. Ensuite, il y a souvent une deuxième porte. Celle-ci conduit à° l'escalier. Il n'y a pas souvent d'ascenseur, mais s'il y en a un°, en général, il est très petit et il est au milieu de° l'escalier. Le hall de l'immeuble peut aussi avoir une porte qui donne sur une cour° ou un jardin, souvent derrière le bâtiment°.

À l'intérieur des logements, les pièces sont en général plus petites que° les pièces américaines, surtout les cuisines et les salles de bains. Dans la cuisine, on trouve tous les appareils ménagers nécessaires (cuisinière, four, four à micro-ondes, frigo), mais ils sont plus petits qu'aux États-Unis. Les lave-vaisselle sont assez rares dans les appartements et plus communs dans les maisons. On a souvent une seule° salle de bains et les toilettes sont en général dans une autre petite pièce séparée°. Les lave-linge sont aussi assez petits et on les trouve, en général, dans la cuisine ou dans la salle de bains. Dans les chambres, en France, il n'y a pas de grands placards et les vêtements sont rangés la plupart° du temps dans une armoire ou une commode. Les fenêtres s'ouvrent° sur l'intérieur, un peu comme des portes, et il est très rare d'avoir des moustiquaires°. Par contre°, il y a presque toujours des volets°.

assez rather **hall** entryway **boîtes aux lettres** mailboxes **conduit à** leads to **s'il y en a un** if there is one **au milieu de** in the middle of **cour** courtyard **bâtiment** building **plus petites que** smaller than **une seule** only one **séparée** separate **la plupart** most **s'ouvrent** open **moustiquaires** screens **Par contre** On the other hand **volets** shutters

Combien de logements ont ces appareils ménagers?	
Réfrigérateur	99,8%
Cuisinière / Four	96,4%
Lave-linge	95,6%
Congélateur	91,2%
Four à micro-ondes	88,3%
Lave-vaisselle	57,1%
Sèche-linge	28,7%

SOURCE: INSEE

Coup de main

Demonstrative pronouns help to avoid repetition.

	S.	P.
M.	celui	ceux
F.	celle	celles

Ce lit est grand, mais le lit de Monique est petit.

Ce lit est grand, mais **celui** de Monique est petit.

A C T I V I T É S

1 **Complétez** Complétez chaque phrase logiquement.

1. Dans le hall d'un immeuble français, on trouve...
2. Au milieu de l'escalier, dans les vieux immeubles français, ...
3. Derrière les vieux immeubles, on trouve souvent...
4. Les cuisines et les salles de bains françaises sont...
5. Dans les appartements français, il est assez rare d'avoir...
6. Les logements français ont souvent une seule...
7. En France, les toilettes sont souvent...
8. Les Français rangent souvent leurs vêtements dans une armoire parce qu'ils...
9. On trouve souvent le lave-linge...
10. En général, les fenêtres dans les logements français...

Quelles conditions!

boxon (*m.*)	*shambles*
piaule (*f.*)	*pad, room*
souk (*m.*)	*mess*
impeccable	*spic-and-span*
nickel	*spotless*
ringard	*cheesy, old-fashioned*
crécher	*to live*
semer la pagaille	*to make a mess*

Architecture moderne et ancienne

Architecte suisse

Le Corbusier Originaire du canton de Neuchâtel, il est l'un des principaux représentants du mouvement moderne au début° du 20ᵉ siècle. Il est connu° pour être l'inventeur de l'unité d'habitation°, concept sur les logements collectifs qui rassemblent dans un même lieu garderie° d'enfants, piscine, écoles, commerces et lieux de rencontre. Il est naturalisé français en 1930.

Architecture du Maroc

Les riads, mot° qui à l'origine signifie «jardins» en arabe, sont de superbes habitations anciennes° construites pour préserver la fraîcheur°. On les trouve au cœur° des ruelles° de la médina (quartier historique). **Les kasbahs,** bâtisses° de terre° dans le Sud marocain, sont des exemples d'un art typiquement berbère et rural.

début *beginning* **connu** *known* **unité d'habitation** *housing unit*
garderie *daycare center* **mot** *word* **anciennes** *old* **fraîcheur** *coolness*
cœur *heart* **ruelles** *alleyways* **bâtisses** *dwellings* **terre** *earth*

Le Vieux Carré

Le Vieux Carré, aussi appelé le Quartier Français, est le centre historique de La Nouvelle-Orléans. Il a conservé le souvenir° des époques° coloniales du 18ᵉ siècle°. La culture française est toujours présente avec des noms de rues° français comme *Toulouse* ou *Chartres*, qui sont de grandes villes françaises. Cependant° le style architectural n'est pas français; il est espagnol. Les maisons avec les beaux balcons sont l'héritage de l'occupation espagnole de la deuxième moitié° du 18ᵉ siècle. Mardi gras, en février, est la fête la plus populaire de La Nouvelle-Orléans, qui est aussi très connue° pour son festival de jazz, en avril.

souvenir *memory* **époques** *times* **siècle** *century* **noms de rues** *street names*
Cependant *However* **moitié** *half* **connue** *known*

Sur Internet

Qu'est-ce qu'on peut voir (*see*) au musée des Arts décoratifs de Paris?

Go to **vhlcentral.com** to find more information related to this **Culture** section.

---

2 **Complétez** Complétez les phrases.

1. Le Vieux Carré est aussi appelé _____.
2. _____ et _____ sont deux noms de rues français à La Nouvelle-Orléans.
3. Le style architectural du Vieux Carré n'est pas français mais _____.
4. La Nouvelle-Orléans est connue pour son festival de _____.
5. Le Corbusier est l'inventeur de _____.
6. On trouve les riads parmi (*among*) les ruelles de _____.

3 **C'est le souk!** Votre oncle favori vient vous rendre visite et votre petit frère a semé la pagaille dans votre chambre. C'est le souk! Avec un(e) partenaire, inventez une conversation où vous lui donnez des ordres pour nettoyer avant l'arrivée de votre oncle. Jouez la scène devant la classe.

A C T I V I T É S

8B.1

The *passé composé* vs. vhlcentral
the *imparfait* (Summary)

Point de départ You have learned the uses of the **passé composé** versus the **imparfait** to talk about things and events in the past. These tenses are distinct and are not used in the same way. Remember always to keep the context and the message you wish to convey in mind while deciding which tense to use.

Uses of the *passé composé*

To talk about events that happened at a specific moment or for a precise duration in the past	Je **suis allé** au concert vendredi. *I went to the concert on Friday.*
To express an action or a sequence of actions that started and ended in the past	Tu **as fait** le lit, tu **as sorti** la poubelle et tu **as mis** la table. *You made the bed, took out the trash, and set the table.*
To indicate a change in the mental, emotional or physical state of a person	Tout à coup, elle **a eu** soif. *Suddenly, she got thirsty.*
To narrate the facts in a story	Nous **avons passé** une journée fantastique à la plage. *We spent a fantastic day at the beach.*
To describe actions that move the plot forward in a narration	Soudain, Thomas **a trouvé** la réponse à leur question. *Suddenly, Thomas found the answer to their question.*

Uses of the *imparfait*

To talk about actions that lasted for an unspecified duration of time	Elle **dormait** tranquillement. *She was sleeping peacefully.*
To relate habitual or repeated past actions and events	Nous **faisions** une promenade au parc tous les dimanches matins. *We used to walk in the park every Sunday morning.*
To describe mental, emotional or physical states or conditions	Elle **avait** toujours soif. *She was always thirsty.*
To describe the background scene and setting of a story	Il **faisait** beau et le ciel **était** bleu. *The weather was nice and the sky was blue.*
To describe people and things	C'**était** une photo d'une jolie fille. *It was a photograph of a pretty girl.*

- The **imparfait** and the **passé composé** are sometimes used in the same sentence to say what was going on when something else happened. Use the **imparfait** to say what was going on and the **passé composé** to say what happened to interrupt that action.

Je **travaillais** dans le jardin
  quand mon amie **a téléphoné**.
*I was working in the garden
  when my friend called.*

Ils **faisaient** de la planche à
  voile quand j'**ai pris** cette photo.
*They were wind-surfing when
  I took this photo.*

- A cause and effect relationship is sometimes expressed by using the **passé composé** and the **imparfait** in the same sentence.

Marie **avait** envie de faire du
  shopping, alors elle **est allée**
  au centre commercial.
*Marie felt like shopping so she
  went to the mall.*

Mon ami **a balayé** la maison
  parce qu'elle **était** sale.

*My friend swept the house
  because it was dirty.*

- The verb **avoir** has a different meaning when used in the **imparfait** versus the **passé composé**.

J'**avais** sommeil.
I was sleepy.

J'**ai eu** sommeil.
I got sleepy.

Expressions that signal a past tense

- Certain expressions like **soudain, tout à coup, autrefois, une fois, d'habitude, souvent, toujours,** etc. serve as clues to signal a particular past tense.

Autrefois, mes parents et moi
  vivions en Belgique.
*In the past, my parents and I
  used to live in Belgium.*

Un jour, j'**ai rencontré** Nathalie
  au cinéma.
*One day, I met Nathalie
  at the movies.*

D'habitude, j'**allais** au centre-ville
  avec mes amis.
*Usually, I used to go downtown
  with my friends.*

J'**ai fait** du cheval deux fois
  dans ma vie.
*I have gone horseback riding
  two times in my life.*

Essayez!   **Écrivez la forme correcte du verbe au passé.**

1. D'habitude, vous _mangiez_ (manger) dans la salle à manger.

2. Quand mes copines étaient petites, elles _____ (jouer) de la guitare.

3. Tout à coup, ma sœur _____ (arriver) à l'école.

4. Ce matin, Matthieu _____ (repasser) le linge.

5. Ils _____ (vivre) en France pendant un mois.

6. Les chats _____ (dormir) toujours sur le tapis.

7. Je/J' _____ (louer) un studio en ville pendant trois semaines.

8. Vous _____ (laver) toujours les rideaux?

9. Lise _____ (avoir) quinze ans quand elle a démenagé.

10. Soudain, nous _____ (avoir) peur.

Mise en pratique

1 **À l'étranger!** Choisissez l'imparfait ou le passé composé pour compléter cette histoire.

Lise (1) _____ (avoir) vraiment envie de travailler en France après le lycée. Alors, un jour, elle (2) _____ (quitter) son petit village près de Bruxelles et elle (3) _____ (prendre) le train pour Paris. Elle (4) _____ (arriver) à Paris. Elle (5) _____ (trouver) une chambre dans un petit hôtel. Pendant six mois, elle (6) _____ (balayer) le couloir et (7) _____ (nettoyer) les chambres. Au bout de (*After*) six mois, elle (8) _____ (prendre) des cours au Cordon Bleu et maintenant, elle est chef dans un petit restaurant!

2 **Explique-moi!** Dites pourquoi vous et vos amis n'avez pas fait les choses qu'il fallait faire. Utilisez le passé composé pour dire ce que (*what*) vous n'avez pas fait et l'imparfait pour expliquer la raison. Faites des phrases complètes.

> **MODÈLE**
>
> Élise / étudier / avoir sommeil
> *Élise n'a pas étudié parce qu'elle avait sommeil.*

1. Carla / faire une promenade / pleuvoir
2. Alexandre et Mia / ranger la chambre / regarder la télé
3. nous / répondre au prof / ne pas faire attention
4. Jade et Noémie / venir au café / nettoyer la maison
5. Léo / mettre un short / aller à un entretien (*interview*)
6. je / manger au restaurant / ne pas avoir d'argent
7. Amadou / promener son chien / neiger
8. Marc et toi, vous / aller à la piscine / laver la voiture
9. on / téléphoner à nos amis / ne pas avoir de portable
10. toi, tu / faire du surf / avoir peur

3 **Qu'est-ce qu'ils faisaient quand...?** Que faisaient ces personnes au moment de l'interruption?

> **MODÈLE**
>
> *Papa débarrassait la table quand mon frère est arrivé.*

débarrasser / arriver

1. sortir / dire   2. passer / tomber   3. faire / partir   4. laver / commencer

_____   _____   _____   _____

Communication

4 **Situations** Avec un(e) partenaire, complétez ces phrases avec le passé composé ou l'imparfait. Comparez vos réponses, puis présentez-les à la classe.

1. Autrefois, ma famille...

2. Je faisais une promenade quand...

3. Mon/Ma meilleur(e) ami(e)... tous les jours.

4. D'habitude, au petit-déjeuner, je...

5. Une fois, mon copain et moi...

6. Hier, je rentrais des cours quand...

7. Parfois, ma mère...

8. Hier, il faisait mauvais. Soudain, ...

9. Souvent, quand j'étais petit(e)...

10. La semaine dernière, en cours de français, nous...

5 **À votre tour** Demandez à un(e) partenaire de compléter ces phrases avec le passé composé ou l'imparfait. Ensuite, présentez ses phrases à la classe.

1. Mes profs l'année dernière...

2. Quand je suis rentré(e) chez moi hier, ...

3. Le week-end dernier, ...

4. Quand j'ai fait la connaissance de mon/ma meilleur(e) ami(e), ...

5. La première fois que mon/ma meilleur(e) ami(e) et moi sommes sorti(e)s, ...

6. Quand j'avais dix ans, ...

7. Le jour de mon dernier anniversaire, ...

8. Pendant les vacances d'été, ...

9. Quand Leonardo DiCaprio a gagné son premier Oscar, ...

10. Hier soir, je regardais la télé quand...

11. Quand mes parents étaient plus jeunes, ...

12. La dernière fois que j'ai fait un voyage, ...

6 **Je me souviens!** Racontez à votre partenaire un événement spécial de votre vie qui s'est déjà passé. Votre partenaire vous pose des questions pour avoir plus de détails sur cet événement. Vous pouvez (can) parler d'un anniversaire, d'une fête familiale, d'un mariage ou d'un concert. Utilisez le passé composé et l'imparfait.

MODÈLE

Élève 1: *Nous avons fait une grande fête d'anniversaire pour ma grand-mère l'année dernière.*
Élève 2: *Quel âge a-t-elle eu?*
Élève 1: *Elle a eu soixante ans.*
Élève 2: *Vous avez fait la fête chez toi?*
Élève 1: *Nous avons fait la fête dans le jardin parce qu'il faisait très beau.*

8B.2

The verbs *savoir* and *connaître* **vhl**central

Point de départ Savoir and connaître both mean *to know*. The choice of verb in French depends on the context in which it is being used.

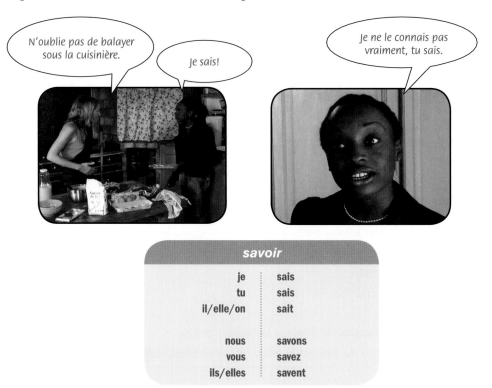

N'oublie pas de balayer sous la cuisinière.

Je sais!

Je ne le connais pas vraiment, tu sais.

savoir	
je	sais
tu	sais
il/elle/on	sait
nous	savons
vous	savez
ils/elles	savent

Boîte à outils

Always use the construction **savoir** + [*infinitive*] to mean *to know how to do something*.

- **Savoir** means *to know a fact* or *to know how to do something*.

  Je **sais** tout sur lui.
  I know everything about him.

  Elle **sait** jouer du piano
  She knows how to play piano.

  Ils ne **savent** pas qu'il est parti.
  They don't know that he left.

  Savez-vous faire la cuisine?
  Do you know how to cook?

- The verb **savoir** is often followed by **que**, **qui**, **où**, **quand**, **comment**, or **pourquoi**.

  Nous **savons que** tu arrives mardi.
  We know that you're arriving on Tuesday.

  Je **sais où** je vais.
  I know where I am going.

  Vous **savez quand** on part?
  Do you know when we're leaving?

  Ils **savent comment** aller à la gare.
  They know how to get to the train station.

  Tu **sais qui** a fait la lessive?
  Do you know who did the laundry?

  Elle **comprend pourquoi** tu es en colère.
  She understands why you're angry.

- The past participle of **savoir** is **su**. When used in the **passé composé**, **savoir** means *found out*.

  J'**ai su** qu'il y avait une fête.
  I found out there was a party.

  Je **savais** qu'il y avait une fête.
  I knew there was a party.

connaître	
je	**connais**
tu	**connais**
il/elle/on	**connaît**
nous	**connaissons**
vous	**connaissez**
ils/elles	**connaissent**

- **Connaître** means *to know* or *be familiar with a person, place, or thing.*

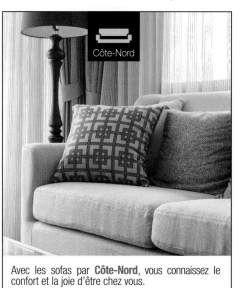

Avec les sofas par **Côte-Nord**, vous connaissez le confort et la joie d'être chez vous.

Vous **connaissez** le prof.
You know the teacher.

Nous **connaissons** bien Paris.
We know Paris well.

Tu **connais** ce quartier?
Do you know that neighborhood?

Je ne **connais** pas ce magasin.
I don't know this store.

🏃 **Boîte à outils**

The verb **connaître** is never followed by an infinitive. It is always followed by a noun.

- The past participle of **connaître** is **connu**. **Connaître** in the **passé composé** means *met (for the first time)*.

Nous **avons connu** son père.
We met his father.

Nous **connaissions** son père.
We knew his father.

- **Reconnaître** means *to recognize*. It follows the same conjugation patterns as **connaître**.

Mes anciens profs me
reconnaissent encore.
*My former teachers still
recognize me.*

Nous **avons reconnu** vos enfants
à la soirée.
*We recognized your children
at the party.*

Essayez!   Complétez les phrases avec les formes correctes des verbes **savoir** et **connaître**.

1. Je __*connais*__ de bons restaurants.
2. Ils ne _____ pas parler allemand.
3. Vous _____ faire du cheval?
4. Tu _____ une bonne coiffeuse?
5. Nous ne _____ pas Jacques.
6. Claudette _____ jouer aux échecs.
7. Laure et Béatrice _____ -elles tes cousins?
8. Nous _____ que vous n'aimez pas faire le ménage.

Mise en pratique

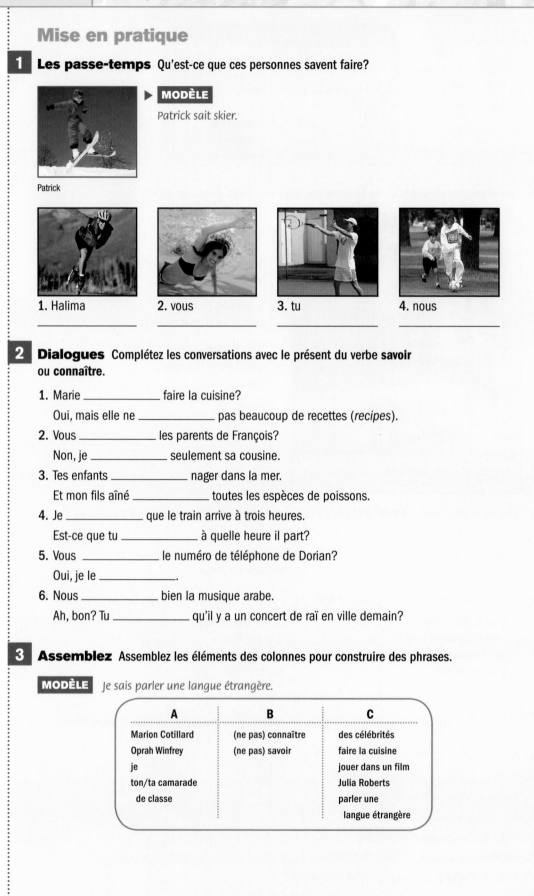

1 **Les passe-temps** Qu'est-ce que ces personnes savent faire?

▶ **MODÈLE**

Patrick sait skier.

Patrick

1. Halima _____

2. vous _____

3. tu _____

4. nous _____

2 **Dialogues** Complétez les conversations avec le présent du verbe **savoir** ou **connaître**.

1. Marie _____ faire la cuisine?

Oui, mais elle ne _____ pas beaucoup de recettes (*recipes*).

2. Vous _____ les parents de François?

Non, je _____ seulement sa cousine.

3. Tes enfants _____ nager dans la mer.

Et mon fils aîné _____ toutes les espèces de poissons.

4. Je _____ que le train arrive à trois heures.

Est-ce que tu _____ à quelle heure il part?

5. Vous _____ le numéro de téléphone de Dorian?

Oui, je le _____.

6. Nous _____ bien la musique arabe.

Ah, bon? Tu _____ qu'il y a un concert de raï en ville demain?

3 **Assemblez** Assemblez les éléments des colonnes pour construire des phrases.

MODÈLE *Je sais parler une langue étrangère.*

A	B	C
Marion Cotillard	(ne pas) connaître	des célébrités
Oprah Winfrey	(ne pas) savoir	faire la cuisine
je		jouer dans un film
ton/ta camarade		Julia Roberts
de classe		parler une
		langue étrangère

Communication

4 Enquête Votre professeur va vous donner une feuille d'activités. Circulez dans la classe pour trouver au moins une personne différente qui répond oui à chaque question.

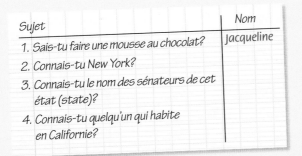

Sujet	Nom
1. Sais-tu faire une mousse au chocolat?	Jacqueline
2. Connais-tu New York?	
3. Connais-tu le nom des sénateurs de cet état (state)?	
4. Connais-tu quelqu'un qui habite en Californie?	

5 Je sais faire Michelle et Maryse étudient avec un(e) nouvel/nouvelle ami(e). Par groupes de trois, jouez les rôles. Chacun(e) (*Each one*) essaie de montrer toutes les choses qu'il/elle sait faire.

MODÈLE

Élève 1: *Alors, tu sais faire la vaisselle?*
Élève 2: *Je sais faire la vaisselle, et je sais faire la cuisine aussi.*
Élève 3: *Moi, je sais faire la cuisine, mais je ne sais pas passer l'aspirateur.*

6 Questions À tour de rôle, posez ces questions à un(e) partenaire. Ensuite, présentez vos réponses à la classe.

1. Quel bon restaurant connais-tu près d'ici? Est-ce que tu y (*there*) manges souvent?

2. Dans ta famille, qui sait chanter le mieux (*best*)?

3. Connais-tu l'Europe? Quelles villes connais-tu?

4. Reconnais-tu toutes les chansons (*songs*) que tu entends à la radio?

5. Tes grands-parents savent-ils utiliser Internet? Le font-ils bien?

6. Connais-tu un(e) acteur/actrice célèbre? Une autre personne célèbre?

7. Ton/Ta meilleur(e) (*best*) ami(e) sait-il/elle écouter quand tu lui racontes (*tell*) tes problèmes?

8. Connais-tu la date d'anniversaire de tous les membres de ta famille et de tous tes amis? Donne des exemples.

9. Connais-tu des films français? Lesquels (*Which ones*)? Les aimes-tu? Pourquoi?

10. Sais-tu parler une langue étrangère? Laquelle? (*Which one*)?

Révision

1 Un grand dîner Émilie et son mari Vincent ont invité des amis à dîner ce soir. Qu'ont-ils fait cet après-midi pour préparer la soirée? Que vont-ils faire ce soir après le départ des invités? Conversez avec un(e) partenaire.

MODÈLE

Élève 1: *Cet après-midi, Émilie et Vincent ont mis la table.*

Élève 2: *Ce soir, ils vont faire la vaisselle.*

2 Mes connaissances Votre professeur va vous donner une feuille d'activités. Interviewez vos camarades. Pour chaque activité, trouvez un(e) camarade différent(e) qui réponde affirmativement.

Élève 1: *Connais-tu une personne qui aime faire le ménage?*

Élève 2: *Oui, autrefois, mon père aimait bien faire le ménage.*

Activités	Noms
1. ne pas faire souvent la vaisselle	
2. aimer faire le ménage	Farid
3. dormir avec une couverture en été	
4. faire son lit tous les jours	
5. repasser rarement ses vêtements	

3 Qui faisait le ménage? Par groupes de trois, interviewez vos camarades. Qui faisait le ménage à la maison quand ils étaient petits? Préparez des questions avec ces expressions et comparez vos réponses.

balayer	mettre et débarrasser la table
faire la lessive	passer l'aspirateur
faire le lit	ranger
faire la vaisselle	repasser le linge

4 Soudain! Tout était calme quand soudain... Avec un(e) partenaire, choisissez l'une des deux photos et écrivez un texte de dix phrases. Faites cinq phrases pour décrire la photo, et cinq autres pour raconter (*to tell*) un événement qui s'est passé soudainement (*that suddenly happened*). Employez des adverbes et soyez imaginatifs.

5 J'ai appris... Avec un(e) partenaire, faites une liste de cinq choses que vous ne saviez pas avant ce cours de français, et cinq choses ou personnes que vous ne connaissiez pas. Utilisez l'imparfait et le présent dans vos explications.

MODÈLE

Élève 1: *Avant, je ne savais pas comment dire bonjour en français, et puis j'ai commencé ce cours, et maintenant, je sais le dire.*

Élève 2: *Avant, je ne connaissais pas tous les pays francophones, et maintenant, je les connais.*

6 Élise fait sa lessive Votre professeur va vous donner, à vous et à votre partenaire, une feuille sur la journée d'Élise. Décrivez sa journée d'après (*according to*) les dessins. Attention! Ne regardez pas la feuille de votre partenaire.

MODÈLE

Élève 1: *Hier matin, Élise avait besoin de faire sa lessive.*

Élève 2: *Mais, elle...*

À l'écoute vhlcentral

STRATÉGIE

Using visual cues

Visual cues like illustrations and headings provide useful clues about what you will hear.

◁)) To practice this strategy, you will listen to a passage related to the image. Jot down the clues the image gives you as you listen.

Préparation

Qu'est-ce qu'il y a sur les trois photos à droite? À votre avis, quel va être le sujet de la conversation entre M. Duchemin et Mme Lopez?

◁)) ## À vous d'écouter

Écoutez la conversation. M. Duchemin va proposer trois logements à Mme Lopez. Regardez les annonces et écrivez le numéro de référence de chaque possibilité qu'il propose.

1. Possibilité 1: _____
2. Possibilité 2: _____
3. Possibilité 3: _____

À LOUER

Appartement en ville, moderne, avec balcon
1.200 €
(**Réf. 520**)

5 pièces, jardin, proche parc Victor Hugo
950 €
(**Réf. 521**)

Maison meublée en banlieue, grande, tt confort, cuisine équipée
1.200 €
(**Réf. 522**)

Compréhension

Les détails Après une deuxième écoute, complétez le tableau (*chart*) avec les informations données dans la conversation.

	Où?	Maison ou appartement?	Meublé ou non?	Nombre de chambres?	Garage?	Jardin?
Logement 1						
Logement 2						
Logement 3						

Quel logement pour les Lopez? Lisez cette description de la famille Lopez. Décidez quel logement cette famille va probablement choisir et expliquez votre réponse.

M. Lopez travaille au centre-ville. Le soir, il rentre tard à la maison et il est souvent fatigué parce qu'il travaille beaucoup. Il n'a pas envie de passer son temps à travailler dans le jardin. Mme Lopez adore le cinéma et le théâtre. Elle n'aime pas beaucoup faire le ménage. Les Lopez ont une fille qui a seize ans. Elle adore retrouver ses copines pour faire du shopping en ville. Les Lopez ont beaucoup de beaux meubles modernes. Ils ont aussi une nouvelle voiture: une grosse BMW qui a coûté très cher!

Panorama

vhlcentral

Paris

La ville en chiffres

▶ **Superficie:** 105 km²

▶ **Population:** 2.229.621 (deux millions deux cents vingt-neuf mille six cents vingt et un)
SOURCE: INSEE

Paris est la capitale de la France. On a l'impression que Paris est une grande ville—et c'est vrai si on compte° ses environs°. Mais Paris mesure moins de° 10 kilomètres de l'est à l'ouest°. On peut très facilement visiter la ville à pied°. Paris est divisée en 20 arrondissements°. Chaque° arrondissement a son propre maire° et son propre caractère.

▶ **Industries principales:** haute couture, finances, transports, technologie, tourisme

▶ **Musées:** plus de° 150 (cent cinquante): le musée du Louvre, le musée d'Orsay, le centre Georges Pompidou et le musée Rodin

Parisiens célèbres

▶ **Victor Hugo,** écrivain° et activiste (1802–1885)

▶ **Charles Baudelaire,** poète (1821–1867)

▶ **Auguste Rodin,** sculpteur (1840–1917)

▶ **Jean-Paul Sartre,** philosophe (1905–1980)

▶ **Simone de Beauvoir,** écrivain (1908–1986)

▶ **Édith Piaf,** chanteuse (1915–1963)

▶   **Emmanuelle Béart,** actrice (1965–)

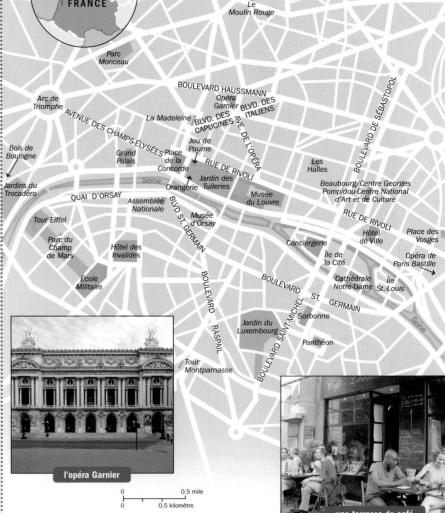

l'Arc de Triomphe

Basilique du Sacré-Cœur

Place du Tertre

Le Moulin Rouge

Parc Monceau

BOULEVARD HAUSSMANN

Arc de Triomphe

AVENUE DES CHAMPS-ÉLYSÉES

Opéra Garnier

BLVD. DES ITALIENS

La Madeleine

BLVD. DES CAPUCINES

AVE. DE L'OPÉRA

BOULEVARD DE SÉBASTOPOL

Bois de Boulogne

Jeu de Paume

Grand Palais

Place de la Concorde

RUE DE RIVOLI

Les Halles

Jardins du Trocadéro

Orangerie

Jardin des Tuileries

Musée du Louvre

Beaubourg/Centre Georges Pompidou-Centre National d'Art et de Culture

Seine

QUAI D'ORSAY

Assemblée Nationale

BLVD. ST. GERMAIN

Musée d'Orsay

RUE DE RIVOLI

Tour Eiffel

Hôtel de Ville

Place des Vosges

Conciergerie

Parc du Champ de Mars

Hôtel des Invalides

Île de la Cité

Opéra de Paris Bastille

École Militaire

BOULEVARD RASPAIL

BOULEVARD SAINT-MICHEL

BOULEVARD ST. GERMAIN

Cathédrale Notre-Dame

Île St.-Louis

Seine

Jardin du Luxembourg

Sorbonne

Tour Montparnasse

Panthéon

l'opéra Garnier

0   0.5 mile

0   0.5 kilomètre

une terrasse de café

Incroyable mais vrai!

Sous les rues° de Paris, il y a une autre ville: les catacombes. Ici reposent° les squelettes d'environ 6.000.000 (six millions) de personnes provenant° d'anciens cimetières de Paris et de ses environs. Plus de 500.000 (cinq cent mille) touristes par an visitent cette ville de repos° éternel.

si on compte *if one counts* environs *surrounding areas* moins de *less than* de l'est à l'ouest *from east to west* à pied *on foot* arrondissements *districts* Chaque *Each* son propre maire *its own mayor* plus de *more than* écrivain *writer* rues *streets* reposent *lie; rest* provenant *from* repos *rest*

Les monuments

La tour Eiffel

La tour Eiffel a été construite° en 1889 (mille huit cent quatre-vingt-neuf) pour l'Exposition universelle, à l'occasion du centenaire° de la Révolution française. Elle mesure 324 (trois cent vingt-quatre) mètres de haut et pèse° 10.100 (dix mille cent) tonnes. La tour attire près de° 7.000.000 (sept millions) de visiteurs par an°.

Les gens

Paris-Plages

Pour les Parisiens qui ne voyagent pas pendant l'été, la ville de Paris a créé° Paris-Plages pour apporter la plage° aux Parisiens! Inauguré en 2001 pour la première fois sur les berges° de la Seine, puis prolongé sur le bassin de la Villette en 2007, Paris-Plages consiste en plusieurs kilomètres de sable et de pelouse°, pleins° d'activités comme la natation° et le volley. Ouvert en° juillet et en août, près de 4.000.000 (quatre millions) de personnes visitent Paris-Plages chaque° année.

Les musées

Le musée du Louvre

Ancien° palais royal, le musée du Louvre est aujourd'hui un des plus grands musées du monde avec sa vaste collection de peintures°, de sculptures et d'antiquités orientales, égyptiennes, grecques et romaines. L'œuvre° la plus célèbre de la collection est *La Joconde*° de Léonard de Vinci. La pyramide de verre°, créée par l'architecte américain I.M. Pei, marque l'entrée° principale du musée.

Les transports

Le métro

L'architecte Hector Guimard a commencé à réaliser° des entrées du métro de Paris en 1898 (mille huit cent quatre-vingt-dix-huit). Ces entrées sont construites dans le style Art Nouveau: en forme de plantes et de fleurs°. Le métro est aujourd'hui un système très efficace° qui permet aux passagers de traverser° Paris rapidement.

Qu'est-ce que vous avez appris? Complétez les phrases.

1. La ville de Paris est divisée en vingt _____.
2. Chaque arrondissement a ses propres _____ et _____.
3. Charles Baudelaire est le nom d'un _____ français.
4. Édith Piaf est une _____ française.
5. Plus de 500.000 personnes par an visitent _____ sous les rues de Paris.
6. La tour Eiffel mesure _____ mètres de haut.
7. En 2001, la ville de Paris a créé _____ au bord (*banks*) de la Seine.
8. Le musée du Louvre est un ancien _____.
9. _____ est une création de I.M. Pei.
10. Certaines entrées du métro sont de style _____.

Sur Internet

1. Quels sont les monuments les plus importants à Paris? Qu'est-ce qu'on peut faire (*can do*) dans la ville?
2. Trouvez des informations sur un des musées de Paris.
3. Recherchez la vie (*Research the life*) d'un(e) Parisien(ne) célèbre.
4. Cherchez un plan du métro de Paris et trouvez comment aller du Louvre à la tour Eiffel.

construite *built* **centenaire** *100-year anniversary* **pèse** *weighs* **attire près de** *attracts nearly* **par an** *per year* **a créé** *created* **apporter la plage** *bring the beach* **berges** *banks* **de sable et de pelouse** *of sand and grass* **pleins** *full* **natation** *swimming* **Ouvert en** *Open in* **chaque** *each* **Ancien** *Former* **peintures** *paintings* **L'œuvre** *The work (of art)* **La Joconde** *The Mona Lisa* **verre** *glass* **entrée** *entrance* **réaliser** *create* **fleurs** *flowers* **efficace** *efficient* **traverser** *to cross*

Panorama

L'Île-de-France

La région en chiffres

- Superficie: *12.012 km²*
- Population: *12.027.565*
  SOURCE: INSEE
- Industries principales: *aéronautique, automobile, énergie nucléaire, santé°, services*
- Villes principales: *Paris, Meaux, Provins, Saint-Denis, Fontainebleau, Montreuil, Nanterre, Versailles, Argenteuil*

Franciliens célèbres

- Jean Cocteau, *poète, dramaturge° et cinéaste° (1889–1963)*
- Dominique Voynet, *femme politique° (1958–)*
- Thierry Henry, *footballeur (1977–)*
- Jaques Prévert, *poète, scénariste et artiste (1900–1977)*
- Omar Sy, *acteur (1978–)*
- Vanessa Paradis, *chanteuse et actrice (1972–)*

- Les impressionnistes *Plusieurs peintres impressionnistes du XIXᵉ siècle se sont inspirés des grands espaces° de l'Île-de-France. Quand Claude Monet a habité à Argenteuil pendant sept ans, il a réalisé° près de 250 peintures, comme «La Liseuse» (1872) et «Le pont d'Argenteuil» (1874). Auvers-sur-Oise aussi a été le sujet de plusieurs œuvres° impressionnistes, y compris° soixante-dix par Vincent Van Gogh. Aujourd'hui, on peut suivre° les quatre chemins de randonnée pédestre° aux Yvelienes qui sont dédiés aux impressionnistes pour voir° les sites où les artistes ont planté leur chevalet°.*

santé *health* dramaturge *playwright* femme politique *politician* grands espaces *natural spaces* réalisé *created* œuvres *works of art* y compris *including* suivre *follow* chemins de randonnée pédestre *walking paths* voir *see* chevalet *easel* closerie *enclosed property* comprend *includes* abrite *houses* pont *bridge* jardin *garden*

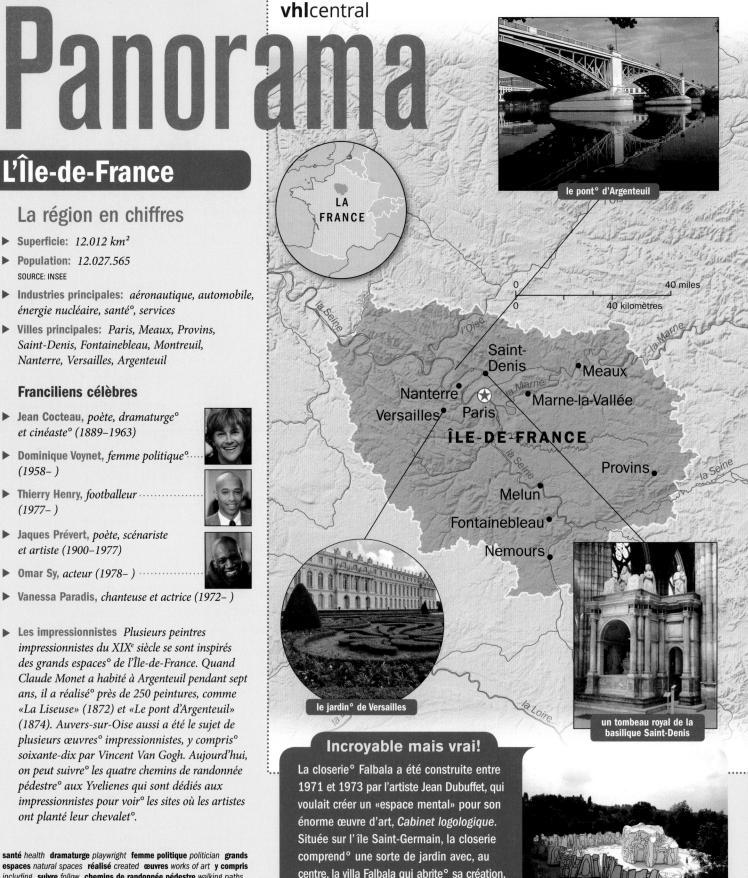

LA FRANCE

le pont° d'Argenteuil

Saint-Denis
Meaux
Nanterre
Marne-la-Vallée
Versailles
Paris
ÎLE-DE-FRANCE
Provins
Melun
Fontainebleau
Nemours

le jardin° de Versailles

un tombeau royal de la basilique Saint-Denis

Incroyable mais vrai!

La closerie° Falbala a été construite entre 1971 et 1973 par l'artiste Jean Dubuffet, qui voulait créer un «espace mental» pour son énorme œuvre d'art, *Cabinet logologique*. Située sur l'île Saint-Germain, la closerie comprend° une sorte de jardin avec, au centre, la villa Falbala qui abrite° sa création. C'est l'un des monuments historiques les plus jeunes de France.

L'histoire
Provins

La ville de Provins a joué un rôle commercial très important en Europe au Moyen Âge. C'est ici que neuf chemins° commerciaux se croisaient. Donc, Provins est devenu la ville avec les plus grandes foires°

de Champagne. Ces foires attiraient les marchands les plus importants de l'Europe. Ces rassemblements, qui avaient lieu périodiquement et duraient° plusieurs semaines, permettaient les échanges internationaux. Aujourd'hui, la ville, classée au Patrimoine mondial par l'UNESCO, est toujours entourée° par des remparts° du Moyen Âge et la tradition des foires se perpétue avec des spectacles sur la thématique médiévale.

Les gens
André Le Nôtre

Né le 12 mars 1613, André Le Nôtre passe sa jeunesse à travailler avec son père, jardinier aux Tuileries. Ensuite, il suit des cours d'architecture. Il devient jardinier du roi Louis XIV en 1637. Il amasse° une fortune énorme et gagne° une réputation internationale. Considéré «architecte paysagiste°,» Le Nôtre est connu pour ses «jardins à la française.» Ses œuvres les plus connues sont les jardins de Versailles, des Tuileries, et de Vaux-le-Vicomte. Ses créations précises et méticuleuses sont souvent caractérisées par des plantes en formes géométriques, ainsi que des éléments formels et théâtraux.

Les sports
En forêt de Fontainebleau

Chaque année, des millions de visiteurs vont en forêt de Fontainebleau attirés par les plus de 1.600 kilomètres de routes et de chemins de randonnée forestiers, par le site naturel d'escalade° et par les parcours acrobatiques en hauteur, ou PAH. Souvent appelée accrobranche, l'activité consiste à explorer la forêt en hauteur sur des structures fixées entre les arbres ou entre des supports artificiels. L'escalade naturelle est une autre activité populaire. Les rochers° de faible hauteur permettent aux grimpeurs° de pratiquer un type d'escalade sans corde, appelé «le bloc.» Réserve de biosphère, la forêt de Fontainebleau offre un paysage varié et des vues exceptionnelles à ceux qui y pratiquent une activité physique.

Les destinations
Disneyland Paris

Ouvert° en 1992 sous le nom *Euro Disney Resort*, le parc d'attractions

aujourd'hui appelé Disneyland Paris se trouve° à trente-deux kilomètres à l'est de° Paris. Le complexe compte° deux parcs à thèmes (un royaume° enchanté et un parc sur les thèmes du cinéma et de l'animation) et une soixantaine d'attractions. Le symbole le plus connu du complexe, le Château de la Belle au bois dormant°, possède une particularité remarquable: son architecture est dans le style des contes de fée°, tandis que° les châteaux des autres parcs Disney représentent un style historique. Disneyland Paris est le parc d'attractions le plus visité de l'Europe, avec plus de 320 millions de visites depuis son ouverture°.

Qu'est-ce que vous avez appris? Complétez les phrases.

1. _____ était le créateur de la closerie Falbala.
2. L'artiste a construit la villa Falbala parce qu'il voulait créer un _____ pour son œuvre.
3. _____ était le nom original de Disneyland Paris.
4. À Disneyland Paris, l'architecture du château est dans le style des _____.
5. Au Moyen Âge, neuf chemins principaux ont croisé à _____.
6. Les plus grandes _____ ont eu lieu à Provins.
7. Le jardinier principal du roi Louis XIV s'appelait _____.
8. Les plantes dans les jardins de Le Nôtre sont souvent en formes _____.
9. L'acronyme PAH signifie _____.
10. Le site d'escalade de la forêt de Fontainebleau est connu pour ses _____.

Sur Internet

1. Trouvez quelques images des jardins de Le Nôtre. De quelle manière sont-ils similaires? Lequel est le plus visité?
2. Quelles autres particularités trouve-t-on à Disneyland Paris?
3. Trouvez un parc dans l'île-de-France où vous pouvez faire de l'accrobranche. Quels autres activités sont offertes?

chemins *routes* **foires** *fairs* **duraient** *lasted* **entourée** *surrounded* **remparts** *walls* **jardinier** *gardener* **suivi** *took* **illustre** *famed* **gagné** *earned* **architecte paysagiste** *landscape architect* **d'escalade** *rock climbing* **rochers** *boulders* **grimpeurs** *climbers* **Ouvert** *Opened* **se trouve** *is located* **à l'est de** *east of* **compte** *includes* **royaume** *kingdom* **Belle au bois dormant** *Sleeping Beauty* **contes de fée** *fairytales* **tandis que** *while* **ouverture** *opening*

Lecture vhlcentral

Avant la lecture

vhlcentral

STRATÉGIE

Guessing meaning from context

As you read in French, you will often see words you have not learned. You can guess what they mean by looking at surrounding words. Read this note and guess what **un deux-pièces** means.

> Johanne,
>
> Je cherchais un studio, mais j'ai trouvé un appartement plus grand: un deux-pièces près de mon travail! Le salon est grand et la chambre a deux placards. La cuisine a un frigo et une cuisinière, et la salle de bains a une baignoire. Et le loyer? Seulement 450 euros par mois!

If you guessed *a two-room apartment*, you are correct. You can conclude that someone is describing an apartment he or she will rent.

Examinez le texte

Regardez le texte et décrivez les photos. Quel va être le sujet de la lecture? Puis, trouvez ces mots et expressions dans le texte. Essayez de deviner leur sens (*to guess their meaning*).

ont été rajoutées	autour du	de haut
de nombreux bassins	légumes	roi

Expérience personnelle

Avez-vous visité une résidence célèbre ou historique? Où? Quand? Comment était-ce? Un personnage historique a-t-il habité là? Qui? Parlez de cette visite à un(e) camarade.

À visiter près de Paris:

Le château de Versailles

La construction du célèbre° château de Versailles a commencé en 1623 sous le roi Louis XIII. Au départ, c'était un petit château où le roi logeait° quand il allait à la chasse°. Plus tard, en 1678, Louis XIV, aussi appelé le Roi-Soleil, a décidé de faire de Versailles sa résidence principale. Il a demandé à son architecte, Louis Le Vau, d'agrandir° le château, et à son premier peintre°, Charles Le Brun, de le décorer. Le Vau a fait construire, entre autres°, le Grand Appartement du Roi. La décoration de cet appartement de sept pièces était à la gloire du Roi-Soleil. La pièce la plus célèbre du château de Versailles est la galerie des Glaces°. C'est une immense pièce de 73 mètres de long, 10,50 mètres de large et 12,30 mètres de haut°. D'un côté, 17 fenêtres donnent° sur les jardins, et

de l'autre côté, il y a 17 arcades embellies de miroirs immenses. Au nord° de la galerie des Glaces, on trouve le salon de la Guerre°, et, au sud°, le salon de la Paix°. Quand on visite le château de Versailles, on peut également° voir de nombreuses autres pièces, ajoutées à différentes périodes, comme la chambre de la Reine°,

À l'intérieur du palais

plusieurs cuisines et salles à
manger d'hiver et d'été, des
bibliothèques, divers salons et
cabinets, et plus de 18.000 m²°
de galeries qui racontent°

Le château de Versailles et
une fontaine

l'histoire de France en images. L'opéra, une grande salle
où plus de° 700 personnes assistaient souvent à divers
spectacles et bals, a aussi été ajouté plus tard. C'est dans
cette salle que le futur roi Louis XVI et Marie-Antoinette
ont été mariés. Partout° dans le château, on peut admirer
une collection unique de meubles (lits, tables, fauteuils
et chaises, bureaux, etc.) et de magnifiques tissus° (tapis,
rideaux et tapisseries°). Le château de Versailles a aussi
une chapelle et d'autres bâtiments, comme le Grand et
le Petit Trianon. Autour du château, il y a des serres°
et de magnifiques jardins avec de nombreux bassins°,
fontaines et statues. Dans l'Orangerie, on trouve plus
de 1.000 arbres°, et de nombreux fruits et légumes sont
toujours cultivés dans le Potager° du Roi. L'Arboretum
de Chèvreloup était le terrain de chasse des rois et on y°
trouve aujourd'hui des arbres du monde entier°.

célèbre *famous* logeait *stayed* chasse *hunting* agrandir *enlarge* peintre *painter* entre autres
among other things Glaces *Mirrors* haut *high* donnent *open* nord *north* Guerre *War* sud
south Paix *Peace* également *also* Reine *Queen* m² (mètres carrés) *square meters* racontent
tell plus de *more than* Partout *Everywhere* tissus *fabrics* tapisseries *tapestries* serres
greenhouses bassins *ponds* arbres *trees* Potager *vegetable garden* y *there* entier *entire*

Après la lecture

Vrai ou faux? Indiquez si les phrases sont **vraies** ou
fausses. Corrigez les phrases fausses.

1. Louis XIII habitait à Versailles toute l'année.
   _____

2. Louis Le Vau est appelé le Roi-Soleil.
   _____

3. La galerie des Glaces est une grande pièce avec beaucoup
   de miroirs et de fenêtres.
   _____

4. Il y a deux salons près de la galerie des Glaces.
   _____

5. Aujourd'hui, au château de Versailles, il n'y a pas de meubles.
   _____

6. Le château de Versailles n'a pas de jardins parce qu'il a
   été construit en ville.
   _____

Répondez Répondez aux questions par des
phrases complètes.

1. Comment était Versailles sous Louis XIII? Quand logeait-il là?
   _____

2. Qu'est-ce que Louis XIV a fait du château?
   _____

3. Qu'est-ce que Louis Le Vau a fait à Versailles?
   _____

4. Dans quelle salle Louis XVI et Marie-Antoinette ont-ils
   été mariés? Comment est cette salle?
   _____

5. Louis XVI est-il devenu roi avant ou après son mariage?
   _____

6. Le château de Versailles est-il composé d'un seul
   bâtiment? Expliquez.
   _____

Les personnages célèbres de Versailles

Par groupes de trois ou quatre, choisissez une des personnes
mentionnées dans la lecture et faites des recherches (*research*)
à son sujet. Préparez un rapport écrit (*written report*) à présenter
à la classe. Vous pouvez (*may*) utiliser les ressources de votre
bibliothèque ou Internet.

Écriture

STRATÉGIE

Mastering the past tenses

In French, when you write about events that occurred in the past, you need to know when to use the **passé composé** and when to use the **imparfait**. A good understanding of the uses of each tense will make it much easier to determine which one to use as you write.

Look at the following summary of the uses of the **passé composé** and the **imparfait**. Write your own example sentence for each of the rules described.

Passé composé vs. imparfait

Passé composé

1. Actions viewed as completed

   _____

2. Beginning or end of past actions

   _____

3. Change in mental, emotional or physical state

   _____

Imparfait

1. Ongoing past actions

   _____

2. Habitual past actions

   _____

3. Mental, physical, and emotional states and characteristics of the past

   _____

With a partner, compare your example sentences. Use the sentences as a guide to help you decide which tense to use as you are writing a story about something that happened in the past.

Thème

Écrire une histoire

Avant l'écriture

1. Quand vous étiez petit(e), vous habitiez dans la maison ou l'appartement de vos rêves (*of your dreams*).

   - Vous allez décrire cette maison ou cet appartement.

   - Vous allez décrire les différentes pièces, les meubles et les objets décoratifs.

   - Vous allez parler de votre pièce préférée et de ce que (*what*) vous aimiez faire dans cette pièce.

   Ensuite, imaginez qu'il y ait eu (*was*) un cambriolage (*burglary*) dans cette maison ou dans cet appartement. Vous allez alors décrire ce qui est arrivé (*what happened*).

Coup de main

Here are some terms that you may find useful in your narration.

le voleur	*thief*
casser	*to break*
j'ai vu	*I saw*
manquer	*to be missing*

2. Utilisez le diagramme pour noter les éléments de votre histoire. Écrivez les éléments où il faut employer l'imparfait dans la partie IMPARFAIT et les éléments où il faut employer le passé composé dans les parties PASSÉ COMPOSÉ.

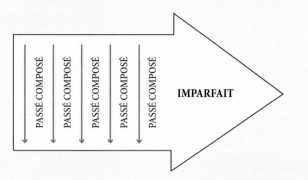

3. Échangez votre diagramme avec le diagramme d'un(e) partenaire. Est-ce qu'il faut changer quelque chose sur son diagramme? Si oui, expliquez pourquoi.

Écriture

Utilisez le diagramme pour écrire votre histoire. Écrivez trois paragraphes:

- le premier sur la présentation générale de la maison ou de l'appartement

- le deuxième sur votre pièce préférée et pourquoi vous l'avez choisie

- le troisième sur le cambriolage: les faits (*facts*) et vos réactions.

Quand j'étais petit(e), j'habitais dans un château, en France. Le château était dans une petite ville près de Paris. Il y avait un grand jardin, avec beaucoup d'animaux. Il y avait douze pièces...

Ma pièce préférée était la cuisine parce que j'aimais faire la cuisine et...

Un jour, mes parents et moi, nous sommes rentrés de vacances...

Après l'écriture

1. Échangez votre histoire avec celle (*the one*) d'un(e) partenaire. Répondez à ces questions pour commenter son travail.

- Votre partenaire a-t-il/elle correctement utilisé l'imparfait et le passé composé?

- A-t-il/elle écrit trois paragraphes qui correspondent aux descriptions de sa maison ou de son appartement, de sa pièce préférée et du cambriolage?

- Quel(s) détail(s) ajouteriez-vous (*would you add*)? Quel(s) détail(s) enlèveriez-vous (*would you delete*)? Quel(s) autre(s) commentaire(s) avez-vous pour votre partenaire?

2. Corrigez votre histoire d'après (*according to*) les commentaires de votre partenaire. Relisez votre travail pour éliminer ces problèmes:

- des fautes (*errors*) d'orthographe

- des fautes de ponctuation

- des fautes de conjugaison

- des fautes d'accord (*agreement*) des adjectifs

- un mauvais emploi (*use*) de la grammaire

Leçon 8A

Les parties d'une maison

un balcon	balcony
une cave	basement, cellar
une chambre	bedroom
un couloir	hallway
une cuisine	kitchen
un escalier	staircase
un garage	garage
un jardin	garden; yard
un mur	wall
une pièce	room
une salle à manger	dining room
une salle de bains	bathroom
une salle de séjour	living/family room
un salon	formal living/sitting room
un sous-sol	basement
les toilettes/W.-C.	restrooms/toilet

Chez soi

un(e) propriétaire	owner
un appartement	apartment
un immeuble	building
un logement	housing
un loyer	rent
un quartier	area, neighborhood
un studio	studio (apartment)
une affiche	poster
une armoire	armoire, wardrobe
une baignoire	bathtub
un canapé	couch
une commode	dresser, chest of drawers
une douche	shower
une étagère	shelf
un fauteuil	armchair
une fleur	flower
une lampe	lamp
un lavabo	bathroom sink
un meuble	piece of furniture
un miroir	mirror
un placard	closet, cupboard
un rideau	drape, curtain
un tapis	rug
un tiroir	drawer
déménager	to move out
emménager	to move in
louer	to rent

Expressions utiles

See p. 315.

Expressions that signal a past tense

d'habitude	usually
une (deux, etc.) fois	once (twice, etc.)
un jour	one day
parfois	sometimes
soudain	suddenly
souvent	often
toujours	always
tous les jours	everyday
tout à coup/tout d'un coup	all of a sudden

Verbes

vivre	to live

Leçon 8B

Les tâches ménagères

une tâche ménagère	household chore
balayer	to sweep
débarrasser la table	to clear the table
enlever/faire la poussière	to dust
essuyer la vaisselle/la table	to dry the dishes/to wipe the table
faire la lessive	to do the laundry
faire le lit	to make the bed
faire le ménage	to do the housework
faire la vaisselle	to do the dishes
laver	to wash
mettre la table	to set the table
passer l'aspirateur	to vacuum
ranger	to tidy up; to put away
repasser (le linge)	to iron (the laundry)
salir	to soil, to make dirty
sortir la/les poubelle(s)	to take out the trash
propre	clean
sale	dirty

Chez soi

un balai	broom
une couverture	blanket
les draps (m.)	sheets
un évier	kitchen sink
un oreiller	pillow

Les appareils ménagers

un appareil électrique/ménager	electrical/household appliance
une cafetière	coffeemaker
un congélateur	freezer
une cuisinière	stove
un fer à repasser	iron
un four (à micro-ondes)	(microwave) oven
un frigo	refrigerator
un grille-pain	toaster
un lave-linge	washing machine
un lave-vaisselle	dishwasher
un sèche-linge	clothes dryer

Expressions utiles

See p. 333.

Locutions de temps

autrefois	in the past

Verbes

connaître	to know, to be familiar with
reconnaître	to recognize
savoir	to know (facts), to know how to do something

Appendices

The *impératif*

Point de départ The impératif is the form of a verb that is used to give commands or to offer directions, hints, and suggestions. With command forms, you do not use subject pronouns.

- Form the **tu** command of **-er** verbs by dropping the **-s** from the present tense form. Note that **aller** also follows this pattern.

  Réserve deux chambres.
  Reserve two rooms.

  Ne travaille pas.
  Don't work.

  Va au marché.
  Go to the market.

- The **nous** and **vous** command forms of **-er** verbs are the same as the present tense forms.

  Nettoyez votre chambre.
  Clean your room.

  Mangeons au restaurant ce soir.
  Let's eat at the restaurant tonight.

- For **-ir** verbs, **-re** verbs, and most irregular verbs, the command forms are identical to the present tense forms.

  Finis la salade.
  Finish the salad.

  Attendez dix minutes.
  Wait ten minutes.

  Faisons du yoga.
  Let's do some yoga.

The *impératif* of *avoir* and *être*

	avoir	être
(tu)	aie	sois
(nous)	ayons	soyons
(vous)	ayez	soyez

- The forms of **avoir** and **être** in the **impératif** are irregular.

  Aie confiance.
  Have confidence.

  Ne **soyons** pas en retard.
  Let's not be late.

- An object pronoun can be added to the end of an affirmative command. Use a hyphen to separate them. Use **moi** and **toi** for the first- and second-person object pronouns.

  Permettez-moi de vous aider.
  Allow me to help you.

  Achète le dictionnaire et **utilise-le**.
  Buy the dictionary and use it.

- In negative commands, place object pronouns between **ne** and the verb. Use **me** and **te** for the first- and second-person object pronouns.

  Ne **me montre** pas les réponses, s'il te plaît.
  Please don't show me the answers.

  Cette photo est fragile. Ne **la touchez** pas.
  That picture is fragile. Don't touch it.

Glossary of Grammatical Terms

ADJECTIVE A word that modifies, or describes, a noun or pronoun.

des livres **amusants**
*some **funny** books*

une **jolie** fleur
*a **pretty** flower*

Demonstrative adjective An adjective that specifies which noun a speaker is referring to.

cette chemise
***this** shirt*

ce placard
***this** closet*

cet hôtel
***this** hotel*

ces boîtes
***these** boxes.*

Possessive adjective An adjective that indicates ownership or possession.

ma belle montre
***my** beautiful watch*

C'est **son** cousin.
*This is **his/her** cousin.*

tes crayons
***your** pencils*

Ce sont **leurs** tantes.
*Those are **their** aunts.*

ADVERB A word that modifies, or describes, a verb, adjective, or other adverb.

Michael parle **couramment** français.
*Michael speaks French **fluently**.*

Elle lui parle **très** franchement.
*She speaks to him **very** honestly.*

ARTICLE A word that points out a noun in either a specific or a non-specific way.

Definite article An article that points out a noun in a specific way.

le marché
***the** market*

la valise
***the** suitcase*

les dictionnaires
***the** dictionaries*

les mots
***the** words*

Indefinite article An article that points out a noun in a general, non-specific way.

un vélo
***a** bike*

une fille
***a** girl*

des oiseaux
***some** birds*

des affiches
***some** posters*

CLAUSE A group of words that contains both a conjugated verb and a subject, either expressed or implied.

Main (or Independent) clause A clause that can stand alone as a complete sentence.

J'ai un manteau vert.
I have a green coat.

Glossary of Grammatical Terms

Subordinate (or Dependent) clause A clause that does not express a complete thought and therefore cannot stand alone as a sentence.

Je travaille dans un restaurant **parce que j'ai besoin d'argent**.
*I work in a restaurant **because I need money**.*

COMPARATIVE A construction used with an adjective or adverb to express a comparison between two people, places, or things.

Thomas est **plus petit** qu'Adrien.
*Thomas is **shorter than** Adrien.*

En Corse, il pleut **moins souvent qu'**en Alsace.
*In Corsica, it rains **less often than** in Alsace.*

Cette maison n'a pas **autant de fenêtres** que l'autre.
*This house does not have **as many windows as** the other one.*

CONJUGATION A set of the forms of a verb for a specific tense or mood, or the process by which these verb forms are presented.

Imparfait conjugation of **chanter**:
je chant**ais**	nous chant**ions**
tu chant**ais**	vous chant**iez**
il/elle chant**ait**	ils/elles chant**aient**

CONJUNCTION A word used to connect words, clauses, or phrases.

Suzanne **et** Pierre habitent en Suisse.
*Suzanne **and** Pierre live in Switzerland.*

Je ne dessine pas très bien, **mais** j'aime les cours de dessin.
*I don't draw very well, **but** I like art classes.*

CONTRACTION The joining of two words into one. In French, the contractions are **au**, **aux**, **du**, and **des**.

Ma sœur est allée **au** concert hier soir.
*My sister went **to a** concert last night.*

Il a parlé **aux** voisins cet après-midi.
*He talked **to the** neighbors this afternoon.*

Je retire de l'argent **du** distributeur automatique.
*I withdraw money **from the** ATM machine.*

Nous avons campé près **du** village.
*We camped **near the** village.*

DIRECT OBJECT A noun or pronoun that directly receives the action of the verb.

Thomas lit **un livre**.   Je **l'**ai vu hier.
*Thomas reads **a book**.   I saw **him** yesterday.*

GENDER The grammatical categorizing of certain kinds of words, such as nouns and pronouns, as masculine, feminine, or neuter.

Masculine
articles **le, un**
pronouns **il, lui, le, celui-ci, celui-là, lequel**
adjective **élégant**

Feminine
articles **la, une**
pronouns **elle, la, celle-ci, celle-là, laquelle**
adjective **élégante**

IMPERSONAL EXPRESSION A third-person expression with no expressed or specific subject.

Il pleut.   **C'est** très important.
It's raining.   *It's very important.*

INDIRECT OBJECT A noun or pronoun that receives the action of the verb indirectly; the object, often a living being, to or for whom an action is performed.

Éric donne un livre **à Linda**.
*Éric gave a book **to Linda**.*

Le professeur **m'**a donné une bonne note.
*The teacher gave **me** a good mark.*

INFINITIVE The basic form of a verb. Infinitives in French end in **-er**, **-ir**, **-oir**, or **-re**.

parler	**finir**	**savoir**	**prendre**
to speak	*to finish*	*to know*	*to take*

INTERROGATIVE An adjective or pronoun used to ask a question.

Qui parle?
***Who** is speaking?*

Combien de biscuits as-tu achetés?
***How many** cookies did you buy?*

Que penses-tu faire aujourd'hui?
***What** do you plan to do today?*

INVERSION Changing the word order of a sentence, often to form a question.

Statement: Elle a vendu sa voiture.

Inversion: A-t-elle vendu sa voiture?

MOOD A grammatical distinction of verbs that indicates whether the verb is intended to make a statement or command or to express a doubt, emotion, or condition contrary to fact.

Glossary of Grammatical Terms

Conditional mood Verb forms used to express what would be done or what would happen under certain circumstances, or to make a polite request, soften a demand, express what someone could or should do, or to state a contrary-to-fact situation.

Il irait se promener s'il avait le temps.
He would go for a walk if he had the time.

Pourrais-tu éteindre la lumière, s'il te plaît?
Would you turn off the light, please?

Je devrais lui parler gentiment.
I should talk to her nicely.

Imperative mood Verb forms used to make commands or suggestions.

Parle lentement.	**Venez** avec moi.
Speak slowly.	*Come with me.*

Indicative mood Verb forms used to state facts, actions, and states considered to be real.

Je sais qu'**il a** un chat.
I know that he has a cat.

Subjunctive mood Verb forms used principally in subordinate (dependent) clauses to express wishes, desires, emotions, doubts, and certain conditions, such as contrary-to-fact situations.

Il est important que **tu finisses** tes devoirs.
*It's important that **you finish** your homework.*

Je doute que **Louis ait** assez d'argent.
*I doubt that **Louis has** enough money.*

NOUN A word that identifies people, animals, places, things, and ideas.

homme	**chat**	**Belgique**
man	*cat*	*Belgium*
maison	**livre**	**amitié**
house	*book*	*friendship*

NUMBER A grammatical term that refers to singular or plural. Nouns in French and English have number. Other parts of a sentence, such as adjectives, articles, and verbs, can also have number.

Singular	Plural
une chose	**des** choses
a thing	*some things*
le professeur	**les** professeurs
the professor	*the professors*

NUMBERS Words that represent amounts.

Cardinal numbers Words that show specific amounts.

cinq minutes	l'année **deux mille six**
five minutes	*the year **2006***

Ordinal numbers Words that indicate the order of a noun in a series.

le **quatrième** joueur	la **dixième** fois
*the **fourth** player*	*the **tenth** time*

PAST PARTICIPLE A past form of the verb used in compound tenses. The past participle may also be used as an adjective, but it must then agree in number and gender with the word it modifies.

Ils ont beaucoup **marché**.
*They have **walked** a lot.*

Je n'ai pas **préparé** mon examen.
*I haven't **prepared** for my exam.*

Il y a une fenêtre **ouverte** dans le salon.
*There is an **open** window in the living room.*

PERSON The form of the verb or pronoun that indicates the speaker, the one spoken to, or the one spoken about. In French, as in English, there are three persons: first, second, and third.

Person	Singular		Plural	
1st	**je**	*I*	**nous**	*we*
2nd	**tu**	*you*	**vous**	*you*
3rd	**il/elle**	*he/she/it*	**ils/elles**	*they*
	on	*one*		

PREPOSITION A word or words that describe(s) the relationship, most often in time or space, between two other words.

Annie habite **loin de** Paris.
*Annie lives **far from** Paris.*

Le blouson est **dans** la voiture.
*The jacket is **in** the car.*

Martine s'est coiffée **avant de** sortir.
*Martine combed her hair **before** going out.*

PRONOUN A word that takes the place of a noun or nouns.

Demonstrative pronoun A pronoun that takes the place of a specific noun.

Je veux **celui-ci**.
*I want **this one**.*

Marc préférait **ceux-là**.
*Marc preferred **those**.*

Object pronoun A pronoun that functions as a direct or indirect object of the verb.

Elle **lui** donne un cadeau. *She gives **him** a present.*

Frédéric **me l'**a apporté. *Frédéric brought **it** to **me**.*

Reflexive pronoun A pronoun that indicates that the action of a verb is performed by the subject on itself. These pronouns are often expressed in English with *-self: myself, yourself*, etc.

Je **me lave** avant de sortir. *I **wash (myself)** before going out.*

Marie **s'est couchée** à onze heures et demie. *Marie **went to bed** at eleven-thirty.*

Relative pronoun A pronoun that connects a subordinate clause to a main clause.

Le garçon **qui** nous a écrit vient nous voir demain. *The boy **who** wrote us is coming to visit tomorrow.*

Je sais **que** nous avons beaucoup de choses à faire. *I know **that** we have a lot of things to do.*

Subject pronoun A pronoun that replaces the name or title of a person or thing, and acts as the subject of a verb.

Tu vas partir. *You are going to leave.*

Il arrive demain. *He arrives tomorrow.*

SUBJECT A noun or pronoun that performs the action of a verb and is often implied by the verb.

Marine va au supermarché. *Marine goes to the supermarket.*

Ils travaillent beaucoup. *They work a lot.*

Ces livres sont très chers. *Those books are very expensive.*

SUPERLATIVE A word or construction used with an adjective, adverb or a noun to express the highest or lowest degree of a specific quality among three or more people, places, or things.

Le cours de français est **le plus intéressant**. *The French class is **the most interesting**.*

Romain court **le moins rapidement**. *Romain runs **the least fast**.*

C'est son jardin qui a **le plus d'arbres**. *It is her garden that has **the most trees**.*

TENSE A set of verb forms that indicates the time of an action or state: past, present, or future

Compound tense A two-word tense made up of an auxiliary verb and a present or past participle. In French, there are two auxiliary verbs: **être** and **avoir**.

Le colis n'**est** pas encore **arrivé**. *The package **has** not **arrived** yet.*

Elle **a réussi** son examen. *She **has passed** her exam.*

Simple tense A tense expressed by a single verb form.

Timothée **jouait** au volley-ball pendant les vacances. *Timothée **played** volleyball during his vacation.*

Joëlle **parlera** à sa mère demain. *Joëlle **will speak** with her mom tomorrow.*

VERB A word that expresses actions or states-of-being.

Auxiliary verb A verb used with a present or past participle to form a compound tense. **Avoir** is the most commonly used auxiliary verb in French.

Ils **ont** vu les éléphants. *They **have** seen the elephants.*

J'espère que tu **as** mangé. *I hope you **have** eaten.*

Reflexive verb A verb that describes an action performed by the subject on itself and is always used with a reflexive pronoun.

Je **me suis acheté** une voiture neuve. *I **bought myself** a new car.*

Pierre et Adeline **se lèvent** très tôt. *Pierre and Adeline **get (themselves) up** very early.*

Spelling-change verb A verb that undergoes a predictable change in spelling in the various conjugations.

acheter	e → è	nous achetons	j'achète
espérer	é → è	nous espérons	j'espère
appeler	l → ll	nous appelons	j'appelle
envoyer	y → i	nous envoyons	j'envoie
essayer	y → i	nous essayons	j'essaie/ j'essaye

Verb Conjugation Tables

Each verb in this list is followed by a model verb conjugated according to the same pattern. The number in parentheses indicates where in the verb tables you can find the conjugated forms of the model verb. Reminder: All reflexive (pronominal) verbs use **être** as their auxiliary verb in the **passé composé**. The infinitives of reflexive verbs begin with **se (s')**.

* = This verb, unlike its model, takes **être** in the **passé composé**.
† = This verb, unlike its model, takes **avoir** in the **passé composé**.
In the tables you will find the infinitive, past participles, and all the forms of each model verb you have learned.

abolir like finir (2)	**chercher** like parler (1)	**dessiner** like parler (1)	**espérer** like préférer (12)
aborder like parler (1)	**choisir** like finir (2)	**détester** like parler (1)	**essayer** (10)
abriter like parler (1)	**classer** like parler (1)	**détruire** like conduire (16)	**essuyer** like essayer (10)
accepter like parler (1)	**commander** like parler (1)	**développer** like parler (1)	**éteindre** (24)
accompagner like parler (1)	**commencer** (9)	**devenir** like venir (41)	**éternuer** like parler (1)
accueillir like ouvrir (31)	**composer** like parler (1)	**devoir** (20)	**étrangler** like parler (1)
acheter (7)	**comprendre** like prendre (35)	**dîner** like parler (1)	**être** (5)
adorer like parler (1)	**compter** like parler (1)	**dire** (21)	**étudier** like parler (1)
afficher like parler (1)	**conduire** (16)	**diriger** like parler (1)	**éviter** like parler (1)
aider like parler (1)	**connaître** (17)	**discuter** like parler (1)	**exiger** like manger (11)
aimer like parler (1)	**consacrer** like parler (1)	**divorcer** like commencer (9)	**expliquer** like parler (1)
aller (13) **p.c.** with **être**	**considérer** like préférer (12)	**donner** like parler (1)	**explorer** like parler (1)
allumer like parler (1)	**construire** like conduire (16)	**dormir**† like partir (32)	**faire** (25)
améliorer like parler (1)	**continuer** like parler (1)	**douter** like parler (1)	**falloir** (26)
amener like acheter (7)	**courir** (18)	**durer** like parler (1)	**fermer** like parler (1)
animer like parler (1)	**coûter** like parler (1)	**échapper** like parler (1)	**fêter** like parler (1)
apercevoir like recevoir (36)	**couvrir** like ouvrir (31)	**échouer** like parler (1)	**finir** (2)
appeler (8)	**croire** (19)	**écouter** like parler (1)	**fonctionner** like parler (1)
applaudir like finir (2)	**cuisiner** like parler (1)	**écrire** (22)	**fonder** like parler (1)
apporter like parler (1)	**danser** like parler (1)	**effacer** like commencer (9)	**freiner** like parler (1)
apprendre like prendre (35)	**débarrasser** like parler (1)	**embaucher** like parler (1)	**fréquenter** like parler (1)
arrêter like parler (1)	**décider** like parler (1)	**emménager** like manger (11)	**fumer** like parler (1)
arriver* like parler (1)	**découvrir** like ouvrir (31)	**emmener** like acheter (7)	**gagner** like parler (1)
assister like parler (1)	**décrire** like écrire (22)	**employer** like essayer (10)	**garder** like parler (1)
attacher like parler (1)	**décrocher** like parler (1)	**emprunter** like parler (1)	**garer** like parler (1)
attendre like vendre (3)	**déjeuner** like parler (1)	**enfermer** like parler (1)	**gaspiller** like parler (1)
attirer like parler (1)	**demander** like parler (1)	**enlever** like acheter (7)	**enfler** like parler (1)
avoir (4)	**démarrer** like parler (1)	**enregistrer** like parler (1)	**goûter** like parler (1)
balayer like essayer (10)	**déménager** like manger (11)	**enseigner** like parler (1)	**graver** like parler (1)
bavarder like parler (1)	**démissionner** like parler (1)	**entendre** like vendre (3)	**grossir** like finir (2)
boire (15)	**dépasser** like parler (1)	**entourer** like parler (1)	**guérir** like finir (2)
bricoler like parler (1)	**dépendre** like vendre (3)	**entrer*** like parler (1)	**habiter** like parler (1)
bronzer like parler (1)	**dépenser** like parler (1)	**entretenir** like tenir (40)	**imprimer** like parler (1)
célébrer like préférer (12)	**déposer** like parler (1)	**envahir** like finir (2)	**indiquer** like parler (1)
chanter like parler (1)	**descendre*** like vendre (3)	**envoyer** like essayer (10)	**interdire** like dire (21)
chasser like parler (1)	**désirer** like parler (1)	**épouser** like parler (1)	**inviter** like parler (1)

jeter like appeler (8)
jouer like parler (1)
laisser like parler (1)
laver like parler (1)
lire (27)
loger like manger (11)
louer like parler (1)
lutter like parler (1)
maigrir like finir (2)
maintenir like tenir (40)
manger (11)
marcher like parler (1)
mêler like préférer (12)
mener like parler (1)
mettre (28)
monter* like parler (1)
montrer like parler (1)
mourir (29); **p.c.** with **être**
nager like manger (11)
naître (30); **p.c.** with **être**
nettoyer like essayer (10)
noter like parler (1)
obtenir like tenir (40)
offrir like ouvrir (31)
organiser like parler (1)
oublier like parler (1)
ouvrir (31)
parler (1)
partager like manger (11)
partir (32); **p.c.** with **être**
passer like parler (1)
patienter like parler (1)
patiner like parler (1)
payer like essayer (10)
penser like parler (1)
perdre like vendre (3)
permettre like mettre (28)
pleuvoir (33)
plonger like manger (11)
polluer like parler (1)
porter like parler (1)
poser like parler (1)
posséder like préférer (12)
poster like parler (1)
pouvoir (34)
pratiquer like parler (1)
préférer (12)

prélever like parler (1)
prendre (35)
préparer like parler (1)
présenter like parler (1)
préserver like parler (1)
prêter like parler (1)
prévenir like tenir (40)
produire like conduire (16)
profiter like parler (1)
promettre like mettre (28)
proposer like parler (1)
protéger like préférer (12)
provenir like venir (41)
publier like parler (1)
quitter like parler (1)
raccrocher like parler (1)
ranger like manger (11)
réaliser like parler (1)
recevoir (36)
recommander like parler (1)
reconnaître like connaître (17)
recycler like parler (1)
réduire like conduire (16)
réfléchir like finir (2)
regarder like parler (1)
régner like préférer (12)
remplacer like parler (1)
remplir like finir (2)
rencontrer like parler (1)
rendre like vendre (3)
rentrer* like parler (1)
renvoyer like essayer (10)
réparer like parler (1)
repasser like parler (1)
répéter like préférer (12)
repeupler like parler (1)
répondre like vendre (3)
réserver like parler (1)
rester* like parler (1)
retenir like tenir (40)
retirer like parler (1)
retourner* like parler (1)
retrouver like parler (1)
réussir like finir (2)
revenir like venir (41)

revoir like voir (42)
rire (37)
rouler like parler (1)
salir like finir (2)
s'amuser like se laver (6)
s'asseoir (14)
sauvegarder like parler (1)
sauver like parler (1)
savoir (38)
se brosser like se laver (6)
se coiffer like se laver (6)
se composer like se laver (6)
se connecter like se laver (6)
se coucher like se laver (6)
se croiser like se laver (6)
se dépêcher like se laver (6)
se déplacer* like commencer (9)
se déshabiller like se laver (6)
se détendre* like vendre (3)
se disputer like se laver (6)
s'embrasser like se laver (6)
s'endormir like partir (32)
s'énerver like se laver (6)
s'ennuyer* like essayer (10)
s'excuser like se laver (6)
se fouler like se laver (6)
s'installer like se laver (6)
se laver (6)
se lever* like acheter (7)
se maquiller like se laver (6)
se marier like se laver (6)
se promener* like acheter (7)
se rappeler* like appeler (8)
se raser like se laver (6)
se rebeller like se laver (6)
se réconcilier like se laver (6)
se relever* like acheter (7)
se reposer like se laver (6)
se réveiller like se laver (6)

servir[†] like partir (32)
se sécher* like préférer (12)
se souvenir like venir (41)
se tromper like se laver (6)
s'habiller like se laver (6)
sentir[†] like partir (32)
signer like parler (1)
s'inquiéter* like préférer (12)
s'intéresser like se laver (6)
skier like parler (1)
s'occuper like se laver (6)
sonner like parler (1)
s'orienter like se laver (6)
sortir like partir (32)
sourire like rire (37)
souffrir like ouvrir (31)
souhaiter like parler (1)
subvenir[†] like venir (41)
suffire like lire (27)
suggérer like préférer (12)
suivre (39)
surfer like parler (1)
surprendre like prendre (35)
télécharger like parler (1)
téléphoner like parler (1)
tenir (40)
tomber* like parler (1)
tourner like parler (1)
tousser like parler (1)
traduire like conduire (16)
travailler like parler (1)
traverser like parler (1)
trouver like parler (1)
tuer like parler (1)
utiliser like parler (1)
valoir like falloir (26)
vendre (3)
venir (41); **p.c.** with **être**
vérifier like parler (1)
visiter like parler (1)
vivre like suivre (39)
voir (42)
vouloir (43)
voyager like manger (11)

Verb Conjugation Tables

Regular verbs

Infinitive Past participle	Subject Pronouns	INDICATIVE					CONDITIONAL	SUBJUNCTIVE	IMPERATIVE
		Present	Passé composé	Imperfect	Future	Present	Present	
1 parler *(to speak)* parlé	je (j')	parle	ai parlé	parlais	parlerai	parlerais	parle	
	tu	parles	as parlé	parlais	parleras	parlerais	parles	parle
	il/elle/on	parle	a parlé	parlait	parlera	parlerait	parle	
	nous	parlons	avons parlé	parlions	parlerons	parlerions	parlions	parlons
	vous	parlez	avez parlé	parliez	parlerez	parleriez	parliez	parlez
	ils/elles	parlent	ont parlé	parlaient	parleront	parleraient	parlent	
2 finir *(to finish)* fini	je (j')	finis	ai fini	finissais	finirai	finirais	finisse	
	tu	finis	as fini	finissais	finiras	finirais	finisses	finis
	il/elle/on	finit	a fini	finissait	finira	finirait	finisse	
	nous	finissons	avons fini	finissions	finirons	finirions	finissions	finissons
	vous	finissez	avez fini	finissiez	finirez	finiriez	finissiez	finissez
	ils/elles	finissent	ont fini	finissaient	finiront	finiraient	finissent	
3 vendre *(to sell)* vendu	je (j')	vends	ai vendu	vendais	vendrai	vendrais	vende	
	tu	vends	as vendu	vendais	vendras	vendrais	vendes	vends
	il/elle/on	vend	a vendu	vendait	vendra	vendrait	vende	
	nous	vendons	avons vendu	vendions	vendrons	vendrions	vendions	vendons
	vous	vendez	avez vendu	vendiez	vendrez	vendriez	vendiez	vendez
	ils/elles	vendent	ont vendu	vendaient	vendront	vendraient	vendent	

Auxiliary verbs: *avoir* and *être*

Infinitive		INDICATIVE				CONDITIONAL	SUBJUNCTIVE	IMPERATIVE
Past participle	Subject Pronouns	Present	Passé composé	Imperfect	Future	Present	Present	
4 avoir	j'	ai	ai eu	avais	aurai	aurais	aie	
(to have)	tu	as	as eu	avais	auras	aurais	aies	aie
	il/elle/on	a	a eu	avait	aura	aurait	ait	
eu	nous	avons	avons eu	avions	aurons	aurions	ayons	ayons
	vous	avez	avez eu	aviez	aurez	auriez	ayez	ayez
	ils/elles	ont	ont eu	avaient	auront	auraient	aient	
5 être	je (j')	suis	ai été	étais	serai	serais	sois	
(to be)	tu	es	as été	étais	seras	serais	sois	sois
	il/elle/on	est	a été	était	sera	serait	soit	
été	nous	sommes	avons été	étions	serons	serions	soyons	soyons
	vous	êtes	avez été	étiez	serez	seriez	soyez	soyez
	ils/elles	sont	ont été	étaient	seront	seraient	soient	

Reflexive (Pronominal)

Infinitive		INDICATIVE				CONDITIONAL	SUBJUNCTIVE	IMPERATIVE
Past participle	Subject Pronouns	Present	Passé composé	Imperfect	Future	Present	Present	
6 se laver	je	me lave	me suis lavé(e)	me lavais	me laverai	me laverais	me lave	
(to wash oneself)	tu	te laves	t'es lavé(e)	te lavais	te laveras	te laverais	te laves	lave-toi
	il/elle/on	se lave	s'est lavé(e)	se lavait	se lavera	se laverait	se lave	
lavé	nous	nous lavons	nous sommes lavé(e)s	nous lavions	nous laverons	nous laverions	nous lavions	lavons-nous
	vous	vous lavez	vous êtes lavé(e)s	vous laviez	vous laverez	vous laveriez	vous laviez	lavez-vous
	ils/elles	se lavent	se sont lavé(e)s	se lavaient	se laveront	se laveraient	se lavent	

Verb Conjugation Tables

Verbs with spelling changes

Infinitive Past participle	INDICATIVE Subject Pronouns	Present	Passé composé	Imperfect	Future	CONDITIONAL Present	SUBJUNCTIVE Present	IMPERATIVE
7 acheter	j'	achète	ai acheté	achetais	achèterai	achèterais	achète	
(to buy)	tu	achètes	as acheté	achetais	achèteras	achèterais	achètes	achète
	il/elle/on	achète	a acheté	achetait	achètera	achèterait	achète	
acheté	nous	achetons	avons acheté	achetions	achèterons	achèterions	achetions	achetons
	vous	achetez	avez acheté	achetiez	achèterez	achèteriez	achetiez	achetez
	ils/elles	achètent	ont acheté	achetaient	achèteront	achèteraient	achètent	
8 appeler	j'	appelle	ai appelé	appelais	appellerai	appellerais	appelle	
(to call)	tu	appelles	as appelé	appelais	appelleras	appellerais	appelles	appelle
	il/elle/on	appelle	a appelé	appelait	appellera	appellerait	appelle	
appelé	nous	appelons	avons appelé	appelions	appellerons	appellerions	appelions	appelons
	vous	appelez	avez appelé	appeliez	appellerez	appelleriez	appeliez	appelez
	ils/elles	appellent	ont appelé	appelaient	appelleront	appelleraient	appellent	
9 commencer	je (j')	commence	ai commencé	commençais	commencerai	commencerais	commence	
(to begin)	tu	commences	as commencé	commençais	commenceras	commencerais	commences	commence
	il/elle/on	commence	a commencé	commençait	commencera	commencerait	commence	
commencé	nous	commençons	avons commencé	commencions	commencerons	commencerions	commencions	commençons
	vous	commencez	avez commencé	commenciez	commencerez	commenceriez	commenciez	commencez
	ils/elles	commencent	ont commencé	commençaient	commenceront	commenceraient	commencent	
10 essayer	j'	essaie	ai essayé	essayais	essaierai	essaierais	essaie	
(to try)	tu	essaies	as essayé	essayais	essaieras	essaierais	essaies	essaie
	il/elle/on	essaie	a essayé	essayait	essaiera	essaierait	essaie	
essayé	nous	essayons	avons essayé	essayions	essaierons	essaierions	essayions	essayons
	vous	essayez	avez essayé	essayiez	essaierez	essaieriez	essayiez	essayez
	ils/elles	essayent	ont essayé	essayaient	essaieront	essaieraient	essaient	
11 manger	je (j')	mange	ai mangé	mangeais	mangerai	mangerais	mange	
(to eat)	tu	manges	as mangé	mangeais	mangeras	mangerais	manges	mange
	il/elle/on	mange	a mangé	mangeait	mangera	mangerait	mange	
mangé	nous	mangeons	avons mangé	mangions	mangerons	mangerions	mangions	mangeons
	vous	mangez	avez mangé	mangiez	mangerez	mangeriez	mangiez	mangez
	ils/elles	mangent	ont mangé	mangeaient	mangeront	mangeraient	mangent	
12 préférer	je (j')	préfère	ai préféré	préférais	préférerai	préférerais	préfère	
(to prefer)	tu	préfères	as préféré	préférais	préféreras	préférerais	préfères	préfère
	il/elle/on	préfère	a préféré	préférait	préférera	préférerait	préfère	
préféré	nous	préférons	avons préféré	préférions	préférerons	préférerions	préférions	préférons
	vous	préférez	avez préféré	préfériez	préférerez	préféreriez	préfériez	préférez
	ils/elles	préfèrent	ont préféré	préféraient	préféreront	préféreraient	préfèrent	

Irregular verbs

Infinitive / Past participle	Subject Pronouns	INDICATIVE Present	INDICATIVE Passé composé	INDICATIVE Imperfect	INDICATIVE Future	CONDITIONAL Present	SUBJUNCTIVE Present	IMPERATIVE
13 aller (to go) allé	je (j')	vais	suis allé(e)	allais	irai	irais	aille	
	tu	vas	es allé(e)	allais	iras	irais	ailles	va
	il/elle/on	va	est allé(e)	allait	ira	irait	aille	
	nous	allons	sommes allé(e)s	allions	irons	irions	allions	allons
	vous	allez	êtes allé(e)s	alliez	irez	iriez	alliez	allez
	ils/elles	vont	sont allé(e)s	allaient	iront	iraient	aillent	
14 s'asseoir (to sit down, to be seated) assis	je	m'assieds	me suis assis(e)	m'asseyais	m'assiérai	m'assiérais	m'asseye	
	tu	t'assieds	t'es assis(e)	t'asseyais	t'assiéras	t'assiérais	t'asseyes	assieds-toi
	il/elle/on	s'assied	s'est assis(e)	s'asseyait	s'assiéra	s'assiérait	s'asseye	
	nous	nous asseyons	nous sommes assis(e)s	nous asseyions	nous assiérons	nous assiérions	nous asseyions	asseyons-nous
	vous	vous asseyez	vous êtes assis(e)s	vous asseyiez	vous assiérez	vous assiériez	vous asseyiez	asseyez-vous
	ils/elles	s'asseyent	se sont assis(e)s	s'asseyaient	s'assiéront	s'assiéraient	s'asseyent	
15 boire (to drink) bu	je (j')	bois	ai bu	buvais	boirai	boirais	boive	
	tu	bois	as bu	buvais	boiras	boirais	boives	bois
	il/elle/on	boit	a bu	buvait	boira	boirait	boive	
	nous	buvons	avons bu	buvions	boirons	boirions	buvions	buvons
	vous	buvez	avez bu	buviez	boirez	boiriez	buviez	buvez
	ils/elles	boivent	ont bu	buvaient	boiront	boiraient	boivent	
16 conduire (to drive; to lead) conduit	je (j')	conduis	ai conduit	conduisais	conduirai	conduirais	conduise	
	tu	conduis	as conduit	conduisais	conduiras	conduirais	conduises	conduis
	il/elle/on	conduit	a conduit	conduisait	conduira	conduirait	conduise	
	nous	conduisons	avons conduit	conduisions	conduirons	conduirions	conduisions	conduisons
	vous	conduisez	avez conduit	conduisiez	conduirez	conduiriez	conduisiez	conduisez
	ils/elles	conduisent	ont conduit	conduisaient	conduiront	conduiraient	conduisent	
17 connaître (to know, to be acquainted with) connu	je (j')	connais	ai connu	connaissais	connaîtrai	connaîtrais	connaisse	
	tu	connais	as connu	connaissais	connaîtras	connaîtrais	connaisses	connais
	il/elle/on	connaît	a connu	connaissait	connaîtra	connaîtrait	connaisse	
	nous	connaissons	avons connu	connaissions	connaîtrons	connaîtrions	connaissions	connaissons
	vous	connaissez	avez connu	connaissiez	connaîtrez	connaîtriez	connaissiez	connaissez
	ils/elles	connaissent	ont connu	connaissaient	connaîtront	connaîtraient	connaissent	
18 courir (to run) couru	je (j')	cours	ai couru	courais	courrai	courrais	coure	
	tu	cours	as couru	courais	courras	courrais	coures	cours
	il/elle/on	court	a couru	courait	courra	courrait	coure	
	nous	courons	avons couru	courions	courrons	courrions	courions	courons
	vous	courez	avez couru	couriez	courrez	courriez	couriez	courez
	ils/elles	courent	ont couru	couraient	courront	courraient	courent	
19 croire (to believe) cru	je (j')	crois	ai cru	croyais	croirai	croirais	croie	
	tu	crois	as cru	croyais	croiras	croirais	croies	crois
	il/elle/on	croit	a cru	croyait	croira	croirait	croie	
	nous	croyons	avons cru	croyions	croirons	croirions	croyions	croyons
	vous	croyez	avez cru	croyiez	croirez	croiriez	croyiez	croyez
	ils/elles	croient	ont cru	croyaient	croiront	croiraient	croient	

Irregular verbs (continued)

Infinitive Past participle	Subject Pronouns	Present	Passé composé	Imperfect	Future	Present	Present	
			INDICATIVE			CONDITIONAL	SUBJUNCTIVE	IMPERATIVE
20 devoir	je (j')	dois	ai dû	devais	devrai	devrais	doive	
(to have to;	tu	dois	as dû	devais	devras	devrais	doives	dois
to owe)	il/elle/on	doit	a dû	devait	devra	devrait	doive	
	nous	devons	avons dû	devions	devrons	devrions	devions	devons
dû	vous	devez	avez dû	deviez	devrez	devriez	deviez	devez
	ils/elles	doivent	ont dû	devaient	devront	devraient	doivent	
21 dire	je (j')	dis	ai dit	disais	dirai	dirais	dise	
(to say, to tell)	tu	dis	as dit	disais	diras	dirais	dises	dis
	il/elle/on	dit	a dit	disait	dira	dirait	dise	
dit	nous	disons	avons dit	disions	dirons	dirions	disions	disons
	vous	dites	avez dit	disiez	direz	diriez	disiez	dites
	ils/elles	disent	ont dit	disaient	diront	diraient	disent	
22 écrire	j'	écris	ai écrit	écrivais	écrirai	écrirais	écrive	
(to write)	tu	écris	as écrit	écrivais	écriras	écrirais	écrives	écris
	il/elle/on	écrit	a écrit	écrivait	écrira	écrirait	écrive	
écrit	nous	écrivons	avons écrit	écrivions	écrirons	écririons	écrivions	écrivons
	vous	écrivez	avez écrit	écriviez	écrirez	écririez	écriviez	écrivez
	ils/elles	écrivent	ont écrit	écrivaient	écriront	écriraient	écrivent	
23 envoyer	j'	envoie	ai envoyé	envoyais	enverrai	enverrais	envoie	
(to send)	tu	envoies	as envoyé	envoyais	enverras	enverrais	envoies	envoie
	il/elle/on	envoie	a envoyé	envoyait	enverra	enverrait	envoie	
envoyé	nous	envoyons	avons envoyé	envoyions	enverrons	enverrions	envoyions	envoyons
	vous	envoyez	avez envoyé	envoyiez	enverrez	enverriez	envoyiez	envoyez
	ils/elles	envoient	ont envoyé	envoyaient	enverront	enverraient	envoient	
24 éteindre	j'	éteins	ai éteint	éteignais	éteindrai	éteindrais	éteigne	
(to turn off)	tu	éteins	as éteint	éteignais	éteindras	éteindrais	éteignes	éteins
	il/elle/on	éteint	a éteint	éteignait	éteindra	éteindrait	éteigne	
éteint	nous	éteignons	avons éteint	éteignions	éteindrons	éteindrions	éteignions	éteignons
	vous	éteignez	avez éteint	éteigniez	éteindrez	éteindriez	éteigniez	éteignez
	ils/elles	éteignent	ont éteint	éteignaient	éteindront	éteindraient	éteignent	
25 faire	je (j')	fais	ai fait	faisais	ferai	ferais	fasse	
(to do; to make)	tu	fais	as fait	faisais	feras	ferais	fasses	fais
	il/elle/on	fait	a fait	faisait	fera	ferait	fasse	
fait	nous	faisons	avons fait	faisions	ferons	ferions	fassions	faisons
	vous	faites	avez fait	faisiez	ferez	feriez	fassiez	faites
	ils/elles	font	ont fait	faisaient	feront	feraient	fassent	
26 falloir	il	faut	a fallu	fallait	faudra	faudrait	faille	
(to be necessary)								
fallu								

Infinitive			INDICATIVE			CONDITIONAL	SUBJUNCTIVE	IMPERATIVE
Past participle	Subject Pronouns	Present	Passé composé	Imperfect	Future	Present	Present	
27 lire	je (j')	lis	ai lu	lisais	lirai	lirais	lise	
(to read)	tu	lis	as lu	lisais	liras	lirais	lises	lis
	il/elle/on	lit	a lu	lisait	lira	lirait	lise	
lu	nous	lisons	avons lu	lisions	lirons	lirions	lisions	lisons
	vous	lisez	avez lu	lisiez	lirez	liriez	lisiez	lisez
	ils/elles	lisent	ont lu	lisaient	liront	liraient	lisent	
28 mettre	je (j')	mets	ai mis	mettais	mettrai	mettrais	mette	
(to put)	tu	mets	as mis	mettais	mettras	mettrais	mettes	mets
	il/elle/on	met	a mis	mettait	mettra	mettrait	mette	
mis	nous	mettons	avons mis	mettions	mettrons	mettrions	mettions	mettons
	vous	mettez	avez mis	mettiez	mettrez	mettriez	mettiez	mettez
	ils/elles	mettent	ont mis	mettaient	mettront	mettraient	mettent	
29 mourir	je	meurs	suis mort(e)	mourais	mourrai	mourrais	meure	
(to die)	tu	meurs	es mort(e)	mourais	mourras	mourrais	meures	meurs
	il/elle/on	meurt	est mort(e)	mourait	mourra	mourrait	meure	
mort	nous	mourons	sommes mort(e)s	mourions	mourrons	mourrions	mourions	mourons
	vous	mourez	êtes mort(e)s	mouriez	mourrez	mourriez	mouriez	mourez
	ils/elles	meurent	sont mort(e)s	mouraient	mourront	mourraient	meurent	
30 naître	je	nais	suis né(e)	naissais	naîtrai	naîtrais	naisse	
(to be born)	tu	nais	es né(e)	naissais	naîtras	naîtrais	naisses	nais
	il/elle/on	naît	est né(e)	naissait	naîtra	naîtrait	naisse	
né	nous	naissons	sommes né(e)s	naissions	naîtrons	naîtrions	naissions	naissons
	vous	naissez	êtes né(e)s	naissiez	naîtrez	naîtriez	naissiez	naissez
	ils/elles	naissent	sont né(e)s	naissaient	naîtront	naîtraient	naissent	
31 ouvrir	j'	ouvre	ai ouvert	ouvrais	ouvrirai	ouvrirais	ouvre	
(to open)	tu	ouvres	as ouvert	ouvrais	ouvriras	ouvrirais	ouvres	ouvre
	il/elle/on	ouvre	a ouvert	ouvrait	ouvrira	ouvrirait	ouvre	
ouvert	nous	ouvrons	avons ouvert	ouvrions	ouvrirons	ouvririons	ouvrions	ouvrons
	vous	ouvrez	avez ouvert	ouvriez	ouvrirez	ouvririez	ouvriez	ouvrez
	ils/elles	ouvrent	ont ouvert	ouvraient	ouvriront	ouvriraient	ouvrent	
32 partir	je	pars	suis parti(e)	partais	partirai	partirais	parte	
(to leave)	tu	pars	es parti(e)	partais	partiras	partirais	partes	pars
	il/elle/on	part	est parti(e)	partait	partira	partirait	parte	
parti	nous	partons	sommes parti(e)s	partions	partirons	partirions	partions	partons
	vous	partez	êtes parti(e)(s)	partiez	partirez	partiriez	partiez	partez
	ils/elles	partent	sont parti(e)s	partaient	partiront	partiraient	partent	
33 pleuvoir	il	pleut	a plu	pleuvait	pleuvra	pleuvrait	pleuve	
(to rain)								
plu								

Verb Conjugation Tables

Irregular verbs (continued)

Infinitive	INDICATIVE					CONDITIONAL	SUBJUNCTIVE	IMPERATIVE
Past participle	Subject Pronouns	Present	Passé composé	Imperfect	Future	Present	Present	
34 pouvoir	je (j')	peux	ai pu	pouvais	pourrai	pourrais	puisse	
(to be able)	tu	peux	as pu	pouvais	pourras	pourrais	puisses	
	il/elle/on	peut	a pu	pouvait	pourra	pourrait	puisse	
pu	nous	pouvons	avons pu	pouvions	pourrons	pourrions	puissions	
	vous	pouvez	avez pu	pouviez	pourrez	pourriez	puissiez	
	ils/elles	peuvent	ont pu	pouvaient	pourront	pourraient	puissent	
35 prendre	je (j')	prends	ai pris	prenais	prendrai	prendrais	prenne	
(to take)	tu	prends	as pris	prenais	prendras	prendrais	prennes	prends
	il/elle/on	prend	a pris	prenait	prendra	prendrait	prenne	
pris	nous	prenons	avons pris	prenions	prendrons	prendrions	prenions	prenons
	vous	prenez	avez pris	preniez	prendrez	prendriez	preniez	prenez
	ils/elles	prennent	ont pris	prenaient	prendront	prendraient	prennent	
36 recevoir	je (j')	reçois	ai reçu	recevais	recevrai	recevrais	reçoive	
(to receive)	tu	reçois	as reçu	recevais	recevras	recevrais	reçoives	reçois
	il/elle/on	reçoit	a reçu	recevait	recevra	recevrait	reçoive	
reçu	nous	recevons	avons reçu	recevions	recevrons	recevrions	recevions	recevons
	vous	recevez	avez reçu	receviez	recevrez	recevriez	receviez	recevez
	ils/elles	reçoivent	ont reçu	recevaient	recevront	recevraient	reçoivent	
37 rire	je (j')	ris	ai ri	riais	rirai	rirais	rie	
(to laugh)	tu	ris	as ri	riais	riras	rirais	ries	ris
	il/elle/on	rit	a ri	riait	rira	rirait	rie	
ri	nous	rions	avons ri	riions	rirons	ririons	riions	rions
	vous	riez	avez ri	riiez	rirez	ririez	riiez	riez
	ils/elles	rient	ont ri	riaient	riront	riraient	rient	
38 savoir	je (j')	sais	ai su	savais	saurai	saurais	sache	
(to know)	tu	sais	as su	savais	sauras	saurais	saches	sache
	il/elle/on	sait	a su	savait	saura	saurait	sache	
su	nous	savons	avons su	savions	saurons	saurions	sachions	sachons
	vous	savez	avez su	saviez	saurez	sauriez	sachiez	sachez
	ils/elles	savent	ont su	savaient	sauront	sauraient	sachent	
39 suivre	je (j')	suis	ai suivi	suivais	suivrai	suivrais	suive	
(to follow)	tu	suis	as suivi	suivais	suivras	suivrais	suives	suis
	il/elle/on	suit	a suivi	suivait	suivra	suivrait	suive	
suivi	nous	suivons	avons suivi	suivions	suivrons	suivrions	suivions	suivons
	vous	suivez	avez suivi	suiviez	suivrez	suivriez	suiviez	suivez
	ils/elles	suivent	ont suivi	suivaient	suivront	suivraient	suivent	
40 tenir	je (j')	tiens	ai tenu	tenais	tiendrai	tiendrais	tienne	
(to hold)	tu	tiens	as tenu	tenais	tiendras	tiendrais	tiennes	tiens
	il/elle/on	tient	a tenu	tenait	tiendra	tiendrait	tienne	
tenu	nous	tenons	avons tenu	tenions	tiendrons	tiendrions	tenions	tenons
	vous	tenez	avez tenu	teniez	tiendrez	tiendriez	teniez	tenez
	ils/elles	tiennent	ont tenu	tenaient	tiendront	tiendraient	tiennent	

Infinitive		INDICATIVE				CONDITIONAL	SUBJUNCTIVE	IMPERATIVE
Past participle	Subject Pronouns	Present	Passé composé	Imperfect	Future	Present	Present	
41 venir	je	viens	suis venu(e)	venais	viendrai	viendrais	vienne	
(to come)	tu	viens	es venu(e)	venais	viendras	viendrais	viennes	viens
	il/elle/on	vient	est venu(e)	venait	viendra	viendrait	vienne	
venu	nous	venons	sommes venu(e)s	venions	viendrons	viendrions	venions	venons
	vous	venez	êtes venu(e)(s)	veniez	viendrez	viendriez	veniez	venez
	ils/elles	viennent	sont venu(e)s	venaient	viendront	viendraient	viennent	
42 voir	je (j')	vois	ai vu	voyais	verrai	verrais	voie	
(to see)	tu	vois	as vu	voyais	verras	verrais	voies	vois
	il/elle/on	voit	a vu	voyait	verra	verrait	voie	
vu	nous	voyons	avons vu	voyions	verrons	verrions	voyions	voyons
	vous	voyez	avez vu	voyiez	verrez	verriez	voyiez	voyez
	ils/elles	voient	ont vu	voyaient	verront	verraient	voient	
43 vouloir	je (j')	veux	ai voulu	voulais	voudrai	voudrais	veuille	
(to want, to wish)	tu	veux	as voulu	voulais	voudras	voudrais	veuilles	veuille
	il/elle/on	veut	a voulu	voulait	voudra	voudrait	veuille	
voulu	nous	voulons	avons voulu	voulions	voudrons	voudrions	voulions	veuillons
	vous	voulez	avez voulu	vouliez	voudrez	voudriez	vouliez	veuillez
	ils/elles	veulent	ont voulu	voulaient	voudront	voudraient	veuillent	

Guide to Vocabulary

This glossary contains the words and expressions listed on the **Vocabulaire** page found at the end of each unit in **D'accord!** Levels 1 & 2. The numbers following an entry indicate the **D'accord!** level and unit where the term was introduced. For example, the first entry in the glossary, **à**, was introduced in **D'accord!** Level 1, Unit 4. Note that **II–P** refers to the **Unité Préliminaire** in **D'accord!** Level 2.

Abbreviations used in this glossary

adj.	adjective	*f.*	feminine	*i.o.*	indirect object	*prep.*	preposition
adv.	adverb	*fam.*	familiar	*m.*	masculine	*pron.*	pronoun
art.	article	*form.*	formal	*n.*	noun	*refl.*	reflexive
comp.	comparative	*imp.*	imperative	*obj.*	object	*rel.*	relative
conj.	conjunction	*indef.*	indefinite	*part.*	partitive	*sing.*	singular
def.	definite	*interj.*	interjection	*p.p.*	past participle	*sub.*	subject
dem.	demonstrative	*interr.*	interrogative	*pl.*	plural	*super.*	superlative
disj.	disjunctive	*inv.*	invariable	*poss.*	possessive	*v.*	verb
d.o.	direct object						

French-English

A

à *prep.* at; in; to I-4
  À bientôt. See you soon. I-1
  à condition que on the condition that, provided that II-7
  à côté de *prep.* next to I-3
  À demain. See you tomorrow. I-1
  à droite (de) *prep.* to the right (of) I-3
  à gauche (de) *prep.* to the left (of) I-3
  à ... heure(s) at ... (o'clock) I-4
  à la radio on the radio II-7
  à la télé(vision) on television II-7
  à l'étranger abroad, overseas I-7
  à mi-temps half-time (*job*) II-5
  à moins que unless II-7
  à plein temps full-time (*job*) II-5
  À plus tard. See you later. I-1
  À quelle heure? What time?; When? I-2
  À qui? To whom? I-4
  À table! Let's eat! Food is on! II-1
  à temps partiel part-time (*job*) II-5
  À tout à l'heure. See you later. I-1
  au bout (de) *prep.* at the end (of) II-4

  au contraire on the contrary II-7
  au fait by the way I-3
  au printemps in the spring I-5
  Au revoir. Good-bye. I-1
  au secours help II-3
  au sujet de on the subject of, about II-6
abolir *v.* to abolish II-6
absolument *adv.* absolutely I-7
accident *m.* accident II-3
  avoir un accident to have/to be in an accident II-3
accompagner *v.* to accompany II-4
acheter *v.* to buy I-5
acteur *m.* actor I-1
actif/active *adj.* active I-3
activement *adv.* actively I-8, II-P
actrice *f.* actress I-1
addition *f.* check, bill I-4
adieu farewell II-6
adolescence *f.* adolescence I-6
adorer *v.* to love I-2
  J'adore... I love... I-2
adresse *f.* address II-4
aérobic *m.* aerobics I-5
  faire de l'aérobic *v.* to do aerobics I-5
aéroport *m.* airport I-7
affaires *f., pl.* business I-3
affiche *f.* poster I-8, II-P
afficher *v.* to post II-5
âge *m.* age I-6
  âge adulte *m.* adulthood I-6
agence de voyages *f.* travel agency I-7
agent *m.* officer; agent II-3
  agent de police *m.* police officer II-3

agent de voyages *m.* travel agent I-7
agent immobilier *m.* real estate agent II-5
agréable *adj.* pleasant I-1
agriculteur/agricultrice *m., f.* farmer II-5
aider (à) *v.* to help (*to do something*) I-5
aie (avoir) *imp. v.* have I-7
ail *m.* garlic II-1
aimer *v.* to like I-2
  aimer mieux to prefer I-2
  aimer que... to like that... II-6
  J'aime bien... I really like... I-2
  Je n'aime pas tellement... I don't like ... very much. I-2
aîné(e) *adj.* elder I-3
algérien(ne) *adj.* Algerian I-1
aliment *m.* food item; a food II-1
Allemagne *f.* Germany I-7
allemand(e) *adj.* German I-1
aller *v.* to go I-4
  aller à la pêche to go fishing I-5
  aller aux urgences to go to the emergency room II-2
  aller avec to go with I-6
  aller-retour *adj.* round-trip I-7
  billet aller-retour *m.* round-trip ticket I-7
  Allons-y! Let's go! I-2
Ça va? What's up?; How are things? I-1
Comment allez-vous? *form.* How are you? I-1
Comment vas-tu? *fam.* How are you? I-1

Je m'en vais. I'm leaving. I-8, II-P

Je vais bien/mal. I am doing well/badly. I-1

J'y vais. I'm going/coming. I-8, II-P

Nous y allons. We're going/coming. II-1

allergie *f.* allergy II-2

Allez. Come on. I-5

allô *(on the phone)* hello I-1

allumer *v.* to turn on II-3

alors *adv.* so, then; at that moment I-2

améliorer *v.* to improve II-5

amende *f.* fine II-3

amener *v.* to bring *(someone)* I-5

américain(e) *adj.* American I-1
   football américain *m.* football I-5

ami(e) *m., f.* friend I-1
   petit(e) ami(e) *m., f.* boyfriend/girlfriend I-1

amitié *f.* friendship I-6

amour *m.* love I-6

amoureux/amoureuse *adj.* in love I-6
   tomber amoureux/amoureuse *v.* to fall in love I-6

amusant(e) *adj.* fun I-1

an *m.* year I-2

ancien(ne) *adj.* ancient, old; former II-7

ange *m.* angel I-1

anglais(e) *adj.* English I-1

angle *m.* corner II-4

Angleterre *f.* England I-7

animal *m.* animal II-6

année *f.* year I-2
   cette année this year I-2

anniversaire *m.* birthday I-5
   C'est quand l'anniversaire de ... ? When is ...'s birthday? I-5
   C'est quand ton/votre anniversaire? When is your birthday? I-5

annuler (une réservation) *v.* to cancel (a reservation) I-7

anorak *m.* ski jacket, parka I-6

antipathique *adj.* unpleasant I-3

août *m.* August I-5

apercevoir *v.* to see, to catch sight of II-4

aperçu (apercevoir) *p.p.* seen, caught sight of II-4

appareil *m.* (on the phone) telephone II-5
   appareil (électrique/ménager) *m.* (electrical/household) appliance I-8, II-P

appareil photo (numérique) *m.* (digital) camera II-3

C'est M./Mme/Mlle ... à l'appareil. It's Mr./Mrs./Miss ... on the phone. II-5

Qui est à l'appareil? Who's calling, please? II-5

appartement *m.* apartment II-7

appeler *v.* to call I-7

applaudir *v.* to applaud II-7

applaudissement *m.* applause II-7

apporter *v.* to bring, to carry *(something)* I-4

apprendre (à) *v.* to teach; to learn *(to do something)* I-4

appris (apprendre) *p.p., adj.* learned I-6

après (que) *adv.* after I-2

après-demain *adv.* day after tomorrow I-2

après-midi *m.* afternoon I-2
   cet après-midi this afternoon I-2
   de l'après-midi in the afternoon I-2
   demain après-midi *adv.* tomorrow afternoon I-2
   hier après-midi *adv.* yesterday afternoon I-7

arbre *m.* tree II-6

architecte *m., f.* architect I-3

argent *m.* money I-4
   dépenser de l'argent *v.* to spend money I-4
   déposer de l'argent *v.* to deposit money II-4
   retirer de l'argent *v.* to withdraw money II-4

armoire *f.* armoire, wardrobe I-8, II-P

arrêt d'autobus (de bus) *m.* bus stop I-7

arrêter (de faire quelque chose) *v.* to stop (doing something) II-3

arrivée *f.* arrival I-7

arriver (à) *v.* to arrive; to manage *(to do something)* I-2

art *m.* art I-2
   beaux-arts *m., pl.* fine arts II-7

artiste *m., f.* artist I-3

ascenseur *m.* elevator I-7

aspirateur *m.* vacuum cleaner I-8, II-P
   passer l'aspirateur to vacuum I-8, II-P

aspirine *f.* aspirin II-2

Asseyez-vous! (s'asseoir) *imp. v.* Have a seat! II-2

assez *adv. (before adjective or adverb)* pretty; quite I-8, II-P

assez (de) *(before noun)* enough (of) I-4
   pas assez (de) not enough (of) I-4

assiette *f.* plate II-1

assis (s'asseoir) *p.p., adj. (used as past participle)* sat down; *(used as adjective)* sitting, seated II-2

assister *v.* to attend I-2

assurance (maladie/vie) *f.* (health/life) insurance II-5

athlète *m., f.* athlete I-3

attacher *v.* to attach II-3
   attacher sa ceinture de sécurité to buckle one's seatbelt II-3

attendre *v.* to wait I-6

attention *f.* attention I-5
   faire attention (à) *v.* to pay attention (to) I-5

au (à + le) *prep.* to/at the I-4

auberge de jeunesse *f.* youth hostel I-7

aucun(e) *adj.* no; *pron.* none II-2
   ne... aucun(e) none, not any II-4

augmentation (de salaire) *f.* raise (in salary) II-5

aujourd'hui *adv.* today I-2

auquel (à + lequel) *pron., m., sing.* which one II-5

aussi *adv.* too, as well; as I-1
   Moi aussi. Me too. I-1
   aussi ... que *(used with an adjective)* as ... as II-1

autant de ... que *adv. (used with noun to express quantity)* as much/as many ... as II-6

auteur/femme auteur *m., f.* author II-7

autobus *m.* bus I-7
   arrêt d'autobus (de bus) *m.* bus stop I-7
   prendre un autobus to take a bus I-7

automne *m.* fall I-5
   à l'automne in the fall I-5

autoroute *f.* highway II-3

autour (de) *prep.* around II-4

autrefois *adv.* in the past I-8, II-P

aux (à + les) to/at the I-4

auxquelles (à + lesquelles) *pron., f., pl.* which ones II-5

auxquels (à + lesquels) *pron., m., pl.* which ones II-5

avance *f.* advance I-2
   en avance *adv.* early I-2

avant (de/que) *adv.* before I-7

avant-hier *adv.* day before yesterday I-7

avec *prep.* with I-1
  Avec qui? With whom? I-4
aventure *f.* adventure II-7
  film d'aventures *m.* adventure film II-7
avenue *f.* avenue II-4
avion *m.* airplane I-7
  prendre un avion *v.* to take a plane I-7
avocat(e) *m., f.* lawyer I-3
avoir *v.* to have I-2
  aie *imp. v.* have I-2
  avoir besoin (de) to need (*something*) I-2
  avoir chaud to be hot I-2
  avoir de la chance to be lucky I-2
  avoir envie (de) to feel like (*doing something*) I-2
  avoir faim to be hungry I-4
  avoir froid to be cold I-2
  avoir honte (de) to be ashamed (of) I-2
  avoir mal to have an ache II-2
  avoir mal au cœur to feel nauseated II-2
  avoir peur (de/que) to be afraid (of/that) I-2
  avoir raison to be right I-2
  avoir soif to be thirsty I-4
  avoir sommeil to be sleepy I-2
  avoir tort to be wrong I-2
  avoir un accident to have/to be in an accident II-3
  avoir un compte bancaire to have a bank account II-4
  en avoir marre to be fed up I-3
avril *m.* April I-5
ayez (avoir) *imp. v.* have I-7
ayons (avoir) *imp. v.* let's have I-7

B

bac(calauréat) *m.* an important exam taken by high-school students in France I-2
baguette *f.* baguette I-4
baignoire *f.* bathtub I-8, II-P
bain *m.* bath I-6
  salle de bains *f.* bathroom I-8, II-P
balai *m.* broom I-8, II-P
balayer *v.* to sweep I-8, II-P
balcon *m.* balcony I-8, II-P
banane *f.* banana II-1
banc *m.* bench II-4
bancaire *adj.* banking II-4
  avoir un compte bancaire *v.* to have a bank account II-4
bande dessinée (B.D.) *f.* comic strip I-5
banlieue *f.* suburbs I-4

banque *f.* bank II-4
banquier/banquière *m., f.* banker II-5
barbant *adj.*, **barbe** *f.* drag I-3
baseball *m.* baseball I-5
basket(-ball) *m.* basketball I-5
baskets *f., pl.* tennis shoes I-6
bateau *m.* boat I-7
  prendre un bateau *v.* to take a boat I-7
bateau-mouche *m.* riverboat I-7
bâtiment *m.* building II-4
batterie *f.* drums II-7
bavarder *v.* to chat I-4
beau (belle) *adj.* handsome; beautiful I-3
  faire quelque chose de beau *v.* to be up to something interesting II-4
  Il fait beau. The weather is nice. I-5
beaucoup (de) *adv.* a lot (of) 4
  Merci (beaucoup). Thank you (very much). I-1
beau-frère *m.* brother-in-law I-3
beau-père *m.* father-in-law; stepfather I-3
beaux-arts *m., pl.* fine arts II-7
belge *adj.* Belgian I-7
Belgique *f.* Belgium I-7
belle *adj., f.* (*feminine form of* **beau**) beautiful I-3
belle-mère *f.* mother-in-law; stepmother I-3
belle-sœur *f.* sister-in-law I-3
besoin *m.* need I-2
  avoir besoin (de) to need (*something*) I-2
beurre *m.* butter 4
bibliothèque *f.* library I-1
bien *adv.* well I-7
  bien sûr *adv.* of course I-2
  Je vais bien. I am doing well. I-1
  Très bien. Very well. I-1
bientôt *adv.* soon I-1
  À bientôt. See you soon. I-1
bienvenu(e) *adj.* welcome I-1
bijouterie *f.* jewelry store II-4
billet *m.* (*travel*) ticket I-7; (*money*) bills, notes II-4
  billet aller-retour *m.* round-trip ticket I-7
biologie *f.* biology I-2
biscuit *m.* cookie I-6
blague *f.* joke I-2
blanc(he) *adj.* white I-6
blessure *f.* injury, wound II-2
bleu(e) *adj.* blue I-3
blond(e) *adj.* blonde I-3
blouson *m.* jacket I-6
bœuf *m.* beef II-1

boire *v.* to drink I-4
bois *m.* wood II-6
boisson (gazeuse) *f.* (carbonated) drink/beverage I-4
boîte *f.* box; can II-1
  boîte aux lettres *f.* mailbox II-4
  boîte de conserve *f.* can (of food) II-1
bol *m.* bowl II-1
bon(ne) *adj.* kind; good I-3
  bon marché *adj.* inexpensive I-6
  Il fait bon. The weather is good/warm. I-5
bonbon *m.* candy I-6
bonheur *m.* happiness I-6
Bonjour. Good morning.; Hello. I-1
Bonsoir. Good evening.; Hello. I-1
bouche *f.* mouth II-2
boucherie *f.* butcher's shop II-1
boulangerie *f.* bread shop, bakery II-1
boulevard *m.* boulevard II-4
  suivre un boulevard *v.* to follow a boulevard II-4
bourse *f.* scholarship, grant I-2
bout *m.* end II-4
  au bout (de) *prep.* at the end (of) II-4
bouteille (de) *f.* bottle (of) I-4
boutique *f.* boutique, store II-4
brancher *v.* to plug in, to connect II-3
bras *m.* arm II-2
brasserie *f.* restaurant II-4
Brésil *m.* Brazil II-2
brésilien(ne) *adj.* Brazilian I-7
bricoler *v.* to tinker; to do odd jobs I-5
brillant(e) *adj.* bright I-1
bronzer *v.* to tan I-6
brosse (à cheveux/à dents) *f.* (hair/tooth)brush II-2
brun(e) *adj.* (*hair*) dark I-3
bu (boire) *p.p.* drunk I-6
bureau *m.* desk; office I-1
  bureau de poste *m.* post office II-4
bus *m.* bus I-7
  arrêt d'autobus (de bus) *m.* bus stop I-7
  prendre un bus *v.* to take a bus I-7

C

ça *pron.* that; this; it I-1
  Ça dépend. It depends. I-4
  Ça ne nous regarde pas. That has nothing to do with us.; That is none of our business. II-6
  Ça suffit. That's enough. I-5
  Ça te dit? Does that appeal to you? II-6
  Ça va? What's up?; How are things? I-1
  ça veut dire that is to say II-2
  Comme ci, comme ça. So-so. I-1
cadeau *m.* gift I-6
  paquet cadeau wrapped gift I-6
cadet(te) *adj.* younger I-3
cadre/femme cadre *m., f.* executive II-5
café *m.* café; coffee I-1
  terrasse de café *f.* café terrace I-4
  cuillére à café *f.* teaspoon II-1
cafetière *f.* coffeemaker I-8, II-P
cahier *m.* notebook I-1
calculatrice *f.* calculator I-1
calme *adj.* calm I-1; *m.* calm I-1
camarade de classe *m., f.* classmate I-1
caméra vidéo *f.* camcorder II-3
caméscope *m.* camcorder II-3
campagne *f.* country(side) I-7
  pain de campagne *m.* country-style bread I-4
  pâté (de campagne) *m.* pâté, meat spread II-1
camping *m.* camping I-5
  faire du camping *v.* to go camping I-5
Canada *m.* Canada I-7
canadien(ne) *adj.* Canadian I-1
canapé *m.* couch I-8, II-P
candidat(e) *m., f.* candidate; applicant II-5
cantine *f.* (school) cafeteria I-2
capitale *f.* capital I-7
capot *m.* hood II-3
carafe (d'eau) *f.* pitcher (of water) II-1
carotte *f.* carrot II-1
carrefour *m.* intersection II-4
carrière *f.* career II-5
carte *f.* map I-1; menu II-1; card II-4
  payer par carte (bancaire/ de crédit) to pay with a (debit/credit) card II-4

carte postale *f.* postcard II-4
cartes *f. pl.* (*playing*) cards I-5
casque *f.* **à écouteurs** *m., pl.* headphones II-3
casquette *f.* (baseball) cap I-6
cassette vidéo *f.* videotape II-3
catastrophe *f.* catastrophe II-6
cave *f.* basement, cellar I-8, II-P
ce *dem. adj., m., sing.* this; that I-6
  ce matin this morning I-2
  ce mois-ci this month I-2
  Ce n'est pas grave. It's no big deal. I-6
  ce soir this evening I-2
  ce sont... those are... I-1
  ce week-end this weekend I-2
ceinture *f.* belt I-6
  attacher sa ceinture de sécurité *v.* to buckle one's seatbelt II-3
célèbre *adj.* famous II-7
célébrer *v.* to celebrate I-5
célibataire *adj.* single I-3
celle *pron., f., sing.* this one; that one; the one II-6
celles *pron., f., pl.* these; those; the ones II-6
celui *pron., m., sing.* this one; that one; the one II-6
cent *m.* one hundred I-3
  cent mille *m.* one hundred thousand I-5
  cent un *m.* one hundred one I-5
  cinq cents *m.* five hundred I-5
centième *adj.* hundredth I-7
centrale nucléaire *f.* nuclear plant II-6
centre commercial *m.* shopping center, mall I-4
centre-ville *m.* city/town center, downtown I-4
certain(e) *adj.* certain II-1
  Il est certain que... It is certain that... II-7
  Il n'est pas certain que... It is uncertain that... II-7
ces *dem. adj., m., f., pl.* these; those I-6
c'est... it/that is... I-1
  C'est de la part de qui? On behalf of whom? II-5
  C'est le 1ᵉʳ (premier) octobre. It is October first. I-5
  C'est M./Mme/Mlle ... (à l'appareil). It's Mr./Mrs./Miss ... (on the phone). II-5
  C'est quand l'anniversaire de... ? When is ...'s birthday? I-5

C'est quand ton/votre anniversaire? When is your birthday? I-5
Qu'est-ce que c'est? What is it? I-1
cet *dem. adj., m., sing.* this; that I-6
  cet après-midi this afternoon I-2
cette *dem. adj., f., sing.* this; that I-6
  cette année this year I-2
  cette semaine this week I-2
ceux *pron., m., pl.* these; those; the ones II-6
chaîne (de télévision) *f.* (television) channel II-3
chaise *f.* chair I-1
chambre *f.* bedroom I-8, II-P
  chambre (individuelle) *f.* (single) room I-7
champ *m.* field II-6
champignon *m.* mushroom II-1
chance *f.* luck I-2
  avoir de la chance *v.* to be lucky I-2
chanson *f.* song II-7
chanter *v.* to sing I-5
chanteur/chanteuse *m., f.* singer I-1
chapeau *m.* hat I-6
chaque *adj.* each I-6
charcuterie *f.* delicatessen II-1
charmant(e) *adj.* charming I-1
chasse *f.* hunt II-6
chasser *v.* to hunt II-6
chat *m.* cat I-3
châtain *adj.* (*hair*) brown I-3
chaud *m.* heat I-2
  avoir chaud *v.* to be hot I-2
  Il fait chaud. (*weather*) It is hot. I-5
chauffeur de taxi/de camion *m.* taxi/truck driver II-5
chaussette *f.* sock I-6
chaussure *f.* shoe I-6
chef d'entreprise *m.* head of a company II-5
chef-d'œuvre *m.* masterpiece II-7
chemin *m.* path; way II-4
  suivre un chemin *v.* to follow a path II-4
chemise (à manches courtes/ longues) *f.* (short-/long-sleeved) shirt I-6
chemisier *m.* blouse I-6
chèque *m.* check II-4
  compte-chèques *m.* checking account II-4
  payer par chèque *v.* to pay by check II-4

cher/chère *adj.* expensive I-6
chercher *v.* to look for I-2
  chercher un/du travail to look for a job/work II-4
chercheur/chercheuse *m., f.* researcher II-5
chéri(e) *adj.* dear, beloved, darling I-2
cheval *m.* horse I-5
  faire du cheval *v.* to go horseback riding I-5
cheveux *m., pl.* hair II-1
  brosse à cheveux *f.* hairbrush II-2
  cheveux blonds blond hair I-3
  cheveux châtains brown hair I-3
  se brosser les cheveux *v.* to brush one's hair II-1
cheville *f.* ankle II-2
  se fouler la cheville *v.* to twist/sprain one's ankle II-2
chez *prep.* at (*someone's*) house I-3, at (*a place*) I-3
  passer chez quelqu'un *v.* to stop by someone's house I-4
chic *adj.* chic I-4
chien *m.* dog I-3
chimie *f.* chemistry I-2
Chine *f.* China I-7
chinois(e) *adj.* Chinese 7
chocolat (chaud) *m.* (hot) chocolate I-4
chœur *m.* choir, chorus II-7
choisir *v.* to choose I-4
chômage *m.* unemployment II-5
  être au chômage *v.* to be unemployed II-5
chômeur/chômeuse *m., f.* unemployed person II-5
chose *f.* thing I-1
  quelque chose *m.* something; anything I-4
chrysanthèmes *m., pl.* chrysanthemums II-1
chut shh II-7
-ci (*used with demonstrative adjective* ce *and noun or with demonstrative pronoun* celui) here I-6
  ce mois-ci this month I-2
ciel *m.* sky II-6
cinéma (ciné) *m.* movie theater, movies I-4
cinq *m.* five I-1
cinquante *m.* fifty I-1
cinquième *adj.* fifth 7
circulation *f.* traffic II-3
clair(e) *adj.* clear II-7
  Il est clair que... It is clear that... II-7
classe *f.* (*group of students*) class I-1

camarade de classe *m., f.* classmate I-1
  salle de classe *f.* classroom I-1
clavier *m.* keyboard II-3
clé *f.* key I-7
  clé USB *f.* USB drive II-3
client(e) *m., f.* client; guest I-7
cœur *m.* heart II-2
  avoir mal au cœur to feel nauseated II-2
coffre *m.* trunk II-3
coiffeur/coiffeuse *m., f.* hairdresser I-3
coin *m.* corner II-4
colis *m.* package II-4
colocataire *m., f.* roommate (*in an apartment*) I-1
Combien (de)... ? *adv.* How much/many... ? I-1
  Combien coûte... ? How much is... ? I-4
combiné *m.* receiver II-5
comédie (musicale) *f.* comedy (musical) II-7
commander *v.* to order II-1
comme *adv.* how; like, as I-2
  Comme ci, comme ça. So-so. I-1
commencer (à) *v.* to begin (*to do something*) I-2
comment *adv.* how I-4
  Comment? *adv.* What? I-4
  Comment allez-vous?, *form.* How are you? I-1
  Comment t'appelles-tu? *fam.* What is your name? I-1
  Comment vas-tu? *fam.* How are you? I-1
  Comment vous appelez-vous? *form.* What is your name? I-1
commerçant(e) *m., f.* shopkeeper II-1
commissariat de police *m.* police station II-4
commode *f.* dresser, chest of drawers I-8, II-P
complet (complète) *adj.* full (no vacancies) I-7
composer (un numéro) *v.* to dial (a number) II-3
compositeur *m.* composer II-7
comprendre *v.* to understand I-4
compris (comprendre) *p.p., adj.* understood; included I-6
comptable *m., f.* accountant II-5
compte *m.* account (*at a bank*) II-4
  avoir un compte bancaire *v.* to have a bank account II-4
  compte de chèques *m.* checking account II-4

compte d'épargne *m.* savings account II-4
  se rendre compte *v.* to realize II-2
compter sur quelqu'un *v.* to count on someone I-8, II-P
concert *m.* concert II-7
condition *f.* condition II-7
  à condition que on the condition that..., provided that... II-7
conduire *v.* to drive I-6
conduit (conduire) *p.p., adj.* driven I-6
confiture *f.* jam II-1
congé *m.* time off, leave I-7
  jour de congé *m.* day off I-7
  prendre un congé *v.* to take time off II-5
congélateur *m.* freezer I-8, II-P
connaissance *f.* acquaintance I-5
  faire la connaissance de *v.* to meet (*someone*) I-5
connaître *v.* to know, to be familiar with I-8, II-P
connecté(e) *adj.* connected II-3
  être connecté(e) avec quelqu'un *v.* to be online with someone I-7, II-3
connu (connaître) *p.p., adj.* known; famous I-8, II-P
conseil *m.* advice II-5
conseiller/conseillère *m., f.* consultant; advisor II-5
considérer *v.* to consider I-5
constamment *adv.* constantly I-7
construire *v.* to build, to construct I-6
conte *m.* tale II-7
content(e) *adj.* happy II-5
  être content(e) que... *v.* to be happy that... II-6
continuer (à) *v.* to continue (*doing something*) II-4
contraire *adj.* contrary II-7
  au contraire on the contrary II-7
copain/copine *m., f.* friend I-1
corbeille (à papier) *f.* wastebasket I-1
corps *m.* body II-2
costume *m.* (*man's*) suit I-6
côte *f.* coast II-6
coton *m.* cotton II-4
cou *m.* neck II-2
couche d'ozone *f.* ozone layer II-6
  trou dans la couche d'ozone *m.* hole in the ozone layer II-6
couleur *f.* color 6
  De quelle couleur... ? What color... ? I-6

couloir *m.* hallway I-8, II-P
couple *m.* couple I-6
courage *m.* courage II-5
courageux/courageuse *adj.*
  courageous, brave I-3
couramment *adv.* fluently I-7
courir *v.* to run I-5
courrier *m.* mail II-4
cours *m.* class, course I-2
course *f.* errand II-1
  faire les courses *v.* to go
  (grocery) shopping II-1
court(e) *adj.* short I-3
  chemise à manches courtes
  f. short-sleeved shirt I-6
couru (courir) *p.p.* run I-6
cousin(e) *m., f.* cousin I-3
couteau *m.* knife II-1
coûter *v.* to cost I-4
  Combien coûte... ? How
  much is... ? I-4
couvert (couvrir) *p.p.*
  covered I-3
couverture *f.* blanket I-8, II-P
couvrir *v.* to cover II-3
covoiturage *m.* carpooling II-6
cravate *f.* tie I-6
crayon *m.* pencil I-1
crème *f.* cream II-1
  crème à raser *f.* shaving
  cream II-2
crêpe *f.* crêpe I-5
crevé(e) *adj.* deflated; blown
  up II-3
  pneu crevé *m.* flat tire II-3
critique *f.* review; criticism II-7
croire (que) *v.* to believe
  (that) II-7
  ne pas croire que... to not
  believe that... II-7
croissant *m.* croissant I-4
croissant(e) *adj.* growing II-6
  population croissante *f.*
  growing population II-6
cru (croire) *p.p.* believed II-7
cruel/cruelle *adj.* cruel I-3
cuillère (à soupe/à café) *f.*
  (soup/tea)spoon II-1
cuir *m.* leather II-4
cuisine *f.* cooking; kitchen 5
  faire la cuisine *v.* to cook 5
cuisiner *v.* to cook II-1
cuisinier/cuisinière *m., f.*
  cook II-5
cuisinière *f.* stove I-8, II-P
curieux/curieuse *adj.* curious I-3
curriculum vitæ (C.V.) *m.*
  résumé II-5

D

d'abord *adv.* first I-7
d'accord *(tag question)* all right?
  I-2; *(in statement)* okay I-2
  être d'accord to be in
  agreement I-2
d'autres *m., f.* others I-4
d'habitude *adv.* usually
  I-8, II-P
danger *m.* danger, threat II-6
dangereux/dangereuse *adj.*
  dangerous II-3
dans *prep.* in I-3
danse *f.* dance II-7
danser *v.* to dance I-4
danseur/danseuse *m., f.*
  dancer II-7
date *f.* date I-5
  Quelle est la date? What is
  the date? I-5
de/d' *prep.* of I-3; from I-1
  de l'après-midi in the
  afternoon I-2
  de laquelle *pron., f., sing.*
  which one II-5
  De quelle couleur... ? What
  color... ? I-6
  De rien. You're welcome. I-1
  de taille moyenne of medium
  height I-3
  de temps en temps *adv.*
  from time to time I-7
débarrasser la table *v.* to clear
  the table I-8, II-P
déboisement *m.* deforestation II-6
début *m.* beginning; debut II-7
décembre *m.* December I-5
déchets toxiques *m., pl.* toxic
  waste II-6
décider (de) *v.* to decide (*to do
  something*) II-3
découvert (découvrir) *p.p.*
  discovered II-3
découvrir *v.* to discover II-3
décrire *v.* to describe I-7
décrocher *v.* to pick up II-5
décrit (décrire) *p.p., adj.*
  described I-7
degrés *m., pl.* (*temperature*)
  degrees I-5
  Il fait ... degrés. (*to describe
  weather*) It is ... degrees. I-5
déjà *adv.* already I-5
déjeuner *m.* lunch II-1; *v.* to eat
  lunch I-4
de l' *part. art., m., f., sing.* some I-4
de la *part. art., f., sing.* some I-4
délicieux/délicieuse
  delicious I-8, II-P
demain *adv.* tomorrow I-2

À demain. See you
tomorrow. I-1
après-demain *adv.* day after
tomorrow I-2
**demain matin/après-midi/
soir** *adv.* tomorrow morning/
afternoon/evening I-2
demander (à) *v.* to ask (*someone*), to make a request (*of
someone*) I-6
  demander que... *v.* to ask
  that... II-6
démarrer *v.* to start up II-3
déménager *v.* to move out
  I-8, II-P
demie half I-2
  et demie half past ...
  (o'clock) I-2
demi-frère *m.* half-brother,
  stepbrother I-3
demi-sœur *f.* half-sister,
  stepsister I-3
démissionner *v.* to resign II-5
dent *f.* tooth II-1
  brosse à dents *f.* tooth
  brush II-2
  se brosser les dents *v.* to
  brush one's teeth II-1
dentifrice *m.* toothpaste II-2
dentiste *m., f.* dentist I-3
départ *m.* departure I-7
dépasser *v.* to go over; to
  pass II-3
dépense *f.* expenditure,
  expense II-4
dépenser *v.* to spend I-4
  dépenser de l'argent *v.* to
  spend money I-4
déposer de l'argent *v.* to
  deposit money II-4
déprimé(e) *adj.* depressed II-2
depuis *adv.* since; for II-1
dernier/dernière *adj.* last I-2
dernièrement *adv.* lastly,
  finally I-7
derrière *prep.* behind I-3
des *part. art., m., f., pl.* some I-4
des (de + les) *m., f., pl.* of the I-3
dès que *adv.* as soon as II-5
désagréable *adj.* unpleasant I-1
descendre (de) *v.* to go
  downstairs; to get off; to take
  down I-6
désert *m.* desert II-6
désirer (que) *v.* to want (that) I-5
désolé(e) *adj.* sorry I-6
  être désolé(e) que... to be
  sorry that... II-6
desquelles (de + lesquelles)
  pron., f., pl. which ones II-5
desquels (de + lesquels)
  pron., m., pl. which ones II-5

dessert *m.* dessert I-6
dessin animé *m.* cartoon II-7
dessiner *v.* to draw I-2
détester *v.* to hate I-2
  Je déteste... I hate... I-2
détruire *v.* to destroy I-6
détruit (détruire) *p.p., adj.* destroyed I-6
deux *m.* two I-1
deuxième *adj.* second I-7
devant *prep.* in front of I-3
développer *v.* to develop II-6
devenir *v.* to become II-1
devoir *m.* homework I-2; *v.* to have to, must II-1
dictionnaire *m.* dictionary I-1
différemment *adv.* differently I-8, II-P
différence *f.* difference I-1
différent(e) *adj.* different I-1
difficile *adj.* difficult I-1
dimanche *m.* Sunday I-2
dîner *m.* dinner II-1; *v.* to have dinner I-2
diplôme *m.* diploma, degree I-2
dire *v.* to say I-7
  Ça te dit? Does that appeal to you? II-6
  ça veut dire that is to say II-2
  veut dire *v.* means, signifies II-1
diriger *v.* to manage II-5
discret/discrète *adj.* discreet; unassuming I-3
discuter *v.* discuss I-6
disque dur *m.* hard drive II-3
dissertation *f.* essay II-3
distributeur automatique/de billets *m.* ATM II-4
dit (dire) *p.p., adj.* said I-7
divorce *m.* divorce I-6
divorcé(e) *adj.* divorced I-3
divorcer *v.* to divorce I-3
dix *m.* ten I-1
dix-huit *m.* eighteen I-1
dixième *adj.* tenth I-7
dix-neuf *m.* nineteen I-1
dix-sept *m.* seventeen I-1
documentaire *m.* documentary II-7
doigt *m.* finger II-2
doigt de pied *m.* toe II-2
domaine *m.* field II-5
dommage *m.* harm II-6
  Il est dommage que... It's a shame that... II-6
donc *conj.* therefore I-7
donner (à) *v.* to give (to someone) I-2
dont *rel. pron.* of which; of whom; that II-3
dormir *v.* to sleep I-5

dos *m.* back II-2
  sac à dos *m.* backpack I-1
douane *f.* customs I-7
douche *f.* shower I-8, II-P
  prendre une douche *v.* to take a shower II-2
doué(e) *adj.* talented, gifted II-7
douleur *f.* pain II-2
douter (que) *v.* to doubt (that) II-7
douteux/douteuse *adj.* doubtful II-7
  Il est douteux que... It is doubtful that... II-7
doux/douce *adj.* sweet; soft I-3
douze *m.* twelve I-1
dramaturge *m.* playwright II-7
drame (psychologique) *m.* (psychological) drama II-7
draps *m., pl.* sheets I-8, II-P
droite *f.* the right (side) I-3
  à droite de *prep.* to the right of I-3
drôle *adj.* funny I-3
du *part. art., m., sing.* some I-4
du (de + le) *m., sing.* of the I-3
dû (devoir) *p.p., adj.* (used with infinitive) had to; (used with noun) due, owed II-1
duquel (de + lequel) *pron., m., sing.* which one II-5

E

eau (minérale) *f.* (mineral) water I-4
  carafe d'eau *f.* pitcher of water II-1
écharpe *f.* scarf I-6
échecs *m., pl.* chess I-5
échouer *v.* to fail I-2
éclair *m.* éclair I-4
école *f.* school I-2
écologie *f.* ecology II-6
écologique *adj.* ecological II-6
économie *f.* economics I-2
écotourisme *m.* ecotourism II-6
écouter *v.* to listen (to) I-2
écran *m.* screen 11
écrire *v.* to write I-7
écrivain(e) *m., f.* writer II-7
écrit (écrire) *p.p., adj.* written I-7
écureuil *m.* squirrel II-6
éducation physique *f.* physical education I-2
effacer *v.* to erase II-3
effet de serre *m.* greenhouse effect II-6
égaler *v.* to equal I-3
église *f.* church I-4

égoïste *adj.* selfish I-1
Eh! *interj.* Hey! I-2
électrique *adj.* electric I-8, II-P
  appareil électrique/ménager *m.* electrical/household appliance I-8, II-P
électricien/électricienne *m., f.* electrician II-5
élégant(e) *adj.* elegant 1
élevé *adj.* high II-5
élève *m., f.* pupil, student I-1
elle *pron., f.* she; it I-1; her I-3
  elle est... she/it is... I-1
elles *pron., f.* they I-1; them I-3
  elles sont... they are... I-1
e-mail *m.* e-mail II-3
emballage (en plastique) *m.* (plastic) wrapping/packaging II-6
embaucher *v.* to hire II-5
embrayage *m.* (*automobile*) clutch II-3
émission (de télévision) *f.* (television) program II-7
emménager *v.* to move in I-8, II-P
emmener *v.* to take (*someone*) I-5
emploi *m.* job II-5
  emploi à mi-temps/à temps partiel *m.* part-time job II-5
  emploi à plein temps *m.* full-time job II-5
employé(e) *m., f.* employee II-5
employer *v.* to use, to employ I-5
emprunter *v.* to borrow II-4
en *prep.* in I-3
  en automne in the fall I-5
  en avance early I-2
  en avoir marre to be fed up I-6
  en effet indeed; in fact II-6
  en été in the summer I-5
  en face (de) *prep.* facing, across (from) I-3
  en fait in fact I-7
  en général *adv.* in general I-7
  en hiver in the winter I-5
  en plein air in fresh air II-6
  en retard late I-2
  en tout cas in any case 6
  en vacances on vacation 7
  être en ligne to be online II-3
en *pron.* some of it/them; about it/them; of it/them; from it/them II-2
  Je vous en prie. *form.* Please.; You're welcome. I-1
  Qu'en penses-tu? What do you think about that? II-6
enceinte *adj.* pregnant II-2
Enchanté(e). Delighted. I-1
encore *adv.* again; still I-3
endroit *m.* place I-4

énergie (nucléaire/solaire) *f.* (nuclear/solar) energy II-6
enfance *f.* childhood I-6
enfant *m., f.* child I-3
enfin *adv.* finally, at last I-7
enlever la poussière *v.* to dust I-8, II-P
ennuyeux/ennuyeuse *adj.* boring I-3
énorme *adj.* enormous, huge I-2
enregistrer *v.* to record II-3
enregistreur DVR *m.* DVR II-3
enseigner *v.* to teach I-2
ensemble *adv.* together I-6
ensuite *adv.* then, next I-7
entendre *v.* to hear I-6
entracte *m.* intermission II-7
entre *prep.* between I-3
entrée *f.* appetizer, starter II-1
entreprise *f.* firm, business II-5
entrer *v.* to enter I-7
entretien: passer un entretien to have an interview II-5
enveloppe *f.* envelope II-4
envie *f.* desire, envy I-2
    avoir envie (de) to feel like (*doing something*) I-2
environnement *m.* environment II-6
envoyer (à) *v.* to send (*to someone*) I-5
épargne *f.* savings II-4
    compte d'épargne *m.* savings account II-4
épicerie *f.* grocery store I-4
épouser *v.* to marry I-3
épouvantable *adj.* dreadful 5
    Il fait un temps épouvantable. The weather is dreadful. I-5
époux/épouse *m., f.* husband/wife I-3
équipe *f.* team I-5
escalier *m.* staircase I-8, II-P
escargot *m.* escargot, snail II-1
espace *m.* space II-6
Espagne *f.* Spain 7
espagnol(e) *adj.* Spanish I-1
espèce (menacée) *f.* (endangered) species II-6
espèces *m.* cash II-4
espérer *v.* to hope I-5
essayer *v.* to try I-5
essence *f.* gas II-3
    réservoir d'essence *m.* gas tank II-3
    voyant d'essence *m.* gas warning light II-3
essentiel(le) *adj.* essential II-6
    Il est essentiel que... It is essential that... II-6

essuie-glace *m.* (**essuie-glaces** *pl.*) windshield wiper(s) II-3
essuyer (la vaisselle/la table) *v.* to wipe (the dishes/the table) I-8, II-P
est *m.* east II-4
Est-ce que... ? (*used in forming questions*) I-2
et *conj.* and I-1
    Et toi? *fam.* And you? I-1
    Et vous? *form.* And you? I-1
étage *m.* floor I-7
étagère *f.* shelf I-8, II-P
étape *f.* stage I-6
États-Unis *m., pl.* United States I-7
été *m.* summer I-5
    en été in the summer I-5
été (être) *p.p.* been I-6
éteindre *v.* to turn off II-3
éternuer *v.* to sneeze II-2
étoile *f.* star II-6
étranger/étrangère *adj.* foreign I-2
    langues étrangères *f., pl.* foreign languages I-2
étranger *m.* (*places that are*) abroad, overseas I-7
    à l'étranger abroad, overseas I-7
étrangler *v.* to strangle II-5
être *v.* to be I-1
    être bien/mal payé(e) to be well/badly paid II-5
    être connecté(e) avec quelqu'un to be online with someone I-7, II-3
    être en ligne avec to be online with II-3
    être en pleine forme to be in good shape II-2
études (supérieures) *f., pl.* studies; (higher) education I-2
étudiant(e) *m., f.* student I-1
étudier *v.* to study I-2
eu (avoir) *p.p.* had I-6
eux *disj. pron., m., pl.* they, them I-3
évidemment *adv.* obviously, evidently; of course I-7
évident(e) *adj.* evident, obvious II-7
    Il est évident que... It is evident that... II-7
évier *m.* sink I-8, II-P

éviter (de) *v.* to avoid (*doing something*) II-2
exactement *adv.* exactly II-1
examen *m.* exam; test I-1
    être reçu(e) à un examen *v.* to pass an exam I-2

passer un examen *v.* to take an exam I-2
Excuse-moi. *fam.* Excuse me. I-1
Excusez-moi. *form.* Excuse me. I-1
exercice *m.* exercise II-2
    faire de l'exercice *v.* to exercise II-2
exigeant(e) *adj.* demanding II-5
    profession (exigeante) *f.* a (demanding) profession II-5
exiger (que) *v.* to demand (that) II-6
expérience (professionnelle) *f.* (professional) experience II-5
expliquer *v.* to explain I-2
explorer *v.* to explore I-4
exposition *f.* exhibit II-7
extinction *f.* extinction II-6

F

facile *adj.* easy I-2
facilement *adv.* easily I-8, II-P
facteur *m.* mailman II-4
faible *adj.* weak I-3
faim *f.* hunger I-4
    avoir faim *v.* to be hungry I-4
faire *v.* to do; to make I-5
    faire attention (à) *v.* to pay attention (to) I-5
    faire quelque chose de beau *v.* to be up to something interesting II-4
    faire de l'aérobic *v.* to do aerobics I-5
    faire de la gym *v.* to work out I-5
    faire de la musique *v.* to play music II-5
    faire de la peinture *v.* to paint II-7
    faire de la planche à voile *v.* to go windsurfing I-5
    faire de l'exercice *v.* to exercise II-2
    faire des projets *v.* to make plans II-5
    faire du camping *v.* to go camping I-5
    faire du cheval *v.* to go horseback riding I-5
    faire du jogging *v.* to go jogging I-5
    faire du shopping *v.* to go shopping I-7
    faire du ski *v.* to go skiing I-5
    faire du sport *v.* to do sports I-5
    faire du vélo *v.* to go bike riding I-5

faire la connaissance de *v.* to meet (*someone*) I-5
faire la cuisine *v.* to cook I-5
faire la fête *v.* to celebrate I-6
faire la lessive *v.* to do the laundry I-8, II-P
faire la poussière *v.* to dust I-8, II-P
faire la queue *v.* to wait in line II-4
faire la vaisselle *v.* to do the dishes I-8, II-P
faire le lit *v.* to make the bed I-8, II-P
faire le ménage *v.* to do the housework I-8, II-P
faire le plein *v.* to fill the tank II-3
faire les courses *v.* to run errands II-1
faire les musées *v.* to go to museums II-7
faire les valises *v.* to pack one's bags I-7
faire mal *v.* to hurt II-2
faire plaisir à quelqu'un *v.* to please someone II-5
faire sa toilette *v.* to wash up II-2
faire une piqûre *v.* to give a shot 10
faire une promenade *v.* to go for a walk I-5
faire une randonnée *v.* to go for a hike I-5
faire un séjour *v.* to spend time (*somewhere*) I-7
faire un tour (en voiture) *v.* to go for a walk (drive) I-5
faire visiter *v.* to give a tour I-8, II-P
fait (faire) *p.p., adj.* done; made I-6
falaise *f.* cliff II-6
faut (falloir) *v. (used with infinitive)* is necessary to... I-5
  Il a fallu... It was necessary to... I-6
  Il fallait... One had to... I-8, II-P
  Il faut que... One must.../It is necessary that... II-6
fallu (falloir) *p.p. (used with infinitive)* had to... I-6
  Il a fallu... It was necessary to... I-6
famille *f.* family I-3
fatigué(e) *adj.* tired I-3
fauteuil *m.* armchair I-8, II-P
favori/favorite *adj.* favorite I-3
fax *m.* fax (machine) II-3

félicitations congratulations II-7
femme *f.* woman; wife I-1
  femme d'affaires businesswoman I-3
  femme au foyer housewife II-5
  femme auteur author II-7
  femme cadre executive II-5
  femme peintre painter II-7
  femme politique politician II-5
  femme pompier firefighter II-5
fenêtre *f.* window I-1
fer à repasser *m.* iron I-8, II-P
férié(e) *adj.* holiday I-6
  jour férié *m.* holiday I-6
fermé(e) *adj.* closed II-4
fermer *v.* to close; to shut off II-3
festival (festivals *pl.***)** *m.* festival II-7
fête *f.* party; celebration I-6
  faire la fête *v.* to celebrate I-6
fêter *v.* to celebrate I-6
feu de signalisation *m.* traffic light II-4
feuille de papier *f.* sheet of paper I-1
feuilleton *m.* soap opera II-7
février *m.* February I-5
fiancé(e) *adj.* engaged I-3
fiancé(e) *m., f.* fiancé I-6
fichier *m.* file II-3
fier/fière *adj.* proud I-3
fièvre *f.* fever II-2
  avoir de la fièvre *v.* to have a fever II-2
fille *f.* girl; daughter I-1
film (d'aventures, d'horreur, de science-fiction, policier) *m.* (adventure, horror, science-fiction, crime) film II-7
fils *m.* son I-3
fin *f.* end II-7
finalement *adv.* finally I-7
fini (finir) *p.p., adj.* finished, done, over I-4
finir (de) *v.* to finish (*doing something*) I-4
fleur *f.* flower I-8, II-P
fleuve *m.* river II-6
fois *f.* time I-8, II-P
  une fois *adv.* once I-8, II-P
  deux fois *adv.* twice I-8, II-P
fonctionner *v.* to work, to function II-3
fontaine *f.* fountain II-4
foot(ball) *m.* soccer I-5
  football américain *m.* football I-5
forêt (tropicale) *f.* (tropical) forest II-6

formation *f.* education; training II-5
forme *f.* shape; form II-2
  être en pleine forme *v.* to be in good shape II-2
formidable *adj.* great I-7
formulaire *m.* form II-4
  remplir un formulaire to fill out a form II-4
fort(e) *adj.* strong I-3
fou/folle *adj.* crazy I-3
four (à micro-ondes) *m.* (microwave) oven I-8, II-P
fourchette *f.* fork II-1
frais/fraîche *adj.* fresh; cool I-5
  Il fait frais. (*weather*) It is cool. I-5
fraise *f.* strawberry II-1
français(e) *adj.* French I-1
France *f.* France I-7
franchement *adv.* frankly, honestly I-7
freiner *v.* to brake II-3
freins *m., pl.* brakes II-3
fréquenter *v.* to frequent; to visit I-4
frère *m.* brother I-3
  beau-frère *m.* brother-in-law I-3
  demi-frère *m.* half-brother, stepbrother I-3
frigo *m.* refrigerator I-8, II-P
frisé(e) *adj.* curly I-3
frites *f., pl.* French fries I-4
froid *m.* cold I-2
  avoir froid to be cold I-2
  Il fait froid. (*weather*) It is cold. I-5
fromage *m.* cheese I-4
fruit *m.* fruit II-1
fruits de mer *m., pl.* seafood II-1
funérailles *f., pl.* funeral II-1
furieux/furieuse *adj.* furious II-6
  être furieux/furieuse que... *v.* to be furious that... II-6

G

gagner *v.* to win I-5; to earn II-5
gant *m.* glove I-6
garage *m.* garage I-8, II-P
garanti(e) *adj.* guaranteed 5
garçon *m.* boy I-1
garder la ligne *v.* to stay slim II-2
gare (routière) *f.* train station (bus station) I-7
gaspillage *m.* waste II-6
gaspiller *v.* to waste II-6
gâteau *m.* cake I-6
gauche *f.* the left (side) I-3
  à gauche (de) *prep.* to the left (of) I-3

gazeux/gazeuse *adj.* carbonated, fizzy 4
  boisson gazeuse *f.* carbonated drink/beverage I-4
généreux/généreuse *adj.* generous I-3
génial(e) *adj.* great I-3
genou *m.* knee II-2
genre *m.* genre II-7
gens *m., pl.* people I-7
gentil/gentille *adj.* nice I-3
gentiment *adv.* nicely I-8, II-P
géographie *f.* geography I-2
gérant(e) *m., f.* manager II-5
gestion *f.* business administration I-2
glace *f.* ice cream I-6
glaçon *m.* ice cube I-6
glissement de terrain *m.* landslide II-6
golf *m.* golf I-5
enfler *v.* to swell II-2
gorge *f.* throat II-2
goûter *m.* afternoon snack II-1; *v.* to taste II-1
gouvernement *m.* government II-6
grand(e) *adj.* big I-3
  grand magasin *m.* department store I-4
grand-mère *f.* grandmother I-3
grand-père *m.* grandfather I-3
grands-parents *m., pl.* grandparents I-3
gratin *m.* gratin II-1
gratuit(e) *adj.* free II-7
grave *adj.* serious II-2
  Ce n'est pas grave. It's okay.; No problem. I-6
grille-pain *m.* toaster I-8, II-P
grippe *f.* flu II-2
gris(e) *adj.* gray I-6
gros(se) *adj.* fat I-3
grossir *v.* to gain weight I-4
guérir *v.* to get better II-2
guitare *f.* guitar II-7
gym *f.* exercise I-5
  faire de la gym *v.* to work out I-5
gymnase *m.* gym I-4

H

habitat *m.* habitat II-6
  sauvetage des habitats *m.* habitat preservation II-6
habiter (à) *v.* to live (in/at) I-2
haricots verts *m., pl.* green beans II-1
Hein? *interj.* Huh?; Right? I-3
herbe *f.* grass II-6
hésiter (à) *v.* to hesitate (*to do something*) II-3

heure(s) *f.* hour, o'clock; time I-2
  à … heure(s) at … (o'clock) I-4
  À quelle heure? What time?; When? I-2
  À tout à l'heure. See you later. I-1
  Quelle heure avez-vous? *form.* What time do you have? I-2
  Quelle heure est-il? What time is it? I-2
heureusement *adv.* fortunately I-8, II-P
heureux/heureuse *adj.* happy I-3
  être heureux/heureuse que… to be happy that… II-6
hier (matin/après-midi/soir) *adv.* yesterday (morning/afternoon/evening) I-7
  avant-hier *adv.* day before yesterday I-7
histoire *f.* history; story I-2
hiver *m.* winter I-5
  en hiver in the winter I-5
homme *m.* man I-1
  homme d'affaires *m.* businessman I-3
  homme politique *m.* politician II-5
honnête *adj.* honest II-7
honte *f.* shame I-2
  avoir honte (de) *v.* to be ashamed (of) I-2
hôpital *m.* hospital I-4
horloge *f.* clock I-1
hors-d'œuvre *m.* hors d'œuvre, appetizer II-1
hôte/hôtesse *m., f.* host I-6
hôtel *m.* hotel I-7
hôtelier/hôtelière *m., f.* hotel keeper I-7
huile *f.* oil II-1
  huile *f.* (automobile) oil II-3
  huile d'olive *f.* olive oil II-1
  vérifier l'huile to check the oil II-3
  voyant d'huile *m.* oil warning light II-3
huit *m.* eight I-1
huitième *adj.* eighth I-7
humeur *f.* mood I-8, II-P
  être de bonne/mauvaise humeur *v.* to be in a good/bad mood I-8, II-P

I

ici *adv.* here I-1
idée *f.* idea I-3
il *sub. pron.* he; it I-1
  il est… he/it is… I-1

Il n'y a pas de quoi. It's nothing.; You're welcome. I-1
Il vaut mieux que… It is better that… II-6
Il faut (falloir) *v. (used with infinitive)* It is necessary to… I-6
  Il a fallu… It was necessary to… I-6
  Il fallait… One had to… I-8, II-P
  Il faut (que)… One must…/ It is necessary that… II-6
il y a there is/are I-1
  il y a eu there was/were 6
  il y avait there was/were I-8, II-P
  Qu'est-ce qu'il y a? What is it?; What's wrong? I-1
  Y a-t-il… ? Is/Are there… ? I-2
il y a… *(used with an expression of time)* … ago II-1
île *f.* island II-6
ils *sub. pron., m., pl.* they I-1
  ils sont… they are… I-1
immeuble *m.* building I-8, II-P
impatient(e) *adj.* impatient I-1
imperméable *m.* rain jacket I-5
important(e) *adj.* important I-1
  Il est important que… It is important that… II-6
impossible *adj.* impossible II-7
  Il est impossible que… It is impossible that… II-7
imprimante *f.* printer II-3
imprimer *v.* to print II-3
incendie *m.* fire II-6
  prévenir l'incendie to prevent a fire II-6
incroyable *adj.* incredible II-3
indépendamment *adv.* independently I-8, II-P
indépendant(e) *adj.* independent I-1
indications *f.* directions II-4
indiquer *v.* to indicate I-5
indispensable *adj.* essential, indispensable II-6
  Il est indispensable que… It is essential that… II-6
individuel(le) *adj.* single, individual I-7
  chambre individuelle *f.* single (hotel) room I-7
infirmier/infirmière *m., f.* nurse II-2
informations (infos) *f., pl.* news II-7
informatique *f.* computer science I-2
ingénieur *m.* engineer I-3
inquiet/inquiète *adj.* worried I-3

instrument *m.* instrument I-1
intellectuel(le) *adj.* intellectual I-3
intelligent(e) *adj.* intelligent I-1
interdire *v.* to forbid, to prohibit II-6
intéressant(e) *adj.* interesting I-1
inutile *adj.* useless I-2
invité(e) *m., f.* guest I-6
inviter *v.* to invite I-4
irlandais(e) *adj.* Irish I-7
Irlande *f.* Ireland I-7
Italie *f.* Italy I-7
italien(ne) *adj.* Italian I-1

J

jaloux/jalouse *adj.* jealous I-3
jamais *adv.* never I-5
  ne... jamais never, not ever II-4
jambe *f.* leg II-2
jambon *m.* ham I-4
janvier *m.* January I-5
Japon *m.* Japan I-7
japonais(e) *adj.* Japanese I-1
jardin *m.* garden; yard I-8, II-P
jaune *adj.* yellow I-6
je/j' *sub. pron.* I I-1
  Je vous en prie. *form.* Please.; You're welcome. I-1
jean *m., sing.* jeans I-6
jeter *v.* to throw away II-6
jeu *m.* game I-5
  jeu télévisé *m.* game show II-7
  jeu vidéo (des jeux vidéo) *m.* video game(s) II-3
jeudi *m.* Thursday I-2
jeune *adj.* young I-3
  jeunes mariés *m., pl.* newlyweds I-6
jeunesse *f.* youth I-6
  auberge de jeunesse *f.* youth hostel I-7
jogging *m.* jogging I-5
  faire du jogging *v.* to go jogging I-5
joli(e) *adj.* handsome; beautiful I-3
joue *f.* cheek II-2
jouer (à/de) *v.* to play (*a sport/a musical instrument*) I-5
  jouer un rôle *v.* to play a role II-7
joueur/joueuse *m., f.* player I-5
jour *m.* day I-2
  jour de congé *m.* day off I-7
  jour férié *m.* holiday I-6
  Quel jour sommes-nous? *What day is it?* I-2
journal *m.* newspaper; journal I-7

journaliste *m., f.* journalist I-3
journée *f.* day I-2
juillet *m.* July I-5
juin *m.* June I-5
jungle *f.* jungle II-6
jupe *f.* skirt I-6
jus (d'orange/de pomme) *m.* (orange/apple) juice I-4
jusqu'à (ce que) *prep.* until II-4
juste *adv.* just; right I-3
  juste à côté right next door I-3

K

kilo(gramme) *m.* kilo(gram) II-1
kiosque *m.* kiosk I-4

L

l' *def. art., m., f. sing.* the I-1; *d.o. pron., m., f.* him; her; it I-7
la *def. art., f. sing.* the I-1; *d.o. pron., f.* her; it I-7
là(-bas) (over) there I-1
-là (*used with demonstrative adjective* ce *and noun or with demonstrative pronoun* celui) there I-6
lac *m.* lake II-6
laid(e) *adj.* ugly I-3
laine *f.* wool II-4
laisser *v.* to let, to allow II-3
  laisser tranquille *v.* to leave alone II-2
  laisser un message *v.* to leave a message II-5
  laisser un pourboire *v.* to leave a tip I-4
lait *m.* milk I-4
laitue *f.* lettuce II-1
lampe *f.* lamp I-8, II-P
langues (étrangères) *f., pl.* (foreign) languages I-2
lapin *m.* rabbit II-6
laquelle *pron., f., sing.* which one II-5
  à laquelle *pron., f., sing.* which one II-5
  de laquelle *pron., f., sing.* which one II-5
large *adj.* loose; big I-6
lavabo *m.* bathroom sink I-8, II-P
lave-linge *m.* washing machine I-8, II-P
laver *v.* to wash I-8, II-P
laverie *f.* laundromat II-4
lave-vaisselle *m.* dishwasher I-8, II-P
le *def. art., m. sing.* the I-1; *d.o. pron.* him; it I-7
légume *m.* vegetable II-1
lent(e) *adj.* slow I-3

lentement *adv.* slowly I-7
lequel *pron., m., sing.* which one II-5
  auquel (à + lequel) *pron., m., sing.* which one II-5
  duquel (de + lequel) *pron., m., sing.* which one II-5
les *def. art., m., f., pl.* the I-1; *d.o. pron., m., f., pl.* them I-7
lesquelles *pron., f., pl.* which ones II-5
  auxquelles (à + lesquelles) *pron., f., pl.* which ones II-5
  desquelles (de + lesquelles) *pron., f., pl.* which ones II-5
lesquels *pron., m., pl.* which ones II-5
  auxquels (à + lesquels) *pron., m., pl.* which ones II-5
  desquels (de + lesquels) *pron., m., pl.* which ones II-5
lessive *f.* laundry I-8, II-P
  faire la lessive *v.* to do the laundry I-8, II-P
lettre *f.* letter II-4
  boîte aux lettres *f.* mailbox II-4
  lettre de motivation *f.* letter of application II-5
  lettre de recommandation *f.* letter of recommendation, reference letter II-5
lettres *f., pl.* humanities I-2
leur *i.o. pron., m., f., pl.* them I-6
leur(s) *poss. adj., m., f.* their I-3
librairie *f.* bookstore I-1
libre *adj.* available I-7
lien *m.* link II-3
lieu *m.* place I-4
ligne *f.* figure, shape II-2
  garder la ligne *v.* to stay slim II-2
limitation de vitesse *f.* speed limit II-3
limonade *f.* lemon soda I-4
linge *m.* laundry I-8, II-P
  lave-linge *m.* washing machine I-8, II-P
  sèche-linge *m.* clothes dryer I-8, II-P
lire *v.* to read I-7
lit *m.* bed I-7
  faire le lit *v.* to make the bed I-8, II-P
littéraire *adj.* literary II-7
littérature *f.* literature I-1
livre *m.* book I-1
logement *m.* housing I-8, II-P
logiciel *m.* software, program II-3
loi *f.* law II-6
loin de *prep.* far from I-3
loisir *m.* leisure activity I-5
long(ue) *adj.* long I-3

chemise à manches longues *f.* long-sleeved shirt I-6
longtemps *adv.* a long time I-5
louer *v.* to rent I-8, II-P
loyer *m.* rent I-8, II-P
lu (lire) *p.p.* read I-7
lui *pron., sing.* he I-1; him I-3; *i.o. pron.* (*attached to imperative*) to him/her II-1
l'un(e) à l'autre to one another II-3
l'un(e) l'autre one another II-3
lundi *m.* Monday I-2
Lune *f.* moon II-6
lunettes (de soleil) *f., pl.* (sun)glasses I-6
lycée *m.* high school I-1
lycéen(ne) *m., f.* high school student I-2

M

ma *poss. adj., f., sing.* my I-3
Madame *f.* Ma'am; Mrs. I-1
Mademoiselle *f.* Miss I-1
magasin *m.* store I-4
grand magasin *m.* department store I-4
magazine *m.* magazine II-7
magnétophone *m.* tape recorder II-3
magnétoscope *m.* videocassette recorder (VCR) II-3
mai *m.* May I-5
maigrir *v.* to lose weight I-4
maillot de bain *m.* swimsuit, bathing suit I-6
main *f.* hand I-5
sac à main *m.* purse, handbag I-6
maintenant *adv.* now I-5
maintenir *v.* to maintain II-1
mairie *f.* town/city hall; mayor's office II-4
mais *conj.* but I-1
mais non (but) of course not; no I-2
maison *f.* house I-4
rentrer à la maison *v.* to return home I-2
mal *adv.* badly I-7
Je vais mal. I am doing badly. I-1
le plus mal *super. adv.* the worst II-1
se porter mal *v.* to be doing badly II-2
mal *m.* illness; ache, pain II-2
avoir mal *v.* to have an ache II-2
avoir mal au cœur *v.* to feel nauseated II-2
faire mal *v.* to hurt II-2
malade *adj.* sick, ill II-2

tomber malade *v.* to get sick II-2
maladie *f.* illness II-5
assurance maladie *f.* health insurance II-5
malheureusement *adv.* unfortunately I-7
malheureux/malheureuse *adj.* unhappy I-3
manche *f.* sleeve I-6
chemise à manches courtes/ longues *f.* short-/long-sleeved shirt I-6
manger *v.* to eat I-2
salle à manger *f.* dining room I-8, II-P
manteau *m.* coat I-6
maquillage *m.* makeup II-2
marchand de journaux *m.* newsstand II-4
marché *m.* market I-4
bon marché *adj.* inexpensive I-6
marcher *v.* to walk (*person*) I-5; to work (*thing*) II-3
mardi *m.* Tuesday I-2
mari *m.* husband I-3
mariage *m.* marriage; wedding (*ceremony*) I-6
marié(e) *adj.* married I-3
mariés *m., pl.* married couple I-6
jeunes mariés *m., pl.* newlyweds I-6
marocain(e) *adj.* Moroccan I-1
marron *adj., inv.* (not for hair) brown I-3
mars *m.* March I-5
martiniquais(e) *adj.* from Martinique I-1
match *m.* game I-5
mathématiques (maths) *f., pl.* mathematics I-2
matin *m.* morning I-2
ce matin *adv.* this morning I-2
demain matin *adv.* tomorrow morning I-2
hier matin *adv.* yesterday morning I-7
matinée *f.* morning I-2
mauvais(e) *adj.* bad I-3
Il fait mauvais. The weather is bad. I-5
le/la plus mauvais(e) *super. adj.* the worst II-1
mayonnaise *f.* mayonnaise II-1
me/m' *pron., sing.* me; myself I-6
mec *m.* guy II-2
mécanicien *m.* mechanic II-3
mécanicienne *f.* mechanic II-3
méchant(e) *adj.* mean I-3
médecin *m.* doctor I-3
médicament (contre/pour) *m.* medication (against/for) II-2
meilleur(e) *comp. adj.* better II-1

le/la meilleur(e) *super. adj.* the best II-1
membre *m.* member II-7
même *adj.* even I-5; same
-même(s) *pron.* -self/-selves I-6
menacé(e) *adj.* endangered II-6
espèce menacée *f.* endangered species II-6
ménage *m.* housework I-8, II-P
faire le ménage *v.* to do housework I-8, II-P
ménager/ménagère *adj.* household I-8, II-P
appareil ménager *m.* household appliance I-8, II-P
tâche ménagère *f.* household chore I-8, II-P
mention *f.* distinction II-5
menu *m.* menu II-1
mer *f.* sea I-7
Merci (beaucoup). Thank you (very much). I-1
mercredi *m.* Wednesday I-2
mère *f.* mother I-3
belle-mère *f.* mother-in-law; stepmother I-3
mes *poss. adj., m., f., pl.* my I-3
message *m.* message II-5
laisser un message *v.* to leave a message II-5
messagerie *f.* voicemail II-5
météo *f.* weather II-7
métier *m.* profession II-5
métro *m.* subway I-7
station de métro *f.* subway station I-7
metteur en scène *m.* director (*of a play*) II-7
mettre *v.* to put, to place 6
mettre la table to set the table I-8, II-P
meuble *m.* piece of furniture I-8, II-P
mexicain(e) *adj.* Mexican I-1
Mexique *m.* Mexico I-7
Miam! *interj.* Yum! I-5
micro-onde *m.* microwave oven I-8, II-P
four à micro-ondes *m.* microwave oven I-8, II-P
midi *m.* noon I-2
après-midi *m.* afternoon I-2
mieux *comp. adv.* better II-1
aimer mieux *v.* to prefer I-2
le mieux *super. adv.* the best II-1
se porter mieux *v.* to be doing better II-2
mille *m.* one thousand I-5
cent mille *m.* one hundred thousand I-5
million, un *m.* one million I-5
deux millions *m.* two million I-5

minuit *m.* midnight I-2
miroir *m.* mirror I-8, II-P
mis (mettre) *p.p.* put, placed I-6
mode *f.* fashion I-2
modeste *adj.* modest II-5
moi *disj. pron., sing.* I, me I-3; *pron. (attached to an imperative)* to me, to myself II-1
  Moi aussi. Me too. I-1
  Moi non plus. Me neither. I-2
moins *adv.* before … (o'clock) I-2
moins (de) *adv.* less (of); fewer I-4
  le/la moins *super. adv. (used with verb or adverb)* the least II-1
  le moins de… *(used with noun to express quantity)* the least… II-6
  moins de… que… *(used with noun to express quantity)* less… than… II-6
mois *m.* month I-2
  ce mois-ci this month I-2
moment *m.* moment I-1
mon *poss. adj., m., sing.* my I-3
monde *m.* world I-7
monnaie *f.* change, coins; money II-4
Monsieur *m.* Sir; Mr. I-1
montagne *f.* mountain I-4
monter *v.* to go up, to come up; to get in/on I-7
montre *f.* watch I-1
montrer (à) *v.* to show (*to someone*) I-6
morceau (de) *m.* piece, bit (of) I-4
mort *f.* death I-6
mort (mourir) *p.p., adj. (as past participle)* died; *(as adjective)* dead I-7
mot de passe *m.* password II-3
moteur *m.* engine II-3
mourir *v.* to die I-7
moutarde *f.* mustard II-1
moyen(ne) *adj.* medium I-3
  de taille moyenne of medium height I-3
MP3 *m.* MP3 II-3
mur *m.* wall I-8, II-P
musée *m.* museum I-4
  faire les musées *v.* to go to museums II-7
musical(e) *adj.* musical II-7
  comédie musicale *f.* musical II-7
musicien(ne) *m., f.* musician I-3
musique: faire de la musique *v.* to play music II-7

N

nager *v.* to swim I-4
naïf/naïve *adj.* naïve I-3
naissance *f.* birth I-6
naître *v.* to be born I-7
nappe *f.* tablecloth II-1
nationalité *f.* nationality I-1
  Je suis de nationalité… I am of … nationality. I-1
  Quelle est ta nationalité? *fam.* What is your nationality? I-1
  Quelle est votre nationalité? *fam., pl., form.* What is your nationality? I-1
nature *f.* nature II-6
naturel(le) *adj.* natural II-6
  ressource naturelle *f.* natural resource II-6
né (naître) *p.p., adj.* born I-7
ne/n' no, not I-1
  ne… aucun(e) none, not any II-4
  ne… jamais never, not ever II-4
  ne… ni… ni… neither… nor… II-4
  ne… pas no, not I-2
  ne… personne nobody, no one II-4
  ne… plus no more, not anymore II-4
  ne… que only II-4
  ne… rien nothing, not anything II-4
  N'est-ce pas? *(tag question)* Isn't it? I-2
nécessaire *adj.* necessary II-6
  Il est nécessaire que… It is necessary that… II-6
neiger *v.* to snow I-5
  Il neige. It is snowing. I-5
nerveusement *adv.* nervously I-8, II-P
nerveux/nerveuse *adj.* nervous I-3
nettoyer *v.* to clean I-5
neuf *m.* nine I-1
neuvième *adj.* ninth I-7
neveu *m.* nephew I-3
nez *m.* nose II-2
ni nor II-4
  ne… ni… ni… neither… nor… II-4
nièce *f.* niece I-3
niveau *m.* level II-5
noir(e) *adj.* black I-3
non no I-2
  mais non (but) of course not; no I-2
nord *m.* north II-4

nos *poss. adj., m., f., pl.* our I-3
note *f. (academics)* grade I-2
notre *poss. adj., m., f., sing.* our I-3
nourriture *f.* food, sustenance II-1
nous *pron.* we I-1; us I-3; ourselves II-2
nouveau/nouvelle *adj.* new I-3
nouvelles *f., pl.* news II-7
novembre *m.* November I-5
nuage de pollution *m.* pollution cloud II-6
nuageux/nuageuse *adj.* cloudy I-5
  Le temps est nuageux. It is cloudy. I-5
nucléaire *adj.* nuclear II-6
  centrale nucléaire *f.* nuclear plant II-6
  énergie nucléaire *f.* nuclear energy II-6
nuit *f.* night I-2
  boîte de nuit *f.* nightclub I-4
nul(le) *adj.* useless I-2
numéro *m. (telephone)* number II-3
  composer un numéro *v.* to dial a number II-3
  recomposer un numéro *v.* to redial a number II-3

O

objet *m.* object I-1
obtenir *v.* to get, to obtain II-5
occupé(e) *adj.* busy I-1
octobre *m.* October I-5
œil (les yeux) *m.* eye (eyes) II-2
œuf *m.* egg II-1
œuvre *f.* artwork, piece of art II-7
  chef-d'œuvre *m.* masterpiece II-7
  hors-d'œuvre *m.* hors d'œuvre, starter II-1
offert (offrir) *p.p.* offered II-3
office du tourisme *m.* tourist office II-4
offrir *v.* to offer II-3
oignon *m.* onion II-1
oiseau *m.* bird I-3
olive *f.* olive II-1
  huile d'olive *f.* olive oil II-1
omelette *f.* omelette I-5
on *sub. pron., sing.* one (we) I-1
  on y va let's go II-2
oncle *m.* uncle I-3
onze *m.* eleven I-1
onzième *adj.* eleventh I-7
opéra *m.* opera II-7
optimiste *adj.* optimistic I-1
orageux/orageuse *adj.* stormy I-5
  Le temps est orageux. It is stormy. I-5

orange *adj. inv.* orange I-6;
f. orange II-1
orchestre *m.* orchestra II-7
ordinateur *m.* computer I-1
ordonnance *f.* prescription II-2
ordures *f., pl.* trash II-6
   ramassage des ordures *m.*
garbage collection II-6
oreille *f.* ear II-2
oreiller *m.* pillow I-8, II-P
organiser (une fête) *v.* to
organize/to plan (a party) I-6
origine *f.* heritage I-1
   Je suis d'origine... I am of...
heritage. I-1
orteil *m.* toe II-2
ou *or* I-3
où *adv., rel. pron.* where 4
ouais *adv.* yeah I-2
oublier (de) *v.* to forget (*to do
something*) I-2
ouest *m.* west II-4
oui *adv.* yes I-2
ouvert (ouvrir) *p.p., adj. (as past
participle)* opened; (*as adjective*)
open II-3
ouvrier/ouvrière *m., f.* worker,
laborer II-5
ouvrir *v.* to open II-3
ozone *m.* ozone II-6
   **trou dans la couche
d'ozone** *m.* hole in the ozone
layer II-6

P

page d'accueil *f.* home page II-3
pain (de campagne) *m.*
(country-style) bread I-4
panne *f.* breakdown,
malfunction II-3
   tomber en panne *v.* to break
down II-3
pantalon *m., sing.* pants I-6
pantoufle *f.* slipper II-2
papeterie *f.* stationery store II-4
papier *m.* paper I-1
   corbeille à papier
f. wastebasket I-1
   feuille de papier *f.* sheet of
paper I-1
paquet cadeau *m.* wrapped
gift I-6
par *prep.* by I-3
   par jour/semaine/mois/an
per day/week/month/year I-5
parapluie *m.* umbrella I-5
parc *m.* park I-4
parce que *conj.* because I-2
Pardon. Pardon (me). I-1
Pardon? What? I-4
pare-brise *m.* windshield II-3
pare-chocs *m.* bumper II-3

parents *m., pl.* parents I-3
paresseux/paresseuse *adj.*
lazy I-3
parfait(e) *adj.* perfect I-4
parfois *adv.* sometimes I-5
parking *m.* parking lot II-3
parler (à) *v.* to speak (to) I-6
   parler (au téléphone) *v.* to
speak (on the phone) I-2
partager *v.* to share I-2
partir *v.* to leave I-5
   partir en vacances *v.* to go
on vacation I-7
pas (de) *adv.* no, none II-4
   ne... pas no, not I-2
   pas de problème no
problem II-4
   pas du tout not at all I-2
   pas encore not yet I-8, II-P
   Pas mal. Not badly. I-1
passager/passagère *m., f.*
passenger I-7
passeport *m.* passport I-7
passer *v.* to pass by; to spend
time I-7
   passer chez quelqu'un *v.* to
stop by someone's house I-4
   passer l'aspirateur *v.* to
vacuum I-8, II-P
   passer un examen *v.* to take
an exam I-2
passe-temps *m.* pastime,
hobby I-5
pâté (de campagne) *m.* pâté,
meat spread II-1
pâtes *f., pl.* pasta II-1
patiemment *adv.* patiently
I-8, II-P
patient(e) *m., f.* patient II-2;
adj. patient I-1
patienter *v.* to wait (on the
phone), to be on hold II-5
patiner *v.* to skate I-4
pâtisserie *f.* pastry shop, bakery,
pastry II-1
patron(ne) *m., f.* boss II-5
pauvre *adj.* poor I-3
payé (payer) *p.p., adj.* paid II-5
   être bien/mal payé(e) *v.* to
be well/badly paid II-5
payer *v.* to pay I-5
   **payer par carte (bancaire/
de crédit)** *v.* to pay with a
(debit/credit) card II-4
   payer en espèces *v.* to pay
in cash II-4
   payer par chèque *v.* to pay
by check II-4
pays *m.* country I-7
peau *f.* skin II-2
pêche *f.* fishing I-5; peach II-1
   aller à la pêche *v.* to go
fishing I-5

peigne *m.* comb II-2
peintre/femme peintre *m., f.*
painter II-7
peinture *f.* painting II-7
pendant (que) *prep.* during,
while I-7
   pendant (*with time expression*)
prep. for II-1
pénible *adj.* tiresome I-3
penser (que) *v.* to think (that) I-2
   ne pas penser que... to not
think that... II-7
   Qu'en penses-tu? What do
you think about that? II-6
perdre *v.* to lose I-6
   perdre son temps *v.* to waste
time I-6
perdu *p.p., adj.* lost II-4
   être perdu(e) to be lost II-4
père *m.* father I-3
   beau-père *m.* father-in-law;
stepfather I-3
permettre (de) *v.* to allow (*to
do something*) I-6
permis *m.* permit; license II-3
   permis de conduire *m.* driver's
license II-3
permis (permettre) *p.p., adj.*
permitted, allowed I-6
personnage (principal) *m.*
(main) character II-7
personne *f.* person I-1; *pron.* no
one II-4
   ne... personne nobody, no
one II-4
pessimiste *adj.* pessimistic I-1
petit(e) *adj.* small I-3; short
(*stature*) I-3
   petit(e) ami(e) *m., f.* boy-
friend/girlfriend I-1
petit-déjeuner *m.* breakfast II-1
petite-fille *f.* granddaughter I-3
petit-fils *m.* grandson I-3
petits-enfants *m., pl.* grandchildren I-3
petits pois *m., pl.* peas II-1
peu (de) *adv.* little; not much
(of) I-2
peur *f.* fear I-2
   avoir peur (de/que) *v.* to be
afraid (of/that) I-2
peut-être *adv.* maybe, perhaps I-2
phares *m., pl.* headlights II-3
pharmacie *f.* pharmacy II-2
pharmacien(ne) *m., f.*
pharmacist II-2
philosophie *f.* philosophy I-2
photo(graphie) *f.* photo
(graph) I-3
physique *f.* physics I-2
piano *m.* piano II-7
pièce *f.* room I-8, II-P
pièce de théâtre *f.* play II-7

pièces de monnaie *f., pl.* change II-4
pied *m.* foot II-2
pierre *f.* stone II-6
pilule *f.* pill II-2
pique-nique *m.* picnic II-6
piqûre *f.* shot, injection II-2
  faire une piqûre *v.* to give a shot II-2
pire *comp. adj.* worse II-1
  le/la pire *super. adj.* the worst II-1
piscine *f.* pool I-4
placard *m.* closet; cupboard I-8, II-P
place *f.* square; place I-4; *f.* seat II-7
plage *f.* beach I-7
plaisir *m.* pleasure, enjoyment II-5
  faire plaisir à quelqu'un *v.* to please someone II-5
plan *m.* map I-7
  utiliser un plan *v.* to use a map I-7
planche à voile *f.* windsurfing I-5
  faire de la planche à voile *v.* to go windsurfing I-5
planète *f.* planet II-6
  sauver la planète *v.* to save the planet II-6
plante *f.* plant II-6
plastique *m.* plastic II-6
  emballage en plastique *m.* plastic wrapping/packaging II-6
plat (principal) *m.* (main) dish II-1
plein air *m.* outdoor, open-air II-6
pleine forme *f.* good shape, good state of health II-2
  être en pleine forme *v.* to be in good shape II-2
pleurer *v.* to cry
pleuvoir *v.* to rain I-5
  Il pleut. It is raining. I-5
plombier *m.* plumber II-5
plu (pleuvoir) *p.p.* rained I-6
pluie acide *f.* acid rain II-6
plus *adv. (used in comparatives, superlatives, and expressions of quantity)* more I-4
  le/la plus ... *super. adv. (used with adjective)* the most II-1
  le/la plus mauvais(e) *super. adj.* the worst II-1
  le plus *super. adv. (used with verb or adverb)* the most II-1
  le plus de... *(used with noun to express quantity)* the most... II-6
  le plus mal *super. adv.* the worst II-1
  plus... que *(used with adjective)* more... than II-1

plus de more of I-4
plus de... que *(used with noun to express quantity)* more... than II-6
plus mal *comp. adv.* worse II-1
plus mauvais(e) *comp. adj.* worse II-1
plus *adv.* no more, not any-more II-4
  ne... plus no more, not any-more II-4
plusieurs *adj.* several I-4
plutôt *adv.* rather I-2
pneu (crevé) *m.* (flat) tire II-3
  vérifier la pression des pneus *v.* to check the tire pressure II-3
poème *m.* poem II-7
poète/poétesse *m., f.* poet II-7
point *m. (punctuation mark)* period II-3
poire *f.* pear II-1
poisson *m.* fish I-3
poissonnerie *f.* fish shop II-1
poitrine *f.* chest II-2
poivre *m. (spice)* pepper II-1
poivron *m. (vegetable)* pepper II-1
poli(e) *adj.* polite I-1
police *f.* police II-3
  agent de police *m.* police officer II-3
  commissariat de police *m.* police station II-4
policier *m.* police officer II-3
  film policier *m.* detective film II-7
policière *f.* police officer II-3
poliment *adv.* politely I-8, II-P
politique *adj.* political I-2
  femme politique *f.* politician II-5
  homme politique *m.* politician II-5
  sciences politiques (sciences po) *f., pl.* political science I-2
polluer *v.* to pollute II-6
pollution *f.* pollution II-6
  nuage de pollution *m.* pollution cloud II-6
pomme *f.* apple II-1
pomme de terre *f.* potato II-1
pompier/femme pompier *m., f.* firefighter II-5
pont *m.* bridge II-4
population croissante *f.* growing population II-6
porc *m.* pork II-1
portable *m.* cell phone II-3
porte *f.* door I-1
porter *v.* to wear I-6
portière *f.* car door II-3
portrait *m.* portrait I-5
poser une question (à) *v.* to ask *(someone)* a question I-6

posséder *v.* to possess, to own I-5
possible *adj.* possible II-7
  Il est possible que... It is possible that... II-6
poste *f.* postal service; post office II-4
  bureau de poste *m.* post office II-4
poste *m.* position II-5
poster une lettre *v.* to mail a letter II-4
postuler *v.* to apply II-5
poulet *m.* chicken II-1
pour *prep.* for I-5
  pour qui? for whom? I-4
  pour rien for no reason I-4
  pour que so that II-7
pourboire *m.* tip I-4
  laisser un pourboire *v.* to leave a tip I-4
pourquoi? *adv.* why? I-2
poussière *f.* dust I-8, II-P
  enlever/faire la poussière *v.* to dust I-8, II-P
pouvoir *v.* to be able to; can II-1
pratiquer *v.* to play regularly, to practice I-5
préféré(e) *adj.* favorite, preferred I-2
préférer (que) *v.* to prefer (that) I-5
premier *m.* the first (*day of the month*) I-5
  C'est le 1er (premier) octobre. It is October first. I-5
premier/première *adj.* first I-2
prendre *v.* to take I-4; to have I-4
  prendre sa retraite *v.* to retire I-6
  prendre un train/avion/taxi/autobus/bateau *v.* to take a train/plane/taxi/bus/boat I-7
  prendre un congé *v.* to take time off II-5
  prendre une douche *v.* to take a shower II-2
  prendre (un) rendez-vous *v.* to make an appointment II-5
  prendre une photo(graphe) *v.* to take a photo(graph) II-3
préparer *v.* to prepare (for) I-2
près (de) *prep.* close (to), near I-3
  tout près (de) very close (to) II-4
présenter *v.* to present, to introduce II-7
  Je te présente... *fam.* I would like to introduce... to you. I-1
  Je vous présente... *fam., form.* I would like to introduce... to you. I-1

préservation *f.* protection II-6
préserver *v.* to preserve II-6
presque *adv.* almost I-2
pressé(e) *adj.* hurried II-1
pression *f.* pressure II-3
  vérifier la pression des pneus to check the tire pressure II-3
prêt(e) *adj.* ready I-3
prêter (à) *v.* to lend (*to someone*) I-6
prévenir l'incendie *v.* to prevent a fire II-6
principal(e) *adj.* main, principal II-1
  personnage principal *m.* main character II-7
  plat principal *m.* main dish II-1
printemps *m.* spring I-5
  au printemps in the spring I-5
pris (prendre) *p.p., adj.* taken I-6
prix *m.* price I-4
problème *m.* problem I-1
prochain(e) *adj.* next I-2
produire *v.* to produce I-6
produit *m.* product II-6
produit (produire) *p.p., adj.* produced I-6
professeur *m.* teacher, professor I-1
profession (exigeante) *f.* (demanding) profession II-5
professionnel(le) *adj.* professional II-5
  expérience professionnelle *f.* professional experience II-5
profiter (de) *v.* to take advantage (of); to enjoy II-7
programme *m.* program II-7
projet *m.* project II-5
  faire des projets *v.* to make plans II-5
promenade *f.* walk, stroll I-5
  faire une promenade *v.* to go for a walk I-5
promettre *v.* to promise I-6
promis (promettre) *p.p., adj.* promised I-6
promotion *f.* promotion II-5
proposer (que) *v.* to propose (that) II-6
  proposer une solution *v.* to propose a solution II-6
propre *adj.* clean I-8, II-P
propriétaire *m., f.* owner I-8, II-P
protection *f.* protection II-6
protéger *v.* to protect 5
psychologie *f.* psychology I-2
psychologique *adj.* psychological II-7
psychologue *m., f.* psychologist II-5
pu (pouvoir) *p.p. (used with infinitive)* was able to 9

publicité (pub) *f.* advertisement II-7
publier *v.* to publish II-7
puis *adv.* then I-7
pull *m.* sweater I-6
pur(e) *adj.* pure II-6

Q

quand *adv.* when I-4
  C'est quand l'anniversaire de … ? When is …'s birthday? I-5
  C'est quand ton/votre anniversaire? When is your birthday? I-5
quarante *m.* forty I-1
quart *m.* quarter I-2
  et quart a quarter after… (o'clock) I-2
quartier *m.* area, neighborhood I-8, II-P
quatorze *m.* fourteen I-1
quatre *m.* four I-1
quatre-vingts *m.* eighty I-3
quatre-vingt-dix *m.* ninety I-3
quatrième *adj.* fourth I-7
que/qu' *rel. pron.* that; which II-3; *conj.* than II-1, II-6
  plus/moins … que (*used with adjective*) more/less … than II-1
  plus/moins de … que (*used with noun to express quantity*) more/less … than II-6
que/qu'…? *interr. pron.* what? I-4
  Qu'en penses-tu? What do you think about that? II-6
  Qu'est-ce que c'est? What is it? I-1
  Qu'est-ce qu'il y a? What is it?; What's wrong? I-1
que *adv.* only II-4
  ne… que only II-4
québécois(e) *adj.* from Quebec I-1
quel(le)(s)? *interr. adj.* which? I-4; what? I-4
  À quelle heure? What time?; When? I-2
  Quel jour sommes-nous? What day is it? I-2
  Quelle est la date? What is the date? I-5
  Quelle est ta nationalité? *fam.* What is your nationality? I-1
  Quelle est votre nationalité? *form.* What is your nationality? I-1
  Quelle heure avez-vous? *form.* What time do you have? I-2
  Quelle heure est-il? What time is it? I-2
  Quelle température fait-il? (*weather*) What is the temperature? I-5

  Quel temps fait-il? What is the weather like? I-5
quelqu'un *pron.* someone II-4
quelque chose *m.* something; anything I-4
  Quelque chose ne va pas. Something's not right. I-5
quelquefois *adv.* sometimes I-7
quelques *adj.* some I-4
question *f.* question I-6
  poser une question (à) to ask (*someone*) a question I-6
queue *f.* line II-4
  faire la queue *v.* to wait in line II-4
qui? *interr. pron.* who? I-4; whom? I-4; *rel. pron.* who, that II-3
  à qui? to whom? I-4
  avec qui? with whom? I-4
  C'est de la part de qui? On behalf of whom? II-5
  Qui est à l'appareil? Who's calling, please? II-5
  Qui est-ce? Who is it? I-1
quinze *m.* fifteen I-1
quitter (la maison) *v.* to leave (the house) I-4
  Ne quittez pas. Please hold. II-5
quoi? *interr. pron.* what? I-1
  Il n'y a pas de quoi. It's nothing.; You're welcome. I-1
  quoi que ce soit whatever it may be II-5

R

raccrocher *v.* to hang up II-5
radio *f.* radio II-7
  à la radio on the radio II-7
raide *adj.* straight I-3
raison *f.* reason; right I-2
  avoir raison *v.* to be right I-2
ramassage des ordures *m.* garbage collection II-6
randonnée *f.* hike I-5
  faire une randonnée *v.* to go for a hike I-5
ranger *v.* to tidy up, to put away I-8, II-P
rapide *adj.* fast I-3
rapidement *adv.* quickly I-7
rarement *adv.* rarely I-5
rasoir *m.* razor II-2
ravissant(e) *adj.* beautiful; delightful II-5
réalisateur/réalisatrice *m., f.* director (*of a movie*) II-7
récent(e) *adj.* recent II-7
réception *f.* reception desk I-7
recevoir *v.* to receive II-4

réchauffement de la Terre *m.* global warming II-6

recharger *v.* to charge (battery) II-3

rechercher *v.* to search for, to look for II-5

recommandation *f.* recommendation II-5

recommander (que) *v.* to recommend (that) II-6

recomposer (un numéro) *v.* to redial (a number) II-3

reconnaître *v.* to recognize I-8, II-P

reconnu (reconnaître) *p.p., adj.* recognized I-8, II-P

reçu *m.* receipt II-4

reçu (recevoir) *p.p., adj.* received I-7

　être reçu(e) à un examen to pass an exam I-2

recyclage *m.* recycling II-6

recycler *v.* to recycle II-6

redémarrer *v.* to restart, to start again II-3

réduire *v.* to reduce I-6

réduit (réduire) *p.p., adj.* reduced I-6

référence *f.* reference II-5

réfléchir (à) *v.* to think (about), to reflect (on) I-4

refuser (de) *v.* to refuse (*to do something*) II-3

regarder *v.* to watch I-2

　Ça ne nous regarde pas. That has nothing to do with us.; That is none of our business. II-6

régime *m.* diet II-2

　être au régime *v.* to be on a diet II-1

région *f.* region II-6

regretter (que) *v.* to regret (that) II-6

remplir (un formulaire) *v.* to fill out (a form) II-4

rencontrer *v.* to meet I-2

rendez-vous *m.* date; appointment I-6

　prendre (un) rendez-vous *v.* to make an appointment II-5

rendre (à) *v.* to give back, to return (to) I-6

　rendre visite (à) *v.* to visit I-6

rentrer (à la maison) *v.* to return (home) I-2

　rentrer (dans) *v.* to hit II-3

renvoyer *v.* to dismiss, to let go II-5

réparer *v.* to repair II-3

repartir *v.* to go back II-7

repas *m.* meal II-1

repasser *v.* to take again II-7

　repasser (le linge) *v.* to iron (the laundry) I-8, II-P

　fer à repasser *m.* iron I-8, II-P

répéter *v.* to repeat; to rehearse I-5

répondeur (téléphonique) *m.* answering machine II-3

répondre (à) *v.* to respond, to answer (to) I-6

réseau (social) *m.* (social) network II-3

réservation *f.* reservation I-7

　annuler une réservation *v.* to cancel a reservation I-7

réservé(e) *adj.* reserved I-1

réserver *v.* to reserve I-7

réservoir d'essence *m.* gas tank II-3

responsable *m., f.* manager, supervisor II-5

ressource naturelle *f.* natural resource II-6

restaurant *m.* restaurant I-4

rester *v.* to stay I-7

résultat *m.* result I-2

retenir *v.* to keep, to retain II-1

retirer (de l'argent) *v.* to withdraw (money) II-4

retourner *v.* to return I-7

retraite *f.* retirement I-6

　prendre sa retraite *v.* to retire I-6

retraité(e) *m., f.* retired person II-5

retrouver *v.* to find (again); to meet up with I-2

rétroviseur *m.* rear-view mirror II-3

réunion *f.* meeting II-5

réussir (à) *v.* to succeed (*in doing something*) I-4

réussite *f.* success II-5

réveil *m.* alarm clock II-2

revenir *v.* to come back II-1

rêver (de) *v.* to dream about II-3

revoir *v.* to see again II-7

　Au revoir. Good-bye. I-1

revu (revoir) *p.p.* seen again II-7

rez-de-chaussée *m.* ground floor I-7

rhume *m.* cold II-2

ri (rire) *p.p.* laughed I-6

rideau *m.* curtain I-8, II-P

rien *m.* nothing II-4

　De rien. You're welcome. I-1

　ne... rien nothing, not anything II-4

　ne servir à rien *v.* to be good for nothing II-1

rire *v.* to laugh I-6

rivière *f.* river II-6

riz *m.* rice II-1

robe *f.* dress I-6

rôle *m.* role II-6

　jouer un rôle *v.* to play a role II-7

roman *m.* novel II-7

rose *adj.* pink I-6

roue (de secours) *f.* (emergency) tire II-3

rouge *adj.* red I-6

rouler en voiture *v.* to ride in a car I-7

rue *f.* street II-3

　suivre une rue *v.* to follow a street II-4

S

s'adorer *v.* to adore one another II-3

s'aider *v.* to help one another II-3

s'aimer (bien) *v.* to love (like) one another II-3

s'allumer *v.* to light up II-3

s'amuser *v.* to play; to have fun II-2

　s'amuser à *v.* to pass time by II-3

s'apercevoir *v.* to notice; to realize II-4

s'appeler *v.* to be named, to be called II-2

　Comment t'appelles-tu? *fam.* What is your name? I-1

　Comment vous appelez-vous? *form.* What is your name? I-1

　Je m'appelle... My name is... I-1

s'arrêter *v.* to stop II-2

s'asseoir *v.* to sit down II-2

sa *poss. adj., f., sing.* his; her; its I-3

sac *m.* bag I-1

　sac à dos *m.* backpack I-1

　sac à main *m.* purse, handbag I-6

sain(e) *adj.* healthy II-2

saison *f.* season I-5

salade *f.* salad II-1

salaire (élevé/modeste) *m.* (high/low) salary II-5

　augmentation de salaire *f.* raise in salary II-5

sale *adj.* dirty I-8, II-P

salir *v.* to soil, to make dirty I-8, II-P

salle *f.* room I-8, II-P

　salle à manger *f.* dining room I-8, II-P

　salle de bains *f.* bathroom I-8, II-P

　salle de classe *f.* classroom I-1

salle de séjour *f.* living/family room I-8, II-P

salon *m.* formal living room, sitting room I-8, II-P

salon de beauté *m.* beauty salon II-4

Salut! Hi!; Bye! I-1

samedi *m.* Saturday I-2

sandwich *m.* sandwich I-4

sans *prep.* without I-8, II-P

sans que *conj.* without II-7

santé *f.* health II-2

être en bonne/mauvaise santé *v.* to be in good/bad health II-2

saucisse *f.* sausage II-1

sauvegarder *v.* to save II-3

sauver (la planète) *v.* to save (the planet) II-6

sauvetage des habitats *m.* habitat preservation II-6

savoir *v.* to know (*facts*), to know how to do something I-8, II-P

savoir (que) *v.* to know (that) II-7

Je n'en sais rien. I don't know anything about it. II-6

savon *m.* soap II-2

sciences *f., pl.* science I-2

sciences politiques (sciences po) *f., pl.* political science I-2

sculpture *f.* sculpture II-7

sculpteur/sculptrice *m., f.* sculptor II-7

se/s' *pron., sing., pl. (used with reflexive verb)* himself; herself; itself; 10 (*used with reciprocal verb*) each other II-3

séance *f.* show; screening II-7

se blesser *v.* to hurt oneself II-2

se brosser (les cheveux/les dents) *v.* to brush one's (hair/teeth) II-1

se casser *v.* to break II-2

sèche-linge *m.* clothes dryer I-8, II-P

se coiffer *v.* to do one's hair II-2

se connaître *v.* to know one another II-3

se coucher *v.* to go to bed II-2

secours *m.* help II-3

Au secours! Help! II-3

s'écrire *v.* to write one another II-3

sécurité *f.* security; safety

attacher sa ceinture de sécurité *v.* to buckle one's seatbelt II-3

se dépêcher *v.* to hurry II-2

se déplacer *v.* to move, to change location II-4

se déshabiller *v.* to undress II-2

se détendre *v.* to relax II-2

se dire *v.* to tell one another II-3

se disputer (avec) *v.* to argue (with) II-2

se donner *v.* to give one another II-3

se fouler (la cheville) *v.* to twist/to sprain one's (ankle) II-2

se garer *v.* to park II-3

seize *m.* sixteen I-1

séjour *m.* stay I-7

faire un séjour *v.* to spend time (*somewhere*) I-7

salle de séjour *f.* living room I-8, II-P

sel *m.* salt II-1

se laver (les mains) *v.* to wash oneself (one's hands) II-2

se lever *v.* to get up, to get out of bed II-2

semaine *f.* week I-2

cette semaine this week I-2

s'embrasser *v.* to kiss one another II-3

se maquiller *v.* to put on makeup II-2

se mettre *v.* to put (*something*) on (*yourself*) II-2

se mettre à *v.* to begin to II-2

se mettre en colère *v.* to become angry II-2

s'endormir *v.* to fall asleep, to go to sleep II-2

s'énerver *v.* to get worked up, to become upset II-2

sénégalais(e) *adj.* Senegalese I-1

s'ennuyer *v.* to get bored II-2

s'entendre bien (avec) *v.* to get along well (with one another) II-2

sentier *m.* path II-6

sentir *v.* to feel; to smell; to sense I-5

séparé(e) *adj.* separated I-3

se parler *v.* to speak to one another II-3

se porter mal/mieux *v.* to be ill/better II-2

se préparer (à) *v.* to get ready; to prepare (*to do something*) II-2

se promener *v.* to take a walk II-2

sept *m.* seven I-1

septembre *m.* September I-5

septième *adj.* seventh I-7

se quitter *v.* to leave one another II-3

se raser *v.* to shave oneself II-2

se réconcilier *v.* to make up II-7

se regarder *v.* to look at oneself; to look at each other II-2

se relever *v.* to get up again II-2

se rencontrer *v.* to meet one another, to make each other's acquaintance II-3

se rendre compte *v.* to realize II-2

se reposer *v.* to rest II-2

se retrouver *v.* to meet one another (*as planned*) II-3

se réveiller *v.* to wake up II-2

se sécher *v.* to dry oneself II-2

se sentir *v.* to feel II-2

sérieux/sérieuse *adj.* serious I-3

serpent *m.* snake II-6

serre *f.* greenhouse II-6

effet de serre *m.* greenhouse effect II-6

serré(e) *adj.* tight I-6

serveur/serveuse *m., f.* server I-4

serviette *f.* napkin II-1

serviette (de bain) *f.* (bath) towel II-2

servir *v.* to serve I-5

ses *poss. adj., m., f., pl.* his; her; its I-3

se souvenir (de) *v.* to remember II-2

se téléphoner *v.* to phone one another II-3

se tourner *v.* to turn (oneself) around II-2

se tromper (de) *v.* to be mistaken (about) II-2

se trouver *v.* to be located II-2

seulement *adv.* only I-8, II-P

s'habiller *v.* to dress II-2

shampooing *m.* shampoo II-2

shopping *m.* shopping I-7

faire du shopping *v.* to go shopping I-7

short *m., sing.* shorts I-6

si *conj.* if I-5

si *adv. (when contradicting a negative statement or question)* yes I-2

signer *v.* to sign II-4

S'il te plaît. *fam.* Please. I-1

S'il vous plaît. *form.* Please. I-1

sincère *adj.* sincere I-1

s'inquiéter *v.* to worry II-2

s'intéresser (à) *v.* to be interested (in) II-2

site Internet/web *m.* web site II-3

six *m.* six I-1

sixième *adj.* sixth I-7

ski *m.* skiing I-5

faire du ski *v.* to go skiing I-5

station de ski *f.* ski resort I-7

skier *v.* to ski I-5

smartphone *m.* smartphone II-3

SMS *m.* text message II-3

s'occuper (de) *v.* to take care (*of something*), to see to II-2

sociable *adj.* sociable I-1

sociologie *f.* sociology I-1

sœur *f.* sister I-3

belle-sœur *f.* sister-in-law I-3

demi-sœur *f.* half-sister, stepsister I-3
soie *f.* silk II-4
soif *f.* thirst I-4
  avoir soif *v.* to be thirsty I-4
soir *m.* evening I-2
  ce soir *adv.* this evening I-2
  demain soir *adv.* tomorrow evening I-2
  du soir *adv.* in the evening I-2
  hier soir *adv.* yesterday evening I-7
soirée *f.* evening I-2
sois (être) *imp. v.* be I-2
soixante *m.* sixty I-1
soixante-dix *m.* seventy I-3
solaire *adj.* solar II-6
  énergie solaire *f.* solar energy II-6
soldes *f., pl.* sales I-6
soleil *m.* sun I-5
  Il fait (du) soleil. It is sunny. I-5
solution *f.* solution II-6
  proposer une solution *v.* to propose a solution II-6
sommeil *m.* sleep I-2
  avoir sommeil *v.* to be sleepy I-2
son *poss. adj., m., sing.* his; her; its I-3
sonner *v.* to ring II-3
s'orienter *v.* to get one's bearings II-4
sorte *f.* sort, kind II-7
sortie *f.* exit I-7
sortir *v.* to go out, to leave I-5; to take out I-8, II-P
  sortir la/les poubelle(s) *v.* to take out the trash I-8, II-P
soudain *adv.* suddenly I-8, II-P
souffrir *v.* to suffer II-3
souffert (souffrir) *p.p.* suffered II-3
souhaiter (que) *v.* to wish (that) II-6
soupe *f.* soup I-4
  cuillère à soupe *f.* soupspoon II-1
sourire *v.* to smile I-6; *m.* smile II-4
souris *f.* mouse II-3
sous *prep.* under I-3
sous-sol *m.* basement I-8, II-P
sous-vêtement *m.* underwear I-6
souvent *adv.* often I-5
soyez (être) *imp. v.* be I-7
soyons (être) *imp. v.* let's be I-7
spécialiste *m., f.* specialist II-5
spectacle *m.* show I-5
spectateur/spectatrice *m., f.* spectator II-7
sport *m.* sport(s) I-5

faire du sport *v.* to do sports I-5
sportif/sportive *adj.* athletic I-3
stade *m.* stadium I-5
stage *m.* internship; professional training II-5
station (de métro) *f.* (subway) station I-7
station de ski *f.* ski resort I-7
station-service *f.* service station II-3
statue *f.* statue II-4
steak *m.* steak II-1
studio *m.* studio (*apartment*) I-8, II-P
stylo *m.* pen I-1
su (savoir) *p.p.* known I-8, II-P
sucre *m.* sugar I-4
sud *m.* south II-4
suggérer (que) *v.* to suggest (that) II-6
sujet *m.* subject II-6
  au sujet de on the subject of; about II-6
suisse *adj.* Swiss I-1
Suisse *f.* Switzerland I-7
suivre (un chemin/une rue/ un boulevard) *v.* to follow (a path/a street/a boulevard) II-4
supermarché *m.* supermarket II-1
sur *prep.* on I-3
sûr(e) *adj.* sure, certain II-1
  bien sûr of course I-2
  Il est sûr que... It is sure that... II-7
  Il n'est pas sûr que... It is not sure that... II-7
surpopulation *f.* overpopulation II-6
surpris (surprendre) *p.p., adj.* surprised I-6
  être surpris(e) que... *v.* to be surprised that... II-6
  faire une surprise à quelqu'un *v.* to surprise someone I-6
surtout *adv.* especially; above all I-2
sympa(thique) *adj.* nice I-1
symptôme *m.* symptom II-2
syndicat *m.* (*trade*) union II-5

T

ta *poss. adj., f., sing.* your I-3
table *f.* table I-1
  À table! Let's eat! Food is ready! II-1
  débarrasser la table *v.* to clear the table I-8, II-P
  mettre la table *v.* to set the table I-8, II-P

tableau *m.* blackboard; picture I-1; *m.* painting II-7
tablette (tactile) *f.* tablet II-3
tâche ménagère *f.* household chore I-8, II-P
taille *f.* size; waist I-6
  de taille moyenne of medium height I-3
tailleur *m.* (*woman's*) suit; tailor I-6
tante *f.* aunt I-3
tapis *m.* rug I-8, II-P
tard *adv.* late I-2
  À plus tard. See you later. I-1
tarte *f.* pie; tart I-8, II-P
tasse (de) *f.* cup (of) I-4
taxi *m.* taxi I-7
  prendre un taxi *v.* to take a taxi I-7
te/t' *pron., sing., fam.* you I-7; yourself II-2
tee-shirt *m.* tee shirt I-6
télécharger *v.* to download II-3
télécommande *f.* remote control II-3
téléphone *m.* telephone I-2
  parler au téléphone *v.* to speak on the phone I-2
téléphoner (à) *v.* to telephone (*someone*) I-2
télévision *f.* television I-1
  à la télé(vision) on television II-7
  chaîne (de télévision) *f.* television channel II-3
tellement *adv.* so much I-2
  Je n'aime pas tellement... I don't like... very much. I-2
température *f.* temperature I-5
  Quelle température fait-il? What is the temperature? I-5
temps *m., sing.* weather I-5
  Il fait un temps épouvantable. The weather is dreadful. I-5
  Le temps est nuageux. It is cloudy. I-5
  Le temps est orageux. It is stormy. I-5
  Quel temps fait-il? What is the weather like? I-5
temps *m., sing.* time I-5
  de temps en temps *adv.* from time to time I-7
  emploi à mi-temps/à temps partiel *m.* part-time job II-5
  emploi à plein temps *m.* full-time job II-5
  temps libre *m.* free time I-5
Tenez! (tenir) *imp. v.* Here! II-1
tenir *v.* to hold II-1
tennis *m.* tennis I-5
terrasse (de café) *f.* (café) terrace I-4

Terre *f.* Earth II-6
  réchauffement de la Terre *m.* global warming II-6
tes *poss. adj., m., f., pl.* your I-3
tête *f.* head II-2
texto *m.* text message II-3
thé *m.* tea I-4
théâtre *m.* theater II-7
thon *m.* tuna II-1
ticket de bus/métro *m.* bus/ subway ticket I-7
Tiens! (tenir) *imp. v.* Here! II-1
timbre *m.* stamp II-4
timide *adj.* shy I-1
tiret *m. (punctuation mark)* dash; hyphen II-3
tiroir *m.* drawer I-8, II-P
toi *disj. pron., sing., fam.* you I-3; *refl. pron., sing., fam. (attached to imperative)* yourself II-2
  toi non plus you neither I-2
toilette *f.* washing up, grooming II-2
  faire sa toilette to wash up II-2
toilettes *f., pl.* restroom(s) I-8, II-P
tomate *f.* tomato II-1
tomber *v.* to fall I-7
  tomber amoureux/ amoureuse *v.* to fall in love I-6
  tomber en panne *v.* to break down II-3
  tomber/être malade *v.* to get/ be sick II-2
  tomber sur quelqu'un *v.* to run into someone I-7
ton *poss. adj., m., sing.* your I-3
tort *m.* wrong; harm I-2
  avoir tort *v.* to be wrong I-2
tôt *adv.* early I-2
toujours *adv.* always I-8, II-P
tour *m.* tour I-5
  faire un tour (en voiture) *v.* to go for a walk (drive) I-5
tourisme *m.* tourism II-4
  office du tourisme *m.* tourist office II-4
tourner *v.* to turn II-4
tousser *v.* to cough II-2
tout *m., sing.* all I-4
  tous les *(used before noun)* all the... I-4
  tous les jours *adv.* every day I-8, II-P
  toute la *f., sing. (used before noun)* all the... I-4
  toutes les *f., pl. (used before noun)* all the... I-4
  tout le *m., sing. (used before noun)* all the... I-4
  tout le monde everyone II-1

tout(e) *adv. (before adjective or adverb)* very, really I-3
  À tout à l'heure. See you later. I-1
  tout à coup suddenly I-7
  tout à fait absolutely; completely II-4
  tout de suite right away I-7
  tout droit straight ahead II-4
  tout d'un coup *adv.* all of a sudden I-8, II-P
  tout près (de) really close by, really close (to) I-3
toxique *adj.* toxic II-6
  déchets toxiques *m., pl.* toxic waste II-6
trac *m.* stage fright II-5
traduire *v.* to translate I-6
traduit (traduire) *p.p., adj.* translated I-6
tragédie *f.* tragedy II-7
train *m.* train I-7
tranche *f.* slice II-1
tranquille *adj.* calm, serene II-2
  laisser tranquille *v.* to leave alone II-2
travail *m.* work II-4
  chercher un/du travail *v.* to look for a job/work II-4
  trouver un/du travail *v.* to find a job/work II-5
travailler *v.* to work I-2
travailleur/travailleuse *adj.* hard-working I-3
traverser *v.* to cross II-4
treize *m.* thirteen I-1
trente *m.* thirty I-1
très *adv. (before adjective or adverb)* very, really I-8, II-P
  Très bien. Very well. I-1
triste *adj.* sad I-3
  être triste que... *v.* to be sad that... II-6
trois *m.* three I-1
troisième *adj.* third 7
trop (de) *adv.* too many/much (of) I-4
tropical(e) *adj.* tropical II-6
  forêt tropicale *f.* tropical forest II-6
trou (dans la couche d'ozone) *m.* hole (in the ozone layer) II-6
troupe *f.* company, troupe II-7
trouver *v.* to find; to think I-2
  trouver un/du travail *v.* to find a job/work II-5
truc *m.* thing I-7
tu *sub. pron., sing., fam.* you I-1

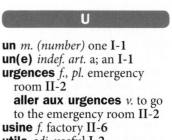

U

un *m. (number)* one I-1
un(e) *indef. art.* a; an I-1
urgences *f., pl.* emergency room II-2
  aller aux urgences *v.* to go to the emergency room II-2
usine *f.* factory II-6
utile *adj.* useful I-2
utiliser (un plan) *v.* to use (a map) I-7

V

vacances *f., pl.* vacation I-7
  partir en vacances *v.* to go on vacation I-7
vache *f.* cow II-6
vaisselle *f.* dishes I-8, II-P
  faire la vaisselle *v.* to do the dishes I-8, II-P
  lave-vaisselle *m.* dishwasher I-8, II-P
valise *f.* suitcase I-7
  faire les valises *v.* to pack one's bags I-7
vallée *f.* valley II-6
variétés *f., pl.* popular music II-7
vaut (valloir) *v.*
  Il vaut mieux que It is better that II-6
vélo *m.* bicycle I-5
  faire du vélo *v.* to go bike riding I-5
velours *m.* velvet II-4
vendeur/vendeuse *m., f.* seller I-6
vendre *v.* to sell I-6
vendredi *m.* Friday I-2
venir *v.* to come II-1
  venir de *v. (used with an infinitive)* to have just II-1
vent *m.* wind I-5
  Il fait du vent. It is windy. I-5
ventre *m.* stomach II-2

vérifier (l'huile/la pression des pneus) *v.* to check (the oil/the tire pressure) II-3
véritable *adj.* true, real II-4
verre (de) *m.* glass (of) I-4
vers *adv.* about I-2
vert(e) *adj.* green I-3
  haricots verts *m., pl.* green beans II-1
vêtements *m., pl.* clothing I-6
  sous-vêtement *m.* underwear I-6
vétérinaire *m., f.* veterinarian II-5
veuf/veuve *adj.* widowed I-3

veut dire (vouloir dire) *v.* means, signifies II-1

viande *f.* meat II-1

vie *f.* life I-6
   assurance vie *f.* life insurance II-5

vieille *adj., f. (feminine form of vieux)* old I-3

vieillesse *f.* old age I-6

vietnamien(ne) *adj.* Vietnamese I-1

vieux/vieille *adj.* old I-3

ville *f.* city; town I-4

vingt *m.* twenty I-1

vingtième *adj.* twentieth I-7

violet(te) *adj.* purple; violet I-6

violon *m.* violin II-7

visage *m.* face II-2

visite *f.* visit I-6
   rendre visite (à) *v.* to visit (*a person or people*) I-6

visiter *v.* to visit (*a place*) I-2
   faire visiter *v.* to give a tour I-8, II-P

vite *adv.* fast I-7

vitesse *f.* speed II-3

vivre *v.* to live I-8, II-P

voici here is/are I-1

voilà there is/are I-1

voir *v.* to see II-7

voisin(e) *m., f.* neighbor I-3

voiture *f.* car II-3
   faire un tour en voiture *v.* to go for a drive I-5
   rouler en voiture *v.* to ride in a car I-7

vol *m.* flight I-7

volant *m.* steering wheel II-3

volcan *m.* volcano II-6

volley(-ball) *m.* volleyball I-5

volontiers *adv.* willingly II-2

vos *poss. adj., m., f., pl.* your I-3

votre *poss. adj., m., f., sing.* your I-3

vouloir *v.* to want; to mean (*with* **dire**) II-1
   ça veut dire that is to say II-2
   veut dire *v.* means, signifies II-1
   vouloir (que) *v.* to want (that) II-6

voulu (vouloir) *p.p., adj. (used with infinitive)* wanted to… ; (*used with noun*) planned to/for II-1

vous *pron., sing., pl., fam., form.* you I-1; *d.o. pron.* you I-7; yourself, yourselves II-2

voyage *m.* trip I-7
   agence de voyages *f.* travel agency I-7
   agent de voyages *m.* travel agent I-7

voyager *v.* to travel I-2

voyant (d'essence/d'huile) *m.* (gas/oil) warning light 11

vrai(e) *adj.* true; real I-3
   Il est vrai que… It is true that… II-7
   Il n'est pas vrai que… It is untrue that… II-7

vraiment *adv.* really I-7

vu (voir) *p.p.* seen II-7

W

W.-C. *m., pl.* restroom(s) I-8, II-P

week-end *m.* weekend I-2
   ce week-end this weekend I-2

Y

y *pron.* there; at (*a place*) II-2
   j'y vais I'm going/coming I-8, II-P
   nous y allons we're going/coming II-1
   on y va let's go II-2
   Y a-t-il… ? Is/Are there… ? I-2

yaourt *m.* yogurt II-1

yeux (œil) *m., pl.* eyes I-3

Z

zéro *m.* zero I-1

zut *interj.* darn I-6

English-French

A

a **un(e)** *indef. art.* I-1
able: to be able to **pouvoir** *v.* II-1
abolish **abolir** *v.* II-6
about **vers** *adv.* I-2
abroad **à l'étranger** I-7
absolutely **absolument**
   adv. I-7;
   tout à fait *adv.* I-6
accident **accident** *m.* II-2
   to have/to be in an accident
   avoir un accident *v.* II-3
accompany **accompagner** *v.* II-4
account (*at a bank*) **compte**
   m. II-4
   checking account **compte** *m.*
   de chèques II-4
   to have a bank account **avoir**
   un compte bancaire *v.* II-4
accountant **comptable** *m., f.* II-5
acid rain **pluie acide** *f.* II-6
across from **en face de** *prep.* I-3
acquaintance **connaissance** *f.* I-5
active **actif/active** *adj.* I-3
actively **activement** *adv.* I-8, II-P
actor **acteur/actrice** *m., f.* I-1
address **adresse** *f.* II-4
administration: business
   administration **gestion** *f.* I-2
adolescence **adolescence** *f.* I-6
adore **adorer** I-2
   I love… **J'adore…** I-2
   to adore one another
   s'adorer *v.* II-3
adulthood **âge adulte** *m.* I-6
adventure **aventure** *f.* II-7
   adventure film **film** *m.*
   d'aventures II-7
advertisement **publicité (pub)**
   f. II-7
advice **conseil** *m.* II-5
advisor **conseiller/conseillère**
   m., f. II-5
aerobics **aérobic** *m.* I-5
   to do aerobics **faire de**
   l'aérobic *v.* I-5
afraid: to be afraid of/that **avoir**
   peur de/que *v.* II-6
after **après (que)** *adv.* I-7
afternoon **après-midi** *m.* I-2
   … (o'clock) in the afternoon
   … heure(s) de l'après-midi I-2
afternoon snack **goûter** *m.* II-1
again **encore** *adv.* I-3
age **âge** *m.* I-6

agent: travel agent **agent de**
   voyages *m.* I-7
   real estate agent **agent**
   immobilier *m.* II-5
ago (*with an expression of time*)
   il y a… II-1
agree: to agree (with) **être**
   d'accord (avec) *v.* I-2
airport **aéroport** *m.* I-7
alarm clock **réveil** *m.* II-2
Algerian **algérien(ne)** *adj.* I-1
all **tout** *m., sing.* I-4
   all of a sudden **soudain** *adv.*
   I-8, II-P; **tout à coup** *adv.*; **tout**
   d'un coup *adv.* I-7
all right? (*tag question*)
   d'accord? I-2
allergy **allergie** *f.* II-2
allow (*to do something*) **laisser** *v.*
   II-3; **permettre (de)** *v.* I-6
allowed **permis (permettre)**
   p.p., adj. I-6
all the… (*agrees with noun that*
   follows) **tout le…** *m., sing;*
   toute la… *f., sing;* **tous les…**
   m., pl.; **toutes les…** *f., pl.* I-4
almost **presque** *adv.* I-5
a lot (of) **beaucoup (de)** *adv.* I-4
alone: to leave alone **laisser**
   tranquille *v.* II-2
already **déjà** *adv.* I-3
always **toujours** *adv.* I-8, II-P
American **américain(e)** *adj.* I-1
an **un(e)** *indef. art.* I-1
ancient (*placed after noun*)
   ancien(ne) *adj.* II-7
and **et** *conj.* I-1
   And you? **Et toi?**, *fam.;* **Et**
   vous? *form.* I-1
angel **ange** *m.* I-1
angry: to become angry
   s'énerver *v.* II-2; **se mettre**
   en colère *v.* II-2
animal **animal** *m.* II-6
ankle **cheville** *f.* II-2
answering machine **répondeur**
   téléphonique *m.* II-3
apartment **appartement** *m.* I-7
appetizer **entrée** *f.* II-1;
   hors-d'œuvre *m.* II-1
applaud **applaudir** *v.* II-7
applause **applaudissement**
   m. II-7
apple **pomme** *f.* II-1
appliance **appareil** *m.* I-8, II-P
   electrical/household appliance
   appareil *m.* **électrique/**
   ménager I-8, II-P
applicant **candidat(e)** *m., f.* II-5
apply **postuler** *v.* II-5

appointment **rendez-vous** *m.* II-5
   to make an appointment
   prendre (un) rendez-vous
   v. II-5
April **avril** *m.* I-5
architect **architecte** *m., f.* I-3
Are there… ? **Y a-t-il… ?** I-2
area **quartier** *m.* I-8, II-P
argue (with) **se disputer**
   (avec) *v.* II-2
arm **bras** *m.* II-2
armchair **fauteuil** *m.* I-8, II-P
armoire **armoire** *f.* I-8, II-P
around **autour (de)** *prep.* II-4
arrival **arrivée** *f.* I-7
arrive **arriver (à)** *v.* I-2
art **art** *m.* I-2
   artwork, piece of art **œuvre**
   f. II-7
   fine arts **beaux-arts** *m., pl.* II-7
artist **artiste** *m., f.* I-3
as (*like*) **comme** *adv.* I-6
   as … as (*used with adjective to*
   compare) **aussi … que** II-1
   as much … as (*used with*
   noun to express comparative
   quality) **autant de … que** II-6
   as soon as **dès que** *adv.* II-5
ashamed: to be ashamed of
   avoir honte de *v.* I-2
ask **demander** *v.* I-2
   to ask (*someone*) **demander**
   (à) *v.* I-6
   to ask (*someone*) a question
   poser une question (à) *v.* I-6
   to ask that… **demander**
   que… II-6
aspirin **aspirine** *f.* II-2
at **à** *prep.* I-4
   at … (o'clock) **à … heure(s)** I-4
   at the doctor's office **chez le**
   médecin *prep.* I-2
   at (someone's) house **chez…**
   prep. I-2
   at the end (of) **au bout (de)**
   prep. II-4
   at last **enfin** *adv.* II-3
athlete **athlète** *m., f.* I-3
ATM **distributeur** *m.* **automa-**
   tique/de billets *m.* II-4
attend **assister** *v.* I-2
August **août** *m.* I-5
aunt **tante** *f.* I-3
author **auteur/femme auteur**
   m., f. II-7
autumn **automne** *m.* I-5
   in autumn **en automne** I-5
available (*free*) **libre** *adj.* I-7
avenue **avenue** *f.* II-4
avoid **éviter de** *v.* II-2

B

back **dos** *m.* II-2
backpack **sac à dos** *m.* I-1
bad **mauvais(e)** *adj.* I-3
to be in a bad mood **être de mauvaise humeur** I-8, II-P
to be in bad health **être en mauvaise santé** II-2
badly **mal** *adv.* I-7
I am doing badly. **Je vais mal.** I-1
to be doing badly **se porter mal** *v.* II-2
baguette **baguette** *f.* I-4
bakery **boulangerie** *f.* II-1
balcony **balcon** *m.* I-8, II-P
banana **banane** *f.* I-1
bank **banque** *f.* II-4
to have a bank account **avoir un compte bancaire** *v.* II-4
banker **banquier/banquière** *m., f.* II-5
banking **bancaire** *adj.* II-4
baseball **baseball** *m.* I-5
baseball cap **casquette** *f.* I-6
basement **sous-sol** *m.*; **cave** *f.* I-8, II-P
basketball **basket(-ball)** *m.* I-5
bath **bain** *m.* I-6
bathing suit **maillot de bain** *m.* I-6
bathroom **salle de bains** *f.* I-8, II-P
bathtub **baignoire** *f.* I-8, II-P
be **être** *v.* I-1
sois (être) *imp. v.* I-7;
soyez (être) *imp. v.* I-7
beach **plage** *f.* I-7
beans **haricots** *m., pl.* II-1
green beans **haricots verts** *m., pl.* II-1
bearings: to get one's bearings **s'orienter** *v.* II-4
beautiful **beau (belle)** *adj.* I-3
beauty salon **salon** *m.* **de beauté** II-4
because **parce que** *conj.* I-2
become **devenir** *v.* II-1
bed **lit** *m.* I-7
to go to bed **se coucher** *v.* II-2
bedroom **chambre** *f.* I-8, II-P
beef **bœuf** *m.* II-1
been **été (être)** *p.p.* I-6
before **avant (de/que)** *adv.* I-7
before (o'clock) **moins** *adv.* I-2
begin (to do something) **commencer (à)** *v.* I-2;
se mettre à *v.* II-2
beginning **début** *m.* II-7
behind **derrière** *prep.* I-3
Belgian **belge** *adj.* I-7

Belgium **Belgique** *f.* I-7
believe (that) **croire (que)** *v.* II-7
believed **cru (croire)** *p.p.* II-7
belt **ceinture** *f.* I-6
to buckle one's seatbelt **attacher sa ceinture de sécurité** *v.* II-3
bench **banc** *m.* II-4
best: the best **le mieux** *super. adv.* II-1; **le/la meilleur(e)** *super. adj.* I-1
better **meilleur(e)** *comp. adj.*; **mieux** *comp. adv.* II-1
It is better that… **Il vaut mieux que/qu'…** II-6
to be doing better **se porter mieux** *v.* II-2
to get better (from illness) **guérir** *v.* II-2
between **entre** *prep.* I-3
beverage (carbonated) **boisson** *f.* **(gazeuse)** I-4
bicycle **vélo** *m.* I-5
to go bike riding **faire du vélo** *v.* I-5
big **grand(e)** *adj.* I-3; (clothing) **large** *adj.* I-6
bill (in a restaurant) **addition** *f.* I-4
bills (money) **billets** *m., pl.* II-4
biology **biologie** *f.* I-2
bird **oiseau** *m.* I-3
birth **naissance** *f.* I-6
birthday **anniversaire** *m.* I-5
bit (of) **morceau (de)** *m.* I-4
black **noir(e)** *adj.* I-3
blackboard **tableau** *m.* I-1
blanket **couverture** *f.* I-8, II-P
blonde **blond(e)** *adj.* I-3
blouse **chemisier** *m.* I-6
blue **bleu(e)** *adj.* I-3
boat **bateau** *m.* I-7
body **corps** *m.* II-2
book **livre** *m.* I-1
bookstore **librairie** *f.* I-1
bored: to get bored **s'ennuyer** *v.* II-2
boring **ennuyeux/ennuyeuse** *adj.* I-3
born: to be born **naître** *v.* I-7; **né (naître)** *p.p., adj.* I-7
borrow **emprunter** *v.* II-4
bottle (of) **bouteille (de)** *f.* I-4
boulevard **boulevard** *m.* II-4
boutique **boutique** *f.* II-4
bowl **bol** *m.* II-1
box **boîte** *f.* II-1
boy **garçon** *m.* I-1
boyfriend **petit ami** *m.* I-1
brake **freiner** *v.* II-3
brakes **freins** *m., pl.* II-3
brave **courageux/courageuse** *adj.* I-3

Brazil **Brésil** *m.* I-7
Brazilian **brésilien(ne)** *adj.* I-7
bread **pain** *m.* I-4
country-style bread **pain** *m.* **de campagne** I-4
bread shop **boulangerie** *f.* II-1
break **se casser** *v.* II-2
breakdown **panne** *f.* II-3
break down **tomber en panne** *v.* II-3
break up (to leave one another) **se quitter** *v.* II-3
breakfast **petit-déjeuner** *m.* II-1
bridge **pont** *m.* II-4
bright **brillant(e)** *adj.* I-1
bring (a person) **amener** *v.* I-5; (a thing) **apporter** *v.* I-4
broom **balai** *m.* I-8, II-P
brother **frère** *m.* I-3
brother-in-law **beau-frère** *m.* I-3
brown **marron** *adj., inv.* I-3
brown (hair) **châtain** *adj.* I-3
brush (hair/tooth) **brosse** *f.* **(à cheveux/à dents)** II-2
to brush one's hair/teeth **se brosser les cheveux/les dents** *v.* II-1
buckle: to buckle one's seatbelt **attacher sa ceinture de sécurité** *v.* II-3
build **construire** *v.* I-6
building **bâtiment** *m.* II-4; **immeuble** *m.* I-8, II-P
bumper **pare-chocs** *m.* II-3
bus **autobus** *m.* I-7
bus stop **arrêt d'autobus (de bus)** *m.* I-7
bus terminal **gare** *f.* **routière** I-7
business (profession) **affaires** *f., pl.* I-3; (company) **entreprise** *f.* II-5
business administration **gestion** *f.* I-2
businessman **homme d'affaires** *m.* I-3
businesswoman **femme d'affaires** *f.* I-3
busy **occupé(e)** *adj.* I-1
but **mais** *conj.* I-1
butcher's shop **boucherie** *f.* II-1
butter **beurre** *m.* I-4
buy **acheter** *v.* I-5
by **par** *prep.* I-3
Bye! **Salut!** *fam.* I-1

C

cabinet **placard** *m.* I-8, II-P
café **café** *m.* I-1
café terrace **terrasse** *f.* **de café** I-4
cafeteria (school) **cantine** *f.* I-2

cake **gâteau** *m.* I-6
calculator **calculatrice** *f.* I-1
call **appeler** *v.* II-5
calm **calme** *adj.* I-1; **calme** *m.* I-1
camcorder **caméra vidéo** *f.* II-3; **caméscope** *m.* II-3
camera **appareil photo** *m.* II-3
    digital camera **appareil photo** *m.* **numérique** II-3
camping **camping** *m.* I-5
    to go camping **faire du camping** *v.* I-5
can (of food) **boîte (de conserve)** *f.* II-1
Canada **Canada** *m.* I-7
Canadian **canadien(ne)** *adj.* I-1
cancel (a reservation) **annuler (une réservation)** *v.* I-7
candidate **candidat(e)** *m., f.* II-5
candy **bonbon** *m.* I-6
cap: baseball cap **casquette** *f.* I-6
capital **capitale** *f.* I-7
car **voiture** *f.* II-3
    to ride in a car **rouler en voiture** *v.* I-7
card (letter) **carte postale** *f.* II-4; credit card **carte** *f.* **de crédit** II-4
    to pay with a (debit/credit) card **payer par carte (bancaire/de crédit)** *v.* II-4
    cards (playing) **cartes** *f.* I-5
carbonated drink/beverage **boisson** *f.* **gazeuse** I-4
career **carrière** *f.* II-5
carpooling **covoiturage** *m.* II-6
carrot **carotte** *f.* II-1
carry **apporter** *v.* I-4
cartoon **dessin animé** *m.* II-7
case: in any case **en tout cas** I-6
cash **espèces** *m.* II-4
    to pay in cash **payer en espèces** *v.* II-4
cat **chat** *m.* I-3
catastrophe **catastrophe** *f.* II-6
catch sight of **apercevoir** *v.* II-4
celebrate **célébrer** *v.* I-5; **fêter** *v.* I-6; **faire la fête** *v.* I-6
celebration **fête** *f.* I-6
cellar **cave** *f.* I-8, II-P
cell(ular) phone **portable** *m.* II-3
center: city/town center **centre-ville** *m.* I-4
certain **certain(e)** *adj.* II-1; **sûr(e)** *adj.* II-7
    It is certain that... **Il est certain que...** II-7
    It is uncertain that... **Il n'est pas certain que...** II-7
chair **chaise** *f.* I-1
change (coins) **(pièces** *f. pl.* **de) monnaie** II-4

channel (television) **chaîne** *f.* **(de télévision)** II-3
character **personnage** *m.* II-7
    main character **personnage principal** *m.* II-7
charge (battery) **recharger** *v.* II-3
charming **charmant(e)** *adj.* I-1
chat **bavarder** *v.* I-4
check **chèque** *m.* II-4; (bill) **addition** *f.* I-4
    to pay by check **payer par chèque** *v.* I-4;
    to check (the oil/the air pressure) **vérifier (l'huile/la pression des pneus)** *v.* II-3
checking account **compte** *m.* **de chèques** II-4
cheek **joue** *f.* II-2
cheese **fromage** *m.* I-4
chemistry **chimie** *f.* I-2
chess **échecs** *m., pl.* I-5
chest **poitrine** *f.* II-2
    chest of drawers **commode** *f.* I-8, II-P
chic **chic** *adj.* I-4
chicken **poulet** *m.* II-1
child **enfant** *m., f.* I-3
childhood **enfance** *f.* I-6
China **Chine** *f.* I-7
Chinese **chinois(e)** *adj.* I-7
choir **chœur** *m.* II-7
choose **choisir** *v.* I-4
chorus **chœur** *m.* II-7
chrysanthemums **chrysanthèmes** *m., pl.* II-1
church **église** *f.* I-4
city **ville** *f.* I-4
city hall **mairie** *f.* II-4
city/town center **centre-ville** *m.* I-4
class (group of students) **classe** *f.* I-1; (course) **cours** *m.* I-2
classmate **camarade de classe** *m., f.* I-1
classroom **salle** *f.* **de classe** I-1
clean **nettoyer** *v.* I-5; **propre** *adj.* I-8, II-P
clear **clair(e)** *adj.* II-7
    It is clear that... **Il est clair que...** II-7
    to clear the table **débarrasser la table** I-8, II-P
client **client(e)** *m., f.* I-7
cliff **falaise** *f.* II-6
clock **horloge** *f.* I-1
    alarm clock **réveil** *m.* II-2
close (to) **près (de)** *prep.* I-3
    very close (to) **tout près (de)** II-4
close **fermer** *v.* II-3
closed **fermé(e)** *adj.* II-4
closet **placard** *m.* I-8, II-P

clothes dryer **sèche-linge** *m.* I-8, II-P
clothing **vêtements** *m., pl.* I-6
cloudy **nuageux/nuageuse** *adj.* I-5
    It is cloudy. **Le temps est nuageux.** I-5
clutch **embrayage** *m.* II-3
coast **côte** *f.* II-6
coat **manteau** *m.* I-6
coffee **café** *m.* I-1
coffeemaker **cafetière** *f.* I-8, II-P
coins **pièces** *f. pl.* **de monnaie** II-4
cold **froid** *m.* I-2
    to be cold **avoir froid** *v.* I-2
    (weather) It is cold. **Il fait froid.** I-5
cold **rhume** *m.* II-2
color **couleur** *f.* I-6
    What color is... ? **De quelle couleur est... ?** I-6
comb **peigne** *m.* II-2
come **venir** *v.* I-7
come back **revenir** *v.* II-1
Come on. **Allez.** I-2
comedy **comédie** *f.* II-7
comic strip **bande dessinée (B.D.)** *f.* I-5
company (troop) **troupe** *f.* II-7
completely **tout à fait** *adv.* I-6
composer **compositeur** *m.* II-7
computer **ordinateur** *m.* I-1
computer science **informatique** *f.* I-2
concert **concert** *m.* II-7
congratulations **félicitations** II-7
connect **brancher** *v.* II-3
consider **considérer** *v.* I-5
constantly **constamment** *adv.* I-7
construct **construire** *v.* I-6
consultant **conseiller/conseillère** *m., f.* II-5
continue (doing something) **continuer (à)** *v.* II-4
cook **cuisiner** *v.* II-1; **faire la cuisine** *v.* I-5; **cuisinier/cuisinière** *m., f.* II-5
cookie **biscuit** *m.* I-6
cooking **cuisine** *f.* I-5
cool: (weather) It is cool. **Il fait frais.** I-5
corner **angle** *m.* II-4; **coin** *m.* II-4
cost **coûter** *v.* I-4
cotton **coton** *m.* I-6
couch **canapé** *m.* I-8, II-P
cough **tousser** *v.* II-2
count (on someone) **compter (sur quelqu'un)** *v.* I-8, II-P
country **pays** *m.* I-7
    country(side) **campagne** *f.* I-7

country-style **de campagne** adj. I-4

couple **couple** m. I-6

courage **courage** m. II-5

courageous **courageux/ courageuse** adj. I-3

course **cours** m. I-2

cousin **cousin(e)** m., f. I-3

cover **couvrir** v. II-3

covered **couvert (couvrir)** p.p. II-3

cow **vache** f. II-6

crazy **fou/folle** adj. I-3

cream **crème** f. II-1

credit card **carte** f. **de crédit** II-4

to pay with a debit/credit card **payer par carte bancaire/de crédit** v. II-4

crêpe **crêpe** f. I-5

crime film **film policier** m. II-7

croissant **croissant** m. I-4

cross **traverser** v. II-4

cruel **cruel/cruelle** adj. I-3

cry **pleurer** v.

cup (of) **tasse (de)** f. I-4

cupboard **placard** m. I-8, II-P

curious **curieux/ curieuse** adj. I-3

curly **frisé(e)** adj. I-3

currency **monnaie** f. II-4

curtain **rideau** m. I-8, II-P

customs **douane** f. I-7

D

dance **danse** f. II-7

to dance **danser** v. I-4

danger **danger** m. II-6

dangerous **dangereux/ dangereuse** adj. II-3

dark (hair) **brun(e)** adj. I-3

darling **chéri(e)** adj. I-2

darn **zut** II-3

dash (punctuation mark) **tiret** m. II-3

date (day, month, year) **date** f. I-5; (meeting) **rendez-vous** m. I-6

to make a date **prendre (un) rendez-vous** v. II-5

daughter **fille** f. I-1

day **jour** m. I-2; **journée** f. I-2

day after tomorrow **après-demain** adv. I-2

day before yesterday **avant-hier** adv. I-7

day off **congé** m., **jour de congé** I-7

dear **cher/chère** adj. I-2

death **mort** f. I-6

December **décembre** m. I-5

decide (to do something) **décider (de)** v. II-3

deforestation **déboisement** m. II-6

degree **diplôme** m. I-2

degrees (temperature) **degrés** m., pl. I-5

It is... degrees. **Il fait... degrés.** I-5

delicatessen **charcuterie** f. II-1

delicious **délicieux/délicieuse** adj. I-4

Delighted. **Enchanté(e).** p.p., adj. I-1

demand (that) **exiger (que)** v. II-6

demanding **exigeant(e)** adj.

demanding profession **profession** f. **exigeante** II-5

dentist **dentiste** m., f. I-3

department store **grand magasin** m. I-4

departure **départ** m. I-7

deposit: to deposit money **déposer de l'argent** v. II-4

depressed **déprimé(e)** adj. II-2

describe **décrire** v. I-7

described **décrit (décrire)** p.p., adj. I-7

desert **désert** m. II-6

desire **envie** f. I-2

desk **bureau** m. I-1

dessert **dessert** m. I-6

destroy **détruire** v. I-6

destroyed **détruit (détruire)** p.p., adj. I-6

detective film **film policier** m. II-7

detest **détester** v. I-2

I hate... **Je déteste...** I-2

develop **développer** v. II-6

dial (a number) **composer (un numéro)** v. II-3

dictionary **dictionnaire** m. I-1

die **mourir** v. I-7

died **mort (mourir)** p.p., adj. I-7

diet **régime** m. II-2

to be on a diet **être au régime** II-1

difference **différence** f. I-1

different **différent(e)** adj. I-1

differently **différemment** adv. I-8, II-P

difficult **difficile** adj. I-1

digital camera **appareil photo** m. **numérique** II-3

dining room **salle à manger** f. I-8, II-P

dinner **dîner** m. II-1

to have dinner **dîner** v. I-2

diploma **diplôme** m. I-2

directions **indications** f. II-4

director (movie) **réalisateur/ réalisatrice** m., f.; (play/show) **metteur en scène** m. II-7

dirty **sale** adj. I-8, II-P

discover **découvrir** v. II-3

discovered **découvert (découvrir)** p.p. II-3

discreet **discret/discrète** adj. I-3

discuss **discuter** v. II-3

dish (food) **plat** m. II-1

to do the dishes **faire la vaisselle** v. I-8, II-P

dishwasher **lave-vaisselle** m. I-8, II-P

dismiss **renvoyer** v. II-5

distinction **mention** f. II-5

divorce **divorce** m. I-6

to divorce **divorcer** v. I-3

divorced **divorcé(e)** p.p., adj. I-3

do (make) **faire** v. I-5

to do odd jobs **bricoler** v. I-5

doctor **médecin** m. I-3

documentary **documentaire** m. II-7

dog **chien** m. I-3

done **fait (faire)** p.p., adj. I-6

door (building) **porte** f. I-1; (automobile) **portière** f. II-3

doubt (that)... **douter (que)...** v. II-7

doubtful **douteux/douteuse** adj. II-7

It is doubtful that... **Il est douteux que...** II-7

download **télécharger** v. II-3

downtown **centre-ville** m. I-4

drag **barbant** adj. I-3; **barbe** f. I-3

drape **rideau** m. I-8, II-P

draw **dessiner** v. I-2

drawer **tiroir** m. I-8, II-P

dreadful **épouvantable** adj. I-5

dream (about) **rêver (de)** v. II-3

dress **robe** f. I-6

to dress **s'habiller** v. II-2

dresser **commode** f. I-8, II-P

drink (carbonated) **boisson** f. **(gazeuse)** I-4

to drink **boire** v. I-4

drive **conduire** v. I-6

to go for a drive **faire un tour en voiture** I-5

driven **conduit (conduire)** p.p. I-6

driver (taxi/truck) **chauffeur (de taxi/de camion)** m. II-5

driver's license **permis** m. **de conduire** II-3

drums **batterie** f. II-7

drunk **bu (boire)** p.p. I-6

dryer (clothes) **sèche-linge** m. I-8, II-P

dry oneself **se sécher** v. II-2

due **dû(e) (devoir)** adj. II-1

during **pendant** prep. I-7

dust **enlever/faire la poussière** v. I-8, II-P

DVR **enregistreur DVR** m. II-3

E

each **chaque** *adj.* I-6
ear **oreille** *f.* II-2
early **en avance** *adv.* I-2; **tôt**
 adv. I-2
earn **gagner** *v.* II-5
Earth **Terre** *f.* II-6
easily **facilement** *adv.* I-8, II-P
east **est** *m.* II-4
easy **facile** *adj.* I-2
eat **manger** *v.* I-2
 to eat lunch **déjeuner** *v.* I-4
éclair **éclair** *m.* I-4
ecological **écologique** *adj.* II-6
ecology **écologie** *f.* II-6
economics **économie** *f.* I-2
ecotourism **écotourisme** *m.* II-6
education **formation** *f.* II-5
effect: in effect **en effet** II-6
egg **œuf** *m.* II-1
eight **huit** *m.* I-1
eighteen **dix-huit** *m.* I-1
eighth **huitième** *adj.* I-7
eighty **quatre-vingts** *m.* I-3
eighty-one **quatre-vingt-un** *m.* I-3
elder **aîné(e)** *adj.* I-3
electric **électrique** *adj.* I-8, II-P
 electrical appliance **appareil**
 m. **électrique** I-8, II-P
electrician **électricien/**
 électricienne *m., f.* II-5
elegant **élégant(e)** *adj.* I-1
elevator **ascenseur** *m.* I-7
eleven **onze** *m.* I-1
eleventh **onzième** *adj.* I-7
e-mail **e-mail** *m.* II-3
emergency room **urgences**
 f., pl. II-2
 to go to the emergency room
 aller aux urgences *v.* II-2
employ **employer** *v.* I-5
end **fin** *f.* II-7
endangered **menacé(e)** *adj.* II-6
 endangered species **espèce** *f.*
 menacée II-6
engaged **fiancé(e)** *adj.* I-3
engine **moteur** *m.* II-3
engineer **ingénieur** *m.* I-3
England **Angleterre** *f.* I-7
English **anglais(e)** *adj.* I-1
enormous **énorme** *adj.* I-2
enough (of) **assez (de)** *adv.* I-4
 not enough (of) **pas assez**
 (de) I-4
enter **entrer** *v.* I-7
envelope **enveloppe** *f.* II-4
environment **environnement**
 m. II-6
equal **égaler** *v.* I-3
erase **effacer** *v.* II-3
errand **course** *f.* II-1

escargot **escargot** *m.* II-1
especially **surtout** *adv.* I-2
essay **dissertation** *f.* II-3
essential **essentiel(le)** *adj.* II-6
 It is essential that... **Il est**
 essentiel/indispensable
 que... II-6
even **même** *adv.* I-5
evening **soir** *m.;* **soirée** *f.* I-2
 ... (o'clock) in the evening
 ... heures du soir I-2
every day **tous les jours**
 adv. I-8, II-P
everyone **tout le monde** *m.* II-1
evident **évident(e)** *adj.* II-7
 It is evident that... **Il est**
 évident que... II-7
evidently **évidemment**
 adv. I-7
exactly **exactement** *adv.* II-1
exam **examen** *m.* I-1
Excuse me. **Excuse-moi.** *fam.*
 I-1; **Excusez-moi.** *form.* I-1
executive **cadre/femme cadre**
 m., f. II-5
exercise **exercice** *m.* II-2
 to exercise **faire de l'exercice**
 v. II-2
exhibit **exposition** *f.* II-7
exit **sortie** *f.* I-7
expenditure **dépense** *f.* II-4
expensive **cher/chère** *adj.* I-6
explain **expliquer** *v.* I-2
explore **explorer** *v.* I-4
extinction **extinction** *f.* II-6
eye (eyes) **œil (yeux)** *m.* II-2

F

face **visage** *m.* II-2
facing **en face (de)** *prep.* I-3
fact: in fact **en fait** I-7
factory **usine** *f.* II-6
fail **échouer** *v.* I-2
fall **automne** *m.* I-5
 in the fall **en automne** I-5
 to fall **tomber** *v.* I-7
 to fall in love **tomber**
 amoureux/amoureuse *v.* I-6
 to fall asleep **s'endormir** *v.* II-2
family **famille** *f.* I-3
famous **célèbre** *adj.* II-7; **connu**
 (connaître) *p.p., adj.* I-8, II-P
far (from) **loin (de)** *prep.* I-3
farewell **adieu** *m.* II-6
farmer **agriculteur/**
 agricultrice *m., f.* II-5
fashion **mode** *f.* I-2
 fashion design **stylisme**
 de mode *m.* I-2
fast **rapide** *adj.* I-3; **vite**
 adv. I-7

fat **gros(se)** *adj.* I-3
father **père** *m.* I-3
father-in-law **beau-père** *m.* I-3
favorite **favori/favorite** *adj.* I-3;
 préféré(e) *adj.* I-2
fax machine **fax** *m.* II-3
fear **peur** *f.* I-2
 to fear that **avoir peur que**
 v. II-6
February **février** *m.* I-5
fed up: to be fed up **en avoir**
 marre *v.* I-3
feel *(to sense)* **sentir** *v.* I-5; *(state*
 of being) **se sentir** *v.* II-2
 to feel like *(doing something)*
 avoir envie (de) I-2
 to feel nauseated **avoir mal au**
 cœur II-2
festival (festivals) **festival**
 (festivals) *m.* II-7
fever **fièvre** *f.* II-2
 to have fever **avoir de la**
 fièvre *v.* II-2
fiancé **fiancé(e)** *m., f.* I-6
field *(terrain)* **champ** *m.* II-6;
 (of study) **domaine** *m.* II-5
fifteen **quinze** *m.* I-1
fifth **cinquième** *adj.* I-7
fifty **cinquante** *m.* I-1
figure *(physique)* **ligne** *f.* II-2
file **fichier** *m.* II-3
fill: to fill out a form **remplir un**
 formulaire *v.* II-4
 to fill the tank **faire le**
 plein *v.* II-3
film **film** *m.* II-7
 adventure/crime film **film** *m.*
 d'aventures/policier II-7
finally **enfin** *adv.* I-7; **finalement**
 adv. I-7; **dernièrement**
 adv. I-7
find (a job/work) **trouver (un/**
 du travail) *v.* II-5
 to find again **retrouver** *v.* I-2
fine **amende** *f.* II-3
fine arts **beaux-arts** *m., pl.* II-7
finger **doigt** *m.* II-2
finish *(doing something)* **finir (de)**
 v. I-4, II-3
fire **incendie** *m.* II-6
firefighter **pompier/femme**
 pompier *m., f.* II-5
firm *(business)* **entreprise** *f.* II-5;
first **d'abord** *adv.* I-7; **premier/**
 première *adj.* I-2; **premier**
 m. I-5
 It is October first. **C'est le 1er**
 (premier) octobre. I-5
fish **poisson** *m.* I-3
fishing **pêche** *f.* I-5
 to go fishing **aller à la**
 pêche *v.* I-5

fish shop **poissonnerie** f. II-1
five **cinq** m. I-1
flat tire **pneu** m. **crevé** II-3
flight (air travel) **vol** m. I-7
floor **étage** m. I-7
flower **fleur** f. I-8, II-P
flu **grippe** f. II-2
fluently **couramment** adv. I-7
follow (a path/a street/a boulevard)
   **suivre (un chemin/une rue/
   un boulevard)** v. II-4
food item **aliment** m. II-1;
   nourriture f. II-1
foot **pied** m. II-2
football **football américain** m. I-5
for **pour** prep. I-5; **pendant**
   prep. II-1
   For whom? **Pour qui?** I-4
forbid **interdire** v. II-6
foreign **étranger/étrangère**
   adj. I-2
   foreign languages **langues**
   f., pl. **étrangères** I-2
forest **forêt** f. II-6
   tropical forest **forêt tropicale**
   f. II-6
forget (to do something) **oublier
   (de)** v. I-2
fork **fourchette** f. II-1
form **formulaire** m. II-4
former (placed before noun)
   ancien(ne) adj. II-7
fortunately **heureusement**
   adv. I-7
forty **quarante** m. I-1
fountain **fontaine** f. II-4
four **quatre** m. I-1
fourteen **quatorze** m. I-1
fourth **quatrième** adj. I-7
France **France** f. I-7
frankly **franchement** adv. I-7
free (at no cost) **gratuit(e)** adj. II-7
   free time **temps libre** m. I-5
freezer **congélateur** m. I-8, II-P
French **français(e)** adj. I-1
French fries **frites** f., pl. I-4
frequent (to visit regularly)
   fréquenter v. I-4
fresh **frais/fraîche** adj. I-5
Friday **vendredi** m. I-2
friend **ami(e)** m., f. I-1; **copain/
   copine** m., f. I-1
friendship **amitié** f. I-6
from **de/d'** prep. I-1
   from time to time **de temps en
   temps** adv. I-7
front: in front of **devant** prep. I-3
fruit **fruit** m. II-1
full (no vacancies) **complet
   (complète)** adj. I-7
full-time job **emploi** m.
   à plein temps II-5
fun **amusant(e)** adj. I-1

to have fun (doing something)
   s'amuser (à) v. II-3
funeral **funérailles** f., pl. II-1
funny **drôle** adj. I-3
furious **furieux/furieuse** adj. II-6
   to be furious that… **être
   furieux/furieuse que…** v. II-6

G

gain: gain weight **grossir** v. I-4
game (amusement) **jeu** m. I-5;
   (sports) **match** m. I-5
game show **jeu télévisé** m. II-7
garage **garage** m. I-8, II-P
garbage **ordures** f., pl. II-6
garbage collection **ramassage**
   m. **des ordures** II-6
garden **jardin** m. I-8, II-P
garlic **ail** m. II-1
gas **essence** f. II-3
gas tank **réservoir d'essence**
   m. II-3
gas warning light **voyant** m.
   d'essence II-3
generally **en général** adv. I-7
generous **généreux/généreuse**
   adj. I-3
genre **genre** m. II-7
gentle **doux/douce** adj. I-3
geography **géographie** f. I-2
German **allemand(e)** adj. I-1
Germany **Allemagne** f. I-7
get (to obtain) **obtenir** v. II-5
get along well (with) **s'entendre
   bien (avec)** v. II-2
get off **descendre (de)** v. I-6
get up **se lever** v. II-2
   get up again **se relever** v. II-2
gift **cadeau** m. I-6
   wrapped gift **paquet cadeau**
   m. I-6
gifted **doué(e)** adj. II-7
girl **fille** f. I-1
girlfriend **petite amie** f. I-1
give (to someone) **donner (à)** v. I-2
   to give a shot **faire une
   piqûre** v. II-2
   to give a tour **faire visiter**
   v. I-8, II-P
   to give back **rendre (à)** v. I-6
   to give one another **se donner**
   v. II-3
glass (of) **verre (de)** m. I-4
glasses **lunettes** f., pl. I-6
   sunglasses **lunettes de soleil**
   f., pl. I-6
global warming **réchauffement**
   m. **de la Terre** II-6
glove **gant** m. I-6
go **aller** v. I-4
   Let's go! **Allons-y!** I-4; **On y
   va!** II-2

I'm going. **J'y vais.** I-8, II-P
to go back **repartir** v. II-7
to go downstairs **descendre
   (de)** v. I-6
to go out **sortir** v. I-7
to go over **dépasser** v. II-3
to go up **monter** v. I-7
to go with **aller avec** v. I-6
golf **golf** m. I-5
good **bon(ne)** adj. I-3
   Good evening. **Bonsoir.** I-1
   Good morning. **Bonjour.** I-1
   to be good for nothing **ne
   servir à rien** v. II-1
   to be in a good mood **être de
   bonne humeur** v. I-8, II-P
   to be in good health **être en
   bonne santé** v. II-2
   to be in good shape **être en
   pleine forme** v. II-2
   to be up to something
   interesting **faire quelque
   chose de beau** v. II-4
Good-bye. **Au revoir.** I-1
government **gouvernement** m. II-6
grade (academics) **note** f. I-2
grandchildren **petits-enfants**
   m., pl. I-3
granddaughter **petite-fille** f. I-3
grandfather **grand-père** m. I-3
grandmother **grand-mère** f. I-3
grandparents **grands-parents**
   m., pl. I-3
grandson **petit-fils** m. I-3
grant **bourse** f. I-2
grass **herbe** f. II-6
gratin **gratin** m. II-1
gray **gris(e)** adj. I-6
great **formidable** adj. I-7;
   génial(e) adj. I-3
green **vert(e)** adj. I-3
green beans **haricots verts**
   m., pl. II-1
greenhouse **serre** f. II-6
   greenhouse effect **effet de serre**
   m. II-6
grocery store **épicerie** f. I-4
groom: to groom oneself (in the
   morning) **faire sa toilette** v. II-2
ground floor **rez-de-chaussée**
   m. I-7
growing population **population**
   f. **croissante** II-6
guaranteed **garanti(e)** p.p.,
   adj. I-5
guest **invité(e)** m., f. I-6;
   client(e)
   m., f. I-7
guitar **guitare** f. II-7
guy **mec** m. II-2
gym **gymnase** m. I-4

habitat **habitat** m. II-6
  habitat preservation **sauvetage des habitats** m. II-6
had **eu (avoir)** p.p. I-6
  had to **dû (devoir)** p.p. II-1
hair **cheveux** m., pl. II-1
  to brush one's hair **se brosser les cheveux** v. II-1
  to do one's hair **se coiffer** v. II-2
hairbrush **brosse** f. **à cheveux** II-2
hairdresser **coiffeur/coiffeuse** m., f. I-3
half **demie** f. I-2
  half past … (o'clock) **… et demie** I-2
half-brother **demi-frère** m. I-3
half-sister **demi-sœur** f. I-3
half-time job **emploi** m. **à mi-temps** II-5
hallway **couloir** m. I-8, II-P
ham **jambon** m. I-4
hand **main** f. I-5
handbag **sac à main** m. I-6
handsome **beau** adj. I-3
hang up **raccrocher** v. II-5
happiness **bonheur** m. I-6
happy **heureux/heureuse** adj.; **content(e)** II-5
  to be happy that… **être content(e) que…** v. II-6; **être heureux/heureuse que…** v. II-6
hard drive **disque (dur)** m. II-3
hard-working **travailleur/travailleuse** adj. I-3
hat **chapeau** m. I-6
hate **détester** v. I-2
  I hate… **Je déteste…** I-2
have **avoir** v. I-2; **aie (avoir)** imp., v. I-7; **ayez (avoir)** imp. v. I-7; **prendre** v. I-4
  to have an ache **avoir mal** v. II-2
to have to (must) **devoir** v. II-1
he **il** sub. pron. I-1
head (body part) **tête** f. II-2; (of a company) **chef** m. **d'entreprise** II-5
headache: to have a headache **avoir mal à la tête** v. II-2
headlights **phares** m., pl. II-3
headphones **casque** f. **à écouteurs** m., pl. II-3
health **santé** f. II-2
  to be in good health **être en bonne santé** v. II-2
health insurance **assurance** f. **maladie** II-5
healthy **sain(e)** adj. II-2

hear **entendre** v. I-6
heart **cœur** m. II-2
heat **chaud** m. 2
hello (on the phone) **allô** I-1; (in the evening) **Bonsoir.** I-1; (in the morning or afternoon) **Bonjour.** I-1
help **au secours** II-3
  to help (to do something) **aider (à)** v. I-5
  to help one another **s'aider** v. II-3
her **la/l'** d.o. pron. I-7; **lui** i.o. pron. I-6; (attached to an imperative) **-lui** i.o. pron. II-1
her **sa** poss. adj., f., sing. I-3; **ses** poss. adj., m., f., pl. I-3; **son** poss. adj., m., sing. I-3
Here! **Tenez!** form., imp. v. II-1; **Tiens!** fam., imp., v. II-1
here **ici** adv. I-1; (used with demonstrative adjective **ce** and noun or with demonstrative pronoun **celui**); **-ci** I-6; Here is…. **Voici…** I-1
heritage: I am of… heritage. **Je suis d'origine…** I-1
herself (used with reflexive verb) **se/s'** pron. II-2
hesitate (to do something) **hésiter (à)** v. II-3
Hey! **Eh!** interj. 2
Hi! **Salut!** fam. I-1
high **élevé(e)** adj. II-5
high school **lycée** m. I-1
  high school student **lycéen(ne)** m., f. 2
higher education **études supérieures** f., pl. 2
highway **autoroute** f. II-3
hike **randonnée** f. I-5
  to go for a hike **faire une randonnée** v. I-5
him **lui** i.o. pron. I-6; **le/l'** d.o. pron. I-7; (attached to imperative) **-lui** i.o. pron. II-1
himself (used with reflexive verb) **se/s'** pron. II-2
hire **embaucher** v. II-5
his **sa** poss. adj., f., sing. I-3; **ses** poss. adj., m., f., pl. I-3; **son** poss. adj., m., sing. I-3
history **histoire** f. I-2
hit **rentrer (dans)** v. II-3
hold **tenir** v. II-1
  to be on hold **patienter** v. II-5
hole in the ozone layer **trou dans la couche d'ozone** m. II-6
holiday **jour férié** m. I-6; **férié(e)** adj. I-6
home (house) **maison** f. I-4
  at (someone's) home **chez…** prep. 4

home page **page d'accueil** f. II-3
homework **devoir** m. I-2
honest **honnête** adj. II-7
honestly **franchement** adv. I-7
hood **capot** m. II-3
hope **espérer** v. I-5
hors d'œuvre **hors-d'œuvre** m. II-1
horse **cheval** m. I-5
  to go horseback riding **faire du cheval** v. I-5
hospital **hôpital** m. I-4
host **hôte/hôtesse** m., f. I-6
hot **chaud** m. I-2
  It is hot (weather). **Il fait chaud.** I-5
  to be hot **avoir chaud** v. I-2
hot chocolate **chocolat chaud** m. I-4
hotel **hôtel** m. I-7
  (single) hotel room **chambre** f. **(individuelle)** I-7
hotel keeper **hôtelier/hôtelière** m., f. I-7
hour **heure** f. I-2
house **maison** f. I-4
  at (someone's) house **chez…** prep. I-2
  to leave the house **quitter la maison** v. I-4
  to stop by someone's house **passer chez quelqu'un** v. I-4
household **ménager/ménagère** adj. I-8, II-P
  household appliance **appareil** m. **ménager** I-8, II-P
  household chore **tâche ménagère** f. I-8, II-P
housewife **femme au foyer** f. II-5
housework: to do the housework **faire le ménage** v. I-8, II-P
housing **logement** m. I-8, II-P
how **comme** adv. I-2; **comment?** interr. adv. I-4
  How are you? **Comment allez-vous?** form. I-1; **Comment vas-tu?** fam. I-1
  How many/How much (of)? **Combien (de)?** I-1
How much is… ? **Combien coûte… ?** I-4
huge **énorme** adj. I-2
Huh? **Hein?** interj. I-3
humanities **lettres** f., pl. I-2
hundred: one hundred **cent** m. I-5
  five hundred **cinq cents** m. I-5
  one hundred one **cent un** m. I-5
  one hundred thousand **cent mille** m. I-5
hundredth **centième** adj. I-7
hunger **faim** f. I-4

hungry: to be hungry **avoir faim** *v.* I-4

hunt **chasse** *f.* II-6
  to hunt **chasser** *v.* II-6

hurried **pressé(e)** *adj.* II-1

hurry **se dépêcher** *v.* II-2

hurt **faire mal** *v.* II-2
  to hurt oneself **se blesser** *v.* II-2

husband **mari** *m.;* **époux** *m.* I-3

hyphen *(punctuation mark)* **tiret** *m.* II-3

I

I **je** *sub. pron.* I-1; **moi** *disj. pron., sing.* I-3

ice cream **glace** *f.* I-6

ice cube **glaçon** *m.* I-6

idea **idée** *f.* I-3

if **si** *conj.* II-5

ill: to become ill **tomber malade** *v.* II-2

illness **maladie** *f.* II-5

immediately **tout de suite** *adv.* I-4

impatient **impatient(e)** *adj.* I-1

important **important(e)** *adj.* I-1
  It is important that... **Il est important que...** II-6

impossible **impossible** *adj.* II-7
  It is impossible that... **Il est impossible que...** II-7

improve **améliorer** *v.* II-5

in **dans** *prep.* I-3; **en** *prep.* I-3; **à** *prep.* I-4

included **compris (comprendre)** *p.p., adj.* I-6

incredible **incroyable** *adj.* II-3

independent **indépendant(e)** *adj.* I-1

independently **indépendamment** *adv.* I-8, II-P

indicate **indiquer** *v.* 5

indispensable **indispensable** *adj.* II-6

inexpensive **bon marché** *adj.* I-6

injection **piqûre** *f.* II-2
  to give an injection **faire une piqûre** *v.* II-2

injury **blessure** *f.* II-2

instrument **instrument** *m.* I-1

insurance (health/life) **assurance** *f.* **(maladie/vie)** II-5

intellectual **intellectuel(le)** *adj.* I-3

intelligent **intelligent(e)** *adj.* I-1

interested: to be interested (in) **s'intéresser (à)** *v.* II-2

interesting **intéressant(e)** *adj.* I-1

intermission **entracte** *m.* II-7

internship **stage** *m.* II-5

intersection **carrefour** *m.* II-4

interview: to have an interview **passer un entretien** II-5

introduce **présenter** *v.* I-1
  I would like to introduce (*name*) to you. **Je te présente...** , *fam.* I-1
  I would like to introduce (*name*) to you. **Je vous présente...** , *form.* I-1

invite **inviter** *v.* I-4

Ireland **Irlande** *f.* I-7

Irish **irlandais(e)** *adj.* I-7

iron **fer à repasser** *m.* I-8, II-P
  to iron (the laundry) **repasser (le linge)** *v.* I-8, II-P

isn't it? *(tag question)* **n'est-ce pas?** I-2

island **île** *f.* II-6

Italian **italien(ne)** *adj.* I-1

Italy **Italie** *f.* I-7

it: It depends. **Ça dépend.** I-4
  It is... **C'est...** I-1

itself *(used with reflexive verb)* **se/s'** *pron.* II-2

J

jacket **blouson** *m.* I-6

jam **confiture** *f.* II-1

January **janvier** *m.* I-5

Japan **Japon** *m.* I-7

Japanese **japonais(e)** *adj.* I-1

jealous **jaloux/jalouse** *adj.* I-3

jeans **jean** *m. sing.* I-6

jewelry store **bijouterie** *f.* II-4

jogging **jogging** *m.* I-5
  to go jogging **faire du jogging** *v.* I-5

joke **blague** *f.* I-2

journalist **journaliste** *m., f.* I-3

juice (orange/apple) **jus** *m.* **(d'orange/de pomme)** I-4

July **juillet** *m.* I-5

June **juin** *m.* I-5

jungle **jungle** *f.* II-6

just *(barely)* **juste** *adv.* I-3

K

keep **retenir** *v.* II-1

key **clé** *f.* I-7

keyboard **clavier** *m.* II-3

kilo(gram) **kilo(gramme)** *m.* II-1

kind **bon(ne)** *adj.* I-3

kiosk **kiosque** *m.* I-4

kiss one another **s'embrasser** *v.* II-3

kitchen **cuisine** *f.* I-8, II-P

knee **genou** *m.* II-2

knife **couteau** *m.* II-1

know *(as a fact)* **savoir** *v.* I-8, II-P; *(to be familiar with)* **connaître** *v.* I-8, II-P
  to know one another **se connaître** *v.* II-3
  I don't know anything about it. **Je n'en sais rien.** II-6
  to know that... **savoir que...** II-7

known *(as a fact)* **su (savoir)** *p.p.* I-8, II-P; *(famous)* **connu (connaître)** *p.p., adj.* I-8, II-P

L

laborer **ouvrier/ouvrière** *m., f.* II-5

lake **lac** *m.* II-6

lamp **lampe** *f.* I-8, II-P

landslide **glissement de terrain** *m.* II-6

language **langue** *f.* I-2
  foreign languages **langues** *f., pl.* **étrangères** I-2

last **dernier/dernière** *adj.* I-2

lastly **dernièrement** *adv.* I-7

late *(when something happens late)* **en retard** *adv.* I-2; *(in the evening, etc.)* **tard** *adv.* I-2

laugh **rire** *v.* I-6

laughed **ri (rire)** *p.p.* I-6

laundromat **laverie** *f.* II-4

laundry: to do the laundry **faire la lessive** *v.* I-8, II-P

law **loi** *f.* II-6

lawyer **avocat(e)** *m., f.* I-3

lay off *(let go)* **renvoyer** *v.* II-5

lazy **paresseux/paresseuse** *adj.* I-3

learned **appris (apprendre)** *p.p.* I-6

least **moins** II-1
  the least... *(used with adjective)* **le/la moins...** *super. adv.* II-1
  the least... , *(used with noun to express quantity)* **le moins de...** II-6
  the least... *(used with verb or adverb)* **le moins...** *super. adv.* II-1

leather **cuir** *m.* I-6

leave **partir** *v.* I-5; **quitter** *v.* I-4
  to leave alone **laisser tranquille** *v.* II-2
  to leave one another **se quitter** *v.* II-3
  I'm leaving. **Je m'en vais.** I-8, II-P

left: to the left (of) **à gauche (de)** *prep.* I-3

leg **jambe** *f.* II-2

leisure activity **loisir** *m.* I-5

lemon soda **limonade** *f.* I-4

lend (*to someone*) **prêter
(à)** *v.* I-6
less **moins** *adv.* I-4
  less of... (*used with noun
to express quantity*) **moins
de...** I-4
  less ... than (*used with noun
to compare quantities*) **moins
de... que** II-6
  less... than (*used with adjective
to compare qualities*) **moins...
que** II-1
let **laisser** *v.* II-3
  to let go (*to fire or lay off*)
renvoyer *v.* II-5
  Let's go! **Allons-y!** I-4; **On y
va!** II-2
letter **lettre** *f.* II-4
  letter of application **lettre** *f.*
de motivation II-5
  letter of recommendation/
reference **lettre** *f.* **de
recommandation** II-5
lettuce **laitue** *f.* II-1
level **niveau** *m.* II-5
library **bibliothèque** *f.* I-1
license: driver's license **permis** *m.*
de conduire II-3
life **vie** *f.* I-6
life insurance **assurance** *f.*
vie II-5
light: warning light (*automobile*)
voyant *m.* II-3
  oil/gas warning light **voyant**
m. **d'huile/d'essence** II-3
  to light up **s'allumer** *v.* II-3
like (*as*) **comme** *adv.* I-6; to like
aimer *v.* I-2
  I don't like ... very much. **Je
n'aime pas tellement...** I-2
  I really like... **J'aime bien...** I-2
  to like one another **s'aimer
bien** *v.* II-3
  to like that... **aimer que...**
v. II-6
line **queue** *f.* II-4
  to wait in line **faire la queue**
v. II-4
link **lien** *m.* II-3
listen (to) **écouter** *v.* I-2
literary **littéraire** *adj.* II-7
literature **littérature** *f.* I-1
little (*not much*) (of) **peu (de)**
adv. I-4
live **vivre** *v.* I-8, II-P
  live (in) **habiter (à)** *v.* I-2
living room (*informal room*)
salle de séjour *f.* I-8, II-P;
(*formal room*) **salon** *m.* I-8, II-P
located: to be located **se trouver**
v. II-2
long **long(ue)** *adj.* I-3
  a long time **longtemps** *adv.* I-5

look (*at one another*) **se
regarder** *v.* II-3; (*at oneself*)
se regarder *v.* II-2
look for **chercher** *v.* I-2
  to look for work/a job
chercher du/un travail II-4
loose (*clothing*) **large** *adj.* I-6
lose: to lose **perdre** *v.* I-6
  to lose weight **maigrir** *v.* I-4
lost: to be lost **être perdu(e)** *v.* II-4
lot: a lot of **beaucoup de** *adv.* I-4
love **amour** *m.* I-6
  to love **adorer** *v.* I-2
  I love... **J'adore...** I-2
  to love one another **s'aimer**
v. II-3
  to be in love **être amoureux/
amoureuse** *v.* I-6
luck **chance** *f.* I-2
  to be lucky **avoir de la chance**
v. I-2
lunch **déjeuner** *m.* II-1
  to eat lunch **déjeuner** *v.* I-4

M

ma'am **Madame.** *f.* I-1
machine: answering machine
répondeur *m.* II-3
mad: to get mad **s'énerver** *v.* II-2
made **fait (faire)** *p.p., adj.* I-6
magazine **magazine** *m.* II-7
mail **courrier** *m.* II-4
mailbox **boîte** *f.* **aux lettres** II-4
mailman **facteur** *m.* II-4
main character **personnage
principal** *m.* II-7
main dish **plat (principal)** *m.* II-1
maintain **maintenir** *v.* II-1
make **faire** *v.* I-5
makeup **maquillage** *m.* II-2
  to put on makeup **se
maquiller** *v.* II-2
make up **se réconcilier** *v.* II-7
malfunction **panne** *f.* II-3
man **homme** *m.* I-1
manage (*in business*) **diriger** *v.*
II-5; (*to do something*) **arriver
à** *v.* I-2
manager **gérant(e)** *m., f.* II-5,
responsable *m., f.* II-5
many (of) **beaucoup (de)** *adv.* I-4
  How many (of)? **Combien
(de)?** I-1
map (*of a city*) **plan** *m.* I-7;
(*of the world*) **carte** *f.* I-1
March **mars** *m.* I-5
market **marché** *m.* I-4
marriage **mariage** *m.* I-6
married **marié(e)** *adj.* I-3
  married couple **mariés** *m.,
pl.* I-6
marry **épouser** *v.* I-3

Martinique: from Martinique
martiniquais(e) *adj.* I-1
masterpiece **chef-d'œuvre** *m.* II-7
mathematics **mathématiques
(maths)** *f., pl.* I-2
May **mai** *m.* I-5
maybe **peut-être** *adv.* I-2
mayonnaise **mayonnaise** *f.* II-1
mayor's office **mairie** *f.* II-4
me **moi** *disj. pron., sing.* I-3;
(*attached to imperative*) **-moi**
pron. II-1; **me/m'** *i.o. pron.*
I-6; **me/m'** *d.o. pron.* I-7
  Me too. **Moi aussi.** I-1
  Me neither. **Moi non plus.** I-2
meal **repas** *m.* II-1
mean **méchant(e)** *adj.* I-3
  to mean (*with* **dire**) **vouloir**
v. II-1
means: that means **ça veut
dire** *v.* II-1
meat **viande** *f.* II-1
mechanic **mécanicien/
mécanicienne** *m., f.* II-3
medication (against/
for) **médicament (contre/
pour)** *m., f.* II-2
meet (*to encounter, to run into*)
rencontrer *v.* I-2; (*to make the
acquaintance of*) **faire la
connaissance de** *v.* I-5, **se
rencontrer** *v.* II-3; (*planned
encounter*) **se retrouver** *v.* II-3
meeting **réunion** *f.* II-5;
rendez-vous *m.* I-6
member **membre** *m.* II-7
menu **menu** *m.* II-1; **carte** *f.* II-1
message **message** *m.* II-5
  to leave a message **laisser
un message** *v.* II-5
Mexican **mexicain(e)** *adj.* I-1
Mexico **Mexique** *m.* I-7
microwave oven **four à micro-
ondes** *m.* I-8, II-P
midnight **minuit** *m.* I-2
milk **lait** *m.* I-4
mineral water **eau** *f.* **minérale** I-4
mirror **miroir** *m.* I-8, II-P
Miss **Mademoiselle** *f.* I-1
mistaken: to be mistaken (*about
something*) **se tromper (de)**
v. II-2
modest **modeste** *adj.* II-5
moment **moment** *m.* I-1
Monday **lundi** *m.* I-2
money **argent** *m.* II-4; (*currency*)
monnaie *f.* II-4
  to deposit money **déposer de
l'argent** *v.* II-4
month **mois** *m.* I-2
  this month **ce mois-ci** I-2
moon **Lune** *f.* II-6
more **plus** *adv.* I-4

more of **plus de** I-4

more … than *(used with noun to compare quantities)* **plus de… que** II-6

more … than *(used with adjective to compare qualities)* **plus… que** II-1

morning **matin** *m.* I-2; **matinée** *f.* I-2

this morning **ce matin** I-2

Moroccan **marocain(e)** *adj.* I-1

most **plus** II-1

the most… *(used with adjective)* **le/la plus…** *super. adv.* II-1

the most… *(used with noun to express quantity)* **le plus de…** II-6

the most… *(used with verb or adverb)* **le plus…** *super. adv.* II-1

mother **mère** *f.* I-3

mother-in-law **belle-mère** *f.* I-3

mountain **montagne** *f.* I-4

mouse **souris** *f.* II-3

mouth **bouche** *f.* II-2

move *(to get around)* **se déplacer** *v.* II-4

to move in **emménager** *v.* I-8, II-P

to move out **déménager** *v.* I-8, II-P

movie **film** *m.* II-7

adventure/horror/science-fiction/crime movie **film** *m.* **d'aventures/d'horreur/de science-fiction/policier** II-7

movie theater **cinéma (ciné)** *m.* I-4

MP3 **MP3** *m.* II-3

much (as much … as) *(used with noun to express quantity)* **autant de … que** *adv.* II-6

How much *(of something)*? **Combien (de)?** I-1

How much is… ? **Combien coûte… ?** I-4

museum **musée** *m.* I-4

to go to museums **faire les musées** *v.* II-7

mushroom **champignon** *m.* II-1

music: to play music **faire de la musique** II-7

musical **comédie** *f.* **musicale** II-7; **musical(e)** *adj.* II-7

musician **musicien(ne)** *m., f.* I-3

must *(to have to)* **devoir** *v.* II-1

One must **Il faut…** I-5

mustard **moutarde** *f.* II-1

my **ma** *poss. adj., f., sing.* I-3; **mes** *poss. adj., m., f., pl.* I-3; **mon** *poss. adj., m., sing.* I-3

myself **me/m'** *pron., sing.* II-2; *(attached to an imperative)* **-moi** *pron.* II-1

N

naïve **naïf (naïve)** *adj.* I-3

name: My name is… **Je m'appelle…** I-1

named: to be named **s'appeler** *v.* II-2

napkin **serviette** *f.* II-1

nationality **nationalité** *f.*

I am of … nationality. **Je suis de nationalité…** I-1

natural **naturel(le)** *adj.* II-6

natural resource **ressource naturelle** *f.* II-6

nature **nature** *f.* II-6

nauseated: to feel nauseated **avoir mal au cœur** *v.* II-2

near (to) **près (de)** *prep.* I-3

very near (to) **tout près (de)** II-4

necessary **nécessaire** *adj.* II-6

It was necessary… *(followed by infinitive or subjunctive)* **Il a fallu…** I-6

It is necessary…. *(followed by infinitive or subjunctive)* **Il faut que…** I-5

It is necessary that… *(followed by subjunctive)* **Il est nécessaire que/qu'…** II-6

neck **cou** *m.* II-2

need **besoin** *m.* I-2

to need **avoir besoin (de)** *v.* I-2

neighbor **voisin(e)** *m., f.* I-3

neighborhood **quartier** *m.* I-8, II-P

neither… nor **ne… ni… ni…** *conj.* II-4

nephew **neveu** *m.* I-3

nervous **nerveux/nerveuse** *adj.* I-3

nervously **nerveusement** *adv.* I-8, II-P

network (social) **réseau (social)** *m.* II-3

never **jamais** *adv.* I-5; **ne… jamais** *adv.* II-4

new **nouveau/nouvelle** *adj.* I-3

newlyweds **jeunes mariés** *m., pl.* I-6

news **informations (infos)** *f., pl.* II-7; **nouvelles** *f., pl.* II-7

newspaper **journal** *m.* I-7

newsstand **marchand de journaux** *m.* II-4

next **ensuite** *adv.* I-7; **prochain(e)** *adj.* I-2

next to **à côté de** *prep.* I-3

nice **gentil/gentille** *adj.* I-3; **sympa(thique)** *adj.* I-1

nicely **gentiment** *adv.* I-7

niece **nièce** *f.* I-3

night **nuit** *f.* I-2

nine **neuf** *m.* I-1

nine hundred **neuf cents** *m.* I-5

nineteen **dix-neuf** *m.* I-1

ninety **quatre-vingt-dix** *m.* I-3

ninth **neuvième** *adj.* I-7

no *(at beginning of statement to indicate disagreement)* **(mais) non** I-2; **aucun(e)** *adj.* II-2

no more **ne… plus** II-4

no problem **pas de problème** II-4

no reason **pour rien** I-4

no, none **pas (de)** II-4

nobody **ne… personne** II-4

none (not any) **ne… aucun(e)** II-4

noon **midi** *m.* I-2

no one **personne** *pron.* II-4

north **nord** *m.* II-4

nose **nez** *m.* II-2

not **ne… pas** *I-2*

not at all **pas du tout** *adv.* I-2

Not badly. **Pas mal.** I-1

to not believe that **ne pas croire que** *v.* II-7

to not think that **ne pas penser que** *v.* II-7

not yet **pas encore** *adv.* I-8, II-P

notebook **cahier** *m.* I-1

notes **billets** *m., pl.* II-3

nothing **rien** *indef. pron.* II-4

It's nothing. **Il n'y a pas de quoi.** I-1

notice **s'apercevoir** *v.* II-4

novel **roman** *m.* II-7

November **novembre** *m.* I-5

now **maintenant** *adv.* I-5

nuclear **nucléaire** *adj.* II-6

nuclear energy **énergie nucléaire** *f.* II-6

nuclear plant **centrale nucléaire** *f.* II-6

nurse **infirmier/infirmière** *m., f.* II-2

O

object **objet** *m.* I-1

obtain **obtenir** *v.* II-5

obvious **évident(e)** *adj.* II-7

It is obvious that… **Il est évident que…** II-7

obviously **évidemment** *adv.* I-7

o'clock: It's… (o'clock). **Il est… heure(s).** I-2

at … (o'clock) **à … heure(s)** I-4

October **octobre** *m.* I-5

of **de/d'** *prep.* I-3

of medium height **de taille moyenne** *adj.* I-3

Vocabulary

of the **des (de + les)** I-3
of the **du (de + le)** I-3
of which, of whom **dont**
    rel. pron. II-3
of course **bien sûr** *adv.* I-2;
    évidemment *adv.* I-7
    of course not *(at beginning
    of statement to indicate
    disagreement)* **(mais) non** I-2
offer **offrir** *v.* II-3
offered **offert (offrir)** *p.p.* II-3
office **bureau** *m.* I-4
    at the doctor's office **chez le
    médecin** *prep.* I-2
often **souvent** *adv.* I-5
oil **huile** *f.* II-1
    automobile oil **huile** *f.* II-3
    oil warning light **voyant** *m.*
    d'huile II-3
    olive oil **huile** *f.* **d'olive** II-1
    to check the oil **vérifier
    l'huile** *v.* II-3
okay **d'accord** I-2
old **vieux/vieille** *adj.; (placed
    after noun)* **ancien(ne)** *adj.* I-3
old age **vieillesse** *f.* I-6
olive **olive** *f.* II-1
olive oil **huile** *f.* **d'olive** II-1
omelette **omelette** *f.* I-5
on **sur** *prep.* I-3
    On behalf of whom? **C'est de
    la part de qui?** II-5
    on the condition that… **à
    condition que** II-7
    on television **à la
    télé(vision)** II-7
    on the contrary
    au contraire II-7
    on the radio **à la radio** II-7
    on the subject of **au sujet
    de** II-6
    on vacation **en vacances** I-7
once **une fois** *adv.* I-8, II-P
one **un** *m.* I-1
    one **on** *sub. pron., sing.* I-1
    one another **l'un(e) à
    l'autre** II-3
    one another **l'un(e) l'autre** II-3
    one had to… **il fallait…**
    I-8, II-P
    One must… **Il faut que/
    qu'…** II-6
    One must… **Il faut…** *(followed
    by infinitive or subjunctive)* I-5
one million **un million** *m.* I-5
    one million *(things)* **un
    million de…** I-5
onion **oignon** *m.* II-1
online **en ligne** II-3
    to be online **être en ligne** *v.* II-3
    to be online *(with someone)*
    **être connecté(e) (avec
    quelqu'un)** *v.* I-7, II-3

only **ne… que** II-4; **seulement**
    adv. I-8, II-P
open **ouvrir** *v.* II-3; **ouvert(e)**
    adj. II-3
opened **ouvert (ouvrir)** *p.p.* II-3
opera **opéra** *m.* II-7
optimistic **optimiste** *adj.* I-1
or **ou** I-3
orange **orange** *f.* II-1; **orange**
    inv.adj. I-6
orchestra **orchestre** *m.* II-7
order **commander** *v.* II-1
organize (a party) **organiser (une
    fête)** *v.* I-6
orient oneself **s'orienter** *v.* II-4
others **d'autres** I-4
our **nos** *poss. adj., m., f., pl.* I-3;
    notre *poss. adj., m., f., sing.* I-3
outdoor *(open-air)* **plein
    air** II-6
over **fini** *adj., p.p.* I-7
overpopulation **surpopulation**
    f. II-6
overseas **à l'étranger** *adv.* I-7
over there **là-bas** *adv.* I-1
owed **dû (devoir)** *p.p., adj.* II-1
own **posséder** *v.* I-5
owner **propriétaire** *m., f.* I-8, II-P
ozone **ozone** *m.* II-6
    hole in the ozone layer
    **trou dans la couche
    d'ozone** *m.* II-6

P

pack: to pack one's bags **faire les
    valises** I-7
package **colis** *m.* II-4
paid **payé (payer)** *p.p., adj.* II-5
    to be well/badly paid **être bien/
    mal payé(e)** II-5
pain **douleur** *f.* II-2
paint **faire de la peinture** *v.* II-7
painter **peintre/femme peintre**
    m., f. II-7
painting **peinture** *f.* II-7;
    tableau *m.* II-7
pants **pantalon** *m., sing.* I-6
paper **papier** *m.* I-1
Pardon (me). **Pardon.** I-1
parents **parents** *m., pl.* I-3
park **parc** *m.* I-4
    to park **se garer** *v.* II-3
parka **anorak** *m.* I-6
parking lot **parking** *m.* II-3
part-time job **emploi** *m.* **à
    mi-temps/à temps partiel**
    m. II-5
party **fête** *f.* I-6
pass **dépasser** *v.* II-3; **passer**
    v. I-7
    to pass an exam **être reçu(e)
    à un examen** *v.* I-2

passenger **passager/passagère**
    m., f. I-7
passport **passeport** *m.* I-7
password **mot de passe** *m.* II-3
past: in the past **autrefois**
    adv. I-8, II-P
pasta **pâtes** *f., pl.* II-1
pastime **passe-temps** *m.* I-5
pastry **pâtisserie** *f.* II-1
pastry shop **pâtisserie** *f.* II-1
pâté **pâté (de campagne)** *m.* II-1
path **sentier** *m.* II-6; **chemin**
    m. II-4
patient **patient(e)** *adj.* I-1
patiently **patiemment**
    adv. I-8, II-P
pay **payer** *v.* I-5
    to pay by check **payer par
    chèque** *v.* II-4
    to pay in cash **payer en
    espèces** *v.* II-4
    to pay with a debit/credit
    card **payer par carte
    bancaire/de crédit** *v.* II-4
    to pay attention (to) **faire
    attention (à)** *v.* I-5
peach **pêche** *f.* II-1
pear **poire** *f.* II-1
peas **petits pois** *m., pl.* II-1
pen **stylo** *m.* I-1
pencil **crayon** *m.* I-1
people **gens** *m., pl.* I-7
pepper *(spice)* **poivre** *m.* II-1;
    (vegetable) **poivron** *m.* II-1
per day/week/month/year
    **par jour/semaine/mois/
    an** I-5
perfect **parfait(e)** *adj.* I-2
perhaps **peut-être** *adv.* I-2
period *(punctuation mark)* **point**
    m. II-3
permit **permis** *m.* II-3
permitted **permis (permettre)**
    p.p., adj. I-6
person **personne** *f.* I-1
pessimistic **pessimiste** *adj.* I-1
pharmacist **pharmacien(ne)**
    m., f. II-2
pharmacy **pharmacie** *f.* II-2
philosophy **philosophie** *f.* I-2
phone one another **se téléphoner**
    v. II-3
photo(graph) **photo(graphie)**
    f. I-3
physical education **éducation
    physique** *f.* I-2
physics **physique** *f.* I-2
piano **piano** *m.* II-7
pick up **décrocher** *v.* II-5
picnic **pique-nique** *m.* II-6
picture **tableau** *m.* I-1
pie **tarte** *f.* II-1
piece (of) **morceau (de)** *m.* I-4

piece of furniture **meuble** *m.* I-8, II-P
pill **pilule** *f.* II-2
pillow **oreiller** *m.* I-8, II-P
pink **rose** *adj.* I-6
pitcher (of water) **carafe (d'eau)** *f.* II-1
place **endroit** *m.* I-4; **lieu** *m.* I-4
planet **planète** *f.* II-6
plans: to make plans **faire des projets** *v.* II-5
plant **plante** *f.* II-6
plastic **plastique** *m.* II-6
plastic wrapping **emballage en plastique** *m.* II-6
plate **assiette** *f.* II-1
play **pièce de théâtre** *f.* II-7
play **s'amuser** *v.* II-2; *(a sport/a musical instrument)* **jouer (à/de)** *v.* I-5
to play regularly **pratiquer** *v.* I-5
to play sports **faire du sport** *v.* I-5
to play a role **jouer un rôle** *v.* II-7
player **joueur/joueuse** *m., f.* I-5
playwright **dramaturge** *m.* II-7
pleasant **agréable** *adj.* I-1
please: to please someone **faire plaisir à quelqu'un** *v.* I-5
Please. **S'il te plaît.** *fam.* I-1
Please. **S'il vous plaît.** *form.* I-1
Please. **Je vous en prie.** *form.* I-1
Please hold. **Ne quittez pas.** II-5
plug in **brancher** *v.* II-3
plumber **plombier** *m.* II-5
poem **poème** *m.* II-7
poet **poète/poétesse** *m., f.* II-7
police **police** *f.* II-3; **policier** *adj.* II-7
police officer **agent de police** *m.* II-3; **policier** *m.* II-3; **policière** *f.* II-3
police station **commissariat de police** *m.* II-4
polite **poli(e)** *adj.* I-1
politely **poliment** *adv.* I-8, II-P
political science **sciences politiques (sciences po)** *f., pl.* I-2
politician **homme/femme politique** *m., f.* II-5
pollute **polluer** *v.* II-6
pollution **pollution** *f.* II-6
pollution cloud **nuage de pollution** *m.* II-6
pool **piscine** *f.* I-4
poor **pauvre** *adj.* I-3
popular music **variétés** *f., pl.* II-7
population **population** *f.* II-6
growing population **population** *f.* **croissante** II-6

pork **porc** *m.* II-1
portrait **portrait** *m.* I-5
position *(job)* **poste** *m.* II-5
possess *(to own)* **posséder** *v.* I-5
possible **possible** *adj.* II-7
It is possible that... **Il est possible que...** II-6
post **afficher** *v.* II-5
post office **bureau de poste** *m.* II-4
postal service **poste** *f.* II-4
postcard **carte postale** *f.* II-4
poster **affiche** *f.* I-8, II-P
potato **pomme de terre** *f.* II-1
practice **pratiquer** *v.* I-5
prefer **aimer mieux** *v.* I-2; **préférer (que)** *v.* I-5
pregnant **enceinte** *adj.* II-2
prepare (for) **préparer** *v.* I-2
to prepare *(to do something)* **se préparer (à)** *v.* II-2
prescription **ordonnance** *f.* II-2
present **présenter** *v.* II-7
preservation: habitat preservation **sauvetage des habitats** *m.* II-6
preserve **préserver** *v.* II-6
pressure **pression** *f.* II-3
to check the tire pressure **vérifier la pression des pneus** *v.* II-3
pretty **joli(e)** *adj.* I-3; *(before an adjective or adverb)* **assez** *adv.* I-8, II-P
prevent: to prevent a fire **prévenir l'incendie** *v.* II-6
price **prix** *m.* I-4
principal **principal(e)** *adj.* II-4
print **imprimer** *v.* II-3
printer **imprimante** *f.* II-3
problem **problème** *m.* I-1
produce **produire** *v.* I-6
produced **produit (produire)** *p.p., adj.* I-6
product **produit** *m.* II-6
profession **métier** *m.* II-5; **profession** *f.* II-5
demanding profession **profession** *f.* **exigeante** II-5
professional **professionnel(le)** *adj.* II-5
professional experience **expérience professionnelle** *f.* II-5
program **programme** *m.* II-7; *(software)* **logiciel** *m.* II-3; *(television)* **émission** *f.* **de télévision** II-7
prohibit **interdire** *v.* II-6
project **projet** *m.* II-5
promise **promettre** *v.* I-6
promised **promis (promettre)** *p.p., adj.* I-6

promotion **promotion** *f.* II-5
propose that... **proposer que...** *v.* II-6
to propose a solution **proposer une solution** *v.* II-6
protect **protéger** *v.* I-5
protection **préservation** *f.* II-6; **protection** *f.* II-6
proud **fier/fière** *adj.* I-3
psychological **psychologique** *adj.* II-7
psychological drama **drame psychologique** *m.* II-7
psychology **psychologie** *f.* I-2
psychologist **psychologue** *m., f.* II-5
publish **publier** *v.* II-7
pure **pur(e)** *adj.* II-6
purple **violet(te)** *adj.* I-6
purse **sac à main** *m.* I-6
put **mettre** *v.* I-6
to put (on) (yourself) **se mettre** *v.* II-2
to put away **ranger** *v.* I-8, II-P
to put on makeup **se maquiller** *v.* II-2
put **mis (mettre)** *p.p.* I-6

Q

quarter **quart** *m.* I-2
a quarter after ... (o'clock) **... et quart** I-2
Quebec: from Quebec **québécois(e)** *adj.* I-1
question **question** *f.* I-6
to ask *(someone)* a question **poser une question (à)** *v.* I-6
quickly **vite** *adv.* I-7; **rapidement** *adv.* I-7
quite *(before an adjective or adverb)* **assez** *adv.* I-8, II-P

R

rabbit **lapin** *m.* II-6
rain **pleuvoir** *v.* I-5
acid rain **pluie** *f.* **acide** II-6
It is raining. **Il pleut.** I-5
It was raining. **Il pleuvait.** I-8, II-P
rain forest **forêt tropicale** *f.* II-6
rain jacket **imperméable** *m.* I-5
rained **plu (pleuvoir)** *p.p.* I-6
raise (in salary) **augmentation (de salaire)** *f.* II-5
rarely **rarement** *adv.* I-5
rather **plutôt** *adv.* I-1
ravishing **ravissant(e)** *adj.* II-5
razor **rasoir** *m.* II-2
read **lire** *v.* I-7
read **lu (lire)** *p.p., adj.* I-7
ready **prêt(e)** *adj.* I-3

real *(true)* **vrai(e)** *adj.;* **véritable** *adj.* I-3

real estate agent **agent immobilier** *m., f.* II-5

realize **se rendre compte** *v.* II-2

really **vraiment** *adv.* I-7; *(before adjective or adverb)* **tout(e)** *adv.* I-3; really close by **tout près** I-3

rear-view mirror **rétroviseur** *m.* II-3

reason **raison** *f.* I-2

receive **recevoir** *v.* II-4

received **reçu (recevoir)** *p.p., adj.* II-4

receiver **combiné** *m.* II-5

recent **récent(e)** *adj.* II-7

reception desk **réception** *f.* I-7

recognize **reconnaître** *v.* I-8, II-P

recognized **reconnu (reconnaître)** *p.p., adj.* I-8, II-P

recommend that... **recommander que...** *v.* II-6

recommendation **recommandation** *f.* II-5

record **enregistrer** *v.* II-3

recycle **recycler** *v.* II-6

recycling **recyclage** *m.* II-6

red **rouge** *adj.* I-6

redial **recomposer (un numéro)** *v.* II-3

reduce **réduire** *v.* I-6

reduced **réduit (réduire)** *p.p., adj.* I-6

reference **référence** *f.* II-5

reflect (on) **réfléchir (à)** *v.* I-4

refrigerator **frigo** *m.* I-8, II-P

refuse *(to do something)* **refuser (de)** *v.* II-3

region **région** *f.* II-6

regret that... **regretter que...** II-6

relax **se détendre** *v.* II-2

remember **se souvenir (de)** *v.* II-2

remote control **télécommande** *f.* II-3

rent **loyer** *m.* I-8, II-P
to rent **louer** *v.* I-8, II-P

repair **réparer** *v.* II-3

repeat **répéter** *v.* I-5

research **rechercher** *v.* II-5

researcher **chercheur/ chercheuse** *m., f.* II-5

reservation **réservation** *f.* I-7
to cancel a reservation **annuler une réservation** I-7

reserve **réserver** *v.* I-7

reserved **réservé(e)** *adj.* I-1

resign **démissionner** *v.* II-5

resort (ski) **station** *f.* **(de ski)** I-7

respond **répondre (à)** *v.* I-6

rest **se reposer** *v.* II-2

restart **redémarrer** *v.* II-3

restaurant **restaurant** *m.* I-4

restroom(s) **toilettes** *f., pl.* I-8, II-P; **W.-C.** *m., pl.*

result **résultat** *m.* I-2

résumé **curriculum vitæ (C.V.)** *m.* II-5

retake **repasser** *v.* II-7

retire **prendre sa retraite** *v.* I-6

retired person **retraité(e)** *m., f.* II-5

retirement **retraite** *f.* I-6

return **retourner** *v.* I-7
to return (home) **rentrer (à la maison)** *v.* I-2

review *(criticism)* **critique** *f.* II-7

rice **riz** *m.* II-1

ride: to go horseback riding **faire du cheval** *v.* I-5
to ride in a car **rouler en voiture** *v.* I-7

right **juste** *adv.* I-3
to the right (of) **à droite (de)** *prep.* I-3
to be right **avoir raison** I-2
right away **tout de suite** I-7
right next door **juste à côté** I-3

ring **sonner** *v.* II-3

river **fleuve** *m.* II-6; **rivière** *f.* II-6

riverboat **bateau-mouche** *m.* I-7

role **rôle** *m.* II-6

room **pièce** *f.* I-8, II-P; **salle** *f.* I-8, II-P
bedroom **chambre** *f.* I-7
classroom **salle** *f.* **de classe** I-1
dining room **salle** *f.* **à manger** I-8, II-P
single hotel room **chambre** *f.* **individuelle** I-7

round-trip **aller-retour** *adj.* I-7
round-trip ticket **billet** *m.* **aller-retour** I-7

rug **tapis** *m.* I-8, II-P

run **courir** *v.* I-5; **couru (courir)** *p.p., adj.* I-6
to run into someone **tomber sur quelqu'un** *v.* I-7

S

sad **triste** *adj.* I-3
to be sad that... **être triste que...** *v.* II-6

safety **sécurité** *f.* II-3

said **dit (dire)** *p.p., adj.* I-7

salad **salade** *f.* II-1

salary (a high, low) **salaire (élevé, modeste)** *m.* II-5

sales **soldes** *f., pl.* I-6

salon: beauty salon **salon** *m.* **de beauté** II-4

salt **sel** *m.* II-1

sandwich **sandwich** *m.* I-4

sat (down) **assis (s'asseoir)** *p.p.* II-2

Saturday **samedi** *m.* I-2

sausage **saucisse** *f.* II-1

save **sauvegarder** *v.* II-3
save the planet **sauver la planète** *v.* II-6

savings **épargne** *f.* II-4

savings account **compte d'épargne** *m.* II-4

say **dire** *v.* I-7

scarf **écharpe** *f.* I-6

scholarship **bourse** *f.* I-2

school **école** *f.* I-2

science **sciences** *f., pl.* I-2
political science **sciences politiques (sciences po)** *f., pl.* I-2

screen **écran** *m.* II-3

screening **séance** *f.* II-7

sculpture **sculpture** *f.* II-7

sculptor **sculpteur/sculptrice** *m., f.* II-7

sea **mer** *f.* I-7

seafood **fruits de mer** *m., pl.* II-1

search for **chercher** *v.* I-2
to search for work/a job **chercher du/un travail** *v.* II-4

season **saison** *f.* I-5

seat **place** *f.* II-7

seatbelt **ceinture de sécurité** *f.* II-3
to buckle one's seatbelt **attacher sa ceinture de sécurité** *v.* II-3

seated **assis(e)** *p.p., adj.* II-2

second **deuxième** *adj.* I-7

security **sécurité** *f.* II-3

see **voir** *v.* II-7; *(catch sight of)* **apercevoir** *v.* II-4
to see again **revoir** *v.* II-7
See you later. **À plus tard.** I-1
See you later. **À tout à l'heure.** I-1
See you soon. **À bientôt.** I-1
See you tomorrow. **À demain.** I-1

seen **aperçu (apercevoir)** *p.p.* II-4; **vu (voir)** *p.p.* II-7
seen again **revu (revoir)** *p.p.* II-7

self/-selves **même(s)** *pron.* I-6

selfish **égoïste** *adj.* I-1

sell **vendre** *v.* I-6

seller **vendeur/vendeuse** *m., f.* I-6

send **envoyer** *v.* I-5
to send *(to someone)* **envoyer (à)** *v.* I-6
to send a letter **poster une lettre** II-4

Senegalese **sénégalais(e)** *adj.* I-1

sense **sentir** v. I-5
separated **séparé(e)** adj. I-3
September **septembre** m. I-5
serious **grave** adj. II-2;
sérieux/sérieuse adj. I-3
serve **servir** v. I-5
server **serveur/serveuse**
m., f. I-4
service station **station-service**
f. II-3
set the table **mettre la table**
v. I-8, II-P
seven **sept** m. I-1
seven hundred **sept cents** m. I-5
seventeen **dix-sept** m. I-1
seventh **septième** adj. I-7
seventy **soixante-dix** m. I-3
several **plusieurs** adj. I-4
shame **honte** f. I-2
It's a shame that… **Il est**
dommage que… II-6
shampoo **shampooing** m. II-2
shape (state of health) **forme** f. II-2
share **partager** v. I-2
shave (oneself) **se raser** v. II-2
shaving cream **crème à raser**
f. II-2
she **elle** pron. I-1
sheet of paper **feuille de papier**
f. I-1
sheets **draps** m., pl. I-8, II-P
shelf **étagère** f. I-8, II-P
shh **chut** II-7
shirt (short-/long-sleeved)
chemise (à manches
courtes/longues) f. I-6
shoe **chaussure** f. I-6
shopkeeper **commerçant(e)**
m., f. II-1
shopping **shopping** m. I-7
to go shopping **faire du**
shopping v. I-7
to go (grocery) shopping **faire**
les courses v. II-1
shopping center **centre**
commercial m. I-4
short **court(e)** adj. I-3;
(stature) **petit(e)** I-3
shorts **short** m. I-6
shot (injection) **piqûre** f. II-2
to give a shot **faire une piqûre**
v. II-2
show **spectacle** m. I-5; (movie
or theater) **séance** f. II-7
to show (to someone) **montrer**
(à) v. I-6
shower **douche** f. I-8, II-P
shut off **fermer** v. II-3
shy **timide** adj. I-1
sick: to get/be sick **tomber/être**
malade v. II-2
sign **signer** v. II-4
silk **soie** f. I-6

since **depuis** adv. II-1
sincere **sincère** adj. I-1
sing **chanter** v. I-5
singer **chanteur/chanteuse**
m., f. I-1
single (marital status) **célibataire**
adj. I-3
single hotel room **chambre** f.
individuelle I-7
sink **évier** m. I-8, II-P;
(bathroom) **lavabo** m. I-8, II-P
sir **Monsieur** m. I-1
sister **sœur** f. I-3
sister-in-law **belle-sœur** f. I-3
sit down **s'asseoir** v. II-2
sitting **assis(e)** adj. II-2
six **six** m. I-1
six hundred **six cents** m. I-5
sixteen **seize** m. I-1
sixth **sixième** adj. I-7
sixty **soixante** m. I-1
size **taille** f. I-6
skate **patiner** v. I-4
ski **skier** v. I-5; **faire du ski** I-5
skiing **ski** m. I-5
ski jacket **anorak** m. I-6
ski resort **station** f. **de ski** I-7
skin **peau** f. II-2
skirt **jupe** f. I-6
sky **ciel** m. II-6
sleep **sommeil** m. I-2
to sleep **dormir** v. I-5
to be sleepy **avoir sommeil**
v. I-2
sleeve **manche** f. I-6
slice **tranche** f. II-1
slipper **pantoufle** f. II-2
slow **lent(e)** adj. I-3
slowly **lentement** adv. I-7
small **petit(e)** adj. I-3
smartphone **smartphone** m. II-3
smell **sentir** v. I-5
smile **sourire** m. I-6
to smile **sourire** v. I-6
snack (afternoon) **goûter** m. II-1
snake **serpent** m. II-6
sneeze **éternuer** v. II-2
snow **neiger** v. I-5
It is snowing. **Il neige.** I-5
It was snowing… **Il**
neigeait… I-8, II-P
so **si** II-3; **alors** adv. I-1
so that **pour que** II-7
soap **savon** m. II-2
soap opera **feuilleton** m. II-7
soccer **foot(ball)** m. I-5
sociable **sociable** adj. I-1
sociology **sociologie** f. I-1
sock **chaussette** f. I-6
software **logiciel** m. II-3
soil (to make dirty) **salir** v. I-8, II-P
solar **solaire** adj. II-6

solar energy **énergie solaire** f. II-6
solution **solution** f. II-6
some **de l'** part. art., m., f., sing. I-4
some **de la** part. art., f., sing. I-4
some **des** part. art., m., f., pl. I-4
some **du** part. art., m., sing. I-4
some **quelques** adj. I-4
some (of it/them) **en** pron. II-2
someone **quelqu'un** pron. II-4
something **quelque chose** m. I-4
Something's not right.
Quelque chose ne va pas. I-5
sometimes **parfois** adv. I-5;
quelquefois adv. I-7
son **fils** m. I-3
song **chanson** f. II-7
sorry **désolé(e)** II-3
to be sorry that… **être**
désolé(e) que… v. II-6
sort **sorte** f. II-7
So-so. **Comme ci, comme**
ça. I-1
soup **soupe** f. I-4
soupspoon **cuillère à soupe**
f. II-1
south **sud** m. II-4
space **espace** m. II-6
Spain **Espagne** f. I-7
Spanish **espagnol(e)** adj. I-1
speak (on the phone) **parler**
(au téléphone) v. I-2
to speak (to) **parler (à)** v. I-6
to speak to one another **se**
parler v. II-3
specialist **spécialiste** m., f. II-5
species **espèce** f. II-6
endangered species **espèce** f.
menacée II-6
spectator **spectateur/**
spectatrice m., f. II-7
speed **vitesse** f. II-3
speed limit **limitation de vitesse**
f. II-3
spend **dépenser** v. I-4
to spend money **dépenser de**
l'argent I-4
to spend time **passer** v. I-7
to spend time (somewhere)
faire un séjour I-7
spoon **cuillère** f. II-1
sport(s) **sport** m. I-5
to play sports **faire du sport**
v. I-5
sporty **sportif/sportive** adj. I-3
sprain one's ankle **se fouler la**
cheville II-2
spring **printemps** m. I-5
in the spring **au printemps** I-5
square (place) **place** f. I-4
squirrel **écureuil** m. II-6
stadium **stade** m. I-5
stage (phase) **étape** f. I-6
stage fright **trac** II-5

staircase **escalier** *m.* I-8, II-P
stamp **timbre** *m.* II-4
star **étoile** *f.* II-6
starter **entrée** *f.* II-1
start up **démarrer** *v.* II-3
station **station** *f.* I-7
   subway station **station** *f.* **de métro** I-7
   train station **gare** *f.* I-7
stationery store **papeterie** *f.* II-4
statue **statue** *f.* II-4
stay **séjour** *m.* I-7; **rester** *v.* I-7
   to stay slim **garder la ligne** *v.* II-2
steak **steak** *m.* II-1
steering wheel **volant** *m.* II-3
stepbrother **demi-frère** *m.* I-3
stepfather **beau-père** *m.* I-3
stepmother **belle-mère** *f.* I-3
stepsister **demi-sœur** *f.* I-3
still **encore** *adv.* I-3
stomach **ventre** *m.* II-2
   to have a stomach ache **avoir mal au ventre** *v.* II-2
stone **pierre** *f.* II-6
stop (doing something) **arrêter (de faire quelque chose)** *v.*; (to stop oneself) **s'arrêter** *v.* II-2
   to stop by someone's house **passer chez quelqu'un** *v.* I-4
   bus stop **arrêt d'autobus (de bus)** *m.* I-7
store **magasin** *m.;* **boutique** *f.* II-4
   grocery store **épicerie** *f.* I-4
stormy **orageux/orageuse** *adj.* I-5
   It is stormy. **Le temps est orageux.** I-5
story **histoire** *f.* I-2
stove **cuisinière** *f.* I-8, II-P
straight **raide** *adj.* I-3
   straight ahead **tout droit** *adv.* II-4
strangle **étrangler** *v.* II-5
strawberry **fraise** *f.* II-1
street **rue** *f.* II-3
   to follow a street **suivre une rue** *v.* II-4
strong **fort(e)** *adj.* I-3
student **étudiant(e)** *m., f.* 1; **élève** *m., f.* I-1
   high school student **lycéen(ne)** *m., f.* I-2
studies **études** *f.* I-2
studio (apartment) **studio** *m.* I-8, II-P
study **étudier** *v.* I-2
suburbs **banlieue** *f.* I-4
subway **métro** *m.* I-7
subway station **station** *f.* **de métro** I-7
succeed (in doing something) **réussir (à)** *v.* I-4

success **réussite** *f.* II-5
suddenly **soudain** *adv.* I-8, II-P; **tout à coup** *adv.* I-7.; **tout d'un coup** *adv.* I-8, II-P
suffer **souffrir** *v.* II-3
suffered **souffert (souffrir)** *p.p.* II-3
sugar **sucre** *m.* I-4
suggest (that) **suggérer (que)** *v.* II-6
suit (man's) **costume** *m.* I-6; (woman's) **tailleur** *m.* I-6
suitcase **valise** *f.* I-7
summer **été** *m.* I-5
   in the summer **en été** I-5
sun **soleil** *m.* I-5
   It is sunny. **Il fait (du) soleil.** I-5
Sunday **dimanche** *m.* I-2
sunglasses **lunettes de soleil** *f., pl.* I-6
supermarket **supermarché** *m.* II-1
supervisor **responsable** *m., f.* II-5
sure **sûr(e)** II-1
   It is sure that… **Il est sûr que…** II-7
   It is unsure that… **Il n'est pas sûr que…** II-7
surprise (someone) **faire une surprise (à quelqu'un)** *v.* I-6
surprised **surpris (surprendre)** *p.p., adj.* I-6
   to be surprised that… **être surpris(e) que…** *v.* II-6
sweater **pull** *m.* I-6
sweep **balayer** *v.* I-8, II-P
swell **enfler** *v.* II-2
swim **nager** *v.* I-4
swimsuit **maillot de bain** *m.* I-6
Swiss **suisse** *adj.* I-1
Switzerland **Suisse** *f.* I-7
symptom **symptôme** *m.* II-2

T

table **table** *f.* I-1
   to clear the table **débarrasser la table** *v.* I-8, II-P
tablecloth **nappe** *f.* II-1
tablet **tablette (tactile)** *f.* II-3
take **prendre** *v.* I-4
   to take a photo(graph) **prendre une photo(graphe)** *v.* II-3
   to take a shower **prendre une douche** II-2
   to take a train (plane, taxi, bus, boat) **prendre un train (un avion, un taxi, un autobus, un bateau)** *v.* I-7
   to take a walk **se promener** *v.* II-2
   to take advantage of **profiter de** *v.* II-7

   to take an exam **passer un examen** *v.* I-2
   to take care (of something) **s'occuper (de)** *v.* II-2
   to take out the trash **sortir la/les poubelle(s)** *v.* I-8, II-P
   to take time off **prendre un congé** *v.* II-5
   to take (someone) **emmener** *v.* I-5
taken **pris (prendre)** *p.p., adj.* I-6
tale **conte** *m.* II-7
talented (gifted) **doué(e)** *adj.* II-7
tan **bronzer** *v.* I-6
tape recorder **magnétophone** *m.* II-3
tart **tarte** *f.* II-1
taste **goûter** *v.* II-1
taxi **taxi** *m.* I-7
tea **thé** *m.* I-4
teach **enseigner** *v.* I-2
   to teach (to do something) **apprendre (à)** *v.* I-4
teacher **professeur** *m.* I-1
team **équipe** *f.* I-5
teaspoon **cuillére à café** *f.* II-1
tee shirt **tee-shirt** *m.* I-6
teeth **dents** *f., pl.* II-1
   to brush one's teeth **se brosser les dents** *v.* II-1
telephone (receiver) **appareil** *m.* II-5
   to telephone (someone) **téléphoner (à)** *v.* I-2
   It's Mr./Mrs./Miss … (on the phone.) **C'est M./Mme/ Mlle … (à l'appareil.)** II-5
television **télévision** *f.* I-1
   television channel **chaîne** *f.* **(de télévision)** II-3
   television program **émission** *f.* **de télévision** II-7
tell one another **se dire** *v.* II-3
temperature **température** *f.* I-5
ten **dix** *m.* I-1
tennis **tennis** *m.* I-5
tennis shoes **baskets** *f., pl.* I-6
tenth **dixième** *adj.* I-7
terminal (bus) **gare** *f.* **routière** I-7
terrace (café) **terrasse** *f.* **de café** I-4
test **examen** *m.* I-1
text message **texto, SMS** *m.* II-3
than **que/qu'** *conj.* II-1, II-6
thank: Thank you (very much). **Merci (beaucoup).** I-1
that **ce/c', ça** I-1; **que** *rel. pron.* II-3
   Is that… ? **Est-ce… ?** I-2
   That's enough. **Ça suffit.** I-5

That has nothing to do with us.
That is none of our business. **Ça ne nous regarde pas.** II-6
that is… **c'est…** I-1
that is to say **ça veut dire** II-2
theater **théâtre** *m.* II-7
their **leur(s)** *poss. adj., m., f.* I-3
them **les** *d.o. pron.* I-7, **leur** *i.o. pron., m., f., pl.* I-6
then **ensuite** *adv.* I-7, **puis** *adv.* I-7, **puis** I-4; **alors** *adv.* I-7
there **là** I-1; **y** *pron.* II-2
Is there… ? **Y a-t-il… ?** I-2
over there **là-bas** *adv.* I-1
(over) there *(used with demonstrative adjective* ce *and noun or with demonstrative pronoun* celui*)* **-là** I-6
There is/There are… **Il y a…** I-1
There is/There are…. **Voilà…** I-1
There was… **Il y a eu…** I-6; **Il y avait…** I-8, II-P
therefore **donc** *conj.* I-7
these/those **ces** *dem. adj., m., f., pl.* I-6
these/those **celles** *pron., f., pl.* II-6
these/those **ceux** *pron., m., pl.* II-6
they **ils** *sub. pron., m.* I-1; **elles** *sub. and disj. pron., f.* I-1; **eux** *disj. pron., pl.* I-3
thing **chose** *f.* I-1, **truc** *m.* I-7
think (about) **réfléchir (à)** *v.* I-4
to think (that) **penser (que)** *v.* I-2
third **troisième** *adj.* I-7
thirst **soif** *f.* I-4
to be thirsty **avoir soif** *v.* I-4
thirteen **treize** *m.* I-1
thirty **trente** *m.* I-1
thirty-first **trente et unième** *adj.* I-7
this/that **ce** *dem. adj., m., sing.* I-6; **cet** *dem. adj., m., sing.* I-6; **cette** *dem. adj., f., sing.* I-6
this afternoon **cet après-midi** I-2
this evening **ce soir** I-2
this one/that one **celle** *pron., f., sing.* II-6; **celui** *pron., m., sing.* II-6
this week **cette semaine** I-2
this weekend **ce week-end** I-2
this year **cette année** I-2
those are… **ce sont…** I-1
thousand: one thousand **mille** *m.* I-5
one hundred thousand **cent mille** *m.* I-5
threat **danger** *m.* II-6
three **trois** *m.* I-1

three hundred **trois cents** *m.* I-5
throat **gorge** *f.* II-2
throw away **jeter** *v.* II-6
Thursday **jeudi** *m.* I-2
ticket **billet** *m.* I-7
round-trip ticket **billet** *m.* **aller-retour** I-7 bus/subway ticket **ticket de bus/de métro** *m.* I-7
tie **cravate** *f.* I-6
tight **serré(e)** *adj.* I-6
time *(occurence)* **fois** *f.* I-8, II-P; *(general sense)* **temps** *m., sing.* I-5
a long time **longtemps** *adv.* I-5
free time **temps libre** *m.* I-5
from time to time **de temps en temps** *adv.* I-7
to waste time **perdre son temps** *v.* I-6
tinker **bricoler** *v.* I-5
tip **pourboire** *m.* I-4
to leave a tip **laisser un pourboire** *v.* I-4
tire **pneu** *m.* II-3
flat tire **pneu** *m.* **crevé** II-3
(emergency) tire **roue (de secours)** *f.* II-3
to check the tire pressure **vérifier la pression des pneus** *v.* II-3
tired **fatigué(e)** *adj.* I-3
tiresome **pénible** *adj.* I-3
to **à** *prep.* I-4; **au (à + le)** I-4; **aux (à + les)** I-4
toaster **grille-pain** *m.* I-8, II-P
today **aujourd'hui** *adv.* I-2
toe **orteil** *m.* II-2; **doigt de pied** *m.* II-2
together **ensemble** *adv.* I-6
tomato **tomate** *f.* II-1
tomorrow (morning, afternoon, evening) **demain (matin, après-midi, soir)** *adv.* I-2
day after tomorrow **après-demain** *adv.* I-2
too **aussi** *adv.* I-1
too many/much (of) **trop (de)** I-4
tooth **dent** *f.* II-1
to brush one's teeth **se brosser les dents** *v.* II-1
toothbrush **brosse** *f.* **à dents** II-2
toothpaste **dentifrice** *m.* II-2
tour **tour** *m.* I-5
tourism **tourisme** *m.* II-4
tourist office **office du tourisme** *m.* II-4
towel (bath) **serviette (de bain)** *f.* II-2
town **ville** *f.* I-4
town hall **mairie** *f.* II-4
toxic **toxique** *adj.* II-6

toxic waste **déchets toxiques** *m., pl.* II-6
traffic **circulation** *f.* II-3
traffic light **feu de signalisation** *m.* II-4
tragedy **tragédie** *f.* II-7
train **train** *m.* I-7
train station **gare** *f.* I-7; **station** *f.* **de train** I-7
training **formation** *f.* II-5
translate **traduire** *v.* I-6
translated **traduit (traduire)** *p.p., adj.* I-6
trash **ordures** *f., pl.* II-6
travel **voyager** *v.* I-2
travel agency **agence de voyages** *f.* I-7
travel agent **agent de voyages** *m.* I-7
tree **arbre** *m.* II-6
trip **voyage** *m.* I-7
troop *(company)* **troupe** *f.* II-7
tropical **tropical(e)** *adj.* II-6
tropical forest **forêt tropicale** *f.* II-6
true **vrai(e)** *adj.* I-3; **véritable** *adj.* I-6
It is true that… **Il est vrai que…** II-7
It is untrue that… **Il n'est pas vrai que…** II-7
trunk **coffre** *m.* II-3
try **essayer** *v.* I-5
Tuesday **mardi** *m.* I-2
tuna **thon** *m.* II-1
turn **tourner** *v.* II-4
to turn off **éteindre** *v.* II-3
to turn on **allumer** *v.* II-3
to turn (oneself) around **se tourner** *v.* II-2
twelve **douze** *m.* I-1
twentieth **vingtième** *adj.* I-7
twenty **vingt** *m.* I-1
twenty-first **vingt et unième** *adj.* I-7
twenty-second **vingt-deuxième** *adj.* I-7
twice **deux fois** *adv.* I-8, II-P
twist one's ankle **se fouler la cheville** *v.* II-2
two **deux** *m.* I-1
two hundred **deux cents** *m.* I-5
two million **deux millions** *m.* I-5
type **genre** *m.* II-7

U

ugly **laid(e)** *adj.* I-3
umbrella **parapluie** *m.* I-5
uncle **oncle** *m.* I-3
under **sous** *prep.* I-3

understand **comprendre** *v.* I-4

understood **compris (comprendre)** *p.p., adj.* I-6

underwear **sous-vêtement** *m.* I-6

undress **se déshabiller** *v.* II-2

unemployed person **chômeur/ chômeuse** *m., f.* II-5
to be unemployed **être au chômage** *v.* II-5

unemployment **chômage** *m.* II-5

unfortunately **malheureusement** *adv.* I-7

unhappy **malheureux/ malheureuse** *adj.* I-3

union **syndicat** *m.* II-5

United States **États-Unis** *m., pl.* I-7

unless **à moins que** *conj.* II-7

unpleasant **antipathique** *adj.* I-3; **désagréable** *adj.* I-1

until **jusqu'à** *prep.* II-4; **jusqu'à ce que** *conj.* II-7

upset: to become upset **s'énerver** *v.* II-2

us **nous** *i.o. pron.* I-6; **nous** *d.o. pron.* I-7

USB drive **clé USB** *f.* II-3

use **employer** *v.* I-5
to use a map **utiliser un plan** *v.* I-7

useful **utile** *adj.* I-2

useless **inutile** *adj.* I-2; **nul(le)** *adj.* I-2

usually **d'habitude** *adv.* I-8, II-P

V

vacation **vacances** *f., pl.* I-7
vacation day **jour de congé** *m.* I-7

vacuum **aspirateur** *m.* I-8, II-P
to vacuum **passer l'aspirateur** *v.* I-8, II-P

valley **vallée** *f.* II-6

vegetable **légume** *m.* II-1

velvet **velours** *m.* I-6

very *(before adjective)* **tout(e)** *adv.* I-3
Very well. **Très bien.** I-1

veterinarian **vétérinaire** *m., f.* II-5

videocassette recorder (VCR) **magnétoscope** *m.* II-3

video game(s) **jeu vidéo (des jeux vidéo)** *m.* II-3

videotape **cassette vidéo** *f.* II-3

Vietnamese **vietnamien(ne)** *adj.* I-1

violet **violet(te)** *adj.* I-6

violin **violon** *m.* II-7

visit **visite** *f.* I-6

to visit *(a place)* **visiter** *v.* I-2; *(a person or people)* **rendre visite (à)** *v.* I-6; *(to visit regularly)* **fréquenter** *v.* I-4

voicemail **messagerie** *f.* II-5

volcano **volcan** *m.* II-6

volleyball **volley(-ball)** *m.* I-5

W

waist **taille** *f.* I-6

wait **attendre** *v.* I-6
to wait *(on the phone)* **patienter** *v.* II-5
to wait in line **faire la queue** *v.* II-4

wake up **se réveiller** *v.* II-2

walk **promenade** *f.* I-5; **marcher** *v.* I-5
to go for a walk **faire une promenade** I-5; **faire un tour** I-5

wall **mur** *m.* I-8, II-P

want **désirer** *v.* I-5; **vouloir** *v.* II-1

wardrobe **armoire** *f.* I-8, II-P

warming: global warming **réchauffement de la Terre** *m.* II-6

warning light (gas/oil) **voyant** *m.* **(d'essence/d'huile)** II-3

wash **laver** *v.* I-8, II-P
to wash oneself (one's hands) **se laver (les mains)** *v.* II-2
to wash up (in the morning) **faire sa toilette** *v.* II-2

washing machine **lave-linge** *m.* I-8, II-P

waste **gaspillage** *m.* II-6; **gaspiller** *v.* II-6

wastebasket **corbeille (à papier)** *f.* I-1

waste time **perdre son temps** *v.* I-6

watch **montre** *f.* I-1; **regarder** *v.* I-2

water **eau** *f.* I-4
mineral water **eau** *f.* **minérale** I-4

way *(by the way)* **au fait** *I-3*; *(path)* **chemin** *m.* II-4

we **nous** *pron.* I-1

weak **faible** *adj.* I-3

wear **porter** *v.* I-6

weather **temps** *m., sing.* I-5; **météo** *f.* II-7
The weather is bad. **Il fait mauvais.** I-5
The weather is dreadful. **Il fait un temps épouvantable.** I-5
The weather is good/warm. **Il fait bon.** I-5
The weather is nice. **Il fait beau.** I-5

web site **site Internet/web** *m.* II-3

wedding **mariage** *m.* I-6

Wednesday **mercredi** *m.* I-2

weekend **week-end** *m.* I-2
this weekend **ce week-end** *m.* I-2

welcome **bienvenu(e)** *adj.* I-1
You're welcome. **Il n'y a pas de quoi.** I-1

well **bien** *adv.* I-7
I am doing well/badly. **Je vais bien/mal.** I-1

west **ouest** *m.* II-4

What? **Comment?** *adv.* I-4; **Pardon?** I-4; **Quoi?** I-1 *interr. pron.* I-4
What day is it? **Quel jour sommes-nous?** I-2
What is it? **Qu'est-ce que c'est?** *prep.* I-1
What is the date? **Quelle est la date?** I-5
What is the temperature? **Quelle température fait-il?** I-5
What is the weather like? **Quel temps fait-il?** I-5
What is your name? **Comment t'appelles-tu?** *fam.* I-1
What is your name? **Comment vous appelez-vous?** *form.* I-1
What is your nationality? **Quelle est ta nationalité?** *sing., fam.* I-1
What is your nationality? **Quelle est votre nationalité?** *sing., pl., fam., form.* I-1
What time do you have? **Quelle heure avez-vous?** *form.* I-2
What time is it? **Quelle heure est-il?** I-2
What time? **À quelle heure?** I-2
What do you think about that? **Qu'en penses-tu?** II-6
What's up? **Ça va?** I-1
whatever it may be **quoi que ce soit** II-5
What's wrong? **Qu'est-ce qu'il y a?** I-1

when **quand** *adv.* I-4
When is …'s birthday? **C'est quand l'anniversaire de …?** I-5
When is your birthday? **C'est quand ton/votre anniversaire?** I-5

where **où** *adv., rel. pron.* I-4

which? **quel(le)(s)?** *adj.* I-4
which one **à laquelle** *pron., f., sing.* II-5

which one **auquel (à + lequel)** *pron., m., sing.* II-5
which one **de laquelle** *pron., f., sing.* II-5
which one **duquel (de + lequel)** *pron., m., sing.* II-5
which one **laquelle** *pron., f., sing.* II-5
which one **lequel** *pron., m., sing.* II-5
which ones **auxquelles (à + lesquelles)** *pron., f., pl.* II-5
which ones **auxquels (à + lesquels)** *pron., m., pl.* II-5
which ones **desquelles (de + lesquelles)** *pron., f., pl.* II-5
which ones **desquels (de + lesquels)** *pron., m., pl.* II-5
which ones **lesquelles** *pron., f., pl.* II-5
which ones **lesquels** *pron., m., pl.* II-5
while **pendant que** *prep.* I-7
white **blanc(he)** *adj.* I-6
who? **qui?** *interr. pron.* I-4; **qui** *rel. pron.* II-3
   Who is it? **Qui est-ce?** I-1
   Who's calling, please? **Qui est à l'appareil?** II-5
whom? **qui?** *interr.* I-4
   For whom? **Pour qui?** I-4
   To whom? **À qui?** I-4
why? **pourquoi?** *adv.* I-2, I-4
widowed **veuf/veuve** *adj.* I-3
wife **femme** *f.* I-1; **épouse** *f.* I-3
willingly **volontiers** *adv.* II-2
win **gagner** *v.* I-5
wind **vent** *m.* I-5
   It is windy. **Il fait du vent.** I-5
window **fenêtre** *f.* I-1
windshield **pare-brise** *m.* II-3
windshield wiper(s) **essuie-glace (essuie-glaces** *pl.***)** *m.* II-3
windsurfing **planche à voile** *v.* I-5
   to go windsurfing **faire de la planche à voile** *v.* I-5
winter **hiver** *m.* I-5
   in the winter **en hiver** I-5
wipe (the dishes/the table) **essuyer (la vaisselle/la table)** *v.* I-8, II-P
wish that… **souhaiter que…** *v.* II-6
with **avec** *prep.* I-1
   with whom? **avec qui?** I-4
withdraw money **retirer de l'argent** *v.* II-4
without **sans** *prep.* I-8, II-P; **sans que** *conj.* I-5
woman **femme** *f.* I-1

wood **bois** *m.* II-6
wool **laine** *f.* I-6
work **travail** *m.* II-4
   to work **travailler** *v.* I-2; **marcher** *v.* II-3; **fonctionner** *v.* II-3
work out **faire de la gym** *v.* I-5
worker **ouvrier/ouvrière** *m., f.* II-5
world **monde** *m.* I-7
worried **inquiet/inquiète** *adj.* I-3
worry **s'inquiéter** *v.* II-2
worse **pire** *comp. adj.* II-1; **plus mal** *comp. adv.* II-1; **plus mauvais(e)** *comp. adj.* II-1
worst: the worst **le plus mal** *super. adv.* II-1; **le/la pire** *super. adj.* II-1; **le/la plus mauvais(e)** *super. adj.* II-1
wound **blessure** *f.* II-2
wounded: to get wounded **se blesser** *v.* II-2
write **écrire** *v.* I-7
   to write one another **s'écrire** *v.* II-3
writer **écrivain(e)** *m., f.* II-7
written **écrit (écrire)** *p.p., adj.* I-7
wrong **tort** *m.* I-2
   to be wrong **avoir tort** *v.* I-2

Y

yeah **ouais** I-2
year **an** *m.* I-2; **année** *f.* I-2
yellow **jaune** *adj.* I-6
yes **oui** I-2; *(when making a contradiction)* **si** I-2
yesterday (morning/afternoon evening) **hier (matin/après-midi/soir)** *adv.* I-7
   day before yesterday **avant-hier** *adv.* I-7
yogurt **yaourt** *m.* II-1
you **toi** *disj. pron., sing., fam.* I-3; **tu** *sub. pron., sing., fam.* I-1; **vous** *pron., sing., pl., fam., form.* I-1
   you neither **toi non plus** I-2
   You're welcome. **De rien.** I-1
young **jeune** *adj.* I-3
younger **cadet(te)** *adj.* I-3
your **ta** *poss. adj., f., sing.* I-3; **tes** *poss. adj., m., f., pl.* I-3; **ton** *poss. adj., m., sing.* I-3; **vos** *poss. adj., m., f., pl.* I-3; **votre** *poss. adj., m., f., sing.* I-3;
yourself **te/t'** *refl. pron., sing., fam.* II-2; **toi** *refl. pron., sing., fam.* II-2; **vous** *refl. pron., form.* II-2

youth **jeunesse** *f.* I-6
youth hostel **auberge de jeunesse** *f.* I-7
Yum! **Miam!** *interj.* I-5

Z

zero **zéro** *m.* I-1

Mots utiles

absent(e) *absent*
un département *department*
une dictée *dictation*
une phrase *sentence*
une feuille d'activités
  activity sheet
l'horaire des cours (*m.*)
  class schedule
un paragraphe *paragraph*
une épreuve *quiz*
un examen *exam; test*
suivant(e) *following*

Expressions utiles

Asseyez-vous, s'il vous plaît.
  Sit down, please.
Avez-vous des questions?
  Do you have any questions?
Comment dit-on _____ en
  français? *How do you say*
  _____ in French?
Comment écrit-on _____ en
  français? *How do you write*
  _____ in French?
Écrivez votre nom. *Write*
  your name.
Étudiez la leçon trois. *Study*
  lesson 3.
Fermez votre livre. *Close your*
  book(s).
Je ne comprends pas. *I don't*
  understand.
Je ne sais pas. *I don't know.*
Levez la main. *Raise your hand(s).*
Lisez la phrase à voix
  haute. *Read the sentence aloud.*
Ouvrez votre livre à la page
  deux. *Open your book to*
  page two.
Plus lentement, s'il vous
  plaît. *Slower, please.*
Que signifie _____? *What*
  does _____ mean?
Répétez, s'il vous
  plaît. *Repeat, please.*
Répondez à la/aux
  question(s). *Answer the*
  question(s).
Vous comprenez? *Do you*
  understand?

Titres des sections du livre

À l'écoute *Listening*
Après la lecture *After Reading*
Avant la lecture *Before Reading*
Coup de main *Helping Hand*
Culture à la loupe *Culture*
  through a magnifying glass
Écriture *Writing*
Essayez! *Try it!*
Incroyable mais vrai! *Incredible*
  But True!
Le français quotidien *Everyday*
  French
Le français vivant *French Live*
Lecture *Reading*
Les sons et les lettres *Sounds*
  and Letters
Mise en pratique *Putting it*
  into Practice
Le monde francophone *The*
  Francophone World
Pour commencer *To Begin*
Projet *Project*
Roman-photo *Story based*
  on photographs
Savoir-faire *Know-how*
Structures *Structures; Grammar*
Le zapping *Channel-surfing*

D'autres adjectifs de nationalité en Europe

autrichien(ne) *Austrian*
belge *Belgian*
bulgare *Bulgarian*
danois(e) *Danish*
écossais(e) *Scottish*
finlandais(e) *Finnish*
grec/grecque *Greek*
hongrois(e) *Hungarian*
norvégien(ne) *Norwegian*
polonais(e) *Polish*
portugais(e) *Portuguese*
roumain(e) *Romanian*
russe *Russian*
slovaque *Slovakian*
slovène *Slovene; Slovenian*
suédois(e) *Swedish*
tchèque *Czech*

D'autres adjectifs de nationalité en Afrique

africain(e) *African*
angolais(e) *Angolan*
béninois(e) *Beninese*
camerounais(e) *Cameroonian*
congolais(e) *Congolese*
égyptien(ne) *Egyptian*
éthiopien(ne) *Ethiopian*
kenyan(e) *Kenyan*
ivoirien(ne) *of the Ivory Coast*
nigérien(ne) *Nigerian*
somalien(ne) *Somali*
soudanais(e) *Sudanese*
sud-africain(e) *South African*
tchadien(ne) *Chadian*
togolais(e) *Togolese*
tunisien(ne) *Tunisian*

D'autres adjectifs de nationalité dans le monde

antillais(e) *Caribbean, West Indian*
argentin(e) *Argentinian*
asiatique *Asian*
australien(ne) *Australian*
bolivien(ne) *Bolivian*
chilien(ne) *Chilean*
colombien(ne) *Colombian*
cubain(e) *Cuban*
haïtien(ne) *Haitian*
indien(ne) *Indian*
irakien(ne) *Iraqi*
iranien(ne) *Iranian*
israélien(ne) *Israeli*
libanais(e) *Lebanese*
néo-zélandais(e) *New Zealander*
pakistanais(e) *Pakistani*
péruvien(ne) *Peruvian*
portoricain(e) *Puerto Rican*
syrien(ne) *Syrian*
turc/turque *Turkish*
vénézuélien(ne) *Venezuelan*

D'autres cours

l'agronomie (f.) *agriculture*
l'algèbre (m.) *algebra*
l'anatomie (f.) *anatomy*
l'anthropologie (f.) *anthropology*
l'archéologie (f.) *archaeology*
l'architecture (f.) *architecture*
l'astronomie (f.) *astronomy*
la biochimie *biochemistry*
la botanique *botany*
le commerce *business*
une filière *course of study*
le latin *Latin*
les langues romanes
    romance languages
la linguistique *linguistics*
le marketing *marketing*
les mathématiques
    supérieures,
    spéciales *calculus*
la médecine *medicine*
la musique *music*
la trigonométrie *trigonometry*
la zoologie *zoology*

D'autres mots utiles

un classeur *binder*
une gomme *eraser*
l'infirmerie (f.) *infirmary*
une règle *ruler*

D'autres animaux familiers

un cochon d'Inde *guinea pig*
un furet *ferret*
une gerbille *gerbil*
un hamster *hamster*
un rongeur *rodent*
une souris *mouse*
une tortue *turtle*

D'autres adjectifs pour décrire les gens

ambitieux/ambitieuse *ambitious*
arrogant(e) *arrogant*
calme *calm*
compétent(e) *competent*
excellent(e) *excellent*
franc/franche *frank, honest*
(mal)honnête *(dis)honest*
idéaliste *idealistic*
immature *immature*
mûr(e) *mature*
(ir)responsable *(ir)responsible*
romantique *romantic*
séduisant(e) *attractive*
sentimental(e) *sentimental*
souple *flexible*
studieux/ieuse *studious*
tranquille *quiet*

D'autres professions

un boucher/une
    bouchère *butcher*
un boulanger/une
    boulangère *baker*
un caissier/une
    caissière *cashier*
un cordonnier *cobbler*
un dessinateur/une
    dessinatrice *illustrator*
un fermier/une fermière *farmer*
un(e) informaticien(ne)
    computer scientist
un instituteur/une institutrice
    nursery/elementary school teacher
un(e) photographe *photographer*
un(e) pilote *pilot*
un(e) styliste *fashion designer*
un tailleur (pour dames)
    (ladies') tailor
un teinturier *dry cleaner*

Au café

une brioche *brioche, bun*
un café crème *espresso with milk*
un croque-monsieur *toasted ham and cheese sandwich*
de l'eau gazeuse (f.) *sparkling mineral water*
de l'eau plate (f.) *plain water*
un garçon de café *waiter*
une omelette au jambon/au fromage *omelet with ham/ with cheese*
des œufs au/sur le plat (m.) *fried eggs*
une part de tarte *slice of a pie*
une tartine de beurre *slice of bread and butter*

Quelques fromages

du bleu des Causses *blue cheese made with cow's milk*
du camembert *soft cheese made with cow's milk*
du fromage de chèvre *goat cheese*
du gruyère *Swiss cheese*
du munster *semisoft cheese that can be sharp in flavor, made with cow's milk*
du reblochon *soft cheese made with cow's milk*
du roquefort *blue cheese made with sheep's milk*
de la tomme de Savoie *cheese from the Alps made of scalded curds*

D'autres loisirs

une bicyclette *bicycle*
bricolage (faire du) *fixing things*
collectionner les timbres *to collect stamps*
faire des mots croisés *to do a crossword puzzle*
une fête foraine/une foire *fair*
jouer à la pétanque/aux boules (f.) *to play the game of petanque*
jouer aux dames (f.) *to play checkers*
louer une vidéo/un DVD *to rent a video/DVD*
la natation (faire de) *swimming*
un parc d'attractions *amusement park*
tapisserie (faire de la) *needlework*
tricoter *knitting*

Des mots liés à la météo

une averse *shower*
la bise *North wind*
la brise *breeze*
un ciel couvert *overcast sky*
un ciel dégagé *clear sky*
une éclaircie *break in the weather; sunny spell*
la grêle *hale*
la grisaille *grayness*
de la neige fondue *sleet*
un nuage *cloud*
un orage *thunder storm*
une vague de chaleur *heat wave*
le verglas *black ice*

Des fêtes de famille

une bague de fiançailles *engagement ring*
un baptême *christening*
les fiançailles *engagement*
les noces d'argent *silver wedding anniversary*
les noces d'or *golden wedding anniversary*
un enterrement *funeral*

Des jours fériés

l'Action de grâce *Thanksgiving*
la fête de l'Indépendance *Independence Day*
une fête nationale *National holiday*
le Jour de l'an/la Saint-Sylvestre *New Year's Day*
le 14 juillet *Bastille Day*
la Saint-Valentin *Valentine's Day*

D'autres mots pour faire la fête

des accessoires de cotillon (m.) *party accessories*
des amuse-gueule (m.) *appetizers; nibbles*
un bal *ball*
des confettis *confetti*
des feux d'artifice *fireworks*
un serpentin *streamer*

Quelques vêtements

une doudoune *down coat*
un foulard *headscarf*
un gilet *cardigan; vest*
un moufle *mitten*
un pantacourt *capri pants*
un pull à col roulé *turtleneck*
un sweat-shirt *sweatshirt*
une veste *jacket*

Quelques pays d'Europe

l'/en Autriche (f.) *Austria*
la/en Bulgarie *Bulgaria*
le/au Danemark *Denmark*
l'/en Écosse (f.) *Scotland*
la/en Finlande *Finland*
la/en Grèce *Greece*
la/en Hongrie *Hungary*
la/en Norvège *Norway*
la/en Pologne *Poland*
le/au Portugal *Portugal*
la/en République tchèque *Czech Republic*
la/en Roumanie *Romania*
le/au Royaume-Uni *United Kingdom*
la/en Russie *Russia*
la/en Slovaquie *Slovakia*
la/en Slovénie *Slovenia*
la/en Suède *Sweden*

Quelques pays d'Afrique

l'/en Afrique du Sud (f.) *South Africa*
l'/en Algérie (f.) *Algeria*
l'/en Angola (f.) *Angola*
le/au Bénin *Benin*
le/au Cameroun *Cameroon*
le/au Congo *Congo*
la/en Côte d'Ivoire *Ivory Coast*
l'/en Égypte (f.) *Egypt*
l'/en Éthiopie (f.) *Ethiopia*
le/au Kenya *Kenya*
le/au Maroc *Morocco*
le/au Niger *Niger*
le/au Sénégal *Senegal*
la/en Somalie *Somalia*
le/au Soudan *Sudan*
le/au Soudan du Sud *South Sudan*
le/au Tchad *Chad*
le/au Togo *Togo*
la/en Tunisie *Tunisia*

D'autres pays

l'/en Argentine (f.) *Argentina*
l'/en Australie (f.) *Australia*
la/en Bolivie *Bolivia*
le/au Chili *Chile*
la/en Colombie *Colombia*
(à) Cuba (f.) *Cuba*
(à) Haïti *Haiti*
l'/en Inde (f.) *India*
l'/en Irak (m.) *Iraq*
l'/en Iran (m.) *Iran*
(en) Israël (m.) *Israel*
le/au Liban *Lebanon*
la/en Nouvelle-Zélande *New Zealand*
le/au Pakistan *Pakistan*
le/au Pérou *Peru*
(à) Porto Rico (f.) *Puerto Rico*
la/en Syrie *Syria*
la/en Turquie *Turkey*
le/au Venezuela *Venezuela*

Partir en vacances

atterrir *to land*
l'atterrissage (m.) *landing*
une compagnie aérienne *airline*
une crème solaire *sunscreen*
une croisière *cruise*
le décollage *take-off*
décoller *to take off*
défaire ses valises *to unpack*
un douanier *customs officer*
une frontière *border*
un groom *bellhop*
un numéro de vol *flight number*
dormir à la belle étoile *to sleep out in the open*
une station balnéaire *seaside resort*

Dans la maison

allumer la lumière *to turn on the light*
du bois *wood*
le chauffage central *central heating*
la cheminé *chimney; fireplace*
la climatisation *air-conditioning*
la décoration intérieure *interior design*
en bas *downstairs*
en haut *upstairs*
éteindre la lumière *to turn off the light*
le fioul *heating oil*
le gaz *natural gas*
le grenier *attic*
la lumière *light*
une penderie *walk-in closet*
un plafond *ceiling*
le sol *floor*
le toit *roof*

Des tâches ménagères

aérer une pièce *to air a room*
arroser les plantes *to water the plants*
étendre le linge *to hang out/ hang up washing*
laver les vitres *to clean the windows*
une vitre *windowpane*

Des meubles et des objets de la maison

une ampoule *light bulb*
une bougie *candle*
un buffet *sideboard*
une corde à linge *clothesline*
une couette *comforter*
le linge de maison *linen*
une persienne *shutter*
une pince à linge *clothes pin*
un portemanteau *coat rack*
un radiateur *radiator*
un robot ménager *food processor*
un store *blind*
un volet *shutter*

AP® French Themes & Contexts

This index aligns the cultural content in **D'accord! 1** with the AP® French Language and Culture themes and recommended contexts to help you build the broad cultural understanding you need to succeed in class, on the AP® Exam, and beyond.

The numbers following each entry can be understood as follows:

(1) 9 = **(Unit)** page
As shown, the entry above would be found in Unit 1, page 9.

*Entries marked with an asterisk offer cultural information that supports the AP® theme and context but may not fully align with it.

Beauty & Aesthetics

Architecture
André Le Nôtre **(8)** 349
L'architecture **(8)** 317
Architecture moderne et ancienne **(8)** 335
Le château de Versailles **(8)** 350
Le métro **(8)** 347
Le musée d'Orsay **(7)** 273
*Des parcs publics **(5)** 203
La tour Eiffel **(8)** 347
Le Vieux Carré **(8)** 335

Contributions to World Artistic Heritage
*Aix-en-Provence: ville d'eau, ville d'art **(1)** 9
Le château de Versailles **(8)** 350
Les jardins publics français **(5)** 202

Ideals of Beauty
Coco Chanel, styliste parisienne **(6)** 247
Les jardins publics français **(5)** 202
La mode en France **(6)** 246
Vêtements et tissus **(6)** 247

Literature
Assia Djebar **(6)** 259
La bande dessinée **(3)** 127

Music
Le festival de jazz de Montréal **(4)** 171
Le reggae ivoirien **(5)** 215

Performing Arts
Le cinéma, le 7ᵉ art! **(2)** 83

Visual Arts
Assia Djebar **(6)** 259
Créatrice de meubles en carton **(8)** 327
Les masques du Gabon **(5)** 215
Le musée du Louvre **(8)** 347
Les peintures de Gauguin **(7)** 303

Contemporary Life

Advertising and Marketing
Un tuto original **(4)** 151

Education
L'âge de classe: la journée d'un collégien **(2)** 63
Au lycée **(2)** 52
Le bac **(2)** 70
*Les cours **(2)** 46
Les études supérieures en France **(2)** 71
Immersion française au Canada **(2)** 53
*L'immersion française **(2)** 71
*Le lycée **(2)** 53
On trouve une solution **(2)** 68–69
*Trop de devoirs! **(2)** 50–51

Holidays and Celebrations
Le 14 juillet **(6)** 229
L'anniversaire **(6)** 224–225
Les cadeaux **(6)** 226–227
Le carnaval **(6)** 228
Les fêtes et la famille **(3)** 97
Fêtes et festivals **(6)** 229
Les marchés de Noël **(6)** 239
*Le mariage: Qu'est-ce qui est différent? **(3)** 115

Housing and Shelter
À l'écoute **(8)** 345
L'intérieur des logements français **(8)** 334
Le logement en France **(8)** 316
La maison **(8)** 310
La visite surprise **(8)** 314–315

Leisure and Sports
Au parc **(5)** 182-183
*Des champions **(5)** 185
Le café français **(4)** 158
En forêt de Fontainebleau **(8)** 349
Le football **(5)** 184
Les Français et le vélo **(5)** 203
Jeux régionaux de la jeunesse à Troyes **(5)** 195
Où passer le temps **(4)** 141
Le parc Astérix **(4)** 141
Paris-Plages **(8)** 347
Les passe-temps des jeunes Français **(4)** 140
*Star du cinéma **(4)** 138–139
Zinédine Zidane et Laura Flessel **(5)** 185

Travel
Les Alpes et le ski **(7)** 291
Des auberges de jeunesse nouvelle génération **(7)** 183
Bruxelles, capitale de l'Europe **(3)** 127
Le château Frontenac **(8)** 317
De retour au P'tit Bistrot **(7)** 270–271
Disneyland Paris **(8)** 349
*L'Hexagone **(2)** 83
Marrakech **(6)** 259
*Montréal **(4)** 171
La réservation d'hôtel **(7)** 288-289
Tahiti **(7)** 272
Le Train à Grande Vitesse **(2)** 83
Les transports **(7)** 273
Les vacances des Français **(7)** 290
Des vacances francophones **(7)** 291
*La ville de Québec **(4)** 171

Index of AP® Themes & Contexts

You can find a comprehensive index of AP® Themes & Contexts for all levels of **D'accord!** on the Supersite.

Grammar Index

Grammar Index

Credits

Photography and Art Credits

Cover: Yadid Levy/Offset.

Front Matter (TE): T36: SimmiSimons/iStockphoto; **T38:** Monkeybusinessimages/Bigstock.

Front Matter (SE): xix: (all) North Wind Picture Archives/Alamy; **xx:** (l) Courtesy of the Library of Congress; (r) Design Pics Inc/Alamy; **xxi:** Masterpics/Alamy; **xxii:** (tl) Moodboard/Fotolia; (bl) Moshimochi/Shutterstock; (br) Wavebreakmedia Ltd/Shutterstock; **xxiii:** JTB Photo Communications, Inc/Alamy; **xxiv:** (l) Gawrav/iStockphoto; (r) Yuri/iStockphoto; **xxv:** FMB/Isabel Schiffler/Future Image/WENN/Newscom; **xxvi:** (t) Monkey Business Images/Fotolia; (b) Yuri Arcurs/Fotolia; **xxvii:** (t) Monkeybusinessimages/iStockphoto; (b) Masterfile Royalty-Free; **xxviii:** David Schaffer/Media Bakery.

Unit 1: 1: Patrick Sheandell O'Carroll/Media Bakery; **4:** (t) VHL; A(b) Rossy Llano; **8:** (t) Anne Loubet; (b) Paula Diez; **9:** Ian G. Dagnall/Alamy; **13:** (tl) LdF/iStockphoto; (tm) Martín Bernetti; (tr) Jim Erickson/Media Bakery; (bl) Rawpixel/Fotolia; (bml) Sami Sert/iStockphoto; (bmr) WavebreakmediaMicro/Fotolia; (br) Laura Stevens; **15:** (bl) Anne Loubet; (br) Terex/Fotolia; **17:** Pascal Pernix; **22:** Martín Bernetti; **26:** (l) Andrew Bayda/Fotolia; (r) Huang Zheng/Shutterstock; **27:** Charles Platiau/Reuters/Newscom; **28:** (all) Anne Loubet; **29:** (tl) Annie Pickert Fuller; (tr) VHL; (bl) VHL; (br) Masson/Shutterstock; **30:** (tl) Martín Bernetti; (tm) BillionPhotos/Fotolia; (tr) Hongqi Zhang/Alamy; (bl) Niko Guido/iStockphoto; (bm) Michal Kowalski/Shutterstock; (br) Demidoff/Fotolia; **31:** (tl) Jstone/Shutterstock; (tm) Featureflash Photo Agency/Shutterstock; (tr) Jose Luis Pelaez/Media Bakery; (bl) Anne Loubet; (bml) Odilon Dimier/Media Bakery; (bmr) Martín Bernetti; (br) Colleen Cahill/Media Bakery; **35:** Masterfile Royalty-Free; **36:** (tl) Anne Loubet; (tr) Anne Loubet; (mtl) Robert Lerich/Fotolia; (mtr) Anne Loubet; (mbl) Rossy Llano; (mbr) Anne Loubet; (bl) Anne Loubet; (br) Anne Loubet; **37:** Pascal Pernix; **38:** (left col: t) Hulton Deutsch/Getty Images; (left col. mt) Sarah Lee/Eyevine/Redux Pictures; (left col: mb) Allstar Picture Library/Alamy; (left col: b) Eddy Lemaistre/Getty Images; (br) Eddy Lemaistre/Corbis; **39:** (tl) Rossy Llano; (tr) Frederic/Fotolia; (bl) Brent Hofacker/Shutterstock; (br) Courtesy of the International Organisation of La Francophonie; **42:** Inspirestock Royalty-Free/Inmagine.

Unit 2: 45: Auremar/Fotolia; **52:** Anne Loubet; **53:** Jose Luis Pelaez, Inc/Blend Images/MaXx Images; **60:** Anne Loubet; **66:** (l) Martín Bernetti; (r) Pascal Pernix; **70:** Pascal Pernix; **71:** Pascal Pernix; **72:** (all) VHL; **73:** (tl) OneClearVision/iStockphoto; (tr) Mihailomilovanovic/iStockphoto; (bl) Aleksander Mijatovic/Fotolia; (br) Sebra/Fotolia; **81:** Anne Loubet; **82:** (left col: t) Universal Images Group/Superstock; (left col: m) Bettmann/Getty Images; (left col: b) Antoine Gyori/Sygma/Getty Images; (t) Anne Loubet; (ml) Claude Coquilleau/Fotolia; (mr) Daniel Haller/iStockphoto; (b) Anne Loubet; **83:** (tl) David Gregs/Alamy; (tr) Anne Loubet; (bl) Anne Loubet; (br) Caroline Beecham/iStockphoto; **84:** (inset) Martín Bernetti; **84-85:** (background) Art Kowalsky/Alamy; **85:** (inset) Jon Feingersh/Blend Images/MaXx Images; **86:** Pascal Pernix; **87:** (l) Martín Bernetti; (r) Darío Eusse Tobón.

Unit 3: 89: Michael Simons/123RF; **92:** Hero/Media Bakery; **96:** Anne Loubet; **97:** (l) Alix William/SIPA/Newscom; (r) Nuccio DiNuzzo/TNS/Newscom; **98:** (l) Martín Bernetti; (r) FogStock LLC/Photolibrary; **100:** Hemera Technologies/AbleStock/Jupiterimages; **101:** (t) Tomasz Trojanowski/Shutterstock; (ml) Brian McEntire/iStockphoto; (mm) Anna Lurye/Shutterstock; (mr) RJGrant/Bigstock; (bl) Linda Kloosterhof/iStockphoto; (bm) Dmitry Pistrov/Shutterstock; (br) Oliveromg/Shutterstock; **104:** (tl) Martín Bernetti; (tm) Dmitry Kutlayev/iStockphoto; (tr) Zentilia/Fotolia; (bl) AHBE/Fotolia; (bml) VHL; (bmr) Anne Loubet; (br) Martín Bernetti; **105:** (t) Gladiolus/iStockphoto; (bl) Dynamic Graphics/Jupiterimages; (br) Rossy Llano; **109:** (l) Martín Bernetti; (m) Anne Loubet; (r) Anne Loubet; **110:** (t) Anne Loubet; (ml) Hemera Technologies/Photos.com; (mml) Anne Loubet; (mmr) Paula Diez; (mr) Vstock, LLC/Photolibrary; (bl) Martín Bernetti; (bml) Shock/Fotolia; (bmr) Keith Levit Photography/Photolibrary; (br) Anne Loubet; **114:** Anne Loubet; **115:** (tl) Album/Oronoz/Newscom; (tr) Xavier Collin/Celebrity Monitor/Newscom; (b) Panoramic/Zuma Press/Newscom; **117:** (top inset) Ray Levesque; Nigel Riches/Media Bakery; (bottom inset) Anne Loubet; **119:** (t) Martín Bernetti; (ml) David Lee/Alamy; (mml) Martín Bernetti; (mmr) TpaBMa/AGE Fotostock; (mr) Igor Tarasov/Fotolia; (bl) Creative Jen Designs/Shutterstock; (bml) Photofriday/Shutterstock; (bmr) F9photos/Shutterstock; (br) Martín Bernetti; **122:** (tl) Valua Vitaly/Shutterstock; (tm) Roy Hsu/Media Bakery; (tr) Don Mason/Getty Images; (bl) Simon Kolton/Alamy; (bml) Blend Images/Ariel Skelley/Getty Images; (bmr) Jacek Chabraszewski/iStockphoto; (br) Sergei Telegin/Shutterstock; **124:** Anne Loubet; **125:** Anne Loubet; **126:** (t) Sergey Dzyuba/Shutterstock; (m) Simona Dumitru/Alamy; (bl) Marta Perez/EFE/Newscom; (br) Nicole Paton/Shutterstock; **127:** (tl) Franky DeMeyer/iStockphoto; (tr) Dave Bartruff/Danita Delimont/Alamy; (bl) Erik Tham/Alamy; (br) Portrait of Jean Jacques Rousseau by Edouard Lacretelle. Gianni Dagli Orti/The Art Archive at Art Resource, NY; **128:** (t) Juniors Bildarchiv/Alamy; (b) Martín Bernetti; **129:** Anne Loubet; **130:** Anne Loubet; **131:** Anne Loubet.

Unit 4: 133: Pascal Pernix; **136:** (t) Buzzshotz/Alamy; (b) Martín Bernetti; **140:** Vincent Besnault/Getty Images; **141:** (t) Foc Kan/WireImage/Getty Images; (b) Romuald Meigheux/Sipa/Newscom; **145:** David Hughes/Photolibrary; **153:** Tetra Images/SuperStock; **154:** Anne Loubet; **158:** Carlos S. Pereyra/AGE Fotostock; **159:** (t) Kevin Foy/Alamy; (b) Yadid Levy/Alamy; **161:** VHL; **165:** Ana Cabezas Martín; **169:** Anne Loubet; **170:** (left col: t) Art Babych/Shutterstock; (left col: m) Yoan Valat/EPA/Newscom; (left col: b) Byron Purvis/AdMedia/Newscom; (t) Csp/123RF; (mt) Stephen Saks Photography/Alamy; (mb) Peter Spiro/iStockphoto; (b) Richard T. Nowitz/Getty Images; **171:** (tl) Mike Blake/Reuters; (tr) Grafxcom/iStockphoto; (bl) Rubens Abboud/Alamy; (br) Perry Mastrovito/Getty Images; **172-173:** Anne Loubet; **173:** (all) Anne Loubet; **174:** Martín Bernetti; **175:** Patrick Sheandell O'Carroll/Getty Images.

Unit 5: 177: Lagos Nigeria/Alamy; **180:** Martín Bernetti; **184:** Orban Thierry/ABACA/Newscom; **185:** (t) Marco Iacobucci EPP/Shutterstock; (b) Arko Datta/Reuters: **198:** Ron Koeberer/Getty Images; **200:** Anne Loubet; **203:** (l) Anne Loubet; (r) Benoit Tessier/Reuters/Newscom; **205:** Vanessa Bertozzi; **214:** (left col: t) ATB/ATP/WENN/Newscom; (left col: b) Shaun Best/Reuters; (t) Brianafrica/Alamy; (ml) Author's Image Ltd/Alamy; (mr) MJ Photography/Alamy; (b) Gerard Lacz Images/SuperStock; **215:** (tl) Seyllou/AFP/Getty Images; (tr) Sadaka Edmond/SIPA/Newscom; (bl) Kevin Schafer/Alamy; (br) Werner Forman Archive/Heritage Image Partnership Ltd/Alamy; **216:** (t) Perry Mastrovito/Corbis; (b) Rossy Llano; **217:** Anne Loubet; **218:** Pascal Pernix; **219:** (l) Martine Coquilleau/Fotolia; (r) Peter Adams Photography Ltd/Alamy.

Unit 6: 221: Jupiterimages/Getty Images; **228:** Fadi Al-barghouthy/123RF; **229:** (t) Mal Langsdon/Reuters; (b) Trevor Pearson/Alamy; **230:** Rachel Distler; **231:** (all) Martín Bernetti; **241:** (t) Ben Blankenburg/Corbis; (ml) Hemera Technologies/Getty Images; (mr) Purestock/Jupiterimages; (b) Ablestock.com/Getty Images; **246:** Poree-Wyters/ABACA/Newscom; **247:** (t) Evening Standard/Hulton Archive/Getty Images; (b) Graylock/MCT/Newscom; **251:** Anne Loubet; **255:** Anne Loubet; **257:** Anne Loubet; **258:** (t) Idealink Photography/Alamy; (ml) A.Anwar Sacca/Fotolia; (mr) Nik Wheeler/Getty Images; (bl) Abdelhak Senna/Getty Images; (br) Frans Lemmens/Getty Images; **259:** (tl) Stephen Lloyd Morocco/Alamy; (tr) Ulf Andersen/Getty Images; (bl) Paul Springett B/Alamy; (br) Romilly Lockyer/Getty Images; **260:** Trois-Rivieres Le Nouvelliste/The Canadian Press (Sylvain Mayer); **260-261:** (background) Corbis RF; **262:** Jeff Greenberg/Alamy; **263:** Brian McEntire/iStockphoto.

Unit 7: 265: Janet Dracksdorf; **268:** PeopleImages/iStockphoto; **272:** Courtesy of www.Tahiti-Tourisme.com; **273:** (l) Zonesix/Shutterstock; (r) Edgar Degas (1834–1917). Danseuses bleues, Blue dancers, c. 1890. Location: Musée d'Orsay, Paris, France. Photo credit: Alfredo Dagli Orti/The Art Archive/Art Resource; **281:** Courtesy of www.Tahiti-Tourisme.com; **285:** Photolibrary; **286:** Martín Bernetti; **290:** (l) Janet Dracksdorf; (r) Anne Loubet; **291:** Johner Images/Alamy; **299:** Alantide Phototravel/Getty Images; **301:** Anne Loubet; **302:** (left col: t) The AGE/Getty Images; (left col: b) Charles Bonnay/Gamma-Rapho/Getty Images; (t) Saiko3p/Shutterstock; (m) Melba Photo Agency/Alamy; (b) Ashit Desai/Getty Images; **303:** (tl) Photo Josse/Leemage/Getty Images; (tr) Neftali77/Deposit Photos; (bl) Courtesy of www.Tahiti-Tourisme.com; (br) AS Food Studio/Shutterstock; **304-305:** Andreas Prott/Shutterstock; **306:** Pascal Pernix; **307:** Jessica Beets.

Unit 8: 309: Helen & Bodil Sturesson/Johner Images; **316:** Anne Loubet; **317:** Maridav/Shutterstock; **329:** Giantstep Inc/Getty Images; **330:** Thinkstock/Corbis; **334:** Anne Loubet; **335:** David Redfern/Getty Images; **341:** 290712/Fotolia; **342:** (t) Stockshot/Alamy; (bl) Ben Blankenburg/Corbis; (bml) Martín Bernetti; (bmr) Martín Bernetti; (br) Martín Bernetti; **343:** Sigrid Olsson/AGE Fotostock; **344:** (all) Anne Loubet; **345:** (all) Anne Loubet; **346:** (left col: t) Historical Picture Archive/Getty Images; (left col: m) Keystone Pictures/AGE Fotostock; (left col: b) Kurt Krieger/Getty Images; (t) Jeremy Reddington/Shutterstock; (ml) Abadesign/Shutterstock; (mr) Anne Loubet; (b) Benjamin Herzog/Fotolia; **347:** (tl) Tom Delano; (tr) Anne Loubet; (bl) Janet Dracksdorf; (br) Anne Loubet; **348:** (left col, t) Aksaran/Gamma-Rapho/Getty Images; (left col, m) Stills Press/Alamy; (left col, b) AF Archive/Alamy; (t) Structurae/Nicolas Janberg; (ml) Paanna/Deposit Photos; (mr) Sigurcamp/Shutterstock; (b) Jean Dubuffet. Closerie Falbala (1971-1973). Painted epoxy resin and sprayed concrete. Surface area: 1.610 m2. Fondation Dubuffet, Perigny-sur-Marne (France). Copyright Fondation Dubuffet / ARS 2017. **349:** (tl) Kalpana Kartik/Alamy; (tr) Josse Christophel/Alamy; (bl) Tony C. French/Getty Images; (br) Bukki88/Depositphotos; **350-351:** Jessica Beets; **350:** (b) Jessica Beets; **351:** (inset) Jessica Beets; **352:** Anne Loubet; **353:** Terry J Alcorn/iStockphoto.

Back Cover: Demaerre/iStockphoto.

Credits

Television Credits

19 Courtesy of INPES.

63 Courtesy of Production: Via Storia - viastoria.com

107 Courtesy of Truvo Belgium.

151 Courtesy of Sid Lee Paris and PagesJaunes.

195 Courtesy of Canal 32.

239 Courtesy of ResoNews.

283 Courtesy of Tous Les Budgets, un site d'information propose por CETELEM.

327 Courtesy of France TV.

Chart Credits

140 Ipsos in France for the Centre National du Livre. The survey was conducted in France, by telephone on 1,012 people (aged 15 yo and more), from February 3rd to 11th, 2015.